"十四五"规划教材·会计系列
国家级一流本科专业(会计学)建设点配套教材

政府与非营利组织会计

陈红　姚荣辉　施飞峙／主编
洪向东　刘李福　胡耀丹　王稳华／副主编

立信会计出版社
LIXIN ACCOUNTING PUBLISHING HOUSE

图书在版编目(CIP)数据

政府与非营利组织会计/陈红,姚荣辉,施飞峙主编.—上海:立信会计出版社,2023.8
"十四五"规划教材.会计系列
ISBN 978-7-5429-6832-6

Ⅰ.①政… Ⅱ.①陈… ②姚… ③施… Ⅲ.①单位预算会计－高等学校－教材 Ⅳ.①F810.6

中国版本图书馆CIP数据核字(2022)第205665号

策划编辑 孙 勇
责任编辑 孙 勇
助理编辑 汪玉玲
美术编辑 吴博闻

政府与非营利组织会计
ZHENGFU YU FEIYINGLI ZUZHI KUAIJI

出版发行	立信会计出版社			
地　　址	上海市中山西路2230号	邮政编码	200235	
电　　话	(021)64411389	传　　真	(021)64411325	
网　　址	www.lixinaph.com	电子邮箱	lixinaph2019@126.com	
网上书店	http://lixin.jd.com		http://lxkjcbs.tmall.com	
经　　销	各地新华书店			
印　　刷	常熟市人民印刷有限公司			
开　　本	787毫米×1092毫米	1/16		
印　　张	29			
字　　数	705千字			
版　　次	2023年8月第1版			
印　　次	2023年8月第1次			
书　　号	ISBN 978-7-5429-6832-6/F			
定　　价	59.00元			

如有印订差错,请与本社联系调换

总序

早在140多年前,马克思就在《资本论》第二卷中明确地谈到会计对社会经济发展的重要价值:"过程越是按社会的规模进行,越是失去纯粹个人的性质,作为对过程的控制和观念总结的簿记就越是必要。"在现代信息社会中,经济的发展尤其离不开会计。会计是从事经济和管理工作的人员必须掌握的一门基础性学科,其所提供的信息是企业管理者决策时必不可少的。特别在经济全球化加速发展的今天,会计作为经济信息系统和国际通用的商业语言,在全球经贸往来核算中,扮演着越来越重要的角色。

伴随着经济的发展,国家对高等教育发展进行了战略调整,我国政府正在引导一批本科高校向应用技术型高校转型,大力发展现代职业教育。这就要求我们的会计人才培养更多地体现实践性、应用性的特点。这对我们的会计教学及教材建设提出了新的要求,也为会计教学改革提供了新的契机。为做好会计人才培养的规划,也需要建设一套完整的会计系列教材并以此为依托引领未来一段时间的会计教育,特别是通过编写一套能够体现应用型人才培养特点的会计系列教材来推进应用型会计特色专业建设和人才培养模式的改革。近几年,我国新修订了一些会计准则和审计准则,完善了许多新的税收法规,并且出台了新的内部控制规范指引,这都要求我们对原有的会计教材进行补充和调整。

"工欲善其事,必先利其器"。编写一套能够满足绝大多数学校的教学需要、适应应用型会计本科教学特点的系列教材的任务已经摆在了我们的面前。为此,我们专门邀请了一些在云南省高校长期从事会计、财务和审计教学,而且教学效果较好,得到大家普遍认可的专家、学者组成编委会,共同编写这套会计教材。在本套教材的编写过程中,我们力求体现出以下特点:

一是前沿性。本套教材力争体现最新会计准则、审计准则和新出台的相关法律、法规,吸收最新的教学和科研成果。

二是应用性。本套教材主要针对应用型本科的教学需要进行内容的编排,特别注重对学生实践能力的训练,增强学生的动手能力。本套教材在注重知识应用的同时,结合理论进行知识点的编排,便于加强学生对理论知识的理解。

三是系统性。无论是单本教材还是整套教材都突出知识的系统性和全面性,学生通过学习这套教材可以掌握会计、财务管理和审计的各种知识。同时,我们在编写时注重各单本教材间的衔接。

本套教材由《会计原理与实务(第二版)》《中级财务会计(第三版)》《成本会计(第二

版)》《管理会计(第四版)》《财务管理(第二版)》《会计信息系统》《会计综合模拟实训(第三版)》《审计学》《会计伦理与会计道德》《税务会计》《资产评估》等组成。

感谢云南省高等学校会计专业教学指导委员会的各位专家和参与编写本套教材的各位老师,从编写方案的提出,到教材大纲的论证,直至初稿的撰写和审阅,他们均付出了辛勤的劳动。感谢立信会计出版社对本套教材出版的大力支持。

系列教材编写任务较重,书中如有不足和疏漏之处,恳请读者和各位同仁不吝指正,以便再版时进一步补充和修订。

陈 红

前言 Foreword

党的十八届三中全会拉开了我国政府会计改革的大幕。目前,我国政府会计准则体系已经基本确立。以会计法和预算法为依据,政府会计基本准则、政府会计具体准则、政府会计准则应用指南、政府会计制度和财政总会计制度均已陆续出台,并且已经在政府及全国各类行政事业单位全面执行。

随着相关政府会计准则和制度的出台和变化,高校政府与非营利组织会计课程和配套教材的更新迫在眉睫。

为了满足行政事业单位财务人员和管理人员学习政府会计准则和制度的需要,顺应新时代高校会计专业人才培养需求,我们组织长期从事"政府与非营利组织会计"教学和研究的教师编写了本教材。本教材的编写人员具有高职称、高学历、专业性强的优势,在以读者为本、力求通俗易懂的基础上,我们结合财政部最新公布的政府会计相关准则和制度的规定,使读者通过本教材能够较全面、系统地了解和掌握政府会计改革的最新内容和业务核算。

本教材具有如下特点:一是充分体现最新颁布的政府会计相关准则和制度,本教材全面反映了政府会计理论和实务改革的最新成果;二是配套资源丰富,本教材配有习题、习题答案、教学课件、教学大纲、试卷等丰富的教学资源;三是坚持立德树人,本教材融入了课程思政内容,坚持课程思政与专业思政的融合。

本教材分为4篇(总论篇、财政总会计篇、行政事业单位会计篇、民间非营利组织会计篇),共计12章。本书由云南财经大学的陈红、姚荣辉、施飞峙担任主编,洪向东、刘李福、胡耀丹和王稳华为副主编。具体分工如下:姚荣辉、洪向东编写第一至第五章,施飞峙编写第六章和第九章,胡耀丹编写第七章,刘李福编写第八章,陈红、王稳华编写第十章至第十二章。主编负责对全书进行修改、总纂和统稿。昆明冶金高等专科学校商学院的冯硕老师、云南财经大学会计学院研究生唐梦祺、段贵竹参与了收集资料、整理工作。

本教材适合作为高等学校会计学专业和其他财经类专业学生学习"政府与非营利组织会计"课程的教材,也可以作为相关从业人员自学和培训用书。

本教材参考了有关专家教授编写的教材、专著以及期刊论文,在这里一并表示由衷的感谢。近年来政府会计改革持续进行,加之由于我们水平有限,书中若有不当之处,敬请各位专家和读者批评指正。

编者
2023年10月

目录

第一篇 总论

第一章 政府与非营利组织会计概述 ········ 3
- 第一节 政府与非营利组织会计概念、特点及组成体系 ········ 3
- 第二节 政府与非营利组织会计职能与目标 ········ 6
- 第三节 政府与非营利组织会计对象、会计要素和会计等式 ········ 8
- 第四节 政府与非营利组织会计基本假设和会计基础 ········ 11
- 第五节 政府与非营利组织会计信息质量要求 ········ 13
- 第六节 政府与非营利组织财务报告 ········ 14
- 思考题 ········ 16
- 练习题 ········ 16

第二篇 财政总会计

第二章 财政总会计概述 ········ 21
- 第一节 财政总会计的概念、主体、目标和特点 ········ 21
- 第二节 财政总会计要素 ········ 23
- 第三节 财政总会计科目 ········ 24
- 第四节 财政总会计报表组成 ········ 28
- 思考题 ········ 29
- 练习题 ········ 29

第三章 财政总会计的资产、负债、净资产和预算结余的核算 ········ 31
- 第一节 财政总会计资产的核算 ········ 31
- 第二节 财政总会计负债的核算 ········ 40
- 第三节 财政总会计净资产和预算结余的核算 ········ 52
- 思考题 ········ 64
- 练习题 ········ 65

第四章　财政总会计的收入和支出 ·· 67
第一节　财政总会计的收入 ·· 67
第二节　财政总会计的支出 ·· 76
思考题 ·· 89
练习题 ·· 90

第五章　财政总会计报表 ·· 92
第一节　财政总会计报表概述 ·· 92
第二节　财务会计报表的编制 ·· 95
第三节　预算会计报表的编制 ··· 111
第四节　财政总会计报表的审核汇总和分析 ·· 121
思考题 ··· 122
练习题 ··· 122

第三篇　行政事业单位会计

第六章　行政事业单位会计概述 ·· 127
第一节　行政事业单位会计的含义和特点 ·· 127
第二节　行政事业单位会计的核算基础及核算方法 ··· 129
第三节　行政事业单位会计要素及会计科目 ··· 136
思考题 ··· 143
练习题 ··· 143

第七章　行政单位会计核算 ·· 146
第一节　行政单位资产的核算 ··· 147
第二节　行政单位负债的核算 ··· 193
第三节　行政单位净资产的核算 ·· 210
第四节　行政单位收入与预算收入的核算 ·· 217
第五节　行政单位费用与预算支出的核算 ·· 226
思考题 ··· 237
练习题 ··· 237

第八章　事业单位会计核算 ·· 240
第一节　事业单位资产的核算 ··· 240
第二节　事业单位负债的核算 ··· 299
第三节　事业单位净资产的核算 ·· 322
第四节　事业单位收入与预算收入的核算 ·· 327

第五节　事业单位费用与预算支出的核算 ………………………………… 337
练习题 ……………………………………………………………………………… 347

第九章　行政事业单位会计报表 ……………………………………………… 351
第一节　行政事业单位财务会计报表 …………………………………………… 351
第二节　行政事业单位预算会计报表 …………………………………………… 375
思考题 ……………………………………………………………………………… 384
练习题 ……………………………………………………………………………… 384

第四篇　民间非营利组织会计

第十章　民间非营利组织会计概述 …………………………………………… 389
第一节　民间非营利组织会计的含义和特点 …………………………………… 389
第二节　民间非营利组织会计核算 ……………………………………………… 391
思考题 ……………………………………………………………………………… 398
练习题 ……………………………………………………………………………… 398

第十一章　民间非营利组织会计核算 ………………………………………… 401
第一节　民间非营利组织资产的核算 …………………………………………… 402
第二节　民间非营利组织负债的核算 …………………………………………… 418
第三节　民间非营利组织净资产的核算 ………………………………………… 422
第四节　民间非营利组织收入的核算 …………………………………………… 424
第五节　民间非营利组织费用的核算 …………………………………………… 430
思考题 ……………………………………………………………………………… 432
练习题 ……………………………………………………………………………… 432

第十二章　民间非营利组织财务会计报告 …………………………………… 437
第一节　民间非营利组织资产负债表 …………………………………………… 438
第二节　民间非营利组织业务活动表 …………………………………………… 442
第三节　民间非营利组织现金流量表 …………………………………………… 445
第四节　民间非营利组织会计报表附注和财务情况说明书 …………………… 448
第五节　合并财务报表和财务会计报告披露 …………………………………… 449
思考题 ……………………………………………………………………………… 450
练习题 ……………………………………………………………………………… 450

参考文献 ……………………………………………………………………………… 454

第一篇
总　　论

第一章
政府与非营利组织会计概述

学习目的和要求：通过本章内容的学习,理解政府与非营利组织会计的概念及特点,掌握政府与非营利组织会计主体、目标、原则、会计要素,熟悉政府与非营利组织会计的组成体系。对政府与非营利组织会计的对象、内容有初步的了解,并将其与企业会计区别开来。

教学重点和难点：本章的重点在于政府与非营利组织会计的特点和组成体系,难点在于政府与非营利组织会计的会计要素和会计报告的构成。

课程思政案例

如何认识会计

在我们开始学习会计的一些基本知识之前,先来看一段关于会计含义的对话。

甲、乙、丙、丁是4个好伙伴,在一次聚会上,大家聊起了"什么是会计"这一话题,4人各执一词,谁也说服不了谁。

甲：什么是会计? 这还不简单,会计就是指一个人,比如,我们公司的刘会计,是我们公司的会计人员,所以,会计不就是一个人吗?

乙：不对,会计不是指一个人,会计是指一项工作。比如,我们常常这样问一个人："你在公司做什么?"他会说在公司当会计。这里的会计当然是指会计工作了。

丙：会计不是指一项工作,也不是指一个人,而是指一个部门、一个机构,即会计机构,你们看,每个公司都有一个会计部,或者会计处什么的,这里会计就是指会计部门,是一个机构。

丁：你们都错了,会计既不是一个人,也不是一项工作,更不是一个机构,而是一个学科,我弟弟在厦门大学学会计,他当然是去学一门学科。

结果,他们谁也说服不了谁。亲爱的朋友,如果让你来谈谈什么是会计,你会怎么说呢?

在日常生活中,会计确实有多种不同的含义。甲、乙、丙、丁4个人的看法都代表会计含义的一部分,但又都不全面。

思考与讨论：甲、乙、丙、丁的看法说明了什么? 你是如何认识会计的?

第一节 政府与非营利组织会计概念、特点及组成体系

一、政府与非营利组织会计概念

政府与非营利组织会计是指对政府与非营利组织的经济活动或会计事项进行记录、

核算、反映和监督的会计。它是以货币为主要计量单位,对政府财政资金、单位业务资金活动过程和结果,进行全面、系统、连续的反映和监督,以加强预算、财务管理,提高资金使用效果的一门专业会计。

在我国,按适用范围和核算对象的不同,会计体系可分为两大类:一类是企业会计,另一类是政府与非营利组织会计。企业会计是应用于工业、商业、交通运输业等企业,以价值形式反映和监督企业生产经营活动的一种专业会计。政府与非营利组织会计是我国会计的专有概念,是我国会计领域中的一个特殊序列。

政府与非营利组织会计概念包括三层含义。

1. 会计主体

会计主体是指会计服务的单位。会计主体按照是否以营利为目的,可以分为营利性组织和非营利性组织两大类。其中营利性组织运行的目的是取得利润,并使利润最大化;非营利组织包括政府组织和民间非营利组织,其运行目的是促进社会经济的整体发展。财政总会计的主体是各级政府,行政单位会计的主体是各级行政单位,事业单位会计的主体是各类事业单位,民间非营利组织会计的主体是各民间非营利组织。

2. 会计客体

会计客体是指会计工作对象,即核算对象。财政总会计的核算对象是预算收入、支出和结余,行政单位会计的核算对象是单位预算资金的领拨、使用及其结果,事业单位会计的核算对象是单位预算资金及经营收支的过程和结果,民间非营利组织会计的核算对象是其经济活动的过程和结果。

3. 会计是一个信息处理系统

该系统的功能就是鉴定、衡量和传递会计主体间的经济信息。会计是一种以货币为主要计量单位,采用专门的会计方法,对会计主体的经济业务进行连续、系统、完整的核算和监督的经济管理活动。政府与非营利组织会计和企业会计构成了现代财务会计的两大分支。

综上所述,政府与非营利组织会计是由政府会计和非营利组织会计组成,其中政府会计由财政总会计和行政事业单位会计构成,非营利组织会计通常是指民间非营利组织会计。

二、政府与非营利组织会计的特点

政府财政部门、行政单位和事业单位基本上是非物质生产部门,属于非营利组织,其业务目标在于谋求最大的社会效益。这就决定了政府与非营利组织会计有如下主要特点。

(一)政府与非营利组织会计与国家预算管理相适应,以预算和业务收支为主要核算内容

政府与非营利组织会计主要是指反映和监督国家预算、单位预算执行情况和单位收支情况的会计。它以预算为基础,以预算收支和业务收支为主要核算内容。这就要求政府与非营利组织会计的会计指标体系、会计科目和会计报表的设置要同预算的收支科目保持一致,以反映国家预算的执行情况。各单位只有按照预算收支科目组织核算,才能保证各单位核算口径一致,国家才能顺利汇总全国预算收支情况,编报预算执行结果的决策报告,以满足国家预算管理的需要。

（二）政府会计体现会计核算方法与预算管理要求的结合

政府的财务资源主要来源于税收、行政事业性收费等非交换性交易，政府向社会公众提供的服务通常是免费的，即使收费也是象征性的，因此，政府组织在取得和运用财务资源时受到来自纳税人、社会公众的监督，这就要求政府编制预算。政府编制的预算需要经过人民代表大会批准，经批准的预算执行情况应满足其相关信息使用者对信息的需求。

（三）政府会计由政府财务会计与政府预算会计构成①

政府财务会计以权责发生制为基础，对政府会计主体发生的各项经济业务或事项进行会计核算。政府预算会计以收付实现制为基础，对政府会计主体预算执行过程中发生的全部收入和全部支出进行会计核算。在我国，政府财务会计主要是指行政事业单位财务会计，政府预算会计由财政总会计和行政事业单位预算会计组成。财政总会计向事业单位拨款，形成预算支出。行政事业单位会计则形成预算收入，两者共同构成了政府预算会计信息系统。行政事业单位财务会计相对独立，但又与行政事业单位预算会计相互衔接，两者在信息提供方面需要相互补充。

（四）民间非营利组织会计与政府会计特点相似

在我国，民间非营利组织包括社会团体、基金会、民办非企业单位、寺院等，其财务资源主要来源于捐赠人、会费缴纳人等，向特定对象提供的慈善服务或会员服务通常也是免费或者只收取象征性费用的。民间非营利组织会计相对较为独立，但若民间非营利组织接受政府补助，财政总会计信息与民间非营利组织会计信息也会相互联系。在民间非营利组织会计中，资产减去负债后的余额为净资产。与政府组织一样，民间非营利组织没有明确的所有者权益或出资人权益。

三、政府与非营利组织会计的组成体系

我国预算管理体系与国家政权结构和行政区划相对应，一级政府相应设置一级预算。

国家预算由中央预算和地方预算组成，由经法定程序批准的中央政府的财政收支计划和地方各级政府的财政收支计划组成。

国家预算按预算收支管理范围，又分为总预算和单位预算两类。总预算由各级政府财政部门负责组织执行，单位预算由各行政事业单位负责执行。

（一）财政总会计是各级政府财政部门核算和监督政府预算执行情况和财政周转性资金活动的专业会计

我国政权划分为中央、省（自治区、直辖市）、市、县、乡五级，财政总会计也相应划分为五级，即一级政府要建立起一级总预算，每一级政府的总预算都在财政部门设立财政会计。

中央级财政总会计负责组织和指导全国的财政总会计工作和单位预算会计工作；省（自治区、直辖市）、市、县财政总会计，负责组织和指导本区域内的财政总会计工作和单位预算会计工作；乡（镇）财政总会计，负责乡（镇）自筹资金的会计核算和监督工作。

---

① 这是按反映内容的分类。按会计主体分类，政府会计由财政总会计和行政事业单位会计构成。

（二）行政事业单位会计是国家各级行政事业单位对单位预算资金的运动过程和结果进行核算和监督的专业会计

行政单位包括国家权力机关、行政机关、司法机关、检察机关以及各级党政和人民团体。事业单位包括科学、教育、文化、广播电视、信息、卫生、体育等科学文化事业单位，气象、水利、环保、计划生育、社会福利等公益事业单位，公证、法律服务等中介机构。

根据国家机构建制和经费领拨关系，行政单位会计组织系统分为主管会计单位、二级会计单位和基层会计单位三级。

事业单位会计是各类事业单位对其预算资金及其经营收支过程和结果进行核算和监督的专业会计。按照我国目前预算管理体制，事业单位的经费来源既有财政拨款，又有自己创造的收入。因此，一方面，事业单位会计采用收付实现制为会计基础；另一方面，其经营性收支业务则采用权责发生制进行成本核算。

（三）民间非营利组织会计是核算和监督民间非营利组织经济活动过程及其结果的专业会计

民间非营利组织包括社会团体、基金会、民办非企业单位、寺院等，其基本特征为非营利性、自愿性和自治性。

第二节 政府与非营利组织会计职能与目标

一、政府与非营利组织会计职能

政府与非营利组织会计的职能是政府与非营利组织会计本身所固有的职责和功能。目前，随着经济的发展和财政职能的转变，政府与非营利组织会计的职能也相应拓宽和发展。一是加强了事前预测、事中控制、事后反映监督的职能，二是拓宽了核算、反映、监督、预测、调控和参与决策的职能范围。政府与非营利组织会计履行这些职能，对政府预算的顺利执行发挥着重要的作用。

（一）正确核算，为加强预算管理提供可靠的会计信息

核算职能是政府与非营利组织会计的基本职能。它是指政府与非营利组织会计在日常会计核算中，对发生的有关经济业务活动，通过会计科目的设置、会计凭证的填制、账簿的登记和会计报表的编制等专门方法，对各项预算资金的收入和支出、财产物资的结存和有关财务活动，进行分门别类的、全面的、系统的核算和反映，可以及时掌握预算资金运动情况，并利用这些信息有效地监督预算和财务收支计划的执行，参与预算管理，确保国家预算收支任务的顺利实现。

（二）及时反映情况，参与决策，发挥宏观调控作用

政府与非营利组织会计的核算职能主要体现在财政总会计工作中。政府与非营利组织会计通过正确记录、核算，用获取的会计信息和资料，及时、准确地反映预算执行情况，并对预算资金未来变化情况进行预测和判断，为各级政府分析、预测财政经济形势，对重大财政问题进行决策提供重要依据，从而有效地组织收入，调控各种资金的用途和流向，

使之符合整个财政资金的分配政策和统一的财政计划要求。

（三）分析预算执行进度，确保预算资金供求协调和平衡

预算资金供求的协调和平衡是保证预算顺利执行的重要条件。根据政府与非营利组织会计提供预算执行情况的信息，分析预算执行过程中存在的问题，及时揭示预算资金的供求矛盾，提出措施，调整供求关系，合理调度资金，使预算资金能按计划及时供应，以确保预算的顺利执行。

（四）检查预算收支活动，正确执行国家财经方针、政策

执行国家财经方针、政策是保证实现预算收支任务的根本。政府与非营利组织会计反映的预算收支活动的过程，也是执行国家财经方针政策的过程。在预算执行过程中，依据会计提供的预算收支活动信息，政府可以及时了解和检查财政方针、政策的执行情况，以便发现不符合政策或不合法的收支行为，从而采取措施，进行纠正。

二、政府与非营利组织会计目标与会计信息

（一）会计目标

会计目标是会计理论体系的起点，整个会计理论体系和会计实务都需建立在会计目标的基础上。会计目标是会计所要达到的根本目的，是对会计所提供经济信息的基本要求。会计目标主要明确为什么要提供会计信息、向谁提供会计信息、提供哪些会计信息等。只有会计目标明确了，预算会计才能进一步明确应当收集哪些会计数据，以及采用何种会计方法加工和处理这些会计数据，向会计信息的使用者提供哪些有用的会计信息。

（二）政府与非营利组织会计信息使用者

政府与非营利组织会计应向本单位领导及管理层、上级主管部门、财政部门、审计机关、捐赠人、会费交纳人等提供决策有用信息。政府与非营利组织会计所提供的信息与企业财务会计提供的信息相比，较简单一些，除实行企业化管理的事业单位会计之外，一般不提供盈利信息，也不提供偿债能力信息，而主要是提供预算资金使用情况的信息。政府与非营利组织会计信息使用者包括如下。

1. 立法机关和政府审计机关

人民代表大会需要依据政府相关部门所提供的财务信息来实现监督职能，并对政府使用和支配公共资源的效率和效果进行评价，判断政府的工作业绩。

2. 社会公众

对于社会公众来讲，依法纳税是其应尽的义务，而社会公众同时也享有知情权，即有权利知道政府提供公共服务的状况以及政府履行社会公众所委托的各种责任的情况。

3. 投资人和债权人

投资人和债权人需要政府与非营利组织会计信息，以做出是否与政府和非营利组织继续合作的经济决策。

4. 投资评估机构

投资评估机构作为政府与非营利组织财务报告的使用者，需要判断政府与非营利组织对公共资源的配置符合社会资源最佳配置的客观要求。

5. 上级主管部门和管理层

政府与非营利组织会计单位的上级主管部门利用下属单位会计信息,了解下属单位业务活动开展情况、预算收支情况、财务活动情况和经营成果情况,以便准确评价下属单位预算拨款的使用效果和效率。本单位领导和管理层,利用本单位会计信息,可以了解本单位预算收支和财务情况,发现预算执行中或财务活动过程中所存在的问题,分析原因,解决困难,改进工作。

6. 外国政府和国际组织

随着经济全球化的迅猛发展,我国与外国政府和国际组织之间的往来不断增多,各级政府越来越明显地感受到来自这些主体的信息需求的压力。

(三) 使用会计信息的目的和需要

不同的会计信息使用者了解会计信息的目的不同,需要的会计信息也不一样。会计信息主要包括:①政府与非营利组织对预算资金的筹集和分配使用的情况;②政府与非营利组织现金收支差额和负债情况;③政府与非营利组织掌控资金和各种经济资源情况,提供公共服务的成本,以及使用财政资金的用途和使用绩效等信息。

(四) 所提供的会计信息内容

1. 预算执行情况的信息

政府会计要提供反映会计主体预算收入、预算支出和预算结余情况的信息,在预算收入、预算支出和预算结余中,政府会计要报告法定预算的执行情况、实际执行过程与法定预算偏差情况。

2. 政府财务状况的信息

政府会计要提供会计主体掌控的全部资产、全部负债的情况和资产扣除负债后的净资产的情况。政府会计要提供会计主体在某一时点资产、负债、净资产的存量情况,也要提供会计期间资产、负债、净资产的变动情况。

3. 政府工作绩效的信息

政府会计要提供有助于评价政府工作绩效的会计信息,一般是公共服务的运行成本,主要是通过经济投入和产出的对比来反映,以此反映工作绩效的信息。

4. 民间非营利组织经济活动的信息

民间非营利组织会计的目标是向财务报告使用者如实反映民间非营利组织的经济资源、债务情况、收入、成本费用和现金流量等信息,反映民间非营利组织管理层的受托责任履行情况,以满足捐赠人、会员、债权人、政府监管部门和民间非营利组织自身对信息的需求。

第三节 政府与非营利组织会计对象、会计要素和会计等式

一、政府与非营利组织会计对象

会计对象是指会计核算和监督的内容,政府与非营利组织会计的一般对象是指能以

货币表现的各级政府财政部门、行政事业单位和民间非营利组织实际发生的各项经济业务活动,即预算资金收支活动过程和结果。

(一)财政总会计对象

各级财政总会计由同级财政部门办理。各级财政部门肩负着执行该级政府总预算的职责,是负责组织国家财政收支、办理国家预算的行政机关,是各级政府财政的"总会计"。因此,财政总会计的对象是财政预算资金的集中、分配及其结果,表现为各级政府财政的收入、支出以及由此形成的资产、负债和净资产。

(二)行政单位预算会计对象

在单位预算执行中,行政单位按照核定的单位预算和分月用款计划通过财政直接支付和财政授权支付方式从财政部门获取经费,形成收入;按照预算规定的用途和开支标准支付人员经费和公用经费,形成其支出;收入超过支出的部分形成行政单位结余。因此,行政单位预算会计的对象表现为行政单位在预算执行中所发生的收入、支出、结余以及由此形成的资产、负债和净资产。

(三)事业单位会计对象

事业单位是指从事各项社会事业活动的单位。其所需要的资金,一方面,由财政部门或主管部门从国家预算集中的资金中加以拨付;另一方面,事业单位可在国家规定的范围内取得业务收入,形成事业单位的资金来源,发生经费支出和拨付下级所需经费,从而形成单位的资金支出(运用)。其收支结余形成资金结存。因此,事业单位会计的对象,就是指事业单位预算资金的领拨、使用及其结果,以及收入的取得、成本费用的发生和收益的形成等资金运动过程。

(四)民间非营利组织会计对象

民间非营利组织会计反映其经济活动过程和结果。其所提供的经济资源、债务情况和现金流量等会计信息,将提高民间非营利组织的透明度,增强其公信力,以便于财务报告使用者作出科学合理的决策。因此,民间非营利组织会计的对象是民间非营利组织的预算资金及其经营收支过程和结果。

二、政府与非营利组织会计要素

政府与非营利组织会计要素是对政府与非营利组织会计对象的具体分类。本节先介绍政府会计要素,民间非营利组织会计要素将在后续章节介绍。政府会计要素分别由政府预算会计要素和政府财务会计要素两大种类构成。

(一)政府预算会计要素及其确认和计量原则

政府预算会计要素包括预算收入、预算支出和预算结余。

1. 预算收入

预算收入是指政府会计主体在预算年度内依法取得的并纳入预算管理的现金流入。预算收入一般在实际收到时予以确认,以实际收到的金额计量。

2. 预算支出

预算支出是指政府会计主体在预算年度内依法发生的并纳入预算管理的现金流出。预算支出一般在实际支付时予以确认,以实际支付的金额计量。

3. 预算结余

预算结余是指政府会计主体预算年度内预算收入扣除预算支出后的资金余额，以及历年滚存的资金余额。预算结余包括结余资金和结转资金。结余资金是指年度预算执行终了时预算收入实际完成数扣除预算支出和结转资金后剩余的资金；结转资金是指因预算安排项目的支出年终尚未执行完毕或者未执行，下年需要按原用途继续使用的资金。

（二）政府财务会计要素及其确认和计量原则

政府财务会计要素包括资产、负债、净资产、收入和费用。

1. 资产

资产是指政府会计主体过去的经济业务或者事项形成的，由政府会计主体控制的，预期能够产生服务潜力或者带来经济利益流入的经济资源。服务潜力是指政府会计主体利用资产提供公共产品和服务以履行政府职能的潜在能力。经济利益流入表现为现金及现金等价物的流入或者现金及现金等价物流出的减少。符合政府资产定义的经济资源，在同时满足以下条件时，确认为资产：一是与该经济资源相关的服务潜力很可能实现或者经济利益很可能流入政府会计主体；二是该经济资源的成本或者价值能够可靠地计量。

政府资产的计量属性主要包括历史成本、重置成本、现值、公允价值和名义金额。政府会计主体在对资产进行计量时，一般应当采用历史成本。采用重置成本、现值、公允价值计量的，应当保证所确定的资产金额能够持续、可靠计量。无法采用历史成本、重置成本、现值和公允价值计量属性的，采用名义金额（即人民币1元）计量。

2. 负债

负债是指政府会计主体过去的经济业务或者事项形成的，预期会导致经济资源流出政府会计主体的现时义务。现时义务是指政府会计主体在现行条件下已承担的义务。未来发生的经济业务或者事项形成的义务不属于现时义务，不应当确认为负债。符合政府负债定义的义务，在同时满足以下条件时，确认为负债：一是履行该义务很可能导致含有服务潜力或者经济利益的经济资源流出政府会计主体；二是该义务的金额能够可靠地计量。

政府负债的计量属性主要包括历史成本、现值和公允价值。政府会计主体在对负债进行计量时，一般应当采用历史成本。采用现值、公允价值计量的，应当保证所确定的负债金额能够持续、可靠计量。

3. 净资产

净资产是指政府会计主体资产扣除负债后的净额，其金额取决于资产和负债的计量。

4. 收入

收入是指报告期内导致政府会计主体净资产增加的、含有服务潜力或者经济利益的经济资源的流入。

收入的确认应当同时满足以下条件：一是与收入相关的含有服务潜力或者经济利益的经济资源很可能流入政府会计主体，二是含有服务潜力或者经济利益的经济资源流入会导致政府会计主体资产增加或者负债减少，三是流入金额能够可靠地计量。

5. 费用

费用是指报告期内导致政府会计主体净资产减少的、含有服务潜力或者经济利益的经济资源的流出。

费用的确认应当同时满足以下条件：一是与费用相关的含有服务潜力或者经济利益的经济资源很可能流出政府会计主体，二是含有服务潜力或者经济利益的经济资源流出会导致政府会计主体资产减少或者负债增加，三是流出金额能够可靠地计量。

三、政府会计等式

会计要素之间的关系通常用会计等式表示，政府会计的会计等式描述的是资产、负债和净资产之间的关系。从数学的角度来看，一个单位所拥有的资产总额与负债和净资产的总额必然是相等的。我们将资产、负债和净资产之间的这种客观存在的恒等关系称为会计等式。

政府会计等式用公式表示为：

$$资产 = 负债 + 净资产 \qquad (1)$$

单位在业务运作的过程中，必然会取得一定数额的收入，同时也必然会发生一定数额的费用（支出）。收入和费用相抵后的余额为盈余。这样，收入、费用和盈余这三个要素的关系便可以用公式表示如下：

$$收入 - 费用 = 盈余 \qquad (2)$$

单位一定会计期间的盈余可以增加净资产。当然，如果抵减后的结果是负数，则会产生相反方向的影响。因此，我们可以将以上两个等式用公式连接起来表示如下：

$$资产 = 负债 + 净资产 + 收入 - 费用$$

这一公式可进一步变形为：

$$资产 + 费用 = 负债 + 净资产 + 收入 \qquad (3)$$

上述三个关系式中，(1)式可理解为静态等式，它反映单位在特定时点的资产、负债与净资产的恒等关系；(2)式和(3)式可理解为动态等式，它们反映单位业务活动过程中的收支盈余情况及净资产的增值情况，其中，(1)式是财务会计编制资产负债表的依据，(2)式和(3)式是财务会计编制收入费用表和试算平衡的依据。

$$预算收入 - 预算支出 = 预算结转结余 \qquad (4)$$

式(4)是预算会计编制预算收入支出表的依据。

会计等式是会计学中的一个理论基础，它是单位开设账户、复式记账和编制会计报表的理论依据。

第四节 政府与非营利组织会计基本假设和会计基础

一、政府与非营利组织会计基本假设

政府与非营利组织会计基本假设是指组织政府与非营利组织会计核算工作必须具备

的前提条件,具体包括会计主体、持续运行、会计分期和货币计量。

(一)会计主体

会计主体是指政府与非营利组织会计服务的特定单位或组织,即政府与非营利会计核算的边界范围。政府与非营利组织会计应当对政府与非营利组织会计主体发生的经济业务或者事项进行会计核算。政府财政总会计的主体是各级政府,而不是各级政府的财政部门,行政事业单位会计的主体是各级各类行政事业单位,民间非营利组织会计的主体是相应的法人组织。

(二)持续运行

持续运行是指政府与非营利组织会计主体的经济业务活动能够持续不断地进行下去。政府与非营利组织会计核算应当以政府与非营利组织会计主体持续运行为前提。也就是说,政府与非营利组织会计主体通常是以正常的经济活动为前提条件去处理数据、加工并传递信息的。若没有持续运行的前提条件,一些公认的会计处理方法将失去存在的基础,政府与非营利组织会计主体也就不能按照正常的会计处理方法进行会计核算。

(三)会计分期

会计分期是指政府与非营利组织会计主体持续运行的时间划分为一定的期间,据以结算账目、编制会计报表。政府会计期间采用月度、季度、半年度和年度,我国政府会计期间采用历年制。为了及时向有关方面提供会计信息,政府会计还可以根据需要提供旬报。分期提供会计信息,有利于政府会计信息使用者将各期的会计信息进行对比分析,提高信息的有用性。

会计期间的划分对政府与非营利组织会计核算有着重要的影响。有了会计期间,才产生了本期与非本期的区别,从而产生了权责发生制和收付实现制,使不同类型的政府与非营利组织会计主体有了记账的基础。

(四)货币计量

货币计量是指政府与非营利组织会计主体的会计核算应该通过货币予以综合反映。它是现代会计最基本的前提条件,如果没有这个前提条件,会计也就失去了其价值。政府与非营利组织会计核算应当以人民币为记账本位币,在发生外币业务时,应当将有关外币折算为人民币进行核算。业务收支以外币为主的政府与非营利组织会计主体,也可以选定某种外币作为记账本位币,但在编制会计报表时,应当按照会计报表报日期的人民币外汇汇率折算为人民币反映。货币计量可以使各种经济业务在数量上有一个统一的衡量标准,即人民币"元",从而使相同或不同的经济业务在数量上可以进行相加或相减。

二、政府与非营利组织会计基础

会计基础是指会计确认、计量和报告的基础,主要分为收付实现制和权责发生制两种。其中,收付实现制是指以现金的实际收付为标志来确定本期收入和支出的会计基础。凡在当期实际收到的现金收入和支出,均应作为当期的收入和支出;凡是不属于当期的现金收入和支出,均不应当作为当期的收入和支出。权责发生制是指以取得收取款项的权利或承担支付款项的义务为标志来确定本期收入和费用的会计基础。凡是当期已经实现的收入和已经发生的或应当负担的费用,不论款项是否收付,都应当作为当期的收入和费用;凡是不属于当期的收入和费用,即使款项已在当期收付,也不应当作为当期的收入和费用。

在我国,政府会计采用"双基础"。由于政府预算会计以如实反映预算执行情况为主要会计目标,政府预算会计采用收付实现制。由于政府财务会计以如实反映政府财务状况为主要会计目标,政府财务会计采用权责发生制。由此可以看出,行政事业单位会计同时采用收付实现制和权责发生制。

民间非营利组织会计以如实反映财务状况为主要会计目标,因此,民间非营利组织会计实行权责发生制。

第五节 政府与非营利组织会计信息质量要求

一、政府会计信息质量要求

会计信息质量要求是指会计主体向信息使用者提供的会计信息应当达到的质量标准。政府会计信息质量的高低直接影响信息使用者能否作出合理、正确的经济和社会等方面的决策。政府会计信息质量要求通常包括可靠性、全面性、相关性、及时性、可比性、可理解性和实质重于形式等。

(一) 可靠性

政府会计应当以实际发生的经济业务或者事项为依据进行会计核算,如实反映各项会计要素的情况和结果,保证会计信息真实可靠。政府会计不能扭曲经济业务的内容,对相应的经济业务作出不真实、不客观的记录和反映;也不能以尚未发生或可能发生的经济业务为依据,根据人为的估计进行会计核算;更不能故意编造经济业务的内容,并以此为依据进行会计记录和反映。政府会计信息只有真实客观,才能帮助信息使用者作出正确的评价和决策。

(二) 全面性

政府会计应当将发生的各项经济业务或者事项统一纳入会计核算,确保会计信息能够全面反映政府预算执行情况、财务状况、运行情况、现金流量等。政府会计既涉及财政拨款资金的来源和使用,也涉及非财政拨款资金的来源和使用,如事业单位面向市场取得的事业收入的来源和使用;既涉及基本运行经费的来源和使用,也涉及项目经费的来源和使用;既需要反映预算执行情况,也需要反映财务状况和运行成本。故政府会计需要全面反映财政拨款资金收支、非财政拨款资金收支等情况,全面反映财务状况、运行成本等情况。

(三) 相关性

政府会计提供的会计信息应当与反映政府会计主体公共受托责任履行情况以及会计报告使用者决策、监督、管理的需要相关,这有助于报告使用者对政府会计主体过去、现在或者未来的情况作出评价或者预测。近年来,我国政府预算管理方法取得很大进步,预算管理水平不断提高,政府收支综合预算、基本支出预算和项目支出预算等预算内容和方法不断呈现和完善。在此过程中,政府会计也不断改革和发展,提供的信息基本满足了相关信息使用者评价和考核行政事业单位公共受托责任履行情况的需要,并为信息使用者作出相应的经济和社会决策提供了有力的信息支持。

(四)及时性

政府会计对已经发生的经济业务或者事项,应当及时进行会计核算,不得提前或者延后。会计信息的价值在于帮助会计信息使用者作出相关决策,具有时效性。即使是可靠、相关的会计信息,若不及时提供,便会失去时效性,对于使用者的效用就大大降低,甚至不再具有实际意义。

(五)可比性

政府会计主体提供的会计信息应当具有可比性。具体讲,同一政府会计主体不同时期发生的相同或者相似的经济业务或者事项,应当采用一致的会计政策,不得随意变更。确需变更的,应当将变更的内容、理由及其影响在会计报表附注中予以说明。不同政府会计主体发生的相同或者相似的经济业务或者事项,应当采用一致的会计政策,确保政府会计信息口径一致,相互可比。

(六)可理解性

可理解性是指政府会计提供的会计信息应当通俗易懂、清晰明了,便于会计信息使用者理解和使用。政府会计信息只有易于信息使用者理解,才能帮助信息使用者评价政府受托责任的履行情况,并作出相应的决策。

(七)实质重于形式

政府会计应当按照经济业务或者事项的经济实质进行会计核算,不限于以经济业务或者事项的法律形式为依据。经济业务的经济实质和法律形式在大多数情况下是一致的,但有时也会存在不一致的情况。按照实质重于形式的质量要求提供的政府会计信息,比纯粹按照法律形式提供的政府会计信息更加具有相关性,从而可以更好地帮助政府会计信息使用者作出合理正确的决策。

二、民间非营利组织会计信息质量要求

虽然民间非营利组织核算的经济业务的具体内容、会计信息使用者及其信息需求与政府会计存在一些差异,但民间非营利组织会计信息质量要求与政府会计信息质量要求基本相同,也包括可靠性、全面性、相关性、及时性、可比性、可理解性和实质重于形式等,故不再详述。

第六节 政府与非营利组织财务报告

政府与非营利组织财务报告是政府与非营利组织会计工作的最终产品,是全面、系统地反映政府与非营利组织经济活动及其结果的报告性书面文件,是考核政府与非营利组织财务业绩的重要依据,也是政府与非营利组织解除财务受托责任的书面信息载体。

一、政府决算报告和政府财务报告

根据《政府会计准则基本准则》的规定,政府会计主体应当编制政府决算报告和政府财务报告。

(一)政府决算报告

政府决算报告是综合反映政府会计主体年度预算收支执行结果的文件。政府决算报告应当包括政府决算报表和其他应当在决算报告中反映的相关信息和资料。政府决算报告的具体内容及编制要求等由财政部规定。在现行实务中,政府决算报表分别由财政总会计报表和行政事业单位预算会计报表组成。其中,财政总会计报表反映一级政府层面财政预算执行情况和财务状况,行政事业单位预算会计报表反映行政事业单位预算执行情况。行政事业单位预算会计报表按政府部门汇总后,形成政府部门预算会计报表,反映政府部门预算执行情况。

政府决算报告的编制主要以收付实现制为基础,以预算会计核算生成的数据为准。

(二)政府财务报告

政府财务报告是反映政府会计主体某一特定日期的财务状况及某一会计期间的运行情况和现金流量等信息的文件。政府财务报告应当包括财务报表和其他应当在财务报告中披露的相关信息和资料。

政府财务报告包括政府综合财务报告和政府部门财务报告。其中,政府综合财务报告是指由政府财政部门编制的,反映各级政府整体财务状况、运行情况和财政中长期可持续性的报告,即各级政府财政总预算会计编制的财务报告;政府部门财务报告是指政府各部门、各单位按规定编制的财务报告,即各级各类行政事业单位财务会计编制的财务报告。

在政府财务报告中,财务报表是对政府会计主体的财务状况、运行情况和现金流量等有关信息的结构性表述。财务报表由会计报表及其附注构成。会计报表一般包括资产负债表、收入费用表和净资产变动表。单位可根据实际情况自行选择编制现金流量表。

政府财务报告的编制主要以权责发生制为基础,以财务会计核算生成的数据为准。

二、民间非营利组织财务报告

民间非营利组织财务报告是反映民间非营利组织某一特定日期的财务状况及某一会计期间的运行情况和现金流量等信息的文件。民间非营利组织财务报告应当包括财务报表和其他应当在财务报告中披露的相关信息和资料。

民间非营利组织财务报表包括会计报表和附注。会计报表包括资产负债表、业务活动表(或收入费用表)、现金流量表三个种类。其中,资产负债表反映民间非营利组织在某一特定日期资产、负债和净资产的情况;业务活动表反映民间非营利组织在某一特定期间收入和费用的实际发生情况;现金流量表反映民间非营利组织在某一特定期间不同种类业务活动的现金流入和流出的情况。附注是对民间非营利组织会计报表的补充说明。

思考题

1. 什么是政府与非营利组织会计?它由哪几部分组成?
2. 与企业会计相比,政府与非营利组织会计有哪些主要特点?
3. 政府与非营利组织会计对会计信息质量要求有哪些?
4. 政府与非营利组织会计要素分为哪几类?各自具有哪些内容?
5. 政府与非营利组织财务报告的组成是怎样的?

练习题

一、单项选择题

1. 政府会计对已经发生的经济业务或者事项,应当及时进行会计核算,不得提前或者延后,这一表述属于(　　)会计信息质量要求。
   A. 及时性　　　　B. 可靠性　　　　C. 实质重于形式　　　D. 全面性
2. 要求会计核算所提供的信息能够满足会计信息使用者的需要,有助于会计信息使用者做出正确的决策的会计信息质量要求是(　　)。
   A. 可比性　　　　B. 及时性　　　　C. 相关性　　　　D. 可理解性
3. 在政府预算会计要素中,预算收入与预算支出相抵后的余额是(　　)。
   A. 结余　　　　　B. 净资产　　　　C. 事业结余　　　　D. 预算结余
4. 关于费用要素,下列说法不正确的是(　　)。
   A. 费用导致负债增加
   B. 费用会导致经济利益的流出
   C. 费用最终会导致净资产的减少
   D. 费用的发生一定会伴随着资产的减少
5. 政府财政总会计的主体是(　　)。
   A. 各级政府
   B. 各级各类行政单位
   C. 民间非营利法人组织
   D. 各级各类事业单位

二、多项选择题

1. 政府预算会计要素包括(　　)。
   A. 预算收入　　　B. 预算支出　　　C. 预算结余　　　D. 预算结转
2. 政府与非营利组织会计基本要素可划分为(　　)。
   A. 资产
   B. 负债
   C. 净资产
   D. 收入和支出(费用)
3. 政府与非营利组织会计职能包括(　　)。
   A. 正确核算,为加强预算管理提供可靠的会计信息
   B. 及时反映情况,参与决策,发挥宏观调控作用
   C. 分析预算执行进度,确保预算资金供求协调和平衡
   D. 检查预算收支活动,正确执行国家财经方针、政策

4. 预算结余包括（　　）。
   A. 结余资金　　　　B. 结转资金　　　　C. 预算结余　　　　D. 预算支出
5. 下列项目中，对政府会计要素之间的关系表达正确的有（　　）。
   A. 资产＝负债＋所有者权益　　　　B. 资产－负债＝净资产
   C. 收入－费用＝利润　　　　D. 收入－费用＝净资产的变动
6. 政府与非营利组织会计基本假设包括（　　）。
   A. 会计主体　　　　B. 持续运行　　　　C. 会计分期　　　　D. 货币计量

三、判断题

1. 非营利组织是指民间非营利组织，即执行《民间非营利组织会计制度》的相关社会团体、基金会、民办非企业单位和寺院、宫观、清真寺、教堂等。（　　）
2. 政府与非营利组织会计的全部活动是围绕预算管理这一核心来进行的，是以预算管理为中心的一门专业会计。（　　）
3. 政府与非营利组织会计目标是向本单位领导及管理层、上级主管部门、财政部门、审计机关等提供正确决策的有用信息。（　　）
4. 政府财务会计以收付实现制为基础对政府会计主体发生的各项经济业务或者事项进行会计核算。（　　）
5. 预算结余是指政府会计主体预算年度内预算收入扣除预算支出后的资金余额，以及历年滚存的资金余额。（　　）
6. "资产＝负债＋净资产"是政府与非营利组织会计编制资产负债表的平衡公式，无论哪个平衡公式，左方合计数与右方合计数相等。（　　）
7. 根据适用范围和核算对象的不同，会计体系可分为两大类：一类是企业会计，另一类是政府与非营利组织会计。（　　）
8. 政府会计期间采用月度、季度、半年度和年度。为了及时向有关方面提供会计信息，政府会计还可以根据需要提供旬报。（　　）

第二篇
财政总会计

第二章

财政总会计概述

学习目的和要求：通过本章内容的学习，了解财政总会计的概念，理解财政总会计的目标和特点，掌握财政总会计的会计科目及其分类。

教学重点和难点：本章的重点在于财政总会计科目，难点在于财政总会计的组成体系，财政总会计的会计要素，财政总会计科目的设置和运用。

课程思政案例

了解我国会计历史，树立文化自信

小张是大学一年级的新生，刚入学就看到学校有会计博物馆，于是小张便去参观了会计博物馆，他发现会计的起源可以追溯到结绳记事。参观完会计博物馆后，小张对馆里收藏的各种会计计量工具以及历史上的一些会计核算方法很感兴趣，同时也有一些疑惑。于是，他找到了学校里研究会计史的老师请教相关的问题。老师告诉他，我国的会计起始于170万年以前的旧石器时代，远古的先人最早是采用绘画、结绳、刻契等方式记录平常的活动。到了唐宋时期，我国会计核算采用"四柱清算法"，明末清初时山西商人发明了"龙门账"，整个会计发展经历了一个由单式簿记到复式记账的过程……

思考与讨论：

你是否与小张有同样的疑惑？在中华文明的发展史上会计经历了一个怎样的发展过程，发挥了怎样的作用？现在及未来的会计又会怎样发展？财政总会计又是怎样演变而来的？

第一节 财政总会计的概念、主体、目标和特点

一、财政总会计的概念

财政总会计是各级政府财政核算、反映、监督与一般公共预算资金、政府性基金预算资金、国有资本经营预算资金、社会保险基金预算资金以及财政专户管理资金、专用基金和代管资金等资金有关的经济活动或事项的专业会计。

财政总会计负责核算、监督各级财政总预算的执行情况，财政总会计相应划分为中央、省、市、县、乡五级。其主要任务包括进行会计核算，严格调度管理财政资金收付，规范账户管理，实行会计监督并协调预算收入征收部门、国家金库、国库集中收付代理银行、财政专户开户银行和其他有关部门之间的业务关系，组织本地区财政总决算、部门决算、政府财务报告编审和汇总工作，组织和指导下级财政总会计工作。

二、财政总会计的主体

财政总会计的主体是各级政府,而不是各级政府的财政部门。我国实行一级政府一级财政预算,即各级政府都编制相对独立完整的财政收支预算,共分为五级财政预算。为核算、反映和监督各级政府的财政总预算执行情况和结果,各级政府在财政部门均设立相应的财政总会计,具体为:①中央政府财政部设立中央财政总会计。②省(自治区、直辖市)政府财政厅(局)设立省(自治区、直辖市)财政总会计。③设立区的市(自治州)政府财政局设立市(州)财政总会计。④县、自治县、不设区的市、市辖区政府财政局设立县(市、区)财政总会计。⑤乡、民族乡、镇政府财政所设立乡(镇)财政总会计。

三、财政总会计的目标

总体来说,财政总会计的目标是向会计信息使用者提供政府财政预算执行情况、财务状况等会计信息,反映政府受托责任履行情况。财政总会计的会计信息使用者包括人民代表大会、政府及其有关部门、政府财政部门自身和其他会计信息使用者。具体来看,财政总会计的目标包括:

(1) 进行会计核算。办理政府财政各项预算收支、资产负债以及财政运行的会计核算工作,反映政府财政预算执行情况、财务状况、运行情况和现金流量等。

(2) 严格调度管理财政资金收付。组织办理财政资金的收付、调拨,在确保资金安全性、规范性、流动性前提下,合理调度管理资金,提高资金使用效益。

(3) 规范账户管理。加强对国库单一账户、财政专户、零余额账户和预算单位银行账户等的管理。

(4) 实行会计监督,参与预算管理和财务管理。通过会计核算和反映,进行预算执行情况、财务状况、运行情况和现金流量情况分析,并对财政部门及其所属单位的预算执行和财务管理情况实行会计监督。

(5) 协调预算收入征收部门、国家金库、国库集中收付代理银行、财政专户开户银行和其他有关部门之间的业务关系。

(6) 组织本地区财政总决算、部门决算、政府财务报告编审和汇总工作。

(7) 组织和指导下级财政总会计工作。

四、财政总会计的特点

财政总会计在政府会计预算体系中占主导地位,具体有如下特点。

(1) 核算的主体是一级政府,如中央、省、市、县、乡等政府。财政总会计反映的会计信息是以一级政府为特定的空间范围的。应当指出的是,财政总会计主体不是各级财政部门,因为财政总预算各项收支的安排和使用是各级政府的职权,而财政部门作为行政单位,只是代表政府执行预算,管理财政收支。

(2) 核算的主要依据是财政总预算的编制形式和收支分类。目前我国的政府财政总预算分为一般公共预算、政府性基金预算、国有资本经营预算和社会保险基金预算四种。各种类的预算相对完整独立。为了如实反映各类预算的执行情况,财政总会计需要分别为相应种类的财政总预算核算其相对独立完整的收支内容。在有关种类的预算发生资金调剂使用时,如将部分政府性基金预算的资金转入一般公共预算时,尽管一级政府的财力总数没有发生变化,但财政总会计需要分别在有关种类的预算中核算收入和支出。

政府财政总预算的编制形式和内容总体上决定了财政总会计核算的形式和内容,财政总预算的编制形式和内容发生变化,财政总会计就会随之发生相应的变化。

(3) 核算的对象是财政总预算资金的运动,具体包括财政总预算资金的收入、支出及其结余等内容。由于财政总预算只是对所取得的财政资金进行分配,财政总会计中没有诸如入库存现金、库存物品、固定资产等相关资产的核算内容。由财政总会计分配使用财政资金而形成的上述资产,在相应的行政事业单位会计中核算。由于财政总会计围绕财政资金的收入和分配业务进行,财政总会计也没有成本核算的内容。目前与单位成本或费用相关的内容,由行政事业单位会计处理;与一级政府成本和费用相关的内容,在权责发生制政府综合财务报告中反映。

(4) 核算的内容主要是财政总预算的实际执行情况和结果。政府财政总预算的执行情况由财政总会计予以记录和反映,政府财政总预算由总预算收入和总预算支出两部分内容组成。财政总会计主要记录和反映政府财政总预算收支执行情况和结果。但在财政总会计的核算内容中,除上述两者外,还有国库存款、其他国库存款、与上级往来、与下级往来、应收股利、股权投资、应收地方政府债券转贷款、应付长期政府债券等资产和负债的内容。因此,财政总会计核算内容与财政总预算的内容并不完全一致,前者比后者的内容要广泛一些,两者都具有相对独立的内容和方法。

(5) 财政总会计应当具备财务会计与预算会计双重功能,实现财务会计与预算会计适度区分并相互衔接,全面清晰反映政府财政财务信息和预算执行信息。

财务会计实行权责发生制,预算会计实行收付实现制。纳入预算管理的财政资金收支业务在采用预算会计核算的同时应当进行财务会计核算;不同预算类型资金间的调入调出、待发国债等业务仅需进行预算会计核算;对于其他业务,仅需进行财务会计核算。这样有利于加强政府财政预算信息管理,满足各方面的信息需求。

第二节 财政总会计要素

财政部制定印发并自 2023 年 1 月 1 日起施行的《财政总会计制度》共八章 66 条。《财政总会计制度》明确了财政总会计要素包括财务会计要素和预算会计要素。财务会计要素包括资产、负债、净资产、收入和费用;预算会计要素包括预算收入、预算支出和预算结余。

一、财务会计要素

(1) 资产是指政府财政占有或控制的、能以货币计量的经济资源。资产按照流动性分为流动资产和非流动资产。流动资产是指预计在 1 年内(含 1 年)耗用或者可以变现的资产;非流动资产是指流动资产以外的资产。总会计核算的资产具体包括财政存款、国库现金管理资产、有价证券、应收非税收入、应收股利、应收及暂付款项、借出款项、预拨经费、在途款、应收转贷款、股权投资等。

(2) 负债是指政府财政承担的能以货币计量、需以资产偿付的债。负债按照流动性分为流动负债和非流动负债。流动负债是指预计在1年内(含1年)偿还的负债;非流动负债是指流动负债以外的负债。财政总会计核算的负债具体包括应付政府债券、应付国库集中支付结余、应付及暂收款项、应付代管资金、应付利息、借入款项、应付转贷款、其他负债等。

(3)净资产是指本级政府财政总会计核算的资产扣除负债后的净额。财政总会计核算的净资产包括累计盈余、本期盈余、预算稳定调节基金、预算周转金、权益法调整、以前年度盈余调整等。

(4)收入是指政府财政为实现政府职能,根据法律法规等所筹集的资金。财政总会计核算的收入包括税收收入、非税收入、投资收益、转移性收入、其他收入、财政专户管理资金收入和专用基金收入等。应当按照开具票据金额或实际取得金额进行计量。

(5)费用是指政府财政为实现政府职能,对财政资金的分配和使用。财政总会计核算的费用包括政府机关商品和服务拨款费用、政府机关工资福利拨款费用、对事业单位补助拨款费用、对企业补助拨款费用、对个人和家庭补助拨款费用、对社会保障基金补助拨款费用、资本性拨款费用、其他拨款费用、财务费用、转移性费用、其他费用、财政专户管理资金支出、专用基金支出等。费用应当按照承担支付义务金额或实际发生金额进行计量。

二、预算会计要素

(1)预算收入一般在实际取得时予以确认,以实际取得的金额计量。财政总会计核算的预算收入包括一般公共预算收入、政府性基金预算收入、国有资本经营预算收入、财政专户管理资金收入、专用基金收入、转移性预算收入、动用预算稳定调节基金、债务预算收入、债务转贷预算收入和待处理收入等。

(2)预算支出一般在实际发生时予以确认,以实际发生的金额计量。财政总会计核算的预算支出包括一般公共预算支出、政府性基金预算支出、国有资本经营预算支出、财政专户管理资金支出、专用基金支出、转移性预算支出、安排预算稳定调节基金、债务还本预算支出、债务转贷预算支出和待处理支出等。

(3)预算结余是指预算年度内政府预算收入扣除预算支出后的余额,以及历年滚存的库款和专户资金余额。财政总会计核算的预算结余包括一般公共预算结转结余、政府性基金预算结转结余、国有资本经营预算结转结余、财政专户管理资金结余、专用基金结余、预算稳定调节基金、预算周转金和资金结存等。(会计要素核算将在第三章和第四章讲述)。

第三节 财政总会计科目

财政总会计科目是对财政总会计要素作进一步分类所形成的项目。财政总会计应当按照下列规定运用会计科目。

(1)财政总会计应当对有关法律、法规允许进行的经济活动,按照《财政总会计制度》的规定使用会计科目进行核算;不得以《财政总会计制度》规定的会计科目及使用说明作为进行有关经济活动的依据。

(2)财政总会计应当按照《财政总会计制度》的规定设置和使用会计科目,不需使用的总账科目可以不使用;在不影响会计处理和编报会计报表的前提下,各级财政总会计可以根据实际情况在《财政总会计制度》体系下自行增设下级明细科目。

(3) 财政总会计应当执行《财政总会计制度》统一规定的会计科目编号,不得随意打乱重编,以便于填制会计凭证、登记账簿、查阅账目,实行会计信息化管理。

(4) 财政总会计在填制会计凭证、登记会计账簿时,应同时填列会计科目的名称及编号。

(5) 财政总会计设置明细科目或进行明细核算,除遵循《财政总会计制度》规定外,还应当满足政府财政预算管理和财务管理的需要。

财政总会计的会计科目如表 2-1 所示。

表 2-1

财政总会计的会计科目表

序号	科目编号	科目名称	序号	科目编号	科目名称
一、财务会计科目			(二) 负债类		
(一) 资产类			15	2001	应付短期政府债券
1	1001	国库存款		200101	应付国债
2	1002	其他财政存款		200102	应付地方政府一般债券
3	1003	国库现金管理资产		200103	应付地方政府专项债券
	100301	商业银行定期存款	16	2011	应付国库集中支付结余
	100399	其他国库现金管理资产	17	2012	与上级往来
4	1011	有价证券	18	2013	其他应付款
5	1021	应收非税收入	19	2014	应付代管资金
6	1022	应收股利	20	2015	应付利息
7	1031	借出款项		201501	应付国债利息
8	1032	与下级往来		201502	应付地方政府债券利息
9	1033	预拨经费		201503	应付地方政府主权外债利息
10	1034	在途款	21	2021	应付长期政府债券
11	1035	其他应收款		202101	应付国债
12	1041	应收地方政府债券转贷款		202102	应付地方政府一般债券
	104101	应收本金		202103	应付地方政府专项债券
	104102	应收利息	22	2022	借入款项
13	1042	应收主权外债转贷款	23	2031	应付地方政府债券转贷款
	104201	应收本金		203101	应付本金
	104202	应收利息		203102	应付利息
14	1061	股权投资	24	2032	应付主权外债转贷款
	106101	国际金融组织股权投资		203201	应付本金
	106102	政府投资基金股权投资		203202	应付利息
	106103	企业股权投资	25	2041	其他负债

(续表)

序号	科目编号	科目名称	序号	科目编号	科目名称
（三）净资产类			42	5002	政府机关工资福利拨款费用
26	3001	累计盈余	43	5003	对事业单位补助拨款费用
	300101	预算管理资金累计盈余	44	5004	对企业补助拨款费用
	300102	财政专户管理资金累计盈余	45	5005	对个人和家庭补助拨款费用
	300103	专用基金累计盈余	46	5006	对社会保障基金补助拨款费用
27	3011	本期盈余			
	301101	预算管理资金本期盈余	47	5007	资本性拨款费用
	301102	财政专户管理资金本期盈余	48	5008	其他拨款费用
	301103	专用基金本期盈余	49	5011	财务费用
28	3021	预算稳定调节基金		501101	利息费用
29	3022	预算周转金		501102	债务发行兑付费用
30	3041	权益法调整		501103	汇兑损益
31	3051	以前年度盈余调整	50	5021	补助费用
	305101	预算管理资金以前年度盈余调整	51	5022	上解费用
			52	5023	地区间援助费用
	305102	财政专户管理资金以前年度盈余调整	53	5031	其他费用
			54	5041	财政专户管理资金支出
	305103	专用基金以前年度盈余调整	55	5042	专用基金支出
			二、预算会计科目		
（四）收入类			（一）预算收入类		
32	4001	税收收入	56	6001	一般公共预算收入
33	4002	非税收入	57	6002	政府性基金预算收入
34	4011	投资收益	58	6003	国有资本经营预算收入
35	4021	补助收入	59	6005	财政专户管理资金收入
36	4022	上解收入	60	6007	专用基金收入
37	4023	地区间援助收入	61	6011	补助预算收入
38	4031	其他收入		601101	一般公共预算补助收入
39	4041	财政专户管理资金收入		601102	政府性基金预算补助收入
40	4042	专用基金收入		601103	国有资本经营预算补助收入
（五）费用类				601111	上级调拨
41	5001	政府机关商品和服务拨款费用	62	6012	上解预算收入
				601201	一般公共预算上解收入

(续表)

序号	科目编号	科目名称	序号	科目编号	科目名称
	601202	政府性基金预算上解收入	76	7013	地区间援助预算支出
	601203	国有资本经营预算上解收入	77	7021	调出预算资金
63	6013	地区间援助预算收入		702101	一般公共预算调出资金
64	6021	调入预算资金		702102	政府性基金预算调出资金
	602101	一般公共预算调入资金		702103	国有资本经营预算调出资金
	602102	政府性基金预算调入资金	78	7031	安排预算稳定调节基金
65	6031	动用预算稳定调节基金	79	7041	债务还本预算支出
66	6041	债务预算收入		704101	国债还本支出
	604101	国债收入		704102	一般债务还本支出
	604102	一般债务收入		704103	专项债务还本支出
	604103	专项债务收入	80	7042	债务转贷预算支出
67	6042	债务转贷预算收入		704201	一般债务转贷支出
	604201	一般债务转贷收入		704202	专项债务转贷支出
	604202	专项债务转贷收入	81	7051	待处理支出
68	6051	待处理收入	(三) 预算结余类		
	605101	库款资金待处理收入	82	8001	一般公共预算结转结余
	605102	专户资金待处理收入	83	8002	政府性基金预算结转结余
(二) 预算支出类			84	8003	国有资本经营预算结转结余
69	7001	一般公共预算支出	85	8005	财政专户管理资金结余
70	7002	政府性基金预算支出	86	8007	专用基金结余
71	7003	国有资本经营预算支出	87	8031	预算稳定调节基金
72	7005	财政专户管理资金支出	88	8033	预算周转金
73	7007	专用基金支出	89	8041	资金结存
74	7011	补助预算支出		804101	库款资金结存
	701101	一般公共预算补助支出		804102	专户资金结存
	701102	政府性基金预算补助支出		804103	在途资金结存
	701103	国有资本经营预算补助支出		804104	集中支付结余结存
	701111	调拨下级		804105	上下级调拨结存
75	7012	上解预算支出		804106	待发国债结存
	701201	一般公共预算上解支出		804107	零余额账户结存
	701202	政府性基金预算上解支出		804108	已结报支出
	701203	国有资本经营预算上解支出		804109	待处理结存

现行《财政总会计制度》对政府财政总预算中的一般公共预算收支、政府性基金预算收支和国有资本经营预算收支等会计核算进行了规范。社会保险基金预算资金的会计核算由专门的《社会保险基金会计制度》规定。

三、财政总会计的记账方法

财政总会计的会计核算应当以本级政府财政业务活动持续正常地进行为前提。财政总会计应当划分会计期间，分期结算账目，按规定编制会计报表和报告。会计期间至少分为年度和月度。会计年度、月度等会计期间的起讫日期采用公历日期。年度终了后，财政总会计可根据工作需要设置一定期限的上年报告清理期。

财政总会计应当采用借贷记账法记账。对于部分经济业务，财政总会计采用"双轨制"或"双分录"会计记录方法，既按权责发生制进行确认也按收付实现制进行确认。在财政总会计中，"双轨制"或"双分录"会计记录方法广泛应用于政府债券发行、政府债券转贷、政府债券还本、政府股权投资、应收股利、政府借入主权外债、借入主权外债转贷、政府偿还主权外债等业务。"双轨制"或"双分录"会计记录方法，可以同时提供政府财政资产、负债、收入、支出等多层次的会计信息，有利于加强政府财政管理，满足相关各方的信息需求。

第四节 财政总会计报表组成

财政总会计报表是反映政府财政预算执行结果和财务状况的书面文件。各级总会计必须定期编制和汇总会计报表。财政会计报表可分类如下。

（一）按经济内容分类

财政总会计报表包括财务会计报表和预算会计报表。

1. 财务会计报表组成

财务会计报表包括资产负债表、收入费用表、现金流量表、本年预算结余与本期盈余调节表等会计报表和附注。

（1）资产负债表是反映政府财政在某一特定日期财务状况的报表。

（2）收入费用表是反映政府财政在一定会计期间运行情况的报表。

（3）现金流量表是反映政府财政在一定会计期间现金流入和流出情况的报表。

（4）本年预算结余与本期盈余调节表是反映政府财政在某一会计年度内预算结余与本期盈余差异调整情况的报表。

（5）附注是会计报表中列示项目的文字描述或明细资料，以及关于未能在会计报表中列示项目的说明。

2. 预算会计报表组成

预算会计报表包括预算收入支出表、一般公共预算执行情况表、政府性基金预算执行情况表、国有资本经营预算执行情况表、财政专户管理资金收支情况表、专用基金收支情况表等会计报表和附注。

（1）预算收入支出表是反映政府财政在某一会计期间各类财政资金收支结余情况的报表。

(2) 一般公共预算执行情况表是反映政府财政在某一会计期间一般公共预算收支执行结果的报表。

(3) 政府性基金预算执行情况表是反映政府财政在某一会计期间政府性基金预算收支执行结果的报表。

(4) 国有资本经营预算执行情况表是反映政府财政在某一会计期间国有资本经营预算收支执行结果的报表。

(5) 财政专户管理资金收支情况表是反映政府财政在某一会计期间纳入财政专户管理的资金收支情况的报表。

(6) 专用基金收支情况表是反映政府财政在某一会计期间专用基金收支情况的报表。

(7) 附注是会计报表中列示项目的文字描述或明细资料,以及关于未能在会计报表中列示项目的说明。

（二）按报表报送时间分类

财政会计报表可分为旬报、月报、年报。旬报、月报和年报的报送期限及编报内容应根据上级财政部门的具体要求和本行政区域预算管理的需要办理。

（三）按编制单位分类

财政会计报表可分为本级报表和汇总报表。本级报表是指本级财政部门编制的反映本级政府财务状况和预算执行情况的会计报表；汇总报表是本级财政部门根据本级财政总会计报表和经审核的所属下级财政总会计报送的会计报表汇总编制的,综合反映本级政府财务状况及预算收支执行情况的综合性会计报表。

思考题

1. 什么是财政总会计？它有哪些特点？
2. 按照预算级次分类,我国财政总会计是怎样划分级次的？
3. 财政总会计科目的使用有哪些具体要求？
4. 财政总会计的组成体系是怎样的？

练习题

一、单项选择题

1. 财政总会计的主体是(　　)。
   A. 行政单位　　　　　　　　B. 财政性资金
   C. 各级政府　　　　　　　　D. 各级政府的财政部门
2. 财政总会计实际上是一种(　　)。
   A. 企业会计　　B. 资金会计　　C. 行业会计　　D. 单位会计
3. 与企业会计相比,财政总会计特有的原则之一是(　　)。
   A. 可比性　　　B. 可靠性　　　C. 及时性　　　D. 专款专用
4. 财政总会计资产减去负债后的差额称为(　　)。

A. 净资产　　　　　B. 所有者权益　　　C. 结余　　　　　　D. 股东权益
5. 下列各项会计要素不是财政总会计的会计要素的是(　　)。
　　A. 资产　　　　　　B. 负债　　　　　　C. 所有者权益　　　D. 收入
6. (　　)科目是财政总会计的资产类科目。
　　A. 库存现金　　　　B. 在途款　　　　　C. 原材料　　　　　D. 固定资产
7. (　　)科目是财政总会计的负债类科目。
　　A. 与上级往来　　　B. 长期应付款　　　C. 应付职工薪酬　　D. 短期借款
8. (　　)科目是财政总会计的净资产类科目。
　　A. 专用基金结余　　B. 存货　　　　　　C. 固定资产　　　　D. 无形资产
9. 下列项目中,不属于财政总会计核算内容的是(　　)。
　　A. 收入　　　　　　B. 支出　　　　　　C. 国库存款　　　　D. 库存现金
10. (　　)科目是财政总会计的收入类科目。
　　A. 上级补助预算收入　　　　　　　　　B. 财政拨款收入
　　C. 上解收入　　　　　　　　　　　　　D. 主营业务收入

二、多项选择题

1. 下列项目中,属于财政总会计编制主体的有(　　)。
　　A. 省政府　　　　　B. 市政府　　　　　C. 县政府　　　　　D. 省政府办公厅
2. 下列项目中,属于我国各级政府财政总预算的有(　　)。
　　A. 一般公共预算　　　　　　　　　　　B. 政府性基金预算
　　C. 国有资本经营预算　　　　　　　　　D. 社会保险基金预算
3. 下列项目中,属于各级财政总会计核算的内容有(　　)。
　　A. 固定资产　　　　　　　　　　　　　B. 政府财政总预算收支
　　C. 政府股权投资　　　　　　　　　　　D. 上下级财政间的结算

第三章 财政总会计的资产、负债、净资产和预算结余的核算

学习目的和要求：通过本章内容的学习，掌握财政总会计的资产、负债、净资产和预算结余等要素的构成，熟练运用资产、负债、净资产和预算结余等会计账户进行会计处理。

教学重点和难点：本章的重点是财政总会计中资产、负债、净资产和预算结余要素的内容和性质，以及相关业务的处理；难点是会计账户内容的理解和运用，相关会计分录的编制。

课程思政案例

虚荣的代价

唐某某，1993年生，正值花样年华，因涉嫌严重违法，受到法律的严惩。她是一名普通的出纳员，却因虚荣作祟，挪用公款169.3万余元。2022年8月，广西柳州市××县纪委监委通报了唐某某涉嫌挪用公款严重违法事实，并将其移送检察机关审查起诉。

大学时，由于虚荣心作祟，唐某某开始染指校园贷，至大学毕业前，唐某某共欠了9万元债务。刚毕业时，唐某某无稳定收入维持其高消费，便在网络平台上借款，并拆东墙补西墙，以借贷来还贷，原本几千元的借款如同滚雪球一般越滚越大。2017年6月，唐某某被聘为××县科协出纳。面对债主的电话威胁，唐某某在上班的第三天便起了公款的主意。当时，她手上正握着上一任出纳交接给她的出纳UKey、会计UKey及密码，单位财务报账流程存在的严重管理漏洞，为唐某某挪用公款提供了便捷。

在短短2年时间里，唐某某从科协和文联4个账户挪用公款共819笔，金额高达169.3万余元，平均每笔1 700元。最疯狂的时候她一天竟然挪用19笔款。她利用修图软件制作虚假支付凭证及流水凭证，给单位领导和有业务往来的人员看，以拖延时间。她将这些公款用于偿还网络贷款和个人奢靡的生活消费。

思考与讨论：唐某某在追求享乐中迷失自我，沦为欲望的"俘虏"，面对金钱的诱惑，会计人员如何才能不为所动？单位财务管理制度不健全让唐某某有隙可乘，挪用公款屡屡得手，这对企业内部控制建设有何启示？

第一节 财政总会计资产的核算

财政总会计所核算的资产，是指一级政府财政掌管或控制的、能以货币计量的经济资

源。财政总会计所核算的资产按照流动性,分为流动资产和非流动资产。流动资产是指预计在1年内(含1年)变现的资产,非流动资产是指流动资产以外的资产。

财政总会计资产具体包括财政存款、有价证券、应收非税收入、股权投资、应收股利等。

一、财政存款

(一) 财政存款的概念和管理原则

财政存款是指政府财政部门代表政府管理的一种财政资产,它包括国库存款、国库现金管理存款和其他财政存款。财政存款的支配权属于本级政府财政部门,并由财政总会计负责管理,统一收付,不得透支,不得提取现金。财政总会计在管理财政存款时,应遵循以下原则。

(1) 集中资金,统一调度。各种应由财政部门掌管的资金,都应纳入财政总会计的存款账户。调度资金应根据事业进度和资金使用情况安排,保证满足计划内(预算)各项正常支出的需求,充分发挥资金效益,把资金用活用好。

(2) 严格按照预算、计划拨付。财政总会计根据年度预算或季度分月用款计划拨付资金,不得办理超预算、无用款计划的拨款。

(3) 统一收付,不得提取现金。财政部门是分配财政资金的部门,不是具体的使用单位,不需要支付现金。因此,财政总会计的各种会计凭证不得用以提取现金。

(4) 在存款余额内支付,不得透支。财政总会计只能在国库存款、其他财政存款账户的余额内办理支付,不得透支。

(二) 财政存款账户的管理制度和体系

1. 国库集中收付制度

国库集中收付制度包括集中收缴和集中支付制度,国库单一账户体系是国库集中收付运行机制的基础,由财政在中央银行或委托其他商业银行设立"国库单一账户",各级政府将所有财政性资金集中在本账户,所有财政支出均通过这一账户直接支付给商品供应商、劳务提供者或用款单位。

2. 国库单一账户体系

按照国库集中收付制度的基本要求,财政部门建立国库单一账户体系,将所有财政性资金集中纳入国库单一账户体系管理。国库单一账户体系的基本构成主要包括财政国库存款账户(国库单一账户)、零余额账户和财政专户。

(1) 财政国库存款账户。本账户是指财政部门在国库业务经办机构开设的用于记录、核算和反映预算收入和预算支出及《中华人民共和国预算法》规定的其他预算资金活动,并用于与零余额账户进行清算实现支付的账户。

国库代理银行按日将支付的财政性资金与国库单一账户进行清算;国库代理银行向财政部门提供国库单一账户的收支情况日报表,并核对库存余额,确保数字一致。

(2) 零余额账户。本账户是指财政部门和各部门、各单位在代理国库集中收付业务的银行业金融机构和非税收入收缴代理银行开立的银行结算账户,用于办理预算资金支付业务并与国库单一账户清算,日终余额为零。本账户主要包括三类:财政零余额账户、预算单位零余额账户、财政汇缴零余额账户。

① 财政零余额账户。本账户由财政部门在集中收付代理银行开设,由财政国库支付中心使用,由财政部门进行监督管理,用于记录、核算和反映实行财政直接支付方式的财政性资金活动,并与国库单一账户进行清算。代理银行根据财政部门开具的支付指令向有关货品或者劳务供应商支付款项,并按日向国库单一账户申请清算后,本账户的日终余额为零。财政部门在同一家代理银行原则上只能开立一个零余额账户。

② 预算单位零余额账户。本账户由财政国库支付中心代各预算单位在代理银行开设,由各预算单位使用,由财政部门委托财政国库支付中心进行监督管理。本账户用于记录、核算和反映预算单位的上级补助收入和实行授权支付方式的财政性资金活动,并与国库单一账户进行清算。代理银行根据预算单位开具的支付指令向有关货品或劳务供应商支付款项,并按日向国库单一账户申请清算后,本账户的日终余额为零。财政部门原则上只能为预算单位开立一个预算单位零余额账户。

③ 财政汇缴零余额账户。本账户又称财政汇缴专户,是财政部门为执收单位在非税收入收缴代理银行开设的零余额账户。本账户主要用于执收单位非税收入收缴,并与非税收入财政专户清算。非税收入应在当日转入财政国库存款账户或财政专户,财政汇缴零余额账户每日汇缴后余额为零。财政部门原则上只能为执收单位开立一个财政汇缴零余额账户,财政汇缴零余额账户只能用于执收单位非税收入收缴,不得用于执收单位支出。

(3) 财政专户。本账户是指财政部门为履行财政职能,按照法律规定或经国务院批准,在银行业金融机构开设用于管理核算特定专用资金的银行结算账户,由财政部门或预算单位使用和管理,财政部门委托国库支付中心对单位财政专户进行监督。本账户用于记录、核算和反映经各级政府财政部门批准的专项支出活动,如满足社会保险基金核算、非税收入收缴、外国政府和国际金融组织贷款赠款、外币资金核算、教育收费资金管理、财政代管资金管理、未设国库的乡镇财政资金管理等需要。

(三) 财政存款的核算

财政总会计为核算财政存款业务应设置"国库存款""其他财政存款"和"国库现金管理资产"等账户。

1. 国库存款的核算

为了核算政府财政存放在国库单一账户的款项,财政总会计应设置"国库存款"资产类总账账户,借方登记国库存款的增加数,贷方登记国库存款的减少数,期末余额在借方,反映政府财政国库存款的结存数。

【例3-1】某市财政总会计收到同级国库报来"预算收入日报表"及所附凭证,列明当日共收到本级一般公共预算收入260 000元。其中,国内国有企业增值税200 000元,教育费附加收入60 000元。

财务会计:

借:国库存款	260 000
贷:税收收入	200 000
非税收入	60 000

预算会计：

借：资金结存——库款资金结存　　　　　　　　　　　　　　260 000
　　贷：一般公共预算收入　　　　　　　　　　　　　　　　　　　260 000

【例 3-2】　某市财政总会计收到国库支付执行机构报来的一般公共预算支出结算清单，以财政直接支付方式，拨付本级行政单位的商品和服务费用 280 000 元。

财务会计：

借：政府机关商品和服务拨款费用　　　　　　　　　　　　　280 000
　　贷：国库存款　　　　　　　　　　　　　　　　　　　　　　　280 000

预算会计：

借：一般公共预算支出　　　　　　　　　　　　　　　　　　280 000
　　贷：资金结存——零余额账户结存　　　　　　　　　　　　　　280 000

2. 其他财政存款的核算

其他财政存款是指政府财政未列入"国库存款"账户反映的各项财政存款。为了核算其他财政存款的增减变动，如财政专户款、未设国库的乡（镇）财政预算款，财政总会计财务会计应设置"其他财政存款"资产类总账账户，借方登记其他财政存款增加数，贷方登记其他财政存款减少数，期末余额在借方，反映政府财政持有的其他财政存款。

本账户按资金性质和存款银行等进行明细核算。

【例 3-3】　未设国库的乡（镇）财政拨付一般公共预算支出中对事业单位的补助拨款 62 000 元。

财务会计：

借：对事业单位补助拨款费用　　　　　　　　　　　　　　　62 000
　　贷：其他财政存款　　　　　　　　　　　　　　　　　　　　　62 000

预算会计：

借：一般公共预算支出　　　　　　　　　　　　　　　　　　62 000
　　贷：资金结存——专户资金结存　　　　　　　　　　　　　　　62 000

其他财政存款产生的利息收入，除规定作为专户资金收入外，都应缴入国库纳入一般公共预算管理。取得其他财政存款利息收入时，按照实际获得的利息金额，根据以下两种情况分别处理。

情况一：按规定作为专户资金收入，收到利息收入时，借记"其他财政存款"账户，贷记"应付代管资金"或有关收入账户；同时，按照实际获得利息的资金性质和金额，进行预算会计平行核算。

情况二：按规定应缴入国库，借记"其他财政存款"账户，贷记"其他应付款"账户。将其他财政存款利息收入缴入国库时，借记"其他应付款"账户，贷记"其他财政存款"账户；同时，借记"国库存款"账户，贷记"非税收入"账户；同时，按照实际获得利息的资金性质和金额，进行预算会计平行核算。

3. 国库现金管理资产的核算

国库现金管理资产是指政府财政将暂时闲置的国库存款存放商业银行或者投资于货

币市场形成的资产。国库现金管理是在确保国库资金安全完整和财政支出需要的前提下,对国库现金进行有效运作管理,实现国库闲置现金余额最小化、投资收益最大化的一系列财政资金管理活动。

为了核算政府财政实行国库现金管理业务存放在商业银行的款项,财政总会计财务会计应设置"国库现金管理资产"资产类总账账户。本账户借方核算从国库转存的资金数,贷方核算从商业银行转出的资金数,期末借方余额反映政府财政实行国库现金管理业务持有的存款。

本账户应按照业务种类设置"商业银行定期存款""其他国库现金管理资产"明细账户,并可根据管理需要进行明细核算。

【例3-4】 某市财政局根据国库库款结余情况,将暂时闲置库款250 000元转存商业银行定期存款,期限为10个月。

财务会计:

借:国库现金管理资产——商业银行定期存款 250 000
  贷:国库存款——库款资金结存 250 000

预算会计:

借:一般公共预算支出 250 000
  贷:资金结存——库款资金结存 250 000

【例3-5】 接[例3-4],存款到期收到本金和利息共253 000元,存入国库。

财务会计:

借:国库存款 253 000
  贷:国库现金管理资产 250 000
    非税收入 3 000

预算会计:

借:资金结存——库款资金结存 253 000
  贷:一般公共预算支出 250 000
    一般公共预算收入 3 000

二、有价证券

(一)有价证券的概念及管理

有价证券是指政府财政按有关规定取得并持有的政府债券。发行有价证券是政府调节宏观经济、平衡预算、集中财力、筹集国家重点建设项目建设资金的一种主要手段。在有价证券管理过程中,需注意以下方面:

(1)只能用各项财政结余资金(一般公共预算结转结余和政府性基金预算结转结余)购买有价证券。

(2)购买有价证券的资金不能列作支出。

(3)当期有价证券兑付的利息以及转让有价证券取得的收入与账面的差额,应分清来源,分别列作一般公共预算本级收入或政府性基金预算本级收入。

（4）购入的有价证券应视同货币资金管理，妥善保管，防止遗失。

（二）有价证券的核算

为核算有价证券业务，财政总会计应设置"有价证券"账户。

"有价证券"账户是资产类账户，借方登记有价证券的购入数，贷方登记有价证券兑付数或转让数，期末余额在借方，反映政府财政持有的有价证券金额。本账户应当按照有价证券种类和资金性质进行明细核算。

【例3-6】 某市财政用暂时闲置的一般公共预算结转结余资金500 000元购买国库券。

财务会计：

借：有价证券——国库券   500 000
  贷：国库存款   500 000

预算会计：

借：一般公共预算支出   500 000
  贷：资金结存——库款资金结存   500 000

【例3-7】 某市财政局以前年度购入的有价证券到期兑付。用一般公共预算结转结余购入的有价证券本金500 000元，利息收入25 000元。财政总会计应编制会计分录如下：

收到本金时：

借：国库存款   525 000
  贷：有价证券——国库券   500 000
      投资收益——利息收入   25 000

预算会计：

借：资金结存——库款资金结存   525 000
  贷：一般公共预算收入   25 000
      一般公共预算支出   500 000

三、应收非税收入

应收非税收入是指政府财政应向缴款人收取、但实际尚未缴入国库的非税收入款项。

为核算财政应向缴款人收取、实际尚未缴入国库的非税收入，财政总会计财务会计应设置"应收非税收入"资产类总账账户。确认取得非税收入时，按照非税收入管理部门提供的已开具缴款票据、尚未缴入本级国库的非税收入金额登记本账户的借方；实际收到非税收入款项时，按照实际收到的非税收入金额，登记本账户的贷方。本账户期末借方余额反映政府财政尚未入库的应收非税收入。

本账户应参照《政府收支分类科目》中"非税收入"科目进行明细核算，同时可根据管理需要，参照实际情况，按执收部门（单位）进行明细核算。

对于非税收入，管理部门不能提供已开具非税收入缴款票据、尚未缴入本级国库的非税收入数据的地区，暂不使用本账户核算。

【例3-8】 某市财政局按照非税收入管理部门提供的已开具缴款票据确认取得一般

预算收入——行政事业性收费收入350 000元,该项收入尚未缴入本级国库。

财务会计:

借:应收非税收入 350 000
　　贷:非税收入——行政事业性收费收入 350 000

【例3-9】 接[例3-8],某市财政收到同级国库报来当日"预算收入日报表"以及所附收入凭证,列示本级一般公共预算收入——行政事业性收费收入550 000元,其中350 000元已确认"应收非税收入"。

财务会计:

借:国库存款 550 000
　　贷:应收非税收入 350 000
　　　　非税收入——行政事业性收费收入 200 000

预算会计:

借:资金结存——库款资金结存 550 000
　　贷:一般公共预算收入 550 000

四、股权投资与应收股利

（一）股权投资

股权投资是指政府持有的各类股权投资,包括国际金融组织股权投资、投资基金股权投资和国有企业股权投资等。

为核算股权投资业务,财政总会计应设置"股权投资"总账账户。本账户应当按照"国际金融组织股权投资""投资基金股权投资""企业股权投资"设置一级明细账户,在一级明细账户下,可根据管理需要,按照被投资主体进行明细核算。对每一被投资主体还可按"投资成本""损益调整""其他权益变动"进行明细核算。本账户期末借方余额反映政府持有的各种股权投资金额。

股权投资在持有期间,通常采用权益法进行核算。政府无权决定被投资主体的财务和经营政策或无权参与被投资主体的财务和经营政策决策的,应当采用成本法进行核算。

1. 采用权益法核算

【例3-10】 中央财政代表中国政府向亚洲基础实施投资银行认缴股本,支付金额折合人民币70亿元(假设实际投资即为投资成本),以一般公共预算资金支付。

财务会计:

借:股权投资——国际金融组织股权投资——亚投行——投资成本 7 000 000 000
　　贷:国库存款 7 000 000 000

预算会计:

借:一般公共预算支出 7 000 000 000
　　贷:资金结存——库款资金结存 7 000 000 000

【例3-11】 接[例3-10],经亚投行初始成员方协议,当年中国减少投资股本折合人民币 7 亿元（设实际投资即为投资成本），并收款存入国库。

财务会计：

借：国库存款　　　　　　　　　　　　　　　　　　　　700 000 000
　　贷：股权投资——国际金融组织股权投资——亚投行——投资成本　　700 000 000

预算会计：

借：资金结存——库款资金结存　　　　　　　　　　　　　700 000 000
　　贷：一般公共预算支出　　　　　　　　　　　　　　　　700 000 000

【例 3-12】 某省政府财政向 A 基金公司投资，以 90 500 000 元购入该基金 90 500 000 元的股权，其中包含已宣告但尚未发放的现金股利 500 000 元，用一般公共预算资金支付。

财务会计：

借：股权投资——投资基金股权投资——投资成本　　　　　90 000 000
　　应收股利　　　　　　　　　　　　　　　　　　　　　　500 000
　　贷：国库存款　　　　　　　　　　　　　　　　　　　　90 500 000

预算会计：

借：一般公共预算支出　　　　　　　　　　　　　　　　　90 500 000
　　贷：资金结存——库款资金结存　　　　　　　　　　　　90 500 000

收到已宣告但尚未发放的现金股利时：

财务会计：

借：国库存款　　　　　　　　　　　　　　　　　　　　　500 000
　　贷：应收股利　　　　　　　　　　　　　　　　　　　　500 000

预算会计：

借：资金结存——库款资金结存　　　　　　　　　　　　　500 000
　　贷：一般公共预算支出　　　　　　　　　　　　　　　　500 000

【例 3-13】 接［例 3-12］，年末 A 基金公司宣告获利，省财政投资股权份额所获净利润为 5 000 000 元。

被投资公司宣告获净利润时：

财务会计：

借：股权投资——投资基金股权投资——损益调整　　　　　5 000 000
　　贷：投资收益——A 基金投资收益　　　　　　　　　　　5 000 000

【例 3-14】 接［例 3-13］，将归属财政的收益 5 000 000 元留作基金滚动使用。

财务会计：

借：股权投资——投资基金股权投资——收益转增投资成本　　5 000 000
　　贷：股权投资——投资基金股权投资——损益调整　　　　5 000 000

第三章 财政总会计的资产、负债、净资产和预算结余的核算

【例 3-15】 A 基金公司宣告发放现金股利,根据股权管理部门提供的资料,应上缴政府财政的金额为 30 000 000 元。

财务会计:

借:应收股利	30 000 000
贷:股权投资——投资基金股权投资——损益调整	30 000 000

当收到现金股利存入国库时:

财务会计:

借:国库存款	30 000 000
贷:应收股利	30 000 000

预算会计:

借:资金结存——库款资金结存	30 000 000
贷:一般公共预算收入	30 000 000

【例 3-16】 某省政府财政投资 A 基金公司的存续期满,按照协议收回资金 90 600 000 元,款项入账。当年实际投资成本支出 90 000 000 元,收益 600 000 元,根据股权管理部门提供的资料编制会计分录。

减少投资权益金额为 65 000 000 元(90 000 000＋5 000 000－30 000 000)。

财务会计:

借:国库存款	90 600 000
贷:股权投资——投资基金股权投资——其他权益变动	65 000 000
权益法调整	25 600 000

预算会计:

借:资金结存——库款资金结存	90 600 000
贷:一般公共预算结转结余	90 000 000
一般公共预算收入	600 000

2. 采用成本法核算

【例 3-17】 某省政府财政向 A 基金公司投资,以 8 000 000 元购入该基金股权,用一般公共预算资金支付。

财务会计:

借:股权投资——投资基金股权投资——投资成本	8 000 000
贷:国库存款	8 000 000

预算会计:

借:一般公共预算支出	8 000 000
贷:资金结存——库款资金结存	8 000 000

【例 3-18】 年末,省财政购买的 A 基金公司宣告获利,宣告发放现金股利,根据股权管理部门提供的资料,应上缴政府财政的金额为 100 000 元。

财务会计：

借：应收股利——A 基金	100 000
贷：投资收益——投资基金收益	100 000

当收到已宣告但尚未发放的现金股利时：

财务会计：

借：国库存款	100 000
贷：应收股利——A 基金	100 000

预算会计：

借：资金结存——库款资金结存	100 000
贷：一般公共预算收入	100 000

（二）应收股利

应收股利是指政府因持有股权投资应当收取的现金股利或应当分得的利润。为了核算应收股利，财政总会计财务会计应设置"应收股利"资产类总账账户，借方登记被投资主体宣告发放的现金股利或利润数，贷方登记实际收到的现金股利或利润数，期末余额在借方，反映政府尚未收回的现金股利或利润。

本账户应当按照被投资主体进行明细核算。

【例 3-19】 某市财政接到通知，其被投资单位 A 投资基金公司宣告发放现金股利时，本级政府财政应分得股利 300 000 元。

财务会计：

借：应收股利	300 000
贷：股权投资——投资基金股权投资——损益调整	300 000

【例 3-20】 接[例 3-19]，某市财政收到现金股利转入国库存款。

财务会计：

借：国库存款	300 000
贷：应收股利	300 000

预算会计：

借：资金结存——库款资金结存	300 000
贷：一般公共预算收入	300 000

第二节 财政总会计负债的核算

财政总会计的负债是指政府财政承担的能以货币计量、需以资产偿付的债务。财政总会计核算的负债按照流动性分为流动负债和非流动负债。流动负债是指预计在 1 年内（含 1 年）偿还的负债，非流动负债是指流动负债以外的负债。

财政总会计核算的负债具体包括:应付政府债券、应付国库集中支付结余、应付及暂收款项、应付代管资金、借入款项、应付转贷款、其他负债等。

财政总会计核算的负债,应当按照承担的有关义务金额或实际发生金额进行计量。

一、应付政府债券

应付政府债券是指政府财政以政府名义发行的国债和地方政府债券的应付本金,包括应付短期政府债券和应付长期政府债券。

(一)应付短期政府债券的核算

短期政府债券是指以政府名义发行的期限不超过1年(含1年)的国债和地方政府债券。

为了核算短期政府债券的应付本金,财政总会计财务会计应设置"应付短期政府债券"负债类总账账户,贷方登记应付短期政府债券的增加额,借方登记减少额,期末贷方余额反映政府财政尚未偿还的短期政府债券本金。

本账户下应设置"应付国债""应付地方政府一般债券""应付地方政府专项债券"明细账户。债务管理部门应当设置辅助明细账核算,主要包括政府债券金额、种类、期限、发行日、到期日、票面利率、偿还本金及付息情况等内容,并按期计算债券存续期应付利息情况。

【例3-21】 某省财政发行期限为6个月的政府一般债券,面额60 000 000元,实际发行收入59 800 000元。

财务会计:

借:国库存款	59 800 000
财务费用——债务发行兑付费用	200 000
贷:应付短期政府债券——应付地方政府一般债券	60 000 000

预算会计:

借:资金结存——库款资金结存	59 800 000
一般公共预算支出——国内债务发行费用	200 000
贷:债务预算收入——一般债务收入	60 000 000

【例3-22】 接[例3-21],某省财政月末确认本月短期政府债券应付利息300 000元。

财务会计:

借:财务费用——利息费用	300 000
贷:应付利息——应付地方政府债券利息	300 000

【例3-23】 某省财政实际支付上月末确认的短期政府债券应付利息300 000元。

财务会计:

借:应付利息——应付地方政府债券利息	300 000
贷:国库存款	300 000

预算会计:

借：一般公共预算支出——短期政府债券利息　　　　　　　　　　　　300 000
　　贷：资金结存——库款资金结存　　　　　　　　　　　　　　　　　　300 000

【例3-24】 中央政府财政在国内发行一批1年期国债,面值3 000 000万元,按面值承销,利率为1.2%,按承销债券面值的0.04%支付债券发行手续费共计1 200万元。每月末确认短期政府债券的应付利息3 000万元。年末,支付1年的国债利息36 000万元,偿还1年国债本金3 000 000万元。

在国内发行一批1年期国债时：

财务会计：

借：国库存款　　　　　　　　　　　　　　　　　　　　　　　　30 000 000 000
　　贷：应付短期政府债券——应付国债——应付本金　　　　　　　　30 000 000 000

预算会计：

借：资金结存——库款资金结存　　　　　　　　　　　　　　　　30 000 000 000
　　贷：债务预算收入　　　　　　　　　　　　　　　　　　　　　　30 000 000 000

支付债券发行手续费时：

财务会计：

借：财务费用——债务发行兑付费用　　　　　　　　　　　　　　　12 000 000
　　贷：国库存款　　　　　　　　　　　　　　　　　　　　　　　　　12 000 000

预算会计：

借：一般公共预算支出——债务发行支出　　　　　　　　　　　　　12 000 000
　　贷：资金结存——库款资金结存　　　　　　　　　　　　　　　　　12 000 000

每月月末确认短期政府债券的应付利息时：

财务会计记：

借：财务费用——利息费用　　　　　　　　　　　　　　　　　　　30 000 000
　　贷：应付利息——应付国债利息　　　　　　　　　　　　　　　　　30 000 000

年末,支付1年的国债利息时：

财务会计：

借：应付利息——应付国债利息　　　　　　　　　　　　　　　　　360 000 000
　　贷：国库存款　　　　　　　　　　　　　　　　　　　　　　　　360 000 000

预算会计：

借：一般公共预算支出——国债利息　　　　　　　　　　　　　　　360 000 000
　　贷：资金结存——库款资金结存　　　　　　　　　　　　　　　　360 000 000

到期偿还1年期国债本金：

财务会计：

借：应付短期政府债券——应付国债——应付本金　　　　　　　　30 000 000 000
　　贷：国库存款　　　　　　　　　　　　　　　　　　　　　　　30 000 000 000

预算会计：

借：债务还本预算支出 30 000 000 000
  贷：资金结存——库款资金结存 30 000 000 000

(二) 应付长期政府债券的核算

长期政府债券是指以政府名义发行的期限超过1年的国债和地方政府债券。其中，国债包括中央政府财政发行的国内政府债券和境外发行的主权债券等。

为了核算政府财政部门发行的长期国债和地方政府债券的应付本金，财政总会计财务会计应设置"应付长期政府债券"负债类总账账户，贷方登记应付长期政府债券的增加额，借方登记减少额。期末贷方余额反映政府财政尚未偿还的长期政府债券本金。

本账户应设置"应付国债""应付地方政府一般债券""应付地方政府专项债券"明细账户。债务管理部门应设置辅助明细账，主要包括政府债券金额、种类、期限、发行日、到期日、票面利率、实际偿还本金及付息情况等内容，并按期计算债券存续期应负担的利息金额。

【例 3-25】 某省财政收到政府长期政府债券发行收入50 200 000元，该批债券面值50 000 000元，溢价发行。

财务会计：

借：国库存款 50 200 000
  贷：应付长期政府债券——应付地方政府一般债券 50 000 000
    财务费用——债务发行兑付费用 200 000

预算会计：

借：资金结存——库款资金结存 50 200 000
  贷：债务预算收入——一般债务收入 50 200 000

【例 3-26】 期末确认本期长期政府债券的应付利息为400 000元。

财务会计：

借：财务费用——利息费用 400 000
  贷：应付利息——应付地方政府债券利息 400 000

实际支付本期长期政府债券的应付利息400 000元：

财务会计：

借：应付利息——应付地方政府债券利息 400 000
  贷：国库存款 400 000

预算会计：

借：一般公共预算支出——长期政府债券利息 400 000
  贷：资金结存——库款资金结存 400 000

【例 3-27】 某省财政偿还长期政府债券本金50 000 000元。

财务会计：

借：应付长期政府债券——应付地方政府一般债券　　　　　　　　　　50 000 000
　　贷：国库存款　　　　　　　　　　　　　　　　　　　　　　　　　　50 000 000

预算会计：

借：债务还本预算支出——一般债务还本支出　　　　　　　　　　　　50 000 000
　　贷：资金结存——库款资金结存　　　　　　　　　　　　　　　　　　50 000 000

二、应付国库集中支付结余和应付及暂收款项

（一）应付国库集中支付结余的核算

应付国库集中支付结余是指省级以上（含省级）政府财政国库集中支付中应列为当年费用，但年末未支付需结转下一年度支付的款项。

为了核算国库集中支付结余，财政总会计财务会计应设置"应付国库集中支付结余"负债类总账账户，贷方登记当年应付国库集中支付结余的增加额，借方登记减少额。期末贷方余额反映政府财政尚未支付的国库集中支付结余。

本账户应按照预算单位进行明细核算，同时，可根据管理需要，参照《政府收支分类科目》中支出经济分类科目进行明细核算。

【例 3-28】 年末，某省财政应列为当年费用，但年末尚未支付需结转到下一年度支付的款项为 4 000 000 元，其中政府机关商品和服务拨款费用 1 000 000 元，对事业单位补助拨款费用 3 000 000 元。

财务会计：

借：政府机关商品和服务拨款费用　　　　　　　　　　　　　　　　　1 000 000
　　对事业单位补助拨款费用　　　　　　　　　　　　　　　　　　　　3 000 000
　　贷：应付国库集中支付结余　　　　　　　　　　　　　　　　　　　　4 000 000

预算会计：

借：一般公共预算支出　　　　　　　　　　　　　　　　　　　　　　　4 000 000
　　贷：资金结存——集中支付结余结存　　　　　　　　　　　　　　　　4 000 000

【例 3-29】 接［例 3-28］，某省财政实际支付国库集中支付结余资金 4 000 000 元。

财务会计：

借：应付国库集中支付结余　　　　　　　　　　　　　　　　　　　　　4 000 000
　　贷：国库存款　　　　　　　　　　　　　　　　　　　　　　　　　　4 000 000

预算会计：

借：资金结存——集中支付结余结存　　　　　　　　　　　　　　　　　4 000 000
　　贷：资金结存——库款资金结存　　　　　　　　　　　　　　　　　　4 000 000

收回尚未支付的应付国库集中支付结余时，财务会计借记"应付国库集中支付结余"账户，贷记"以前年度盈余调整"等账户。预算会计借记"资金结存——集中支付结余结存"账户，贷记有关支出账户。

(二) 应付及暂收款项的核算

应付及暂收款项是指政府财政业务活动中形成的支付义务,包括与上级往来和其他应付款等。应付及暂收款项应当及时清理结算。

1. 与上级往来的核算

与上级往来是上下级政府之间由于财政资金的周转调度以及预算补助、上解结算等事项而形成的债务。

为了核算本级政府财政与上级政府财政的往来待结算款项,财政总会计财务会计应设置"与上级往来"负债类总账账户,贷方登记借入数额或体制结算中应上交上级财政的待结算金额,借方登记归还借款、转作上级补助收入数。

本账户可根据管理需要,按照往来款项的类别和项目等进行明细核算。

本账户是往来性质的账户,期末余额可能出现在贷方,也可能出现在借方。贷方余额反映本级政府财政欠上级政府财政的款项;借方余额反映上级政府财政欠本级政府财政的款项;借方余额在编制"资产负债表"时用负数反映。

【例 3-30】 某市财政局向省财政厅临时借款 400 000 元,款项存入国库存款账户。

财务会计:

借:国库存款	400 000
贷:与上级往来	400 000

预算会计:

借:资金结存——库款资金结存	400 000
贷:补助预算收入——上级调拨	400 000

【例 3-31】 某市财政局归还省财政厅临时借款 400 000 元,款项已划转。

财务会计:

借:与上级往来	400 000
贷:国库存款	400 000

预算会计:

借:补助预算收入——上级调拨	400 000
贷:资金结存——库款资金结存	400 000

【例 3-32】 K 市财政收到省级财政拨付的专项主权外债转贷款 500 000 元,由本级财政同级部门使用,最终还款责任由省级政府财政承担。

财务会计:

借:其他财政存款	500 000
贷:与上级往来	500 000

预算会计:

借:资金结存——专项资金结存	500 000
贷:补助预算收入——上级调拨	500 000

2. 其他应付款

财政总会计财务会计应设置"其他应付款"负债类总账账户，核算政府财政临时发生的暂收、应付、收到的不明性质款项和收回的结转结余资金等。税务机关代征入库的社会保险费，也通过本账户核算。本账户的贷方登记其他应付款的增加额，借方登记减少额，期末余额在贷方，反映政府财政尚未结清的其他应付款项。

本账户应按照债权人或资金来源等进行明细核算。

【例 3-33】 某市财政局收到市公安局交来性质不明的预算缴款 23 000 元。

财务会计：

借：国库存款　　　　　　　　　　　　　　　　　　　　　　　　　23 000
　　贷：其他应付款——市公安局　　　　　　　　　　　　　　　　　　　　23 000

预算会计：

借：资金结存——库款资金结存　　　　　　　　　　　　　　　　　　23 000
　　贷：一般公共预算收入　　　　　　　　　　　　　　　　　　　　　　　23 000

【例 3-34】 经查明，[例 3-33]中不明性质的款项属于一般预算收入——行政事业性收费。

借：其他应付款——市公安局　　　　　　　　　　　　　　　　　　23 000
　　贷：非税收入　　　　　　　　　　　　　　　　　　　　　　　　　　　23 000

三、应付代管资金

应付代管资金是指政府财政代为管理、使用权属于被代管主体的资金。

为了核算应付代管资金业务，财政总会计财务会计应设置"应付代管资金"负债类总账账户，贷方登记收到的代管资金及其产生的利息收入额，借方登记支付的代管资金额，期末余额在贷方，反映政府财政尚未支付的代管资金。

"应付代管资金"账户应当根据管理需要进行相关明细核算。

【例 3-35】 某市财政收到代管教育收费 60 000 元，存入财政专户。

财务会计：

借：其他财政存款　　　　　　　　　　　　　　　　　　　　　　　60 000
　　贷：应付代管资金　　　　　　　　　　　　　　　　　　　　　　　　　60 000

预算会计：

借：资金结存——专户资金结存　　　　　　　　　　　　　　　　　　60 000
　　贷：政府性基金预算收入　　　　　　　　　　　　　　　　　　　　　　60 000

【例 3-36】 接[例 3-35]，市财政收到代管的教育收费 60 000 元的利息收入 600 元。

财务会计：

借：其他财政存款　　　　　　　　　　　　　　　　　　　　　　　　　600
　　贷：应付代管资金　　　　　　　　　　　　　　　　　　　　　　　　　　600

第三章 财政总会计的资产、负债、净资产和预算结余的核算

预算会计：

借：资金结存——专户资金结存　　　　　　　　　　　　　　　　　　　600
　　贷：政府性基金预算收入　　　　　　　　　　　　　　　　　　　　　　600

【例 3-37】 市财政将收到的代管教育收费 60 000 元和利息收入 600 元核拨回缴款单位。

财务会计：

借：应付代管资金　　　　　　　　　　　　　　　　　　　　　　　　60 600
　　贷：其他财政存款　　　　　　　　　　　　　　　　　　　　　　　　60 600

预算会计：

借：政府性基金预算支出　　　　　　　　　　　　　　　　　　　　　60 600
　　贷：资金结存——专户资金结存　　　　　　　　　　　　　　　　　　60 600

四、借入款项

借入款项是指政府财政以政府名义向外国政府和国际金融组织等借入的款项，以及经国务院批准的其他方式借入的款项。

为了核算政府财政部门借入款项的本金和利息，财政总会计财务会计应设置"借入款项"负债类总账账户。本账户贷方登记借入款项本金和利息的增加额，借方登记减少额。本账户期末贷方余额反映本级政府财政尚未偿还的借入款项本金。

本账户下应当按照债权人进行明细核算。债务管理部门应当设置相应的辅助账，详细记录每笔借入款项的期限、借入日期、偿还及付息情况等。

年末，根据债务管理部门提供借入款项因汇率变动产生的期末人民币余额与账面余额之间的差额资料，借记或贷记"财务费用——汇兑损益"账户，贷记或借记"借入款项"账户。

1. 本级政府财政收到借入主权外债资金

【例 3-38】 某省财政收到向国际金融组织借入的一笔主权外债款项 1 000 000 元。借款用途为该省范围内的生态环境保护，实际承担的债务金额为 1 000 000 元。年末，省财政确认该笔借入主权外债的应付利息为 2 500 元。次年，省财政向该国际金融组织支付本级政府财政承担的借入主权外债年度利息 10 000 元。5 年后借款到期，省财政向该国际金融组织偿还借入主权外债本金 1 000 000 元。

(1) 收到借入款项。

财务会计：

借：其他财政存款　　　　　　　　　　　　　　　　　　　　　　　1 000 000
　　贷：借入款项——应付地方政府主权外债　　　　　　　　　　　　　1 000 000

预算会计：

借：资金结存——专户资金结存　　　　　　　　　　　　　　　　　1 000 000
　　贷：债务预算收入——专项债务　　　　　　　　　　　　　　　　　1 000 000

(2) 年末，确认该笔借入主权外债的应付利息。

财务会计：

借：财务费用——利息费用 2 500
　　贷：应付利息——应付地方政府主权外债利息 2 500

(3) 支付借入主权外债利息。

财务会计：

借：应付利息——应付地方政府主权外债利息 10 000
　　贷：其他财政存款 10 000

预算会计：

借：一般公共预算支出——应付地方政府主权外债利息 10 000
　　贷：资金结存——专户资金结存 10 000

(4) 到期偿还借入主权外债本金。

财务会计：

借：借入款项——应付地方政府主权外债 1 000 000
　　贷：其他财政存款 1 000 000

预算会计：

借：债务还本预算支出 1 000 000
　　贷：资金结存——专户资金结存 1 000 000

2. 本级政府财政借入主权外债，由外方或上级政府财政将贷款资金直接支付给用款单位或供应商

此类业务应根据以下情况分别处理。

(1) 本级政府财政承担还款责任，贷款资金由本级政府财政同级部门使用。

【例3-39】 某省财政收到向国际金融组织借入的一笔主权外债款项900 000元，资金由本级政府财政同级部门使用，用于改善公共卫生服务设施，由外方将贷款资金直接支付给用款单位。

财务会计：

借：对事业单位补助拨款费用 900 000
　　贷：借入款项——应付地方政府主权外债 900 000

预算会计：

借：一般公共预算支出 900 000
　　贷：债务预算收入 900 000

(2) 本级政府财政承担还款责任，贷款资金由下级政府财政同级部门使用。

【例3-40】 某省财政收到向国际金融组织借入的一笔主权外债款项500 000元，作为对下级政府财政的补助，由下级政府财政的同级单位使用，外方将贷款资金直接支付给用款单位。

财务会计：

借：补助费用 500 000
  贷：借入款项——应付地方政府主权外债 500 000

预算会计：

借：补助预算支出——调拨下级 500 000
  贷：债务预算收入 500 000

(3) 下级政府财政承担还款责任，贷款资金由下级政府财政同级部门使用。

【例 3-41】 某省财政借入国际金融组织一笔主权外债款项 300 000 元，由所属 A 市财政的同级公共卫生医疗单位使用，由 A 市财政承担还款责任。外方将贷款资金直接支付给用款单位。

财务会计：

借：应收主权外债转贷款——应收本金 300 000
  贷：借入款项——A 市财政 300 000

预算会计：

借：债务转贷预算支出 300 000
  贷：债务预算收入 300 000

五、应付转贷款

应付转贷款是指政府财政从上级政府财政借入的债务转贷款的本金和利息，包括应付地方政府债券转贷款和应付主权外债转贷款等。

（一）应付地方政府债券转贷款

应付地方政府债券转贷款是地方政府财政从上级政府财政借入的地方政府债券转贷款的本金和利息。

为了核算从上级政府财政借入的地方政府债券转贷款的本金和利息，财政总会计财务会计应设置"应付地方政府债券转贷款"负债类总账账户，贷方登记应付地方政府债券转贷款的增加额，借方登记减少额，期末贷方余额反映本级政府财政尚未偿还的地方政府债券转贷款本金和利息。

本账户应设置"应付本金"和"应付利息"明细账户，其下可根据管理规定设置"地方政府一般债券""地方政府专项债券"等明细账户。其中，"应付利息"账户通常应根据债务管理部门计算并提供的政府债券转贷款的应付利息情况，按期进行核算。

【例 3-42】 某市财政收到省财政转来的能源建设专项债券 1 亿元，存入国库。

财务会计：

借：其他财政存款 100 000 000
  贷：应付地方政府债券转贷款——应付本金——地方专项债券 100 000 000

预算会计：

借：资金结存——专户资金结存 100 000 000
  贷：债务转贷预算收入——专项债务收入 100 000 000

【例 3-43】 期末，某市财政确认本期债券转贷款的应付利息为 320 000 元。

财务会计：

借：财务费用——利息 320 000
　　贷：应付地方政府债券转贷款——应付利息 320 000

【例 3-44】 某市政府财政偿还本级政府承担的能源建设专项债券本金 1 亿元，利息 680 000 元。

财务会计：

借：应付地方政府债券转贷款——应付本金——地方政府专项债券 100 000 000
　　　　　　　　　　　　　　　——应付利息——地方政府专项债券 680 000
　　贷：其他财政存款 100 680 000

预算会计：

借：债务还本预算支出——地方政府专项债券 100 000 000
　　一般公共预算支出——利息支出 680 000
　　贷：资金结存——专户资金结存 100 680 000

（二）应付主权外债转贷款

应付主权外债转贷款是指本级政府财政从上级政府财政借入主权外债转贷款的本金和利息。

为核算从上级政府财政借入主权外债转贷款的本金和利息，财政总会计财务会计应设置"应付主权外债转贷款"负债类总账账户，贷方登记应付主权外债转贷款的增加额，借方登记减少额。期末贷方余额反映本级政府财政尚未偿还的主权外债转贷款本金和利息。

本账户应设置"应付本金"和"应付利息"进行明细核算。债务管理部门应当设置辅助明细账，主要包括应付主权外债对应的项目、期限、借入日期、实际偿还及付息情况等内容，并按期计算外债存续期应负担的利息金额。

1. 收到上级政府财政转贷的主权外债资金

【例 3-45】 A 市政府财政收到省级政府财政转贷的主权外债资金 700 000 元。

财务会计：

借：其他财政存款 700 000
　　贷：应付主权外债转贷款——应付本金 700 000

预算会计：

借：资金结存——专户资金结存 700 000
　　贷：债务转贷预算收入——专项债务收入 700 000

2. 从上级政府财政借入主权外债转贷款，由外方或上级政府财政将贷款资金直接支付给用款单位或供应商时

此类业务应根据以下情况分别处理。

（1）本级政府财政承担还款责任，贷款资金由本级政府财政同级部门使用。

【例 3-46】 Y省政府财政从中央政府财政借入主权外债转贷款,且由上级政府财政将贷款资金直接支付给供应商,资金总额 3 000 000 元,其中,本级政府财政承担还款责任,贷款由本级政府财政同级部门使用的资金额度为 1 000 000 元,用于设备购买等资本性支出。

财务会计:

借:资本性拨款费用　　　　　　　　　　　　　　　　　　　　　1 000 000
　　贷:应付主权外债转贷款——应付本金　　　　　　　　　　　　　　1 000 000

预算会计:

借:一般公共预算支出　　　　　　　　　　　　　　　　　　　　　1 000 000
　　贷:债务预算收入——专项债务收入　　　　　　　　　　　　　　　1 000 000

(2) 本级政府财政承担还款责任,贷款资金由下级政府财政同级部门使用。

【例 3-47】 Y省政府财政从中央政府财政借入主权外债转贷款,且由上级政府财政将贷款资金直接支付给供应商,资金总额 3 000 000 元,其中,本级政府财政承担还款责任,贷款资金由所属 B 市政府财政同级部门使用 500 000 元。

财务会计:

借:补助费用——B 市政府财政　　　　　　　　　　　　　　　　　　500 000
　　贷:应付主权外债转贷款——应付本金　　　　　　　　　　　　　　　500 000

预算会计:

借:补助预算支出——调拨下级　　　　　　　　　　　　　　　　　　500 000
　　贷:债务预算收入——专项债务收入　　　　　　　　　　　　　　　　500 000

(3) 下级政府财政承担还款责任,贷款资金由下级政府财政同级部门使用。

【例 3-48】 Y省政府财政从中央政府财政借入主权外债转贷款,且由上级政府财政将贷款资金直接支付给供应商,资金总额 3 000 000 元,其中,500 000 元由所属 B 市政府财政承担还款责任,贷款资金 B 市财政同级部门使用。

财务会计:

借:应收主权外债转贷款——应收本金　　　　　　　　　　　　　　　500 000
　　贷:应付主权外债转贷款——应付本金　　　　　　　　　　　　　　　500 000

预算会计:

借:债务转贷预算支出　　　　　　　　　　　　　　　　　　　　　　500 000
　　贷:债务预算收入　　　　　　　　　　　　　　　　　　　　　　　500 000

3. 期末确认主权外债转贷款应付利息

【例 3-49】 A 市政府财政债务管理部门,计算确认从省级政府财政借入的主权外债 700 000 元,本期应付利息 21 000 元。

借:财务费用——利息费用　　　　　　　　　　　　　　　　　　　　　21 000
　　贷:应付主权外债转贷款——应付利息　　　　　　　　　　　　　　　21 000

4. 偿还主权外债转贷款的本息

【例 3-50】 A 市政府财政偿还本级政府财政应承担的借入主权外债转贷款的本金 700 000 元,应付利息 21 000 元。

财务会计：

借：应付主权外债转贷款——应付本金　　　　　　　　　　700 000
　　　　　　　　　　　　　——应付利息　　　　　　　　　 21 000
　　贷：其他财政存款　　　　　　　　　　　　　　　　　　721 000

预算会计：

借：债务还本预算支出　　　　　　　　　　　　　　　　　 700 000
　　一般公共预算支出　　　　　　　　　　　　　　　　　　 21 000
　　贷：资金结存——专户资金结存　　　　　　　　　　　　721 000

六、其他负债

其他负债是指政府财政因有关政策明确要求其承担支出责任的事项而形成的支付义务。

为了核算其他负债业务,财政总会计财务会计应设置"其他负债"负债类总账账户。本账户贷方登记其他负债的增加额,借方登记减少额,期末余额在贷方,反映政府财政承担的尚未支付的其他负债余额。

本账户应当按照债权单位和项目等进行明细核算。

政策明确由政府财政承担支出责任的其他负债,按照确定应承担的负债金额,借记"其他费用"账户,贷记"其他负债"。

期末,根据债务管理部门转来的其他负债期末余额与账面余额的差额,借记或贷记"其他负债"账户,贷记或借记"其他费用"账户。

第三节　财政总会计净资产和预算结余的核算

净资产是指本级政府财政总会计核算的资产扣除负债后的净额。

预算结余是指预算年度内政府预算收入扣除预算支出后的余额,以及历年滚存的库款和专户资金余额。

一、净资产的核算

财政总会计核算的净资产包括：本期盈余、预算稳定调节基金、预算周转金、累计盈余、权益法调整、以前年度盈余调整等。

（一）本期盈余的核算

本期盈余是指政府财政一般公共预算资金、政府性基金预算资金、国有资本经营预算资金、财政专户管理资金、专用基金本期各项收入、费用分别相抵后的余额。

为核算政府财政本期盈余,财政总会计财务会计应设置"本期盈余"净资产类总账账户,贷方登记纳入一般公共预算、政府性基金预算、国有资本经营预算管理的各类收入账户的本年发生额的转入等盈余增加额,借方登记纳入一般公共预算、政府性基金预算、国有资本经营预算管理的各类费用本年发生额的转入和盈余减少额。完成收入费用等业务结转后,本账户余额转入"累计盈余"。期末结转后,本账户应无余额。

本账户应设置"预算管理资金本期盈余""财政专户管理资金本期盈余""专用基金本期盈余"明细账户。

设置补充和动用预算稳定调节基金、设置补充预算周转金产生的盈余变动事项,也通过本账户核算。

【例3-51】 年终,某市财政总会计年终结账时相关收入、费用账户余额如表3-1所示。

表3-1

某市财政总会计年终预算管理资金相关收入、费用账户余额表

账户名称	余额(元)
收入类账户(贷方余额)	
税收收入	45 000 000
非税收入	5 000 000
投资收益	200 000
补助收入	800 000
上解收入	700 000
其他收入	200 000
收入合计	51 900 000
支出类账户(借方余额)	
政府机关商品和服务拨款费用	8 000 000
政府机关工资福利拨款费用	9 000 000
对事业单位补助拨款费用	15 000 000
对企业补助拨款费用	5 000 000
对个人和家庭补助拨款费用	3 500 000
对社会保障基金补助拨款费用	2 300 000
资本性拨款费用	5 000 000
其他拨款费用	100 000
财务费用	500 000
补助费用	2 200 000
上解费用	950 000
其他费用	30 000
支出合计	51 580 000

财政总会计根据以上资料进行年终结转。

(1) 结转收入：

借：税收收入		45 000 000
	非税收入	5 000 000
	投资收益	200 000
	补助收入	800 000
	上解收入	700 000
	其他收入	200 000
贷：本期盈余——预算管理资金本期盈余		51 900 000

(2) 结转费用：

借：本期盈余——预算管理资金本期盈余		51 580 000
贷：政府机关商品和服务拨款费用		8 000 000
	政府机关工资福利拨款费用	9 000 000
	对事业单位补助拨款费用	15 000 000
	对企业补助拨款费用	5 000 000
	对个人和家庭补助拨款费用	3 500 000
	对社会保障基金补助拨款费用	2 300 000
	资本性拨款费用	5 000 000
	其他拨款费用	100 000
	财务费用	500 000
	补助费用	2 200 000
	上解费用	950 000
	其他费用	30 000

该市财政当年本期盈余为320 000元(51 900 000－51 580 000)。

【例3-52】 某市财政总会计年终结账时，专户资金和专用基金相关收入、支出账户余额如表3-2所示。

表3-2

某市财政总会计年终结转专户资金和专用基金相关收支账户余额表

账户名称	余额(元)
收入类账户(贷方余额)	
财政专户管理资金收入	100 000
专用基金收入	100 000
收入合计(借方余额)	200 000
财政专户管理资金支出	80 000
专用基金支出	70 000
支出合计	150 000

第三章 财政总会计的资产、负债、净资产和预算结余的核算 ·55·

财政总会计根据以上资料进行年终收入和支出结转。

（1）结转财政专户管理资金收入和支出。

借：财政专户管理资金收入 100 000
　　贷：本期盈余——财政专户管理资金本期盈余 100 000

借：本期盈余——财政专户管理资金本期盈余 80 000
　　贷：财政专户管理资金支出 80 000

（2）结转专用基金收入和支出。

借：专用基金收入 100 000
　　贷：本期盈余——专用基金本期盈余 100 000

借：本期盈余——专用基金本期盈余 70 000
　　贷：专用基金支出 70 000

（二）预算稳定调节基金和预算周转金的核算

预算稳定调节基金是指政府财政为保持年度间政府预算的衔接和稳定而设置的储备性资金。

预算周转金是指政府财政为调剂预算年度内季节性收支差额，保证及时用款而设置的库款周转资金。

1. 预算稳定调节基金的核算

财政总会计为核算本级政府预算稳定调节基金的设置、补充和动用业务，应设置"预算稳定调节基金"净资产类总账账户，贷方登记设置和补充增加金额，借方登记动用减少金额，期末贷方余额反映预算稳定调节基金的累计规模。

【例 3-53】 某市财政总会计年末补充预算稳定调节基金 100 000 元。

财务会计：

借：本期盈余——预算管理资金本期盈余 100 000
　　贷：预算稳定调节基金（科目编号 3021） 100 000

预算会计：

借：安排预算稳定调节基金 100 000
　　贷：预算稳定调节基金（科目编号 8031） 100 000

2. 预算周转金的核算

财政总会计财务会计为核算预算周转金的补充调剂，应设置"预算周转金"总账账户，贷方登记设置、补充金额，借方登记调剂、减少金额，期末贷方余额反映预算周转金的累计规模。

【例 3-54】 某市财政总会计年终结账时，补充预算周转金 100 000 元。

财务会计：

借：本期盈余——预算管理资金本期盈余 100 000
　　贷：预算周转金（科目编号 3022） 100 000

预算会计：

借：预算结余——预算管理资金结余　　　　　　　　　　　　　100 000
　　贷：预算周转金(科目编号8033)　　　　　　　　　　　　　　100 000

(三)累计盈余的核算

累计盈余是指政府财政一般公共预算资金、政府性基金预算资金、国有资本经营预算资金、财政专户管理资金、专用基金历年实现的盈余滚存的金额。

财政总会计应设置"累计盈余"账户，核算政府财政纳入一般公共预算、政府性基金预算、国有资本经营预算管理的预算资金，财政专户管理资金、专用基金历年实现的盈余滚存的金额。年终转账时，本账户贷方登记"本期盈余""以前年度盈余调整"的贷方转入金额，借方登记"本期盈余""以前年度盈余调整"的借方转入金额。本账户期末余额反映预算管理资金累计盈余的累计数。

本账户应设置"预算管理资金累计盈余""财政专户管理资金累计盈余""专用基金累计盈余"明细账户。

1. 年终结转"本期盈余"

年终转账时，在完成收入和费用结转、预算稳定调节基金和预算周转金的设置补充转账后，"本期盈余——预算管理资金本期盈余"账户的余额转入"累计盈余——预算管理资金本期盈余"账户。

【例3-55】 年终，某市财政总会计"本期盈余"账户及明细账余额如下："本期盈余——预算管理资金本期盈余"贷方余额为120 000元，"本期盈余——财政专户管理资金本期盈余"贷方余额为20 000元，"本期盈余——专用基金本期盈余"贷方余额为30 000元。根据以上各账户余额编制年终转账分录。

借：本期盈余——预算管理资金本期盈余　　　　　　　　　　　120 000
　　贷：累计盈余——预算管理资金累计盈余　　　　　　　　　　120 000

借：本期盈余——财政专户管理资金本期盈余　　　　　　　　　 20 000
　　贷：累计盈余——财政专户管理资金累计盈余　　　　　　　　 20 000

借：本期盈余——专用基金本期盈余　　　　　　　　　　　　　 30 000
　　贷：累计盈余——专用基金累计盈余　　　　　　　　　　　　 30 000

2. 年终结转"以前年度盈余调整"

年终，应把"以前年度盈余调整"总账账户及其明细账户的贷方或借方余额结转，转入"累计盈余"账户的贷方或借方总账和明细账户。

【例3-56】 年终，某市财政总会计"以前年度盈余调整——预算管理资金以前年度盈余调整"账户贷方余额为210 000元，根据资料编制年终转账分录。

借：以前年度盈余调整——预算管理资金以前年度盈余调整　　　210 000
　　贷：累计盈余——预算管理资金累计盈余　　　　　　　　　　210 000

(四)权益法调整和以前年度盈余调整的核算

权益法调整是指政府财政按照持股比例计算应享有的，被投资主体除净损益和利润分配以外的所有者权益变动的份额。

以前年度盈余调整是指政府财政调整以前年度盈余的事项。

1. 权益法调整的核算

财政总会计财务会计,为了核算所有者权益变动业务,应设置"权益法调整"净资产类总账账户,贷方登记权益变动增加金额,借方登记权益变动减少金额。期末余额反映政府财政在被投资主体,除净损益和利润分配以外的所有者权益变动中累计享有的份额(贷方)或分担的份额(借方)。

本账户应根据管理需要,按照被投资主体进行明细核算。

(1) 被投资主体发生除净损益和利润分配以外的其他权益变动。

被投资主体发生除净损益和利润分配以外的其他权益变动例题参见[例 3-16]。

(2) 无偿划出股权投资。

【例 3-57】 某市财政无偿划出企业股权投资一项,根据股权管理部门提供的资料,股权投资账面余额 200 000 元(投资成本 2 000 000 元,损益调整 1 800 000 元),被划出股权投资对应的"权益法调整"账户账面余额为 200 000 元。

财务会计:

借:权益法调整　　　　　　　　　　　　　　　　　　　　　　　200 000
　　贷:股权投资——其他权益变动　　　　　　　　　　　　　　　　200 000

借:其他费用　　　　　　　　　　　　　　　　　　　　　　　　200 000
　　贷:股权投资——企业股权投资成本　　　　　　　　　　　　　　200 000

2. 以前年度盈余调整的核算

财政总会计财务会计,为核算政府财政调整以前年度盈余的事项,应设置"以前年度盈余调整"净资产类总账账户,贷方登记调整增加以前年度收入和以前年度费用减少、以前年度取得的资产金额,借方登记调整增加以前年度费用和减少以前年度收入、以前年度承担的负债金额。

年终转账时,将本账户余额转入"累计盈余"账户,期末结转后,本账户应无余额。

本账户应设置"预算管理资金以前年度盈余调整""财政专户管理资金以前年度盈余调整""专用基金以前年度盈余调整"明细账户。

【例 3-58】 按要求收回以前年度专用基金支出 68 000 元。

财务会计:

借:其他财政存款　　　　　　　　　　　　　　　　　　　　　　68 000
　　贷:以前年度盈余调整——专用基金以前年度盈余调整　　　　　　68 000

预算会计:

借:资金结存——专户资金结存　　　　　　　　　　　　　　　　68 000
　　贷:专用基金支出　　　　　　　　　　　　　　　　　　　　　68 000

【例 3-59】 某省政府财政首次确认以前年度借入的主权外债,根据债务管理部门提供的有关资料,确认借入主权外债的余额为 3 200 000 元。

财务会计:

借:以前年度盈余调整——财政专户管理资金　　　　　　　　　　　　3 200 000
　　贷:借入款项　　　　　　　　　　　　　　　　　　　　　　　　　　3 200 000

年终转账时,"以前年度盈余调整"账户的余额,应转入累计盈余,借记或贷记"累计盈余"账户,贷记或借记"以前年度盈余调整"账户。

二、预算结余的核算

财政总会计核算的预算结余包括:一般公共预算结转结余、政府性基金预算结转结余、国有资本经营预算结转结余、财政专户管理资金结余、专用基金结余、预算稳定调节基金、预算周转金和资金结存等。

各项结转结余应每年结算一次。

(一)一般公共预算结转结余的核算

一般公共预算结转结余是指本级政府财政一般公共预算收支的执行结果,是政府财政纳入一般公共预算管理的收支相抵形成的结转结余。

财政总会计预算会计,为了核算一般公共预算结转结余业务,应设置"一般公共预算结转结余"预算结余类总账账户。贷方登记年终预算收入转入金额,借方登记年终转入预算支出金额。期末贷方余额反映一般公共预算收支相抵后的滚存结转结余。

【例3-60】 某市财政总会计年终结账时预算收入、支出账户余额如表3-3所示。

表3-3

某市财政总会计年终结账时一般公共预算收入、支出账户余额表

账户名称	余额(元)
收入类账户	
一般公共预算收入	49 700 000
补助预算收入(一般预算补助收入)	800 000
上解预算收入(一般预算补助收入)	700 000
调入预算资金(一般预算补助收入)	300 000
动用预算稳定调节基金	350 000
债务预算收入(省级及省级以上使用科目)	
债务转贷预算收入(一般债务转贷收入)	750 000
收入合计	52 600 000
支出类账户	
一般公共预算支出	46 900 000
补助预算支出(一般预算补助支出)	2 200 000
上解预算支出(一般预算补助支出)	950 000
安排预算稳定调节基金	800 000

(续表)

账户名称	余额（元）
债务还本预算支出（一般债务）	700 000
债务转贷预算支出	600 000
支出合计	52 150 000

财政总会计编制的相关转账会计分录如下。

(1) 结转一般公共预算收入：

借：一般公共预算收入	49 700 000
补助预算收入——一般公共预算补助收入	800 000
上解预算收入——一般公共预算上解收入	700 000
调入预算资金——一般公共预算调入资金	300 000
贷：一般公共预算结转结余	51 500 000
借：动用预算稳定调节基金	350 000
贷：一般公共预算结转结余	350 000
借：债务转贷预算收入——一般债务转贷收入	750 000
贷：一般公共预算结转结余	750 000

(2) 结转一般公共预算支出：

借：一般公共预算结转结余	50 050 000
贷：一般公共预算支出	46 900 000
补助预算支出——一般公共预算补助支出	2 200 000
上解预算支出——一般公共预算上解支出	950 000
借：一般公共预算结转结余	800 000
贷：安排预算稳定调节基金	800 000
借：一般公共预算结转结余	700 000
贷：债务还本预算支出——一般债务还本支出	700 000
借：一般公共预算结转结余	600 000
贷：债务转贷预算支出——一般债务转贷支出	600 000

(二) 政府性基金预算结转结余的核算

政府性基金预算结转结余是指本级政府财政政府性基金预算收支的执行结果。

财政总会计为了核算政府性基金预算结转结余业务，应设置"政府性基金预算结转结余"预算结余类总账账户。年终转账时，将"政府性基金预算收入""补助预算收入——政府性基金预算补助收入""上解预算收入——政府性基金预算上解收入""调入预算资金——政府性基金预算调入资金""债务预算收入——专项债务收入""债务转贷预算收入——专项债务转贷收入"等账户的贷方余额转入本账户的贷方；将"政府性基金预算支出""上解预算支出——政府性基金预算上解支出""补助预算支出——政府性基金预算补助支出""调出预算资金——政府性基金预算调出资金""债务还本预算支出——专项债务还本支出""债务转贷预算支出——专项债务转贷支出"等账户的借方余额转入本账户的借方;年终余额在贷方,反映政府性基金预算收支相抵后的滚存结转结余。

本账户按政府性基金预算科目所列基金种类设置明细账。

【例 3-61】 某市财政年终结账时,政府性基金预算收入、支出账户余额如表 3-4 所示。

表 3-4

财政年终结账时政府性基金预算收入、支出账户余额表

账户名称	余额(元)
收入类账户	
政府性基金预算收入	3 600 000
上解预算收入——政府性基金预算上解收入	70 000
补助预算收入——政府性基金预算上解收入	80 000
收入合计	3 750 000
支出类账户	
政府性基金预算支出	3 300 000
上解预算支出——政府性基金上解支出	70 000
补助预算支出——政府性基金补助支出	20 000
调出资金——政府性基金调出资金	300 000
支出合计	3 690 000

财政总会计编制的相关会计分录如下。

(1) 结转收入。

借:政府性基金预算收入　　　　　　　　　　　　　　　　　3 600 000
　　上解预算收入——政府性基金预算上解收入　　　　　　　　70 000
　　补助预算收入——政府性基金补助收入　　　　　　　　　　80 000
　贷:政府性基金预算结转结余　　　　　　　　　　　　　　　3 750 000

(2) 结转支出。

借:政府性基金预算结转结余　　　　　　　　　　　　　　　　3 690 000
　贷:政府性基金预算支出　　　　　　　　　　　　　　　　　3 300 000
　　　上解预算支出——政府性基金上解支出　　　　　　　　　70 000
　　　补助预算支出——政府性基金上解支出　　　　　　　　　20 000
　　　调出预算资金——政府性基金上解支出　　　　　　　　　300 000

(三) 国有资本经营预算结转结余的核算

国有资本经营预算结转结余是指本级政府财政国有资本经营预算收支的执行结果。

财政总会计为了核算国有资本经营预算结转结余业务,应设置"国有资本经营预算结转结余"预算结余类总账账户。年终转账时,将"国有资本经营预算收入""补助预算收入——国有资本经营预算补助收入""上解预算收入——国有资本经营预算上解收入"等账户贷方余额转入本账户贷方;将"国有资本经营预算支出""补助预算支出——国有资本经营预算补助支出""上解预算支出——国有资本经营预算上解支出""调出预算资金——国有资本经营预算调出资金"等账户借方余额转入本账户借方;年终余额在贷方,反映国有资本经营预算收支相抵后的滚存结转结余。

【例 3-62】 某市财政年终结账时,"国有资本经营预算收入"账户贷方余额为 3 600 000 元,"国有资本经营预算支出"账户借方余额为 3 000 000 元,编制年终转账会计分录。

(1)结转收入。

借:国有资本经营预算收入　　　　　　　　　　　　　3 600 000
　　贷:国有资本经营预算结转结余　　　　　　　　　　　　3 600 000

(2)结转支出。

借:国有资本经营预算结转结余　　　　　　　　　　　3 000 000
　　贷:国有资本经营预算本级支出　　　　　　　　　　　　3 000 000

(四)财政专户管理资金结余的核算

财政专户管理资金结余是指本级政府财政纳入财政专户管理的教育收费等资金收支的执行结果。

财政总会计为了核算财政专户管理资金结余业务,应设置"财政专户管理资金结余"预算结余类总账账户。年终转账时,将"财政专户管理资金收入"账户的贷方余额转入本账户贷方;将"财政专户管理资金支出"等账户借方余额转入本账户借方;余额在贷方,反映政府财政纳入财政专户管理的资金收支相抵后的滚存结余。

本账户应当根据管理需要,按照部门(单位)等进行明细核算。

【例 3-63】 某市财政年终结账时,"财政专户管理资金收入"账户贷方余额为 100 000 元,"财政专户管理资金支出"账户借方余额为 80 000 元。财政总会计编制的年终转账会计分录。

(1)结转收入。

借:财政专户管理资金收入　　　　　　　　　　　　　100 000
　　贷:财政专户管理资金结余　　　　　　　　　　　　　　100 000

(2)结转支出。

借:财政专户管理资金结余　　　　　　　　　　　　　80 000
　　贷:财政专户管理资金支出　　　　　　　　　　　　　　80 000

(五)专用基金结余的核算

专用基金结余是指本级政府财政专用基金收支的执行结果。

财政总会计为了核算专用基金结余业务,应设置"专用基金结余"预算结余类总账账户。年终转账时,将"专用基金收入"等账户贷方余额转入本账户贷方;将"专用基金支出"

等账户借方余额转入本账户借方;余额在贷方,反映政府财政管理的专用基金收支相抵后的滚存结余。

本账户应当根据专用基金的种类进行明细核算

【例3-64】 某市财政年终结账时,"专用基金收入"账户贷方余额为100 000元,"专用基金支出"账户借方余额为70 000元。财政总会计编制的年终转账会计分录。

(1)结转收入。

借:专用基金收入 100 000
  贷:专用基金结余 100 000

(2)结转支出。

借:专用基金结余 70 000
  贷:专用基金支出 70 000

(六)预算稳定调节基金和预算周转金的核算

1. 预算稳定调节基金

预算稳定调节基金是指本级政府财政为保持年度间预算的衔接和稳定,在一般公共预算中设置的储备性资金。

财政总会计为了核算预算稳定调节基金业务,应设置"预算稳定调节基金"(科目编号8031)预算结余类总账账户,贷方登记补充和调入预算稳定基金金额;借方登记动用预算稳定调节基金金额;余额在贷方,反映预算稳定调节基金的规模。

【例3-65】 年终,某市财政根据财政收支情况及结余情况,决定将一部分超收收入安排补充预算稳定调节基金,金额为800 000元。

预算会计:

借:安排预算稳定调节基金 800 000
  贷:预算稳定调节基金(科目编号8031) 800 000

财务会计:

借:本期盈余——预算管理资金本期盈余 100 000
  贷:预算稳定调节基金(科目编号3021) 100 000

动用预算稳定调节基金时:

预算会计:

借:预算稳定调节基金(科目编号8031) 800 000
  贷:动用预算稳定调节基金 800 000

财务会计:

借:预算稳定调节基金(科目编号3021) 800 000
  贷:本期盈余——预算管理资金本期盈余 800 000

2. 预算周转金

预算周转金是指本级政府财政为调剂预算年度内季节性收支差额,保证及时用款而设置的周转资金。

财政总会计为了核算预算周转金业务,应设置"预算周转金"预算结余类总账账户。贷方登记设置和补充预算周转金金额;借方登记调入预算稳定调节基金等减少金额;期末余额在贷方,反映预算周转金的规模。

【例3-66】 某市财政局用一般公共预算结转结余300 000元补充预算周转金。财政总会计应编制的会计分录如下。

预算会计:

  借:一般公共预算结转结余   300 000
    贷:预算周转金(科目编号8033)   300 000

财务会计:

  借:本期盈余——预算管理资金本期盈余   300 000
    贷:预算周转金(科目编号3022)   300 000

(七)资金结存的核算

1. 资金结存的内容及其明细核算

资金结存是指政府财政纳入预算管理资金的流入、流出、调整和滚存的结果。

财政总会计为了核算政府财政纳入预算管理的资金流入、流出、调整和滚存的情况,应设置"资金结存"预算结余类总账账户,借方登记预算资金增加金额,贷方登记预算资金减少金额,年末借方余额反映预算资金的累计滚存情况。

"资金结存"账户应设置"库款资金结存""专户资金结存""在途资金结存""集中支付结余结存""上下级调拨结存""待发国债结存""零余额账户结存""已结报支出""待处理结存"明细账户。

"资金结存——库款资金结存"账户核算政府财政以国库存款形态存在的资金。"资金结存——专户资金结存"账户核算政府财政以财政专户存款形态存在的资金。"资金结存——在途资金结存"账户核算报告清理期和库款报解整理期内发生的需要通过本账户过渡处理的属于上年度收入、支出等业务的款项。"资金结存——集中支付结余结存"账户核算省级以上(含省级)政府财政国库集中支付中,应列为当年支出,但年末尚未支付需结转下一年度支付的款项。

"资金结存——待发国债结存"账户核算为弥补中央财政预算收支差额,中央财政预计发行国债与实际发行国债之间的差额。本账户期末应为借方余额,反映中央财政尚未使用的国债发行额度。年度终了,实际发行国债收入用于债务还本支出后,小于为弥补中央财政预算收支差额中央财政预计发行国债时,按照其差额,借记"资金结存——待发国债结存"账户,贷记"债务预算收入"账户;实际发行国债收入用于债务还本支出后,大于为弥补中央财政预算收支差额中央财政预计发行国债时,按照其差额,借记"债务预算收入"账户,贷记"资金结存——待发国债结存"账户。

"资金结存——上下级调拨结存"账户核算上下级政府财政之间资金调拨和资金结算等事项。本账户期末余额反映政府财政上下级往来款项的净额。

"资金结存——零余额账户结存"账户核算政府财政国库支付执行机构在代理银行开设的财政零余额账户发生的支付和清算业务,本账户年末应无余额。财政国库支付执行机构未单设的地区不使用本账户。

"资金结存——已结报支出"账户核算政府财政国库支付执行机构已清算的国库集中支付支出数额,本账户年末应无余额。财政国库支付执行机构未单设的地区不使用本账户。

"资金结存——待处理结存"账户核算结转下年度的待处理收入和待处理支出等。本账户期末余额反映尚未清理的以前年度待处理收支的金额。

2. 资金结存的主要核算举例

【例 3-67】 年终,某市政府财政"补助预算收入——上级调拨"账户贷方余额 3 200 000 元;"补助预算支出——调拨下级"账户借方余额 2 600 000 元。请编制年终转账会计分录,将"补助预算收入——上级调拨"账户贷方余额转入"资金结存——上下级调拨"账户贷方;将"补助预算支出——调拨下级"账户借方余额转入"资金结存——上下级调拨"账户的借方。

  借:补助预算收入——上级调拨   3 200 000
    贷:资金结存——上下级调拨结存   3 200 000

  借:资金结存——上下级调拨结存   2 600 000
    贷:补助预算支出——调拨下级   2 600 000

【例 3-68】 国库支付执行机构报来的相关支出结算清单,当日与国库账户已进行清算的零余额账户支付金额为 6 290 000 元。

  借:资金结存——零余额账户结存   6 290 000
    贷:资金结存——已结报支出   6 290 000

【例 3-69】 某市财政年终结账时,"待处理收入"账户贷方余额为 50 000 元,"待处理支出"账户借方余额为 38 000 元。财政总会计编制相关会计分录为:

  借:待处理收入   50 000
    贷:资金结存——待处理结存   50 000

  借:资金结存——待处理结存   38 000
    贷:待处理支出   38 000

"待处理收入"账户贷方余额为 12 000 元(50 000 − 38 000),属于尚未清理的以前年度待处理收支金额。

"资金结存"及其明细账户的其他核算举例,参见相关章节的相关核算内容,在此不赘述。

思考题

1. 什么是在途款?为什么要设置"在途款"账户?
2. 为什么说"与上级往来"和"与下级往来"账户是双重性质的账户?
3. 什么是预算稳定调节基金?
4. "资金结存"账户包含哪些明细核算账户?
5. 什么是净资产和预算结余?净资产和预算结余分别包含哪些内容?

练习题

一、单项选择题

1. "财政存款"总账账户不开设（　　）明细账户。
   A. 国库存款　　　　　　　　　　B. 国库现金管理资产
   C. 其他财政存款　　　　　　　　D. 财政周转金存款

2. 财政总会计的负债不包括（　　）。
   A. 借出款项　　　　　　　　　　B. 借入款项
   C. 其他应付款　　　　　　　　　D. 应付政府债券

3. "安排预算稳定调节基金"是（　　）类型的账户。
   A. 资产　　　　　　　　　　　　B. 负债
   C. 收入　　　　　　　　　　　　D. 支出

4. 应转入"一般公共预算结转结余"账户的有关账户不包括（　　）账户。
   A. 补助预算收入　　　　　　　　B. 调入预算资金
   C. 上解预算收入　　　　　　　　D. 补助费用

5. 本级政府财政承担的政府一般债券利息支出，财政总会计应计入的账户有（　　）。
   A. 一般公共预算支出　　　　　　B. 政府性基金预算本级支出
   C. 国有资本经营预算本级支出　　D. 债务还本支出

6. "累计盈余"账户属于净资产类账户，其期末余额（　　）。
   A. 在贷方　　　　　　　　　　　B. 在借方
   C. 在借方或贷方　　　　　　　　D. 为零

7. 国库单一账户体系中，下列不属于财政部门开设的银行账户是（　　）。
   A. 国库存款账户　　　　　　　　B. 财政部门零余额账户
   C. 预算单位零余额账户　　　　　D. 财政专户

8. 为了便于年终清理，本年预算的追加追减和企事业单位的上划下划，一般截至（　　）。
   A. 12月25日　　　　　　　　　B. 12月20日
   C. 11月底　　　　　　　　　　D. 12月30日

二、多项选择题

1. 财政总会计在管理财政存款时，应遵循（　　）原则。
   A. 集中资金，统一调度　　　　　B. 执行预算，计划支拨
   C. 转账结算，不提现金　　　　　D. 在存款余额内支付，不得透支

2. 在财政国库单一账户管理制度下，零余额账户包括（　　）。
   A. 财政零余额账户　　　　　　　B. 预算单位零余额账户
   C. 财政汇缴零余额账户　　　　　D. 特设银行账户

3. 下列属于财政总会计资产类账户的有（　　）。
   A. 在途款　　　　　　　　　　　B. 与下级往来
   C. 与上级往来　　　　　　　　　D. 预拨经费

4. 属于财政总会计负债类账户的有（   ）。
   A. 借入款项
   B. 资金结存
   C. 与上级往来
   D. 借出款项

三、业务处理题

1. 某市财政 2×22 年发生如下经济业务：
   (1) 收到国库报来的预算收入日报表，其中一般公共预算收入 300 000 元、政府性基金预算收入 60 000 元、国有资本经营预算收入 50 000 元。
   (2) 通过人民银行国库存款账户为有关预算单位支付预算资金 98 000 元。其中，一般公共预算资金 65 000 元、政府性基金预算资金 33 000 元。
   (3) 用一般预算公共结余 50 000 元购买国库券。
   (4) 以前年度用基金预算结余购买的国库券到期，收到兑付本金 300 000 元，利息 20 000 元。
   (5) 因临时需要向上级借入一般预算款项 300 000 元。
   要求：根据上述经济业务编制相应的会计分录。

2. 某市财政 2×22 年发生如下经济业务：
   (1) 在上下级财政资金结算中，应上解上级某省财政款项 13 400 元。
   (2) 以国库存款上缴与上级往来款项 13 400 元。
   (3) 在上下级财政资金结算中，应获得上级某省级财政补助资金 50 200 元。
   (4) 收到与上级往来款项 50 200 元。
   (5) 某省发行短期债券到期，偿还本金 60 000 000 元。
   (6) 年终，某市财政根据本年预算支出总额及预算周转金的情况，确定将预算周转金 700 000 元调入预算稳定调节基金。
   要求：根据上述经济业务编制相应的会计分录。

第四章

财政总会计的收入和支出

学习目的和要求：通过本章内容的学习，掌握财政总会计收入和支出要素的性质和核算内容，熟练运用收入和支出会计科目进行会计处理。

教学重点和难点：本章的重点是收入和支出的内容，收入支出会计业务的处理；难点是财政总会计科目的内容、相关会计分录编制。

课程思政案例

小金库的危害

2020年，某省纪委监委公开通报了全省纪检监察机关查处的6起小金库问题典型案例。

私设小金库是违法的。小金库的钱从哪里来？有些单位通过少计或不开发票截留下属单位经营性收入，有的单位通过套取项目资金，有的单位违规收取罚款且不入账。私设小金库严重扰乱了市场经济秩序，败坏了社会风气，损害了群众利益。

会计人员要树立"顾全大局、熟悉法规、依法办事、依法治国"的价值观，在利益诱惑面前要坚守诚信，并保持专业胜任能力。中国现代会计之父潘序伦先生提出："信以立志，信以守身，信以处事，信以待人，勿忘立信，当必有成。"

思考与讨论：私设小金库属于职务侵占行为吗？私设小金库的危害有哪些？

第一节 财政总会计的收入

收入是指政府财政为实现政府职能，根据法律法规等所筹集的资金。财政总会计核算的收入包括一般公共预算本级收入、政府性基金预算本级收入、国有资本经营预算本级收入、财政专户管理资金收入、专用基金收入、转移性收入、动用预算稳定调节基金等。

一、一般公共预算本级收入

（一）一般公共预算本级收入的概念和分类

一般公共预算本级收入是指政府财政筹集的纳入本级一般公共预算管理的税收收入和非税收入。根据《政府收支分类科目》，政府收入分为"类""款""项""目"四级科目逐级递进，内容也逐级细化。其中，"类""款"一级科目设置情况如下。

1. 税收收入

税收收入是指政府为了满足社会公共需要，强制、无偿地向有关纳税人征收取得的一种财政收入。税收是财政收入的最主要的来源，与其他财政收入的取得形式相比，税收具有强制性、无偿性和固定性三大特征。其本质是一种分配关系。

该级科目分为19款科目：增值税、消费税、企业所得税、企业所得税退税、个人所得税、资源税、城市建设税、房产税、印花税、城镇土地使用税、土地增值税、车船税、船舶吨税、车辆购置税、关税、耕地占用税、契税、烟叶税、其他税收收入。

2. 非税收入

非税收入是指反映各级政府及其所属部门和单位依法利用行政权力、政府信誉、国家资源、国有资产或提供特定公共服务征收、收取、提取、募集的除税收和政府债务收入以外的财政收入。

该级科目分为8款科目：专项收入、行政事业性收费收入、罚没收入、国有资本经营收入、国有资源（资产）有偿使用收入、捐赠收入、政府住房基金收入、其他收入。

非税收入实行"收支两条线"的管理办法，即非税收入各执收单位应当将按规定收取的非税收入及时足额地上缴财政，财政将收到的非税收入统一纳入政府预算。各执收单位在开展业务活动中需要使用的财政资金，应当纳入单位预算。财政部门依据经批准的单位预算，向相关单位拨付财政资金。在"收支两条线"的管理方法下，非税收入各执收单位实际执收的非税收入的数额与其实际可以使用的财政资金数额没有关系。

（二）一般公共预算本级收入收缴方式

在财政国库单一账户制度下，一般公共预算本级收入采用国库集中收缴的方式，可分为直接缴库和集中汇缴两种。

1. 直接缴库

直接缴库是指由基层缴款单位或缴款人按征收机关规定的缴款期限直接向当地国库或国库经收处缴款的方式。

在直接缴库方式下，直接缴库的纳税收入由纳税人或税务代理人提出纳税申报，经征税机关审核无误后，由纳税人通过其在商业银行开设的银行存款账户将款项直接缴入财政国库存款账户，确认国库存款增加，同时相应确认一般公共预算本级收入。

直接缴库的非税收入，比照上述程序缴入国库存款账户。

2. 集中汇缴

集中汇缴是指由基层缴款单位将应缴的款项通过银行汇到上级主管部门，由主管部门按征收机关规定的缴款期限汇总后向国库或国库经收处缴款的方式。采用这种方式需要经过同级财政部门同意。

在集中汇缴方式下，小额零散税收收入，尤其是非税收入中的现金缴款，由征税机关于收缴收入的当日汇总缴入国库存款账户，确认国库存款的增加，同时确认相应的一般公共预算本级收入。

非税收入中的现金缴款，比照上述程序缴入财政国库存款账户。

（三）一般公共预算本级收入的核算

为反映一般公共预算本级收入业务，财政总会计应设置"一般公共预算本级收入"账户。

"一般公共预算本级收入"账户是收入类账户，贷方登记从国库报来的各项预算收入数，以红字记录亏损补贴数和退库数；借方登记年终结账时全数转入"一般公共预算结转结余"的数额;平时余额在贷方,反映当年预算收入的累计数;年终结转后无余额。该科目根据《政府收支分类科目》中"一般公共预算本级收入"科目规定设置明细账。

【例 4-1】 某市财政收到国库报送的一般公共预算本级收入,其中,"税收收入——增值税"196 200 元,"税收收入——企业所得税"185 000 元,"税收收入——城市维护建设税"15 500 元,"税收收入——个人所得税"103 300 元。列示当日一般公共预算本级收入合计 500 000 元。财政总会计应编制的会计分录如下:

  借:国库存款   500 000
    贷:一般公共预算本级收入   500 000

同时,在"一般公共预算本级收入"总账账户的贷方登记明细账如下:

  增值税   196 200
  企业所得税   185 000
  城市维护建设税   15 500
  个人所得税   103 300

【例 4-2】 某市财政收到中国人民银行国库报来的一般公共预算收入日报表。当日共收到一般公共预算本级收入 35 000 元。其中,"非税收入——行政事业性收费收入"5 780 元,"非税收入——罚没收入"16 980 元,"非税收入——国有资源(资产)有偿使用收入"12 240 元。财政总会计应编制的会计分录如下:

  借:国库存款   35 000
    贷:一般公共预算本级收入   35 000

同时,在"一般公共预算本级收入"总账账户下的贷方登记明细账如下:

  行政事业性收费收入   5 780
  罚没收入   16 980
  国有资源(资产)有偿使用收入   12 240

【例 4-3】 某市财政收到年终"一般公共预算本级收入"账户贷方余额为 3 654 000 元,将其全数转入"一般公共预算结转结余"总账账户,同时结清一般公共预算本级收入明细科目的余额。财政总会计应编制的会计分录如下:

  借:一般公共预算本级收入   3 654 000
    贷:一般公共预算结转结余   3 654 000

同时结清一般公共预算本级收入明细账的余额。

二、政府性基金预算本级收入

(一)政府性基金预算本级收入的概念和分类

政府性基金预算本级收入是指政府财政筹集的纳入本级政府性基金预算管理的非税收入。其中,政府性基金是指各级人民政府及其所属部门根据法律、行政法规和中共中央、国务院文件的规定,为支持特定公共基础设施建设和公共事业发展,向公民、法人和其他组织无偿征收的具有专项用途的财政资金。政府性基金通过财政安排或按规定收取,由财政管理,并具有指定用途;政府性基金实行中央一级审批制度,遵循统一领导、分级管理的原则;政府性基金属于政府非税收入,全额纳入财政预算,实行"收支两条线"管理。

现行政府性基金收入款级科目下的项级科目共有20多个,主要有:农网还贷资金收入、铁路建设基金收入、民航发展基金收入、港口建设费收入、旅游发展基金收入、国家电影事业发展专项资金收入、国有土地收益基金收入、农业土地开发资金收入、国有土地使用权出让收入、大中型水库移民后期扶持基金收入、大中型水库库区基金收入、彩票公益金收入、城市基础设施配套费收入、车辆通行费、可再生能源电价附加收入、污水处理费收入、彩票发行机构和彩票销售机构的业务费用和其他政府性基金收入等。

(二)政府性基金预算本级收入的核算

为核算政府性基金预算本级收入业务,财政总会计应设置"政府性基金预算本级收入"账户。

"政府性基金预算本级收入"账户是收入类账户,贷方登记基金预算收入的取得数;借方登记年终结账时全数转入"政府性基金预算结转结余"的数额;平时余额在贷方,反映当年政府性基金预算本级收入的累计数,年终结转后无余额。该账户根据《政府收支分类科目》中"政府性基金预算本级收入"账户规定设置明细账,如农网还贷资金收入、铁路建设基金收入、民航发展基金收入、港口建设费收入、旅游发展基金收入、国家电影事业发展专项资金收入、国有土地收益基金收入、农业土地开发资金收入、国有土地使用权出让收入、彩票公益金收入等。

政府性基金预算本级收入的收缴方式和程序以及列报基础等,均比照一般公共预算本级收入。政府性基金预算收入日报表的参考格式同一般公共预算收入的日报表。

【例4-4】 某市财政收到国库报送的政府性基金预算本级收入日报表,当日共收到政府性基金预算本级收入60 000元。其中,"非税收入——政府性基金收入——彩票公益金收入"32 000元,"非税收入——政府性基金收入——旅游发展基金收入"28 000元。财政总会计应编制会计分录如下:

借:国库存款　　　　　　　　　　　　　　　　　　　　　　　60 000
　　贷:政府性基金预算本级收入　　　　　　　　　　　　　　　60 000

同时在"政府性基金预算本级收入"总账科目下的贷方登记明细账如下:

彩票公益金收入　　　　　　　　　　　　　　　　　　　　　　32 000
旅游发展基金收入　　　　　　　　　　　　　　　　　　　　　28 000

【例4-5】 年终,某市财政将"政府性基金预算本级收入"账户贷方余额4 000 000元全部转入"政府性基金预算结转结余"账户。财政总会计应编制会计分录如下:

借:政府性基金预算本级收入　　　　　　　　　　　　　　　　4 000 000
　　贷:政府性基金预算结转结余　　　　　　　　　　　　　　　4 000 000

同时应结清所有政府性基金本级收入明细账的余额。

三、国有资本经营预算本级收入

(一)国有资本经营预算本级收入的概念和分类

国有资本经营预算本级收入是指政府财政筹集的纳入本级国有资本经营预算管理的非税收入,主要包括国有独资企业按规定上缴国家的利润、国有控股或参股企业国有股权股份获得的股利股息、企业国有产权或国有股份的转让收入以及国有独资企业清算净收入、国有控股或参股企业国有股权股份分享的公司清算净收入等。国有资本经营预算收入科目分设类、款、项、目四级。

根据现行《政府收支分类科目》，国有资本经营预算收入科目下的非税收入类级科目下设一个款级科目，即国有资本经营收入。款级科目下按来源渠道设置项级科目和目级科目，其中项级科目包括利润收入，股息、股利收入，产权转让收入，清算收入，其他国有资本经营预算收入等。

（二）国有资本经营预算本级收入的核算

为核算国有资本经营预算本级收入业务，财政总会计应设置"国有资本经营预算本级收入"账户。

"国有资本经营预算本级收入"账户是收入类账户，贷方登记国有资本经营预算本级收入数；年终，将本账户贷方余额全数转入"国有资本经营预算结转结余"账户。该账户平时余额在贷方，反映国有资本经营预算本级收入的累计数。年终结转后，本账户应无余额。

本账户应当根据《政府收支分类科目》中"国有资本经营预算收入"账户的规定进行明细核算。

【例 4-6】 某市财政收到国库报来预算收入日报表，其中当日邮政企业利润收入 30 000 元，国有控制公司股息收入 80 000 元。财政总会计应编制会计分录如下：

借：国库存款　　　　　　　　　　　　　　　　　　　　　　　110 000
　　贷：国有资本经营预算本级收入　　　　　　　　　　　　　　110 000

同时，在"国有资本经营预算本级收入"总账账户下的贷方登记明细账如下：

利润收入　　　　　　　　　　　　　　　　　　　　　　　　　30 000
股息收入　　　　　　　　　　　　　　　　　　　　　　　　　80 000

【例 4-7】 年终，某市财政将"国有资本经营预算收入"账户余额 870 000 元进行结转。财政总会计应编制会计分录如下：

借：国有资本经营预算本级收入　　　　　　　　　　　　　　　870 000
　　贷：国有资本经营预算结转结余　　　　　　　　　　　　　　870 000

同时应结清所有国有资本经营预算本级收入明细账的余额。

四、财政专户管理资金收入

（一）财政专户管理资金收入的概念和内容

财政专户管理资金收入是指政府财政纳入财政专户管理的教育收费等资金收入。

按照《政府收支分类科目》，目前反映教育部门教育收费的科目主要有"公办幼儿园保育费""公办幼儿住宿费""普通高中学费""普通高中住宿费""中等职业学校学费""中等职业学校住宿费""高等学校学费""高等学校住宿费"等。教育部门收取的各种教育收费缴入财政专户，实行财政专户管理。财政部门通过财政专户返还给教育部门的教育收费，教育部门作为事业收入处理。

(二)财政专户管理资金收入的核算

为核算财政专户管理资金收入业务,财政总会计应设置"财政专户管理资金收入"账户。

"财政专户管理资金收入"账户是收入类账户,贷方登记收到的财政专户管理的资金;年终,将本账户贷方余额全数转入"财政专户管理资金结余"账户;平时余额在贷方,反映财政专户管理资金收入的累计数。年终结账后,本账户应无余额。

【例4-8】 某市财政收到教育部缴入财政专户的教育收费 2 100 000元。其中,"非税收入——行政事业性收费收入——教育行政事业性收费收入——普通高中学费" 670 000元,"非税收入——行政事业性收费收入——体育行政事业性收费收入——教育收费"880 000元,"非税收入——行政事业性收费收入——卫生行政事业性收费收入——教育收费"550 000元。财政总会计应编制会计分录如下:

借:其他财政存款　　　　　　　　　　　　　　　　　　2 100 000
　　贷:财政专户管理资金收入　　　　　　　　　　　　　　　　2 100 000

同时,在"财政专户管理资金收入"总账账户的贷方登记明细账如下:

教育行政事业性收费收入　　　　　　　　　　　　　　　670 000
卫生行政事业性收费收入　　　　　　　　　　　　　　　550 000
体育行政事业性收费收入　　　　　　　　　　　　　　　880 000

卫生部门收取的教育收费,如隶属于卫生部门的卫生学校收取的学费、住宿费等,体育部门收取的教育收费,如隶属于体育部门的体育学校收取的学费、住宿费等,款项缴入财政专户,实行财政专户管理。财政专户管理资金收入应当按照实际收到的金额入账。

【例4-9】 年终,某省财政将"财政专户管理资金收入"贷方余额55 000 000元进行结转。财政总会计应编制会计分录如下:

借:财政专户管理资金收入　　　　　　　　　　　　　　　55 000 000
　　贷:财政专户管理资金结余　　　　　　　　　　　　　　　　55 000 000

同时财政总会计应结清所有财政专户管理资金收入明细账的余额。

五、专用基金收入

(一)专用基金收入的概述

专用基金收入是指政府财政根据法律法规等规定设立的各项专用基金管理(包括粮食风险基金等)取得的资金收入。

专用基金收入和政府性基金预算本级收入都属于基金管理取得的资金收入,都要求专项专用,不得改变资金的用途。但它们之间有一定的区别:①政府性基金预算本级收入是按规定取得并纳入预算管理的基金,而专用基金收入是由财政部门按规定设置或取得并单独管理的资金;②政府性基金预算本级收入要按照预算级次解缴国库,而专用基金则开立专户储存。

(二)专用基金收入的核算

为核算专用基金收入业务,财政总会计应设置"专用基金收入"账户。

"专用基金收入"账户是收入类账户,贷方登记取得专用基金数;借方登记退回专用基金或年终将贷方余额全额转入"专用基金结余"账户的数额;平时余额在贷方,反映当年专用基金收入的累计数;年终余额结转后,无余额。本账户应当按照专用基金的种类进行明细核算。

【例 4-10】 某市财政局通过本级预算支出安排取得粮食风险基金,并转入财政专户,从国库拨出款项 900 000 元,存入农业发展银行财政粮食基金风险基金专户。财政总会计应编制会计分录如下:

　　借:其他财政存款　　　　　　　　　　　　　　　　　　　　 900 000
　　　 贷:专用基金收入　　　　　　　　　　　　　　　　　　　　　900 000

同时:

　　借:一般公共预算本级支出　　　　　　　　　　　　　　　　　 900 000
　　　 贷:国库存款　　　　　　　　　　　　　　　　　　　　　　　900 000

【例 4-11】 年终,某市财政局将"专用基金收入"账户贷方余额 1 200 000 元全部转入"专用基金结余"账户。财政总会计应编制会计分录如下:

　　借:专用基金收入　　　　　　　　　　　　　　　　　　　　　1 200 000
　　　 贷:专用基金结余　　　　　　　　　　　　　　　　　　　　 1 200 000

同时财政总会计应结清所有专用基金收入明细账的余额。

六、转移性收入

(一)转移性收入的概念和内容

转移性收入是指在各级政府财政之间进行资金调拨以及在本级政府财政不同类型资金之间调剂所形成的收入,包括补助收入、上解收入、调入资金和地区间援助收入等。

(二)转移性收入的核算

1. 补助收入

补助收入是指上级政府财政按照财政体制规定或因专项需要补助给本级政府财政的款项,包括上级税收返还、转移支付等。为核算补助收入业务,财政总会计应设置"补助收入"账户。

"补助收入"账户是收入类账户,贷方登记收到上级拨入的补助款;借方登记退还数以及年终转入"一般公共预算结转结余"和"政府性基金预算结转结余"账户的数额;平时余额在贷方,反映上级补助收入累计数;期末结转后,本账户无余额。本账户下应当按照不同的资金性质设置"一般性转移支付收入""政府性基金补助收入"等明细科目。

【例 4-12】 某市财政收到省财政厅拨来的补助款 600 000 元,其中一般性转移支付收入 350 000 元,政府性基金补助收入 250 000 元。财政总会计应编制会计分录如下:

　　借:国库存款　　　　　　　　　　　　　　　　　　　　　　　 600 000
　　　 贷:补助收入　　　　　　　　　　　　　　　　　　　　　　　600 000

同时,在"补助收入"总账账户的贷方登记明细账如下:

| 一般性转移支付收入 | 350 000 |
| 政府性基金补助收入 | 250 000 |

【例 4-13】 某市财政因急需向上级财政借入 800 000 元,上级经研究决定,将该笔款项作为对本级财政的补助款项。财政总会计应编制会计分录如下:

借入款项时:

借:国库存款　　　　　　　　　　　　　　　　　　　　　　800 000
　贷:与上级往来　　　　　　　　　　　　　　　　　　　　　800 000

转为补助款时:

借:与上级往来　　　　　　　　　　　　　　　　　　　　　　800 000
　贷:补助收入　　　　　　　　　　　　　　　　　　　　　　800 000

【例 4-14】 年终,某市财政"补助收入"科目贷方余额 980 000 元,其中"一般公共预算补助收入"660 000 元,"政府性基金预算补助收入"320 000 元。年终结账时,财政总会计应编制会计分录如下:

借:补助收入　　　　　　　　　　　　　　　　　　　　　　980 000
　贷:一般公共预算结转结余　　　　　　　　　　　　　　　660 000
　　　政府性基金预算结转结余　　　　　　　　　　　　　　320 000

同时财政总会计应结清所有补助收入明细账的余额。

2. 上解收入

上解收入是指按照财政体制规定由下级政府财政上交给本级政府财政的款项。为核算上解收入业务,财政总会计设置"上解收入"账户。

"上解收入"账户是收入类账户,贷方登记收到下级上解款;借方登记收入退还数或核减上解款数,以及年终转入"一般公共预算结转结余""政府性基金预算结转结余"等账户的数额;平时余额在贷方,反映上级上解收入累计数。期末结转后,本账户无余额。本账户应当按照不同资金性质设置"一般公共预算上解收入""政府性基金预算上解收入"等明细科目。同时,还应当按照上解地区进行明细核算。

【例 4-15】 某市财政收到所属某县财政的上解收入 300 000 元。财政总会计应编制会计分录如下:

借:国库存款　　　　　　　　　　　　　　　　　　　　　　300 000
　贷:上解收入　　　　　　　　　　　　　　　　　　　　　　300 000

【例 4-16】 某市财政年终将所属某县多上解的收入 40 000 元退还。财政总会计应编制会计分录如下:

借:上解收入　　　　　　　　　　　　　　　　　　　　　　40 000
　贷:国库存款　　　　　　　　　　　　　　　　　　　　　　40 000

【例 4-17】 年终,某市财政"上解收入"科目贷方余额 260 000 元,其中"一般公共预算上解收入"110 000 元,"政府性基金预算上解收入"150 000 元。年终结账时,财政总会计应编制会计分录如下:

借：上解收入　　　　　　　　　　　　　　　　　　　　　　　　　260 000
　　　　贷：一般公共预算结转结余　　　　　　　　　　　　　　　　　　　110 000
　　　　　　政府性基金预算结转结余　　　　　　　　　　　　　　　　　　150 000

同时财政总会计应结清所有上解收入明细账的余额。

3. 调入资金

调入资金是指政府财政为平衡某类预算收支，从其他类型预算资金及其他渠道调入的资金。为核算调入资金业务，财政总会计应设置"调入资金"账户。

"调入资金"账户是收入类账户，贷方登记调入资金；借方登记年终转入"一般公共预算结转结余""政府性基金预算结转结余"等科目的数额；平时余额在贷方，反映调入资金的累计数；期末结转后，本账户无余额。本账户下应当按照不同资金性质设置"一般公共预算调入资金""政府性基金预算调入资金"等明细科目。

【例 4-18】 某市财政从政府性基金预算资金中调出 400 000 元到一般公共预算资金中。财政总会计应编制会计分录如下：

　　借：调出资金——政府性基金预算调出资金　　　　　　　　　　　　400 000
　　　　贷：调入资金——一般公共预算调入资金　　　　　　　　　　　　400 000

【例 4-19】 年终，某市财政"调入资金"科目贷方余额 830 000 元，其中"一般公共预算补助收入"310 000 元，"政府性基金预算补助收入"520 000 元。年终结账时，财政总会计应编制会计分录如下：

　　借：调入资金　　　　　　　　　　　　　　　　　　　　　　　　　830 000
　　　　贷：一般公共预算结转结余　　　　　　　　　　　　　　　　　　　310 000
　　　　　　政府性基金预算结转结余　　　　　　　　　　　　　　　　　　520 000

同时财政总会计应结清所有调入收入明细账的余额。

七、动用预算稳定调节基金

动用预算稳定调节基金是指政府财政为弥补财政短收年份预算执行收支缺口调用的预算稳定调节基金。为核算动用的预算稳定调节基金业务，财政总会计应设置"动用预算稳定调节基金"账户。

"动用预算稳定调节基金"账户是收入类账户，贷方登记调用的预算稳定调节基金；年终结转时，将账户目余额全部转入"一般公共预算结转结余"账户。年终结账后，本账户应无余额。

【例 4-20】 某省财政年终为弥补本年度执行收支缺口，调用预算稳定调节基金 460 000 元。财政总会计应编制会计分录如下：

　　借：预算稳定调节基金　　　　　　　　　　　　　　　　　　　　　460 000
　　　　贷：动用预算稳定调节基金　　　　　　　　　　　　　　　　　　　460 000

【例 4-21】 年终，某省财政"动用预算稳定调节基金"科目贷方余额 890 000 元。年终结转时，财政总会计应编制会计分录如下：

借：动用预算稳定调节基金　　　　　　　　　　　　　　　890 000
　　　　贷：一般公共预算结转结余　　　　　　　　　　　　　　　890 000

第二节　财政总会计的支出

　　财政总会计的支出是指政府财政为实现政府职能，对财政资金的分配和使用，主要包括一般公共预算本级支出、政府性基金预算本级支出、国有资本经营预算本级支出、财政专户管理资金支出、专用基金支出、转移性支出等。

一、一般公共预算本级支出

　　（一）一般公共预算本级支出的概念和分类

　　一般公共预算本级支出是指政府财政管理的由本级政府使用的列入一般公共预算的支出。一般公共预算本级支出是政府对集中的一般公共预算收入有计划地进行分配和使用而发生的支出。其中，一般公共预算收入包括税收收入、非税收入、债务收入和转移性收入等。同时，一般公共预算本级支出是由本级政府使用的支出，而不是转移给上级政府或者下级政府的支出，也不是向其他地区援助的支出，它是各级政府最主要的财政资金支出。

　　根据财政部制定的《政府收支分类科目》，预算支出需要按功能分类和经济分类，按功能分类与支出按经济分类从不同侧面、以不同方式反映政府支出活动。按功能分类就是按照政府主要职能活动进行的分类；按经济分类就是按照政府支出的经济性质和具体用途进行的分类，两者既相对独立，又相互联系。

　　1. 一般公共预算本级支出按功能分类

　　我国政府支出的功能分类体系，根据政府管理和部门预算的要求，统一按支出功能设置类、款、项三级科目。

　　（1）一般公共服务支出。本科目反映政府提供一般公共服务的支出，分设：人大事务、政协事务、政府办公厅（室）及相关机构事务、发展与改革事务、统计信息事务、财政事务、税收事务、审计事务、海关事务、人力资源事务、纪检检查事务、商贸事务、知识产权事务、工商行政管理事务、质量技术监督与检验检疫事务、民族事务、宗教事务、港澳台侨事务、档案事务、民主党派及工商联事务、群众团体事务、党委办公厅（室）及机关机构事务、组织事务、宣传事务、统战事务等款级科目。

　　（2）外交支出。本科目反映政府外交事务支出，分设：外交管理事务、驻外机构、对外援助、国际组织、对外合作与交流、对外宣传、边界勘界联检、其他外交支出。

　　（3）国防支出。本科目反映政府用于国防方面的支出，分设：现役部队、国防科研事业、专项工程、国防动员、其他国防支出。

　　（4）公共安全支出。本科目反映政府维护社会公共安全方面的支出，分设：武装警察、公安、国家安全、检察、法院、司法、监狱、强制隔离戒毒、国家保密、缉私警察、海警、其他公共安全支出。

　　（5）教育支出。本科目反映政府教育事务支出，分设：教育管理事务、普通教育、职业教育、成人教育、广播电视教育、留学教育、特殊教育、进修及培训、教育费附加安排的支出、其他教育支出。

(6) 科学技术支出。本科目反映用于科学技术方面的支出,分设:科学技术管理事务、基础研究、应用研究、技术研究与开发、科技条件与服务、社会科学、科学技术普及、科技交流与合作、科技重大专项、核电站乏燃料处理处置基金支出、其他科学技术支出。

(7) 文化体育传媒支出。本科目反映政府在文化、文物、体育、广播等方面的支出,分设:文化、文物、体育、新闻出版广播影视、国家电影事业发展专项资金及对应专项债务收入安排的支出、其他文化体育与传媒支出。

(8) 社会保障和就业支出。本科目反映政府在社会保障和就业方面的支出,分设:人力资源和社会保障管理事务、民政管理事务、财政对社会保险基金的补助、补充全国社会保障基金、行政事业单位离退休、企业改革补助、就业补助、抚恤、退役安置、社会福利、残疾人事业、自然灾害生活救助、红十字事业、最低生活保障、临时救助、特困人员供养、大中型水库移民后期扶持基金支出、小型水库移民扶助基金及对应专项债务收入安排的支出、补充道路交通事故社会救助基金、其他生活救助、其他社会保障和就业支出。

(9) 医疗卫生与计划生育支出。本科目反映政府医疗卫生与计划生育管理方面的支出,分设:医疗卫生与计划生育管理事务、公立医院、基层医疗卫生机构、公共卫生、医疗保障、中医药、计划生育事务、食品和药品监督管理事务、其他医疗卫生与计划生育支出。

(10) 节能环保支出。本科目反映政府节能环保支出,分设:环境保护管理事务、环境监测与监察、污染防治、自然生态保护、天然林保护、退耕还林、风沙荒漠治理、退牧还草、已垦草原退耕还草、能源节约利用、污染减排、可再生能源、循环经济、能源管理事务、可再生能源电价附加收入安排的支出、废弃电器电子产品处理基金支出、其他节能环保支出。

(11) 城乡社区支出。本科目反映政府城乡社区事务支出,分设:城乡社区管理事务、城乡社区规划与管理、城乡社区公共设施、城乡社区环境卫生、建设市场管理与监督、政府住房基金及对应专项债务收入安排的支出、国有土地使用权出让收入及对应专项债务收入安排的支出、城市公用事业附加及对应专项债务收入安排的支出、国有土地收益基金及对应专项债务收入安排的支出、农业土地开发资金及对应专项债务收入安排的支出、新增建设用地有偿使用费及对应专项债务收入安排的支出、城市基础设施配套费及对应专项债务收入安排的支出、污水处理费及对应专项债务收入安排的支出、其他城乡社区支出。

(12) 农林水支出。本科目反映政府农林水事务支出,分设:农业、林业、水利、南水北调、扶贫、农业综合开发、农村综合改革、普惠金融发展支出、目标价格补贴、新菜地开发建设基金及对应专项债务收入安排的支出、大中型水库库区基金及对应专项债务收入安排的支出、三峡水库库区基金支出、南水北调工程基金及对应专项债务收入安排的支出、国家重大水利工程建设基金及对应专项债务收入安排的支出、水土保持补偿费安排的支出、其他农林水支出。

(13) 交通运输支出。本科目反映政府交通运输和邮政业方面支出,分设:公路水路运输、铁路运输、民用航空运输、成品油价格改革对交通运输的补贴、邮政业支出、车辆购置税支出、海南省高等级公路车辆通行附加费及对应专项债务收入安排的支出、车辆通行费及对应专项债务收入安排的支出、港口建设费及对应专项债务收入安排的支出、铁路建设基金支出、船舶油污损害赔偿基金支出、民航发展基金支出、其他交通运输支出。

(14) 资源勘探电力信息等支出。本科目反映资源勘探、制造业、电力信息等方面支出，分设：资源勘探开发、制造业、建筑业、工业和信息产业监管、安全生产监管、国有资产监管、支持中小企业发展和管理支出、散装水泥专项资金及对应专项债务收入安排的支出、新型墙体材料专项基金及对应专项债务收入安排的支出、农网还贷资金支出、电力改革预留资产变现收入安排的支出、其他资源勘探信息等支出。

(15) 商业服务业等支出。本科目反映政府商业服务业等方面支出，分设：商业流通事务、旅游业管理与服务支出、涉外发展服务支出、旅游发展基金支出、其他商业服务业等支出。

(16) 金融支出。本科目反映政府金融方面的支出，分设：金融部门行政支出、金融部门监管支出、金融发展支出、金融调控支出、其他金融支出。

(17) 援助其他地区支出。本科目反映援助方政府安排并管理的对其他地区各类援助、捐赠等支出，分设：一般公共服务、教育、文化体育与传媒、医疗卫生、节能环保、农业、交通运输、住房保障、其他支出。

(18) 国土海洋气象等支出。本科目反映政府用于国土资源、海洋、地震等方面的支出，分设：国土资源事务、海洋管理事务、测绘事务、地震事务、气象事务、其他国土海洋气象等支出。

(19) 住房保障支出。本科目反映政府用于住房方面的支出，分设：保障性住房支出、住房改革支出、城乡社区住宅。

(20) 粮油物资储备支出。本科目反映政府用于粮油储备等方面的支出，分设：粮油事务、物资事务、能源储备、粮油储备、重要商品储备。

(21) 预备费。本项目反映预算中安排的预备费。

(22) 其他支出。本科目反映不能划分到上述功能科目的其他政府支出，分设：年初预留、彩票公益金及对应专项债务收入安排的支出、烟草企业上缴专项收入安排的支出、其他支出。

(23) 债务付息支出。本科目反映用于归还债务付息的支出，分设：中央政府国内债务付息支出、中央政府国外债务付息支出、地方政府一般债务付息支出。

(24) 债券发生费用支出。本科目反映用于债务发行兑付费用的支出，分设：中央政府国内债务发行费用支出、中央政府国外债务发行费用支出、地方政府一般债务发行费用支出。

2. 一般公共预算本级支出按经济分类

(1) 机关工资福利支出。本科目反映机关和参照公务员法管理的事业单位（以下简称参公事业单位）的工资福利支出，下设 4 个款级科目，即工资奖金津补贴、社会保障缴费、住房公积金、其他工资福利支出。

(2) 机关商品和服务支出。本科目反映机关和参公事业单位的商品和服务支出，下设 10 个款级科目，即办公经费、会议费、培训费、专用材料购置费、委托业务费、公务接待费、因公出国(境)费用、公务用车运行维护费、维修(护)费、其他商品和服务支出。

(3) 机关资本性支出。本科目反映机关和参公事业单位资本性支出，下设 7 个款级科目,即房屋建筑物购建、基础设施建设、公务用车购置、土地征迁补偿和安置支出、设备购置、大型修缮、其他资本性支出。

(4) 对事业单位经常性补助。本科目反映对事业单位(不含参公事业单位)的经常性补助支出,下设3个款级科目,即工资福利支出、商品和服务支出、其他对事业单位补助。

(5) 对事业单位资本性补助。本科目反映对事业单位(不含参公事业单位)的资本性补助支出。

(6) 对企业补助。本科目反映政府对各类企业的补助支出。对企业资本性支出不在此科目内反映,下设3个款级科目,即费用补贴、利息补贴、其他对企业补助。

(7) 对企业资本性支出。本科目反映政府对各类企业的资本性支出。

(8) 对个人和家庭补助。本科目反映政府用于对个人和家庭的补助支出,下设5个款级科目,即社会福利和救助、助学金、个人农业生产补贴、离退休费、其他对个人和家庭补助。

(9) 对社会保障基金补助。本科目反映政府对社会保险基金补助以及补充全国社会保障基金的支出,下设2个款级科目,即对社会保险基金补助、补充全国社会保障基金。

(10) 债务利息及费用支出。本科目反映政府债务利息及费用支出,下设4个款级科目,即国内债务付息、国外债务付息、国内债务发行费用、国外债务发行费用。

(11) 其他支出。本科目反映不能划分到上述经济科目的其他支出,下设3个款级科目,即赠与、国家赔偿费用支出、对民间非营利组织和群众性自治组织补贴等。

(二) 一般公共预算本级支出的支付方式和程序

在财政国库集中支付方式下,一般公共预算本级支出的支付方式分为财政直接支付方式和财政授权支付方式。

1. 财政直接支付方式

财政直接支付方式的基本做法是财政部门按照预算和用款分期计划,在期初将预算单位可以财政直接支付的额度下达给预算单位。预算单位在使用财政资金时,向财政部门提出财政直接支付申请(不超过财政直接支付剩余额度)。财政部门接到预算单位的财政直接支付申请后进行审批,批准支付后通过财政部门在银行设置的财政零余额账户向预算单位申请支付的收款人转账付款。每日,国库和财政零余额账户之间进行结算,将当日通过财政零余额账户付出的款项通过银行转账系统从国库拨至财政零余额账户。

在财政直接支付方式下,财政资金并没有实际拨给预算单位,而是根据预算单位的申请直接付给了向预算单位提供商品或服务的收款人。因此,财政总会计在对预算单位下达财政直接支付额度时,并不确认预算支出。财政部门是在国库和财政零余额账户之间进行结算时,按照当日国库向财政零余额账户付出的财政资金金额确认预算支出。

2. 财政授权支付方式

财政授权支付方式的基本做法是财政部门按照预算和用款分期计划,在期初将预算单位可以授权支付的额度下达给预算单位,同时,也下达给预算单位零余额账户的代理银行。预算单位在使用财政资金时,直接向预算单位零余额账户的代理银行下达授权支付令(不超出财政授权支付剩余额度)。预算单位零余额账户的代理银行收到预算单位的授权支付令后,按照授权支付令的要求向预算单位要求支付的收款人转账付款。预算单位还可以下达授权支付令从预算单位零余额账户提取现金。每日,国库和预算单位零余额账户之间进行核算,将当日通过预算单位零余额账户付出的款项通过银行转账系统从国库拨至预算单位零余额账户。

与财政直接方式相似,财政授权支付方式下的财政资金也不拨付给预算单位,而是根据预算单位的要求付给为单位提供商品或服务的收款人。因此,财政授权支付方式的预算支出会计确认与财政授权直接支付方式相同。

(三)一般公共预算本级支出的列报基础

财政总会计一般采用收付实现制确认和列报一般公共预算本级支出。即一般公共预算本级支出通常在财政总会计从财政国库拨付财政资金时确认和列报。具体表现为财政总会计应根据财政国库支付执行机构每日报来的"预算支出结算清单",在与中国人民银行报来的"财政直接支付(授权支付)申请划款凭证"进行核对无误后,列报预算支出。

财政总会计一般采用收付实现制确认和列报一般公共预算本级支出,并不意味着财政总会计完全不采用权责发生制确认和列报一般公共预算本级支出。根据现行《财政总会计制度》的规定,一般公共预算本级支出、政府性基金预算本级支出、国有资本经营预算本级支出,一般应当按照实际支付的金额入账,年末可采用权责发生制将国库集中支付结余列支入账。

地方各级财政部门除国库集中支付结余以外,不得采用权责发生制列支。权责发生制只限于年末采用,平时不得采用。

(四)一般公共预算本级支出的核算

为核算一般公共预算本级支出业务,财政总会计应设置"一般公共预算本级支出"账户。

"一般公共预算本级支出"账户是支出类账户,借方登记确认的一般预算支出,以及需结转下一年度支付的款项(国库集中支付结余);年终,将本账户借方余额全数转入"预算结余"账户;平时余额在借方,反映一般公共预算本级支出的累计数。本账户应当根据《政府收支分类科目》中支出功能分类科目设置明细账户。同时,根据管理需要,按照支出经济分类科目、部门等进行明细核算。

【例4-22】 某市财政总会计收到财政国库支付执行机构报来的预算支出结算清单。财政国库支付执行机构以财政直接支付方式支付的属于一般公共预算本级支出的款项共计305 000元。具体支付情况为:"一般公共服务支出——财政事务——预算改革业务(机关商品和服务支出)"155 000元,"公共安全支出——公安——信息化建设(机关资本性支出)"150 000元。财政总会计经与中国人民银行报来的财政直接支付申请划款凭证及其他有关凭证,核对无误后,列报一般公共预算本级支出。财政总会计应编制的会计分录如下:

借:一般公共预算本级支出 305 000
 贷:国库存款 305 000

同时,在"一般公共预算本级支出"总账科目的借方登记明细账如下:

一般公共服务支出——财政事务——预算改革业务(机关商品和服务支出) 155 000

一般公共服务支出——公共安全支出——公安——信息化建设(机关资本性支出)
  150 000

【例4-23】 年终,若某市财政将当年预算支出借方余额9 000 000元全额转入"一般公共预算结转结余"账户。财政总会计应编制的会计分录如下:

借:一般公共预算结转结余 9 000 000
 贷:一般公共预算本级支出 9 000 000

同时,财政总会计应结清所有一般公共预算本级支出的明细账的余额。

二、政府性基金预算本级支出

(一)政府性基金预算本级支出的概念和管理原则

政府性基金预算本级支出是指政府财政管理的、由本级政府使用的、列入政府性基金预算的支出。

政府性基金预算支出是政府性基金预算收入安排的支出。政府性基金预算支出也是政府预算支出的重要组成部分。政府性基金应按规定的用途开支,一般每个政府基金都有对应的主管部门,由对口的部门管理。政府性基金在管理遵循以下原则。

(1)专款专用。每一个设立的政府性基金都有规定的用途,它只能按规定的用途使用,严禁将基金用于其他方面,不允许各个基金相互挪用。

(2)专项核算。为体现专款专用的原则,会计上要求每个政府性基金设立专门账户,专门核算其收入和支出。

(3)专项结余。政府性基金的使用要求做到先收后支、量入为出、自求平衡。

(二)政府性基金预算本级支出的分类

按照现行《政府收支分类科目》,政府性基金预算支出功能分类科目分设类、款、项三级,各级科目逐级递进,内容逐级细化。现行政府性基金预算支出的功能分类科目如下。

(1)文化体育与传媒支出。本科目反映政府在文化、文物、体育、广播影视、新闻出版等方面的支出。

(2)社会保障和就业支出。本科目反映政府在社会保障和就业方面的支出,包括大中型水库移民后期扶持基金支出、小型水库移民扶助基金支出。

(3)节能环保支出。本科目反映政府节能环保支出,包括可再生能源电价附加收入安排的支出、废弃电器电子产品处理基金支出。

(4)城乡社区支出。本科目反映政府城乡社区事务支出,包括国有土地使用权出让收入安排的支出、城市公用事业附加安排的支出、反映公用事业附加收入安排的支出、国有土地收益基金支出、农业土地开发资金支出、城市基础设施配套费安排支出。

(5)农林水支出。本科目反映政府农林水事务支出,包括大中型水库库区基金及对应专项债务收入安排的支出。

(6)交通运输支出。本科目反映交通运输和邮政业方面的支出,包括车辆通行费及对应专项债务收入安排的支出、港口建设费及对应专项债务收入安排的支出、铁路建设基金支出、民航发展基金支出。

(7)资源勘探信息等支出。本科目反映资源勘探、制造业、建筑业、电力信息等方面的支出。

(8) 商业服务业等支出。本科目反映商业服务业等方面的支出。

(9) 其他支出。本科目反映不能划分到上述功能科目的其他政府支出。

(10) 债务付息支出。本科目反映用于归还债务利息所发生的支出,包括地方政府专项债务付息支出。

(11) 债务发行费用支出。本科目反映债务发行兑付费用的支出。

政府性基金预算本级支出的支付方式、程序等,均比照一般公共预算本级支出。

(三) 政府性基金预算本级支出的核算

为核算政府性基金预算本级支出业务,财政总会计应设置"政府性基金预算本级支出"账户。

"政府性基金预算本级支出"账户是支出类账户,借方登记发生的基金预算支出;贷方登记年终需结转下一年度支付的款项;年终,将本科目借方余额全数转入"政府性基金预算结转结余"账户;平时余额在借方,反映政府性基金预算本级支出的累计数。本账户应当按照《政府收支分类科目》中支出功能分类科目设置明细账户。同时,根据管理需要,按照支出经济分类科目、部门等进行明细核算。

【例 4-24】 某市财政总会计收到财政国库支付执行机构报来的预算支出结算清单。财政国库支付执行机构以财政直接支付的方式,通过财政零余额账户支付有关预算单位的属于政府性基金预算本级支出的款项共计 116 000 元。具体支付情况如下:"城乡社区支出——国有土地使用权出让收入及对应专项债务收入安排支出"为 12 600 元,"资源勘探信息等支出——农网还贷资金支出"为 17 900 元,"交通运输支出——车辆通行费及对应专项债务收入安排支出——公路还贷"为 40 000 元,"其他支出——彩票公益金及对应专项债务收入安排支出"为 45 500 元。财政总会计经与中国人民银行报来的财政直接支付申请划款凭证及有关凭证核对无误后,列报政府性基金预算本级支出。财政总会计应编制的会计分录如下:

借:政府性基金预算本级支出　　　　　　　　　　　　　　116 000
　　贷:国库存款　　　　　　　　　　　　　　　　　　　　　　　116 000

同时,在"政府性基金预算本级支出"总账账户的借方登记明细账如下:

国有土地使用权出让收入及对应专项债务收入安排支出　　12 600
农网还贷资金支出　　　　　　　　　　　　　　　　　　　17 900
车辆通行费及对应专项债务收入安排支出——公路还贷　　　40 000
彩票公益金及对应专项债务收入安排支出　　　　　　　　　45 500

政府性基金预算本级支出主要是用于城乡公共设施的建设和维护以及其他公共物品的提供。通常包括公路建设和养护、污水处理设施的建设和运营、农村电网改造、社会福利事业、体育事业等。

【例 4-25】 年终,某市财政"政府性基金预算本级支出"总账账户借方余额为 8 000 000 元全数转入"政府性基金预算结转结余"账户。财政总会计应编制的会计分录如下:

借：政府性基金预算结转结余　　　　　　　　　　　　8 000 000
　　贷：政府性基金预算本级支出　　　　　　　　　　　　　　8 000 000

同时财政总会计应结清所有政府性基金预算本级支出的明细账的余额。

三、国有资本经营预算本级支出

（一）国有资本经营预算本级支出的概念和分类

国有资本经营预算本级支出是指政府财政管理的、由本级政府使用的、列入国有资本经营预算的支出。

国有资本经营预算支出按照支出的性质，主要包括：①资本性支出，即根据产业发展规划、国有经济布局和经济结构调整、国有企业发展要求，以及国家战略安全等需要，安排的资本性支出；②费用性支出，即用于弥补国有企业改革成本等方面的费用性支出；③其他支出，即依据国家宏观经济政策以及不同时期国有企业改革和发展的任务，统筹安排确定的支出。

按照现行《政府收支分类科目》，国有资本经营预算支出功能分类科目分设类、款、项三级，各级科目逐级递进，内容也逐级细化。国有资本经营预算本级支出类级科目如表4-1所示。

表4-1

国有资本经营预算本级支出类级科目设置

科目编码			科目名称	说明
类	款	项		
223			国有资本经营预算支出	
	01		解决历史遗留问题及改革成本支出	
		005	国有企业退休人员社会化管理补助支出	反映用国有资本经营预算收入安排的支持国有企业退休人员移交社区实现社会化管理的支出
		007	国有企业改革成本支出	反映用国有资本经营预算收入安排的用于国有企业改革中职工安置等方面的支出
	02		国有企业资本金注入	
		001	国有经济结构调整支出	反映用国有资本经营预算收入安排的支持国有企业战略性重组、产业结构调整、推动国有资本投向重点行业和关键领域等方面的支出
		002	公益性设施投资支出	反映用国有资本经营预算收入安排的公益性企业公共服务设施的投资支出，包括汽油管道支出、交通运输设施支出、通信设施支出、市政服务设施支出等
		003	前瞻性战略产业发展支出	反映用国有资本经营预算收入安排的支持前瞻性、战略性产业发展的支出
			……	

国有资本经营预算本级支出的支付方式、程序等，均比照一般公共预算本级支出。

（二）国有资本经营预算本级支出的核算

为核算国有资本经营预算本级支出业务，财政总会计应设置"国有资本经营预算本级支出"账户。

"国有资本经营预算本级支出"账户是支出类账户，借方登记发生的国有资本经营预算本级支出，以及年终需结转下一年度支付的款项；年终，将本账户借方余额全数转入"国有资本经营预算结转结余"账户；本账户平时余额在借方，反映当年国有资本经营预算本级支出累计数。本账户应当按照《政府收支分类科目》中支出功能分类科目设置明细科目。同时，根据管理需要，按照支出经济分类科目、部门等进行明细核算。

【例4-26】 某市财政总会计收到财政国库支付执行机构报来的预算支出结算清单，财政国库支付执行机构以财政直接支付的方式，通过财政零余额账户支付有关预算单位的属于国有资本经营预算本级支出的款项共计95 000元。具体支付情况为："国有资本经营预算支出——解决历史遗留问题及改革成本支出（对企业补助）"55 000元，"国有企业资本资金注入——国有经济结构调整支出（对企业资本性支出）"40 000元。财政总会计经与中国人民银行财政直接支付划款凭证核对无误后，列为国有资本经营预算本级支出。财政总会计应编制的会计分录如下：

借：国有资本经营预算本级支出　　　　　　　　　　　　　　95 000
　　贷：国库存款　　　　　　　　　　　　　　　　　　　　　　　95 000

同时，在"国有资本经营预算本级支出"总账账户的借方登记明细账如下：

解决历史遗留问题及改革成本支出（对企业补助）　　　　　　　55 000
国有企业资本资金注入——国有经济结构调整支出（对企业资本性支出）　40 000

【例4-27】 年终，某市财政将"国有资本经营预算本级支出"账户的借方余额580 000元结转。财政总会计应编制的会计分录如下：

借：国有资本经营预算结转结余　　　　　　　　　　　　　　580 000
　　贷：国有资本经营预算本级支出　　　　　　　　　　　　　　580 000

同时财政总会计应结清所有国有资本经营预算本级支出的明细账的余额。

四、财政专户管理资金支出

（一）财政专户管理资金支出的概念

财政专户管理资金支出是指政府财政用纳入财政专户管理的教育收费等资金安排的支出。

各种教育收费由各教育单位按规定标准收取，并按规定缴入财政账户，实行"收支两条线"管理。各种教育收费应当纳入教育单位的部门预算，实行预算管理。财政部门通常采用返还教育收费的方式向有关教育单位拨付财政专用资金，并监督其按部门预算的规定用途使用。

尽管教育收费的收入科目按照收费单位所属预算部门有教育行政事业性收费收入、公安行政事业性收费收入、法院行政事业性收费收入、财政行政事业性收费收入、审计行政事业性收费收入等，但用教育收费安排的支出均属于教育支出，如属于普通教育、职业教育、成人教育等支出，它们不属于公安、法院、财政事务等支出。

（二）财政专户管理资金支出的核算

为核算财政专户管理资金支出业务，财政总会计应设置"财政专户管理资金支出"账户。

"财政专户管理资金支出"账户是支出类账户，借方登记发生财政专户管理的资金支出；年终，将本账户借方余额全数转入"财政专户管理资金结余"账户。平时余额在借方，反映财政专户管理资金支出的累计数；年终结转后，本账户无余额。本账户应当按照《政府收支分类科目》中支出功能分类科目设置相应明细账户。同时，根据管理需要，按照支出经济分类科目、部门（单位）等进行明细核算。

【例4-28】 某市财政通过财政专户向有关教育单位拨付教育收费共计282 000元。其中，"教育支出——普通教育——高中教育"为170 000元，"教育支出——普通教育——高等教育"为112 000元。财政总会计应编制会计分录如下：

借：财政专户管理资金支出　　　　　　　　　　　　　　　282 000
　　贷：其他财政存款　　　　　　　　　　　　　　　　　　　　　282 000

同时在"财政专户管理资金支出"总账账户的借方登记明细账如下：

教育支出——普通教育——高中教育　　　　　　　　　　170 000
教育支出——普通教育——高等教育　　　　　　　　　　112 000

【例4-29】 年终，某市财政将"财政专户管理资金支出"账户的借方余额6 000 000元结转。财政总会计应编制会计分录如下：

借：财政专户管理资金结余　　　　　　　　　　　　　　　6 000 000
　　贷：财政专户管理资金支出　　　　　　　　　　　　　　　　6 000 000

同时财政总会计应结清所有财政专户管理资金支出明细账的余额。

五、专用基金支出

（一）专用基金支出的概念

专用基金支出是指政府财政用专用基金收入安排的支出。专用基金必须按规定用途开支，做到先收后支、量入为出、专款专用。

（二）专用基金支出的核算

为核算专用基金支出业务，财政总会计应设置"专用基金支出"账户。

"专用基金支出"账户是支出类账户，借方登记发生的专用基金支出数；贷方登记退回的支出数；年终，将本账户余额全数转入"专用基金结余"账户；平时余额在借方，反映专用基金支出累计数。本账户应当根据专用基金的种类设置明细科目。同时，根据管理需要，按部门等进行明细核算。

【例4-30】 某市财政局向粮食管理部门拨付粮食风险基金500 000元，用于平抑市场粮食价格。财政总会计应编制会计分录如下：

借：专用基金支出——粮食风险基金　　　　　　　　　　500 000
　　贷：其他财政存款　　　　　　　　　　　　　　　　　　　　　500 000

同时在"专用基金支出"总账账户的借方登记明细账如下:

粮食风险基金——平抑市场粮食价格　　　　　　　　　　　　　　　　500 000

保护粮食安全、维护粮食价格基本稳定是政府的重要职责。粮食风险基金的使用范围主要包括对种粮农民的直接补贴、省级储备粮油的利息费用补贴、政策性挂账的利息补贴等。国有资本经营预算资金也可以安排投入国有粮食企业,增强其发展能力。

【例 4-31】 年终,某市财政将"专用基金支出"账户的借方余额 920 000 元结转。财政总会计应编制会计分录如下:

借:专用基金结余　　　　　　　　　　　　　　　　　　920 000
　　贷:专用基金支出　　　　　　　　　　　　　　　　　　　920 000

同时财政总会计应结清所有专用基金支出明细账的余额。

六、转移性支出

(一)转移性支出的概念

转移性支出是指在各级政府财政之间进行资金调拨以及在本级政府财政不同类型资金之间调剂所形成的支出,包括补助支出、上解支出、调出资金、安排预算稳定调节基金、地区间援助支出等。例如,本级财政支付给下级财政的一般性转移支付、专项转移支付,本级政府从政府性基金预算中调出一部分资金给一般公共预算使用等,都会形成转移性支出,相对应的一方形成转移性收入。

(二)转移性支出的核算

为核算转移性支出业务,财政总会计应设置"补助支出""上解支出""地区间援助支出""调出资金"和"安排预算稳定调节基金"总账账户。财政总会计设置的这些转移性支出会计科目与《政府收支分类科目》中设置的转移性支出预算科目的比较情况,如表 4-2 所示。

表 4-2

转移性支出会计科目与预算科目的比较

会计科目	预算支出功能分类科目	预算支出经济分类科目
补助支出	返还性支出、一般性转移支付、专项转移支付、政府性基金补助支出、国有资本经营预算转移支付	上下级政府间转移性支出
上解支出	上解支出、政府性基金上解支出	
地区间援助支出	援助其他地区支出	援助其他地区支出
调出资金	调出资金	调出资金
安排预算稳定调节基金	调出资金	调出资金

转移性支出应当按照财政体制的规定或实际发生的金额入账。

1. 补助支出

补助支出是指本级政府财政按财政体制规定或因专项需要补助给下级政府财政的款

项,包括对下级的税收返还、转移支付等。为核算补助支出业务,财政总会计应设置"补助支出"账户。

"补助支出"账户是支出类账户。借方登记发生的补助支出或从"与下级往来"账户转入的数额;贷方登记支出退转的数额;年终,根据不同资金性质分别转入"一般公共预算结转结余""政府性基金预算结转结余"等账户;平时余额在借方,反映补助支出累计数。本账户下应当按照不同资金性质设置"一般公共预算补助支出""政府性基金预算补助支出"等明细科目,同时还应当按照补助地区进行明细核算。

【例 4-32】 某省财政与其所属某市财政年终进行财政体制结算。经计算,省财政应给予所属市财政补助款项 200 000 元,相应适用"转移性支出——政府性基金补助支出(上下级政府间转移支出)"。省财政总会计应编制会计分录如下:

  借:补助支出   200 000
    贷:与下级往来   200 000

同时在"补助支出"总账账户的借方登记明细账如下:
  政府性基金补助支出(上下级政府间转移支出)   200 000

当下级财政的财政收入不足以抵补其支出时,上级财政应对其收不抵支的部分给予相应的补贴。财政体制结算通常可以在年终进行,次年拨款。此时,财政总会计采用权责发生制,在年终确认相应的补助支出。

【例 4-33】 某省财政通过财政直接支付的方式,为所属某市财政支付一笔一般公共预算资金 250 000 元,用于专项补助该市在医疗卫生方面发生的专项采购支出,相应适用"转移性支出——专项转移支付——医疗卫生与计划生育(上下级政府间转移性支出)"。省财政总会计应编制会计分录如下:

  借:补助支出   250 000
    贷:国库存款   250 000

同时在"补助支出"总账账户的借方登记明细账如下:
  一般公共预算补助支出——专项转移支付——
    医疗卫生与计划生育(上下级政府间转移性支出)   250 000

【例 4-34】 年终,某省财政"补助支出"科目借方余额 5 000 000 元,其中转入"一般公共预算补助支出"2 000 000 元,"政府性基金预算补助支出"支出 3 000 000 元。省财政总会计应编制会计分录如下:

  借:一般公共预算结转结余   2 000 000
    政府性基金预算结转结余   3 000 000
    贷:补助支出——一般公共预算补助支出   2 000 000
         ——政府性基金预算补助支出   3 000 000

2. 上解支出

上解支出是指按照财政体制规定由本级政府财政上交给上级政府财政的款项。为核算上解支出业务,财政总会计应设置"上解支出"账户。

"上解支出"账户是支出类账户,借方登记发生的上解支出,以及年终尚未支付的上解支出;贷方登记支出的退还或核减数;年终,根据不同资金性质分别转入"一般公共预算结转结余""政府性基金预算结转结余"等账户;该账户平时余额在借方,反映上解支出累计数。本账户下应当按照不同资金性质设置"一般公共预算上解支出""政府性基金预算上解支出"等明细科目。

【例 4-35】 某市财政按照财政管理体制规定,通过财政国库向上级某省财政上解一笔款项 56 000 元。具体适用"转移性支出——上解支出——体制上解支出(上下级政府间转移性支出)"预算科目。市财政总会计应编制会计分录如下:

借:上解支出　　　　　　　　　　　　　　　　　　　　　　56 000
　　贷:国库存款　　　　　　　　　　　　　　　　　　　　　56 000

同时在"上解支出"总账账户的借方登记明细账如下:

体制上解支出(上下级政府间转移性支出)　　　　　　　　　56 000

3. 调出资金

调出资金是指政府财政为平衡预算收支、从某类资金向其他类型预算调出的资金。为核算调出资金业务,财政总会计应设置"调出资金"账户。

"调出资金"账户是支出类账户,借方登记调出的基金数;年终时,将本账户借方余额分别转入"一般公共预算结转结余""政府性基金预算结转结余"和"国有资本经营预算结转结余"等结转结余账户。

【例 4-36】 某市财政局政府性基金预算结转结余中调出资金 500 000 元用于平衡一般公共预算收支。财政总会计应编制会计分录如下:

借:调出资金——政府性基金预算调出资金　　　　　　　　500 000
　　贷:调入资金——一般公共预算调入资金　　　　　　　　500 000

年终,将"调出资金——政府性基金预算调出资金"账户借方余额 500 000 元转入"政府性基金预算结转结余"账户。

【例 4-37】 某市财政年终"调出资金"总账账户借方余额为 87 900 元。具体情况为:"政府性基金预算调出资金"87 900 元。财政总会计将其转入"政府性基金预算结转结余"总账账户。财政总会计应编制会计分录如下:

借:政府性基金预算结转结余　　　　　　　　　　　　　　87 900
　　贷:调出资金　　　　　　　　　　　　　　　　　　　　87 900

同时财政总会计应结清所有调出资金明细账的余额。

4. 安排预算稳定调节基金

安排预算稳定调节基金是指政府财政按照有关规定安排的预算稳定调节基金。为核算安排预算稳定调节基金业务,财政总会计应设置"安排预算稳定调节基金"账户。

"安排预算稳定调节基金"账户是支出类账户,借方登记补充的预算稳定调节基金;年终,将本账户借方余额全部转入"一般公共预算结转结余"账户;年终结转后,本账户应无余额。

【例 4-38】 年终,某省财政从财政超收收入中安排预算稳定调节基金 100 000 元。

该省财政总会计应编制会计分录如下:

借:安排预算稳定调节基金　　　　　　　　　　　　　　100 000
　贷:预算稳定调节基金　　　　　　　　　　　　　　　　　　　　100 000

【例 4-39】 年终,某省财政将"安排预算稳定调节基金"账户的借方余额 400 000 元进行结转。该省财政总会计应编制会计分录如下:

借:一般公共预算结转结余　　　　　　　　　　　　　　400 000
　贷:安排预算稳定调节基金　　　　　　　　　　　　　　　　　　400 000

5. 地区间援助支出

地区间援助支出是指援助方政府财政安排用于受援方政府财政统筹使用的各类援助、捐赠等资金支出。为核算地区间援助支出业务,财政总会计应设置"地区间援助支出"总账账户,该账户应当按照受援地区及管理需要进行相应明细核算。政府财政发生地区间援助支出时,借记该账户,贷记"国库存款"账户。年终转账时,该账户借方余额全额转入"一般公共预算结转结余"账户,结转后该账户无余额。

【例 4-40】 A 省财政通过财政国库向 B 省财政拨付地区间援助资金 276 500 元。供 B 省财政统筹安排使用,相应适用"转移性支出——援助其他地区支出"预算科目。A 省财政总会计应编制会计分录如下:

借:地区间援助支出　　　　　　　　　　　　　　　　276 500
　贷:国库存款　　　　　　　　　　　　　　　　　　　　　　　276 500

同时在"地区间援助支出"总账账户的借方登记明细账如下:

援助其他地区支出　　　　　　　　　　　　　　　　　276 500

同时财政总会计应结清所有地区间援助支出明细账的余额。

思考题

1. 什么是财政总会计的收入?财政总会计核算的收入包括哪些内容?
2. 什么是政府性基金预算本级收入?按照现行《政府收支分类科目》,政府性基金预算本级收入可分成哪些主要类别?
3. 什么是财政专户管理资金收入?什么是专用基金收入?
4. 什么是财政总会计的支出?财政总会计核算的支出包括哪些内容?
5. 在财政国库集中支付方式下,一般公共预算本级支出的支付方式有哪几种?
6. 怎样理解一般公共预算本级支出的列报基础?
7. 什么是财政专户管理资金支出?什么是专用基金支出?
8. 财政总会计中,各项结余与收入、支出类科目之间有什么关系?

练习题

一、单项选择题

1. 财政总会计的收入不包括(　　)。
   A. 基金预算收入　　　　　　　　B. 债务收入
   C. 转移性收入　　　　　　　　　D. 国有资本经营预算收入
2. 财政总会计在年终结账时,将"专用基金收入"科目的贷方余额全数转入(　　)科目。
   A. 财政专户管理资金结余　　　　B. 专用基金结余
   C. 一般公共预算结余　　　　　　D. 净资产调整
3. 下列各项不属于政府的一般公共服务支出的是(　　)。
   A. 人大事务　　　　　　　　　　B. 人口与计划生育事务
   C. 外交管理事务　　　　　　　　D. 民族事务
4. 下列项目中,不属于"一般公共预算本级收入"总账科目中的非税收入的是(　　)。
   A. 行政事业性收费收入　　　　　B. 罚没收入
   C. 国有资本经营收入　　　　　　D. 上级补助收入
5. "与下级往来"科目属于(　　)。
   A. 负债类科目　　　　　　　　　B. 收入类科目
   C. 往来性质的科目　　　　　　　D. 支出类科目

二、多项选择题

1. 一般预算收入包括(　　)级别。
   A. "类"　　　B. "款"　　　C. "项"　　　D. "目"
2. 为核算转移性收入业务,财政总会计应设置(　　)科目等。
   A. 补助收入　　　　　　　　　　B. 上解收入
   C. 地区间援助收入　　　　　　　D. 调入资金
3. 下列各项结余中,属于财政总会计核算的净资产有(　　)。
   A. 一般公共预算结转结余　　　　B. 政府性基金预算结转结余
   C. 国有资本经营预算结转结余　　D. 财政专户管理资金结余
4. 下列项目中,属于政府预算支出经济分类科目的有(　　)。
   A. 一般公共服务支出　　　　　　B. 教育支出
   C. 机关工资福利支出　　　　　　D. 机关商品和服务支出
5. 年终结账时,下列各项应转入"政府性基金预算结转结余"总账账户的科目有(　　)。
   A. 政府性基金补助收入　　　　　B. 政府性基金上解收入
   C. 政府性基金调出资金　　　　　D. 地方政府一般债务收入
6. 下列项目中,可能与"一般公共预算本级支出"总账科目的对应的科目是(　　)科目。
   A. 国库存款　　　　　　　　　　B. 应付国库集中支付结余
   C. 一般公共预算结转结余　　　　D. 与下级往来

三、业务处理题

1. 某市财政 2×22 年发生如下经济业务:

(1) 收到人民银行国库报来的预算收入日报表。其中，一般预算收入具体科目和金额为："税收收入——增值税——国内增值税"300 000元，"税收收入——消费税——国有企业消费税"900 000元，"非税收入——专项收入——水资源费收入"70 000元，"非税收入——行政事业性收费收入——公安行政事业性收费收入"400 000元。

(2) 收到人民银行国库报来的预算收入日报表。其中，"利润收入——电信企业利润收入"900 000元，"股利股息收入——国有控股公司股利股息收入"97 000元。

要求：根据上述经济业务编制相应的会计分录。

2. 某市财政2×22年年末有关支出类账户余额如表4-3所示。

表4-3

有关支出类账户余额　　　　　　　　　　　　　单位：元

总分类账户	明细分类账户	借方余额
一般公共预算本级支出	一般公共服务支出	5 000 000
	教育支出	300 000
	医疗卫生支出	800 000
政府性基金预算本级支出	节能环保支出	350 000
	交通运输支出	420 000
	其他支出	80 000
债务还本支出	地方政府债券还本支出	5 000 000
债务转贷支出	转贷地方政府债券支出	30 000
补助支出	税收返还	560 000
	一般性转移支付	430 000

要求：根据表4-3资料，将支出类账户的余额结转到相关结余类账户，编制会计分录。

第五章

财政总会计报表

学习目的和要求: 通过本章内容的学习,了解财政总会计报表的分类;理解各类报表的编制要求;掌握各类报表的编制方法。

教学重点和难点: 本章的重点在于财政总会计报表的种类和编制、财政总会计报表的内容;难点在于财政总会计报表编制前的基础工作,即年终清理、结算和结账等。

课程思政案例

花钱必问效,无效必问责

"为什么有一些公路总要反复修缮?似乎永远修不好?""为什么面子工程屡禁不止?"当前,某些财政部门存在浪费财政资金等行为,造成财政总会计报表不能如实反映政府"家底",不能客观反映政府运行成本,不利于政府加强资产负债管理,不能提供信息完整的政府财务报告,不利于科学评价政府的运营绩效。会计人员应该勇于担当,保持为国为民的家国情怀,对财政资金收支全过程进行监督。政府应将"花钱必问效,无效必问责"作为财政绩效考核原则,树立量入为出的预算理念。

思考与讨论: 国家建设的资金从何而来?与企业的资金来源有什么不同?国资委对国有资产管理部门处置资产有哪些规定?

第一节 财政总会计报表概述

一、财政总会计报表的种类及编制要求

（一）财政总会计报表的种类

财政总会计报表是反映政府财政预算执行结果和财务状况的书面文件。各级财政总会计必须定期编制和汇总预算会计报表。

1. 按经济内容分类

财政总会计报表按照经济内容可分为括财务会计报表和预算会计报表。

财务会计报表包括资产负债表、收入费用表、现金流量表、本年预算结余与本期盈余调节表等会计报表和附注。

预算会计报表包括预算收入支出表、一般公共预算执行情况表、政府性基金预算执行情况表、国有资本经营预算执行情况表、财政专户管理资金收支情况表、专用基金收支情况表等会计报表和附注。

2. 按报表报送时间分类

财政总会计报表按报送时间可分为旬报、月报、年报。

旬报、月报和年报的报送期限及编报内容应根据上级财政部门的具体要求和本行政区域预算管理的需要办理。

按编制单位分类,财政会计报表可分为本级报表和汇总报表。本级报表是指本级财政部门编制的反映本级政府财务状况和预算执行情况的会计报表;汇总报表是本级财政部门根据本级财政总会计报表和经审核的所属下级财政总会计报送的会计报表汇总编制的、综合反映本级政府财务状况及预算收支执行情况的综合性会计报表。

(二)财政总会计报表的编制要求

编制会计报表的总体要求是数字正确、报送及时、内容完整。

各级财政总会计要加强日常会计核算工作,督促有关单位及时记账、结账。所有财政总会计单位都应在规定的期限内报出报表,以便主管部门和财政部门及时汇总。

财政总会计报表的数字,必须根据核对无误的账户记录汇总。切实做到账表相符、有根有据。不能估列代编,更不能弄虚作假。

财政总会计报表要严格按照统一规定的种类、格式、内容、计算方法和编制口径填制,以保证全国统一汇总和分析。汇总报表的单位,要把所属单位的报表汇集齐全,防止漏报。

二、财政总会计决算报表的组织工作

财政总会计的年报,即各级政府决算,反映年度预算收支的最终结果。各级财政总会计在财政部门的领导下,参与或具体负责组织下列决算草案编审工作。

参与组织制定决算草案编审办法。根据上级财政部门的统一要求和本行政区域预算管理的需要,提出年终收支清理、数字编列口径、决算审查和组织领导等具体要求,并对财政结算、结余处理等具体问题规定处理办法。

参与制发或根据上级财政部门的要求结合本行政区域的具体情况转(制)发本行政区域财政总决算统一表格和本级单位决算统一表格。协同财务部门设计基本数字表及其他附表。

办理全年各项收支、预拨款项、往来款项等会计对账、结账工作。

对下级财政部门和同级单位预算主管部门布置决算草案编审工作,并督促检查其及时汇总报送决算。

审查、汇总财政决算草案收支各表,并负责全部决算草案的审查汇总工作。

编写决算说明书,向上级财政部门汇报决算编审工作情况,进行上下级财政之间的财政体制结算以及财政总决算的文件归档工作。

三、年终清理、结算与结账

财政部门会计编制年终会计报表要遵循一定的程序,即年终清理、结算和结账,这也是财政总会计编制年度决算的重要基础工作。在年终前,财政总会计要根据财政部门决算编审工作要求,进行年终清理和办理各项结算,并在此基础上办理年度结账,结束当年账务,编报年度财政总决算。

(一)年终清理

财政总会计在会计年度结束前,应当全面进行年终清理结算。年终清理结算的主要事项如下。

(1) 核对年度预算。预算是预算执行和办理会计结算的依据。年终前,财政总会计应配合预算管理部门将本级政府财政全年预算指标与上、下级政府财政总预算和本级各部门预算进行核对,及时办理预算调整和转移支付事项。本年预算调整和对下转移支付一般截止到 11 月底;各项预算拨款,一般截至 12 月 25 日。

(2) 清理本年预算收支。财政总会计认真清理本年预算收入,督促征收部门和国家金库年终前如数缴库。应在本年预算支领列报的款项,非特殊原因,应在年终前办理完毕。清理财政专户管理资金和专用基金收支。凡属应列入本年的收入,应及时催收,并缴入国库或指定财政专户。

(3) 组织征收部门和国家金库进行年度对账。年度终了后,按照国库制度的规定,支库应设置 10 天的库款报解整理期(设置决算清理期的年度,库款报解整理期相应顺延)。各经收处 12 月 31 日前所收款项均应在库款"报解整理期"内报达支库,列入当年决算。同时,各级国库要按年度决算对账办法编制收入对账单,分送同级财政部门、征收机关核对签章。保证财政收入数字的一致。

清理核对当年拨款支出。财政总会计对本级各单位的拨款支出应与单位的拨款收入核对无误。属于应收回的拨款,应及时收回,并按收回数相应冲减预算支出。属于预拨下年度的经费,不得列入当年预算支出。

(4) 核实股权、债权和债务。财政部门内部相关资产、债务管理部门应于 12 月 20 日前向财政总会计提供与股权、债权、债务等核算和反映相关的资料。财政总会计对股权投资、借出款项、应收股利、应收地方政府债券转贷款、应收主权外债转贷款、借入款项、应付短期政府债券、应付长期政府债券、应付地方政府债券转贷款、应付主权外债转贷款、其他负债等余额应与相关管理部门进行核对,记录不一致的要及时查明原因,按规定调整账务,做到账实相符、账账相符。

(5) 清理往来款项。政府财政要认真清理其他应收款、其他应付款等各种往来款项,在年度终了前予以收回或归还。应转作收入或支出的各项款项,要及时转入本年有关收支账。

(6) 财政预算管理部门要在年终清理的基础上,于次年元月底前结清上下级政府财政的转移支付收支和往来款项。财政总会计要按照财政管理体制的规定,根据预算结算单,与年度预算执行过程中已补助和已上解数额进行比较,结合往来款和借垫款情况,计算出全年最后应补或应退数额,填制"年终财政决算结算单",经核对无误后,作为年终财政结算凭证,据以入账。

财政总会计对年终决算清理期内发生的会计事项,应当划清会计年度。属于清理上年度的会计事项,记入上年度会计账;属于新年度的会计事项,记入新年度会计账,防止错记漏记。

(二)年终结算

年终结算是在年终清理的基础上,按财政管理体制的规定,结清上下级财政总会计之间的预算调拨收支和往来款项。

年终结算的基本做法：①根据财政管理体制的规定，计算出全年应补助、应上解和应返还数额；②将上述数字与年度预算执行过程中已补助、已上解和已返还数额进行比较；③结合借垫款项，计算出全年最后应补或应退数额，填制"年终财政决算结算单"，经核对无误后作为年终财政结算凭证，据以入账。

各级财政应根据上级财政核定的税收返还收入、上解、专项补助或上解等数额，通过与"与上级往来"和"与下级往来"科目办理转账，以结清上下级财政全年的预算资金账。

（三）年终结账

经过年终清理和结算，把各项结算收支入账后，即可办理年终结账。年终结账工作一般分为年终转账、结清旧账和记入新账三个步骤。

（1）年终转账。计算各科目12月份合计数和全年累计数，结出12月末余额，编制结账前的"资产负债表"，再根据收支余额填制记账凭证，将收支分别转入"一般公共预算结转结余""政府性基金预算结转结余""国有资本经营预算结转结余""专用基金结余""财政专户管理资金结余"等科目冲销。

（2）结清旧账。将各个收入和支出科目的借方、贷方结出全年总计数。对年终有余额的科目，在"摘要"栏内注明"结转下年"字样，表示转入新账。

（3）记入新账。根据年终转账后的总账和明细账余额编制年终"资产负债表"和有关明细表（不需填制记账凭证），将表列各科目余额直接记入新年度有关总账和明细账年初余额栏内，并在"摘要"栏注明"上年结转"字样，以区别新年度发生数。

决算经本级人民代表大会常务委员会（或人民代表大会）审查批准后，如需更正原报决算草案收入、支出时，则要相应调整有关账目，重新办理结账事项。

第二节 财务会计报表的编制

按照《财政总会计制度》的规定，财政总会计报表包括财务会计报表和预算会计报表。

财务会计报表包括资产负债表、收入费用表、现金流量表、本年预算结余与本期盈余调节表等会计报表和附注。预算会计报表包括预算收入支出表、一般公共预算执行情况表、政府性基金预算执行情况表、国有资本经营预算执行情况表、财政专户管理资金收支情况表、专用基金收支情况表等会计报表和附注。

一、资产负债表

（一）内容及格式

资产负债表是反映政府财政在某一特定日期财务状况的报表。资产负债表是反映政府财政在某一特定日期财务状况的报表。资产负债表应当按照资产、负债和净资产分类、分项列示。资产负债表至少按年度编制。

资产负债表按照"资产＝负债＋净资产"的平衡公式设置。左方为资产类，右方为负债、净资产类，两方总计数相等。资产负债表至少按年度编制。

年报的资产负债表是在年终结账后编制，涉及资产、负债和净资产三个会计要素。会计人员根据各个总账账户年终转账后的余额直接填列，结账后的资产负债表，即年终决算资产负债表,形成年度资产负债表。其格式和内容如表5-1所示。

表5-1

资产负债表

总会财01表

编制单位：　　　　　　　　　　　　年　月　日　　　　　　　　　　　　单位：元

资产	年初余额	期末余额	负债和净资产	年初余额	期末余额
流动资产：			流动负债：		
国库存款			应付短期政府债券		
其他财政存款			应付国库集中支付结余		
国库现金管理资产			与上级往来		
有价证券			其他应付款		
应收非税收入			应付代管资金		
应收股利			应付利息		
借出款项			一年内到期的非流动负债		
与下级往来			流动负债合计		
预拨经费			非流动负债：		
在途款			应付长期政府债券		
其他应收款			借入款项		
应收利息			应付地方政府债券转贷款		
一年内到期的非流动资产			应付主权外债转贷款		
流动资产合计			其他负债		
非流动资产：			非流动负债合计		
应收地方政府债券转贷款			负债合计		
应收主权外债转贷款			净资产：		
股权投资			累计盈余		
非流动资产合计			预算稳定调节基金		
			预算周转金		
			权益法调整		
			净资产合计		
资产总计			负债和净资产总计		

（二）资产负债表的编制说明

本表"年初余额"栏内各项数字,应当根据上年年末资产负债表"期末余额"栏内数字填列。如果本年度资产负债表规定的各个项目的名称和内容同上年度不一致,应对上年年末资产负债表各项目的名称和数字按照本年度的规定进行调整,填入本表"年初余额"栏内。本表"期末余额"栏各项目的内容和填列方法如下。

1. 资产类项目

(1)"国库存款"项目,反映政府财政期末存放在国库单一账户的款项金额。本项目应当根据"国库存款"科目的期末余额填列。

(2)"其他财政存款"项目,反映政府财政期末持有的其他财政存款金额。本项目应当根据"其他财政存款"科目的期末余额填列。

(3)"国库现金管理资产"项目,反映政府财政期末实行国库现金管理业务等持有的资产金额。本项目应当根据"国库现金管理资产"科目的期末余额填列。

(4)"有价证券"项目,反映政府财政期末持有的有价证券金额。本项目应当根据"有价证券"科目的期末余额填列。

(5)"应收非税收入"项目,反映政府财政期末向缴款人收取但尚未缴入国库的非税收入。本项目应当根据"应收非税收入"科目的期末余额填列。

(6)"应收股利"项目,反映政府财政期末尚未收回的现金股利或利润金额。本项目应当根据"应收股利"科目的期末余额填列。

(7)"借出款项"项目,反映政府财政期末借给预算单位尚未收回的款项金额。本项目应当根据"借出款项"科目的期末余额填列。

(8)"与下级往来"项目,正数反映下级政府财政欠本级政府财政的款项金额;负数反映本级政府财政欠下级政府财政的款项金额。本项目应当根据"与下级往来"科目的期末余额填列,期末余额如为借方则以正数填列,如为贷方则以负数填列。

(9)"预拨经费"项目,反映政府财政期末尚未转列支出或尚待收回的预拨经费金额。本项目应当根据"预拨经费"科目的期末余额填列。

(10)"在途款"项目,反映政府财政期末持有的在途款金额。本项目应当根据"在途款"科目的期末余额填列。

(11)"其他应收款"项目,反映政府财政期末尚未收回的其他应收款的金额。本项目应当根据"其他应收款"科目的期末余额填列。

(12)"应收利息"项目,反映政府财政期末应收未收的转贷款利息金额。本项目应当根据"应收地方政府债券转贷款""应收主权外债转贷款"科目下的"应收利息"明细科目期末余额填列。

(13)"一年内到期的非流动资产"项目,反映政府财政期末非流动资产项目中距离偿还本金日期1年以内(含1年)的转贷款本金。本项目应当根据"应收地方政府债券转贷款""应收主权外债转贷款"科目下的"应收本金"明细科目期末余额及债务管理部门提供的资料分析填列。

(14)"流动资产合计"项目,反映政府财政期末流动资产的合计数。本项目应当根据本表中"国库存款""其他财政存款""国库现金管理资产""有价证券""应收非税收入""应收股利""借出款项""与下级往来""预拨经费""在途款""其他应收款""应收利息""一年内到期的非流动资产"项目金额的合计数填列。

(15)"应收地方政府债券转贷款"项目,反映政府财政期末尚未收回的距离偿还本金日期超过1年的地方政府债券转贷款的本金金额。本项目应当根据"应收地方政府债券转贷款"科目下的"应收本金"明细科目期末余额及债务管理部门提供的资料分析填列。

(16)"应收主权外债转贷款"项目,反映政府财政期末尚未收回的距离偿还本金日期超过1年的主权外债转贷款的本金金额。本项目应当根据"应收主权外债转贷款"科目下的"应收本金"明细科目期末余额及债务管理部门提供的资料分析填列。

(17)"股权投资"项目,反映政府期末持有股权投资的金额。本项目应当根据"股权投资"科目的期末余额填列。

(18)"非流动资产合计"项目,反映政府财政期末非流动资产的合计数。本项目应当根据本表中"应收地方政府债券转贷款""应收主权外债转贷款""股权投资"项目金额的合计数填列。

(19)"资产总计"项目,反映政府财政期末资产的合计数。本项目应当根据本表中"流动资产合计""非流动资产合计"项目金额的合计数填列。

2. 负债类项目

(1)"应付短期政府债券"项目,反映政府财政期末尚未偿还的发行期不超过1年(含1年)的国债和地方政府债券本金金额。本项目应当根据"应付短期政府债券"科目的期末余额填列。

(2)"应付国库集中支付结余"项目,反映政府财政期末尚未支付的国库集中支付结余金额。本项目应当根据"应付国库集中支付结余"科目的期末余额填列。

(3)"与上级往来"项目,正数反映本级政府财政期末欠上级政府财政的款项金额;负数反映上级政府财政欠本级政府财政的款项金额。本项目应当根据"与上级往来"科目的期末余额填列,期末余额如为贷方则以正数填列,如为借方则以负数填列。

(4)"其他应付款"项目,反映政府财政期末尚未支付的其他应付款的金额。本项目应当根据"其他应付款"科目的期末余额填列。

(5)"应付代管资金"项目,反映政府财政期末尚未支付的代管资金金额。本项目应当根据"应付代管资金"科目的期末余额填列。

(6)"应付利息"项目,反映政府财政期末尚未支付的利息金额。省级以上(含省级)政府财政应当根据"应付利息"科目期末余额填列;市县政府财政应当根据"应付地方政府债券转贷款""应付主权外债转贷款"科目下的"应付利息"明细科目期末余额填列。

(7)"一年内到期的非流动负债"项目,反映政府财政期末承担的距离偿还本金日期1年以内(含1年)的非流动负债。省级以上(含省级)政府财政应当根据"应付长期政府债券""借入款项"科目余额,市县政府财政应当根据"应付地方政府债券转贷款""应付主权外债转贷款"科目下的"应付本金"明细科目期末余额及债务管理部门提供的资料分析填列。

(8)"流动负债合计"项目,反映政府财政期末流动负债合计数。本项目应当根据本表"应付短期政府债券""应付国库集中支付结余""与上级往来""其他应付款""应付代管资金""应付利息""一年内到期的非流动负债"项目金额的合计数填列。

(9)"应付长期政府债券"项目,反映政府财政期末承担的距离偿还本金日期超过1年的国债和地方政府债券本金金额。本项目应当根据"应付长期政府债券"科目期末余额及债务管理部门提供的资料分析填列。

(10)"借入款项"项目,反映政府财政期末承担的距离偿还本金日期超过1年的借入款项的本金金额。省级以上(含省级)政府财政应当根据"借入款项"科目的期末余额及债务管理部门提供的资料分析填列。

(11)"应付地方政府债券转贷款"项目,反映政府财政期末承担的距离偿还本金日期超过1年的地方政府债券转贷款的本金金额。本项目应当根据"应付地方政府债券转贷款"科目下的"应付本金"明细科目期末余额及债务管理部门提供的资料分析填列。

(12)"应付主权外债转贷款"项目,反映政府财政期末承担的距离偿还本金日期超过1年的主权外债转贷款的本金金额。本项目应当根据"应付主权外债转贷款"科目下的"应付本金"明细科目期末余额及债务管理部门提供的资料分析填列。

(13)"其他负债"项目,反映中央政府财政期末承担的其他负债金额。本项目应当根据"其他负债"科目的期末余额填列。

(14)"非流动负债合计"项目,反映政府财政期末非流动负债合计数。本项目应当根据本表中"应付长期政府债券""借入款项""应付地方政府债券转贷款""应付主权外债转贷款""其他负债"项目金额的合计数填列。

(15)"负债合计"项目,反映政府财政期末负债的合计数。本项目应当根据本表中"流动负债合计""非流动负债合计"项目金额的合计数填列。

3. 净资产类项目

(1)"累计盈余"项目,反映政府财政纳入一般公共预算、政府性基金预算、国有资本经营预算管理的预算资金,财政专户管理资金、专用基金历年实现的盈余滚存的金额。本项目应当根据"预算管理资金累计盈余""财政专户管理资金累计盈余""专用基金累计盈余"科目的期末余额填列。

(2)"预算稳定调节基金"项目,反映政府财政期末预算稳定调节基金的余额。本项目应当根据"预算稳定调节基金"科目的期末余额填列。

(3)"预算周转金"项目,反映政府财政期末预算周转金的余额。本项目应当根据"预算周转金"科目的期末余额填列。

(4)"权益法调整"项目,反映政府财政按照持股比例计算应享有的被投资主体除净损益和利润分配以外的其他权益变动的份额。本项目根据"权益法调整"科目的期末余额填列。

(5)"净资产合计"项目,反映政府财政期末净资产合计数。本项目应当根据本表中"累计盈余""预算稳定调节基金""预算周转金""权益法调整"项目金额的合计数填列。

(6)"负债和净资产总计"项目。本项目应当根据本表中"负债合计""净资产合计"项目金额的合计数填列。

二、收入费用表

(一)收入费用表内容及格式

收入费用表是反映政府财政在一定会计期间运行情况的报表。收入支出表根据资金性质按照收入、支出、结转结余的构成分类、分项列示。

收入费用表按月度和年度编制,其具体格式和内容如表5-2所示。

表 5-2

收入费用表

编制单位：　　　　　　　　　　　　年　月　　　　　　　　　总会财02表
　　　　　　　　　　　　　　　　　　　　　　　　　　　　　　　　单位：元

项　目	预算管理资金		财政专户管理资金		专用基金	
	本月数	本年累计数	本月数	本年累计数	本月数	本年累计数
收入合计						
税收收入			—	—	—	—
非税收入			—	—	—	—
投资收益						
补助收入						
上解收入						
地区间援助收入						
其他收入						
财政专户管理资金收入	—	—			—	—
专用基金收入						
费用合计						
政府机关商品和服务拨款费用			—	—	—	—
政府机关工资福利拨款费用			—	—	—	—
对事业单位补助拨款费用						
对企业补助拨款费用						
对个人和家庭补助拨款费用						
对社会保障基金补助拨款费用						
资本性拨款费用						
其他拨款费用						
财务费用						
补助费用						
上解费用						
地区间援助费用						
其他费用						
财政专户管理资金支出	—	—			—	—
专用基金支出	—	—	—	—		
本期盈余（本年收入与费用的差额）						

注：表中"—"表示不用填列。

（二）收入费用表的填列方法

本表"本月数"栏反映各项目的本月实际发生数。在编制年度收入费用表时，应将本栏改为"上年数"栏，反映上年度各项目的实际发生数；如果本年度收入费用表规定的各个项目的名称和内容同上年度不一致，应对上年度收入费用表各项目的名称和数字按照本年度的规定进行调整，填入本年度收入费用表的"上年数"栏。

本表"本年累计数"栏反映各项目自年初起至报告期末止的累计实际发生数。编制年度收入费用表时，应当将本栏改为"本年数"。本表"本月数"栏各项目的内容和填列方法如下。

（1）"收入合计"项目，反映政府财政本期取得的各项收入合计金额。其中，预算管理资金的"收入合计"应当根据属于预算管理资金的"税收收入""非税收入""投资收益""补助收入""上解收入""地区间援助收入""其他收入"项目金额的合计填列；财政专户管理资金的"收入合计"应当根据"财政专户管理资金收入"项目的金额填列；专用基金的"收入合计"应当根据"专用基金收入"项目的金额填列。

（2）"税收收入"项目，反映政府财政本期取得的税收收入金额。本项目根据"税收收入"科目本期发生额填列。

（3）"非税收入"项目，反映政府财政本期取得的各项非税收入金额。本项目根据"非税收入"科目本期发生额填列。

（4）"投资收益"项目，反映政府财政本期取得的各项投资收益金额。本项目根据"投资收益"科目本期发生额填列。

（5）"补助收入"项目，反映政府财政本期取得的各类资金的补助收入金额。本项目根据"补助收入"科目本期发生额填列。

（6）"上解收入"项目，反映政府财政本期取得的各类资金的上解收入金额。本项目根据"上解收入"科目本期发生额填列。

（7）"地区间援助收入"项目，反映政府财政本期取得的地区间援助收入金额。本项目应当根据"地区间援助收入"科目的本期发生额填列。

（8）"其他收入"项目，反映政府财政本期取得的除"税收收入""非税收入""投资收益""补助收入""上解收入""地区间援助收入""财政专户管理资金收入""专用基金收入"以外的收入金额。本项目应当根据"其他收入"科目本期发生额填列。

（9）"财政专户管理资金收入"项目，反映政府财政本期取得的教育收费等资金收入金额。本项目根据"财政专户管理资金收入"科目本期发生额填列。

（10）"专用基金收入"项目，反映政府财政本期取得的粮食风险基金等资金收入金额。本项目根据"专用基金收入"科目本期发生额填列。

（11）"费用合计"项目，反映政府财政本期发生的各类费用合计金额。其中，预算管理资金的"费用合计"应当根据属于预算管理资金的"政府机关商品和服务拨款费用""政府机关工资福利拨款费用""对事业单位补助拨款费用""对企业补助拨款费用""对个人和家庭补助拨款费用""对社会保障基金补助拨款费用""资本性拨款费用""其他拨款费用""财务费用""补助费用""上解费用""地区间援助费用""其他费用"项目金额的合计填列；财政专户管理资金的"费用合计"应当根据"财政专户管理资金支出"项目的金额填列；专用基金的"费用合计"应当根据"专用基金支出"项目的金额填列。

(12)"政府机关商品和服务拨款费用"项目,反映政府财政本期发生的购买商品和服务的各类费用金额。本项目根据"政府机关商品和服务拨款费用"科目本期发生额填列。

(13)"政府机关工资福利拨款费用"项目,反映政府财政本期发生的支付给职工和长期聘用人员的各类劳动报酬及为上述人员缴纳的各项社会保险费等费用。本项目根据"政府机关工资福利拨款费用"科目本期发生额填列。

(14)"对事业单位补助拨款费用"项目,反映政府财政本期发生的对事业单位的经常性补助费用金额。本项目根据"对事业单位补助拨款费用"科目本期发生额填列。

(15)"对企业补助拨款费用"项目,反映政府财政本期发生的对企业补助拨款费用金额。本项目根据"对企业补助拨款费用"科目本期发生额填列。

(16)"对个人和家庭补助拨款费用"项目,反映政府财政本期发生的对个人和家庭补助拨款费用金额。本项目根据"对个人和家庭补助拨款费用"科目本期发生额填列。

(17)"对社会保障基金补助拨款费用"项目,反映政府财政本期发生的对社会保险基金的补助拨款以及补充全国社会保障基金费用的拨款金额。本项目根据"对社会保障基金补助拨款费用"科目本期发生额填列。

(18)"资本性拨款费用"项目,反映政府财政本期发生的对行政事业单位的房屋建筑物购建、基础设施建设、公务用车购置、设备购置、物资储备等方面资本性拨款费用金额。本项目根据"资本性拨款费用"科目本期发生额填列。

(19)"其他拨款费用"项目,反映政府财政未列入以上拨款费用项目的财政拨款费用金额。本项目根据"其他拨款费用"科目本期发生额填列。

(20)"财务费用"项目,反映政府财政本期发生的偿还政府债务利息及支付政府债务发行、兑付、登记相关费用及汇兑损益金额。本项目根据"财务费用"科目本期发生额填列。

(21)"补助费用"项目,反映政府财政本期发生的各类资金的补助费用金额。本项目根据"补助费用"科目本期发生额填列。

(22)"上解费用"项目,反映政府财政本期发生的上缴上级各类资金产生的费用金额。本项目根据"上解费用"科目本期发生额填列。

(23)"地区间援助费用"项目,反映政府财政本期发生的地区间援助费用金额。本项目根据"地区间援助费用"科目的本期发生额填列。

(24)"其他费用"项目,反映政府财政本期股权划出、其他负债变动形成的费用金额。本项目根据"其他费用"科目的本期发生额填列。

(25)"财政专户管理资金支出"项目,反映政府财政本期使用纳入财政专户管理的教育收费等资金产生的费用金额。本项目根据"财政专户管理资金支出"科目本期发生额填列。

(26)"专用基金支出"项目,反映政府财政本期使用专用基金产生的费用金额。本项目根据"专用基金支出"科目本期发生额填列。

(27)"本期盈余"项目,反映政府财政本年末收入减去费用的金额。本项目根据本表"收入合计"减去"费用合计"的差额填列。

三、现金流量表

（一）现金流量表内容及格式

现金流量表是反映政府财政在一定会计期间现金流入和流出情况的报表。现金流量表的格式和内容如表 5-3 所示。

表 5-3

现金流量表

总会财 03 表

编制单位：　　　　　　　　　　　　年　月　　　　　　　　　　　　　单位：元

项目	本年金额	上年金额
一、日常活动产生的现金流量		
组织税收收入收到的现金		
组织非税收入收到的现金		
组织财政专户管理资金收入收到的现金		
组织专用基金收入收到的现金		
上下级政府财政资金往来收到的现金		
收回暂付性款项相关的现金		
其他日常活动所收到的现金		
现金流入小计		
政府机关商品和服务拨款所支付的现金		
政府机关工资福利拨款所支付的现金		
对事业单位补助拨款所支付的现金		
对企业补助拨款所支付的现金		
对个人和家庭补助拨款所支付的现金		
对社会保障基金补助拨款所支付的现金		
财政专户管理资金支出所支付的现金		
专用基金支出所支付的现金		
上下级政府财政资金往来所支付的现金		
资本性拨款所支付的现金		
暂付性款项所支付的现金		
其他日常活动所支付的现金		
现金流出小计		
日常活动产生的现金流量净额		
二、投资活动产生的现金流量		
收回股权投资所收到的现金		

(续表)

项目	本年金额	上年金额
取得股权投资收益收到的现金		
收到其他与投资活动有关的现金		
现金流入小计		
取得股权投资所支出的现金		
支付其他与投资活动有关的现金		
现金流出小计		
投资活动产生的现金流量净额		
三、筹资活动产生的现金流量		
发行政府债券收到的现金		
借入款项收到的现金		
取得政府债券转贷款收到的现金		
取得主权外债转贷款收到的现金		
收回转贷款本金收到的现金		
收到下级上缴转贷款利息相关的现金		
其他筹资活动收到的现金		
现金流入小计		
转贷地方政府债券所支付的现金		
转贷主权外债所支付的现金		
支付债务本金相关的现金		
支付债务利息相关的现金		
其他筹资活动支付的现金		
现金流出小计		
筹资活动产生的现金流量净额		
四、汇率变动对现金的影响额		
五、现金净增加额		

(二)现金流量表的编制说明

现金流量表中的现金是指政府财政的国库存款、其他财政存款及国库现金管理资产中的商业银行定期存款。现金流量是指现金的流入和流出。

本表应当按照日常活动、投资活动、筹资活动的现金流量分别反映。

本表"本年金额"栏反映各项目的本年实际发生数。本表"上年金额"栏反映各项目的上年实际发生数,应当根据上年现金流量表中"本年金额"栏内所列数字填列。本表"本年金额"栏各项目的填列方法如下。

1. 日常活动产生的现金流量

(1) 现金流入项目"组织税收收入收到的现金"项目,反映政府财政本年取得税收收入收到的现金。本项目应当根据会计账簿中"税收收入""在途款"科目发生额分析填列。

(2) "组织非税收入收到的现金"项目,反映政府财政本年取得非税收入收到的现金。本项目应当根据会计账簿中"非税收入""应收非税收入""在途款"科目发生额分析填列。

(3) "组织财政专户管理资金收入收到的现金"项目,反映政府财政本年取得财政专户管理资金收入收到的现金。本项目根据会计账簿中"财政专户管理资金收入"科目发生额分析填列。

(4) "组织专用基金收入收到的现金"项目,反映政府财政本年取得专用基金收入收到的现金。本项目根据会计账簿中"专用基金收入"科目发生额分析填列。

(5) "上下级政府财政资金往来收到的现金"项目,反映政府财政本年收到上下级政府财政转移支付、清算欠款、临时调度款等相关的现金。本项目根据会计账簿中"补助收入""上解收入""与下级往来""与上级往来"科目贷方发生额分析填列。

(6) "收回暂付性款项相关的现金"项目,反映政府财政本年收回暂付性款项相关的现金。本项目根据会计账簿中"预拨经费""借出款项""其他应收款"科目贷方发生额分析填列。

(7) "其他日常活动所收到的现金"项目,反映政府财政收到的除以上项目外与日常活动相关的现金。本项目根据会计账簿中"地区间援助收入""其他收入""其他应付款""应付代管资金""在途款""以前年度盈余调整"等科目贷方发生额分析填列。

(8) "政府机关商品和服务拨款所支付的现金"项目,反映政府财政本年在日常活动中用于购买商品、接受劳务支付的现金。本项目根据会计账簿中"政府机关商品和服务拨款费用"科目和"应付国库集中支付结余"科目借方发生额分析填列。

(9) "政府机关工资福利拨款所支付的现金"项目,反映政府财政本年承担职工劳务报酬及社会保险费等支付的现金。本项目根据会计账簿中"政府机关工资福利拨款费用"科目和"应付国库集中支付结余"科目借方发生额分析填列。

(10) "对事业单位补助拨款所支付的现金"项目,反映政府财政本年对事业单位经常性补助所支付的现金。本项目根据会计账簿中"对事业单位补助拨款费用"科目和"应付国库集中支付结余"科目借方发生额分析填列。

(11) "对企业补助拨款所支付的现金"项目,反映政府财政本年对企业资本性投资外的其他补助所支付的现金。本项目根据会计账簿中"对企业补助拨款费用"科目和"应付国库集中支付结余"科目借方发生额分析填列。

(12) "对个人和家庭补助拨款所支付的现金"项目,反映政府财政本年对个人和家庭的补助所支付的现金。本项目根据会计账簿中"对个人和家庭补助拨款费用"科目和"应付国库集中支付结余"科目借方发生额分析填列。

(13) "对社会保障基金补助拨款所支付的现金"项目,反映政府财政本年对社会保险基金的补助,以及补充全国社会保障基金所支付的现金。本项目根据会计账簿中"对社会保障基金补助拨款费用"科目和"应付国库集中支付结余"科目借方发生额分析填列。

(14) "财政专户管理资金支出所支付的现金"项目,反映政府财政本年从财政专户管理资金中安排各项支出所支付的现金。本项目根据会计账簿中"财政专户管理资金支出"

科目借方发生额分析填列。

(15)"专用基金支出所支付的现金"项目,反映政府财政用专用基金收入安排的支出所支付的现金。本项目根据会计账簿中"专用基金支出"科目借方发生额分析填列。

(16)"上下级政府财政资金往来所支付的现金"项目,反映政府财政本年支付上下级政府财政转移支付、清算欠款、临时调度款等相关的现金。本项目根据会计账簿中"补助费用""上解费用""与下级往来""与上级往来"科目借方发生额分析填列。

(17)"资本性拨款所支付的现金"项目,反映政府财政本年支付行政事业单位和企业用于房屋建筑物构建、基础设施建设、公务用车购置、设备购置、物资储备等相关的现金。本项目根据会计账簿中"资本性拨款费用"科目和"应付国库集中支付结余"科目借方发生额分析填列。

(18)"暂付性款项所支付的现金"项目,反映政府财政本年安排暂付性款项所支付的现金。本项目根据会计账簿中"预拨经费""借出款项""其他应收款"科目借方发生额分析填列。

(19)"其他日常活动所支付的现金"项目,反映政府财政本年支付除以上项目外与日常活动相关的现金。本项目根据会计账簿中"其他拨款费用""地区间援助费用""其他应付款""应付代管资金""应付国库集中支付结余""在途款""以前年度盈余调整"等科目借方发生额分析填列。

2. 投资活动产生的现金流量

(1)"收回股权投资所收到的现金"项目,反映政府财政本年出售、转让、处置股权等收回投资而收到的现金。本项目根据会计账簿中"股权投资"科目下"投资成本""损益调整"明细科目贷方发生额分析填列。

(2)"取得股权投资收益收到的现金"项目,反映政府财政本年因被投资单位分配股利、利润或处置股权、企业破产清算等产生收益而收到的现金。本项目根据会计账簿中"应收股利""投资收益"科目贷方发生额分析填列。

(3)"收到的其他与投资活动有关的现金"项目,反映政府财政本年收到除以上项目外与投资活动相关的现金。本项目根据会计账簿中"有价证券""应收股利"等科目贷方发生额分析填列。

(4)"取得股权投资所支出的现金"项目,反映政府财政本年为取得股权投资而支付的现金。本项目根据会计账簿中"股权投资"科目借方发生额分析填列。

(5)"支付其他与投资活动有关的现金"项目,反映政府财政本年支付除以上项目外与投资活动相关的现金。本项目根据会计账簿中"有价证券"等科目借方发生额分析填列。

(6)投资活动产生的现金流量净额。本项目根据现金流入项目合计数减去现金流出项目合计数差额填列,差额小于零则以负数填列。

3. 筹资活动产生的现金流量

(1)"发行政府债券收到的现金"项目,反映政府财政本年发行国债和地方政府债券收到的现金。本项目根据会计账簿中"应付短期政府债券""应付长期政府债券"科目贷方发生额分析填列。

(2)"借入款项收到的现金"项目,反映政府财政本年借入款项收到的现金。本项目根据会计账簿中"借入款项"科目贷方发生额分析填列。

(3)"取得政府债券转贷款收到的现金"项目,反映政府财政本年取得政府债券转贷款收到的现金。本项目根据会计账簿中"应付地方政府债券转贷款"科目下"应付本金"明细科目贷方发生额分析填列。

(4)"取得主权外债转贷款收到的现金"项目,反映政府财政本年取得主权外债转贷款收到的现金。本项目根据会计账簿中"应付主权外债转贷款"科目下"应付本金"明细科目贷方发生额分析填列。

(5)"收回转贷款本金收到的现金"项目,反映政府财政本年收到下级政府财政归还政府债券转贷款及主权外债转贷款本金相关的现金。本项目根据会计账簿中"应收地方政府债券转贷款""应收主权外债转贷款"科目下"应收本金"明细科目贷方发生额分析填列。

(6)"收到下级上缴转贷款利息相关的现金"项目,反映政府财政本年收到下级政府财政上缴政府债券转贷款及主权外债转贷款利息相关的现金。本项目根据会计账簿中"应收地方政府债券转贷款""应收主权外债转贷款"科目下"应收利息"明细科目贷方发生额分析填列。

(7)"其他筹资活动收到的现金"项目,反映政府财政本年收到的其他与筹资活动相关的现金。本项目根据会计账簿中"其他应付款""其他应收款"等科目贷方发生额分析填列。

(8)"转贷地方政府债券所支付的现金"项目,反映政府财政本年对下级政府财政转贷地方政府债券所支付的现金。本项目根据会计账簿中"应收地方政府债券转贷款"科目下"应收本金"明细科目借方发生额分析填列。

(9)"转贷主权外债所支付的现金"项目,反映政府财政本年对下级政府财政转贷主权外债所支付的现金。本项目根据会计账簿中"应收主权外债转贷款"科目下"应收本金"明细科目借方发生额分析填列。

(10)"支付债务本金相关的现金"项目,反映政府财政本年偿还政府债务本金所支付的现金。省级以上(含省级)政府财政根据会计账簿中"应付短期政府债券""应付长期政府债券""借入款项"科目借方发生额分析填列;市县政府财政根据会计账簿中"应付地方政府债券转贷款""应付主权外债转贷款"科目下"应付本金"明细科目借方发生额分析填列。

(11)"支付债务利息相关的现金"项目,反映政府财政本年支付政府债务利息相关的现金。省级以上(含省级)政府财政根据会计账簿中"应付利息"科目借方发生额分析填列;市县政府财政根据会计账簿中"应付地方政府债券转贷款""应付主权外债转贷款"科目下"应付利息"明细科目、"财务费用"科目借方发生额分析填列。

(12)"其他筹资活动支付的现金"项目,反映政府财政本年支付的政府债券发行、兑付、登记费用等其他与筹资活动相关的现金。本项目根据会计账簿中"财务费用""其他应付款""其他应收款"等科目借方发生额分析填列。

(13)筹资活动产生的现金流量净额。本项目根据现金流入项目合计数减去现金流出项目合计数差额填列,差额小于零则以负数填列。

4. 汇率变动对现金的影响额

本项目反映政府财政外币现金流量折算为人民币时,所采用的即期汇率折算的人民币金额与期末汇率折算的人民币金额之间的差额。本项目根据"财务费用"科目下的"汇兑损益"明细科目发生额分析填列。

5. 现金净增加额

本项目反映政府财政本年现金变动的净额,根据本表中"日常活动产生的现金流量净额""投资活动产生的现金流量净额""筹资活动产生的现金流量净额""汇率变动对现金的影响额"项目金额的合计数填列,金额小于零则以负数填列。

四、本年预算结余与本期盈余调节表

(一)本年预算结余与本期盈余调节表的格式和内容

本年预算结余与本期盈余调节表是反映政府财政在某一会计年度内预算结余与本期盈余差异调整情况的报表。本年预算结余与本期盈余调节表的格式和内容如表5-4所示。

表5-4

本年预算结余与本期盈余调节表 总会财04表

编制单位: ××年 单位:元

项目	金额
本年预算结余(本年预算收入与支出差额):	
日常活动产生的差异:	
加:1. 当期确认为收入但没有确认为预算收入	
当期应收未缴库非税收入	
减:2. 当期确认为预算收入但没有确认为收入	
当期收到上期应收未缴库非税收入	
3. 当期确认为预算支出收回但没有确认为费用收回	
(1)当期收到退回以前年度已列支资金	
(2)当期将以前年度国库集中支付结余收回预算	
投资活动产生的差异:	
加:1. 当期确认为收入但没有确认为预算收入	
(1)当期投资收益或损失	
(2)当期无偿划入股权投资	
2. 当期确认为预算支出但没有确认为费用	
(1)当期股权投资增支	
(2)当期股权投资减支	
减:3. 当期确认为预算收入但没有确认为收入	
(1)当期收到利润收入和股利股息收入	
(2)当期收到清算、处置股权投资的收入	
4. 当期确认为费用但没有确认为预算支出	
当期无偿划出股权投资费用	

(续表)

项目	金额
筹资活动产生的差异：	
加：1. 当期确认为预算支出但没有确认为费用	
（1）当期转贷款支出	
（2）当期债务还本支出	
（3）拨付上年计提债务利息	
减：2. 当期确认为预算收入但没有确认为收入	
（1）当期债务收入	
（2）当期转贷款收入	
3. 当期确认为费用但没有确认为预算支出	
当期计提未拨付债务利息	
其他差异事项	
当期汇兑损益净额	
本期盈余（本年收入与费用的差额）	

（二）本年预算结余与本期盈余调节表编制说明

1. 当期预算结余

本项目根据本年预算收入与预算支出的差额填列。

2. 日常活动产生的差异

（1）"当期确认为收入但没有确认为预算收入"项目主要为"当期应收未缴库非税收入"项目。本项目反映政府财政本年已确认非税收入但缴款人尚未缴入国库的各项非税款项。根据会计账簿中"应收非税收入"以及"非税收入"科目发生额分析填列。

（2）"当期确认为预算收入但没有确认为收入"项目主要为"当期收到上期应收未缴库非税收入"项目。本项目反映政府财政本年收到的上年应收非税收入。根据会计账簿中"应收非税收入"科目贷方发生额以及"国库存款"科目借方发生额分析填列，不含以前年度盈余调整事项和新增确认的非税收入。

（3）"当期确认为预算支出收回但没有确认为费用收回"项目。

① "当期收到退回以前年度已列支资金"项目。本项目反映政府财政收到退回的以前年度已列支资金而冲减预算支出的事项。根据会计账簿中"国库存款""其他财政存款"科目借方发生额以及"以前年度盈余调整"科目贷方发生额分析填列。

② "当期将以前年度国库集中支付结余收回预算"项目。本项目反映政府财政将以前年度应付国库集中支付结余资金收回预算而冲减预算支出的事项。根据会计账簿中"应付国库集中支付结余"科目借方发生额以及"以前年度盈余调整"科目贷方发生额分析填列。

3. 投资活动产生的差异

（1）"当期确认为收入但没有确认为预算收入"项目。

① "当期投资收益或损失"项目。本项目反映政府财政本年确认的股权投资收益。

根据会计账簿中"投资收益"科目发生额分析填列。其中,投资损失以负数填列;不含清算、处置股权投资增加的收益。

②"当期无偿划入股权投资"项目。本项目反映政府财政本年接受无偿划入的股权投资。根据会计账簿中"股权投资"科目下"投资成本"明细科目借方发生额、"其他收入"科目贷方发生额分析填列。

(2)"当期确认为预算支出但没有确认为费用"项目。

①"当期股权投资增支"项目。本项目反映政府财政本年新增股权投资增加的支出。根据会计账簿中"股权投资"科目下"投资成本"明细科目借方发生额以及"国库存款"科目贷方发生额分析填列,不含无偿划入或权益法调整增加的股权投资以及补记以前年度股权投资。

②"当期股权投资减支"项目。本项目反映政府财政本年退出、清算、处置股权投资减少的支出。根据会计账簿中"股权投资"科目下"投资成本"明细科目贷方发生额以及"国库存款"科目借方发生额分析,以负数填列,不含无偿划出或权益法调整减少的股权投资额。

(3)"当期确认为预算收入但没有确认为收入"项目。

①"当期收到利润收入和股利股息收入"项目。本项目反映政府财政本年收到被投资主体上缴以前年度利润和股利股息。根据会计账簿中"资金结存——库款资金结存"科目借方发生额以及"一般公共预算收入——利润收入、股利股息收入""国有资本经营预算收入——利润收入、股利股息收入"贷方发生额分析填列,不含清算、处置股权投资增加的收益。

②"当期收到清算、处置股权投资的收入"项目。本项目反映政府财政本年清算、处置股权投资发生的收入,需根据"投资收益""国库存款"科目借方发生额、"股权投资"等科目贷方发生额分析填列。

(4)"当期确认为费用但没有确认为预算支出"项目,主要为"当期无偿划出股权投资费用"项目。本项目反映政府财政本年无偿划出的股权投资。根据会计账簿中"股权投资"科目下"投资成本"明细科目贷方发生额、"其他费用"科目借方发生额分析填列。

4. 筹资活动产生的差异

(1)"当期确认为预算支出但没有确认为费用"项目。

①"当期转贷款支出"项目。反映政府财政本年转贷下级政府财政的政府债券、主权外债资金。根据会计账簿中"债务转贷预算支出"科目借方发生额分析填列。

②"当期债务还本支出"项目。反映本级政府财政本年偿还的债务本金。根据会计账簿中"债务还本预算支出"科目借方发生额分析填列。

③"拨付上年计提债务利息"项目。反映政府财政本年偿还上年已计提的债务利息。根据会计账簿中"应付利息"科目年初贷方余额填列;市县政府财政根据会计账簿中"应付地方政府债券转贷款"和"应付主权外债转贷款"科目下"应付利息"明细科目年初贷方余额填列。

(2)"当期确认为预算收入但没有确认为收入"项目。

①"当期债务收入"项目。反映省级以上(含省级)政府财政本年发行政府债券、借入

主权外债的收入。根据会计账簿中"债务预算收入"科目贷方发生额分析填列。

②"当期转贷款收入"项目。反映市县政府财政本年收到的地方政府债券、主权外债转贷款收入。根据会计账簿中"债务转贷预算收入"贷方发生额分析填列。

（3）"当期确认为费用但没有确认为预算支出"项目。

主要为"当期计提未拨付债务利息"项目。本项目反映政府财政本年已计提需在下一年度支付的利息。省级以上（含省级）政府财政根据会计账簿中"应付利息"科目年末贷方余额填列；市县政府财政根据会计账簿中"应付地方政府债券转贷款——应付利息"以及"应付主权外债转贷款——应付利息"科目年末贷方余额填列。

5. 其他差异事项

本项目反映政府财政其他活动事项产生的差异。其中，减少预算结余和增加本期盈余事项以正数反映，增加预算结余和减少本期盈余事项以负数反映。中央财政计提其他负债产生的费用也在本项目反映。

6. 当期汇兑损益净额

本项目根据"财务费用——汇兑损益"发生额分析填列，汇兑损失以负数反映，汇兑收益以正数反映。

7. 本期盈余（本年收入与费用的差额）

根据本表"当期预算结余""投资活动产生的差异""日常活动产生的差异""筹资活动产生的差异""其他差异事项""当期汇兑损益净额"金额汇总填列。本项目与"收入费用表"本期盈余合计数一致。

五、会计报表附注

总会计财务会计报表附注应当至少披露下列内容：
（1）遵循《财政总会计制度》的声明。
（2）本级政府财政财务状况的说明。
（3）会计报表中列示的重要项目的进一步说明，包括其主要构成、增减变动情况等。
（4）政府财政承担担保责任负债情况的说明。
（5）有助于理解和分析会计报表的其他需要说明的事项。

第三节 预算会计报表的编制

预算会计报表包括预算收入支出表、一般公共预算执行情况表、政府性基金预算执行情况表、国有资本经营预算执行情况表、财政专户管理资金收支情况表、专用基金收支情况表等会计报表和附注。

一、预算收入支出表

预算收入支出表是反映政府财政在某一会计期间各类财政资金收支余情况的报表。预算收入支出表根据资金性质按照收入、支出、结转结余的构成分类、分项列示。

（一）预算收支表的内容及格式

预算收入支出表根据资金性质按照收入、支出、结转结余的构成分类、分项列示。预算收入支出表应当按月度和年度编制，具体格式和内容如表 5-5 所示。

表 5-5

预算收入支出表

总会预 01 表

编制单位：　　　　　　　　　　　　　年　月　　　　　　　　　　　　　单位：元

项目	一般公共预算		政府性基金预算		国有资本经营预算		财政专户管理资金		专用基金	
	本月	本年累计	本月	本年累计	本月	本年累计	本月	本年累计	本月	本年累计
年初结转结余										
收入合计										
本级收入										
其中：来自预算安排的收入	—	—	—	—	—	—	—	—		
补助收入									—	—
上解收入									—	—
地区间援助收入							—	—	—	—
债务收入							—	—	—	—
债务转贷收入							—	—	—	—
动用预算稳定调节基金			—	—	—	—	—	—	—	—
调入资金									—	—
支出合计										
本级支出										
其中：权责发生制列支					—	—	—	—	—	—
预算安排专用基金的支出									—	—
补助支出									—	—
上解支出							—	—	—	—
地区间援助支出							—	—	—	—
债务还本支出							—	—	—	—
债务转贷支出							—	—	—	—
安排预算稳定调节基金			—	—	—	—	—	—	—	—
调出资金							—	—	—	—
结余转出										
其中：增设预算周转金			—	—	—	—	—	—	—	—
年末结转结余										

注：表中有"—"的部分不必填列。

（二）预算会计报表的编制说明

本表"本月数"栏反映各项目的本月实际发生数。在编制年度预算收入支出表时，应将本栏改为"上年数"栏，反映上年度各项目的实际发生数；如果本年度预算收入支出表规定的各个项目的名称和内容同上年度不一致，应对上年度预算收入支出表各项目的名称和数字按照本年度的规定进行调整，填入本年度预算收入支出表的"上年数"栏。

本表"本年累计数"栏反映各项目自年初起至报告期末止的累计实际发生数。编制年度预算收入支出表时，应当将本栏改为"本年数"。本表"本月数"栏各项目的内容和填列方法如下。

1. "年初结转结余"项目

本项目反映政府财政本年初各类资金结转结余金额。其中，一般公共预算的"年初结转结余"应当根据"一般公共预算结转结余"科目的年初余额填列；政府性基金预算的"年初结转结余"应当根据"政府性基金预算结转结余"科目的年初余额填列；国有资本经营预算的"年初结转结余"应当根据"国有资本经营预算结转结余"科目的年初余额填列；财政专户管理资金的"年初结转结余"应当根据"财政专户管理资金结余"科目的年初余额填列；专用基金的"年初结转结余"应当根据"专用基金结余"科目的年初余额填列。

2. "收入合计"项目

本项目反映政府财政本期取得的各类资金的收入合计金额。其中，一般公共预算的"收入合计"应当根据属于一般公共预算的"本级收入""补助预算收入""上解预算收入""地区间援助预算收入""债务预算收入""债务转贷预算收入""动用预算稳定调节基金"和"调入预算资金"各行项目金额的合计填列；政府性基金预算的"收入合计"应当根据属于政府性基金预算的"本级收入""补助预算收入""上解预算收入""债务预算收入""债务转贷预算收入"和"调入预算资金"各行项目金额的合计填列；国有资本经营预算的"收入合计"应当根据属于国有资本经营预算的"本级收入""补助预算收入""上解预算收入"项目的金额填列；财政专户管理资金的"收入合计"应当根据属于财政专户管理资金的"本级收入"项目的金额填列；专用基金的"收入合计"应当根据属于专用基金的"本级收入"项目的金额填列。

3. "本级收入"项目

本项目反映政府财政本期取得的各类资金的本级收入金额。其中，一般公共预算的"本级收入"应当根据"一般公共预算收入"科目的本期发生额填列；政府性基金预算的"本级收入"应当根据"政府性基金预算收入"科目的本期发生额填列；国有资本经营预算的"本级收入"应当根据"国有资本经营预算收入"科目的本期发生额填列；财政专户管理资金的"本级收入"应当根据"财政专户管理资金收入"科目的本期发生额填列；专用基金的"本级收入"应当根据"专用基金收入"科目的本期发生额填列。

4. "来自预算安排的收入"项目

本项目反映政府财政本期通过预算安排取得专用基金收入的金额。本项目应当根据"专用基金收入"科目的本期发生额分析填列。

5. "补助预算收入"项目

本项目反映政府财政本期取得的各类资金的补助收入金额。其中，一般公共预算的

"补助预算收入"应当根据"补助预算收入"科目下的"一般公共预算补助预算收入"明细科目的本期发生额填列;政府性基金预算的"补助预算收入"应当根据"补助预算收入"科目下的"政府性基金预算补助收入"明细科目的本期发生额填列;国有资本经营预算的"补助预算收入"应当根据"补助预算收入"科目下的"国有资本经营预算补助收入"明细科目的本期发生额填列。

6. "上解预算收入"项目

本项目反映政府财政本期取得的各类资金的上解预算收入金额。其中,一般公共预算的"上解预算收入"应当根据"上解预算收入"科目下的"一般公共预算上解收入"明细科目的本期发生额填列;政府性基金预算的"上解收入"应当根据"上解收入"科目下的"政府性基金预算上解收入"明细科目的本期发生额填列;国有资本经营预算的"上解收入"应当根据"上解收入"科目下的"国有资本经营预算上解收入"明细科目的本期发生额填列。

7. "地区间援助预算收入"项目

本项目反映政府财政本期取得的地区间援助预算收入金额。本项目应当根据"地区间援助预算收入"科目的本期发生额填列。

8. "债务预算收入"项目

本项目反映政府财政本期取得的债务预算收入金额。其中,一般公共预算的"债务预算收入"应当根据"债务预算收入"科目下除"专项债务收入"以外的其他明细科目的本期发生额填列;政府性基金预算的"债务预算收入"应当根据"债务预算收入"科目下的"专项债务收入"明细科目的本期发生额填列。

9. "债务转贷预算收入"项目

本项目反映政府财政本期取得的债务转贷预算收入金额。其中,一般公共预算的"债务转贷预算收入"应当根据"债务转贷预算收入"科目下"一般债务转贷收入"明细科目的本期发生额填列;政府性基金预算的"债务转贷收入"应当根据"债务转贷预算收入"科目下的"专项债务转贷收入"明细科目的本期发生额填列。

10. "动用预算稳定调节基金"项目

本项目反映政府财政本期动用的预算稳定调节基金金额。本项目应当根据"动用预算稳定调节基金"科目的本期发生额填列。

11. "调入预算资金"项目

本项目反映政府财政本期取得的调入预算资金金额。其中,一般公共预算的"调入预算资金"应当根据"调入预算资金"科目下"一般公共预算调入资金"明细科目的本期发生额填列;政府性基金预算的"调入预算资金"应当根据"调入预算资金"科目下"政府性基金预算调入资金"明细科目的本期发生额填列。

12. "支出合计"项目

本项目反映政府财政本期发生的各类资金的支出合计金额。其中,一般公共预算的"支出合计"应当根据属于一般公共预算的"本级支出""补助预算支出""上解预算支出""地区间援助预算支出""债务还本预算支出""债务转贷预算支出""安排预算稳定调节基金"和"调出预算资金"各行项目金额的合计填列;政府性基金预算的"支出合计"应当根据属于政府性基金预算的"本级支出""补助预算支出""上解预算支出""债务还本预算支出"

"债务转贷预算支出"和"调出预算资金"各行项目金额的合计填列;国有资本经营预算的"支出合计"应当根据属于国有资本经营预算的"本级支出""补助预算支出""上解预算支出"和"调出预算资金"项目金额的合计填列;财政专户管理资金的"支出合计"应当根据属于财政专户管理资金的"本级支出"项目的金额填列;专用基金的"支出合计"应当根据属于专用基金的"本级支出"项目的金额填列。

13. "本级支出"项目

本项目反映政府财政本期发生的各类资金的本级支出金额。其中,一般公共预算的"本级支出"应当根据"一般公共预算支出"科目的本期发生额填列;政府性基金预算的"本级支出"应当根据"政府性基金预算支出"科目的本期发生额填列;国有资本经营预算的"本级支出"应当根据"国有资本经营预算支出"科目的本期发生额填列;财政专户管理资金的"本级支出"应当根据"财政专户管理资金支出"科目的本期发生额填列;专用基金的"本级支出"应当根据"专用基金支出"科目的本期发生额填列。

14. "权责发生制列支"项目

本项目反映省级以上(含省级)政府财政国库集中支付中,应列为当年费用,但年末尚未支付需结转下一年度支付的款项。其中,一般公共预算的"权责发生制列支项目"应当根据"一般公共预算支出"科目的本期发生额分析填列;政府性基金预算的"权责发生制列支项目"应当根据"政府性基金预算支出"科目的本期发生额分析填列;国有资本经营预算的"权责发生制列支项目"应当根据"国有资本经营预算支出"科目的本期发生额分析填列。

15. "预算安排专用基金的支出"项目

本项目反映政府财政本期通过预算安排取得专用基金收入的金额。本项目应当根据"一般公共预算支出"科目的本期发生额分析填列。

16. "补助预算支出"项目

本项目反映政府财政本期发生的各类资金的补助预算支出金额。其中,一般公共预算的"补助预算支出"应当根据"补助预算支出"科目下的"一般公共预算补助支出"明细科目的本期发生额填列;政府性基金预算的"补助预算支出"应当根据"补助预算支出"科目下的"政府性基金预算补助支出"明细科目的本期发生额填列;国有资本经营预算的"补助预算支出"应当根据"补助预算支出"科目下的"国有资本经营预算补助支出"明细科目的本期发生额填列。

17. "上解预算支出"项目

本项目反映政府财政本期发生的各类资金的上解预算支出金额。其中,一般公共预算的"上解预算支出"应当根据"上解预算支出"科目下的"一般公共预算上解支出"明细科目的本期发生额填列;政府性基金预算的"上解预算支出"应当根据"上解预算支出"科目下的"政府性基金预算上解支出"明细科目的本期发生额填列;国有资本经营预算的"上解预算支出"应当根据"上解预算支出"科目下的"国有资本经营预算上解支出"明细科目的本期发生额填列。

18. "地区间援助预算支出"项目

本项目反映政府财政本期发生的地区间援助预算支出金额。本项目应当根据"地区间援助预算支出"科目的本期发生额填列。

19. "债务还本预算支出"项目

本项目反映政府财政本期发生的债务还本预算支出金额。其中,一般公共预算的"债务还本预算支出"应当根据"债务还本预算支出"科目下除"专项债务还本支出"以外的其他明细科目的本期发生额填列;

政府性基金预算的"债务还本预算支出"应当根据"债务还本预算支出"科目下的"专项债务还本支出"明细科目的本期发生额填列。

20. "债务转贷预算支出"项目

本项目反映政府财政本期发生的债务转贷预算支出金额。其中,一般公共预算的"债务转贷预算支出"应当根据"债务转贷预算支出"科目下"一般债务转贷支出"明细科目的本期发生额填列;政府性基金预算的"债务转贷支出"应当根据"债务转贷支出"科目下的"专项债务转贷支出"明细科目的本期发生额填列。

21. "安排预算稳定调节基金"项目

本项目反映政府财政本期安排的预算稳定调节基金金额。本项目根据"安排预算稳定调节基金"科目的本期发生额填列。

22. "调出预算资金"项目

本项目反映政府财政本期发生的各类资金的调出资金金额。其中,一般公共预算的"调出预算资金"应当根据"调出预算资金"科目下"一般公共预算调出资金"明细科目的本期发生额填列;政府性基金预算的"调出预算资金"应当根据"调出预算资金"科目下"政府性基金预算调出资金"明细科目的本期发生额填列;国有资本经营预算的"调出预算资金"应当根据"调出预算资金"科目下"国有资本经营预算调出资金"明细科目的本期发生额填列。

23. "增设预算周转金"项目

本项目反映政府财政本期设置或补充预算周转金的金额。本项目应当根据"预算周转金"科目的本期贷方发生额填列。

24. "年末结转结余"项目

本项目反映政府财政本年末的各类资金的结转结余金额。其中,一般公共预算的"年末结转结余"应当根据"一般公共预算结转结余"的年末余额填列;政府性基金预算的"年末结转结余"应当根据"政府性基金预算结转结余"科目的年末余额填列;国有资本经营预算的"年末结转结余"应当根据"国有资本经营预算结转结余"科目的年末余额填列;财政专户管理资金的"年末结转结余"应当根据"财政专户管理资金结余"科目的年末余额填列;专用基金的"年末结转结余"应当根据"专用基金结余"科目的年末余额填列。

二、一般公共预算执行情况表

(一)一般公共预算执行情况表的内容及格式

一般公共预算执行情况表是反映政府财政在某一会计期间一般公共预算收支执行结果的报表,按照《政府收支分类科目》中一般公共预算收支科目列示。其具体格式如表5-6所示。

表 5-6

一般公共预算执行情况表　　　　　　　　　总会预 02-2 表

编制单位：　　　　　　　　　年　月　日　　　　　　　　　　　单位：元

项目	本月(旬)数	本年(月)累计数
一般公共预算本级收入		
101 税收收入		
10101 增值税		
1010101 国内增值税		
一般公共预算本级支出		
201 一般公共服务支出		
20101 人大事务		
2010101 行政运行		

（二）一般公共预算执行情况表的编制说明

1. "一般公共预算收入"项目及所属各明细项目

本项目应当根据"一般公共预算收入"科目及所属各明细科目的本期发生额填列。

2. "一般公共预算支出"项目及所属各明细项目

本项目应当根据"一般公共预算支出"科目及所属各明细科目的本期发生额填列。

三、政府性基金预算执行情况表

（一）政府性基金预算执行情况表的内容及格式

政府性基金预算执行情况表是反映政府财政在某一会计期间政府性基金预算收支执行结果的报表，按照《政府收支分类科目》中政府性基金预算收支科目列示。政府性基金预算执行情况表的内容及格式，具体格式如表 5-7 所示。

表 5-7

政府性基金预算执行情况表　　　　　　　　　总会预 02-2 表

编制单位：　　　　　　　　　年　月　日　　　　　　　　　　　单位：元

项目	本月(旬)数	本年(月)累计数
政府性基金预算本级收入		
10301 政府性基金收入		
1030102 农网还贷资金收入		
103010201 中央农网还贷资金收入		
……		

(续表)

项目	本月(旬)数	本年(月)累计数
政府性基金预算本级支出		
206 科学技术支出		
20610 核电站乏燃料处理处置基金支出		
2061001 乏燃料运输		
……		

(二)政府性基金预算执行情况表的编制说明

1. "政府性基金预算收入"项目及所属各明细项目

本项目应当根据"政府性基金预算收入"科目及所属各明细科目的本期发生额填列。

2. "政府性基金预算支出"项目及所属各明细项目

本项目应当根据"政府性基金预算支出"科目及所属各明细科目的本期发生额填列。

四、国有资本经营预算执行情况表

(一)国有资本经营预算执行情况表的内容及格式

国有资本经营预算执行情况表是反映政府财政在某一会计期间国有资本经营预算收支执行结果的报表,按照《政府收支分类科目》中国有资本经营预算收支科目列示。其具体格式如表5-8所示。

表5-8

国有资本经营预算执行情况表　　　　　总会预02-3表

编制单位:　　　　　　　年　月　日　　　　　　　单位:元

项目	本月(旬)数	本年(月)累计数
国有资本经营预算本级收入		
10306 国有资本经营收入		
1030601 利润收入		
103060103 烟草企业利润收入		
……		
国有资本经营预算本级支出		
208 社会保障和就业支出		
20804 补充全国社会保障基金		
2080451 国有资本经营预算补充社保基金支出		
……		

(二)国有资本经营预算执行情况表的编制说明

1. "国有资本经营预算收入"项目及所属各明细项目

本项目应当根据"国有资本经营预算收入"科目及所属各明细科目的本期发生额填列。

2. "国有资本经营预算支出"项目及所属各明细项目

本项目应当根据"国有资本经营预算支出"科目及所属各明细科目的本期发生额填列。

五、财政专户管理资金收支情况表

(一)财政专户管理资金收支情况表的内容及格式

财政专户管理资金收支情况表是反映政府财政在某一会计期间纳入财政专户管理的资金收支情况的报表,按照相关政府收支分类科目列示。其具体格式如表5-9所示。

表5-9

财政专户管理资金收支情况表

总会预03表

编制单位: 　　　　　　　　　年　月　日　　　　　　　　　单位:元

项目	本月数	本年累计数
财政专户管理资金收入		
教育行政事业收费收入		
——公办幼儿园保育费		
——公办幼儿园住宿费		
——普通高中学费		
——普通高中住宿费		
——中等职业学校学费		
——中等职业学校住宿费		
——高等学校学费		
——高等学校住宿费		
公安行政事业性收费收入——教育		
财政专户管理资金支出		
普通教育		
——学前教育		
——高中教育		
——高等教育		
职业教育		
——初等职业教育		
——职业高中教育		
——高等职业教育		

(二)财政专户管理资金收支情况表的编制说明

1. "财政专户管理资金收入"项目及所属各明细项目

本项目应当根据"财政专户管理资金收入"科目及所属各明细科目的本期发生额填列。

2. "财政专户管理资金支出"项目及所属各明细项目

本项目应当根据"财政专户管理资金支出"科目及所属各明细科目的本期发生额填列。

六、专用基金收支情况表

(一)专用基金收支情况表的内容及格式

专用基金收支情况表是反映政府财政在某一会计期间专用基金收支情况的报表,按照专用基金类型分别列示。其具体格式如表5-10所示。

表5-10

专用基金收支情况表　　　　　　　　　　总会预04表

编制单位:　　　　　　　　　　年　月　日　　　　　　　　单位:元

项目	本月数	本年累计数
专用基金收入		
粮食风险基金		
……		
专用基金支出		
粮食风险基金		
……		

(二)专用基金收支情况表的编制说明

1. "专用基金收入"项目及所属各明细项目

本项目应当根据"专用基金收入"科目及所属各明细科目的本期发生额填列。

2. "专用基金支出"项目及所属各明细项目

本项目应当专用基金收支情况表是反映政府财政在某一会计期间专用基金收支情况的报表,按照专用基金类型分别列示。

七、附注

附注是指对在会计报表中列示项目的文字描述或明细资料,以及对未能在会计报表中列示项目的说明。

会计报表附注应当至少披露下列内容:

(一)遵循《财政总会计制度》的声明。

（二）本级政府财政预算执行情况的说明。

（三）会计报表中列示的重要项目的进一步说明，包括其主要构成、增减变动情况等。

（四）有助于理解和分析会计报表的其他需要说明的事项。

第四节　财政总会计报表的审核汇总和分析

为保证会计报表的准确、完整、如实地反映年度预算的执行情况，各级财政部门对于本级财政各主管单位和下级财政部门报来的会计报表必须进行认真审核，以保证报表的质量。财政总会计报表审核，主要分为政策性审核和技术性审核两方面。

一、财政总会计报表的审核

（一）政策性审核

政策性审核，主要审核各项预算收支是否符合国家有关的法律、法规、政策，从内容上分为预算收入审核、预算支出审核和预算结余审核。

预算收入的审核，主要审核预算收入是否及时、足额上缴国库，有无截留、乱冲收入，预算收入的划分、报解是否符合财政体制的要求，预算收入的退库是否符合规定等。

预算支出的审核，主要审核预算支出是否超过批准的预算，是否列报齐全，是否按规定口径列报，有无提前预拨、估列代编等做法，有无年终突击花钱的现象等。

预算结余的审核，主要审核结转下年继续使用的资金是否符合规定，结余或赤字是否真实等。

（二）技术性审核

技术性审核，主要从会计技术角度进行审查，通过会计报表数字之间的对应关系和平衡关系审核会计报表编制的正确性、完整性和真实性。其主要内容包括：各报表间的数字是否一致，上下年度间的有关数字是否一致，上下级财政部门之间的报表数字是否一致，主表和附表的数字是否一致，财政决算报表的有关数字和其他有关部门的财务决算、税收年报和国库年报的有关数字是否一致等。

二、财政总会计报表的汇总

财政总会计报表经审核无误后，上级财政总会计还要根据本级会计报表和所属下级财政部门上报的会计报表，编制汇总会计报表，用以反映一级政府财政的总体情况。

在编制汇总会计报表时，大部分的报表项目可以直接根据本级财政会计报表的数字与所属下级财政总会计报表的数字相加，填列到汇总会计报表的相应项目中。但是，在涉及上下级之间的收入和支出、债权和债务关系时，应当予以冲销，以免重复列报。如汇总资产负债表时，应将本级报表中的"补助支出"和所属下级报表中的"上级补助"冲销，本级报表中的"下级上解"和所属下级报表中的"上解支出"冲销，本级报表中的"与下级往来"与所属下级报表中的"与上往来"冲销。

三、财政总会计报表的分析

财政总会计报表集中反映了一定时期财政预算的执行情况,但并不能体现执行结果内在的原因。为了查明原因,总结经验教训,寻找进一步增收节支和提高资金使用效益的有效途径,需要对财政会计报表进行分析,从而不断提高预算管理的水平。

(一)报表的分析方法

财政会计报表的分析方法主要采用对比分析法,它也是最基本的方法,即将两个有关的、可比较的数字进行对比。如将报表中实际完成数与预算数进行对比,将本期实际数与上期实际数进行对比等。

(二)报表的分析内容

财政会计报表分析的主要内容包括预算收支完成总情况的分析、预算收入完成情况的分析和预算支出完成情况的分析。

(1)预算收支完成总情况的分析。预算收支完成总情况的分析主要从总体上分析预算收入和支出的完成情况,以及收支的平衡情况。以此作为依据,再对预算收支的有关数字资料进行加工、整理、分析,最终实现抓重点、揭矛盾、找差距、查原因等目的。

(2)预算收入完成情况的分析。预算收入完成情况的分析是分析某一时期收入的完成情况,可作横向和纵向分析比较。横向比较指与同类型地区进行比较,找差距、学经验、改进工作;纵向比较包括将本期预算收入实际数与本期预算数比较,以及将本期预算实际数与上期实际完成数作比较,找出变化及其原因。

(3)预算支出完成情况的分析。预算支出完成情况的分析是指分析支出预算的执行情况和原因。支出分析主要是分析预算支出进度同国民经济和社会发展计划以及事业行政计划的完成情况是否适应,再结合事业发展、工程进度、人员编制等情况分析预算支出效果及原因。实际操作时,为了使分析内容更清晰,可按预算支出的"类""款"编制预算支出完成情况分析表。

思考题

1. 年终,财政总会计报表的编制与企业会计财务报告的编制程序有何不同?
2. 上下级财政年终结算的内容有哪些?
3. 财政总会计资产负债表的年报和月报的编制有何不同?
4. 财政总会计报表附注应当至少披露哪些内容?
5. 什么是一般公共预算执行情况表?财政总会计应当如何编制一般公共预算执行表?
6. 什么是收入费用表?财政总会计应该如何编制收入费用表?

练习题

一、单项选择题

1. 为了便于年终清理,本年预算的追加追减和企事业单位的上划下划,一般截至(   )。

第五章 财政总会计报表

    A. 11月底   B. 12月20日
    C. 12月25日   D. 12月30日

2. 财政总会计编制资产负债表时采用（　　）平衡等式。
   A. 资产＝负债＋净资产   B. 资产＝净资产
   C. 资产＝负债＋所有者权益   D. 资产＝净资产

3. 下列各项不是财政总会计信息的主要使用者的是（　　）。
   A. 上级财政部门   B. 各级政府
   C. 投资者   D. 各级人民代表大会

4. 预算执行情况表的种类不包括（　　）。
   A. 一般公共预算执行情况表   B. 政府性基金预算执行情况表
   C. 国有资本经营预算执行情况表   D. 债务预算收支表

5. 财政总会计在编报汇总资产负债表时应将本级财政的（　　）科目与下级财政的和上级往来科目相互抵销，以免重复汇总。
   A. 与上级往来   B. 在途款
   C. 与下级往来   D. 预算经费

6. 下列各项中，在一般公共预算执行情况表中不需要反映的内容是（　　）。
   A. 一般公共预算本级收入   B. 补助收入
   C. 债务收入   D. 债务还本支出

二、练习一般公共预算支出执行情况表的编制

某市财政2×22年年末有关一般公共预算支出账户中公共安全支出和教育支出一级明细账结账前的本期发生额简要如表5-11所示。

表5-11

一般公共预算支出账户本期发生额表　　　　　　　　　　　单位：元

账户名称	借方
公共安全支出（机关工资福利支出）	35 700
公共安全支出（机关商品和服务支出）	54 000
公共安全支出（机关资本性支出）	67 500
公共安全支出（对事业单位经常性补助）	8 900
公共安全支出（对事业单位资本性补助）	9 500
公共安全支出（对个人和家庭的补助）	1 200
公共安全支出（其他支出）	800
公共安全支出合计	177 600
教育支出（机关工资福利支出）	26 800
教育支出（机关商品和服务支出）	32 000
教育支出（机关资本性支出）	8 700
教育支出（对事业单位经常性补助）	83 500

(续表)

账户名称	借方
教育支出(对事业单位资本性补助)	45 000
教育支出(对个人和家庭补助)	3 600
教育支出(其他支出)	150
教育支出合计	199 750

要求：根据上述资料，为该市财政总会计编制2×22某年度一般公共预算支出中公共安全支出和教育支出执行情况表。

第三篇
行政事业单位会计

第六章

行政事业单位会计概述

学习目的和要求:通过本章的学习,学生应该了解行政事业单位会计的概念,明确行政事业单位会计的核算基础和核算方法,熟悉行政事业单位会计核算涉及的会计科目。

教学重点和难点:本章的重点是行政事业单位会计核算体系,难点是平行记账。

课程思政案例

会计和出纳岗位由一人担任

案例 1

某单位因编制有限,拥有会计专业背景的工作人员少,领导安排一人将会计和出纳工作一肩挑,既管钱又管账。

案例 2

国库集中支付系统、网银、对账等系统基本都设置了录入和复核两个操作岗,有些岗位还配置了不同 Ukey,赋予不同人不同的操作权限,这是为了相互牵制监督,防范舞弊错漏行为,以保障资金安全。但现实中,不少单位的内控制度形同虚设,往往图方便安排一人操作不同环节。例如,某一单位发生一笔 3 万元维修费,会计填列了现金支付凭证并附了发票,但出纳并未使用现金付款,而是从银行转账支付,结果会计根据银行转账凭证再次重复记账,期间会计出纳还对了账,但直到一年以后才被发现。

思考与讨论:会计和出纳由一人兼任有何隐患? 不相容岗位相分离的意义是什么?

第一节 行政事业单位会计的含义和特点

一、行政事业单位会计相关概念界定

(一) 行政事业单位的定义

1. 行政单位的定义

行政单位是进行国家行政管理、组织经济建设和文化建设,维护社会公共秩序的单位,主要包括国家权力机关、行政机关、司法机关、检察机关,以及实行预算管理的其他机关、政党组织等。其人员实行公务员体制管理,经费、工资福利等全部由政府拨付。

2. 事业单位的定义

事业单位,是指由政府利用国有资产设立的,从事教育、科技、文化、卫生等活动的社会服务组织。事业单位接受政府领导,其表现形式为组织或机构的法人实体。事业单位

一般是国家设置的带有一定的公益性质的机构,但不属于政府机构,其工作人员与公务员是不同的。事业单位的明显特征为多以中心、会、所、站、队、院、社、台、宫、馆等字词结尾,例如会计核算中心、卫生监督所、司法所、银保监会、质监站、安全生产监察大队等。事业单位分为参公事业单位以及一般事业单位。参公事业单位人员使用事业编制,参照《中华人民共和国公务员法》进行管理。

通常,我们把行政单位与事业单位统称为行政事业单位。

(二)行政事业单位会计的定义

行政事业单位会计,是适用于各级各类行政事业单位财务活动的一门专业会计。1949年以来,我国行政事业单位会计一直归属于预算会计。目前,政府会计准则重新定义了行政事业单位会计。即行政事业单位会计是指各级行政事业单位反映和监督各级各类财政预算资金和业务资金的收支预算执行情况和财务状况的会计。行政事业单位会计由预算会计和财务会计构成。

二、行政事业单位会计及其核算特点

(一)行政事业单位会计的特点

(1)行政事业单位会计的主体是各级各类行政事业单位。行政事业单位应当对其发生的经济业务或者事项进行会计核算。

(2)行政事业单位会计需要详细反映其会计主体的预算执行情况。行政事业单位在反映单位预算执行时,采用的会计核算方法与相应的预算编制方法应该一致,会计核算的结果能够完整反映预算执行情况。

(3)行政事业单位会计需要反映其会计主体的财务状况。行政事业单位会计包含财务会计要素和财务会计报表,应该加强行政事业单位的财务管理水平。

(4)行政事业单位会计采用财务会计和预算会计适度分离并相互衔接的会计核算模式。行政事业单位会计核算应当实现预算会计与财务会计适度分离又相互衔接,全面、清晰反映行政事业单位财务信息和预算执行信息,为开展行政事业单位信用评级、加强资产负债管理、改进行政事业单位绩效监督考核、防范财政风险等提供支持,促进行政事业单位财务管理水平提高和财政经济可持续发展。

(二)行政事业单位会计核算的特点

1. 预算会计和财务会计"适度分离"

(1)"双功能"。行政事业单位会计应当实现预算会计和财务会计双重功能。预算会计应准确完整反映行政事业单位预算收入、预算支出和预算结余等预算执行信息,财务会计应全面准确反映行政事业单位的资产、负债、净资产、收入、费用等财务信息。

(2)"双基础"。预算会计实行收付实现制,国务院另有规定的,从其规定;财务会计实行权责发生制。

(3)"双报告"。行政事业单位应当编制决算报告和财务报告。行政事业单位决算报告的编制主要以收付实现制为基础,以预算会计核算生成的数据为准;行政事业单位财务报告的编制主要以权责发生制为基础,以财务会计核算生成的数据为准。

2. 预算会计和财务会计"相互衔接"

行政事业单位的预算会计和财务会计"适度分离",并不是要求行政事业单位分别建立预算会计和财务会计两套账,对同一笔经济业务或事项进行会计核算,而是要求行政事业单位预算会计要素和财务会计要素相互协调、决算报告和财务报告相互补充,共同反映行政事业单位的预算执行信息和财务信息。这种适度分离又相互衔接的行政事业单位会计核算模式,使公共资金管理中预算管理、财务管理和绩效管理相互联结、融合,全面提高管理水平和资金使用效率;对于规范行政事业单位会计行为,夯实行政事业单位预算和财务管理两个基础,强化行政事业单位绩效管理具有深远的影响。

第二节 行政事业单位会计的核算基础及核算方法

一、行政事业单位会计核算基础

（一）行政事业单位会计引入权责发生制

过去,我国行政事业单位会计在实际操作中一直以收付实现制为核算基础的预算会计为主。事业单位一般以收付实现制为会计核算基础,但经营性收支业务可以采用权责发生制。行政单位只能采用收付实现制,不能采用权责发生制。但是,现有的收付实现制在应用过程中存在着许多的问题与不足,无法对行政事业单位内部财务状况进行真实反映,不再适用于新形势的发展需求。

党的十八届三中全会提出"建立以权责发生制为基础的政府综合财务报告制度",为我国行政事业单位会计改革指明了方向。2015 年财政部印发的《政府会计准则——基本准则》(以下简称《基本准则》)和 2017 年印发的《政府会计制度——行政事业单位会计科目和报表》(以下简称《政府会计制度》)规划了我国行政事业单位会计的框架纲领,其中要求行政事业单位预算会计实施收付实现制核算和行政事业单位财务会计实施权责发生制核算,并为我国各类行政事业单位统一了会计制度。这意味着我国行政事业单位会计由单一的收付实现制转变为两种核算基础共存的核算境况。

1. 行政事业单位会计引入权责发生制的背景

1）借鉴西方政府会计的成功经验

第二次世界大战结束之后的西方国家为满足政府财政需求而采取了财政扩张政策,导致西方国家政府财政赤字严重。在这种环境下,传统的收付实现制并不能实现对于会计信息及政府资产负债等财务信息的全面记录及有效分析,于是西方国家开发更加合理的会计,以保障政府财政管理质量。

20 世纪 80 年代,西方国家开始尝试在政府会计中引入权责发生制。英国是最早引入权责发生制国家之一,目前英国政府会计全面实施了以权责发生制为起点的会计核算体系。美国的政府会计拥有两套政府会计系统,每套系统分别对应着权责发生制和收付实现制核算基础,并且两套系统互相独立、相互补充。法国建立了三套相互独立的政府会计体系,主要包括:财务会计体系主要真实反映政府部门的财务状况,按权责发生制进行会计核算;预算会计体系主要反映政府部门的预算执行情况,按收付实现制开展会计核算;成本会计体系主要反映政府部门政策决策活动的成本情况,按权责发生制处理会计核算。这些尝试都使得政府会计更加有效地反映出政府的经济运行情况。因此,我国在立足国情、参照西方成功经验的情况下,也构建了一套适合自己的行政事业单位会计核算体系。

2) 建设服务型、透明型行政事业单位的迫切需求

服务型行政事业单位以服务为宗旨,这意味着行政事业单位与公众的关系将转化为服务供给者与消费者的关系。行政事业单位行使权力的目的,不再主要是为了管制,而是为公众提供更好的服务。行政事业单位不是凌驾于社会之上的官僚机构,从某种意义上讲,更像是负有责任的"企业家",公民则是其"顾客",所以公民有权利知悉行政事业单位的财政运行情况。

行政事业单位信息公开有利于推进其决策的科学化与民主化。行政事业单位的任何重大决策都与人民群众的切身利益密切相关。从制度上保证人民群众参与重大事项的决策,让人民群众充分掌握所有决策事项的相关信息,是推进行政事业单位决策科学化、民主化的关键。

行政事业单位信息公开有利于公民通过法定的渠道对行政事业单位及其工作人员进行监督,防止权力滥用。行政事业单位信息公开增加了政府部门及其工作人员依法行政的透明度,单位部门必须对自身经费使用情况进行公开,以便于社会各界对行政事业单位行政运营成本进行监督。权责发生制的引入可以将行政事业单位部门资产购入、使用、报废情况进行及时反映,方便了公民通过各种法定的渠道对行政事业单位及其工作人员进行监督。

2. 收付实现制下行政事业单位会计的诸多弊端

以往的收付实现制在运用过程中出现了许多"不良反应",已经不再适用于现阶段的行政事业单位发展,从实现收付实现制到权责发生制的改革成为必然的要求。

1) 不能如实反映行政事业单位的"家底"

以收付实现制为主的预算会计不能如实反映行政事业单位的资产和负债情况。如果行政事业单位连基本的财务情况都搞不清,就更不用谈提高资源的利用效率和风险防范意识了。

在收付实现制下,行政事业单位无法对长期资产计提折旧,财政拨款和其他资产也缺乏有效的整合,失去了会计核算的可比性。但在行政事业单位会计引入权责发生制之后,会计核算工作变得比以往更加高效、合理,财务预算也有了一个更好的规划,规范了国有资本的科学使用,提高了资金的利用率。

行政事业单位运行过程中,会产生一定的隐性负债。在收付实现制下,预算支出为当前现金支出,却未包括当期发生但尚未支出的款项,但年度预算支出中,通常都会包含以上两项,同时还包括前期当期支付。在这种制度环境下,收付实现制无法对财务预算支出完整体现,导致了行政事业单位隐性负债的产生。同时,隐性负债的存在会影响会计数据的真实性,给行政事业单位会计带来一定的风险隐患。

2) 与市场经济的发展不相适应

随着行政事业单位日常工作方式的转变,业务趋于复杂化,一些经济业务难以用收付实现制来反映。在这种形势下,行政事业单位也在积极探索改革的道路,会计核算逐渐向企业靠拢。所以在带有企业性质的事业单位中,权责发生制的引入可以有效提高其服务效率与服务质量,提高财务管理水平,使得事业单位与市场经济的发展相适应。

3) 无法有效评价行政事业单位的运营绩效

在信息反映方面,收付实现制只能够以静态的方式对其截至某一时点(一般是年末)的财务状况进行反映,财务报表资产项目的分类和列报过于简化,报表的实际价值并不高,不利于有效评价行政事业单位的运营绩效。另外,收付实现制更侧重于公共部门经济活动的现金流,难以达成资金使用综合效益评价等更高层次的管理目标。权责发生制则可解决公共预算支出的绩效考核问题,提高有限预算资源的使用效率。

4) 不利于提高信息的可比性

收付实现制在会计信息可比性方面的影响主要有三个方面:其一,由于企业会计财务核算采用的是权责发生制,而行政事业单位会计核算则以收付实现制为计量基础,这影响了企业和行政事业单位之间财务信息的可比性;其二,有些事业单位(如公立医院)目前已采用权责发生制为核算基础,会影响政府部门与某些事业单位之间财务信息的可比性;其三,某些市场经济国家的政府会计核算基础与预算管理已尝试实行权责发生制,我国行政事业单位会计若依然以收付实现制为基础,会影响中外政府财务报告的国际可比性。

(二) 权责发生制与收付实现制的差异

权责发生制与收付实现制的核算基础存在收入与预算收入的范围及确认时点不同、费用与预算支出的范围及确认时点不同,导致其核算时存在较大的差异。权责发生制与收付实现制有关收入及支出(费用)的确认差异包括暂时性差异与永久性差异,暂时性差异主要是指确认时点的差异,主要包括往来款项、待摊预提、购买物资、购置固定资产(提取折旧)等,从长期来看,收入与预算收入、费用与预算支出是一致的。而永久性差异主要是指确认范围不同,主要包括借款及投资,以及非货币性的捐赠收入及资产损失等,导致收入与预算收入、费用与预算支出将永远体现不一致。

例如:A事业单位1月销售货物取得经营收入2万元,款项在当月尚未收到,款项在3月收到,见表6-1。

表6-1

权责发生制与收付实现制的对比

权责发生制	收付实现制
1月的账务处理: 借:应收账款　　20 000 　贷:经营收入　　20 000	
3月的账务处理: 借:银行存款　　20 000 　贷:应收账款　　20 000	3月的账务处理: 借:银行存款　　20 000 　贷:经营收入　　20 000

二、行政事业单位会计核算方法——平行记账

(一) 平行记账概述

《政府会计准则——基本准则》对行政事业单位会计提出了"双功能、双基础、双报告"的要求。行政事业单位会计核算应当具备财务会计与预算会计的双功能,实现财务会计

与预算会计的适度分离并相互衔接,财务会计核算采用权责发生制,预算会计核算采用收付实现制,并分别以此为基础编制财务会计报表和预算会计报表。为了实现财务会计与预算会计适度分离并相互衔接,完善行政事业单位预算会计功能,增强行政事业单位财务会计功能,平行记账核算方法应运而生。

1. 平行记账原理

平行记账,是指行政事业单位在对涉及预算管理的现金收支业务进行处理时,将财务会计核算与预算会计核算同步进行的一种会计记账方式。也就是在同一会计账务系统、同一原始凭证、同一记账凭证号下,同时进行财务会计核算和预算会计核算;并通过在年底编制"本年盈余与预算结余的差异情况说明",把财务会计报表中的年度收入费用表和预算会计报表的预算收入支出表有机衔接起来的会计记账方式。平行记账是行政事业单位会计特有的记账方法。

例如:A 行政(事业)单位用银行存款 150 000 元购入固定资产自用,平行记账核算如表 6-2 所示。

表 6-2

平行记账的核算形式

财务会计	预算会计
借:固定资产　　　　　　　150 000 　贷:银行存款　　　　　　　　150 000	借:行政(事业)支出　　　　　150 000 　贷:资金结存——货币资金　　150 000

2. 平行记账条件

《政府会计制度》的总说明中规定,行政事业单位对于纳入部门预算管理的现金收支业务,在采用财务会计核算的同时应当进行预算会计核算,对于其他业务,仅需进行财务会计核算。由此可见,进行财务会计核算和预算会计核算一般需要同时满足两个条件:一是要有现金流入和流出,二是必须是纳入部门预算管理范围内的现金。

这里的"现金"指的是现金及现金等价物,包括库存现金、银行存款、其他货币资金、国库直接支付的财政拨款资金、国库授权支付的零余额账户用款额度等。对于不纳入部门预算管理的现金收支,如应当转拨其他单位的款项、受托代理的款项等,在收到或支付时仅编制财务会计分录,不需要编制预算会计分录。

上述情况是一般的业务,除了上述涉及部门预算管理的现金收支业务,还有一些特殊业务要进行平行记账,也需要行政事业单位会计人员重点把握。

(1) 年末,按规定从本年度非财政拨款结余或经营结余提取专用基金业务,需进行平行记账;

(2) 按照规定从科研项目预算收入中提取项目管理费或间接费时,需进行平行记账;

(3) 行政支出、事业支出、经营支出、上缴上级支出以及其他支出的期末或者年末结转业务,需进行平行记账;

(4) 财政拨款预算收入、事业预算收入、上级补助预算收入、附属单位上缴预算收入、经营预算收入、非同级财政拨款预算收入、投资预算收益以及其他预算收入的期末或者年末结转业务,需进行平行记账。

3. 平行记账重点事项

1) 设置双体系科目

按照平行记账的原理,资产、负债、净资产、收入、费用等各类业务凡涉及纳入部门预算管理的现金收支的业务,在进行财务会计核算的同时也要进行预算会计核算,这就需要建立财务会计和预算会计的对应关系。但是政府会计制度下的预算会计和财务会计是适度分离的,所以需要设置双体系下的会计科目。

会计科目的对应主要体现在预算收入(收入)和支出(费用)两个方面。政府预算会计体系和政府财务会计体系都设置了收入和支出(费用)类科目,并且几乎是一一对应关系,具体关系如表 6-3 所示。

表 6-3

行政事业单位财务收入与预算收入、费用与支出对比表

财务会计	预算会计
收入类	预算收入类
财政拨款收入	财政拨款预算收入
事业收入	事业预算收入
上级补助收入	上级补助预算收入
附属单位上缴收入	附属单位上缴预算收入
经营收入	经营预算收入
非同级财政拨款收入	非同级财政拨款预算收入
捐赠收入	其他预算收入
利息收入	
租金收入	
其他收入	
费用类	支出类
业务活动费用	行政(事业)支出
单位管理费用	事业支出
经营费用	经营支出
上缴上级费用	上缴上级支出
对附属单位补助费用	对附属单位补助支出
其他费用	其他支出
资产处置费用	

2) 在预算会计中新设"资金结存"科目

《政府会计制度》预算会计科目中,新增了"资金结存"这样一个桥梁科目。按照《政府会计制度》规定,本科目用来核算纳入部门预算管理的资金的流入、流出、调整和滚存的情况。

相当于一个资金科目,而不是仅用于结转结余业务。凡是涉及财务会计里"库存现金""银行存款""其他货币资金"的经济业务及事项都属于资金结存的核算范围。"资金结存"是预算会计中预算结余类会计科目,是平行记账法下专门设置的会计科目,反映各类结存科目对应的资金形态。确认预算收入时,同时借记"资金结存"科目,确认预算支出时,同时贷记"资金结存"科目,年末结账后"资金结存"科目余额为借方余额,反映单位预算资金的累计滚存情况。

(1)资金结存的明细科目设置。

按照《政府会计制度》要求,需要在"资金结存"科目下设置"货币资金"等明细科目。其中"零余额账户用款额度"年末余额为零,见表6-4。

表 6-4

资金结存科目对照表

财务会计(权责发生制)	预算会计(收付实现制)
科目名称	科目名称
库存现金	资金结存——货币资金
银行存款	
其他货币资金	

(2)新旧衔接时资金结存的金额计算。

根据新旧制度衔接的规定,"资金结存"的数额是通过若干个调整分录计算出来的。例如,对"财政拨款结转"科目的期初数进行调整时,做会计分录为:

借:资金结存　　　　　　　　　　　　　　　　　　　　　　　20 000
　　贷:财政拨款结转　　　　　　　　　　　　　　　　　　　　20 000

最终的结果是:

$$资金结存 = 财政拨款结转 + 财政拨款结余 + 非财政拨款结转 + 非财政拨款结余 + 专用结余$$

但是"资金结存"反映的是纳入预算管理的货币资金,因此"资金结存"的期初数不能完全和财务会计下的货币资金数吻合。差异如下:

往来款项中属于"周转"类的资金,不属于预算会计范畴,新旧衔接时该类资金不需要调整预算结转结余数,因此也不会调整"资金结存"。只有财政拨款结余分配的专用基金,例如职工福利基金,对应预算会计下的"专用结余",剩下的专用基金是和预算会计无关的资金,不需要在新旧衔接时转入预算会计下的结转结余科目。

3)正确识别财务会计和预算会计的差异

并不是所有的业务都同时涉及财务会计和预算会计,需要进行平行记账。一定要准确识别业务的类型,看其是否满足平行记账的条件。

仅需进行预算会计记账的业务如下。

(1)债务预算收入与债务还本支出的期末或者年末结转业务,仅需进行预算会计核算,不进行财务会计核算。

(2)财政拨款结转、财政拨款结余、非财政拨款结转、非财政拨款结余、经营结余、其他结余、非财政拨款结余分配(不涉及提取专用基金)的期末或者年末结转以及结余分配业务,仅需进行预算会计核算,不进行财务会计核算。

(3) 财政拨款结转、财政拨款结余、非财政拨款结转以及非财政拨款结余等有关科目明细的调整,仅需进行预算会计核算,不进行财务会计核算。

行政事业单位年末结转财政拨款预算收入的核算,如表6-5所示。

表6-5

行政事业单位年末结转财政拨款预算收入的核算

财务会计	预算会计
—	借:财政拨款预算收入 　　贷:财政拨款结转——本年收支结转

仅需进行财务会计核算的业务:

(1) 不涉及部门预算的现金收支经济业务,仅需进行财务会计核算,比如往来款项、应缴国库款项、应上缴财政专户款项、受托代理资产以及受托代理负债等经济业务。还有一项是个人的往来款项,仅在报销确认时需要进行平行记账,借款时仅进行财务会计核算。

(2) 库存现金的提现业务和形成其他货币资金业务,仅需进行财务会计核算。

(3) 折旧和摊销业务、预提费用业务、应收股利业务、应收利息业务、应收票据业务、应收账款业务、坏账准备计提业务、盘亏以及捐赠物品等等,不涉及现金收支的业务,都不需要进行预算会计核算。

行政事业单位管理活动所用固定资产、无形资产计提折旧、摊销的核算,如表6-6所示。

表6-6

行政事业单位管理活动所用固定资产、无形资产计提折旧、摊销的核算

财务会计	预算会计
借:单位管理费用(业务活动费用) 　　贷:固定资产累计折旧/无形资产累计摊销	—

4) 识别财务会计和预算会计的差异

为了反映行政事业单位财务会计和预算会计因核算基础和核算范围不同所产生的本年盈余数与本年预算结余数之间的差异,单位需要编制"本年盈余与预算结余的差异情况说明",在编制的过程中,会涉及具体的平行记账业务,这时就需要具体分析涉及哪些经济业务、财务会计记账而预算会计不记账的原因是什么。同时,通过平衡关系,也可以稽核验证具体的平行记账是否正确。具体关系如下:

本年预算结余 + 当期确认为收入但没有确认为预算收入 + 当期确认为预算支出但没有确认为费用 − 当期确认为预算收入但没有确认为收入 − 当期确认为费用但没有确认为预算支出 = 本年盈余

(二) 平行记账的特点

1. 在同一个账套中进行核算

收付实现制侧重于公共部门经济活动的现金流,对纳入部门预算管理的现金收支业务需要编制双分录,进行平行记账。但需要注意的是,虽然编制的是双分录,但这是在同一张记账凭证同时进行的账务处理,仍然是在单位的同一个账套中进行核算,而不是两个账套。

2. 实现财务会计和预算会计双重功能

双体系平行记账模式不是在两套会计系统核算,而是同一会计信息系统中实现财务会计和预算会计双重功能。也就是说,同一张记账凭证同时进行财务会计与预算会计账务处理,也只需要附一份原始凭证。这就意味着行政事业单位会计建立了双体系平行记账模式,财务会计账务处理与预算会计账务处理具有了一定的关联关系,实现了财务会计和预算会计的双重功能。

3. 需要与信息化技术相配套

平行记账会使得某些业务产生双分录,这必然会增加会计人员的工作量,这就需要利用先进的信息化技术,提高会计记账和数据分析及应用的效率。所以,信息化是行政事业单位会计改革中必须予以配套的,而且必须随行政事业单位会计改革而不断发展信息化。

(三)平行记账的意义

(1)平行记账方式是我国行政事业单位会计体系改革中的技术创新。

对于传统的行政事业单位会计核算方式来说,在平行记账方式的辅助之下,行政事业单位财务会计能与预算会计在功能上实现既相互分离又相互衔接的目标,进而更好地通过会计核算工作的展开来掌握行政事业单位财务信息及预算执行情况。也就是说,平行记账方式是促进我国行政事业单位会计改革的主要途径之一,同时也是我国行政事业单位会计核算方法上的重大技术革新。

(2)平行记账方式可以满足不同部门对行政事业单位信息的差别需求。

与之前一些行政事业单位会计采用的"双分录"形式不同,平行记账方式能够使财务会计、预算会计两个体系更加具有系统性、逻辑性和完整性。两套体系既相互独立又相互呼应,分别反映业务的内容和经济实质,有助于行政事业单位根据会计信息使用需求,从不同的角度对信息进行分析和使用,提高会计信息的可用程度。

(3)平行记账方式能辅助财务会计更好地发挥其职能。

平行记账实际上正式确立了行政事业单位财务会计的功能地位,明确了我国政府会计权责发生制确认基础的法律和技术地位。行政事业单位会计改革的一个重要内容就是强化行政事业单位财务会计功能,使行政事业单位会计信息不仅满足于预算管理的需要,而且能满足完整反映行政事业单位资产负债"家底"、行政事业单位的运行成本情况以及编制权责发生制政府综合财务报告的信息需求。

第三节 行政事业单位会计要素及会计科目

一、行政事业单位会计要素

(一)行政事业单位预算会计要素

行政事业单位预算会计要素包括预算收入、预算支出与预算结余等三要素。

(二)行政事业单位财务会计要素

行政事业单位财务会计要素包括资产、负债、净资产、收入和费用等五要素。

二、行政事业单位会计科目

(一)会计科目及其分类

会计科目是对会计对象按其经济内容或用途所作的科学分类,它是设置账户、进行账务处理的依据。科学地设置会计科目、正确使用会计科目,是做好行政事业单位会计核算工作的重要前提条件。行政事业单位会计科目按提供核算资料的详细程度不同,可以分为总账科目和明细科目。

(二)常用会计科目名称

总账科目在会计要素下直接开设,它反映相应会计要素中有关内容的总括信息。为了统一核算口径、提高核算质量,应由财政部制定统一的总账会计科目。行政事业单位会计的总账科目也是依据预算会计3个会计要素和财务会计5个会计要素,共8个会计要素来制定设计的。会计科目表具体见表6-7,表6-7对事业单位适用的会计科目以"(事业)"、行政单位适用的会计科目以"(行政)"的方式进行标注,没标注的则是行政和事业单位通用的会计科目。

表6-7

行政事业单位会计科目表

序号	科目编号	科目名称	科目核算内容
一、财务会计科目			
(一)资产类(33个)			
1	1001	库存现金	单位的库存现金
2	1002	银行存款	单位存入银行或其他金融机构的存款
3	1021	其他货币资金	单位的外埠存款、银行本票存款、银行汇票存款、信用卡存款等各种其他货币资金
4	1101	短期投资(事业)	事业单位按规定取得的,持有时间不超过1年(含1年)的投资
5	1211	应收票据(事业)	事业单位因开展经营活动销售产品、提供有偿服务等而收到的商业汇票,包括银行承兑汇票和商业承兑汇票
6	1212	应收账款(事业)	事业单位提供服务、销售产品等应收取的款项,以及单位因出租资产、出售物资等应收取的款项
7	1214	预付账款	单位按照购货、服务合同或协议规定预付给供应单位(或个人)的款项,以及按照合同规定向承包工程的施工企业预付的备料款和工程款
8	1215	应收股利(事业)	事业单位持有长期股权投资应当收取的现金股利或应当分得的利润
9	1216	应收利息(事业)	事业单位长期债券投资应当收取的利息
10	1218	其他应收款	单位除财政应返还额度、应收票据、应收账款、预付账款、应收股利、应收利息以外的其他各项应收及暂付款项

(续表)

序号	科目编号	科目名称	科目核算内容
11	1219	坏账准备(事业)	事业单位对收回后不需上缴财政的应收账款和其他应收款提取的坏账准备
12	1301	在途物品	单位采购材料等物资时货款已付或已开出商业汇票但尚未验收入库的在途物品的采购成本
13	1302	库存物品	单位在开展业务活动及其他活动中为耗用或出售而储存的各种材料、产品、包装物、低值易耗品,以及达不到固定资产标准的用具、装具、动植物等的成本
14	1303	加工物品	单位自制或委托外单位加工的各种物品的实际成本
15	1401	待摊费用	单位已经支付,但应当由本期和以后各期分别负担的分摊期在1年以内(含1年)的各项费用
16	1501	长期股权投资(事业)	事业单位按照规定取得的,持有时间超过1年(不含1年)的股权性质的投资
17	1502	长期债券投资(事业)	事业单位按照规定取得的,持有时间超过1年(不含1年)的债券投资
18	1601	固定资产	单位固定资产的原值
19	1602	固定资产累计折旧	单位计提的固定资产累计折旧
20	1611	工程物资	单位为在建工程准备的各种物资的成本,包括工程用材料、设备等
21	1613	在建工程	单位在建的建设项目工程的实际成本
22	1701	无形资产	单位无形资产的原值
23	1702	无形资产累计摊销	单位对使用年限有限的无形资产计提的累计摊销
24	1703	研发支出	单位自行研究开发项目研究阶段和开发阶段发生的各项支出
25	1801	公共基础设施	单位控制的公共基础设施的原值
26	1802	公共基础设施累计折旧(摊销)	单位计提的公共基础设施累计折旧和累计摊销
27	1811	政府储备物资	单位控制的政府储备物资的成本
28	1821	文物文化资产	单位为满足社会公共需求而控制的文物文化资产的成本
29	1831	保障性住房	单位为满足社会公共需求而控制的保障性住房的原值
30	1832	保障性住房累计折旧	单位计提的保障性住房的累计折旧
31	1891	受托代理资产	单位接受委托方委托管理的各项资产,包括受托指定转赠的物资、受托存储保管的物资等的成本

(续表)

序号	科目编号	科目名称	科目核算内容
32	1901	长期待摊费用	单位已经支出,但应由本期和以后各期负担的分摊期限在1年以上(不含1年)的各项费用
33	1902	待处理财产损溢	单位在资产清查过程中查明的各种资产盘盈、盘亏和报废、毁损的价值
(二) 负债类(16个)			
34	2001	短期借款(事业)	事业单位经批准向银行或其他金融机构等借入的期限在1年内(含1年)的各种借款
35	2101	应交增值税	单位按照税法规定计算应交纳的增值税
36	2102	其他应交税费	单位按照税法等规定计算应交纳的除增值税以外的各种税费
37	2103	应缴财政款	单位取得或应收的按照规定应当上缴财政的款项,包括应缴国库的款项和应缴财政专户的款项
38	2201	应付职工薪酬	单位按照有关规定应付给职工(含长期聘用人员)及为职工支付的各种薪酬
39	2301	应付票据(事业)	单位因购买材料、物资等而开出、承兑的商业汇票,包括银行承兑汇票和商业承兑汇票
40	2302	应付账款	单位因购买物资、接受服务、开展工程建设等而应付的偿还期限在1年以内(含1年)的款项
41	2303	应付政府补贴款(行政)	负责发放政府补贴的行政单位,按照规定应支付给政府补贴接受者的各种政府补贴款
42	2304	应付利息(事业)	事业单位按照合同约定应支付的借款利息,包括短期借款、分期付息到期还本的长期借款等应支付的利息
43	2305	预收账款(事业)	事业单位预先收取但尚未结算的款项
44	2307	其他应付款	单位除应交增值税、其他应交税费、应缴财政款、应付职工薪酬、应付票据、应付账款、应付政府补贴款、应付利息、预收账款以外,其他各项偿还期限在1年内(含1年)的应付及暂收款项,如收取的押金、存入保证金、已经报销但尚未偿还银行的本单位公务卡欠款等
45	2401	预提费用	单位预先提取的已经发生但尚未支付的费用,如预提租金费用等
46	2501	长期借款(事业)	事业单位经批准向银行或其他金融机构等借入的期限超过1年(不含1年)的各种借款本息
47	2502	长期应付款	单位发生的偿还期限超过1年(不含1年)的应付款项,如以融资租赁方式取得固定资产应付的租赁费等
48	2601	预计负债	单位对因或有事项所产生的现时义务而确认的负债,如对未决诉讼等确认的负债

(续表)

序号	科目编号	科目名称	科目核算内容
49	2901	受托代理负债	单位接受委托取得受托代理资产时形成的负债
(三)净资产类(7个)			
50	3001	累计盈余	单位历年实现的盈余扣除盈余分配后滚存的金额,以及因无偿调入调出资产产生的净资产变动额
51	3101	专用基金(事业)	事业单位按照规定提取或设置的具有专门用途的净资产,主要包括职工福利基金、科技成果转换基金等
52	3201	权益法调整(事业)	事业单位持有的长期股权投资采用权益法核算时,按照被投资单位除净损益和利润分配以外的所有者权益变动份额调整长期股权投资账面余额而计入净资产的金额
53	3301	本期盈余	单位本期各项收入、费用相抵后的余额
54	3302	本年盈余分配	单位本年度盈余分配的情况和结果
55	3401	无偿调拨净资产	单位无偿调入或调出非现金资产所引起的净资产变动金额
56	3501	以前年度盈余调整	单位本年度发生的调整以前年度盈余的事项,包括本年度发生的重要前期差错更正涉及调整以前年度盈余的事项
(四)收入类(11个)			
57	4001	财政拨款收入	单位从同级政府财政部门取得的各类财政拨款
58	4101	事业收入(事业)	事业单位开展专业业务活动及其辅助活动实现的收入,不包括从同级政府财政部门取得的各类财政拨款
59	4201	上级补助收入(事业)	事业单位从主管部门和上级单位取得的非财政拨款收入
60	4301	附属单位上缴收入(事业)	事业单位取得的附属独立核算单位按照有关规定上缴的收入
61	4401	经营收入(事业)	事业单位在专业业务活动及其辅助活动之外开展非独立核算经营活动取得的收入
62	4601	非同级财政拨款收入	单位从非同级政府财政部门取得的经费拨款,包括从同级政府其他部门取得的横向转拨财政款、从上级或下级政府财政部门取得的经费拨款等
63	4602	投资收益(事业)	事业单位股权投资和债券投资所实现的收益或发生的损失
64	4603	捐赠收入	单位接受其他单位或者个人捐赠取得的收入
65	4604	利息收入	单位取得的银行存款利息收入
66	4605	租金收入	单位经批准利用国有资产出租取得并按照规定纳入本单位预算管理的租金收入
67	4609	其他收入	单位取得的除财政拨款收入、事业收入、上级补助收入、附属单位上缴收入、经营收入、非同级财政拨款收入、投资收益、捐赠收入、利息收入、租金收入以外的各项收入

(续表)

序号	科目编号	科目名称	科目核算内容
(五) 费用类 (8个)			
68	5001	业务活动费用	单位为实现其职能目标,依法履职或开展专业业务活动及其辅助活动所发生的各项费用
69	5101	单位管理费用(事业)	事业单位本级行政及后勤管理部门开展管理活动发生的各项费用
70	5201	经营费用(事业)	事业单位在专业业务活动及其辅助活动之外开展非独立核算经营活动发生的各项费用
71	5301	资产处置费用	单位经批准处置资产时发生的费用,包括转销的被处置资产价值,以及在处置过程中发生的相关费用或者处置收入小于相关费用形成的净支出
72	5401	上缴上级费用(事业)	事业单位按照财政部门和主管部门的规定上缴上级单位款项发生的费用
73	5501	对附属单位补助费用(事业)	事业单位用财政拨款收入之外的收入对附属单位补助发生的费用
74	5801	所得税费用(事业)	有企业所得税缴纳义务的事业单位按规定缴纳企业所得税所形成的费用
75	5901	其他费用	单位发生的除业务活动费用、单位管理费用、经营费用、资产处置费用、上缴上级费用、附属单位补助费用、所得税费用以外的各项费用
二、预算会计科目 (9个)			
(一) 预算收入类			
1	6001	财政拨款预算收入	单位从同级政府财政部门取得的各类财政拨款
2	6101	事业预算收入(事业)	事业单位开展专业业务活动及其辅助活动取得的现金流入
3	6201	上级补助预算收入(事业)	事业单位从主管部门和上级单位取得的非财政补助现金流入
4	6301	附属单位上缴预算收入(事业)	事业单位取得附属独立核算单位根据有关规定上缴的现金流入
5	6401	经营预算收入(事业)	事业单位在专业业务活动及其辅助活动之外开展非独立核算经营活动取得的现金流入
6	6501	债务预算收入(事业)	事业单位按照规定从银行和其他金融机构等借入的、纳入部门预算管理的、不以财政资金作为偿还来源的债务本金
7	6601	非同级财政拨款预算收入	单位从非同级政府财政部门取得的财政拨款,包括本级横向转拨财政款和非本级财政拨款

(续表)

序号	科目编号	科目名称	科目核算内容
8	6602	投资预算收益（事业）	事业单位取得的按照规定纳入部门预算管理的属于投资收益性质的现金流入，包括股权投资收益、出售或收回债券投资所取得的收益和债券投资利息收入
9	6609	其他预算收入	单位除财政拨款预算收入、事业预算收入、上级补助预算收入、附属单位上缴预算收入、经营预算收入、债务预算收入、非同级财政拨款预算收入、投资预算收益之外的纳入部门预算管理的现金流入
（二）预算支出类（8个）			
10	7101	行政支出（行政）	行政单位履行其职责实际发生的各项现金流出
11	7201	事业支出（事业）	事业单位开展专业业务活动及其辅助活动实际发生的各项现金流出
12	7301	经营支出（事业）	事业单位在专业业务活动及其辅助活动之外开展非独立核算经营活动实际发生的各项现金流出
13	7401	上缴上级支出（事业）	事业单位按照财政部门和主管部门的规定上缴上级单位款项发生的现金流出
14	7501	对附属单位补助支出（事业）	事业单位用财政拨款预算收入之外的收入对附属单位补助发生的现金流出
15	7601	投资支出（事业）	事业单位以货币资金对外投资发生的现金流出
16	7701	债务还本支出（事业）	事业单位偿还自身承担的纳入预算管理的从金融机构举借的债务本金的现金流出
17	7901	其他支出	单位除行政支出、事业支出、经营支出、上缴上级支出、对附属单位补助支出、投资支出、债务还本支出以外的各项现金流出
（三）预算结余类（9个）			
18	8001	资金结存	单位纳入部门预算管理的资金的流入、流出、调整和滚存等情况
19	8101	财政拨款结转	单位取得的同级财政拨款结转资金的调整、结转和滚存情况
20	8102	财政拨款结余	单位取得的同级财政拨款项目支出结余资金的调整、结转和滚存情况
21	8201	非财政拨款结转	单位除财政拨款收支、经营收支以外各非同级财政拨款专项资金的调整、结转和滚存情况
22	8202	非财政拨款结余	单位历年滚存的非限定用途的非同级财政拨款结余资金，主要为非财政拨款结余扣除结余分配后滚存的金额
23	8301	专用结余	事业单位按照规定从非财政拨款结余中提取的具有专门用途的资金的变动和滚存情况

(续表)

序号	科目编号	科目名称	科目核算内容
24	8401	经营结余	事业单位本年度经营活动收支相抵后余额弥补以前年度经营亏损后的余额
25	8501	其他结余	单位本年度除财政拨款收支、非同级财政专项资金收支和经营收支以外各项收支相抵后的余额
26	8701	非财政拨款结余分配	事业单位本年度非财政拨款结余分配的情况和结果

明细科目是对总账科目核算的具体内容进行详细分类的会计科目。它是总账科目的具体说明,对总账科目起补充和分析的作用。根据经济业务内容和预算管理要求,行政事业单位会计明细科目可分设一级明细科目、二级明细科目、三级明细科目等。

明细科目的设置主要依据包括:财产物资按其类别或品名设置,往来款项按结算单位、个人名称或事项设置,收入按政府预算收入科目的"款""项"设置。如各事业单位会计开设"财政补助收入"总账账户,下设"基本支出——一般公共服务——气象事务——气象事业机构""项目支出——教育——普通教育——高中教育"等明细科目;支出按政府预算支出科目的"款""项"设置,如事业单位预算会计开设"事业支出"总账科目,下设"财政拨款支出——基本支出——商品和服务支出——办公费""财政拨款支出——项目支出——商品和服务支出——会议费""其他资金支出——项目支出——其他资本性支出——大型修缮"等明细科目。

 思考题

1. 什么是行政事业单位会计?它有哪些特征?
2. 什么叫平行记账?行政事业单位会计为什么需要采用平行记账?
3. "资金结存"是一个什么样的会计科目?
4. 行政事业单位财务会计和预算会计的会计要素分别是哪些?它们之间的关系何在?
5. 为什么事业单位使用的会计科目数量远远大于行政单位?

 练习题

一、单项选择题

1. 行政事业单位预算会计要素不包括( )。
   A. 预算收入　　　B. 预算支出　　　C. 预算结余　　　D. 预算净额
2. 采用人民币1元计量属于( )计量属性。
   A. 历史成本　　　B. 名义金额　　　C. 现值　　　　　D. 公允价值
3. 行政事业单位对已经发生的经济业务或者事项,应当及时进行会计核算,不得提前或者延后,属于( )。
   A. 可靠性　　　　B. 及时性　　　　C. 可比性　　　　D. 实质重于形式

4. 属于预算收入,同时也是收入的业务的是( )。
   A. 国有资本经营预算收入　　　　　B. 应收的收入
   C. 债务收入　　　　　　　　　　　D. 一般公共服务支出
5. 报告期内导致行政事业单位净资产减少的服务潜能或经济利益流出金额是指( )。
   A. 收入　　　B. 费用　　　C. 净资产　　　D. 负债
6. 下列选项中关于权责发生制的表述不正确的是( )。
   A. 以取得收到款项的权利或支付款项的责任为标志来确定本期收入和费用
   B. 以款项的实际收付为标志来确定本期收入和支出
   C. 凡是当期已经实现的收入和已经发生的或应当负担的费用,不论款项是否收付,都应当作为当期的收入和费用
   D. 凡是不属于当期的收入和费用,即使款项已在当期收付,也不应当作为当期的收入和费用
7. 行政事业单位财务会计要素不包括( )。
   A. 资产　　　B. 负债　　　C. 所有者权益　　　D. 费用
8. 在会计核算层面,行政事业单位会计改革的总体思路,是在现有行政事业单位预算会计的基础上建立行政事业单位财务会计。实现行政事业单位会计的( )"双功能"。
   A. 成本管理与预算管理　　　　　　B. 预算管理与财务管理
   C. 财务管理与成本管理　　　　　　D. 市场管理与成本管理
9. 政府与非营利组织会计组成体系不包括( )。
   A. 行政单位会计　　　　　　　　　B. 事业单位会计
   C. 企业会计　　　　　　　　　　　D. 民间非营利组织会计
10. 行政事业单位财务会计要素不包括( )。
    A. 预算收入　　　B. 费用　　　C. 净资产　　　D. 收入

二、多项选择题

1. 行政事业单位会计基本假设包括( )。
   A. 会计主体　　　B. 持续运行　　　C. 会计分期　　　D. 货币计量
2. 存货发出时,行政事业单位应当根据实际情况选择发出存货实际成本的方法有( )。
   A. 先进先出法　　　B. 加权平均法　　　C. 后进先出法　　　D. 个别计价法
3. 属于预算支出,同时形成资产业务的有( )。
   A. 债务收入　　　B. 设备购置支出　　　C. 投资　　　D. 折旧
4. 下列不属于存货核算范围的项目有( )。
   A. 政府储备物资　　　B. 房屋　　　C. 构筑物　　　D. 储备土地
5. 流动资产包括( )。
   A. 长期投资　　　B. 短期投资　　　C. 存货　　　D. 在建工程
6. 资产的计量属性包括( )。
   A. 历史成本　　　B. 重置成本　　　C. 现值　　　D. 公允价值
7. 下列属于非流动负债的有( )。
   A. 长期借款　　　B. 长期应付款　　　C. 应付政府债券　　　D. 预计负债

8. 行政单位的支出不包括( )。
   A. 行政支出　　B. 事业支出　　C. 投资支出　　D. 债务还本支出
9. 行政事业单位的会计要素包括( )。
   A. 收入　　　　B. 费用　　　　C. 资产　　　　D. 预算支出
10. 行政事业单位会计的"双基础"是指( )。
    A. 财务会计采用权责发生制　　　　B. 预算会计采用收付实现制
    C. 行政单位采用权责发生制　　　　D. 事业单位采用收付实现制

三、判断题

1. 行政事业单位在对负债进行计量时,一般应当采用公允价值。( )
2. 收付实现制,是指以款项的实际收付为标志来确定本期收入和支出。( )
3. 《基本准则》颁布前,我国已有"政府会计"概念。( )
4. 平行记账核算法,是行政事业单位会计核算为反映预算执行和财务状况的双重目标而采用的一种双重核算方法。( )
5. 在不影响会计处理和编制报表的前提下,行政事业单位可以根据实际情况自行增设或减少某些会计科目。( )
6. 财务会计按照权责发生制的要求,设计了费用类的会计科目,同原制度的支出差异不明显。准确反映运行费用,为成本核算奠定基础。( )
7. 存货计价方法一经确定,不得变更。( )
8. 行政事业单位会计对于所发生的业务和事项,需要同时进行财务会计和预算会计两项记录,采用复式记账的方法。( )
9. 行政事业单位财务管理包括的内容和预算管理包括的内容相同。( )
10. 按照相关规定,行政单位不得以任何形式用占用或者使用的国有资产对外投资。( )

第七章

行政单位会计核算

学习目的和要求：通过本章的学习，学生应该了解行政单位的资产、负债、净资产等会计核算，并熟练掌握相关账务处理。

教学重点和难点：本章的重点是行政单位会计核算，难点是预算会计的核算。

 课程思政案例

会计 55 次挪用公款 800 余万元用于赌博

2022年5月17日，山西省河津市农村经济事务中心会计、执法监督股股长许世平，因挪用公款罪被判处有期徒刑12年。经查实，3年多时间，许世平自己一人竟55次挪用公款837万余元。

许世平1999年参加工作，2017年4月起担任河津市农村经济事务中心会计。刚参加工作时，他也曾想通过努力工作和辛勤付出赢得大家的赞誉，获得受人敬重的社会地位。然而，一次偶然的操作失误打开了他的贪欲之门。

2018年8月，许世平在报销其垫付的50元单位账户年检手续费时，因操作失误，未将系统自动弹出的公用经费剩余指标（20 507元）修改为50元，便将套打出的纸质财政授权支付凭证加盖单位银行预留印鉴和法人印章，办理了转账支付。在发现个人银行卡上多出2万多元后，许世平虽内心惶恐，但并未向单位领导汇报，也未做相关退款处理。观望一个月发现未被察觉后，许世平开始有恃无恐，先后分4次将多出的2万多元提现，将这些钱用于赌博。

尝到甜头后，许世平自认为找到了不劳而获的捷径，当月便如法炮制，3次"出手"挪用9.7万余元。从2018年8月6日到2021年9月28日，从起初的战战兢兢到后来的肆意妄为，许世平采取虚构款项用途、伪造财政直接支付凭证、骗取银行预留印鉴等手段，以预付工程款、农村土地确权费、绩效工资、住房公积金、养老保险等名目，多次挪用公款。

针对这起案件，河津市纪委监委进一步深挖细查，对市农村经济事务中心、河津市财政局、财政国库支付中心等相关人员失职、渎职问题严肃查处，共立案14件，给予14人党纪政务处分。

思考与讨论：为什么许世平能够瞒天过海55次挪用公款未被发现？从开始的认真履职，到后来的欲壑难填，许世平为什么会发生如此大的转变？如何斩断挪用公款的黑手？

第一节 行政单位资产的核算

一、货币资金

（一）库存现金

1. 概念

库存现金,是指行政单位在预算执行过程中为保证日常开支需要而存放在财务部门的现金。单位应当严格按照国家有关现金管理的规定收支现金,并按照政府会计制度规定核算现金的各项收支业务。

2. 科目设置

为核算库存现金业务,行政单位应设置"库存现金"总账科目,该科目应当设置"受托代理资产"明细科目,核算单位受托代理、代管的现金。

3. 账务处理

(1) 从银行等金融机构提取现金,按照实际提取的金额,借记本科目,贷记"银行存款"科目;将现金存入银行等金融机构,按照实际存入金额,借记"银行存款"科目,贷记本科目。因为属于资金内部的结构性调整,不涉及现金收支,因此,预算会计不作账务处理。

【例 7-1】 某行政单位从开户行提取现金 600 元。

财务会计	预算会计
借：库存现金　　　　　600 　贷：银行存款　　　　　　600	—

(2) 差旅费的核算。出差人员报销差旅费时,按照实际借出的金额,借记"其他应收款",贷记"库存现金"科目,按照实际报销金额,借记"业务活动费用"科目,贷记"其他应收款"科目,按照其差额,借记或贷记本科目。

预借差旅费：

财务会计	预算会计
借：其他应收款 　贷：库存现金	—

报销差旅费：

财务会计	预算会计
借：业务活动费用 　　库存现金（或贷方） 　贷：其他应收款	借：行政支出 　贷：资金结存——货币资金

【例 7-2】 某行政单位职工李某出差,预借差旅费 5 000 元,出差回来报销差旅费 4 600 元。

预借差旅费:

财务会计	预算会计
借:其他应收款　　　　5 000 　贷:库存现金　　　　　　　5 000	—

报销差旅费:

财务会计	预算会计
借:业务活动费用　　　4 600 　库存现金　　　　　　400 　贷:其他应收款　　　　　　5 000	借:行政支出　　　　　4 600 　贷:资金结存——货币资金　4 600

(3) 因购买服务、物品或者其他事项支付现金,按照实际支付的金额,借记"业务活动费用""库存物品""其他费用"等相关科目,贷记本科目。在预算会计下,借记"行政支出""其他支出"等科目,贷记"资金结存——货币资金"科目。

财务会计	预算会计
借:业务活动费用 　贷:库存现金	借:行政支出 　贷:资金结存——货币资金

【例 7-3】 某行政单位职工报销打印费用 100 元,以现金支付。

财务会计	预算会计
借:业务活动费用　　　100 　贷:库存现金　　　　　　100	借:行政支出　　　　　100 　贷:资金结存——货币资金　100

(4) 收到受托代理、代管的现金,按照实际收到的金额,借记本科目(受托代理资产),贷记"受托代理负债"科目;支付受托代理、代管的现金,按照实际支付的金额,借记"受托代理负债"科目,贷记本科目(受托代理资产)。受托管理、代管的现金不纳入单位的预算管理,所以其收支虽然属于单位的现金业务收支,但在预算会计下不必进行账务处理。

财务会计	预算会计
借:库存现金——受托代理资产 　贷:受托代理负债 借:受托代理负债 　贷:库存现金——受托代理资产	—

【例 7-4】 某行政单位收到受托代理的一笔现金 60 000 元,根据委托人的要求,该笔

现金应当转赠给有关的受赠人。该单位按照受托人的要求,将受托代理的现金支付给了有关人员。

财务会计	预算会计
借:库存现金——受托代理资产　　60 000 　　贷:受托代理负债　　　　　　　　　　60 000 借:受托代理负债　　　　　　　60 000 　　贷:库存现金——受托代理资产　　　　60 000	—

(5)对每日账款进行核对时发现有现金溢余或者短缺的,原因待查,通过"待处理财产损溢"科目核算。现金溢余的,借记"库存现金"科目,贷记"待处理财产损溢"科目;现金短缺的,按照实际短缺的金额,借记"待处理财产损溢"科目,贷记"库存现金"科目。在预算会计下,按照实际溢余的金额,借记"资金结存——货币资金"科目,贷记"其他预算收入"科目;按照实际短缺的金额,借记"其他支出"科目,贷记"资金结存——货币资金"科目。

原因查明后,如果为现金溢余,属于应支付给有关人员或单位的,借记"待处理财产损溢"科目,贷记"其他应付款"科目,实际支付时借记"其他应付款"科目,贷记"库存现金"科目。无法查明原因的,报经批准后借记"待处理财产损溢"科目,贷记"其他收入"科目。在支付给其他人员或者单位时,在预算会计下,按照实际支付金额借记"其他预算收入"科目,贷记"资金结存——货币资金"科目;其他情形,预算会计不作账务处理。

如果为现金短缺,属于应由责任人赔偿或向有关人员追回的,借记"其他应收款"科目,贷记"待处理财产损溢"科目。责任人上缴赔款时,借记"库存现金"科目,贷记"其他应收款"科目。属于无法查明原因的,报经批准予以核销,借记"资产处置费用"科目,贷记"待处理财产损溢"科目。应由责任人赔偿或向有关人员追回的,在预算会计下应按照责任人上缴的赔偿款金额,借记"资金结存——货币资金"科目,贷记"其他支出"科目;其他情形,预算会计不作账务处理。

项目		财务会计	预算会计
现金溢余	按照溢余金额转入待处理财产损溢	借:库存现金 　贷:待处理财产损溢	借:资金结存——货币资金 　贷:其他预算收入
	属于应支付给有关人员或单位的	借:待处理财产损溢 　贷:其他应付款	—
	无法查明原因的,报经批准	借:待处理财产损溢 　贷:其他收入	—
现金短缺	按照短缺金额转入待处理财产损溢	借:待处理财产损溢 　贷:库存现金	借:其他支出 　贷:资金结存——货币资金
	属于应由责任人赔偿	借:其他应收款 　贷:待处理财产损溢	—
	无法查明原因的,报经批准	借:资产处置费用 　贷:待处理财产损溢	—

(二)银行存款

1. 概念

银行存款,是指单位存入银行或者其他金融机构的各种存款。

2. 科目设置

单位应当设置"银行存款"科目,单位应根据开户行在"银行存款"科目下设置明细科目;有受托代理资产的单位,应当设置"受托代理资产"明细科目,核算单位受托代理、代管的银行存款。

3. 账务处理

(1)将款项存入银行或者其他金融机构,按照实际存入的金额,借记本科目,贷记"库存现金""其他应收款""其他收入"等相关科目。预算会计下,借记"资金结存——货币资金"科目,贷记"其他预算收入""非同级财政拨款预算收入"等科目;收到银行存款利息,按照实际收到的金额,借记本科目,贷记"利息收入"科目。预算会计下,借记"资金结存——货币资金"科目,贷记"其他预算收入""非同级财政拨款预算收入"等科目。

存入款项时:

财务会计	预算会计
借:银行存款 　贷:库存现金/其他收入/其他应收款	借:资金结存——货币资金 　贷:其他预算收入/非同级财政拨款预算收入

收到利息时:

财务会计	预算会计
借:银行存款 　贷:利息收入	借:资金结存——货币资金 　贷:其他预算收入/非同级财政拨款预算收入

(2)从银行等金融机构提取现金,按照实际提取的金额,借记"库存现金"科目,贷记本科目。预算会计不作处理。

财务会计	预算会计
借:库存现金 　贷:银行存款	—

(3)以银行存款支付相关费用,按照实际支付的金额,借记"业务活动费用"科目,贷记本科目。预算会计下,借记"行政支出"科目,贷记"资金结存——货币资金"科目。

财务会计	预算会计
借:业务活动费用 　贷:银行存款	借:行政支出 　贷:资金结存——货币资金

(4)以银行存款对外捐赠,按照实际捐出的金额,借记"其他费用"科目,贷记本科目。在预算会计下,借记"其他支出"科目,贷记"资金结存——货币资金"科目。

财务会计	预算会计
借：其他费用 　　贷：银行存款	借：其他支出 　　贷：资金结存——货币资金

(5) 收到受托代理、代管的银行存款，按照实际收到的金额，借记本科目（受托代理资产），贷记"受托代理负债"科目；支付受托代理、代管的银行存款，按照实际支付的金额，借记"受托代理负债"科目，贷记本科目（受托代理资产）。对于受托代理、代管的银行存款，因为不属于单位的预算资金，不纳入单位预算管理，因此不作预算会计处理。

项目		财务会计	预算会计
受托代理、代管银行存款	收到	借：银行存款——受托代理资产 　　贷：受托代理负债	—
	支付	借：受托代理负债 　　贷：银行存款——受托代理资产	

(6) 单位发生外币业务的，应当按照业务发生当日的即期汇率，将外币金额折算为人民币金额记账，并登记外币金额和汇率。期末，各种外币账户的期末余额，应当按照期末的即期汇率折算为人民币，作为外币账户期末人民币余额。调整后的各种外币账户人民币余额与原账面余额的差额，作为汇兑损益计入当期费用。

以外币购买物资、设备等，按照购入当日的即期汇率将支付的外币或应支付的外币折算为人民币金额，借记"库存物品"等科目，贷记本科目、"应付账款"等科目的外币账户。预算会计下，借记"行政支出"科目，贷记"资金结存——货币资金"科目。

财务会计	预算会计
借：在途物资/库存物品等 　　贷：银行存款/应付账款	借：行政支出 　　贷：资金结存——货币资金

期末，根据各外币银行存款账户按照期末汇率调整后的人民币余额与原账面人民币余额的差额，作为汇兑损益，借记或贷记本科目，贷记或借记"业务活动费用"科目。在预算会计下，借记或贷记"资金结存——货币资金"科目，贷记或借记"行政支出"科目。

财务会计	预算会计
借：银行存款/营收账款/应付账款 　　贷：业务活动费用 借：业务活动费用 　　贷：银行存款/营收账款/应付账款	借：资金结存——货币资金 　　贷：行政支出 借：行政支出 　　贷：资金结存——货币资金

【例 7-5】 某行政单位从非同级财政部门取得款项 6 000 元，用于完成委托的专项任务，存款已存入银行。

财务会计		预算会计	
借：银行存款	6 000	借：资金结存——货币资金	6 000
贷：非同级财政拨款收入	6 000	贷：非同级财政拨款预算收入	6 000

【例 7-6】 某行政单位通过银行存款账户支付一笔 1 000 元的租赁费用。

财务会计		预算会计	
借：业务活动费用	1 000	借：行政支出	1 000
贷：银行存款	1 000	贷：资金结存——货币资金	1 000

（三）其他货币资金

1. 概念

其他货币资金，是指单位除库存现金、银行存款以外的以其他形式存在的货币资金，主要包括外埠存款、银行本票存款、银行汇票存款、信用卡存款等各种其他货币资金。

2. 科目设置

单位应设置"其他货币资金"科目，还应当设置"外埠存款""银行本票存款""银行汇票存款""信用卡存款"等明细科目，进行明细核算。"其他货币资金"科目借方余额反映单位实际持有的其他货币资金。

3. 账务处理

1) 外埠存款

单位按照有关规定需要在异地开立银行账户，将款项委托本地银行汇往异地开立账户时，借记本科目，贷记"银行存款"科目。收到采购员交来供应单位发票账单等报销凭证时，借记"库存物品"等科目，贷记本科目。在预算会计下，按照实际支付金额，借记"行政支出"科目，贷记"资金结存——货币资金"科目。将多余的外埠存款转回本地银行时，根据银行的收账通知，借记"银行存款"科目，贷记本科目。

项目	财务会计	预算会计
将款项委托本地银行汇往异地开立账户	借：其他货币资金——外埠存款 　贷：银行存款	—
收到采购员交来供应单位发票账单等报销凭证	借：库存物品 　贷：其他货币资金——外埠存款	借：行政支出 　贷：资金结存——货币资金
将多余的外埠存款转回本地银行	借：银行存款 　贷：资金结存——货币资金	—

2) 银行本票、银行汇票、信用卡

将款项交存银行取得银行本票、银行汇票，按照取得的银行本票、银行汇票金额，借记本科目，贷记"银行存款"科目。

使用银行本票、银行汇票购买库存物品等资产时，按照实际支付金额，借记"库存物品"等科目，贷记本科目。在预算会计下，按照实际支付的金额，借记"行政支出"科目，贷记"资金结存——货币资金"科目。

如有余款或因本票、汇票超过付款期等原因而退回款项,按照退款金额,借记"银行存款"科目,贷记本科目。

项目	财务会计	预算会计
形成其他货币资金	借:其他货币资金——银行本票存款 　　　　　　　——银行汇票存款 　　　　　　　——信用卡存款 贷:银行存款	—
发生支付	借:库存物品/在途物资等 贷:其他货币资金——银行本票存款 　　　　　　　——银行汇票存款 　　　　　　　——信用卡存款	借:行政支出 贷:资金结存——货币资金
余款退回	借:银行存款 贷:其他货币资金——银行本票存款 　　　　　　　——银行汇票存款 　　　　　　　——信用卡存款	—

二、应收和预付款项

应收和预付款项,是指单位在开展业务活动中应收未收、提前预付给有关部门或个人而形成的处于结算过程中的资金,体现为单位对有关部门或个人的债权。行政单位中具体包括预付账款和其他应收款。行政单位应按照实际发生额进行确认和计量。

（一）预付账款

1. 概念

预付账款,是指单位按照购货、服务合同或协议规定预付给供应单位(或个人)的款项,以及按照合同规定向承包工程的施工企业预付的备料款和工程款。

2. 科目设置

本科目核算单位按照购货、服务合同或协议规定预付给供应单位(或个人)的款项,以及按照合同规定向承包工程的施工企业预付的备料款和工程款。本科目应当按照供应单位(或个人)及具体项目进行明细核算;对于基本建设项目发生的预付账款,还应当在本科目所属基建项目明细科目下设置"预付备料款""预付工程款""其他预付款"等明细科目,进行明细核算。

3. 账务处理

1) 根据购货、服务合同或协议规定预付款项时

按照预付金额,借记本科目,贷记"财政拨款收入""银行存款"等科目。在预算会计下,借记"行政支出"等科目,贷记"财政拨款预算收入""资金结存"科目。

财务会计	预算会计
借:预付账款 　贷:财政拨款收入/银行存款等	借:行政支出 　贷:财政拨款预算收入/资金结存等

2) 收到所购资产或服务时

按照购入资产或服务的成本,借记"库存物品""固定资产""无形资产""业务活动费用"等相关科目,按照相关预付账款的账面余额,贷记本科目,按照实际补付的金额,贷记"财政拨款收入""银行存款"等科目。在预算会计下,按照实际补付金额,借记"行政支出"等科目,贷记"财政拨款预算收入""资金结存"科目。

财务会计	预算会计
借:业务活动费用/库存物品等 　　贷:预付账款 　　　　财政拨款收入/银行存款等	借:行政支出 　　贷:财政拨款预算收入/资金结存

3) 根据工程进度结算工程价款及备料款时

按照结算金额,借记"在建工程"科目,按照相关预付账款的账面余额,贷记本科目,按照实际补付的金额,贷记"财政拨款收入""银行存款"等科目。在预算会计下,按照实际补付金额,借记"行政支出"等科目,贷记"财政拨款预算收入""资金结存"科目。

财务会计	预算会计
借:在建工程 　　贷:预付账款 　　　　财政拨款收入/银行存款等	借:行政支出 　　贷:财政拨款预算收入/资金结存

(二) 其他应收款

1. 概念

其他应收款,是指除应收票据、应收账款、预付账款、应收股利、应收利息以外的其他各项应收及暂付款项,如职工预借的差旅费、已经偿还银行尚未报销的本单位公务卡欠款、拨付给内部有关部门的备用金、应向职工收取的各种垫付款项、支付的可以收回的订金或押金、应收的上级补助和附属单位上缴款项等。

2. 科目设置

行政单位应设置"其他应收款"科目,该科目应当按照其他应收款的类别以及债务单位(或个人)进行明细核算。借方登记发生的各种其他应收款,贷方登记单位收回的其他应收款项,期末借方余额反映单位尚未收回的其他应收款。

3. 账务处理

1) 发生暂付款项

按照实际发生金额,借记本科目,贷记"银行存款""库存现金"等科目;收回其他各种应收及暂付款项时,按照收回的金额,借记"库存现金""银行存款"等科目,贷记本科目;报销时,按照实际报销金额,借记"业务活动费用"科目,贷记"其他应收款"科目。

项目	财务会计	预算会计
暂付款项时	借:其他应收款 　　贷:银行存款	—

(续表)

项目	财务会计	预算会计
报销时	借：业务活动费用 　贷：其他应收款	借：行政支出 　贷：资金结存
收回暂付款项时	借：库存现金/银行存款 　贷：其他应收款	—

2) 单位内部实行备用金制度

财务部门核定并发放备用金时，按照实际发放金额，借记本科目，贷记"库存现金"等科目。根据报销金额用现金补足备用金定额时，借记"业务活动费用"等科目，贷记"库存现金"等科目。同时，在预算会计下，借记"行政支出"科目，贷记"资金结存——货币资金"科目。

项目	财务会计	预算会计
发放备用金	借：其他应收款 　贷：库存现金	—
补足备用金	借：业务活动费用 　贷：库存现金	借：行政支出 　贷：资金结存——货币资金

3) 单位内部实行核销制度

行政单位应当于每年年末，对其他应收款进行全面检查。对于超过规定年限、确认无法收回的其他应收款，应当按照有关规定报经批准后予以核销。核销的其他应收款应在备查簿中保留登记。经批准核销其他应收款时，按照核销金额，借记"资产处置费用"科目，贷记本科目。

已核销的其他应收款在以后期间又收回的，按照收回金额，借记"银行存款"等科目，贷记"其他收入"科目。预算会计下，借记"资金结存——货币资金"科目，贷记"其他预算收入"科目。

项目	财务会计	预算会计
经批准核销	借：资产处置费用 　贷：其他应收款	—
已核销的其他应收款在以后期间又收回	借：银行存款等 　贷：其他收入	借：资金结存——货币资金 　贷：其他预算收入

三、存货

存货，是指行政单位在开展业务活动及其他活动中，为耗用或出售而储存的资产，如材料、产品、包装物和低值易耗品等，以及未达到固定资产标准的用具、装具、动植物等。按照《政府会计准则第1号——存货》的规定，存货在取得时应当按照成本进行初始计量，发出时应当根据实际情况采用先进先出法、加权平均法或者个别计价法确定发出存货的实际成本。存货的计价方法一经确定，不得随意更改。行政单位的存货按照经济内容或经济用途可分为在途物品、库存物品和加工物品等种类。

（一）在途物品

1. 概念

在途物品，是指单位采购材料等物资时货款已付或已开出商业汇票但尚未验收入库的物品。

2. 科目设置

本科目核算单位采购材料等物资时货款已付或已开出商业汇票但尚未验收入库的在途物品的采购成本。"在途物资"科目期末借方余额反映单位在途物品的采购成本。该科目可按照供应单位和物品种类进行明细核算。

3. 账务处理

单位购入材料等物品，按照确定的物品采购成本的金额，借记本科目，按照实际支付的金额，贷记"财政拨款收入""银行存款"等科目。在预算会计下，借记"行政支出"等科目，贷记"财政拨款预算收入""资金结存"等科目。

所购材料等物品到达验收入库，按照确定的库存物品成本金额，借记"库存物品"科目，按照物品采购成本金额，贷记本科目，按照使得入库物品达到目前场所和状态所发生的其他支出，贷记"银行存款"等科目。

项目	财务会计	预算会计
购入物资，结算凭证收到，货未收到	借：在途物品 　　贷：财政拨款收入/银行存款等	借：行政支出 　　贷：财政拨款预算收入/资金结存
到达并验收入库	借：库存物品 　　贷：在途物品	

（二）库存物品

1. 概念

库存物品，是指单位在开展业务活动及其他活动中为耗用或出售而储存的各种材料、产品、包装物、低值易耗品，以及达不到固定资产标准的用具、装具、动植物等。

2. 科目设置

单位应设置"库存物品"科目，本科目核算单位在开展业务活动及其他活动中为耗用或出售而储存的各种材料、产品、包装物、低值易耗品，以及达不到固定资产标准的用具、装具、动植物等的成本。已完成的测绘、地质勘察、设计成果等的成本，也通过本科目核算。

单位随买随用的零星办公用品，可以在购进时直接列作费用；单位控制的政府储备物资，应当通过"政府储备物资"科目核算；单位受托存储保管的物资和受托转赠的物资，应当通过"受托代理资产"科目核算；单位为在建工程购买和使用的材料物资，应当通过"工程物资"科目核算。以上业务均不通过"库存物品"核算。

该科目应当按照库存物品的种类、规格、保管地点等进行明细核算。单位储存的低值易耗品、包装物较多的，可以在本科目（低值易耗品、包装物）下按照"在库""在用"和"摊销"等进行明细核算。

3. 账务处理

1）外购库存商品

外购的库存物品验收入库，按照确定的成本，借记本科目，贷记"财政拨款收入""银行存款""应付账款""在途物品"等科目。在预算会计下,借记"行政支出"科目,贷记"财政拨款预算收入""资金结存"等科目。

财务会计	预算会计
借:库存物品 　　贷:财政拨款收入/银行存款等	借:行政支出等 　　贷:财政拨款预算收入/资金结存

2)自制的库存物品

按照确定的成本,借记本科目,贷记"加工物品——自制物品"科目。

财务会计	预算会计
借:库存物品——明细科目 　　贷:加工物品——自制物品	—

3)委托外单位加工收回的库存物品

按照确定的成本,借记本科目,贷记"加工物品——委托加工物品"等科目。

财务会计	预算会计
借:库存物品——明细科目 　　贷:加工物品——委托加工物品	—

4)接受捐赠的库存物品

按照确定的成本,借记本科目,按照发生的相关税费、运输费等,贷记"银行存款"等科目,按照其差额,贷记"捐赠收入"科目。接受捐赠的库存物品按照名义金额入账的,按照名义金额,借记本科目,贷记"捐赠收入"科目。预算会计下,按照实际支付的相关税费,借记"其他支出"科目,贷记"财政拨款预算收入""资金结存"科目。

受捐赠物品按照名义金额入账的,借记"库存物品"科目,贷记"捐赠收入"科目;同时,按照发生的相关税费、运输费等,借记"其他费用"科目,贷记"银行存款"等科目。在预算会计下,按照实际支付的相关税费,借记"其他支出"科目,贷记"财政拨款预算收入""资金结存"科目。

项目	财务会计	预算会计
接受捐赠的库存物品	借:库存物品(按照确定的成本) 　　贷:银行存款等(相关税费) 　　　　捐赠收入	借:其他支出(实际支付的相关税费) 　　贷:资金结存
按照名义金额入账	借:库存物品(名义金额) 　　贷:捐赠收入(接受捐赠) 借:其他费用 　　贷:银行存款等	借:其他支出 　　贷:资金结存

5)无偿调入的库存物品

按照确定的成本,借记本科目,按照发生的相关税费、运输费等,贷记"银行存款"等科目,按照其差额,贷记"无偿调拨净资产"科目。预算会计下,按照实际支付的相关税费,借记"其他支出"科目,贷记"财政拨款预算收入""资金结存"科目。

项目	财务会计	预算会计
接受捐赠的库存物品	借:库存物品(按照确定的成本) 　贷:银行存款等(相关税费) 　　无偿调拨净资产	借:其他支出(实际支付的相关税费) 　贷:资金结存
按照名义金额入账	借:库存物品(名义金额) 　贷:无偿调拨净资产(无偿调入) 借:其他费用 　贷:银行存款等	借:其他支出 　贷:资金结存

6)置换换入的库存物品

不涉及补价的,按照确定的成本,借记本科目,按照换出资产的账面余额,贷记相关资产科目(换出资产为固定资产、无形资产的,还应当借记"固定资产累计折旧""无形资产累计摊销"科目),按照置换过程中发生的其他相关支出,贷记"银行存款"等科目,按照借贷方差额,借记"资产处置费用"科目或贷记"其他收入"科目。预算会计下,借记"其他支出"科目,贷记"资金结存"科目。

财务会计	预算会计
借:库存物品(换出资产评估价值+其他相关支出) 　固定资产累计折旧/无形资产累计摊销 　资产处置费用(借差) 　贷:库存物品/固定资产/无形资产等(账面余额) 　　银行存款等(其他相关支出) 　　其他收入(贷差)	借:其他支出(实际支付的其他相关支出) 　贷:资金结存

支付补价的,按照确定的成本,借记本科目,按照换出资产的账面余额,贷记相关资产科目(换出资产为固定资产、无形资产的,还应当借记"固定资产累计折旧""无形资产累计摊销"科目),按照支付的补价和置换过程中发生的其他相关支出,贷记"银行存款"等科目,按照借贷方差额,借记"资产处置费用"科目或贷记"其他收入"科目。预算会计下,按照实际支付的补价和其他相关支出,借记"其他支出"科目,贷记"资金结存"科目。

财务会计	预算会计
借:库存物品(换出资产评估价值+其他相关支出+补价) 　固定资产累计折旧/无形资产累计摊销 　资产处置费用(借差) 　贷:库存物品/固定资产/无形资产等(账面余额) 　　银行存款等(其他相关支出+补价) 　　其他收入(贷差)	借:其他支出(实际支付的其他相关支出) 　贷:资金结存

收到补价的,按照确定的成本,借记本科目,按照收到的补价,借记"银行存款"等科目,按照换出资产的账面余额,贷记相关资产科目(换出资产为固定资产、无形资产的,还应当借记"固定资产累计折旧""无形资产累计摊销"科目),按照置换过程中发生的其他相关支出,贷记"银行存款"等科目,按照补价扣减其他相关支出后的净收入,贷记"应缴财政款"科目,按照借贷方差额,借记"资产处置费用"科目或贷记"其他收入"科目。

财务会计	预算会计
借:库存物品(换出资产评估价值＋其他相关支出－补价) 　　银行存款等(补价) 　　固定资产累计折旧/无形资产累计摊销 　　资产处置费用(借差) 　贷:库存物品/固定资产/无形资产等(账面余额) 　　银行存款等(其他相关支出) 　　应缴财政款(补价——其他相关支出) 　　其他收入(贷差)	借:其他支出(其他相关支出大于收到的补价的差额) 　贷:资金结存

7) 发出库存商品

正常领用发出库存物品。单位开展业务活动等领用、按照规定自主出售发出或加工发出库存物品,按照领用、出售等发出物品的实际成本,借记"业务活动费用""单位管理费用""经营费用""加工物品"等科目,贷记本科目。采用一次转销法摊销低值易耗品、包装物的,在首次领用时将其账面余额一次性摊销计入有关成本费用,借记有关科目,贷记本科目。采用五五摊销法摊销低值易耗品、包装物的,首次领用时,将其账面余额的50%摊销计入有关成本费用,借记有关科目,贷记本科目;使用完时,将剩余的账面余额转销计入有关成本费用,借记有关科目,贷记本科目。

财务会计	预算会计
借:业务活动费用/加工物品等 　贷:库存物品(按照领用、发出成本)	—

经批准对外出售的库存物品。经批准对外出售的库存物品(不含可自主出售的库存物品)发出时,按照库存物品的账面余额,借记"资产处置费用"科目,贷记本科目;同时,按照收到的价款,借记"银行存款"等科目,按照处置过程中发生的相关费用,贷记"银行存款"等科目,按照其差额,贷记"应缴财政款"科目。在预算会计下,按照处置过程中实际支付的相关费用,借记"其他支出"科目,贷记"资金结存"科目。

财务会计	预算会计
借:资产处置费用 　贷:库存物品(账面余额) 借:银行存款等(收到的价款) 　贷:银行存款等(发生的相关税费) 　　应缴纳财政款	借:其他支出(实际支付的相关费用) 　贷:资金结存

经批准对外捐赠的库存物品发出时,按照库存物品的账面余额和对外捐赠过程中发生的归属于捐出方的相关费用合计数,借记"资产处置费用"科目,按照库存物品账面余额,贷记本科目,按照对外捐赠过程中发生的归属于捐出方的相关费用,贷记"银行存款"等科目。在预算会计下,按照处置过程中实际支付的相关费用,借记"其他支出"科目,贷记"资金结存"科目。

财务会计	预算会计
借:资产处置费用 　　贷:库存物品(账面余额) 　　　　银行存款等(归属于捐出方的相关费用)	借:其他支出(实际支付的相关费用) 　　贷:资金结存

经批准无偿调出的库存物品发出时,按照库存物品的账面余额,借记"无偿调拨净资产"科目,贷记本科目;同时,按照无偿调出过程中发生的归属于调出方的相关费用,借记"资产处置费用"科目,贷记"银行存款"等科目。在预算会计下,按照处置过程中实际支付的相关费用,借记"其他支出"科目,贷记"资金结存"科目。

财务会计	预算会计
借:无偿调拨净资产 　　贷:库存物品(账面余额) 借:资产处置费用 　　贷:银行存款等(归属于调出方的相关费用)	借:其他支出(实际支付的相关费用) 　　贷:资金结存

8)盘点库存物品

单位应当定期对库存物品进行清查盘点,每年至少盘点一次。对于发生的库存物品盘盈、盘亏或者报废、毁损,应当先计入"待处理财产损溢"科目,按照规定报经批准后及时进行后续账务处理。

盘盈的库存物品,其成本按照有关凭据注明的金额确定;没有相关凭据、但按照规定经过资产评估的,其成本按照评估价值确定;没有相关凭据、也未经过评估的,其成本按照重置成本确定。如无法采用上述方法确定盘盈的库存物品成本的,按照名义金额入账。盘盈的库存物品,按照确定的入账成本,借记本科目,贷记"待处理财产损溢"科目。

盘亏或者毁损、报废的库存物品,按照待处理库存物品的账面余额,借记"待处理财产损溢"科目,贷记本科目。属于增值税一般纳税人的单位,若因非正常原因导致的库存物品盘亏或毁损,还应当将与该库存物品相关的增值税进项税额转出,按照其增值税进项税额,借记"待处理财产损溢"科目,贷记"应交税费——应交增值税(进项税额转出)"科目。

项目	财务会计	预算会计
盘盈的库存物品	借：库存物品 　贷：待处理财产损溢	—
盘亏或者毁损、报废的库存物品转入待处理资产	借：待处理财产损溢 　贷：库存物品(账面余额)	—
增值税一般纳税人购进的非自用材料发生盘亏或损毁、报废的	借：待处理财产损溢 　贷：应交税费——应交增值税 　　（进项税额转出）	—

（三）加工物品

1. 概念

加工物品，是指单位自制或委托外单位加工的各种物品的实际成本。未完成的测绘、地质勘察、设计成果的实际成本，也属于此范围。

2. 科目设置

单位应当设置"加工物品"科目，该科目应当设置"自制物品""委托加工物品"两个一级明细科目，并按照物品类别、品种、项目等设置明细账，进行明细核算。本科目"自制物品"一级明细科目下应当设置"直接材料""直接人工""其他直接费用"等二级明细科目归集自制物品发生的直接材料、直接人工（专门从事物品制造人员的人工费）等直接费用；对于自制物品发生的间接费用，应当在本科目"自制物品"一级明细科目下单独设置"间接费用"二级明细科目予以归集，期末再按照一定的分配标准和方法，分配计入有关物品的成本。

3. 账务处理

1）自制物品

为自制物品领用材料等，按照材料成本，借记本科目（加工物品——自制物品），贷记"库存物品"科目。

专门从事物品制造的人员发生的直接人工费用，按照实际发生的金额，借记本科目（库存物品——自制物品——直接人工），贷记"应付职工薪酬"科目。

为自制物品发生的其他直接费用，按照实际发生的金额，借记本科目（自制物品——其他直接费用），贷记"银行存款"等科目。在预算会计下，按照实际支付的金额，借记"行政支出"科目，贷记"财政拨款预算收入""资金结存"科目。

为自制物品发生的间接费用，按照实际发生的金额，借记本科目（加工费用——自制物品——其他直接费用），贷记"银行存款""应付职工薪酬""固定资产累计折旧""无形资产累计摊销"等科目。在预算会计下，按照实际支付的金额，借记"行政支出"科目，贷记"财政拨款预算收入""资金结存"科目。间接费用一般按照生产人员工资、生产人员工时、机器工时、耗用材料的数量或成本、直接费用（直接材料和直接人工）或产品产量等进行分配。单位可根据具体情况自行选择间接费用的分配方法。分配方法一经确定，不得随意变更。

已经制造完成并验收入库的物品,按照所发生的实际成本(包括耗用的直接材料费用、直接人工费用、其他直接费用和分配的间接费用),借记"库存物品"科目,贷记本科目(自制物品)。

项目	财务会计	预算会计
为自制物品领用材料时	借:加工物品——自制物品(直接材料) 　　贷:库存物品(明细科目)	—
专门从事物品制造的人员发生的直接人工费用	借:加工物品——自制物品(直接人工) 　　贷:应付职工薪酬	—
为自制物品发生的间接费用	借:加工物品——自制物品(其他直接费用、间接费用) 　　贷:财政拨款收入	借:行政支出 　　贷:财政拨款预算收入
制造完成并验收入库	借:库存物品(明细科目) 　　贷:加工物品——自制物品(直接材料、直接人工、其他直接费用、间接费用)	—

2) 委托加工物品

发给外单位加工的材料等,按照其实际成本,借记本科目(委托加工物品),贷记"库存物品"科目。

支付加工费、运输费等费用,按照实际支付的金额,借记本科目(委托加工物品),贷记"银行存款"等科目。在预算会计下,借记"行政支出"科目,贷记"财政拨款预算收入"科目。

委托加工完成的材料等验收入库,按照加工前发出材料的成本和加工、运输成本等,借记"库存物品"等科目,贷记本科目(委托加工物品)。

项目	财务会计	预算会计
发给外单位加工的材料	借:加工物品——委托加工物品 　　贷:库存物品(明细科目)	—
支付加工费、运输费等费用	借:加工物品——委托加工物品 　　贷:财政拨款收入	借:行政支出 　　贷:财政拨款预算收入
委托加工完成的材料	借:库存物品(明细科目) 　　贷:加工物品——委托加工物品	—

四、固定资产

(一) 概念

固定资产,是指行政单位为满足自身开展业务活动或其他活动需要而控制的,使用年限超过1年(不含1年)、单位价值在规定标准以上,并在使用过程中基本保持原有物质形态的资产。单位价值虽未达到规定标准,但是使用年限超过1年(不含1年)的大批同类物资,如图书、家具、用具、装具等,应当确认为固定资产。固定资产一般分为六类:房屋及构筑物,专用设备,通用设备,文物和陈列品,图书、档案,家具、用具、装具及动植物。单位控制的公共基础设施、政府储备物资、保障性住房等资产,不属于固定资产。

1. 固定资产的确认

1) 确认条件

固定资产同时满足下列条件的,应当予以确认:与该固定资产相关的服务潜力很可能实现,或者经济利益很可能流入单位;该固定资产的成本或者价值能够可靠地计量。

固定资产在使用过程中发生的后续支出,符合上述确认条件的,应当计入固定资产成本;不符合上述确认条件的,应当在发生时计入当期费用或者相关资产成本。将发生的固定资产后续支出计入固定资产成本的,应当同时从固定资产账面价值中扣除被替换部分的账面价值。

2) 确认时间

购入、换入、接受捐赠、无偿调入不安装的固定资产,在固定资产验收合格时确认;购入、换入、接受捐赠、无偿调入需要安装的固定资产,在固定资产安装完成交付使用时确认;自行建造、改建、扩建的固定资产在建造完成并交付使用时确认。

2. 固定资产的计量

1) 初始计量

固定资产在取得时按照成本进行初始计量。

2) 后续计量

固定资产的后续计量主要包括固定资产的折旧、处置,具体分析参考本书"固定资产折旧""固定资产处置"部分。

(二) 科目设置

为核算固定资产业务,行政单位应设置"固定资产"总账科目。该科目核算单位固定资产的原值。该科目应当按照固定资产类别和项目进行明细核算。单位还应设置"固定资产累计折旧"科目,用于核算单位的固定资产累计折旧。"固定资产"科目期末借方余额反映单位期末固定资产的原值;"固定资产累计折旧"科目期末贷方余额反映单位计提的固定资产折旧累计数。

"固定资产"和"固定资产累计折旧"科目核算时,应当考虑以下情况。

(1) 购入需要安装的固定资产,应当先通过"在建工程"科目核算,安装完毕交付使用时再转入该科目核算。

(2) 以借入、经营租赁租入方式取得的固定资产,不通过该科目核算,应当设置备查簿进行登记。

(3) 采用融资租入方式取得的固定资产,通过该科目核算,并在该科目下设置"融资租入固定资产"明细科目。

(4) 经批准在境外购买具有所有权的土地,作为固定资产,通过该科目核算;单位应当在该科目下设置"境外土地"明细科目进行相应明细核算。

(5) 公共基础设施和保障性住房计提的累计折旧,应当分别通过"公共基础设施累计折旧(摊销)"科目和"保障性住房累计折旧"科目核算,不通过"固定资产累计折旧"科目核算。

(6) 单位计提融资租入固定资产折旧时,应当采用与自有固定资产相一致的折旧政策。能够合理确定租赁期届满时将会取得租入固定资产所有权的,应当在租入固定资产尚可使用年限内计提折旧;无法合理确定租赁期届满时能够取得租入固定资产的所有权的,应当在租赁期与租入固定资产尚可使用年限两者中较短的期间内计提折旧。

(三)账务处理

1. 固定资产的取得

1)外购固定资产

购入不需安装的固定资产验收合格时,按照确定的固定资产成本,借记本科目,贷记"财政拨款收入""应付账款""银行存款"等科目。在预算会计下,借记"行政支出"科目,贷记"财政拨款预算收入""资金结存"等科目。

购入需要安装的固定资产,在安装完毕交付使用前通过"在建工程"科目核算,安装完毕交付使用时再转入本科目。

购入固定资产扣留质量保证金的,应当在取得固定资产时,按照确定的固定资产成本,借记本科目(不需安装)或"在建工程"科目(需要安装),按照实际支付或应付的金额,贷记"财政拨款收入""应付账款"(不含质量保证金)"银行存款"等科目,按照扣留的质量保证金数额,贷记"其他应付款"[扣留期在1年以内(含1年)]或"长期应付款"(扣留期超过1年)科目。在预算会计下,按照购买固定资产实际支付的金额,借记"行政支出"科目,贷记"财政拨款预算收入""资金结存"等科目。

质保期满支付质量保证金时,借记"其他应付款""长期应付款"科目,贷记"财政拨款收入""银行存款"等科目。在预算会计下,借记"行政支出"科目,贷记"财政拨款预算收入""资金结存"等科目。

项目	财务会计	预算会计
不需要安装的	借:固定资产 　贷:财政拨款收入/银行存款等	借:行政支出 　贷:财政拨款预算收入/资金结存
需要安装的固定资产,还未完工	借:在建工程 　贷:财政拨款收入/银行存款等	借:行政支出 　贷:财政拨款预算收入/资金结存
需要安装的固定资产已完工交付使用	借:固定资产 　贷:在建工程	—
购入固定资产扣留质量保证金的	借:固定资产(无需安装) 　　在建工程(需安装) 　贷:财政拨款收入/银行存款/应付账款等	借:行政支出 　贷:财政拨款预算收入/资金结存
质保期满,支付质量保证金时	借:其他应付款/长期应付款 　贷:财政拨款收入/银行存款/应付账款等	借:行政支出 　贷:财政拨款预算收入/资金结存

2)自行建造固定资产

自行建造的固定资产交付使用时,按照在建工程成本,借记本科目,贷记"在建工程"科目。已交付使用但尚未办理竣工决算手续的固定资产,按照估计价值入账,待办理竣工决算后再按照实际成本调整原来的暂估价值。

财务会计	预算会计
借：固定资产 　　贷：在建工程	—

3）融资租赁取得的固定资产

融资租赁取得的固定资产，其成本按照租赁协议或者合同确定的租赁价款、相关税费以及固定资产交付使用前所发生的可归属于该项资产的运输费、途中保险费、安装调试费等确定。

融资租入的固定资产，按照确定的成本，借记本科目（不需安装）或"在建工程"科目（需安装），按照租赁协议或者合同确定的租赁付款额，贷记"长期应付款"科目，按照支付的运输费、途中保险费、安装调试费等金额，贷记"财政拨款收入""银行存款"等科目。在预算会计下，按照实际支付的相关税费、运输费等，借记"行政支出"科目，贷记"财政拨款预算收入""资金结存"等科目。

定期支付租金时，按照实际支付金额，借记"长期应付款"科目，贷记"财政拨款收入""银行存款"等科目。在预算会计下，借记"行政支出"科目，贷记"财政拨款预算收入""资金结存"等科目。

项目	财务会计	预算会计
融资租入	借：固定资产/在建工程 　　贷：长期应付款/财政拨款收入等	借：行政支出 　　贷：财政拨款预算收入/资金结存
定期支付租金	借：长期应付款 　　贷：财政拨款收入/银行存款等	借：行政支出 　　贷：财政拨款预算收入/资金结存

4）跨年度分期购入固定资产

按照规定跨年度分期付款购入固定资产的账务处理，参照融资租入固定资产。

5）接受捐赠的固定资产

接受捐赠的固定资产，按照确定的固定资产成本，借记本科目（不需安装）或"在建工程"科目（需安装），按照发生的相关税费、运输费等，贷记"银行存款"科目，按照其差额，贷记"捐赠收入"科目。在预算会计下，按照实际支付的相关税费、运输费等，借记"其他支出"科目，贷记"资金结存"等科目。

接受捐赠的固定资产按照名义金额入账的，按照名义金额，借记本科目，贷记"捐赠收入"科目；按照发生的相关税费、运输费等，借记"其他费用"科目，贷记"银行存款"科目。在预算会计下，按照实际支付的相关税费、运输费等，借记"其他支出"科目，贷记"资金结存"等科目。

接受捐赠的固定资产，其成本按照有关凭据注明的金额加上相关税费、运输费等确定；没有相关凭据可供取得，但按规定经过资产评估的，其成本按照评估价值加上相关税费、运输费等确定；没有相关凭据可供取得、也未经资产评估的，其成本比照同类或类似资产的市场价格加上相关税费、运输费等确定；没有相关凭据且未经资产评估、同类或类似资产的市场价格也无法可靠取得的，按照名义金额入账，相关税费、运输费等计入当期费用。如受赠的系旧的固定资产,在确定其初始入账成本时应当考虑该项资产的新旧程度。

项目	财务会计	预算会计
接受捐赠的固定资产	借:固定资产/在建工程 　贷:银行存款 　　捐赠收入(差额)	借:其他支出 　贷:资金结存
按照名义金额入账	借:固定资产(名义金额) 　贷:捐赠收入 借:其他费用 　贷:银行存款	借:其他支出 　贷:资金结存

6) 无偿调入固定资产

无偿调入的固定资产,按照确定的固定资产成本,借记本科目(不需安装)或"在建工程"科目(需安装),按照发生的相关税费、运输费等,贷记"银行存款"科目,按照其差额,贷记"无偿调拨净资产"科目。在预算会计下,按照实际支付的相关税费、运输费等,借记"其他支出"科目,贷记"资金结存"等科目。

财务会计	预算会计
借:固定资产/在建工程 　贷:银行存款 　　无偿调拨净资产(差额)	借:其他支出 　贷:资金结存

7) 置换取得的固定资产

参照"库存物品"科目中置换取得库存物品的相关规定进行账务处理。

2. 后续支出

固定资产的后续支出按照支出是否符合固定资产的确认条件区分为符合固定资产确认条件的后续支出和不符合固定资产确认条件的后续支出两类。符合固定资产确认条件的后续支出,如为增加固定资产使用效能或延长其使用年限而发生的改建、扩建等后续支出。不符合固定资产确认条件的后续支出,如为保证固定资产正常使用而发生的日常维修等支出。

1) 符合固定资产确认条件的后续支出

通常情况下,将固定资产转入改建、扩建时,按照固定资产的账面价值,借记"在建工程"科目,按照固定资产已计提折旧,借记"固定资产累计折旧"科目,按照固定资产的账面余额,贷记本科目。

为增加固定资产使用效能或延长其使用年限而发生的改建、扩建等后续支出,借记"在建工程"科目,贷记"财政拨款收入""银行存款"等科目。在预算会计下,按照实际支付的改建、扩建等后续支出,借记"行政支出"科目,贷记"财政拨款预算收入""资金结存"等科目。

固定资产改建、扩建等完成交付使用时,按照在建工程成本,借记本科目,贷记"在建工程"科目。

2) 不符合固定资产确认条件的后续支出

为保证固定资产正常使用发生的日常维修等支出,借记"业务活动费用"等科目,贷记"财政拨款收入""银行存款"等科目。在预算会计下,按照实际支付的日常维修费用等支出,借记"行政支出"科目,贷记"财政拨款预算收入""资金结存"等科目。

项目	财务会计	预算会计
符合固定资产确认条件的	借:在建工程 　　固定资产累计折旧 　贷:固定资产 借:在建工程 　贷:银行存款	借:行政支出 　贷:资金结存/财政拨款预算收入
不符合固定资产确认条件的	借:业务活动费用 　贷:银行存款	借:行政支出 　贷:资金结存/财政拨款预算收入

3. 固定资产折旧

按月计提固定资产折旧时,按照应计提折旧金额,借记"业务活动费用""加工物品""在建工程"等科目,贷记"固定资产累计折旧"。计提折旧时,尽管增加费用,但不涉及现金流出,因此,预算会计不作处理。

财务会计	预算会计
借:业务活动费用 　贷:固定资产累计折旧	—

4. 固定资产处置

1) 报经批准出售、转让固定资产

按照被出售、转让固定资产的账面价值,借记"资产处置费用"科目,按照固定资产已计提的折旧,借记"固定资产累计折旧"科目,按照固定资产账面余额,贷记本科目;同时,按照收到的价款,借记"银行存款"等科目,按照处置过程中发生的相关费用,贷记"银行存款"等科目,按照其差额,贷记"应缴财政款"科目。

2) 报经批准对外捐赠固定资产

按照固定资产已计提的折旧,借记"固定资产累计折旧"科目,按照被处置固定资产账面余额,贷记本科目,按照捐赠过程中发生的归属于捐出方的相关费用,贷记"银行存款"等科目,按照其差额,借记"资产处置费用"科目。在预算会计下,按照实际支付的归属于捐出方的相关费用,借记"其他支出"科目,贷记"资金结存"等科目。

3) 报经批准无偿调出固定资产

按照固定资产已计提的折旧,借记"固定资产累计折旧"科目,按照被处置固定资产账面余额,贷记本科目,按照其差额,借记"无偿调拨净资产"科目;同时,按照无偿调出过程中发生的归属于调出方的相关费用,借记"资产处置费用"科目,贷记"银行存款"等科目。按照实际支付的归属于调出方的相关费用,借记"其他支出"科目,贷记"资金结存"等科目。

4) 报经批准置换换出固定资产

参照"库存物品"中置换换出库存物品的规定进行账务处理。

项目	财务会计	预算会计
出售、转入固定资产	借：资产处置费用 　　固定资产累计折旧 　贷：固定资产(账面余额)	—
	借：银行存款 　贷：应缴财政款 　　　银行存款等	—
对外捐赠固定资产	借：资产处置费用 　　固定资产累计折旧 　贷：固定资产(账面余额) 　　　银行存款等	借：其他支出 　贷：资金结存
无偿调出固定资产	借：无偿调拨净资产 　　固定资产累计折旧 　贷：固定资产(账面余额)	—
	借：资产处置费用 　贷：银行存款等	借：其他支出 　贷：资金结存

5. 固定资产清查

单位应当定期对固定资产进行清查盘点,每年至少盘点一次。对于发生的固定资产盘盈、盘亏或毁损、报废,应当先记入"待处理财产损溢"科目,按照规定报经批准后及时进行后续账务处理。本科目期末借方余额,反映单位固定资产的原值。

(1) 盘盈的固定资产,其成本按照有关凭据注明的金额确定;没有相关凭据、但按照规定经过资产评估的,其成本按照评估价值确定;没有相关凭据、也未经过评估的,其成本按照重置成本确定。如无法采用上述方法确定盘盈固定资产成本的,按照名义金额(人民币1元)入账。盘盈的固定资产,按照确定的入账成本,借记"固定资产",贷记"待处理财产损溢"科目。

(2) 盘亏、毁损或报废的固定资产,按照待处理固定资产的账面价值,借记"待处理财产损溢"科目,按照已计提折旧,借记"固定资产累计折旧"科目,按照固定资产的账面余额,贷记"固定资产"科目。

项目	财务会计	预算会计
盘盈的固定资产	借：固定资产 　贷：待处理财产损溢	—
盘亏、报废的固定资产	借：待处理财产损溢 　　固定资产累计折旧 　贷：固定资产(账面余额)	—

五、工程物资和在建工程

(一) 工程物资

1. 概念

工程物资,是指单位为在建工程准备的各种物资的成本,包括工程用材料、设备等。

2. 科目设置

单位应设置"工程物资"科目,用于核算单位为在建工程准备的各种物资的成本。"工程物资"科目期末借方余额反映单位为在建工程准备的各种物资的成本。"工程物资"科目应按照"库存材料""库存设备"等工程物资类别进行明细核算。

3. 账务处理

1) 购入

购入为工程准备的物资,按照确定的物资成本,借记"工程物资"科目,贷记"财政拨款收入""银行存款""应付账款"等科目。在预算会计下,按照实际支付的款项,借记"行政支出"等科目,贷记"财政拨款预算收入""资金结存"科目。

2) 领用

领用工程物资,按照物资成本,借记"在建工程"科目,贷记"工程物资"科目。工程完工后将领出的剩余物资退库时作相反的会计分录。

3) 剩余工程物资

工程完工后将剩余的工程物资转为本单位的存货等,按照物资成本,借记"库存物品"等科目,贷记"工程物资"科目。

项目	财务会计	预算会计
购入工程物资	借:工程物资 　贷:财政拨款收入/银行存款等	借:行政支出 　贷:财政拨款预算收入/资金结存
领用工程物资	借:在建工程 　贷:工程物资	—
剩余工程物资	借:库存物品 　贷:工程物资	—

(二) 在建工程

1. 概念

在建工程,是指单位在建的建设项目工程的实际成本。

2. 科目设置

为核算自行建造固定资产业务,行政单位应设置"在建工程"总账科目。该科目核算单位在建的建设项目工程的实际成本。单位在建的信息系统项目工程、公共基础设施项目工程、保障性住房项目工程的实际成本,也通过本科目核算。

本科目应当设置"建筑安装工程投资""设备投资""待摊投资""其他投资""待核销基建支出""基建转出投资"等明细科目,并按照具体项目进行明细核算。

（1）"建筑安装工程投资"明细科目，核算单位发生的构成建设项目实际支出的建筑工程和安装工程的实际成本，不包括被安装设备本身的价值以及按照合同规定支付给施工单位的预付备料款和预付工程款。本明细科目应当设置"建筑工程"和"安装工程"两个明细科目进行明细核算。

（2）"设备投资"明细科目，核算单位发生的构成建设项目实际支出的各种设备的实际成本。

（3）"待摊投资"明细科目，核算单位发生的构成建设项目实际支出的、按照规定应当分摊计入有关工程成本和设备成本的各项间接费用和税费支出。本明细科目的具体核算内容包括以下九个方面。

① 勘察费、设计费、研究试验费、可行性研究费及项目其他前期费用。

② 土地征用及迁移补偿费、土地复垦及补偿费、森林植被恢复费及其他为取得土地使用权、租用权而发生的费用。

③ 城镇土地使用税、耕地占用税、契税、车船税、印花税及按照规定缴纳的其他税费。

④ 项目建设管理费、代建管理费、临时设施费、监理费、招投标费、社会中介审计（审查）费及其他管理性质的费用。

项目建设管理费是指项目建设单位从项目筹建之日起至办理竣工财务决算之日止发生的管理性质的支出，包括不在原单位发工资的工作人员工资及相关费用、办公费、办公场地租用费、差旅交通费、劳动保护费、工具用具使用费、固定资产使用费、招募生产工人费、技术图书资料费（含软件）、业务招待费、施工现场津贴、竣工验收费等。

⑤ 项目建设期间发生的各类专门借款利息支出或融资费用。

⑥ 工程检测费、设备检验费、负荷联合试车费及其他检验检测类费用。

⑦ 固定资产损失、器材处理亏损、设备盘亏及毁损、单项工程或单位工程报废、毁损净损失及其他损失。

⑧ 系统集成等信息工程的费用支出。

⑨ 其他待摊性质支出。

本明细科目应当按照上述费用项目进行明细核算，其中有些费用（如项目建设管理费等），还应当按照更为具体的费用项目进行明细核算。

（4）"其他投资"明细科目，核算单位发生的构成建设项目实际支出的房屋购置支出，基本畜禽、林木等购置、饲养、培育支出，办公生活用家具、器具购置支出，软件研发和不能计入设备投资的软件购置等支出。单位为进行可行性研究而购置的固定资产，以及取得土地使用权支付的土地出让金，也通过本明细科目核算。本明细科目应当设置"房屋购置""基本畜禽支出""林木支出""办公生活用家具、器具购置""可行性研究固定资产购置""无形资产"等明细科目。

（5）"待核销基建支出"明细科目，核算建设项目发生的江河清障、航道清淤、飞播造林、补助群众造林、水土保持、城市绿化、取消项目的可行性研究费以及项目整体报废等不能形成资产部分的基建投资支出。本明细科目应按照待核销基建支出的类别进行明细核算。

（6）"基建转出投资"明细科目，核算为建设项目配套而建成的、产权不归属本单位的专用设施的实际成本。本明细科目应按照转出投资的类别进行明细核算。

3. 账务处理

1) 建筑安装工程投资

将固定资产等资产转入改建、扩建等时,按照固定资产等资产的账面价值,借记本科目(建筑安装工程投资),按照已计提的折旧或摊销,借记"固定资产累计折旧"等科目,按照固定资产等资产的原值,贷记"固定资产"等科目。

固定资产等资产改建、扩建过程中涉及替换(或拆除)原资产的某些组成部分的,按照被替换(或拆除)部分的账面价值,借记"待处理财产损溢"科目,贷记本科目(建筑安装工程投资)。

单位对于发包建筑安装工程,根据建筑安装工程价款结算账单与施工企业结算工程价款时,按照应承付的工程价款,借记本科目(建筑安装工程投资),按照预付工程款余额,贷记"预付账款"科目,按照其差额,贷记"财政拨款收入""银行存款""应付账款"等科目。在预算会计下,按照补付的工程款金额,借记"行政支出"科目,贷记"财政拨款预算收入"科目。

单位自行施工的小型建筑安装工程,按照发生的各项支出金额,借记本科目(建筑安装工程投资),贷记"工程物资""银行存款""应付职工薪酬"等科目。在预算会计下,按照实际支付的金额,借记"行政支出"科目,贷记"财政拨款预算收入"科目。

工程竣工,办妥竣工验收交接手续交付使用时,按照建筑安装工程成本(含应分摊的待摊投资),借记"固定资产"等科目,贷记本科目(建筑安装工程投资)。

项目	财务会计	预算会计
将固定资产转入改扩建	借:在建工程——建筑安装工程投资 　　固定资产累计折旧等 贷:固定资产等	—
发包工程预付工程款	借:预付账款——预付工程款 贷:财政拨款收入	借:行政支出 贷:财政拨款预算收入
按照进度结算工程款	借:在建工程——建筑安装工程投资 贷:预付账款——预付工程款/财政拨款收入	借:行政支出 贷:财政拨款预算收入
自行施工小型建筑安装过程发生支出	借:在建工程——建筑安装工程投资 贷:工程物资/财政拨款收入等	借:行政支出 贷:财政拨款预算收入
改扩建过程中替换原资产某些组成部分	借:待处理财产损溢 贷:在建工程——建筑安装工程投资	—
工程竣工验收交付使用时	借:固定资产等 贷:在建工程——建筑安装工程投资	—

2) 设备投资

购入设备时,按照购入成本,借记本科目(设备投资),贷记"财政拨款收入""银行存款"等科目;采用预付款方式购入设备的,有关预付款的账务处理参照本科目有关"建筑安装工程投资"明细科目的规定。在预算会计下,按照实际支付的金额,借记"行政支出"科目,贷记"财政拨款预算收入"科目。

设备安装完毕,办妥竣工验收交接手续交付使用时,按照设备投资成本(含设备安装工程成本和分摊的待摊投资),借记"固定资产"等科目,贷记本科目(设备投资、建筑安装工程投资——安装工程)。将不需要安装的设备和达不到固定资产标准的工具、器具交付使用时,按照相关设备、工具、器具的实际成本,借记"固定资产""库存物品"科目,贷记本科目(设备投资)。

项目	财务会计	预算会计
购入设备	借:在建工程——设备投资 　贷:财政拨款收入	借:行政支出 　贷:财政拨款预算收入
安装完毕,交付使用	借:固定资产等 　贷:在建工程——设备投资 　　　　　　——建筑安装工程投资 　　　　　　——安装工程	—
不需要安装的设备和达不到固定资产标准的工具交付使用	借:固定资产/库存物品 　贷:在建工程——设备投资	—

3) 待摊投资

建设工程发生的构成建设项目实际支出的、按照规定应当分摊计入有关工程成本和设备成本的各项间接费用和税费支出,先在本明细科目中归集;建设工程办妥竣工验收手续交付使用时,按照合理的分配方法,摊入相关工程成本、在安装设备成本等。

单位发生的构成待摊投资的各类费用,按照实际发生金额,借记本科目(待摊投资),贷记"财政拨款收入""银行存款""应付利息""长期借款""其他应交税费""固定资产累计折旧""无形资产累计摊销"等科目。在预算会计下,按照实际支付的金额,借记"行政支出"科目,贷记"财政拨款预算收入"科目。

对于建设过程中试生产、设备调试等产生的收入,按照取得的收入金额,借记"银行存款"等科目,按照依据有关规定应当冲减建设工程成本的部分,贷记本科目(待摊投资),按照其差额贷记"应缴财政款"或"其他收入"科目。在预算会计下,借记"资金结存"科目,贷记"其他预算收入"科目。

自然灾害、管理不善等原因造成的单项工程或单位工程报废或毁损,扣除残料价值和过失人或保险公司等赔款后的净损失,报经批准后计入继续施工的工程成本的,按照工程成本扣除残料价值和过失人或保险公司等赔款后的净损失,借记本科目(待摊投资),按照残料变价收入、过失人或保险公司赔款等,借记"银行存款""其他应收款"等科目,按照报废或毁损的工程成本,贷记本科目(建筑安装工程投资)。在预算会计下,按照收到的残料变价收入、过失人或保险公司赔偿款等,借记"资金结存"等科目,贷记"行政支出"科目。

工程交付使用时,按照合理的分配方法分配待摊投资,借记本科目(建筑安装工程投资、设备投资),贷记本科目(待摊投资)。

待摊投资的分配方法,可按照下列公式计算:

① 按照实际分配率分配。该公式适用于建设工期较短、整个项目的所有单项工程一次竣工的建设项目。

$$实际分配率 = 待摊投资明细科目余额 \div (建筑工程明细科目余额 + 安装工程明细科目余额 + 设备投资明细科目余额) \times 100\%$$

② 按照概算分配率分配。该公式适用于建设工期长、单项工程分期分批建成投入使用的建设项目。

$$概算分配率 = (概算中各待摊投资项目的合计数 - 其中可直接分配部分) \div 概算中建筑工程、安装工程和设备投资合计 \times 100\%$$

$$某项固定资产应分配的待摊投资 = \frac{该项固定资产的建筑工程成本或该项固定资产(设备)的采购成本和安装成本合计}{} \times 分配率$$

项目	财务会计	预算会计
发生的构成待摊投资的各类费用	借:在建工程——待摊投资 　贷:财政拨款收入	借:行政支出 　贷:财政拨款预算收入
对于建设过程中试生产、设备调试等产生的收入	借:银行存款等 　贷:在建工程——待摊投资 　　应缴财政款/其他收入(差额)	借:资金结存 　贷:其他预算收入
经批准后计入继续施工的工程成本	借:在建工程——待摊投资 　　银行存款/其他应收款等 　贷:在建工程——建筑安装工程投资	—
工程交付使用时,按照合理的分配方法分配待摊投资	借:在建工程——设备投资 　　　　　　——建筑安装工程投资 　贷:在建工程——待摊投资	—

4) 其他投资

单位为建设工程发生的房屋购置支出,基本畜禽、林木等的购置、饲养、培育支出,办公生活用家具、器具购置支出,软件研发和不能计入设备投资的软件购置等支出,按照实际发生金额,借记本科目(其他投资),贷记"财政拨款收入""银行存款"等科目。在预算会计下,按照实际支付的金额,借记"行政支出"等科目,贷记"财政拨款预算收入"科目。

工程完成将形成的房屋、基本畜禽、林木等各种财产以及无形资产交付使用时,按照其实际成本,借记"固定资产""无形资产"等科目,贷记本科目(其他投资)。

项目	财务会计	预算会计
发生其他投资支出	借:在建工程——其他投资 　贷:财政拨款收入等	借:行政支出 　贷:财政拨款预算收入
资产交付使用	借:固定资产/无形资产等 　贷:在建工程——其他投资	—

5) 待核销基建支出

建设项目发生的江河清障、航道清淤、飞播造林、补助群众造林、水土保持、城市绿化等不能形成资产的各类待核销基建支出,按照实际发生金额,借记本科目(待核销基建支出),贷记"财政拨款收入""银行存款"等科目。在预算会计下,按照实际支付的金额,借记"行政支出"等科目,贷记"财政拨款预算收入"科目。

取消的建设项目发生的可行性研究费,按照实际发生金额,借记本科目(待核销基建支出),贷记本科目(待摊投资)。

由于自然灾害等原因发生的建设项目整体报废所形成的净损失,报经批准后转入待核销基建支出,按照项目整体报废所形成的净损失,借记本科目(待核销基建支出),按照报废工程回收的残料变价收入、保险公司赔款等,借记"银行存款""其他应收款"等科目,按照报废的工程成本,贷记本科目(建筑安装工程投资等)。在预算会计下,按照残料变价收入、保险公司赔款等,借记"资金结存"等科目,贷记"行政支出"等科目。

建设项目竣工验收交付使用时,对发生的待核销基建支出进行冲销,借记"资产处置费用"科目,贷记本科目(待核销基建支出)。

项目	财务会计	预算会计
发生各类待核销基建支出	借:在建工程——待核销基建支出 贷:财政拨款收入等	借:行政支出 贷:财政拨款预算收入
取消的建设项目发生的可行性研究费	借:在建工程——待核销基建支出 贷:在建工程——待摊投资	—
由于自然灾害等原因发生的建设项目整体报废所形成的净损失	借:在建工程——待核销基建支出 银行存款等 贷:在建工程——建筑安装工程投资	
待核销基建支出进行冲销	借:资产处置费用 贷:在建工程——待核销基建支出	—

6) 基建转出投资

为建设项目配套而建成的、产权不归属本单位的专用设施,在项目竣工验收交付使用时,按照转出的专用设施的成本,借记本科目(基建转出投资),贷记本科目(建筑安装工程投资);同时,借记"无偿调拨净资产"科目,贷记本科目(基建转出投资)。

本科目期末借方余额,反映单位尚未完工的建设项目工程发生的实际成本。

项目	财务会计	预算会计
产权不归属本单位的专用设施	借:在建工程——基建转出投资 贷:在建工程——建筑安装工程投资	—
冲销转出的在建工程	借:无偿调拨净资产 贷:在建工程——基建转出投资	—

六、无形资产

(一)无形资产的概念和核算科目设置

无形资产,是指行政单位控制的没有实物形态的可辨认非货币性资产,如专利权、商标权、著作权、土地使用权、非专利技术等。

无形资产同时满足下列条件的,应当予以确认:①与该无形资产相关的服务潜力很可能实现或者经济利益很可能流入政府会计主体;②该无形资产的成本或者价值能够可靠地计量。行政单位在判断无形资产的服务潜力或经济利益是否很可能实现或流入时,应当对无形资产在预计使用年限内可能存在的各种社会、经济、科技因素作出合理估计,并且应当有确凿的证据支持。行政单位购入的不构成相关硬件不可缺少组成部分的软件,应当确认为无形资产。

为核算无形资产业务,行政单位应设置"无形资产"总账科目。该科目核算单位无形资产的原值。非大批量购入、单价小于1 000元的无形资产,可以于购买的当期将其成本直接计入当期费用。该科目应当按照无形资产的类别、项目等进行明细核算。

(二)无形资产的账务处理

1. 无形资产取得

1)外购的无形资产

按照确定的成本,借记本科目,贷记"财政拨款收入""应付账款""银行存款"等科目。在预算会计下,按照实际支付的金额,借记"行政支出"科目,贷记"财政拨款预算收入"科目。

2)委托软件公司开发软件,视同外购无形资产进行处理

合同中约定预付开发费用的,按照预付金额,借记"预付账款"科目,贷记"财政拨款收入""银行存款"等科目。在预算会计下,按照实际支付的金额,借记"行政支出"科目,贷记"财政拨款预算收入"科目。

软件开发完成交付使用并支付剩余或全部软件开发费用时,按照软件开发费用总额,借记本科目,按照相关预付账款金额,贷记"预付账款"科目,按照支付的剩余金额,贷记"财政拨款收入""银行存款"等科目。在预算会计下,按照实际支付的金额,借记"行政支出"科目,贷记"财政拨款预算收入"科目。

项目	财务会计	预算会计
外购的无形资产	借:无形资产 　贷:财政拨款收入	借:行政支出 　贷:财政拨款预算收入
委托软件公司开发软件,按合同中约定预付开发费用	借:预付账款 　贷:财政拨款收入	借:行政支出 　贷:财政拨款预算收入
软件开发完成交付使用并支付剩余或全部软件开发费用	借:无形资产 　贷:预付账款 　　　财政拨款收入	借:行政支出 　贷:财政拨款预算收入

3)自行研究开发形成的无形资产

研究阶段的支出应当先在"研发支出"科目归集,按照从事研究及其辅助活动人员计提的薪酬,研究活动领用的库存物品,发生的与研究活动相关的管理费用、间接费用和其他各项费用,借记"研发支出——研究支出"科目,贷记"应付职工薪酬""库存物品""财政拨款收入""固定资产累计折旧""银行存款"等科目。在预算会计下,按照实际支付的款项,借记"行政支出"等科目,贷记"财政拨款预算收入"科目。

期末,应当将"研发支出"科目归集的研究阶段的支出金额转入当期费用,借记"业务活动费用"科目,贷记"研发支出——研究支出"科目。

开发阶段的支出应当先在"研发支出"科目归集,按照从事开发及其辅助活动人员计提的薪酬、开发活动领用的库存物品、发生的与开发活动相关的管理费用、间接费用和其他各项费用,借记"研发支出——开发支出"科目,贷记"应付职工薪酬""库存物品""财政拨款收入""固定资产累计折旧""银行存款"等科目。在预算会计下,按照实际支付的款项,借记"行政支出"等科目,贷记"财政拨款预算收入"科目。

自行研究开发项目完成达到预定用途,形成无形资产的,按照研发支出科目归集的开发阶段的支出金额,借记"无形资产"科目,贷记"研发支出——开发支出"科目。

项目	财务会计	预算会计
研究阶段	借:研发支出——研究支出 贷:财政拨款收入	借:行政支出 贷:财政拨款预算收入
开发阶段	借:研发支出——开发支出 贷:财政拨款收入	借:行政支出 贷:财政拨款预算收入
形成无形资产	借:无形资产 贷:研发支出——开发支出	—

4) 接受捐赠的无形资产

接受捐赠的无形资产,其成本按照有关凭据注明的金额加上相关税费确定;没有相关凭据可供取得,但按规定经过资产评估的,其成本按照评估价值加上相关税费确定;没有相关凭据可供取得、也未经资产评估的,其成本比照同类或类似资产的市场价格加上相关税费确定;没有相关凭据且未经资产评估、同类或类似资产的市场价格也无法可靠取得的,按照名义金额入账,相关税费计入当期费用。确定接受捐赠无形资产的初始入账成本时,应当考虑该项资产尚可为行政单位带来服务潜力或经济利益的能力。

接受捐赠的无形资产,按照确定的无形资产成本,借记本科目,按照发生的相关税费等,贷记"银行存款"等科目,按照其差额,贷记"捐赠收入"科目。在预算会计下,按照实际收付的相关税费等金额,借记"其他支出",贷记"财政拨款预算收入"科目。

接受捐赠的无形资产按照名义金额入账的,按照名义金额,借记本科目,贷记"捐赠收入"科目;同时,按照发生的相关税费等,借记"其他费用"科目,贷记"银行存款"等科目。在预算会计下,按照实际收付的相关税费等金额,借记"其他支出",贷记"财政拨款预算收入"科目。

项目	财务会计	预算会计
接受捐赠的无形资产	借:无形资产 贷:财政拨款收入 　　捐赠收入(差额)	借:其他支出 贷:财政拨款预算收入
按照名义金额入账	借:无形资产 贷:财政拨款收入	借:其他支出 贷:财政拨款预算收入

5) 无偿调入的无形资产

无偿调入的无形资产,按照确定的无形资产成本,借记本科目,按照发生的相关税费等,贷记"银行存款"等科目,按照其差额,贷记"无偿调拨净资产"科目。同时,按照无偿调出过程中发生的归属于调出方的相关费用,借记"资产处置费用"科目,贷记"银行存款"等科目。在预算会计下,按照实际收付的归属于调出方的相关费用,借记"其他支出",贷记"财政拨款预算收入"科目。

财务会计	预算会计

借:无形资产
    贷:财政拨款收入
        无偿调拨净资产(差额)
	借:其他支出
	    贷:财政拨款预算收入

6) 置换取得的无形资产

置换取得的无形资产,参照"库存物品"科目中置换取得库存物品的相关规定进行账务处理。

2. 无形资产后续支出

无形资产的后续支出按照是否符合无形资产的确认条件区分为符合无形资产确认条件的后续支出和不符合无形资产确认条件的后续支出两类。

1) 符合无形资产确认条件的后续支出

为增加无形资产的使用效能对其进行升级改造或扩展其功能时,如需暂停对无形资产进行摊销的,按照无形资产的账面价值,借记"在建工程"科目,按照无形资产已摊销金额,借记"无形资产累计摊销"科目,按照无形资产的账面余额,贷记本科目。

无形资产后续支出符合无形资产确认条件的,按照支出的金额,借记本科目(无需暂停摊销的)或"在建工程"科目(需暂停摊销的),贷记"财政拨款收入""银行存款"等科目。暂停摊销的无形资产升级改造或扩展功能等完成交付使用时,按照在建工程成本,借记本科目,贷记"在建工程"科目。在预算会计下,按照实际收付的金额,借记"行政支出",贷记"财政拨款预算收入"等科目。

2) 不符合无形资产确认条件的后续支出

为保证无形资产正常使用发生的日常维护等支出,借记"业务活动费用"科目,贷记"财政拨款收入""银行存款"等科目。在预算会计下,按照实际收付的金额,借记"行政支出",贷记"财政拨款预算收入"等科目。

项目	财务会计	预算会计

符合无形资产确认条件的后续支出	借:在建工程
	    无形资产累计摊销
	    贷:无形资产
		借:行政支出
		    贷:财政拨款预算收入

不符合无形资产确认条件的后续支出	借:业务活动费用
	    贷:财政拨款收入等
		借:行政支出
		    贷:财政拨款预算收入

3. 无形资产摊销

对使用年限有限的无形资产按月计提摊销,按照应摊销金额,借记"业务活动费用""加工物品""在建工程"等科目,贷记"无形资产累计摊销"科目。预算会计不作账务处理。

财务会计	预算会计
借:业务活动费用/加工物品/在建工程 　　贷:无形资产累计摊销	—

4. 无形资产处置

1) 报经批准出售、转让无形资产

按照被出售、转让无形资产的账面价值,借记"资产处置费用"科目,按照无形资产已计提的摊销,借记"无形资产累计摊销"科目,按照无形资产账面余额,贷记本科目;同时,按照收到的价款,借记"银行存款"等科目,按照处置过程中发生的相关费用,贷记"银行存款"等科目,按照其差额,贷记"应缴财政款"(按照规定应上缴无形资产转让净收入的)或"其他收入"(按照规定将无形资产转让收入纳入本单位预算管理的)科目。如果无形资产转让收入按照规定纳入本单位预算管理的,在预算会计下,按照收到的价款扣除支付的相关费用后的金额,借记"财政拨款预算收入"科目,贷记"其他预算收入"科目。

2) 报经批准对外捐赠无形资产

按照无形资产已计提的摊销,借记"无形资产累计摊销"科目,按照被处置无形资产账面余额,贷记本科目,按照捐赠过程中发生的归属于捐出方的相关费用,贷记"银行存款"等科目,按照其差额,借记"资产处置费用"科目。在预算会计下,按照实际支付的归属于捐出方的相关费用,借记"其他支出"科目,贷记"财政拨款预算收入"科目。

项目	财务会计	预算会计
出售、转让无形资产	借:资产处置费用 　　无形资产累计摊销 　　贷:无形资产 借:银行存款等(收到的价款) 　　贷:银行存款等(支付的相关费用)	借:财政拨款预算收入 　　贷:其他预算收入
报经批准对外捐赠无形资产	借:资产处置费用 　　无形资产累计摊销 　　贷:无形资产(账面余额) 　　　　银行存款等(归属于捐出方的相关费用)	借:其他支出 　　贷:财政拨款预算收入

3) 报经批准无偿调出无形资产

按照无形资产已计提的摊销,借记"无形资产累计摊销"科目,按照被处置无形资产账面余额,贷记本科目,按照其差额,借记"无偿调拨净资产"科目;同时,按照无偿调出过程中发生的归属于调出方的相关费用,借记"资产处置费用"科目,贷记"银行存款"等科目。在预算会计下,按照实际支付的归属于调出方的相关费用,借记"其他支出"科目,贷记"财政拨款预算收入"科目。

4）报经批准置换换出无形资产

参照"库存物品"科目中置换换入库存物品的规定进行账务处理。

5）无形资产预期不能为单位带来服务潜力或经济利益，按照规定报经批准核销

按照待核销无形资产的账面价值，借记"资产处置费用"科目，按照已计提摊销，借记"无形资产累计摊销"科目，按照无形资产的账面余额，贷记本科目。

项目	财务会计	预算会计
无偿调出无形资产	借：无偿调拨净资产 　　无形资产累计摊销 　贷：无形资产 借：资产处置费用 　贷：银行存款等（支付的相关费用）	借：其他支出 　贷：财政拨款预算收入
按照规定报经批准核销	借：资产处置费用 　　无形资产累计摊销 　贷：无形资产（账面余额）	——

七、待摊费用和长期待摊费用

（一）待摊费用

1. 概念

待摊费用，是指单位已经支付但应当由本期和以后各期分别负担的、分摊期在一年以内的各项费用。如预付租金等，待摊费用应当在其受益期限内分期平均摊销，计入当期费用。

2. 科目设置

单位应设置"待摊费用"科目用于核算单位已经支付但应当由本期和以后各期分别负担的分摊期在一年以内的各项费用。"待摊费用"科目期末借方余额反映单位尚未摊销完毕的待摊费用，"待摊费用"科目应按照待摊费用种类进行明细核算。

3. 账务处理

（1）发生待摊费用时，按照实际预付的金额，借记"待摊费用"科目，贷记"财政拨款收入""银行存款"等科目。在预算会计下，按照实际支付的价款，借记"行政支出"等科目，贷记"财政拨款预算收入"科目。

（2）按照受益期限分期平均摊销时，按照摊销金额借记"业务活动费用"等科目，贷记"待摊费用"科目。

（3）如果某项待摊费用已经不能使单位受益，则应当将其摊余金额一次全部转入当期费用，按照摊销金额借记"业务活动费用"等科目，贷记"待摊费用"科目。

项目	财务会计	预算会计
发生待摊费用	借：待摊费用 　贷：财政拨款收入	借：行政支出 　贷：财政拨款预算收入
按照受益期限分期平均摊销	借：业务活动费用 　贷：待摊费用	——

(续表)

项目	财务会计	预算会计
将摊余金额一次全部转入当期费用	借：业务活动费用 　贷：待摊费用	—

（二）长期待摊费用

1. 概念

长期待摊费用，是指行政单位已经支出，但应由本期和以后各期负担的分摊期限在1年以上（不含1年）的各项费用，如以经营租赁方式租入的固定资产发生的改良支出等。

2. 科目设置

为核算长期待摊费用业务，行政单位应设置"长期待摊费用"总账科目。该科目应当按照费用项目进行明细核算。

3. 账务处理

（1）发生长期待摊费用时，按照支出金额，借记"长期待摊费用"科目，贷记"财政拨款收入""银行存款"等科目；在预算会计下，按照实际支付的价款，借记"行政支出"等科目，贷记"财政拨款预算收入"科目。

（2）按照受益期间摊销长期待摊费用时，按照摊销金额，借记"业务活动费用"等科目，贷记"长期待摊费用"科目。

（3）如果某项长期待摊费用已经不能使单位受益，应当将其摊余金额一次全部转入当期费用。按照摊销金额，借记"业务活动费用"等科目，贷记"长期待摊费用"科目。

项目	财务会计	预算会计
发生长期待摊费用	借：长期待摊费用 　贷：财政拨款收入等	借：行政支出 　贷：财政拨款预算收入
摊销或一次转销长期待摊费用剩余账面余额	借：业务活动费用 　贷：长期待摊费用	—

八、公共基础设施和政府储备物资

（一）公共基础设施

1. 概念

公共基础设施，是指行政单位为满足社会公共需求而控制的，同时具有以下特征的有形资产：①是一个有形资产系统或网络的组成部分，具有特定用途。②一般不可移动。

2. 科目设置

单位应设置"公共基础设施"科目，本科目核算单位控制的公共基础设施的原值。本科目应当按照公共基础设施的类别、项目等进行明细核算。单位应当根据行业主管部门对公共基础设施的分类规定，制定适合于本单位管理的公共基础设施目录、分类方法，作为进行公共基础设施核算的依据。

3. 账务处理

1）取得公共基础设施

外购的公共基础设施，按照确定的成本，借记本科目，贷记"财政拨款收入""银行存款"等科目。在预算会计下，按照实际支付的金额，借记"行政支出"科目，贷记"财政拨款预算收入"等科目。

自行建造的公共基础设施完工交付使用时，按照在建工程的成本，借记本科目，贷记"在建工程"科目。已交付使用但尚未办理竣工决算手续的公共基础设施，按照估计价值入账，待办理竣工决算后再按照实际成本调整原来的暂估价值。

接受其他单位无偿调入的公共基础设施，按照确定的成本，借记本科目，按照发生的归属于调入方的相关费用，贷记"财政拨款收入""银行存款"等科目，按照其差额，贷记"无偿调拨净资产"科目。无偿调入的公共基础设施成本无法可靠取得的，按照发生的相关税费、运输费等金额，借记"其他费用"科目，贷记"财政拨款收入""银行存款"等科目。在预算会计下，按照实际支付的归属于调入方的相关金额，借记"其他支出"科目，贷记"财政拨款预算收入"等科目。

接受捐赠的公共基础设施，按照确定的成本，借记本科目，按照发生的相关费用，贷记"财政拨款收入""银行存款"等科目，按照其差额，贷记"捐赠收入"科目。接受捐赠的公共基础设施成本无法可靠取得的，按照发生的相关税费等金额，借记"其他费用"科目，贷记"财政拨款收入""银行存款"等科目。在预算会计下，按照实际支付的归属于捐出方的相关金额，借记"其他支出"科目，贷记"财政拨款预算收入"等科目。

项目	财务会计	预算会计
外购的公共基础设施	借：公共基础设施 　贷：财政拨款收入等	借：行政支出 　贷：财政拨款预算收入
自行建造的公共基础设施完工交付使用时	借：公共基础设施 　贷：在建工程	——
接受其他单位无偿调入的公共基础设施	借：公共基础设施 　贷：无偿调拨净资产/财政拨款收入等 借：其他费用 　贷：财政拨款收入	借：其他支出 　贷：财政拨款预算收入
接受捐赠的公共基础设施	借：公共基础设施 　贷：财政拨款收入 　　　捐赠收入 借：其他费用 　贷：财政拨款收入	借：其他支出 　贷：财政拨款预算收入

2）公共基础设施后续支出

将公共基础设施转入改建、扩建时，按照公共基础设施的账面价值，借记"在建工程"科目，按照公共基础设施已计提折旧，借记"公共基础设施累计折旧（摊销）"科目，按照公共基础设施的账面余额，贷记本科目。

为增加公共基础设施使用效能或延长其使用年限而发生的改建、扩建等后续支出，借记"在建工程"科目，贷记"财政拨款收入""银行存款"等科目。在预算会计下，按照实际支付的改扩建等相关费用，借记"行政支出"科目，贷记"财政拨款预算收入"科目。

公共基础设施改建、扩建完成，竣工验收交付使用时，按照在建工程成本，借记本科目，贷记"在建工程"科目。

为保证公共基础设施正常使用发生的日常维修等支出，借记"业务活动费用"等科目，贷记"财政拨款收入""银行存款"等科目。在预算会计下，按照实际支付的日常维修相关费用，借记"行政支出"科目，贷记"财政拨款预算收入"科目。

项目	财务会计	预算会计
将公共基础设施转入改建、扩建时	借：在建工程 　　公共基础设施累计折旧（摊销） 贷：公共基础设施 借：在建工程 贷：财政拨款收入等	借：行政支出 贷：财政拨款预算收入
自行建造的公共基础设施完工交付使用时	借：业务活动费用 贷：财政拨款收入等	借：行政支出 贷：财政拨款预算收入

3）公共基础设施处置

报经批准对外捐赠公共基础设施，按照公共基础设施已计提的折旧或摊销，借记"公共基础设施累计折旧（摊销）"科目，按照被处置公共基础设施账面余额，贷记本科目，按照捐赠过程中发生的归属于捐出方的相关费用，贷记"银行存款"等科目，按照其差额，借记"资产处置费用"科目。在预算会计下，按照实际支付的归属于捐出方的相关费用，借记"其他支出"科目，贷记"财政拨款预算收入"等科目。

报经批准无偿调出公共基础设施，按照公共基础设施已计提的折旧或摊销金额，借记"公共基础设施累计折旧（摊销）"科目，按照被处置公共基础设施账面余额，贷记本科目，按照其差额，借记"无偿调拨净资产"科目；同时，按照无偿调出过程中发生的归属于调出方的相关费用，借记"资产处置费用"科目，贷记"银行存款"等科目。在预算会计下，按照实际支付的归属于调出方的相关费用，借记"其他支出"科目，贷记"财政拨款预算收入"等科目。

项目	财务会计	预算会计
报经批准对外捐赠	借：资产处置费用 　　公共基础设施累计折旧（摊销） 贷：公共基础设施 　　银行存款等	借：其他支出 贷：财政拨款预算收入
报经批准无偿调出	借：无偿调拨净资产 　　公共基础设施累计折旧（摊销） 贷：公共基础设施 借：资产处置费用 贷：银行存款等	借：其他支出 贷：财政拨款预算收入

4）公共基础设施处置盘点清查

对于发生的公共基础设施盘盈、盘亏、毁损或报废，应当先记入"待处理财产损溢"科目,按照规定报经批准后及时进行后续账务处理。

盘盈的公共基础设施,其成本按照有关凭据注明的金额确定;没有相关凭据、但按照规定经过资产评估的,其成本按照评估价值确定;没有相关凭据、也未经过评估的,其成本按照重置成本确定。盘盈的公共基础设施成本无法可靠取得的,单位应当设置备查簿进行登记,待成本确定后按照规定及时入账。盘盈的公共基础设施,按照确定的入账成本,借记本科目,贷记"待处理财产损溢"科目。

盘亏、毁损或报废的公共基础设施,按照待处置公共基础设施的账面价值,借记"待处理财产损溢"科目,按照已计提折旧或摊销,借记"公共基础设施累计折旧(摊销)"科目,按照公共基础设施的账面余额,贷记本科目。

项目	财务会计	预算会计
盘盈的公共基础设施	借:公共基础设施 　　贷:待处理财产损溢	—
盘亏、毁损或报废的公共基础设施	借:待处理财产损溢 　　公共基础设施累计折旧(摊销) 　　贷:公共基础设施	—

5) 计提公共基础设施折旧

按月计提公共基础设施折旧时,按照应计提的折旧额,借记"业务活动费用"科目,贷记"公共基础设施累计折旧"科目。

财务会计	预算会计
借:业务活动费用 　　贷:公共基础设施累计折旧	—

(二)政府储备物资

1. 概念

政府储备物资,是指行政单位为满足实施国家安全与发展战略、进行抗灾救险、应对公共突发事件等特定公共需求而控制的重要物资。政府储备物资主要包括战略及能源物资、抗灾救灾物资、农产品医药物资等其他重要物资。

2. 科目设置

单位应设置"政府储备物资"科目,本科目核算单位控制的政府储备物资的成本。对政府储备物资不负有行政管理职责但接受委托具体负责执行其存储保管等工作的单位,其受托代储的政府储备物资应当通过"受托代理资产"科目核算,不通过本科目核算。本科目应当按照政府储备物资的种类、品种、存放地点等进行明细核算。单位根据需要,可在本科目下设置"在库""发出"等明细科目进行明细核算。

3. 账务处理

1) 政府储备物资取得

购入的政府储备物资验收入库,按照确定的成本,借记本科目,贷记"财政拨款收入""银行存款"等科目。在预算会计下,按照实际支出的费用,借记"行政支出"科目,贷记"财政拨款预算收入"科目。

接受捐赠的政府储备物资验收入库,按照确定的成本,借记本科目,按照单位承担的相关税费、运输费等,贷记"银行存款"等科目,按照其差额,贷记"捐赠收入"科目。在预算会计下,按照实际支出的费用,借记"其他支出"科目,贷记"财政拨款预算收入"科目。

接受无偿调入的政府储备物资验收入库,按照确定的成本,借记本科目,按照单位承担的相关税费、运输费等,贷记"银行存款"等科目,按照其差额,贷记"无偿调拨净资产"科目。在预算会计下,按照实际支出的费用,借记"其他支出"科目,贷记"财政拨款预算收入"科目。

项目	财务会计	预算会计
外购的政府储备物资	借:政府储备物资 　贷:财政拨款收入等	借:行政支出 　贷:财政拨款预算收入
接受捐赠的政府储备物资	借:政府储备物资 　贷:财政拨款收入 　　捐赠收入	借:其他支出 　贷:财政拨款预算收入
接受无偿调入的政府储备物资	借:政府储备物资 　贷:无偿调拨净资产/财政拨款收入	借:其他支出 　贷:财政拨款预算收入

2) 政府储备物资发出

因动用而发出无需收回的政府储备物资的,按照发出物资的账面余额,借记"业务活动费用"科目,贷记本科目。

因动用而发出需要收回或者预期可能收回的政府储备物资的,在发出物资时,按照发出物资的账面余额,借记本科目(发出),贷记本科目(在库);按照规定的质量验收标准收回物资时,按照收回物资原账面余额,借记本科目(在库),按照未收回物资的原账面余额,借记"业务活动费用"科目,按照物资发出时登记在本科目所属"发出"明细科目中的余额,贷记本科目(发出)。

项目	财务会计	预算会计
动用而发出无需收回的政府储备物资	借:政府储备物资 　贷:政府储备物资(账面余额)	—
动用而发出需要收回的政府储备物资	发出物资: 借:政府储备物资——发出 　贷:政府储备物资——在库 收回物资: 借:政府储备物资——在库 　业务活动费用 　贷:政府储备物资——发出	—

因行政管理主体变动等原因而将政府储备物资调拨给其他主体的,按照无偿调出政府储备物资的账面余额,借记"无偿调拨净资产"科目,贷记本科目。

项目	财务会计	预算会计
行政管理主体变动等原因而将政府储备物资调拨给其他主体	借：无偿调拨净资产 　　贷：政府储备物资	—

对外销售政府储备物资并将销售收入纳入单位预算统一管理的，发出物资时，按照发出物资的账面余额，借记"业务活动费用"科目，贷记本科目；实现销售收入时，按照确认的收入金额，借记"银行存款""其他应收款"等科目，贷记"其他收入"等科目。发生的相关税费，借记"业务活动费用"科目，贷记"银行存款"等科目。在预算会计下，按照实际收到的价款，借记"财政拨款预算收入"科目，贷记"其他预算收入"科目；按照实际支付的相关税费，借记"行政支出"科目，贷记"财政拨款预算收入"科目。

对外销售政府储备物资并按照规定将销售净收入上缴财政的，发出物资时，按照发出物资的账面余额，借记"资产处置费用"科目，贷记本科目；取得销售价款时，按照实际收到的款项金额，借记"银行存款"等科目，按照发生的相关税费，贷记"银行存款"等科目，按照销售价款大于所承担的相关税费后的差额，贷记"应缴财政款"科目。

项目	财务会计	预算会计
将销售收入纳入单位预算统一管理	借：业务活动费用 　　贷：政府储备物资 借：银行存款等 　　贷：其他收入 借：业务活动费用 　　贷：银行存款等	借：财政拨款预算收入 　　贷：其他预算收入 借：行政支出 　　贷：财政拨款预算收入
将销售净收入上缴财政	借：资产处置费用 　　贷：政府储备物资 借：银行存款等 　　贷：应缴财政款 　　　　银行存款等	—

3）政府储备物资清查盘点

对于发生的政府储备物资盘盈、盘亏或者报废、毁损，应当先记入"待处理财产损溢"科目，按照规定报经批准后及时进行后续账务处理。盘盈的政府储备物资，按照确定的入账成本，借记本科目，贷记"待处理财产损溢"科目。盘亏或者毁损、报废的政府储备物资，按照待处理政府储备物资的账面余额，借记"待处理财产损溢"科目，贷记本科目。

项目	财务会计	预算会计
盘盈的政府储备物资	借：政府储备物资 　　贷：待处理财产损溢	—
盘亏或者毁损、报废的政府储备物资	借：待处理财产损溢 　　贷：政府储备物资	—

九、文物文化资产和保障性住房

（一）文物文化资产

1. 概念

文物文化资产，是指行政单位为满足社会公共需求而控制的历史文物、艺术品以及其他具有历史或文化价值并作长期或永久保存的典藏等。单位为满足自身开展业务活动或其他活动需要而控制的文物和陈列品，应当通过"固定资产"科目核算，不通过本科目核算。

2. 科目设置

为核算文物文化资产业务，行政单位应设置"文物文化资产"总账科目。该科目核算单位为满足社会公共需求而控制的文物文化资产的成本。该科目应当按照文物文化资产的类别、项目等进行明细核算。

3. 账务处理

1) 文物文化资产的取得

外购的文物文化资产，其成本包括购买价款、相关税费以及可归属于该项资产达到预定用途前所发生的其他支出（如运输费、安装费、装卸费等）。外购的文物文化资产，按照确定的成本，借记"文物文化资产"科目，贷记"财政拨款收入""银行存款"等科目。在预算会计下，按照实际支付的金额，借记"行政支出"等科目，贷记"财政拨款预算收入"等科目。

财务会计	预算会计
借：文物文化物资 　贷：财政拨款收入/银行存款等	借：行政支出 　贷：财政拨款预算收入

接受其他单位无偿调入的文物文化资产，其成本按照该项资产在调出方的账面价值加上归属于调入方的相关费用确定。调入的文物文化资产，按照确定的成本，借记"文物文化资产"科目，按照发生的归属于调入方的相关费用，贷记"银行存款"等科目，按照其差额，贷记"无偿调拨净资产"科目。无偿调入的文物文化资产成本无法可靠取得的，按照发生的归属于调入方的相关费用，借记"其他费用"科目，贷记"银行存款"等科目。在预算会计下，按照实际支付的归属于调入方的费用，借记"其他支出"科目，贷记"财政拨款预算收入"等科目。

财务会计	预算会计
借：文物文化物资 　贷：无偿调拨净资产 借：其他费用 　贷：银行存款	借：其他支出 　贷：财政拨款预算收入

接受捐赠的文物文化资产，其成本按照有关凭据注明的金额加上相关费用确定；没有相关凭据可供取得，但按照规定经过资产评估的，其成本按照评估价值加上相关费用确

定;没有相关凭据可供取得、也未经评估的,其成本比照同类或类似资产的市场价格加上相关费用确定。接受捐赠的文物文化资产,按照确定的成本,借记"文物文化资产"科目,按照发生的相关税费、运输费等金额,贷记"银行存款"等科目,按照其差额,贷记"捐赠收入"科目。在预算会计下,按照实际支付的归属于捐出方的费用,借记"其他支出"科目,贷记"财政拨款预算收入"科目。接受捐赠的文物文化资产成本无法可靠取得的,按照发生的相关税费、运输费等金额,借记"其他费用"科目,贷记"银行存款"等科目。对于成本无法可靠取得的文物文化资产,单位应当设置备查簿进行登记,待成本能够可靠确定后按照规定及时入账。

财务会计	预算会计
借:文物文化物资 　　贷:捐赠收入 　　　　银行存款等 借:其他费用 　　贷:银行存款等	借:其他支出 　　贷:财政拨款预算收入

2) 文物文化资产后续支出

与文物文化资产有关的后续支出,参照"公共基础设施"科目相关规定进行处理。

3) 文物文化资产处置

对外捐赠文物文化资产报经批准按照被处置文物文化资产账面余额和捐赠过程中发生的归属于捐出方的相关费用合计数,借记"资产处置费用"科目,按照被处置文物文化资产账面余额,贷记"文物文化资产"科目,按照捐赠过程中发生的归属于捐出方的相关费用,贷记"银行存款"等科目。预算会计下,按照实际支付的归属于捐出方的费用,借记"其他支出"科目,贷记"财政拨款预算收入"等科目。

无偿调出文物文化资产报经批准按照被处置文物文化资产账面余额,借记"无偿调拨净资产"科目,贷记"文物文化资产"科目;同时,按照无偿调出过程中发生的归属于调出方的相关费用,借记"资产处置费用"科目,贷记"银行存款"等科目。预算会计下,按照实际支付的归属于调出方的费用,借记"其他支出"科目,贷记"财政拨款预算收入"等科目。

项目	财务会计	预算会计
对外捐赠文物文化资产	借:资产处置费用 　　贷:文物文化资产 　　　　银行存款等	借:其他支出 　　贷:财政拨款预算收入
无偿调出文物文化资产	借:无偿调拨净资产 　　贷:文物文化资产 借:资产处置费用 　　贷:银行存款等	借:其他支出 　　贷:财政拨款预算收入

4) 文物文化资产清查盘点

单位应当定期对文物文化资产进行清查盘点,每年至少盘点一次。对于发生的文物文化资产盘盈、盘亏、毁损或报废等,参照"公共基础设施"科目相关规定进行账务处理。

项目	财务会计	预算会计
文物文化资产盘盈	借：文物文化资产 　　贷：待处理财产损溢	—
文物文化资产盘亏	借：待处理财产损溢 　　贷：文物文化资产	—

（二）保障性住房

1. 概念

保障性住房，是指行政单位为满足社会公共需求而控制的用于居住保障目的的住房。如用于向低收入居民出租的廉租住房、用于向符合特定条件的居民出租的公共租赁住房、人才公寓等。

2. 科目设置

为核算保障性住房业务，行政单位应设置"保障性住房"总账科目。该科目核算单位为满足社会公共需求而控制的保障性住房的原值。该科目应当按照保障性住房的类别、项目等进行明细核算。

3. 账务处理

1）取得保障性住房

外购的保障性住房，其成本包括购买价款、相关税费以及可归属于该项资产达到预定用途前所发生的其他支出。外购的保障性住房，按照确定的成本，借记"保障性住房"科目，贷记"财政拨款收入""银行存款"等科目。在预算会计下，按照实际支付的金额借记"行政支出"科目，贷记"财政拨款预算收入"等科目。

财务会计	预算会计
借：保障性住房 　　贷：财政拨款收入/银行存款	借：行政支出 　　贷：财政拨款预算收入等

自行建造的保障性住房交付使用时，按照在建工程成本，借记"保障性住房"科目，贷记"在建工程"科目。已交付使用但尚未办理竣工决算手续的保障性住房，按照估计价值入账，待办理竣工决算后再按照实际成本调整原来的暂估价值。

财务会计	预算会计
借：保障性住房 　　贷：在建工程	—

接受其他单位无偿调入的保障性住房，其成本按照该项资产在调出方的账面价值加上归属于调入方的相关费用确定。无偿调入的保障性住房，按照确定的成本，借记"保障性住房"科目，按照发生的归属于调入方的相关费用，贷记"银行存款"等科目，按照其差额，贷记"无偿调拨净资产"科目。在预算会计下，按照实际支付的金额借记"其他支出"科目，贷记"财政拨款预算收入"等科目。

接受捐赠和融资租赁取得的保障性住房，参照"固定资产"科目相关规定进行处理。

第七章 行政单位会计核算

财务会计	预算会计

借：保障性住房
  贷：银行存款
    无偿调拨净资产（差额）
	借：其他支出
	  贷：财政拨款预算收入等

2）保障性住房的后续支出

与保障性住房有关的后续支出，参照"固定资产"科目相关规定进行处理。

3）保障性住房的出租

按照规定出租保障性住房并将出租收入上缴同级财政，按照收取的租金金额，借记"银行存款"等科目，贷记"应缴财政款"科目。

财务会计	预算会计
借：银行存款等 贷：应缴财政款	—

4）保障性住房的折旧

行政单位应当参照《企业会计准则第3号——固定资产》及其应用指南的相关规定，按月对其控制的保障性住房计提折旧。为核算保障性住房折旧业务，行政单位应设置"保障性住房累计折旧"总账科目。该科目应当按照所对应保障性住房的类别进行明细核算。按月计提保障性住房折旧时，按照应计提的折旧额，借记"业务活动费用"科目，贷记"保障性住房累计折旧"科目。

财务会计	预算会计
借：业务活动费用 贷：保障性住房累计折旧	—

5）保障性住房的处置

报经批准无偿调出保障性住房，按照保障性住房已计提的折旧，借记"保障性住房累计折旧"科目，按照被处置保障性住房账面余额，贷记"保障性住房"科目，按照其差额，借记"无偿调拨净资产"科目；同时，按照无偿调出过程中发生的归属于调出方的相关费用，借记"资产处置费用"科目，贷记"银行存款"等科目。在预算会计下，按照实际支付的相关费用，借记"其他支出"，贷记"财政拨款预算收入"科目。

财务会计	预算会计

借：保障性住房累计折旧
  无偿调拨净资产
  贷：保障性住房
借：资产处置费用
  贷：银行存款等
	借：其他支出
	  贷：财政拨款预算收入

报经批准出售保障性住房,按照被出售保障性住房的账面价值,借记"资产处置费用"科目,按照保障性住房已计提的折旧,借记"保障性住房累计折旧"科目,按照保障性住房账面余额,贷记"保障性住房"科目;同时,按照收到的价款,借记"银行存款"等科目,按照出售过程中发生的相关费用,贷记"银行存款"等科目,按照其差额,贷记"应缴财政款"科目。

财务会计	预算会计
借:保障性住房累计折旧 　　资产处置费用 　贷:保障性住房 借:银行存款 　贷:应缴财政款	—

单位应当定期对保障性住房进行清查盘点。对于发生的保障性住房盘盈、盘亏、毁损或报废等,参照"固定资产"科目相关规定进行账务处理。

项目	财务会计	预算会计
盘盈的保障性住房	借:保障性住房 　贷:待处理财产损溢	—
盘亏的保障性住房	借:待处理财产损溢 　　保障性住房累计折旧 　贷:保障性住房	—

十、受托代理资产和待处理财产损溢

(一)受托代理资产

1. 概念

受托代理资产,是指行政单位接受委托方委托管理的各项资产,包括受托指定转赠的物资、受托存储保管的物资等。

2. 科目设置

为核算受托代理资产业务,行政单位应设置"受托代理资产"总账科目,该科目核算单位接受委托方委托管理的各项资产的成本。单位管理的罚没物资应当通过该科目核算。单位收到的受托代理资产为现金和银行存款的,不通过该科目核算,应当通过"库存现金""银行存款"科目进行核算。该科目应当按照资产的种类和委托人进行明细核算;属于转赠资产的,还应当按照受赠人进行明细核算。

3. 账务处理

接受委托人委托需要转赠给受赠人的物资,其成本按照有关凭据注明的金额确定。接受委托转赠的物资验收入库,按照确定的成本,借记"受托代理资产"科目,贷记"受托代理负债"科目。受托协议约定由受托方承担相关税费、运输费等的,还应当按照实际支付的相关税费、运输费等金额,借记"其他费用"科目,贷记"银行存款"等科目。在预算会计下,按照实际支出的费用,借记"其他支出"科目,贷记"财政拨款预算收入"等科目。

项目	财务会计	预算会计
接受委托人委托需要转赠给受赠人的物资	借:受托代理资产 　贷:受托代理负债	—
受托协议约定由受托方承担相关税费、运输费	借:其他费用 　贷:银行存款/财政拨款收入等	借:其他支出 　贷:财政拨款预算收入等

将受托转赠物资交付受赠人时,交付或发出受托存储保管的物资时,或依法处置或移交罚没物资时,按照转赠物资的成本,借记"受托代理负债"科目,贷记"受托代理资产"科目。

转赠物资的委托人取消了对捐赠物资的转赠要求,且不再收回捐赠物资的,应当将转赠物资转为单位的存货、固定资产等。按照转赠物资的成本,借记"受托代理负债"科目,贷记"受托代理资产"科目;同时,借记"库存物品""固定资产"等科目,贷记"其他收入"科目。

项目	财务会计	预算会计
将受托转赠物资交付受赠人	借:受托代理负债 　贷:受托代理资产	—
转赠物资的委托人取消了对捐赠物资的转赠要求,且不再收回捐赠物资	借:受托代理负债 　贷:受托代理资产 借:库存物品等 　贷:其他收入	—

(二)待处理财产损溢

1. 概念

待处理财产损溢,是指行政单位在资产清查过程中查明的各种资产盘盈、盘亏和报废、毁损的价值。

2. 科目设置

为核算待处理财产损溢业务,行政单位应设置"待处理财产损溢"总账科目,该科目应当按照待处理的资产项目进行明细核算;对于在资产处理过程中取得收入或发生相关费用的项目,还应当设置"待处理财产价值""处理净收入"明细科目进行明细核算。单位资产清查中查明的资产盘盈、盘亏、报废和毁损,一般应当先记入本科目,按照规定报经批准后及时进行账务处理。年末结账前一般应处理完毕。

3. 账务处理

1) 库存现金短缺

每日账款核对中发现,属于现金短缺,按照实际短缺的金额,借记"待处理财产损溢"科目,贷记"库存现金"科目;属于应由责任人赔偿或向有关人员追回的,借记"其他应收款"科目,贷记"待处理财产损溢"科目;属于无法查明原因的,报经批准核销时,借记"资产处置费用"科目,贷记"待处理财产损溢"科目。在预算会计下,按照短缺的现金金额,借记"其他支出"科目,贷记"资金结存——货币资金"科目,核实后,由相关人员赔偿的,借记"资金结存——货币资金"科目,贷记"其他支出"科目。

项目	财务会计	预算会计
现金短缺	借：待处理财产损溢 　　贷：库存现金	借：其他支出 　　贷：资金结存——货币资金
应由责任人赔偿或向有关人员追回的	借：其他应收款 　　贷：待处理财产损溢	借：资金结存——货币资金 　　贷：其他支出
无法查明原因的	借：资产处置费用 　　贷：待处理财产损溢	—

2）库存现金溢余

每日账款核对中发现现金溢余，按照实际溢余的金额，借记"库存现金"科目，贷记"待处理财产损溢"科目；属于应支付给有关人员或单位的，借记"待处理财产损溢"科目，贷记"其他应付款"科目；属于无法查明原因的，报经批准后，借记"待处理财产损溢"科目，贷记"其他收入"科目。在预算会计下，按照溢余的现金金额，借记"资金结存——货币资金"科目，贷记"其他预算收入"科目，核实后，应支付给相关人员的，借记"其他预算收入"科目，贷记"资金结存——货币资金"科目。

项目	财务会计	预算会计
现金溢余	借：库存现金 　　贷：待处理财产损溢	借：资金结存——货币资金 　　贷：其他预算收入
应支付给有关人员或单位的	借：待处理财产损溢 　　贷：其他应付款	借：其他预算收入 　　贷：资金结存——货币资金
无法查明原因的	借：待处理财产损溢 　　贷：其他收入	—

3）资产清查过程中发现的存货、固定资产、无形资产、公共基础设施、政府储备物资、文物文化资产、保障性住房等各种资产盘盈、盘亏或报废、毁损

盘盈的资产转入待处理资产时，按照确定的成本，借记"库存物品""固定资产""无形资产""公共基础设施""政府储备物资""文物文化资产""保障性住房"等科目，贷记"待处理财产损溢"科目。

按照规定报经批准后处理时，对于盘盈的流动资产，借记"待处理财产损溢"科目，贷记"业务活动费用"科目。对于盘盈的非流动资产，如属于本年度取得的，按照当年新取得相关资产进行账务处理；如属于以前年度取得的，按照前期差错处理，借记"待处理财产损溢"科目，贷记"以前年度盈余调整"科目。

项目	财务会计	预算会计
盘盈	借：库存物品/固定资产等 　　贷：待处理财产损溢	—
报经批准后，盘盈的流动资产	借：待处理财产损溢 　　贷：业务活动费用	—
报经批准后，盘盈的非流动资产	借：待处理财产损溢 　　贷：以前年度盈余调整	

盘亏的资产转入待处理资产时,借记本科目(待处理财产价值)[盘亏、毁损、报废固定资产、无形资产、公共基础设施、保障性住房的,还应借记"固定资产累计折旧""无形资产累计摊销""公共基础设施累计折旧(摊销)""保障性住房累计折旧"科目],贷记"库存物品""固定资产""无形资产""公共基础设施""政府储备物资""文物文化资产""保障性住房""在建工程"等科目。

项目	财务会计	预算会计
盘亏	借：待处理财产损溢 　　固定资产累计折旧/无形资产累计摊销等 贷：固定资产/无形资产等	—
报经批准后	借：资产处置费用 贷：待处理财产损溢——待处理财产价值	—

第二节　行政单位负债的核算

负债,是指政府会计主体过去的经济业务或者事项形成的,由政府会计主体控制的,预期能够产生服务潜力或者带来经济利益流入的经济资源。符合政府负债定义的义务,同时满足以下条件时,确认为负债:①一是履行该义务很可能导致含有服务潜力或者经济利益的经济资源流出政府会计主体;②二是该义务的金额能够可靠计量。

单位的负债按照流动性,分为流动负债和非流动负债。单位负债的财务会计核算与企业会计基本相同。

一、流动负债

流动负债,是指预计在1年以内(含1年)偿还的负债。行政单位的流动负债包括应交增值税、其他应交税费、应缴财政款、应付职工薪酬、应付账款、应付政府补贴款等。

(一)应交增值税

1. 概念

应交增值税,是指行政单位按照税法规定计算应缴纳的增值税。在我国境内销售货物或者加工、修理修配劳务,销售服务、无形资产、不动产以及进口货物的单位和个人,为增值税的纳税人。根据纳税主体的不同,单位可分为增值税一般纳税人和增值税小规模纳税人。

2. 科目设置

单位应设置"应交增值税"科目,核算单位按照税法规定计算应缴纳的增值税。

属于增值税一般纳税人的单位,应当在本科目下设置"应交税金""未交税金""预交税金""待抵扣进项税额""待认证进项税额""待转销项税额""简易计税""**转让金融商品应交增值税**""代扣代交增值税"等明细科目。

"应交税金"明细账内应当设置"进项税额""已交税金""转出未交增值税""减免税款""销项税额""进项税额转出""转出多交增值税"等专栏。其中:

(1)"进项税额"专栏,记录单位购进货物、加工修理修配劳务、服务、无形资产或不动产而支付或负担的、准予从当期销项税额中抵扣的增值税额；

（2）"已交税金"专栏，记录单位当月已交纳的应交增值税额；

（3）"转出未交增值税"和"转出多交增值税"专栏，分别记录一般纳税人月度终了转出当月应交未交或多交的增值税额；

（4）"减免税款"专栏，记录单位按照现行增值税制度规定准予减免的增值税额；

（5）"销项税额"专栏，记录单位销售货物、加工修理修配劳务、服务、无形资产或不动产应收取的增值税额；

（6）"进项税额转出"专栏，记录单位购进货物、加工修理修配劳务、服务、无形资产或不动产等发生非正常损失以及其他原因而不应从销项税额中抵扣、按照规定转出的进项税额。

"未交税金"明细科目，核算单位月度终了从"应交税金"或"预交税金"明细科目转入当月应交未交、多交或预缴的增值税额，以及当月交纳以前期间未交的增值税额。

"预交税金"明细科目，核算单位转让不动产、提供不动产经营租赁服务等，以及其他按照现行增值税制度规定应预缴的增值税额。

"待抵扣进项税额"明细科目，核算单位已取得增值税扣税凭证并经税务机关认证，按照现行增值税制度规定准予以后期间从销项税额中抵扣的进项税额。

"待认证进项税额"明细科目，核算单位由于未经税务机关认证而不得从当期销项税额中抵扣的进项税额。包括：一般纳税人已取得增值税扣税凭证并按规定准予从销项税额中抵扣，但尚未经税务机关认证的进项税额；一般纳税人已申请稽核但尚未取得稽核相符结果的海关缴款书进项税额。

"待转销项税额"明细科目，核算单位销售货物、加工修理修配劳务、服务、无形资产或不动产，已确认相关收入（或利得）但尚未发生增值税纳税义务而需于以后期间确认为销项税额的增值税额。

"简易计税"明细科目，核算单位采用简易计税方法发生的增值税计提、扣减、预缴、缴纳等业务。

"转让金融商品应交增值税"明细科目，核算单位转让金融商品发生的增值税额。

"代扣代交增值税"明细科目，核算单位购进在境内未设经营机构的境外单位或个人在境内的应税行为代扣代缴的增值税。属于增值税小规模纳税人的单位只需在本科目下设置"转让金融商品应交增值税""代扣代交增值税"明细科目。

属于增值税小规模纳税人的单位，只需在本科目下设置"转让金融商品应交增值税""代扣代交增值税"明细科目。

3. 应交增值税的主要账务处理

1）单位取得资产或接受劳务等业务

（1）采购等业务进项税额允许抵扣。

单位购买用于增值税应税项目的资产或服务等时，按照应计入相关成本费用或资产的金额，借记"业务活动费用""在途物品""库存物品""工程物资""在建工程""固定资产""无形资产"等科目，按照当月已认证的可抵扣增值税额，借记本科目（应交税金——进项税额），按照当月未认证的可抵扣增值税额，借记本科目（待认证进项税额），按照应付或实际支付的金额，贷记"应付账款""银行存款"等科目。发生退货的，如原增值税专用发票已作认证，应根据税务机关开具的红字增值税专用发票作相反的会计分录；如原增值税专用发票未作认证,应将发票退回并作相反的会计分录。

财务会计	预算会计

借:业务活动费用
  在途物品
  库存物品
  工程物资
  在建工程
  固定资产
  应交增值税——应交税金(进项税额)
       ——待认证进项税额
 贷:应付账款
   银行存款
	—

小规模纳税人购买资产或服务等时不能抵扣增值税,发生的增值税计入资产成本或相关成本费用。

(2) 采购等业务进项税额不得抵扣。

单位购进资产或服务等,用于简易计税方法计税项目、免征增值税项目、集体福利或个人消费等,其进项税额按照现行增值税制度规定不得从销项税额中抵扣的,取得增值税专用发票时,应按照增值税发票注明的金额,借记相关成本费用或资产科目,按照待认证的增值税进项税额,借记本科目(待认证进项税额),按照实际支付或应付的金额,贷记"银行存款""应付账款"等科目。经税务机关认证为不可抵扣进项税时,借记本科目(应交税金——进项税额),贷记本科目(待认证进项税额),同时,将进项税额转出,借记相关成本费用科目,贷记本科目(应交税金——进项税额转出)。

项目	财务会计	预算会计

制度规定	借:相关成本费用或科目资产
	  应交增值税——待认证进项税额
	 贷:银行存款
	  应付账款
		—

经认证	借:应交增值税——应交税金(进项税额) 贷:应交增值税——待认证进项税额	—
转出	借:相关成本费用或科目资产 贷:应交增值税——应交税金(进项税额转出)	—

(3) 进项税额抵扣情况发生改变。

单位因发生非正常损失或改变用途等,原已计入进项税额、待抵扣进项税额或待认证进项税额,但按照现行增值税制度规定不得从销项税额中抵扣的,借记"待处理财产损溢""固定资产""无形资产"等科目,贷记本科目(应交税金——进项税额转出)、本科目(待抵扣进项税额)或本科目(待认证进项税额);原不得抵扣且未抵扣进项税额的固定资产、无形资产等,因改变用途等用于允许抵扣进项税额的应税项目的,应按照允许抵扣的进项税额,借记本科目(应交税金——进项税额),贷记"固定资产""无形资产"等科目。固定资产、无形资产等经上述调整后,应按照调整后的账面价值在剩余尚可使用年限内计提折旧或摊销。

项目	财务会计	预算会计
不得抵扣	借:待处理财产损溢 　　固定资产 　　无形资产 　贷:应交增值税——应交税金(进项税额转出) 　　　　　　　　——待抵扣进项税额	—
改变用途 允许抵扣	借:应交增值税——应交税金(进项税额) 　贷:固定资产 　　　无形资产	—

单位购进时已全额计入进项税额的货物或服务等转用于不动产在建工程的,对于结转以后期间的进项税额,应借记本科目(待抵扣进项税额),贷记本科目(应交税金——进项税额转出)。

财务会计	预算会计
借:应交增值税——待抵扣进项税额 　贷:应交增值税——应交税金(进项税额转出)	—

(4)购买方作为扣缴义务人。

按照现行增值税制度规定,境外单位或个人在境内发生应税行为,在境内未设有经营机构的,以购买方为增值税扣缴义务人。境内一般纳税人购进服务或资产时,按照应计入相关成本费用或资产的金额,借记"业务活动费用""在途物品""库存物品""工程物资""在建工程""固定资产""无形资产"等科目,按照可抵扣的增值税额,借记本科目(应交税金——进项税额)(小规模纳税人应借记相关成本费用或资产科目),按照应付或实际支付的金额,贷记"银行存款""应付账款"等科目,按照应代扣代缴的增值税额,贷记本科目(代扣代交增值税)。实际缴纳代扣代缴增值税时,按照代扣代缴的增值税额,借记本科目(代扣代交增值税),贷记"银行存款"科目。

项目	财务会计	预算会计
购进时	借:业务活动费用 　　在途物品 　　库存物品 　　工程物资 　　在建工程 　　固定资产 　　无形资产 　　应交增值税——应交税金(进项税额) 　贷:银行存款 　　　应付账款 　　　应交增值税——代扣代缴增值税	—

(续表)

项目	财务会计	预算会计
实际缴纳	借：应交增值税——代扣代缴增值税 　　贷：银行存款	—

2) 月末转出多交增值税和未交增值税

月度终了，单位应当将当月应交未交或多交的增值税自"应交税金"明细科目转入"未交税金"明细科目。对于当月应交未交的增值税，借记本科目（应交税金——转出未交增值税），贷记本科目（未交税金）；对于当月多交的增值税，借记本科目（未交税金），贷记本科目（应交税金——转出多交增值税）。

项目	财务会计	预算会计
应交未交	借：应交增值税——应交税金（转出未交增值税） 　　贷：应交增值税——未交税金	—
多交	借：应交增值税——未交税金 　　贷：应交增值税——应交税金（转出未交增值税）	—

3) 交纳增值税

（1）交纳当月应交增值税。

单位交纳当月应交的增值税，借记本科目（应交税金——已交税金）（小规模纳税人借记本科目），贷记"银行存款"等科目。

财务会计	预算会计
借：应交增值税——应交税金（已交税金） 　　贷：银行存款	—

（2）交纳以前期间未交增值税。

单位交纳以前期间未交的增值税，借记本科目（未交税金）（小规模纳税人借记本科目），贷记"银行存款"等科目。

财务会计	预算会计
借：应交增值税——未交税金 　　贷：银行存款	—

（3）预交增值税。

单位预交增值税时，借记本科目（预交税金），贷记"银行存款"等科目。月末，单位应将"预交税金"明细科目余额转入"未交税金"明细科目，借记本科目（未交税金），贷记本科目（预交税金）。

财务会计	预算会计
借：应交增值税——未交税金 　　贷：应交增值税——预交税金	—

(4) 减免增值税。

对于当期直接减免的增值税,借记本科目(应交税金——减免税款),贷记"业务活动费用"等科目。按照现行增值税制度规定,单位初次购买增值税税控系统专用设备支付的费用以及缴纳的技术维护费允许在增值税应纳税额中全额抵减的,按照规定抵减的增值税应纳税额,借记本科目(应交税金——减免税款)(小规模纳税人借记本科目),贷记"业务活动费用"等科目。

财务会计	预算会计
借:应交增值税——应交税金(减免税款) 　　贷:业务活动费用	—

【例 7-7】 某行政单位为增值税一般纳税人,报经批准出售一项无形资产。该项无形资产的账面余额为 30 000 元,已计提摊销 5 000 元,账面价值为 25 000 元,出售价格为 28 000 元,出售收入按规定纳入单位预算管理,不上缴财政,按增值税制度规定计算的增值税销项税额为 1 680 元,款项合计 29 680 元,已收到并存入开户银行。该事业单位应编制如下会计分录:

(1) 注销无形资产账面价值时。

财务会计		预算会计
借:资产处置费用	25 000	
无形资产累计摊销	5 000	—
贷:无形资产	30 000	

(2) 收到出售价款并确认应交增值税时。

财务会计		预算会计
借:银行存款	29 680	
贷:应交增值税——应交税金(销项税额)	1 680	—
其他收入	28 000	

(二) 其他应交税费

1. 概念和核算科目设置

其他应交税费是指行政单位按照税法规定计算应缴纳的增值税以外的各种税费,包括城市维护建设税、教育费附加、地方教育附加、车船税、房产税、城镇土地使用税和企业所得税等。

为核算其他应交税费业务,行政单位应设置"其他应交税费"总账科目。单位代扣代缴的个人所得税,也通过该科目核算。单位应缴纳的印花税不需要预提应交税费,直接通过"业务活动费用"科目核算,不通过该科目核算。该科目应当按照应缴纳的税费种类进行明细核算。

2. 其他应交税费的主要账务处理

(1) 发生城市维护建设税、教育费附加、地方教育附加、车船税、房产税、城镇土地使用税等纳税义务的,按照税法规定计算的应缴税费金额,借记"业务活动费用"等科目,贷记本科目(应交城市维护建设税、应交教育费附加、应交地方教育附加、应交车船税、应交房产税、应交城镇土地使用税等)。

财务会计	预算会计
借:业务活动费用 　　贷:其他应交税费	—

(2)按照税法规定计算应代扣代缴职工(含长期聘用人员)的个人所得税,借记"应付职工薪酬"科目,贷记本科目(应交个人所得税)。

按照税法规定计算应代扣代缴支付给职工(含长期聘用人员)以外人员劳务费的个人所得税,借记"业务活动费用"等科目,贷记本科目(应交个人所得税)。

财务会计	预算会计
借:应付职工薪酬 　　业务活动费用 　　贷:其他应交税费——应交个人所得税	—

(3)发生企业所得税纳税义务的,按照税法规定计算的应交所得税额,借记"所得税费用"科目,贷记本科目(单位应交所得税)。

财务会计	预算会计
借:所得税费用 　　贷:其他应交税费——单位应交所得税	—

(4)单位实际交纳上述各种税费时,借记本科目(应交城市维护建设税、应交教育费附加、应交地方教育附加、应交车船税、应交房产税、应交城镇土地使用税、应交个人所得税、单位应交所得税等),贷记"财政拨款收入""银行存款"等科目。

财务会计	预算会计
借:其他应交税费 　　贷:财政拨款收入 　　　　银行存款	借:行政支出 　　贷:财政拨款预算收入 　　　　资金结存

【例 7-8】 某行政单位在开展专业业务活动中按税法规定发生应交城市维护建设税 500 元,教育费附加 300 元,两项税费金额合计 800 元,按规定应计入业务活动费用。该单位应编制如下会计分录:

财务会计	预算会计
借:业务活动费用　　800 　　贷:其他应交税费　　800	—

(三) 应缴财政款

1. 概念和核算科目设置

应缴财政款,是指行政单位取得和应收的按照规定应当上缴财政的款项。包括应缴国库的款项和应缴财政专户的款项。单位按照国家税法的有关规定,应当缴纳的各种税费不属于应缴财政款,而属于应交税费。

为核算应缴财政款业务,行政单位应设置应缴财政款总账科目。单位按照国家税法等有关规定应当缴纳的各种税费,通过"应交增值税""其他应交税费"科目核算,不通过该科目核算。该科目应当按照应交财政款项的类别进行明细核算。

2. 应缴财政款的主要账务处理

（1）单位取得或应收按照规定应缴财政的款项时,借记"银行存款"等科目,贷记本科目。

财务会计	预算会计
借：银行存款 　贷：应缴财政款	—

（2）单位处置资产取得的应上缴财政的处置净收入的账务处理,参见"待处理财产损溢"等科目。

（3）单位上缴应缴财政的款项时,按照实际上缴的金额,借记本科目,贷记"银行存款"科目。

财务会计	预算会计
借：应缴财政款 　贷：银行存款	—

【例 7-9】 某行政单位出租一项资产,收到租金 24 200 元,款项已存入开户银行,该租金按规定应当上缴财政,数日后,该事业单位将收到的租金 24 200 元上缴财政。该事业单位应编制如下会计分录：

（1）收到租金时。

财务会计		预算会计
借：银行存款　　　　　　24 200 　贷：应缴财政款　　　　　　　24 200		—

（2）租金上缴财政时。

财务会计		预算会计
借：应缴财政款　　　　　24 200 　贷：银行存款　　　　　　　　24 200		—

(四) 应付职工薪酬

1. 概念和核算科目设置

本科目核算单位按照有关规定应付给职工(含长期聘用人员)及为职工支付的各种薪酬,包括基本工资、国家统一规定的津贴补贴、规范津贴补贴(绩效工资)、改革性补贴、社会保险费(如职工基本养老保险费、职业年金、基本医疗保险费等)、住房公积金等。

本科目应当根据国家有关规定按照"基本工资"(含离退休费)、"国家统一规定的津贴补贴""规范津贴补贴(绩效工资)""改革性补贴""社会保险费""住房公积金""其他个人收入"等进行明细核算。其中,"社会保险费""住房公积金"明细科目核算内容包括单位从职工工资中代扣代缴的社会保险费、住房公积金,以及单位为职工计算缴纳的社会保险费、住房公积金。

2. 应付职工薪酬的主要账务处理

(1)计算确认当期应付职工薪酬(含单位为职工计算缴纳的社会保险费、住房公积金)。

计提从事专业及其辅助活动人员的职工薪酬,借记"业务活动费用"科目,贷记本科目。

财务会计	预算会计
借:业务活动费用 　贷:应付职工薪酬	—

计提应由在建工程、加工物品、自行研发无形资产负担的职工薪酬,借记"在建工程""加工物品""研发支出"等科目,贷记本科目。

财务会计	预算会计
借:在建工程 　　加工物品 　　研发支出 　贷:应付职工薪酬	—

因解除与职工的劳动关系而给予的补偿,借记"业务活动费用"等科目,贷记本科目。

财务会计	预算会计
借:业务活动费用 　贷:应付职工薪酬	—

(2)向职工支付工资、津贴补贴等薪酬时,按照实际支付的金额,借记本科目,贷记"财政拨款收入""银行存款"等科目。

财务会计	预算会计
借:应付职工薪酬 　贷:财政拨款收入 　　银行存款	借:行政支出 　贷:财政拨款预算收入 　　资金结存

（3）按照税法规定代扣职工个人所得税时，借记本科目（基本工资），贷记"其他应交税费——应交个人所得税"科目。从应付职工薪酬中代扣为职工垫付的水电费、房租等费用时，按照实际扣除的金额，借记本科目（基本工资），贷记"其他应收款"等科目。从应付职工薪酬中代扣社会保险费和住房公积金，按照代扣的金额，借记本科目（基本工资），贷记本科目（社会保险费、住房公积金）。

财务会计	预算会计
借：应付职工薪酬——基本工资 　　贷：其他应交税费——应交个人所得税 借：应付职工薪酬——基本工资 　　贷：其他应收款 借：应付职工薪酬——基本工资 　　贷：应付职工薪酬——社会保险费 　　　　　　　　　　——住房公积金	借：行政支出 　　贷：财政拨款预算收入 　　　　资金结存

（4）按照国家有关规定缴纳职工社会保险费和住房公积金时，按照实际支付的金额，借记本科目（社会保险费、住房公积金），贷记"财政拨款收入""银行存款"等科目。

财务会计	预算会计
借：应付职工薪酬——社会保险费 　　　　　　　　　　——住房公积金 　贷：财政拨款收入 　　　银行存款	—

（5）从应付职工薪酬中支付的其他款项，借记本科目，贷记"银行存款"科目。

财务会计	预算会计
借：应付职工薪酬 　贷：银行存款	—

【例7-10】 某行政单位计提当月职工薪酬共计568 500元（422 000＋43 500＋68 000＋35 000），其中包含了职工基本工资422 000元，国家统一规定的津贴补贴43 500元，应从职工基本工资中代扣的社会保险费65 000元和住房公积金32 000元，代扣的社会保险费和住房公积金合计97 000元（65 000＋32 000），单位应为职工计算缴纳的社会保险费68 000元和住房公积金35 000元，单位按税法规定应从职工基本工资中代扣的职工个人所得税7 800元。在当月职工薪酬中，社会保险费合计133 000元（65 000＋68 000），住房公积金合计67 000元（32 000＋35 000）。数日后，该行政单位通过财政直接支付的方式向职工支付基本工资317 200元（422 000－65 000－32 000－7 800）和津贴补贴43 500元，两项款项合计360 700元（317 200＋43 500）。按照国家规定向相关机构缴纳职工社会保险费133 000元和住房公积金67 000元，两项款项合计

200 000元(133 000+67 000)通过财政直接支付方式支付。该行政单位应编制如下会计分录：

(1) 计提职工薪酬时。

财务会计	预算会计
借：业务活动费用　　　　　　　　　　　568 500 　　贷：应付职工薪酬——基本工资　　　422 000 　　　　　　　　　　——国家统一规定的津贴补贴　43 500 　　　　　　　　　　——社会保险费　　68 000 　　　　　　　　　　——住房公积金　　35 000	—

(2) 按税法规定代扣职工个人所得税时。

财务会计	预算会计
借：应付职工薪酬——基本工资　　　　　7 800 　　贷：其他应交税费——应交个人所得税　7 800	—

(3) 从应付职工薪酬中代扣社会保险费和住房公积金时。

财务会计	预算会计
借：应付职工薪酬——基本工资　　　　　97 000 　　贷：应付职工薪酬——社会保险费　　65 000 　　　　　　　　　　——住房公积金　　32 000	—

(4) 向职工支付基本工资和津贴补贴时。

财务会计	预算会计
借：应付职工薪酬——基本工资　　　　　317 200 　　　　　　　　　　——国家统一规定的津贴补贴　43 500 　　贷：财政拨款收入　　　　　　　　　　360 700	借：行政支出　　　　　　　　360 700 　　贷：财政拨款预算收入　　360 700

(5) 向相关机构缴纳职工社会保险费和住房公积金时。

财务会计	预算会计
借：应付职工薪酬——社会保险费　　　　133 000 　　　　　　　　　　——住房公积金　　67 000 　　贷：财政拨款收入　　　　　　　　　　200 000	—

(五) 应付账款

1. 概念和核算科目设置

应付账款是指行政单位购买物资、接受服务、开展工程建设等而应付的偿还期限在1年以内(含1年)的款项。

本科目应当按照债权人进行明细核算。对于建设项目,还应设置"应付器材款""应付工程款"等明细科目,并按照具体项目进行明细核算。

2. 应付账款的主要账务处理

(1) 收到所购材料、物资、设备或服务以及确认完成工程进度但尚未付款时,根据发票及账单等有关凭证,按照应付未付款项的金额,借记"库存物品""固定资产""在建工程"等科目,贷记本科目。涉及增值税业务的,相关账务处理参见"应交增值税"科目。

财务会计	预算会计
借:库存物品 　　固定资产 　　在建工程 　贷:应付账款	—

(2) 偿付应付账款时,按照实际支付的金额,借记本科目,贷记"财政拨款收入""银行存款"等科目。

财务会计	预算会计
借:应付账款 　贷:财政拨款收入 　　银行存款	借:行政支出 　贷:财政拨款预算收入 　　资金结存

(3) 无法偿付或债权人豁免偿还的应付账款,应当按照规定报经批准后进行账务处理。经批准核销时,借记本科目,贷记"其他收入"科目。

财务会计	预算会计
借:应付账款 　贷:其他收入	—

核销的应付账款应在备查簿中保留登记。

(六) 应付政府补贴款

1. 概念和核算科目设置

应付政府补贴款,是指负责发放政府补贴的行政单位,按照规定应当支付给政府补贴接受者的各种政府补贴款。

为核算应付政府补贴款业务,行政单位应设置"应付政府补贴款"总账科目。该科目应当按照应支付的政府补贴种类进行明细核算。单位还应当根据需要按照补贴接受者进行明细核算,或者建立备查簿对补贴接受者予以登记。

2. 应付政府补贴款的主要账务处理

(1) 发生应付政府补贴时,按照依规定计算确定的应付政府补贴金额,借记"业务活动费用"科目,贷记本科目。

财务会计	预算会计
借：业务活动费用 　　贷：应付政府补贴款	—

(2) 支付应付政府补贴款时，按照支付金额，借记本科目，贷记"银行存款"等科目。

财务会计	预算会计
借：应付政府补贴款 　　贷：银行存款	—

【例 7-11】 某行政单位发生一项应付政府补贴业务，按规定计算确定的应付政府补贴金额为 58 500 元。数日后，该行政单位通过财政拨款收入向相应政府补贴接受者支付了该项政府补贴款项 58 500 元。该行政单位应编制如下会计分录：

(1) 发生应付政府补贴时。

财务会计	预算会计
借：业务活动费用　　　　58 500 　　贷：应付政府补贴款　　　　58 500	—

(2) 通过财政拨款收入支付应付政府补贴时。

财务会计	预算会计
借：应付政府补贴款　　　　58 500 　　贷：财政拨款收入　　　　58 500	借：行政支出　　　　58 500 　　贷：财政拨款预算收入　　　　58 500

(七) 其他应付款

1. 概念和核算科目设置

本科目核算单位除应交增值税、其他应交税费、应缴财政款、应付职工薪酬、应付账款、应付政府补贴款、应付利息以外，其他各项偿还期限在 1 年内（含 1 年）的应付及暂收款项，如收取的押金、存入保证金、已经报销但尚未偿还银行的本单位公务卡欠款等。

为核算其他应付款业务，行政单位应设置"其他应付款"总账科目。同级政府财政部门预拨的下期预算款和没有纳入预算的暂付款项，以及采用实拨资金方式通过本单位转拨给下属单位的财政拨款，也通过本科目核算。

2. 其他应付款的主要账务处理

(1) 发生其他应付及暂收款项时，借记"银行存款"等科目，贷记本科目。支付（或退回）其他应付及暂收款项时，借记本科目，贷记"银行存款"等科目。将暂收款项转为收入时，借记本科目，贷记"其他收入"等科目。

项目	财务会计	预算会计
发生	借：银行存款 　　贷：其他应付款	—
支付	借：其他应付款 　　贷：银行存款	借：行政支出 　　贷：资金结存
转为收入	借：其他应收款 　　贷：其他收入	—

（2）收到同级政府财政部门预拨的下期预算款和没有纳入预算的暂付款项，按照实际收到的金额，借记"银行存款"等科目，贷记本科目。

财务会计	预算会计
借：银行存款 　　贷：其他应付款	—

待到下一预算期或批准纳入预算时，借记本科目，贷记"财政拨款收入"科目。

财务会计	预算会计
借：其他应付款 　　贷：财政拨款收入	借：资金结存 　　贷：财政拨款预算收入

采用实拨资金方式通过本单位转拨给下属单位的财政拨款，按照实际收到的金额，借记"银行存款"科目，贷记本科目；向下属单位转拨财政拨款时，按照转拨的金额，借记本科目，贷记"银行存款"科目。

（3）本单位公务卡持卡人报销时，按照审核报销的金额，借记"业务活动费用"等科目，贷记本科目；偿还公务卡欠款时，借记本科目，贷记"财政拨款收入"等科目。

项目	财务会计	预算会计
报销时	借：业务活动费用 　　贷：其他应付款	—
偿还时	借：其他应付款 　　贷：财政拨款收入	借：行政支出 　　贷：财政拨款预算收入

（4）涉及质保金形成其他应付款的，相关账务处理参见"固定资产"科目。

（5）无法偿付或债权人豁免偿还的其他应付款项，应当按照规定报经批准后进行账务处理。经批准核销时，借记本科目，贷记"其他收入"科目。

财务会计	预算会计
借：其他应付款 　　贷：其他收入	—

核销的其他应付款应在备查簿中保留登记。

【例 7-12】 某行政单位公务卡持卡人报销,审核报销的金额为 15 600 元。数日后,该行政单位通过财政授权支付方式向银行偿还了该项公务卡欠款 15 600 元。该行政单位应编制如下会计分录:

(1) 公务卡持卡人报销时。

财务会计	预算会计
借:业务活动费用　　　　15 600 　贷:其他应付款　　　　　　　15 600	—

(2) 向银行偿还公务卡欠款时。

财务会计	预算会计
借:其他应付款　　　　　15 600 　贷:财政拨款收入　　　　　　15 600	借:行政支出　　　　　　15 600 　贷:财政拨款预算收入　　　　15 600

(八) 预提费用

1. 概念和核算科目设置

预提费用,是指行政单位预先提取的已经发生但尚未支付的费用,如预提租金费用等。为核算预提费用业务,行政单位应设置"预提费用"总账科目。

2. 预提费用的主要账务处理

(1) 预提租金费用。按期预提租金等费用时,按照预提的金额,借记"业务活动费用"等科目,贷记本科目。

财务会计	预算会计
借:业务管理费用 　贷:预提费用	—

(2) 实际支付款项时,按照支付金额,借记本科目,贷记"银行存款"等科目。

财务会计	预算会计
借:预提费用 　贷:银行存款	借:行政支出 　贷:资金结存

二、非流动负债

非流动负债,是指除流动负债以外的负债。行政单位的非流动负债包括长期应付款和预计负债等。

(一) 长期应付款

1. 概念和核算科目设置

本科目核算单位发生的偿还期限超过 1 年(不含 1 年)的应付款项,如以融资租赁方式取得固定资产应付的租赁费等。

为核算长期应付款业务,行政单位应设置"长期应付款"总账科目。本科目应当按照长期应付款的类别以及债权人进行明细核算。

2. 长期应付款的主要账务处理

(1) 发生长期应付款时,借记"固定资产""在建工程"等科目,贷记本科目。

财务会计	预算会计
借:固定资产 　　在建工程 　　贷:长期应付款	—

(2) 支付长期应付款时,按照实际支付的金额,借记本科目,贷记"财政拨款收入""银行存款"等科目。涉及增值税业务的,相关账务处理参见"应交增值税"科目。

财务会计	预算会计
借:长期应付款 　　贷:财政拨款收入 　　　　银行存款	借:行政支出 　　贷:财政拨款预算收入 　　　　资金结存

(3) 无法偿付或债权人豁免偿还的长期应付款,应当按照规定报经批准后进行账务处理。经批准核销时,借记本科目,贷记"其他收入"科目。核销的长期应付款应在备查簿中保留登记。

财务会计	预算会计
借:长期应付款 　　贷:其他收入	—

(4) 涉及质保金形成长期应付款的,相关账务处理参见"固定资产"科目。

【例 7-13】 某行政单位融资租入一项固定资产,租赁合同约定,该单位每年年末向出租方支付租金 15 000 元,连续支付 4 年。租入该项固定资产时,该单位发生运输费 400 元,款项以银行存款支付。该项固定资产确定的成本为 60 400 元。该单位每年年末如期通过财政拨款收入向出租方支付租金 15 000 元。暂不考虑增值税业务。该单位应编制如下会计分录:

(1) 融资租入固定资产时。

财务会计		预算会计
借:固定资产　　　　　　60 400 　　贷:长期应付款　　　　　　60 000 　　　　银行存款　　　　　　　　400		—

(2) 每年年末支付租金时。

财务会计		预算会计	
借：长期应付款	15 000	借：行政支出	15 000
贷：财政拨款收入	15 000	贷：财政拨款预算收入	15 000

(二) 预计负债

1. 概念和核算科目设置

预计负债，是指行政单位对因或有事项所产生的现时义务而确认的负债，如对未决诉讼等确认的负债。

为核算预计负债业务，行政单位应设置"预计负债"总账科目。该科目应当按照预计负债的项目进行明细核算。

2. 预计负债的主要账务处理

(1) 确认预计负债时，按照预计的金额，借记"业务活动费用""其他费用"等科目，贷记本科目。

财务会计	预算会计
借：业务活动费用 　　其他费用 　贷：预计负债	—

(2) 实际偿付预计负债时，按照偿付的金额，借记本科目，贷记"银行存款"等科目。

财务会计	预算会计
借：预计负债 　贷：银行存款	借：经营支出 　贷：资金结存

(3) 根据确凿证据需要对已确认的预计负债账面余额进行调整的，按照调整增加的金额，借记有关科目，贷记本科目；按照调整减少的金额，借记本科目，贷记有关科目。

【例 7-14】 某行政单位在开展业务活动中因违约而被其他利益相关方在法院提起诉讼。年末，该案件尚在审理中，法院尚未作出判决。该单位在咨询了法律顾问后认为，本单位在该案件中处于不利地位，很可能需要赔款 28 000 元。次年，经法院判决，该行政单位需要向其他利益相关方赔款 27 500 元，该单位以银行存款支付了该项赔款。该项赔款按规定应计入业务活动费用。该单位应编制如下会计分录：

(1) 年末，确认预计负债时。

财务会计		预算会计
借：业务活动费用	28 000	—
贷：预计负债	28 000	

(2)次年,法院判决时。

财务会计	预算会计
借:预计负债　　　　　　　28 000 　贷:银行存款　　　　　　　　27 500 　　　业务活动费用　　　　　　　500	—

(三)受托代理负债

(1)受托代理负债是指行政单位接受委托取得受托代理资产时形成的负债。为核算受托代理负债业务,行政单位应设置"受托代理负债"总账科目。该科目的账务处理参见"受托代理资产""库存现金""银行存款"等科目。

(2)本科目期末贷方余额,反映单位尚未交付或发出受托代理资产形成的受托代理负债金额。

第三节　行政单位净资产的核算

一、净资产的分类、核算及管理

(一)分类

净资产是指政府会计主体资产扣除负债后的净额。行政单位资产金额取决于资产和负债的计量,体现的是行政单位持有的资产净值。行政单位资产是形成行政单位净资产的基本来源,也是行政单位清偿债务的重要财力保障,按照性质可以分为本期盈余、本年盈余分配、无偿调拨净资产、以前年度盈余调整和累计盈余。

(二)核算

行政单位应按以下步骤对收入和费用进行结转和分配。

(1)期末,将行政单位财务会计下各类收入科目和支出科目的本期发生额转入"本期盈余"科目。

(2)年末,将"本期盈余"科目的余额转入"本年盈余分配"科目。

(3)年末,将"无偿调拨净资产""以前年度盈余调整"科目的余额转入"累计盈余"科目。

按照上述步骤进行结算后,在年末的行政单位净资产科目中,只有"累计盈余"科目可能会有余额,最终保留在年度资产负债表中作为净资产项目反映。

(三)管理

行政单位净资产种类多,形成过程复杂,行政单位应采取措施加强对净资产的管理。净资产虽然归行政单位占有和使用,但国家拥有净资产的所有权,因此,行政单位处置各项净资产应按规定程序报经上级主管部门或者财政部门批准。同时行政单位还要加强按规定使用净资产,用于本单位未来的发展。

二、本期盈余

（一）概念

本期盈余是指行政单位本期各项收入、费用相抵后的金额。

（二）科目设置

行政单位应设置"本期盈余"科目，用于核算单位本年度各项收入、费用相抵后的金额。本科目期末如为贷方余额，则反映行政单位自年初至报告期期末累计实现的盈余；如为借方余额，则反映行政单位自年初至当期期末累计发生的亏损。年末结账后，本科目应无余额。

（三）账务处理

(1) 期末结转时，将各类收入科目的本期发生额转入本期盈余，借记"财政拨款收入""非同级财政拨款收入""捐赠收入""利息收入""租金收入""其他收入"等科目，贷记"本期盈余"科目。

(2) 期末，将各类费用科目本期发生额转入本期盈余，借记"本期盈余"科目，贷记"业务活动费用""资产处置费用""其他费用"科目。

(3) 年末，在完成期末结转后，将"本期盈余"科目余额结转入"本年盈余分配"科目，借记或贷记"本期盈余"科目，贷记或借记"本年盈余分配"科目。

本期盈余		财务会计	预算会计
结转收入		借：财政拨款收入 　　非同级财政拨款收入 　　捐赠收入 　　利息收入 　　租金收入 　　其他收入 　贷：本期盈余	—
结转费用		借：本期盈余 　贷：业务活动费用 　　资产处置费用 　　其他费用	—
年末结转	本期盈余科目为贷方余额时	借：本期盈余 　贷：本年盈余分配	—
	本期盈余科目为借方余额时	借：本年盈余分配 　贷：本期盈余	—

【例7-15】 12月31日，期末结账前各收入账户余额（均为贷方余额）为：财政拨款收入账户余额3 000 000元，非同级财政拨款收入账户余额300 000元，其他收入账户余额8 000元。此时，仅需反映财务会计核算：

　　借：财政拨款收入　　　　　　　　　　　　　　　　　　　3 000 000
　　　　非同级财政拨款收入　　　　　　　　　　　　　　　　　300 000
　　　　其他收入　　　　　　　　　　　　　　　　　　　　　　　8 000
　　　贷：本期盈余　　　　　　　　　　　　　　　　　　　　3 308 000

【例 7-16】 12月31日,期末结账前各费用账户余额(均为借方余额)为:业务活动费用账户余额 2 000 000 元,资产处置费用账户余额 80 000 元,其他费用账户余额 20 000 元。期末结转费用的财务会计分录为:

```
借:本期盈余                                    2 100 000
    贷:业务活动费用                              2 000 000
        资产处置费用                                80 000
        其他费用                                    20 000
```

三、本年盈余分配

（一）概念

本年盈余分配是指行政单位本年度盈余分配的情况和结果。

（二）科目设置

行政单位应设置"本年盈余分配"科目。核算行政单位本年度盈余分配的情况和结果。"本年盈余分配"科目属于财务会计净资产类科目,贷方登记年末转入的本期盈余及年末转出的累计亏损;借方登记年末转入的本期亏损;年末结转后,本科目应无余额。

（三）账务处理

（1）年末,将"本期盈余"科目余额转入本科目,借记或贷记"本期盈余"科目,贷记或借记本科目。

项目	财务会计	预算会计
本科目为贷方余额时	借:本期盈余 贷:本年盈余分配	—
本科目为借方余额时	借:本年盈余分配 贷:本期盈余	—

（2）年末,按照规定完成上述(1)处理后,将本科目余额转入累计盈余,借记或贷记本科目,贷记或借记"累计盈余"科目。年末结账后,本科目应无余额。

项目	财务会计	预算会计
本科目为贷方余额时	借:本年盈余分配 贷:累计盈余	—
本科目为借方余额时	借:累计盈余 贷:本年盈余分配	—

【例 7-17】 上述行政单位12月31日的财务会计分录为:

```
借:本期盈余                                    1 208 000
    贷:本年盈余分配                              1 208 000
```

四、以前年度盈余调整

（一）概念

以前年度盈余调整是指行政单位本年度发生的调整以前年度盈余的事项，包括本年度发生的重要前期差错更正涉及调整以前年度盈余的事项。

（二）科目设置

行政单位应设置"以前年度盈余调整"科目，用于核算行政单位本年度发生的调整以前年度盈余的事项。年末结转累计盈余后，本科目应无余额。

（三）账务处理

（1）调整增加以前年度收入时，按照调整增加的金额，借记有关科目，贷记本科目。调整减少的，作相反会计分录。调整增加以前年度费用时，按照调整增加的金额，借记本科目，贷记有关科目。调整减少的，作相反会计分录。

调整以前年度收入	财务会计	预算会计
增加以前年度收入时	借：有关资产或负债科目 　　贷：以前年度盈余调整	借：资金结存 　　贷：财政拨款结转/财政拨款结余/非财政拨款结转/非财政拨款结余
减少以前年度收入时	借：以前年度盈余调整 　　贷：有关资产或负债科目	按照实际支付的金额 借：财政拨款结转/财政拨款结余/非财政拨款结转/非财政拨款结余（年初余额调整） 　　贷：资金结存

（2）盘盈的各种非流动资产，报经批准后处理时，借记"待处理财产损溢"科目，贷记本科目。

财务会计	预算会计
借：待处理财产损溢 　　贷：以前年度盈余调整	—

（3）经上述调整后，应将本科目的余额转入累计盈余，借记或贷记"累计盈余"科目，贷记或借记本科目。

财务会计	预算会计
借：累计盈余 　　贷：以前年度盈余调整 或作相反会计分录	—

【例7-18】 2×22年4月，某行政单位内部审计处对本单位会计核算工作进行审计，发现以下事项。

（1）上年度12月购入一台办公设备，取得的增值税普通发票上注明价税合计为460 000元，款项已通过银行存款支付，设备于当月投入使用，预计使用年限10年，按年限平均法计提折旧。财务处从次年1月起对该设备按月提折旧4 000元,并作增加业务活动费用和固定资产累计折旧各4 000元的处理。

(2) 当年1月进行财产清查,盘盈两台笔记本电脑,查账当年并未采购电脑,盘盈的电脑应该是以前年度取得的,已计入"待处理财产损溢"10 000元。根据资产管理规定报经相关部门批准,本月收到批复文件。

不考虑其他因素,编制相关的会计分录。

上年度12月未计提折旧,财务处理不正确。

借:以前年度盈余调整——单位管理费用/业务活动费用　　　　　4 000
　　贷:固定资产累计折旧　　　　　　　　　　　　　　　　　　4 000

本月收到资产处理批复文件

借:待处理财产损溢　　　　　　　　　　　　　　　　　　　10 000
　　贷:以前年度盈余调整　　　　　　　　　　　　　　　　　10 000

月末,结转本月以前年度盈余调整6 000元(-4 000+10 000)。

借:以前年度盈余调整　　　　　　　　　　　　　　　　　　6 000
　　贷:累计盈余　　　　　　　　　　　　　　　　　　　　　6 000

五、无偿调拨净资产

(一)概念

无偿调拨净资产是指行政单位按照规定无偿调入或调出行政单位的非现金资产而引起的净资产变动。按照政府会计制度的规定,无偿调拨非现金资产对行政单位净资产的影响,通过"无偿调拨净资产"科目直接计入净资产;而出售、转让、接受捐赠、对外捐赠非现金资产时,则是通过收入、费用科目间接影响行政单位净资产。

(二)科目设置

行政单位应当设置"无偿调拨净资产"科目,核算无偿调入或调出非现金资产所引起的净资产变动金额。年末结账后,本科目应无余额。

(三)账务处理

(1) 按照规定取得无偿调入的存货、固定资产、无形资产、公共基础设施、政府储备物资、文物文化资产、保障性住房等,按照确定的成本,借记"库存物品""固定资产""无形资产""公共基础设施""政府储备物资""文物文化资产""保障性住房"等科目,按照调入过程中发生的归属于调入方的相关费用,贷记"银行存款"等科目,按照其差额,贷记本科目。

财务会计	预算会计
借:库存物品/固定资产/无形资产/公共基础设施/ 　　政府储备物资/保障性住房等 　　贷:无偿调拨净资产/银行存款等	借:其他支出 　　贷:资金结存等

(2) 按照规定经批准无偿调出存货、固定资产、无形资产、公共基础设施、政府储备物资、文物文化资产、保障性住房等,按照调出资产的账面余额或账面价值,借记本科目,按照固定资产累计折旧、无形资产累计摊销、公共基础设施累计折旧或摊销、保障性住房累计折旧的金额,借记"固定资产累计折旧""无形资产累计摊销""公共基础设施累计折旧(摊销)""保障性住房累计折旧"科目,按照调出资产的账面余额,贷记"库存物品""固定资产""无形资产""公共基础设施""政府储备物资""文物文化资产""保障性住房"等科目;同时,按照调出过程中发生的归属于调出方的相关费用,借记"资产处置费用"科目,贷记"银行存款"等科目。

财务会计	预算会计

借:无偿调拨净资产固定资产累计折旧/无形资产累计摊销/公共基础设施累计折旧(摊销)/保障性住房累计折旧
  贷:库存物品/固定资产/无形资产/长期股权投资/公共基础设施/政府储备物资等
借:资产处置费用
  贷:银行存款
	借:其他支出
	  贷:资金结存等

(3) 年末,将本科目余额转入累计盈余,借记或贷记本科目,贷记或借记"累计盈余"科目。

财务会计	预算会计
借:累计盈余 贷:无偿调拨净资产 或做相反会计分录	—

【例7-19】 2×22年12月15日,经相关部门批准,甲行政单位从乙行政单位无偿调入一台专用设备,收到的票据上注明该设备的价值为380 000元(原价560 000元,已提折旧180 000元);当日,收到该设备且不需安装直接投入使用;甲单位以银行存款向运输公司支付运费2 100元,取得增值税普通发票。不考虑其他因素。

(1) 甲单位。

收到设备。

财务会计		预算会计	
借:固定资产	382 100	借:其他支出	2 100
贷:无偿调拨净资产	380 000	贷:资金结存——货币资金	2 100
银行存款	2 100		

(2) 乙单位。

调出设备的财务会计处理。

借:无偿调拨净资产 380 000
    固定资产累计折旧 180 000
  贷:固定资产 560 000

结转无偿调拨净资产的财务会计处理。

借：累计盈余　　　　　　　　　　　　　　　　　　　　　　　　　380 000
　　贷：无偿调拨净资产　　　　　　　　　　　　　　　　　　　　380 000

六、累计盈余

（一）概念

累计盈余是指行政单位历年实现的盈余扣除盈余分配后滚存的金额，以及因无偿调入、调出资产产生的净资产变动额。

（二）科目设置

行政单位应设置"累计盈余"科目，用于核算行政单位历年实现的盈余扣除盈余分配后滚存的金额，以及因无偿调入、调出资产产生的净资产变动额。"累计盈余"科目期末如为贷方余额，则反映行政单位历年来累计实现的净盈余；如为借方余额，则反映行政单位历年来累计发生的净亏损。按照规定上缴、缴回、单位间调剂结转结余资金产生的净资产变动额，以及对以前年度盈余的调整金额，也通过本科目核算。

（三）账务处理

（1）年末，将"本年盈余分配"科目的余额转入累计盈余，借记或贷记"本年盈余分配"科目，贷记或借记本科目。

财务会计	预算会计
借：本年盈余分配 　　贷：累计盈余	—

（2）年末，将"无偿调拨净资产"科目的余额转入累计盈余，借记或贷记"无偿调拨净资产"科目，贷记或借记本科目。

财务会计	预算会计
借：无偿调拨净资产 　　贷：累计盈余	—

（3）按照规定上缴财政拨款结转结余、缴回非财政拨款结转资金、向其他单位调出财政拨款结转资金时，按照实际上缴、缴回、调出金额，借记本科目，贷记"银行存款"等科目。

财务会计	预算会计
借：累计盈余 　　贷：银行存款等	参照"财政拨款结转""财政拨款结余""非财政拨款结转"等科目进行账务处理

按照规定从其他单位调入财政拨款结转资金时，按照实际调入金额，借记"银行存款"等科目，贷记本科目。

财务会计	预算会计
借：银行存款等 　　贷：累计盈余	借：货币资金 　　贷：财政拨款结转——归集调入

（4）将"以前年度盈余调整"科目的余额转入本科目，借记或贷记"以前年度盈余调整"科目，贷记或借记本科目。

财务会计	预算会计
借：以前年度盈余调整 　　贷：累计盈余 或作相反会计分录	—

本科目期末余额，反映单位未分配盈余（或未弥补亏损）的累计数以及截至上年年末无偿调拨净资产变动的累计数。

本科目年末余额，反映单位未分配盈余（或未弥补亏损）以及无偿调拨净资产变动的累计数。

【例7-20】 2×22年12月31日，某行政单位发生以下业务。

进行盈余分配后，单位"本年盈余分配""无偿调拨净资产""以前年度盈余调整"科目的贷方余额分别为25 000元、220 000元和15 000元。单位对上述科目进行结转。

　　借：本年盈余分配　　　　　　　　　　　　　　　　　　　　　25 000
　　　　无偿调拨净资产　　　　　　　　　　　　　　　　　　　　220 000
　　　　以前年度盈余调整　　　　　　　　　　　　　　　　　　　 15 000
　　　　贷：累计盈余　　　　　　　　　　　　　　　　　　　　　　　　260 000

第四节　行政单位收入与预算收入的核算

一、收入

收入是报告期内导致政府会计主体净资产增加的、含有服务潜力或者经济利益的经济资源的流入。对于行政单位来说，收入具体是指单位依法取得的非偿还性资金。

二、行政单位收入的管理

行政单位的收入是依法取得的，应按照财务管理的要求分项据实核算。单位应将取得的各项收入全部纳入单位预算，统一核算、统一管理。

单位应分清非偿还性资金和偿还性资金的界限。只有单位依法取得的非偿还性资金才能纳入收入的核算范畴，取得的偿还性资金不属于收入范畴，而应计入单位的负债。单位按照国家规定取得应上缴国库或财政专户的资金，也不应确认为收入，而应按照国库集中收缴的有关规定及时足额上缴财政，不得隐瞒、滞留、截留、挪用和坐支。

（一）非同级财政拨款收入

1. 非同级财政拨款收入的概念和核算科目设置

非同级财政拨款收入是指从非同级政府财政部门取得的经费拨款，包括从同级政府其他部门取得的横向转拨财政款、从上级或下级政府财政部门取得的经费拨款等。

单位应设置"非同级财政拨款收入"科目，用于核算单位从非同级政府财政部门取得的经费拨款。"非同级财政拨款收入"科目平时贷方余额反映单位非同级拨款收入累计数；期末结账后，本科目应无余额。

"非同级财政拨款收入"科目应当按照本级横向转拨财政款和非本级财政拨款进行明细核算，并按照收入来源进行明细核算。

2. 主要账务处理

（1）确认非同级财政拨款收入时，按照应收或实际收到的金额，借记"其他应收款""银行存款"等科目，贷记"非同级财政拨款收入"科目。同时在预算会计下，按照实际收到的金额，借记"资金结余——货币资金"科目，贷记"非同级财政拨款预算收入"科目。

未发生纳入预算管理的货币资金变动，预算会计不需记账。待单位实际取得货币资金时，再借记"资金结存——货币资金"科目，贷记"非同级财政拨款——预算收入"科目。

（2）期末，将"非同级财政拨款收入"科目本期发生额转入本期盈余，借记"非同级财政拨款收入"科目，贷记"本期盈余"科目。期末结转后，"非同级财政拨款收入"科目应无余额。

年末结转时，应同时在预算会计下，将"非同级财政拨款预算收入"科目本期发生额中的专项资金收入结转至非财政拨款结转，借记"非同级财政拨款预算收入"科目下各专项资金收入的明细科目，贷记"非同级财政拨款结转本年收支结转"科目；将"非同级财政拨款预算收入"科目本期发生额中的非专项资金收入结转至其他结余，借记"非同级财政拨款预算收入"科目下各非专项资金收入的明细科目，贷记"其他结余"科目。

	财务会计		预算会计
确认收入时	按照应收或实际收到金额	借：其他应收款 　　银行存款 贷：非同级财政拨款收入	借：资金结余——货币资金 贷：非同级财政拨款预算收入
收到应收款项	按照实际收到的金额	借：银行存款 贷：其他应收款	
期末	专项资金	借：非同级财政拨款收入 贷：本期盈余	借：非同级财政拨款预算收入 贷：非财政拨款结转——本年收支结转
	非专项资金		借：非同级财政拨款预算收入 贷：其他结余

（二）捐赠收入、利息收入、租金收入和其他收入

1. 捐赠收入

1）捐赠收入的概念和核算科目设置

捐赠收入是指行政单位接受其他单位或者个人捐赠取得的收入。为核算捐赠收入业

务,行政单位应设置"捐赠收入"总账科目,该科目应当按照捐赠资产的用途和捐赠单位等进行明细核算。期末结转后,本科目应无余额。

2) 捐赠收入的主要账务处理

(1) 接受捐赠的货币资金,按照实际收到的金额,借记"银行存款""库存现金"等科目,贷记本科目。同时,在预算会计下,借记"资金结存——货币资金"科目,贷记"捐赠预算收入"科目。

需要说明的是,预算收入中如果未单独设立捐赠预算收入科目,可以通过"其他预算收入——捐赠收入"科目核算。

【例7-21】 2×22年2月,某单位收到退休职工捐赠的现金100 000元,用于设立职工奖助金。

财务会计	预算会计
借:银行存款　　　　　　　　　　100 000 　贷:捐赠收入——职工奖助金——退休职工　100 000	借:资金结存——货币资金　100 000 　贷:捐赠预算收入　　　　　　100 000

(2) 接受捐赠的存货、固定资产等非现金资产,按照确定的成本,借记"库存物品""固定资产"等科目,按照发生的相关税费、运输费等,贷记"银行存款"等科目,按照其差额,贷记本科目。同时,在预算会计下,对于支付的相关税费等,按照实际支付的金额,借记"其他支出"科目,贷记"资金结存——货币资金"科目。需要注意的是,单位接受捐赠资产和接受无偿调拨资产的账务处理是不一样的。接受捐赠资产,对单位来讲,是一种导致净资产增加的、含有服务潜力或者经济利益的经济资源的流入,因此,单位要作为收入记入"捐赠收入"科目。而接受无偿调拨的资产,对单位来讲,相当于单位出资者(所有者、主办方)通过无偿调拨的方式增加对单位的投入,因此,单位要直接增加净资产,相应记入"无偿调拨净资产"科目。另外,单位接收捐赠资产计入"捐赠收入"科目后,应根据具体情况按照国家税法的相关规定判断是否需要缴纳税金。

【例7-22】 2×22年4月,某行政单位与A公司签订捐赠协议,约定A公司捐赠单位一批全新的办公家具,价值350 000元。当日,该单位租用车辆自A公司仓库将家具运输至本单位,并支付了运输费20 000元。

财务会计	预算会计
借:固定资产　　　　　　　　　370 000 　贷:银行存款　　　　　　　　　20 000 　　捐赠收入——办公用固定资产 　　　　　　　(A公司)　　　350 000	借:其他支出　　　　　　　　20 000 　贷:资金结存——货币资金　20 000

(3) 接受捐赠的资产按照名义金额入账的,按照名义金额,借记"库存物品""固定资产"等科目,贷记本科目;按照发生的相关税费、运输费等,借记"其他费用"科目,贷记"银行存款"等科目。同时,在预算会计下,对于支付的相关税费等,按照实际支付的金额,借记"其他支出"科目,贷记"资金结存——货币资金"科目。

【例7-23】 2×22年6月,某事业单位与B公司签订捐赠协议,约定由B公司捐赠单位一批字画。该批字画没有相关凭据且未经资产评估、同类或类似资产的市场价格也无法可靠取得。当日,该单位租用车辆自B公司仓库将字画运输至本单位,并支付了运输费10 000元。

财务会计	预算会计
借:固定资产　　　　　　　　10 000 　　贷:捐赠收入——字画(B公司)　10 000 借:其他费用　　　　　　　　10 000 　　贷:银行存款　　　　　　　10 000	借:其他支出　　　　　　　　10 000 　　贷:资金结余——货币资金　10 000

(4)期末结转。期末,将"捐赠收入"科目的本期发生额转入本期盈余,借记"捐赠收入"科目,贷记"本期盈余"科目。

年末,在预算会计下,将"捐赠预算收入"科目本年发生额中的专项资金收入转至非财政拨款结转,借记"捐赠预算收入"下各专项资金收入的明细收入科目,贷记"非财政拨款结转——本年收支结转"科目;将"捐赠预算收入"科目本年发生额中的非专项资金收入转至其他结余,借记"捐赠预算收入"科目下各非专项资金收入的明细收入科目,贷记"其他结余"科目。

财务会计		预算会计
专项资金	借:捐赠收入 　　贷:本期盈余	借:捐赠预算收入 　　贷:非财政拨款结转——本年收支结转
非专项资金		借:捐赠预算收入 　　贷:其他结余

2. 利息收入

1) 利息收入的概念和核算科目设置

利息收入是行政单位将资金提供给银行或其他金融机构使用而取得的收入。单位应设置"利息收入"科目,核算单位取得的银行存款利息收入。"利息收入"科目平时贷方余额反映单位利息收入的累计数;期末结账后,本科目应无余额。"利息收入"科目可按照银行存款的项目进行明细核算。

2) 利息收入的主要账务处理

(1) 取得银行存款利息时,按照实际收到的金额,借记"银行存款"科目,贷记本科目。同时,在预算会计下,借记"资金结存——货币资金"科目,贷记"利息预算收入"科目。

(2) 期末,将本科目本期发生额转入本期盈余,借记本科目,贷记"本期盈余"科目。年末,应同时在预算会计下,借记"利息预算收入"科目,贷记"其他结余"科目。期末结转后,本科目应无余额。

【例7-24】 2×22年10月,某单位收到第三季度基本存款账户利息30 000元。

	财务会计		预算会计	
取得利息	借：银行存款 　　贷：利息收入	30 000 30 000	借：资金结余——货币资金 　　贷：其他预算收入——利息收入	30 000 30 000
期末结转	借：利息收入 　　贷：本期盈余	30 000 30 000	借：其他预算收入——利息收入 　　贷：其他结余	30 000 30 000

3. 租金收入

1) 租金收入的概念和核算科目设置

租金收入是指行政单位经批准利用国有资产出租取得并按照规定纳入本单位预算管理的租金收入。为核算租金业务收入，单位应设置"租金收入"科目，核算单位经批准利用国有资产出租取得并按照规定纳入本单位预算管理的租金收入。"租金收入"科目平时贷方余额反映单位租金收入的累计数；期末结账后，本科目应无余额。"租金收入"科目应当按照国有资产类别和收入来源等进行明细核算。

国有资产出租收入，应当在租赁期内各个期间按照直线法予以确认。即根据出租年限与租金收入总额，平均计算每期的租金收入，并据此在租赁期内的各个期间分别确认当期租金收入。

从租金的收取方式来看，主要分为预收租金方式、后付租金方式和分期收取租金方式。无论采用哪种收取方式，单位都应按照直线法的规定和合同约定，在租赁期内各个期间，分期确认租金收入。

2) 租金收入的管理

根据《行政事业性国有资产管理条例》的规定，单位应制定国有资产管理办法，严格规范国有资产的出租、出借业务，保证国有资产的安全完整。

行政单位将占有、使用的国有资产对外出租、出借的，必须事先上报同级财政部门审核批准，未经批准不得对外出租、出借。同级财政部门应根据实际情况对行政单位国有资产对外出租、出借事项严格控制，从严审批。

行政单位出租、出借的国有资产，其所有权性质不变，仍归国家所有。所形成的收入，按照政府非税收入管理的规定，实行"收支两条线"管理。

3) 租金收入的主要账务处理

期末，单位将"租金收入"科目的本期发生额转入本期盈余，借记"租金收入"科目，贷记"本期盈余"科目。年末，应同时在预算会计下，借记"租金预算收入"科目，贷记"其他结余"科目。

项目	财务会计	预算会计
期末结转	借：租金收入 　　贷：本期盈余	借：其他预算收入——租金收入 　　贷：其他结余

4. 其他收入

1) 其他收入的概念和核算科目设置

其他收入是指行政单位取得的除财政拨款收入、非同级财政拨款收入、捐赠收入、利息收入、租金收入以外的各项收入,包括现金盘盈收入、行政单位收回已核销的其他应收款、置换换出资产评估增值等。

单位应设置"其他收入"科目,用于核算单位取得的除财政拨款收入、非同级财政拨款收入、捐赠收入、利息收入、租金收入以外的各项收入。"其他收入"科目平时贷方余额反映单位其他收入的累计数;期末结转后,该科目应无余额。"其他收入"科目应当按照其他收入的类别、来源等进行明细核算。

2) 其他收入的主要账务处理

(1) 现金盘盈收入。

现金账款核对中发现的现金溢余,属于无法查明原因的部分,报经批准后,借记"待处理财产损溢"科目,贷记"其他收入"科目。同时,在预算会计下,按照溢余的现金金额,借记"资金结存——货币资金"科目,贷记"其他预算收入"科目。

【例7-25】 某行政单位发生以下业务。

年末现金盘点盘盈500元,由于无法查明原因,报经单位领导批准处置。

财务会计	预算会计
借:待处理财产损溢　　　　　500 　贷:其他收入——现金盘盈收入　　500	借:资金结存——货币资金　　　500 　贷:其他预算收入　　　　　　　500

(2) 收回已核销的其他应收款。

行政单位已核销的其他应收款在以后期间收回的,按照实际收回的金额,借记"银行存款"等科目,贷记"其他收入"科目。同时,在预算会计下,借记"资金结存——货币资金"科目,贷记"其他预算收入"科目。需要注意,在财务会计下,只有行政单位已核销的其他应收款在以后期间收回的,才通过"其他收入"科目核算。因此,已核销的其他应收款在以后期间收回的,仍应根据核销时的处理方式进行反向账务处理,即借记"其他应收款"科目,贷记"坏账准备"科目;同时,借记"银行存款"科目,贷记"其他应收款"科目。

财务会计	预算会计
借:银行存款 　贷:其他收入	借:资金结存——货币资金 　贷:其他预算收入

(3) 无法偿付的应付及预收款项。

无法偿付或债权人豁免偿还的应付账款、预收账款、其他应付款及长期应付款,借记"应付账款""其他应付款""长期应付款"等科目,贷记"其他收入"科目。

(4) 置换换出资产评估增值。

资产置换过程中,换出资产评估增值的,按照评估价值高于资产账面价值或账面余额的金额,借记有关科目,贷记本科目。具体账务处理参见"库存物品"等科目。

(5) 除以上内容以外的其他收入。

确认除以上内容以外的其他收入时,按照应收或实际收到的金额,借记"其他应收款""银行存款""库存现金"等科目,贷记本科目。涉及增值税业务的,相关账务处理参见"应交增值税"科目。同时,在预算会计下,按照实际收到的金额,借记"资金结存——货币资金"科目,贷记"其他预算收入"科目。

财务会计	预算会计
借:其他应收款 银行存款 库存现金 贷:其他收入	借:资金结存——货币资金 贷:其他预算收入

(6) 其他收入的期末结账。

期末,将本科目本期发生额转入本期盈余,借记"其他收入"科目,贷记"本期盈余"科目。期末结转后,本科目应无余额。年末,应同时在预算会计下,将"其他预算收入""捐赠预算收入""利息预算收入""租金预算收入"科目本年发生额中的专项资金收入转至非财政拨款结转,借记"其他预算收入""捐赠预算收入""利息预算收入""租金预算收入"科目,贷记"非财政拨款结转——本年收支结转"科目;将"其他预算收入""捐赠预算收入""利息预算收入""租金预算收入"科目本年发生额中的非专项资金收入转至其他结余,借记"其他预算收入""捐赠预算收入""利息预算收入""租金预算收入"科目,贷记"其他结余"科目。

项目	财务会计	预算会计
专项资金	借:其他应收款 银行存款 库存现金 贷:其他收入	借:其他预算收入 贷:非财政拨款结转——本年收支结转
非专项资金		借:其他预算收入 贷:其他结余

三、预算收入

政府单位预算收入是指会计主体在预算年度内依法取得的并纳入预算管理的现金流入。政府单位预算收入的核算一律采用收付实现制。

(一) 财政拨款预算收入

1. 财政拨款预算收入的概念和科目核算设置

财政拨款预算收入是指行政单位从同级政府财政部门取得的各类财政拨款。财政拨款预算收入按照资金用途分为基本支出拨款预算收入和项目支出拨款预算收入两类。

政府单位根据批准的部门预算财政拨款预算指标,有计划地申领和使用财政预算资金。根据业务工作进度和资金需求,编制分月用款计划,逐级审批后报财政部门核定。财政部门拨付单位款项或下达财政资金用款额度时,政府单位根据有关单据确认财政拨款预算收入。

需要注意的是,年末由于存在财政拨款预算资金当年尚未执行或未执行完毕的情况,故预算资金需结转下一年度继续执行,基于预算管理要求,当年该部分财政资金仍应确认为财政拨款预算收入。这部分资金实际上采用了权责发生制的确认原则,将财政拨款预算资金结转下年继续使用。这样也实现了预算会计中财政拨款预算收入与财务会计中财政拨款收入确认和计量的统一及衔接。

政府单位应设置"财政拨款预算收入"科目,核算政府单位从同级财政部门取得的财政预算资金。"财政拨款预算收入"科目贷方余额反映当年政府单位财政拨款预算收入的累计数;年末结转后,本科目应无余额。

"财政拨款预算收入"科目应当设置"基本支出"和"项目支出"两个明细科目,并按照《政府收支分类科目》中"支出功能分类"的项级科目进行明细核算;同时,在"基本支出"明细科目下按照"人员经费"和"日常公用经费"进行明细核算,在"项目支出"明细科目下按照具体项目进行明细核算。

需要注意的是,有一般公共预算财政拨款、政府性基金预算财政拨款等两种或两种以上财政拨款的单位,还应当按照财政拨款的种类进行明细核算。具体核算过程中,可以将财政拨款种类也作为辅助核算,或者将财政拨款种类与支出功能科目结合到一起,根据支出功能科目判断识别财政拨款种类。

2. 通过财政实拨资金方式取得的财政拨款预算收入

按照本期预算收到财政拨款预算收入时,按照实际收到的金额,借记"资金结存——货币资金"科目,贷记"财政拨款预算收入"科目。同时,在财务会计下,借记"银行存款"等科目,贷记"财政拨款收入"科目。

财务会计	预算会计
借:银行存款 　贷:财政拨款收入	借:资金结存——货币资金 　贷:财政拨款预算收入

3. 差错更正、购货退回

差错更正、购货退回等发生国库直接支付款项退回的,属于本年度支付的款项,按照退回金额,借记"财政拨款预算收入"科目,贷记"行政支出"。同时,在财务会计下,借记"财政拨款收入"科目,贷记"库存物品""固定资产""业务活动费用"等科目。

属于以前年度支付的财政直接支付款项,支付发生的当年年末其收支已结转,因此,应调整"财政拨款结转"或"财政拨款结余"的年初余额,不通过"财政拨款预算收入"科目核算。

项目	财务会计	预算会计
属于本年度支付的款项	借:财政拨款收入 　贷:业务活动费用等	借:财政拨款预算收入 　贷:行政支出
属于以前度支付的款项	借:财政直接支付 　贷:以前年度盈余调整等	借:资金结余 　贷:财政拨款结转——年初余额调整/ 　　财政拨款结余——年初余额调整

4. 财政拨款预算收入的年末结账

年末,将"财政拨款预算收入"科目本年发生额转入财政拨款结转,借记"财政拨款预算收入"科目,贷记"财政拨款结转——本年收支结转"科目。年末结转后,"财政拨款预算收入"科目应无余额。在财务会计下,期末结转时,借记"财政拨款收入"科目,贷记"本期盈余"科目。

(二)非同级财政拨款预算收入

1. 非同级财政拨款预算收入概念

非同级财政拨款预算收入是指行政单位从非同级政府财政部门取得的财政拨款,包括同级横向转拨财政款和非同级财政拨款。

同级横向转拨财政款是指通过同级政府其他部门或单位间接从同级财政部门取得的财政拨款。比如,人力资源和社会保障部门组织实施的考核奖,纳入人社部门的部门预算,财政部门批复预算时将预算指标下达人社部门,再由人社部门根据考核情况,将考核奖励资金转拨给相关的部门和单位。对受到考核奖励的部门和单位来讲,这笔通过人社部门拨付的考核奖励资金,就属于同级横向转拨财政款。

非同级财政拨款是指"非同级财政"部门的"拨款",即单位从其他层级的财政部门取得的财政拨款。地方政府及其财政部门经常要对没有直接领拨款关系的垂直管理政府单位,给予一定的业务经费补助、执法办案经费补助、支持地方发展奖励以及代征地方收入的手续费等。这些收入对于垂直管理的政府单位来说,就属于非同级财政拨款,不能作为财政拨款预算收入管理,而应作为非同级财政拨款预算收入核算。

非同级财政拨款预算收入与财政拨款预算收入相比,从本质上看,两种收入都是财政拨款;区别是财政拨款预算收入是直接从同级财政部门取得的,而非同级财政拨款预算收入则是从同级政府的非财政部门或单位,以及其他层级的政府财政部门取得。

2. 核算科目设置

行政单位应设置"非同级财政拨款预算收入"科目,核算单位从非同级政府财政部门取得的经费拨款。"非同级财政拨款预算收入"科目平时贷方余额反映当年单位的非同级财政拨款预算收入累计数;年末结账后,该科目应无余额。

"非同级财政拨款预算收入"科目应当按照非同级财政拨款预算收入的类别、来源以及《政府收支分类科目》中"支出功能分类科目"的项级科目等进行明细核算。非同级财政拨款预算收入中如有专项资金收入,还应按照具体项目进行明细核算。

3. 主要账务处理

(1)取得非同级财政拨款预算收入时,按照实际收到的金额,借记"资金结存——货币资金"科目,贷记"非同级财政拨款预算收入"科目。同时,在财务会计下,借记"银行存款"科目,贷记"非同级财政拨款收入"科目。

(2)年末,将"非同级财政拨款预算收入"科目本年发生额中的专项资金收入转至非财政拨款结转,借记"非同级财政拨款预算收入"科目下各专项资金收入明细科目,贷记"非财政拨款结转——本年收支结转"科目;将"非同级财政拨款预算收入"科目本年发生额中的非专项资金收入转至其他结余,借记"非同级财政拨款预算收入"科目下各非专项资金收入明细科目,贷记"其他结余"科目。在财务会计下,期末结转时,借记"非同级财政拨款收入"科目,贷记"本期盈余"科目。

(三)其他预算收入

1. 其他预算收入概念和核算科目设置

其他预算收入是指行政单位除财政拨款预算收入、非同级财政拨款预算收入之外的纳入部门预算管理的现金流入,包括捐赠预算收入、利息预算收入、租金预算收入、现金盘盈收入等。

政府单位应设置"其他预算收入"科目,用于核算单位除财政拨款预算收入、非同级财政拨款预算收入之外的纳入部门预算管理的现金流入。"其他预算收入"科目平时贷方余额反映本年其他预算收入的累计数;年末结转后,本科目应无余额。

"其他预算收入"科目应当按照其他收入的类别、《政府收支分类科目》中"支出功能分类科目"的项级科目等进行明细核算。其他预算收入中如有专项资金收入,还应按照具体项目进行明细核算。

2. 主要账务处理

(1)接受捐赠现金资产、收到银行存款利息、收到资产承租人支付的租金时,按照实际收到的金额,借记"资金结存——货币资金"科目,贷记"其他预算收入"科目。同时,在财务会计下,借记"银行存款""库存现金"等科目,贷记"捐赠收入""利息收入""租金收入"或者"预收账款""应收账款"等科目。

(2)发生现金溢余。每日现金账款核对中如发现现金溢余,按照溢余的现金金额,借记"资金结存——货币资金"科目,贷记"其他预算收入"科目。经核实,属于应支付给有关个人和单位的部分,按照实际支付的金额,借记"其他预算收入"科目,贷记"资金结存——货币资金"科目。

在财务会计下,发现现金溢余时,借记"库存现金"科目,贷记"待处理财产损溢"科目;无法查明原因的,借记"待处理财产损溢"科目,贷记"其他收入"科目,属于应支付给个人和单位的,借记"待处理财产损溢"科目,贷记"其他应付款"科目。

对于现金溢余的账务处理,预算会计在发现时即确认预算收入,后续经查实不符合确认条件的,再予以冲减;而财务会计则是在发现时记入"待处理财产损溢"这个过渡科目,待查实情况后,再确定是否确认收入。这种制度安排,主要是预算会计无过渡性科目,为强化现金溢余的管理,只能先确认预算收入,再区别不同情况进行调整。

(3)收到其他预算收入时,按照收到的金额,借记"资金结存——货币资金"科目,贷记"其他预算收入"科目。同时,在财务会计下,借记"银行存款"等科目,贷记"其他收入"等科目。

(4)年末结转,将本科目本年发生额中的专项资金收入转入非财政拨款结转,借记该科目下各专项资金收入明细科目,贷记"非财政拨款结转——本年收支结转"科目;将本科目本年发生额中的非专项资金收入转入其他结余,借记本科目下各非专项资金收入明细科目,贷记"其他结余"科目。年末结转后,本科目应无余额。在财务会计下,期末结转时,借记"捐赠收入""利息收入""租金收入""其他收入"等科目,贷记"本期盈余"科目。

第五节　行政单位费用与预算支出的核算

一、行政单位费用

费用是指报告期内导致政府会计主体净资产减少的含有服务潜力或者经济利益的经济资源的流出。对于行政单位来说,具体是指单位为保障机构正常运转、开展业务活动及其他活动发生的资金耗费和损失。

（一）业务活动费用

1. 概念

业务活动费用是指行政单位为实现其职能目标，依法履职或开展专业业务活动及其辅助活动所发生的各项费用。按照经济性质，业务活动费用可以分为工资福利费用、商品和服务费用、对个人和家庭的补助费用、对企业补助费用等。

2. 科目设置

单位应设置"业务活动费用"科目，核算单位为实现其职能目标，依法履职或开展专业业务活动及其辅助活动所发生的各项费用。"业务活动费用"科目平时借方余额反映单位业务活动费用实际累计数，期末结转后本科目应无余额。

3. 账务处理

(1) 为履职或开展业务活动人员计提薪酬。

为履职或开展业务活动人员计提的薪酬，按照计算确定的金额，借记"业务活动费用"科目，贷记"应付职工薪酬"科目。因为并未发生实际的现金流出，因此在计提职工薪酬时不需要进行预算会计处理。

实际支付时，财务会计下借记"应付职工薪酬"，贷记"财政拨款收入""银行存款""其他应交税费——应交个人所得税"。在预算会计下，借记"行政支出"科目，贷记"财政拨款预算收入""资金结存"等科目。

实际缴纳税款时，借记"其他应交税费——应交个人所得税"，贷记"银行存款"科目等。在预算会计下，借记"行政支出"科目，贷记"资金结存"等科目。

项目	财务会计	预算会计
计提薪酬	借：业务活动费用 　贷：应付职工薪酬	—
实际支付	借：应付职工薪酬 　贷：财政拨款收入其他应交税费——应交个人所得税	借：行政支出 　贷：财政拨款预算收入等
实际缴纳税款	借：其他应交税费——应交个人所得税 　贷：银行存款	借：行政支出 　贷：资金结存等

(2) 为履职或开展业务活动发生外部人员劳务费。

为履职或开展业务活动发生外部人员劳务费时，按照计算确定的金额，借记"业务活动费用"科目，贷记"其他应付款"科目。因为并未发生实际的现金流出，因此在计提职工薪酬时不需要进行预算会计处理。

实际支付时，财务会计下借记"其他应付款"，贷记"财政拨款收入""银行存款""其他应交税费——应交个人所得税"。在预算会计下，借记"行政支出"科目，贷记"财政拨款预算收入""资金结存"等科目。

实际缴纳税款时，按照实际缴纳的金额，借记"其他应交税费——应交个人所得税"，贷记"银行存款"科目等。在预算会计下，借记"行政支出"科目，贷记"资金结存"等科目。

项目	财务会计	预算会计
计提劳务费	借：业务活动费用 　　贷：其他应付款	—
实际支付	借：其他应付款 　　贷：财政拨款收入 　　　　其他应交税费——应交个人所得税	借：行政支出 　　贷：财政拨款预算收入等
实际缴纳税款	借：其他应交税费——应交个人所得税 　　贷：银行存款	借：行政支出 　　贷：资金结存等

（3）为履职或开展业务活动领用库存物品、动用发出政府储备物资。

为履职或开展业务活动领用库存物品，以及动用发出相关政府储备物资，按照领用库存物品或发出相关政府储备物资的账面余额，借记"业务活动费用"科目，贷记"库存物品""政府储备物资"等科目。由于领用库存物品、政府储备物资不涉及现金流出，因此在预算会计下不作账务处理。

财务会计	预算会计
借：业务活动费用 　　贷：库存物品/政府储备物资	—

（4）为履职或开展业务活动所使用的固定资产等计提折旧、摊销。

为履职或开展业务活动所使用的固定资产、无形资产以及为所控制的公共基础设施、保障性住房计提的折旧、摊销等，按照具体金额借记"业务活动费用"科目，贷记"固定资产累计折旧""无形资产累计摊销"等科目。由于计提折旧或摊销不涉及现金流出，因此在预算会计下不作账务处理。

财务会计	预算会计
借：业务活动费用 　　贷：固定资产累计折旧/无形资产累计摊销/保障 　　　　性住房累计折旧等	—

（5）为履职或开展业务活动发生的城市维护建设税等相关税费。

为履职或开展业务活动发生的城市维护建设税、教育附加费、地方教育附加费、车产税等，按照计算确定应缴纳的金额借记"业务活动费用"科目，贷记"其他应交税费"等科目。计提时，预算会计不作处理。

实际支付时，借记"其他应交税费"科目，贷记"银行存款"科目，在预算会计下，借记"行政支出"科目，贷记"财政拨款预算收入""资金结存"等科目。

项目	财务会计	预算会计
计算相关税费	借：业务活动费用 　　贷：其他应交税费	—

(续表)

项目	财务会计	预算会计
实际支付	借：其他应交税费 　贷：银行存款	借：行政支出 　贷：财政拨款预算收入等

(6) 为履职或开展业务活动发生预付款。

为履职或开展业务活动发生预付款项时，按照实际支付的金额，借记"预付账款"科目，贷记"财政拨款收入""银行存款"等科目。在预算会计下，借记"行政支出"科目，贷记"财政拨款预算收入""资金结存"等科目。

实际结算时，按照应付的金额借记"业务活动费用"科目，贷记"预付账款"科目，需要补付账款时，按照补付的金额贷记"财政拨款收入""银行存款"等科目。在预算会计下，按照实际补付金额借记"行政支出"科目，贷记"财政拨款预算收入""资金结存"等科目。

项目	财务会计	预算会计
支付预付款时	借：预付账款 　贷：财政拨款收入	借：行政支出 　贷：财政拨款预算收入等
实际结算时	借：业务活动费用 　贷：预付账款/财政拨款收入	借：行政支出 　贷：财政拨款预算收入等

(7) 为履职或开展业务活动发生暂付款项。

未履职或开展业务活动发生暂付款项时，按照实际支付的金额借记"其他应收款"科目，贷记"银行存款""库存现金"等科目，暂付款项在预算会计下不作账务处理。

实际结算时，按照结算或报销的金额，借记"业务活动费用"科目，按照收回的金额，借记"库存现金"等科目，贷记"其他应收款"科目。在预算会计下，按照结算或报销的金额，借记"行政支出"科目，贷记"资金结存"科目。

项目	财务会计	预算会计
支付暂付款时	借：其他应收款 　贷：财政拨款收入	—
实际结算时	借：业务活动费用 　　银行存款 　贷：其他应收款	借：行政支出 　贷：资金结存等

(8) 为履职或开展业务活动发生其他各项费用。

为履职或开展业务活动发生其他各项费用时，按照费用确认金额或实际支付金额，借记"业务活动费用"科目，贷记"财政拨款收入""其他应付款""其他应收款"等科目。在预算会计下，按照实际支付的金额，借记"行政支出"科目，贷记"财政拨款预算收入""资金结存"等科目。

财务会计	预算会计
借：业务活动费用 　贷：财政拨款收入/其他应收款等	借：行政支出 　贷：资金结存等

(9) 当年购货退回。

发生当年购货退回等业务,对于已计入本年业务活动费用的,按照收回或应收的金额,借记"财政拨款收入""银行存款""其他应收款"等科目,贷记"业务活动费用"科目。在预算会计下,按照实际收回的金额,借记"财政拨款预算收入""资金结存"科目,贷记"行政支出"科目。

财务会计	预算会计
借：财政拨款收入/银行存款 　　贷：业务活动费用	借：财政拨款预算收入/资金结存 　　贷：行政支出

(10) 期末结转。

期末结转时,将"业务活动费用"科目的本期发生额转入"本期盈余",借记"本期盈余"科目,贷记"业务活动费用"科目。

年末结转时,在预算会计下,将行政支出科目本年发生额中的财政拨款支出转入财政拨款结转,借记"财政拨款结转——本年收支结转"科目,贷记"行政支出"科目下各财政拨款支出的明细科目;将"行政支出"科目本年发生额中的非财政拨款支出转入非财政拨款结转,借记"非财政拨款结转——本年收支结转"科目,贷记"行政支出"科目下各非财政拨款支出的明细科目。

财务会计	预算会计
借：本期盈余 　　贷：业务活动费用	借：财政拨款结转——本年收支结转 　　非财政拨款结转——本年收支结转 　　贷：行政支出

(二) 资产处置费用

1. 概念

资产处置费用是指单位经批准处置资产时发生的费用,包括转销的被处置资产价值,在处置过程中发生的相关费用以及处置收入小于相关费用形成的净损失。资产处置的形式按照规定,包括无偿调拨、出售、出让、转让、置换、对外捐赠、盘亏、报废、损毁以及货币性资产损失核销等。

2. 科目设置

单位应设置"资产处置费用"科目,用于核算单位经批准处置资产时发生的费用。

3. 账务处理

(1) 不通过"待处理财产损溢"科目核算的资产处置。

根据规定,单位在资产清查中查明的资产盘亏、毁损以及报废等以外的资产处置业务,不通过"待处理财产损溢"科目核算。

注销处置资产的账面价值时,按照处置资产的账面价值,借记"资产处置费用""固定资产累计折旧""无形资产累计摊销""公共基础设施累计折旧"等科目,按照处置资产的账面原值,贷记"库存物品""固定资产""无形资产"等科目。

发生处置费用时,按照实际发生金额,借记"资产处置费用"科目,贷记"银行存款"等科目。

在处置过程中,取得处置收入时,应将处置收入与处置费用进行比较。如果处置收入小于处置费用,应将处置收入全额冲减处置费用,借记"库存现金"等科目,贷记"资产处置费用"科目;如果处置收入大于处置费用,应按照处置费用的净额冲减资产处置费用,按照取得的处置收入,借记"库存现金"等科目,按照处置资产过程中发生的处置费用金额,贷记"资产处置费用"科目,按照其差额,贷记"应缴财政款"等科目。

项目	财务会计	预算会计
注销处置资产的账面价值	借:资产处置费用 　　固定资产累计折旧/无形资产累计摊销等 贷:固定资产/无形资产等	—
发生处置费用	借:资产处置费用 贷:银行存款等	借:其他支出 贷:资金结存
取得处置收入	借:银行存款等(收入) 　　应缴财政款 贷:银行存款等(支出)	—

(2)通过"待处理财产损溢"科目核算的资产处置。

单位账款核对中发现的现金短缺,属于无法查明原因的,经核准后,借记"资产处置费用"科目,贷记"待处理财产损溢"科目。

财务会计	预算会计
借:资产处置费用 贷:待处理财产损溢	—

单位在资产清查盘点过程当中发现盘亏、毁损或者报废的固定资产,无形资产等,报经批准后,按照资产的价值,借记"资产处置费用"科目,贷记"待处理财产损溢——待处理财产价值",在处理过程中所取得收入小于所发生的费用时,借记"资产处置费用"科目,贷记"待处理财产损溢——处理净收入"科目。

项目	财务会计	预算会计
批准处理时	借:资产处置费用 贷:待处理财产损溢——待处理财产价值	—
处理过程中所取得收入小于所发生的费用时	借:资产处置费用 贷:待处理财产损溢——待处理财产价值	借:其他支出 贷:资金结存

(3)期末结转。

期末将"资产处置费用"科目本期发生额转入"本期盈余",借记"本期盈余"科目,贷记"资产处置费用"科目,期末结转后本科目无余额。

财务会计	预算会计
借：本期盈余 　　贷：资产处置费用	—

二、行政单位预算支出

行政单位预算支出是指政府会计主体在预算年度内依法发生并纳入预算管理的现金流出。预算支出一般在实际支付时予以确认，以实际支付的金额计量。

（一）行政支出

1. 概念

行政支出是指行政单位履行其职责、完成行政任务实际发生的各项现金流出。按照不同资金性质可分为财政拨款支出、非财政专项资金支出、其他资金支出。按照部门预算管理要求可分为基本支出，指行政单位为保障机构正常运转和完成日常工作任务而发生的支出，包括人员经费支出和日常公用经费支出和项目支出（指行政单位为完成特定的工作任务，在基本支出之外发生的各项支出）。按照政府支出经济分类科目可分为工资福利支出类、商品和服务支出类、对个人和家庭的补助类、债务利息及费用支出类、资本性支出（基本建设）类、资本性支出类、对企业补助（基本建设）类、对企业补助类、对社会保障基金补助类、其他支出类。按照部门预算支出经济分类科目可分为工资福利支出、商品和服务支出、对个人和家庭的补助、债务利息和费用支出、资本性支出、对企业补助、对社会保障基金补助、其他支出。

2. 科目设置

行政单位应设置"行政支出"科目，本科目应当分别按照"财政拨款支出""非财政专项资金支出"和"其他资金支出""基本支出"和"项目支出"等进行明细核算，并按照《政府收支分类科目》中"支出功能分类科目"的项级科目进行明细核算；"基本支出"和"项目支出"明细科目下应当按照《政府收支分类科目》中"部门预算支出经济分类科目"的款级科目进行明细核算，同时在"项目支出"明细科目下按照具体项目进行明细核算。年末结转后，本科目应无余额。

有一般公共预算财政拨款、政府性基金预算财政拨款等两种或两种以上财政拨款的行政单位，还应当在"财政拨款支出"明细科目下按照财政拨款的种类进行明细核算。

对于预付款项，可通过在本科目下设置"待处理"明细科目进行核算，待确认具体支出项目后再转入本科目下相关明细科目。年末结账前，应将本科目"待处理"明细科目余额全部转入本科目下相关明细科目。

3. 账务处理

（1）支付单位职工薪酬。

向单位职工个人支付薪酬时，按照实际支付的金额，借记本科目，贷记"财政拨款预算收入""资金结存"科目。在财务会计下，计提职工薪酬时，借记"业务活动费用"科目，贷记"应付职工薪酬"科目；实际支付薪酬时，借记"应付职工薪酬"科目，贷记"银行存款"等科目。

代扣代缴个人所得税时,借记"行政支出"科目,贷记"财政拨款预算收入"等。财务会计下,借记"其他应交税费——应交个人所得税"等科目,贷记"银行存款"等科目。

项目	财务会计	预算会计
计提薪酬	借:业务活动费用 　贷:应付职工薪酬	—
实际支付	借:应付职工薪酬 　贷:财政拨款收入其他应交税费——应交个人所得税	借:行政支出 　贷:财政拨款预算收入等
实际缴纳税款	借:其他应交税费——应交个人所得税 　贷:银行存款	借:行政支出 　贷:资金结存等

(2)支付外部人员劳务费。

发生外部人员劳务费时,按照计算确定的金额,借记"业务活动费用"科目,贷记"其他应付款"科目。因为并未发生实际的现金流出,因此在计提职工薪酬时不需要进行预算会计处理。

实际支付时,财务会计下借记"其他应付款"科目,贷记"财政拨款收入""银行存款""其他应交税费——应交个人所得税"科目。在预算会计下,借记"行政支出"科目,贷记"财政拨款预算收入""资金结存"等科目。

实际缴纳税款时,按照实际缴纳的金额,借记"其他应交税费——应交个人所得税",贷记"银行存款"科目等。在预算会计下,借记"行政支出"科目,贷记"资金结存"等科目。

项目	财务会计	预算会计
计提劳务费	借:业务活动费用 　贷:其他应付款	—
实际支付	借:其他应付款 　贷:财政拨款收入其他应交税费——应交个人所得税	借:行政支出 　贷:财政拨款预算收入等
实际缴纳税款	借:其他应交税费——应交个人所得税 　贷:银行存款	借:行政支出 　贷:资金结存等

(3)为购买固定资产、无形资产等以及在建工程支付款项。

为购买固定资产、无形资产等以及在建工程支付相关款项时,按照实际支付的金额借记"行政支出"科目,贷记"财政拨款预算收入""资金结存"等科目;在财务会计下借记"库存物品""固定资产""预付账款"等科目,贷记"财政拨款收入"等科目。

财务会计	预算会计
借:库存物品/固定资产/预付账款 　贷:财政拨款收入	借:行政支出 　贷:财政拨款预算收入/资金结存

(4)发生预付款和暂付款项。

发生预付款项时,按照实际支付的金额,借记"预付账款"科目,贷记"财政拨款收入"

"银行存款"等科目。在预算会计下,借记"行政支出"科目,贷记"财政拨款预算收入""资金结存"等科目。

具体结算款项时,按照应付的金额借记"业务活动费用"科目,贷记"预付账款"科目,需要补付账款时,按照补付的金额贷记"财政拨款收入""银行存款"等科目。在预算会计下,按照实际补付金额借记"行政支出"科目,贷记"财政拨款预算收入""资金结存"等科目。

项目	财务会计	预算会计
支付预付款时	借:预付账款 　贷:财政拨款收入	借:行政支出 　贷:财政拨款预算收入等
实际结算时	借:业务活动费用 　贷:预付账款/财政拨款收入	借:行政支出 　贷:财政拨款预算收入等

发生暂付款项时,按照实际支付的金额借记"其他应收款"科目,贷记"银行存款""库存现金"等科目,暂付款项在预算会计下不作账务处理。

具体结算款项或报销时,按照结算或报销的金额,借记"业务活动费用"科目,按照收回的金额,借记"库存现金"等科目,贷记"其他应收款"科目。在预算会计下,按照结算或报销的金额,借记"行政支出"科目,贷记"资金结存"科目。

项目	财务会计	预算会计
支付暂付款时	借:其他应收款 　贷:财政拨款收入	—
实际结算时	借:业务活动费用 　　银行存款 　贷:其他应收款	借:行政支出 　贷:资金结存等

(5)发生其他各项支出。

发生其他各项支出时,按照费用确认金额或实际支付金额,借记"业务活动费用"科目,贷记"财政拨款收入""应付账款""其他应付款""其他应收款"等科目。在预算会计下,按照实际支付的金额,借记"行政支出"科目,贷记"财政拨款预算收入""资金结存"等科目。

财务会计	预算会计
借:业务活动费用 　贷:财政拨款收入/其他应收款等	借:行政支出 　贷:资金结存等

(6)款项退回或差错更正。

发生当年购货退回或发生差错更正的等业务,对于已计入本年业务活动费用的,按照收回或应收的金额,借记"财政拨款收入""银行存款""其他应收款"等科目,贷记"业务活动费用"科目。在预算会计下,按照实际收回的金额,借记"财政拨款预算收入""资金结存"科目,贷记"行政支出"科目。

财务会计	预算会计
借：财政拨款收入/银行存款 　　贷：业务活动费用	借：财政拨款预算收入/资金结存 　　贷：行政支出

(7) 年末结转。

期末结转时，将"业务活动费用"科目的本期发生额转入"本期盈余"，借记"本期盈余"科目，贷记"业务活动费用"科目。

年末结转时，在预算会计下，将行政支出科目本年发生额中的财政拨款支出转入财政拨款结转，借记"财政拨款结转——本年收支结转"科目，贷记"行政支出"科目下各财政拨款支出的明细科目；将"行政支出"科目本年发生额中的非财政拨款支出转入非财政拨款结转，借记"非财政拨款结转——本年收支结转"科目，贷记"行政支出"科目下各非财政拨款支出的明细科目。

财务会计	预算会计
借：本期盈余 　　贷：业务活动费用	借：财政拨款结转——本年收支结转 　　非财政拨款结转——本年收支结转 　　贷：行政支出

（二）其他支出

1. 概念

其他支出是指行政单位除行政支出之外的各项现金流出，包括利息支出、对外捐赠现金支出、现金盘亏损失、接受捐赠（调入）和对外捐赠（调出）非现金资产发生的税费支出、资产置换过程中发生的相关税费支出、罚没支出等。

2. 科目设置

"其他支出"科目应当按照其他支出的类别，"财政拨款支出""非财政专项资金支出"和"其他资金支出"，《政府收支分类科目》中"支出功能分类科目"的项级科目和"部门预算支出经济分类科目"的款级科目等进行明细核算。其他支出中如有专项资金支出，还应按照具体项目进行明细核算。年末结转后，本科目应无余额。

3. 账务处理

(1) 对外捐赠现金资产。

对外捐赠现金资产时，按照捐赠金额，借记本科目，贷记"资金结存——货币资金"科目。

财务会计	预算会计
借：其他费用 　　贷：银行存款/库存现金等	借：其他支出 　　贷：资金结余——货币资金

(2) 现金盘亏损失。

每日现金账款核对中如发现现金短缺，按照短缺的现金金额，借记本科目，贷记"资金结存——货币资金"科目。经核实,属于应当由有关人员赔偿的,按照收到的赔偿金额,借记"资金结存——货币资金"科目,贷记本科目。

财务会计	预算会计
借:待处理财产损溢 　　贷:库存现金	借:其他支出——现金盘亏损失 　　贷:资金结存——货币资金

(3) 接受捐赠(无偿调入)和对外捐赠(无偿调出)非现金资产发生的税费支出。

接受捐赠(无偿调入)非现金资产发生的归属于捐入方(调入方)的相关税费、运输费等,以及对外捐赠(无偿调出)非现金资产发生的归属于捐出方(调出方)的相关税费、运输费等,按照实际支付金额,借记本科目,贷记"资金结存"科目。

项目	财务会计	预算会计
接受捐赠	借:库存物品等 　　贷:无偿调拨净资产/捐赠收入/ 　　　　银行存款	借:其他支出 　　贷:资金结存——货币资金
对外捐赠	借:无偿调拨净资产 　　　固定资产累计折旧 　　贷:固定资产 借:资产处置费用 　　贷:银行存款	借:其他支出 　　贷:资金结存

(4) 资产置换过程中发生的相关税费支出。

资产置换过程中发生的相关税费,按照实际支付金额,借记本科目,贷记"资金结存"科目。

财务会计	预算会计
借:其他费用 　　贷:银行存款	借:其他支出 　　贷:资金结存

(5) 其他支出。

发生罚没等其他支出时,按照实际支出金额,借记本科目,贷记"资金结存"科目。

财务会计	预算会计
借:其他费用 　　贷:银行存款/库存现金/其他应付款等	借:其他支出 　　贷:资金结余

(6) 期末结转。

年末,将本科目本年发生额中的财政拨款支出转入财政拨款结转,借记"财政拨款结转——本年收支结转"科目,贷记本科目下各财政拨款支出明细科目;将本科目本年发生额中的非财政专项资金支出转入非财政拨款结转,借记"非财政拨款结转——本年收支结转"科目,贷记本科目下各非财政专项资金支出明细科目;将本科目本年发生额中的其他资金支出(非财政非专项资金支出)转入其他结余,借记"其他结余"科目,贷记本科目下各其他资金支出明细科目。

思考题

1. 简述行政支出的概念及分类。
2. 简述净资产概念,按照其性质可分为哪些?净资产如何管理?

练习题

一、单项选择题

1. 关于行政单位的固定资产核算,错误的是(　　)。
    A. 行政单位的固定资产要计提折旧
    B. 行政单位的固定资产应当按照取得或购建时的实际成本记账
    C. 盘盈固定资产时,按重置完全价值入账;融资租入固定资产时,按实际支付的租金入账
    D. 接受捐赠固定资产时,按同类资产的市场价格或若有关凭据注明价值以及接受捐赠时发生的相关费用入账
2. 行政单位的资产中不包括(　　)。
    A. 流动资产　　　　B. 无形资产　　　　C. 长期资产　　　　D. 固定资产
3. 关于专用基金的说法,错误的是(　　)。
    A. 专用基金的取得均有专门的规定
    B. 专用基金可以循环周转使用
    C. 职工福利基金是根据结余的一定比例提取转入的
    D. 专用基金不得互相占用和挪用
4. 下列各项中,属于行政单位财务会计要素的是(　　)。
    A. 预算结余　　　　B. 预算收入　　　　C. 净资产　　　　D. 预算支出
5. 为开展业务活动发生的预付款项,结算预付账款时所作的会计分录正确的是(　　)。
    A. 借:预付账款　　　　　　　　　　　B. 借:预付账款
       贷:财政拨款收入　　　　　　　　　　贷:银行存款
    C. 借:业务活动费用　　　　　　　　　D. 借:业务活动费用
       贷:预付账款　　　　　　　　　　　　贷:财政拨款收入
6. 下列各项不属于行政单位科目的是(　　)。
    A. 应付财政补贴款　　B. 单位管理费用　　C. 应缴财政款　　D. 业务活动费用
7. 财政拨款收入在财政授权支付方式下,应按照(　　)计量收入。
    A. 通知书中直接支付入账金额
    B. 通知书中的授权支付额度
    C. 实际收到的金额
    D. 年末差额数

8. 下列有关费用的确认以及需要满足的条件的说法,错误的是( )。
   A. 与费用相关的含有服务潜力或经济利益的经济资源很可能流出单位
   B. 费用的确认采用收付实现制
   C. 含有服务潜力或经济利益的经济资源很可能流出会导致单位资产减少或负债增加
   D. 流出金额能够可靠地计量
9. 下列各项专属于行政单位科目的是( )。
   A. 应付财政补贴款　　　　　　　　B. 业务活动费用
   C. 财政拨款预算收入　　　　　　　D. 资金结存
10. 非同级财政拨款收入不包括( )。
    A. 同级政府其他部门取得的横向转拨财政款
    B. 从上级政府财政部门取得的经费拨款
    C. 同级政府财政部门取得的横向转拨财政款
    D. 从下级政府财政部门取得的经费拨款

二、多项选择题

1. 下列属于行政单位资产的是( )。
   A. 货币基金　　　　　　　　　　　B. 应缴款项
   C. 存货　　　　　　　　　　　　　D. 应付及预收款项
2. 行政单位材料出库可根据实际情况采用( )确定其价值。
   A. 先进先出法　　　　　　　　　　B. 后进后出法
   C. 加权平均法　　　　　　　　　　D. 移动加权平均法
3. 行政单位的无形资产种类有( )。
   A. 土地使用权　　B. 专利权　　C. 非专利技术　　D. 著作权
4. 下列各项中,关于"非同级财政拨款收入"科目说法正确的有( )。
   A. 用于核算单位从非同级政府财政部门取得的经费拨款
   B. 平时借方余额反映单位非同级拨款收入累计数
   C. 期末结账后,该科目无余额
   D. 应当按照本级横向转拨财政款和非本级财政拨款明细核算,并按照收入来源进行明细核算
5. 行政单位的收入包括( )。
   A. 拨入经费　　B. 预算外资金收入　　C. 应缴预算收入　　D. 其他收入
6. 下列行政单位对行政支出进行的分类有( )。
   A. 按资金来源分类　　　　　　　　B. 按经济支出分类
   C. 按支出功能分类　　　　　　　　D. 按管理层级分类
7. 在行政支出科目下,设置了( )三个二级科目。
   A. 财政拨款支出　　　　　　　　　B. 非财政专项资金支出
   C. 其他资金支出　　　　　　　　　D. 债务预算支出
8. 预算收入的征收机关有( )。
   A. 财政机关　　B. 税务机关　　C. 国家金库　　D. 海关

9. 资产的处置形式,包括( )。
   A. 对外捐赠　　　B. 无偿调拨　　　C. 报废　　　D. 毁损
10. 根据行政单位国有资产管理规定,行政单位国有资产( )。
   A. 不能进行长期投资
   B. 不得对外担保
   C. 遵循国家统一规定的标准配置
   D. 出租、出借要经过同级财政部门审批

三、判断题

1. 行政单位变卖固定资产取得的收入应计入其他收入账户。　　　　　　　( )
2. 行政单位的固定资产不计提折旧。　　　　　　　　　　　　　　　　　( )
3. 行政单位从非同级财政部门取得的补助款项属于其他收入。　　　　　　( )
4. "行政支出"科目用于核算行政单位履行其职务实际发生的各项现金流出 ( )
5. 为加强行政支出的会计管理和核算,行政单位应对行政支出进行适当的分类。( )
6. 净资产保留是指行政单位的预付账款、应收账款、存货、在建工程、固定资产、无形资产等资产在净资产中对应的保留金额,代表着作为支出资金来源的净资产。( )
7. 如果某项待摊费用不能使行政单位收益,应当将其摊余金额一次全部转入行政支出。
   　　　　　　　　　　　　　　　　　　　　　　　　　　　　　　　　( )
8. 与预付款项有所不同,暂付款项在预算会计下不作账务处理。　　　　　( )
9. 行政单位应当定期对文物文化资产进行盘点清查,每年至少盘点一次。　( )
10. 行政单位有价证券到期兑付,其利息收入应作为"预算外资金收入"入账。( )

四、业务题

1. 某行政单位职工李某出差,经批准预借差旅费用8 000元,张某出差回来报销差旅费7 000元,请编写出相关会计分录。
2. 某行政单位发生一项应付政府补贴业务,按规定计算确定的应付政府补贴金额为58 500元。数日后,该行政单位通过财政拨款收入向相应政府补贴接受者支付了该项政府补贴款项58 500元。请编写出相关会计分录。
3. 2×22年3月31日,某行政单位计提外部人员劳务费500 000元。4月10日采用财政直接支付方式发放劳务费,并同时计算应缴纳税款70 000元。4月30日采用财政授权方式缴纳税款70 000元。请编写出相关会计分录。

第八章

事业单位会计核算

第一节 事业单位资产的核算

学习目的和要求：通过本章的学习，学生应该了解事业单位会计核算的主要内容，熟悉事业单位会计核算涉及的会计科目及其会计业务相关处理。

教学重点和难点：本章的重点是事业单位资产的核算，难点是经管类资产的特殊性。

课程思政案例

如实反映很重要

××高校(事业单位)的招待所采用职工承包经营的方式经营，该高校与承包人签订经营目标管理责任书，规定承包人全年应完成上缴指标金额。每年签订经营目标管理责任书后，承包人将当年指标的一定比例作为风险抵押金上缴高校。每月高校按承包人开具的发票和收据确认当期收入，对应金额为承包人当月上缴的现金和结转的风险抵押金，在承包期间，上述金额合计数与承包人应完成上缴指标金额和应负担费用金额的合计数相一致。然而，高校对承包人未开发票的部分未全部开具收据，导致该高校会计核算未能全面反映招待所实际经营收入。究其原因，在于上述事项不符合《事业单位会计准则》第十二条"事业单位应当以实际发生的经济业务或者事项为依据进行会计核算，如实反映各项会计要素的情况和结果，保证会计信息真实可靠"的规定。

思考与讨论：高校应该构建什么样的会计核算体系，其核算的依据是什么，应如何进行科学的会计核算并提供真实、准确的会计信息？

一、事业单位资产概述

（一）资产的概念

资产是指政府会计主体过去的经济业务或者事项形成的，由政府会计主体控制的，预期能够产生服务潜力或者带来经济利益流入的经济资源。服务潜力是指政府会计主体利用资产提供公共产品和服务以履行政府职能的潜在能力。经济利益流入表现为现金及现金等价物的流入，或者现金及现金等价物流出的减少。

符合上述资产定义的经济资源，在同时满足以下条件时，确认为资产。

（1）与该资源有关的经济利益很可能流入企业。

(2) 该资源的成本或者价值能够可靠地计量。

（二）资产的分类

政府会计主体的资产按照流动性，分为流动资产和非流动资产。

流动资产是指可以在一年以内耗用或者变现的资产，包括库存现金、各种存款、应收及预付款项、存货等。流动资产变现快、周转能力强，实物形态不断变化。

非流动资产是指除流动资产以外的资产，包括固定资产、在建工程、无形资产、长期投资、公共基础设施、政府储备资产、文物文化资产、保障性住房和自然资源资产等。

（三）资产的计量属性

资产的计量属性主要包括历史成本、重置成本、现值、公允价值和名义金额。

（1）在历史成本计量下，资产按照取得时支付的现金金额或者支付对价的公允价值计量。

（2）在重置成本计量下，资产按照现在购买相同或者相似资产所需支付的现金金额计量。

（3）在现值计量下，资产按照预计从其持续使用和最终处置中所产生的未来净现金流入量的折现金额计量。

（4）在公允价值计量下，资产按照市场参与者在计量日发生的有序交易中，出售资产所能收到的价格计量。

（5）无法采用上述计量属性的，采用名义金额（即人民币1元）计量。

政府会计主体在对资产进行计量时，一般应当采用历史成本。采用重置成本、现值、公允价值计量的，应当保证所确定的资产金额能够持续、可靠、及时计量。

二、事业单位流动资产的核算

（一）库存现金

库存现金是资产类科目，用于核算事业单位的库存现金，"库存现金"科目借方余额反映事业单位实际持有的库存现金。

事业单位应当设置"库存现金日记账"，由出纳人员根据收付款凭证，按照业务发生顺序逐笔登记。每日终了，应当计算当日的现金收入总数、现金支出总数和结余数，并且与库存现金实存数核对相符，保证日清月结，账款相符。有外币现金的单位，分别按照人民币现金、外币现金设置"库存现金日记账"进行明细核算。

事业单位应严格按照国家有关现金管理的规定收支现金，严格现金收付手续，并按照有关规定核算现金的各项收支业务。对于纳入部门预算管理的现金收支业务，在进行财务会计核算的同时应当进行预算会计核算。

1. 从银行提取和存入现金

从银行等金融机构提取现金，财务会计按照提取金额，借记"库存现金"科目，贷记"银行存款"科目。在银行等金融机构存入现金时，财务会计按照存入金额，借记"银行存款"科目，贷记"库存现金"科目。

【例8-1】 某事业单位根据业务需要开展纳入预算的现金收支业务：2×22年1月5日，从银行取出现金50 000元；2×22年1月15日，将20 000元存入银行。事业单位编制如下会计分录：

(1) 2×22年1月5日,从银行取出现金。

财务会计	预算会计
借：库存现金　　　　　　　　　50 000 　贷：银行存款　　　　　　　　　　50 000	—

(2) 2×22年1月15日,将现金存入银行。

财务会计	预算会计
借：银行存款　　　　　　　　　20 000 　贷：库存现金　　　　　　　　　　20 000	—

2. 出借现金和报销现金

因职工出差等原因借出的现金,财务会计借记"其他应收款"科目,贷记"库存现金"科目。由于出借款项时,使用该笔款项开展的业务活动尚未开始,没有形成预算支出,因此,预算会计部分暂时不作处理,在报销时才进行核算。

在报销时,财务会计按照实际报销金额,借记"业务活动费用"科目,贷记"其他应收款"科目,两者之间的差额借记或贷记"库存现金"科目。属于纳入部门预算管理的现金收支业务,预算会计借记"事业支出——商品和服务支出——差旅费",贷记"资金结存——货币资金——库存现金"。

【例8-2】 2×22年6月1日,某事业单位职员因出差借出1 000元。2×22年6月20日,该职员进行了差旅费报销：①报销差旅费800元,退回借款报销剩余的200元。②报销差旅费1 200元,扣除借款后支付借款和实际报销的200元差额给该职员。该事业单位编制如下会计分录。

(1) 2×22年6月1日,职员出差借出现金。

财务会计	预算会计
借：其他应收款　　　　　　　　1 000 　贷：库存现金　　　　　　　　　　1 000	—

(2) 2×22年6月20日,职员报销差旅费。

财务会计	预算会计
① 实际报销金额小于借款金额	
借：业务活动费用——商品和服务支出——差旅费 　　　　　　　　　　　　　　　　800 　　库存现金　　　　　　　　　　200 　贷：其他应收款　　　　　　　　　1 000	借：事业支出——商品和服务支出——差旅费 　　　　　　　　　　　　　　　　800 　贷：资金结存——货币资金——库存现金 　　　　　　　　　　　　　　　　800

第八章 事业单位会计核算

(续表)

财务会计	预算会计
② 实际报销金额大于借款金额	
借：业务活动费用——商品和服务支出——差旅费 　　　　　　　　　　　　　　　　1 200 　贷：其他应收款　　　　　　　　　　1 000 　　　库存现金　　　　　　　　　　　 200	借：事业支出——商品和服务支出——差旅费 　　　　　　　　　　　　　　　　1 200 　贷：资金结存——货币资金——库存现金 　　　　　　　　　　　　　　　　1 200

3. 因提供服务、物品或者其他事项收到和支付现金

因提供服务、物品或者其他事项收到现金，财务会计按实际收到的金额，借记"库存现金"科目，贷记"事业收入""应收账款"科目。属于纳入部门预算管理的现金收支业务，预算会计按照收到的金额，借记"资金结存——货币资金——库存现金"科目，贷记"事业预算收入""其他预算收入"等科目。

因购买服务、物品或其他事项支付现金，财务会计按照实际支付的金额，借记"业务活动费用""单位管理费用""应付账款"等科目，贷记"库存现金"科目。属于纳入部门预算管理的现金收支业务。同时，预算会计按照实际支付的金额，借记"事业支出""其他支出"等科目，贷记"资金结存——货币资金——库存现金"科目。

按规定准予以库存现金对外捐赠的，财务会计按照实际捐出的金额，借记"其他费用"科目，贷记"库存现金"科目。属于纳入部门预算管理的现金收支业务。同时，预算会计按照实际捐出的金额，借记"其他支出"等科目，贷记"资金结存——货币资金——库存现金"科目。

【例 8-3】 2×22 年 6 月 10 日，某事业单位员工参加专业培训，报销培训费 850 元，用现金支付，2×22 年 6 月 12 日，购买办公文具 260 元。2×22 年 6 月 28 日，以库存现金对外捐赠 10 000 元。该事业单位编制如下会计分录。

(1) 2×22 年 6 月 10 日，职工报销培训费。

财务会计	预算会计
借：业务活动费用——商品和服务费——培训费 　　　　　　　　　　　　　　　　850 　贷：库存现金　　　　　　　　　　　 850	借：事业支出——商品和服务支出——培训 　　　　　　　　　　　　　　　　850 　贷：资金结存——货币资金——库存现金 　　　　　　　　　　　　　　　　850

(2) 2×22 年 6 月 12 日，报销购买办公用品费用。

财务会计	预算会计
借：业务活动费——商品和服务费——办公费 　　　　　　　　　　　　　　　　260 　贷：库存现金　　　　　　　　　　　 260	借：事业支出——商品和服务支出——办公费 　　　　　　　　　　　　　　　　260 　贷：资金结存——货币资金——库存现金 　　　　　　　　　　　　　　　　260

(3) 2×22年6月28日,以库存现金对外捐赠10 000元。

财务会计		预算会计	
借:其他费用	10 000	借:其他支出	10 000
贷:库存现金	10 000	贷:资金结存——货币资金——库存现金	10 000

4. 受托代理、代管现金

收到受托代理、代管现金时,财务会计部分按照实际收到的金额,借记"库存现金——受托代理资产"科目,贷记"受托代理负债"科目。支付受托代理、代管现金时,按照实际支付的金额,借记"受托代理负债"科目,贷记"库存现金——受托代理资产"科目。代收、代管的现金,并不属于纳入部门预算管理的现金收支业务,因此,预算会计部分不作处理。

5. 现金盘点溢余和短缺

每日账款核对中发现有待查明原因的现金短缺或溢余,通过"待处理财产损溢"科目核算,待查明原因后及时进行账目处理。

对于现金盘点溢余,财务会计按照溢余的金额,借记"库存现金"科目,贷记"待处理财产损溢"科目。预算会计按照溢余现金的金额,借记"资金结存——货币资金——库存现金"科目,贷记"其他预算收入"科目。

查明原因的,在经报批准后,应将溢余资金支付给个人和单位的,财务会计按支付的金额,借记"待处理财产损溢"科目,贷记"其他应付款"科目;无法查明原因的,借记"待处理财产损溢"科目,贷记"其他收入"科目,此时不作预算会计核算处理。在支付查明原因的现金溢余时,财务会计借记"其他应付款"科目,贷记"库存现金"科目,由于支付属于纳入部门预算管理的现金收支业务,预算会计借记"其他预算收入"科目,贷记"资金结存——货币资金——库存现金"科目。

【例8-4】 2×22年7月1日,某事业单位进行盘点发现现金溢余800元,7月9日,查明其中600元应支付给某职工,经批准后,7月12日将溢余的600元支付给了某职工。7月13日,无法查明原因的200元经报批准后处理。该事业单位编制如下会计分录。

(1) 2×22年7月1日,发现现金溢余。

财务会计		预算会计	
借:库存现金	800	借:资金结存——货币资金——库存现金	800
贷:待处理财产损溢	800	贷:其他预算收入	800

(2) 7月9日,查明原因。

财务会计		预算会计
借:待处理财产损溢	600	——
贷:其他应付款	600	

(3) 7月12日,对查明原因的溢余进行支付。

财务会计	预算会计
借:其他应付款　　　　600 　贷:库存现金　　　　　　600	借:其他预算收入　　　　　　　600 　贷:资金结存——货币资金——库存现金　　600

(4) 7月13日,经报批准后处理无法查明原因的现金溢余。

财务会计	预算会计
借:待处理财产损溢　　200 　贷:其他收入　　　　　　200	—

现金盘点短缺,财务会计按照短缺的金额,借记"待处理财产损溢"科目,贷记"库存现金"科目。预算会计按照短缺的金额,借记"其他支出"科目,贷记"资金结存——货币资金——库存现金"科目。

查明原因经报批准后,应向个人和单位收取的,财务会计按应收取的实际金额,借记"其他应收款"科目,贷记"待处理财产损溢"科目;无法查明原因的,报经批准后借记"资产处置费用"科目,贷记"待处理财产损溢"科目,由于不涉及收支,不作预算会计处理。在收到查明原因的短缺现金时,财务会计借记"库存现金"科目,贷记"其他应收款"科目,预算会计借记"资金结存——货币资金——库存现金"科目,贷记"其他支出"科目。

【例8-5】 2×22年7月1日,某事业单位进行盘点发现现金短缺800元,7月9日,查明其中600元应由某职工补交,经批准后,7月12日该职工缴纳现金。7月13日,无法查明原因的200元经报批准后处理。该事业单位编制如下会计分录。

(1) 2×22年7月1日,发现现金短缺。

财务会计	预算会计
借:待处理财产损溢　　800 　贷:库存现金　　　　　　800	借:其他支出　　　　　　　　　800 　贷:资金结存——货币资金——库存现金　　800

(2) 7月6日,查明原因。

财务会计	预算会计
借:其他应收款　　　　600 　贷:待处理财产损溢　　　　600	—

(3) 7月12日,职员缴纳现金。

财务会计		预算会计	
借：库存现金	600	借：资金结存——货币资金——库存现金	
贷：其他应收款	600		600
		贷：其他支出	600

（4）7月13日，经报批准后处理无法查明原因的现金短缺。

财务会计		预算会计
借：资产处置费用	200	
贷：待处理财产损溢	200	—

（二）银行存款

银行存款是事业单位的流动资产，事业单位在开展业务的过程中，会因部分业务收到或支付银行存款。从业务形式来看，主要分为以下几种：①从银行等金融机构提取或存入现金；②因物品、服务或者其他事项收付的银行存款；③收到受托代理、代管银行存款；④外币银行存款业务；⑤结息日取得银行存款利息。

"银行存款"科目是财务会计使用的科目，核算事业单位存入银行或者其他金融机构的各种存款。"银行存款"科目可以根据人民币和外币种类设置明细科目。事业单位受托代理银行存款的，"银行存款"应设置"受托代理资产"明细科目。"银行存款"科目期末借方余额，反映事业单位实际存放在银行或者其他金融机构的款项。

事业单位应当按照开户银行、其他金融机构、存款种类和货币种类分别设置"银行存款日记账"，由出纳人员根据收付款凭证，按照业务发生的顺序逐笔进行登记，每日终了结出余额，月末结出本月收入、支出的合计数和月末结存数，"银行存款日记账"和"银行对账单"应至少每月进行一次核对，如有差额，应当逐笔查明原因进行处理，按月编制"银行存款余额调节表"，调节相符。

事业单位应严格按照国家有关支付结算办法的规定办理银行存款收支业务，并按照政府会计准则制度规定核算银行存款各项收支业务。事业单位对于纳入部门预算管理的现金收支业务，在进行财务会计核算的同时应当进行预算会计核算。

1. 从银行等金融机构提取和存入现金

将现金存入银行等金融机构，在财务会计部分，按照存入的金额，借记"银行存款"科目，贷记"库存现金"等科目。属于部门预算管理的银行存款收支业务，还应在预算会计部分进行核算，按照存入的金额，借记"资金结存——货币资金——银行存款"科目，贷记"事业预算收入""其他预算收入"等科目。

从银行等金融机构提取现金，财务会计按照提取的金额，借记"库存现金"科目，贷记"银行存款"科目。由于不属于部门预算管理收支业务，不作预算会计处理。

2. 因物品、服务或者其他事项收付银行存款

因提供服务、物品或者其他事项取得银行存款，财务会计按照实际收取的金额，借记"银行存款"科目，根据银行存款取得的原因或业务，贷记"应收账款""事业收入""应缴财政款"等科目。收到需要上缴财政的银行存款，不确认为事业单位收入。同时，预算会计

按照实际存入的金额,借记"资金结存——货币资金——银行存款"科目,贷记"事业预算收入""经营预算收入""其他预算收入"等科目。

因购买服务、物品或者其他事项支付银行存款,财务会计按照实际支付的金额,借记"业务活动费用""单位管理费用""库存物品""经营费用"等科目,贷记"银行存款"科目。属于纳入部门预算管理的银行存款支付业务,同时,预算会计按照实际支付的金额,借记"事业支出""其他支出"等科目,贷记"资金结存——货币资金——银行存款"科目。

经报批准后以银行存款对外捐赠的,财务会计按照实际捐出的金额,借记"其他费用"科目,贷记"库存现金"科目。属于纳入部门预算管理的现金收支业务,预算会计按照实际捐出的金额,借记"其他支出"等科目,贷记"资金结存——货币资金——库存现金"科目。

【例8-6】 2×22年7月1日,某事业单位收到上级拨入事业经费20 000元,2×22年7月10日,使用银行存款支付购买办公用品款1 000元。该事业单位编制如下会计分录。

(1) 2×22年7月1日,收到上级拨入事业经费。

财务会计	预算会计
借:银行存款　　　　　20 000 　贷:上级补助收入　　　　　20 000	借:资金结存——货币资金——银行存款　20 000 　贷:上级补助预算收入　　　　　20 000

(2) 2×22年7月10日,支付购买办公用品款。

财务会计	预算会计
借:业务活动费用　　　　　1 000 　贷:银行存款　　　　　　　1 000	借:事业支出——商品和服务支出1 000 　贷:资金结存——货币资金——银行存款 　　　　　　　　　　　　　1 000

3. 收付受托代理、代管银行存款

收付受托代理、代管的银行存款,财务会计按照实际收到的金额,借记"银行存款——受托代理资产"科目,贷记"受托代理负债"科目;支付受托代理、代管的银行存款,按照实际支付的金额,借记"受托代理负债"科目,贷记"银行存款——受托代理资产"科目。代收、代管的银行存款,不属于纳入部门预算管理的现金收支业务,不需进行预算会计核算。

4. 外币银行存款业务

事业单位发生外币业务的,应按照业务发生日的即期汇率,将外币金额折算为人民币金额记账,并登记外币金额和汇率。期末,各种外币账户的期末余额,应当按照期末的即期汇率折算为人民币,作为外币账户期末人民币余额。调整后的各种外币账户人民币余额与原账面余额的差额,作为汇兑损益计入当期费用。

销售物品、提供服务以外币收取相关款项等,在财务会计部分,按照收入确认当日的即期汇率将收取的外币或应收取的外币折算为人民币金额,借记"银行存款""应收账款"等科目的外币账户,贷记"事业收入"等科目。属于纳入部门预算管理的现金收支业务,同时,预算会计借记"资金结存——货币资金——银行存款"科目的外币明细科目,贷记"事业预算收入"等科目。

以外币购买物资、设备,财务会计按照购入当日的即期汇率将支付的外币或应支付的外币折算为人民币金额,借记"在途物品""库存物品"等科目,贷记"银行存款""应付账款"等科目的外币明细科目。涉及增值税业务的,相关账务处理参见"应交增值税"科目。属于纳入部门预算管理现金收支业务,同时,预算会计借记"事业支出"等科目,贷记"资金结存——货币资金——银行存款"科目的外币明细科目。

期末需要调整外币银行存款的汇兑损益,在财务会计部分,根据各外币银行存款账户,按照期末汇率调整后的人民币余额与原账面人民币余额的差额,作为汇兑损益,借记或贷记"银行存款"科目,贷记或借记"业务活动费用""单位管理费用"等科目。决算报表的记账本位币为人民币,因而在预算会计部分,调整外币银行存款的汇兑损益的影响,根据各外币银行存款账户,按照期末汇率调整后的人民币余额与原账面人民币余额的差额,作为汇兑收支,借记或贷记"资金结存——货币资金——银行存款"科目的外币明细科目,按照外币的用途分别贷记或借记"事业支出""经营支出""其他支出"等科目。"应收账款""应付账款"等科目有关外币账户期末汇率调整损益业务的账务处理,可以参照"银行存款"科目的财务会计部分的账务处理。

【例 8-7】 2×22 年 12 月 6 日,某事业单位支付了购买专用设备的 20 000 美元,当日汇率为 1 美元兑 6.5 元人民币。12 月 31 日,汇率为 1 美元兑 6.6 元人民币。该事业单位编制如下会计分录。

(1) 2×22 年 12 月 6 日,支付价款。

财务会计	预算会计
借:应付账款——美元　　　　　130 000 　贷:银行存款——美元　　　　　　　130 000	借:事业支出——资本性支出　　　130 000 　贷:资金结存——货币资金——银行存款—— 　　　美元　　　　　　　　　　　　130 000

(2) 12 月 31 日,调整汇兑损益。

财务会计	预算会计
借:应付账款——美元　　　　　　2 000 　贷:业务活动费用——资本性支出　　2 000	借:事业支出——资本性支出　　　　2 000 　贷:资金结存——货币资金——银行存款—— 　　　美元　　　　　　　　　　　　　2 000

5. 结息日取得银行存款利息

结息日收到银行存款的利息,财务会计按照实际收到利息的金额,借记"银行存款"科目,贷记"利息收入"科目。属于部门预算管理的现金收支业务,还应在预算会计部分进行核算,按照实际收到利息的金额,借记"资金结存——货币资金——银行存款"科目,贷记"其他预算收入"科目。

【例 8-8】 2×22 年 1 月 20 日,银行存款结息,收到存款利息 10 000 元。该事业单位编制如下会计分录。

财务会计		预算会计	
借：银行存款	10 000	借：资金结存——货币资金——银行存款	
贷：利息收入	10 000		10 000
		贷：其他预算收入	10 000

（三）其他货币资金

其他货币资金是事业单位除银行存款、库存现金之外，因特定业务或结算方式需要，而设定特定用的银行存款，或者暂存于在支付宝、微信收付款等第三方支付平台账户中的款项。为了反映这些特定业务，设置"其他货币资金"科目，并根据结算方式和资金使用目的设置明细科目。

"其他货币资金"科目是财务会计使用的科目，核算事业单位的外埠存款、银行本票存款、银行汇票存款、信用卡存款等各种其他货币资金。"其他货币资金"科目应当设置"外埠存款""银行本票存款""银行汇票存款""信用卡存款""第三方支付平台"等明细科目，进行明细核算。

（1）"外埠存款"明细科目，核算单位按照有关规定在异地开立银行账户，将款项委托本地银行汇往异地开立账户，并进行采购等有关业务。

（2）"银行本票存款"明细科目，核算单位取得银行本票，并使用银行本票购买库存物品等资产的业务。

（3）"银行汇票存款"明细科目，核算单位将款项交存银行，取得银行汇票，并使用银行汇票购买库存物品等资产的业务。

（4）"信用卡存款"明细科目，核算单位将款项交存银行，取得信用卡，并用信用卡购物或支付有关费用的业务。

（5）"第三方支付平台"明细科目，核算单位在支付宝、微信收付款等第三方支付平台账户中的款项。

事业单位应当加强对其他货币资金的管理，及时办理结算，对于逾期尚未办理结算的银行汇票、银行本票等，应当按照规定及时转回，并按照规定进行相应账务处理。事业单位对于纳入部门预算管理的现金收支业务，在财务会计核算的同时应当进行预算会计核算。

其他货币资金的主要核算，包括取得不同形式的其他货币资金、使用其他货币资金、余款退回或补充资金。

在设立其他货币资金存款时，在财务会计部分，借记"其他货币资金"科目，并根据具体的货币资金种类明确至二级科目，贷记"银行存款"科目，在预算会计部分，根据具体的账户金额，借记"资金结存——货币资金——其他货币资金"科目，贷记"资金结存——货币资金——银行存款"科目。

在使用其他货币资金购买库存物品或支付其他相关费用时，按照实际支付的金额，财务会计借记"库存商品""业务活动费用"等科目，贷记"其他货币资金"科目，需明确至二级科目，预算会计借记"事业支出"科目，贷记"资金结存——货币资金——其他货币资金"科目。

发生资金转回时，按照退回的金额，财务会计借记"银行存款"科目，贷记"其他货币资金"科目。预算会计借记"资金结存——货币资金——其他货币资金"科目,贷记"资金结存——货币资金——银行存款"科目。

【例 8-9】 2×22 年 3 月 1 日,某事业单位将 30 000 元交存银行取得银行本票,3 月 15 日,使用银行本票支付购买专项耗材的费用 30 000 元。该事业单位编制如下会计分录。

(1) 2×22 年 3 月 1 日,取得银行本票。

财务会计	预算会计
借:其他货币资金——银行本票存款 30 000 　贷:银行存款　　　　　　　　　　30 000	借:资金结存——货币资金——其他货币资金——银行本票存款　30 000 　贷:资金结存——货币资金——银行存款　　　　　　　　　　　30 000

(2) 3 月 15 日,用银行本票进行结算。

财务会计	预算会计
借:库存物品　　　　　　　　　　30 000 　贷:其他货币资金——银行本票存款 30 000	借:事业支出——商品和服务支出　30 000 　贷:资金结存——货币资金——其他货币资金——银行本票存款　　　　　　　30 000

(四) 短期投资

短期投资是指事业单位按照规定取得的,持有时间不超过 1 年(含 1 年)的投资。事业单位应当严格遵守国家法律、行政法规以及财政部门、主管部门关于对外投资的有关规定,可以对外投资的,应履行相关的审批程序,不得使用财政拨款及其结余额进行对外投资,不得从事股票、期货、基金、企业债券等投资。

事业单位应设置"短期投资"总账科目。该科目应当按照投资的种类等进行明细核算。"短期投资"科目期末借方余额反映事业单位持有短期投资的成本。

在取得短期投资时,财务会计按照确定的投资成本,借记"短期投资"科目,贷记"银行存款"科目。预算会计按照取得投资支付的金额,借记"投资支出"科目,贷记"资金结存——货币资金——银行存款"等科目。收到支付价款中包含已到付息期但尚未领取的利息时,按照收到的金额,财务会计借记"银行存款"科目,贷记"短期投资"科目。预算会计按照收取的金额,借记"资金结存——货币资金——银行存款"科目,贷记"投资支出"科目。

收到短期投资持有期间的利息时,按照实际收取的金额,财务会计借记"银行存款"科目,贷记"投资收益"科目,预算会计借记"资金结存——货币资金——银行存款"科目,贷记"投资预算收益"科目。

出售或到期收回短期投资,财务会计借记"银行存款"科目,按照出售或到期收回短期投资的账面余额,贷记"短期投资"科目,两者之间的差额借记或贷记"投资收益"科目。涉及增值税业务的,作相应的会计处理。预算会计按照实际收到的金额,借记"资金结存——货币资金——银行存款"科目,按照取得该投资的支出,贷记"投资支出"科目(本年度出售本年购入的短期投资)或者"其他结余"科目(本年度出售上年度购入的短期投资),借方或两者之间的差额借记或贷记"投资预算收益"科目。

【例8-10】 2×22年1月1日,某事业单位购买了一年期面值为200 000元的政府债券,利率2.65%,到期一次还本付息。12月31日,事业单位持有的短期债券到期收回。该事业单位编制如下会计分录。

(1) 2×22年1月1日,取得短期债券。

财务会计	预算会计
借:短期投资　　　　　　　　200 000 　贷:银行存款　　　　　　　　200 000	借:投资支出　　　　　　　　200 000 　贷:资金结存——货币资金——银行存款 　　　　　　　　　　　　　200 000

(2) 12月31日,短期债券到期收回。

财务会计	预算会计
借:银行存款　　　　　　　　205 300 　贷:短期投资　　　　　　　　200 000 　　投资收益　　　　　　　　　5 300	借:资金结存——货币资金——银行存款 　　　　　　　　　　　　　205 300 　贷:投资支出　　　　　　　　200 000 　　投资预算收入　　　　　　　5 300

(五) 应收票据

应收票据是指事业单位因开展经营活动销售产品、提供有偿服务等而收到的商业汇票,包括银行承兑汇票和商业承兑汇票。事业单位应当设置"应收票据备查簿",逐笔登记每一应收票据的种类、号数、出票日期、到期日、票面金额、交易合同号和付款人、承兑人、背书人姓名或单位名称、背书转让日、贴现日期、贴现率和贴现净额、收款日期、收回金额和退票情况等。应收票据到期结清票款或退票后,应当在备查簿内逐笔注销。

为核算应收票据业务,事业单位应设置"应收票据"总账科目。该科目应当按照开出、承兑商业汇票的单位等进行明细核算。

因销售产品、提供服务等收到商业汇票,按照商业汇票的票面金额,借记"应收票据"科目,贷记"经营收入"科目。涉及增值税业务的,还应进行相应的会计处理。由于没有发生纳入预算的现金收支业务,收到票据时不进行预算会计的处理。在收到款项时,财务会计借记"银行存款"科目,贷记"应收票据"科目,预算会计借记"资金结存——货币资金——银行存款"科目,贷记"经营预算收入"科目。

持未到期的商业汇票向银行贴现,按照实际收到的金额(即扣除贴现息后的净额),借记"银行存款"科目,按照贴现息金额,借记"经营费用"科目,按照商业汇票的票面金额,贷记"应收票据"科目(无追索权)或"短期借款"科目(有追索权)。附追索权的商业汇票到期未发生追索事项的,按照商业汇票的票面金额,借记"短期借款"科目,贷记"应收票据"科目。预算会计按照实际收到的金额,借记"资金结存——货币资金——银行存款"科目,贷记"经营预算收入"科目。

【例8-11】 2×22年3月,某事业单位收到商业承兑汇票,面值为20 000元,期限为6个月,票面利率为6%。7月,事业单位将未到期的商业汇票到银行贴现,贴现期为2个月,贴现率为3.5%。该票据附追索权,但到期未发生追索事项。该事业单位编制如下会计分录:

商业票据到期值:20 000+20 000×3%×(6÷12)=20 300(元)

贴现息:20 300×3.5%×(2÷12)=118(元)

贴现净额:20 300-118=20 182(元)

(1) 7月,将未到期的商业汇票到银行贴现。

财务会计		预算会计	
借:银行存款　　　　　　　　20 182 　　经营费用　　　　　　　　　 118 　贷:短期借款　　　　　　　　　　　20 300		借:资金结存——货币资金——银行存款 　　　　　　　　　　　　　　　　20 182 　贷:经营预算收入　　　　　　　　 20 182	

(2) 9月,附追索权的商业汇票到期。

财务会计		预算会计	
借:短期借款　　　　　　　　20 300 　贷:应收票据　　　　　　　　　　 20 300		—	

将持有的商业汇票背书转让以取得所需物资时,按照取得物资的成本,借记"库存物品"等科目,按商业汇票的票面金额,贷记"应收票据"科目,如有差额,借记或贷记"银行存款"等科目。涉及增值税业务的,还应进行相应的会计处理。预算会计按照实际支付的差额,借记或贷记"资金结存——货币资金——银行存款"科目,贷记"经营预算收入"等科目或借记"经营支出"等科目。

商业汇票到期时,应当分别以下情况处理。

(1) 收回票款时,财务会计按照实际收到的商业汇票票面金额,借记"银行存款"科目,贷记"应收票据"科目,如存在贷差,表明带息汇票有尚未入账的利息,还应贷记"经营费用"科目。预算会计按实际收到商业汇票金额,借记"资金结存——货币资金——银行存款"科目,贷记"经营预算收入"科目。

(2) 因付款人无力支付票款,收到银行退回的商业承兑汇票、委托收款凭证、未付票款通知书或拒付款证明等,财务会计按照商业汇票的票面金额,借记"应收账款"科目,贷记"应收票据"科目。

【例8-12】 2×22年7月5日,事业单位取得的带息商业承兑汇票到期。票据面额为10 000元,已计提利息130元,到期收回10 260元。本年7月20日,该事业单位取得的不带息商业承兑汇票到期,但付款人无力支付票据款项,票据面额为8 000元。该事业单位编制如下会计分录。

(1) 2×22年7月5日,带息商业汇票到期。

财务会计		预算会计	
借：银行存款	10 260	借：资金结存——货币资金——银行存款	
贷：应收票据	10 130		10 260
经营费用	130	贷：经营预算收入	10 260

(2) 7月20日,不带息商业汇票到期,付款人无法承兑。

财务会计		预算会计
借：应收账款	8 000	—
贷：应收票据	8 000	

（六）应收账款

应收账款是指事业单位提供服务、销售产品等应收取的款项,以及事业单位因出租资产、出售物资等应收取的款项。按照预算管理要求,应收账款回收后需要上缴财政的,在财务会计部分不确认收入,不作预算会计核算处理；不需要上缴财政的,在收到款项时进行预算会计处理。

为核算应收账款业务,事业单位应设置"应收账款"总账科目。该科目应当按照债务单位(或个人)进行明细核算。"应收账款"科目借方余额,反映行政事业单位尚未收回的应收账款。

应收账款收回后不需上缴财政情况下,单位发生应收账款时,财务会计按照应收未收金额,借记"应收账款"科目,贷记"事业收入""经营收入""租金收入"和"其他收入"等科目。涉及增值税业务的,还应进行相应的会计处理。收回应收账款时,按照实际收到的金额,借记"银行存款"等科目,贷记"应收账款"科目。预算会计借记"资金结存——货币资金——银行存款"科目,贷记"事业预算收入""经营预算收入""其他预算收入"等科目。

对于不需上缴财政的应收账款,每年年末应当进行减值测试,确认无法收回的,报经批准后予以核销,财务会计按照核销金额,借记"坏账准备"科目,贷记"应收账款"科目,核销的应收账款应在备查簿中保留登记。核销后收回的应收账款,财务会计按照实际收回的金额,借记"应收账款"科目,贷记"坏账准备"科目,同时借记"银行存款"科目,贷记"应收账款"科目。预算会计借记"资金结存——货币资金——银行存款"科目,贷记"非财政拨款结余"(跨年度收回)等科目。

【例8-13】 2×22年1月15日,事业单位出租场地,一天不含税租金为2 000元。根据规定,该收入不需上缴财政。本年1月20日,收到该笔租金。事业单位是小规模纳税人,增值税税率为3%,该事业单位编制如下会计分录。

(1) 2×22年1月15日,出租场地。

财务会计		预算会计
借：应收账款	2 060	—
贷：租金收入	2 000	
应交增值税	60	

(2) 1月20日,收到租金。

财务会计	预算会计
借:银行存款　　　　　　2 060 　贷:应收账款　　　　　　　　2 060	借:资金结存——货币资金——银行存款 　　　　　　　　　　　　　　2 060 　贷:其他预算收入　　　　　　2 060

在应收账款收回后需上缴财政的情况下,单位因出租、出售资产发生应收未收租金款项时,按照应收未收金额,借记"应收账款"科目,贷记"应缴财政款"科目。收回应收账款时,按照实际收到的金额,借记"银行存款"等科目,贷记"银行存款"科目。涉及增值税业务的,还应进行相应的会计处理。

事业单位应当于每年年末,对收回后应当上缴财政的应收账款进行全面检查。对于账龄超过规定年限、确认无法收回的应收账款,按照规定报经批准后予以核销。按照核销金额,借记"应缴财政款"科目,贷记"应收账款"科目。核销的应收账款应当在备查簿中保留登记。已核销的应收账款在以后期间又收回的,按照实际收回金额,借记"银行存款"等科目,贷记"应缴财政款"科目,在上缴时,按照实际上缴金额,借记"应缴财政款"科目,贷记"银行存款"科目。

【例8-14】 2×22年1月15日,事业单位出租场地,一天租金为2 000元。根据规定,该收入需上缴财政。本年1月20日,收到该笔租金,并于当天上缴财政。该事业单位编制如下会计分录。

(1) 2×22年1月15日,出租场地。

财务会计	预算会计
借:应收账款　　　　　　2 000 　贷:应缴财政款　　　　　　　2 000	—

(2) 1月20日,收到租金上缴财政。

财务会计	预算会计
借:银行存款　　　　　　2 000 　贷:应收账款　　　　　　　　2 000 同时: 借:应缴财政款　　　　　2 000 　贷:银行存款　　　　　　　　2 000	—

(七)预付账款

预付账款是指事业单位按照购货、服务合同或协议规定预付给供应单位(或个人)的款项,以及按照合同规定向承包工程的施工企业预付的备料款和工程款。

为核算预付账款业务,事业单位应设置"预付账款"总账科目,根据预付款的资金来源按照"财政补助预付款""非财政补助预付款"进行明细核算,并根据供应商及具体项目进

第八章 事业单位会计核算

行进一步明细核算。对于基本建设项目发生的预付账款,还应当在该科目所属基建项目明细科目下设置"预付备料款""预付工程款"和"其他预付款"等明细科目,进行明细核算。该科目期末借方余额,反映单位实际预付但尚未结算的款项。

单位根据购货、服务合同或协议规定预付款项时,按照预付金额,借记"预付账款"科目,贷记"财政拨款收入"和"银行存款"等科目。预算会计借记"事业支出""经营支出"等科目,贷记"财政拨款预算收入""资金结存"科目。

收到所购资产或服务时,按照购入资产或服务的成本,借记"库存物品""固定资产""无形资产"和"业务活动费用"等相关科目,按照相关预付账款的账面余额,贷记"预付账款"科目。

存在补付金额的,按照实际补付的金额,借记"事业支出""经营支出"等科目,贷记"财政拨款收入""资金结存"科目。

【例8-15】 2×22年4月1日,事业单位根据采购合同使用财政拨款预付购买办公用品的款项2 000元。4月20日,收到办公用品,验收合格入库,并通过财政拨款支付余款1 000元。该事业单位编制如下会计分录。

(1) 2×22年4月1日,通过财政拨款预付款项。

财务会计	预算会计
借:预付账款　　　　　　　2 000 　贷:财政拨款收入　　　　　　2 000	借:事业支出——商品和服务支出　2 000 　贷:资金结存　　　　　　　　　2 000

(2) 4月20日,收到货品支付余款。

财务会计	预算会计
借:库存物品　　　　　　　3 000 　贷:预付账款　　　　　　　2 000 　　财政拨款收入　　　　　1 000	借:事业支出——商品和服务支出 1 000 　贷:资金结存　　　　　　　　　1 000

根据工程进度结算工程价款及备料款时,按照结算金额,借记"在建工程"科目,按照相关预付账款的账面余额,贷记"预付账款"科目。按照实际补付的金额,贷记"财政拨款收入""银行存款"等科目,在预算会计部分,补付的金额,借记"事业支出""经营支出"等科目,贷记"财政拨款预算收入""资金结存"科目。

【例8-16】 2×22年7月,事业单位与建筑工程服务公司签订办公楼修缮合同,约定在签订合同15日内预付部分修缮款,完工验收后支付剩余款项,该工程合同约定的金额为5 000 000元。7月5日,事业单位通过财政直接支付的方式预付给建筑工程公司500 000元。修缮项目8月开始施工,11月底完工。9月5日,经监理公司的工程结算单显示,该项目完工60%。11月30日,该工程项目验收完工。12月1日,通过财政直接支付方式支付剩余款项。该事业单位编制如下会计分录。

(1) 2×22年7月5日,通过财政直接支付的方式预付修缮费。

财务会计		预算会计	
借：预付账款	500 000	借：事业支出	500 000
贷：财政拨款收入	500 000	贷：财政拨款预算收入	500 000

(2) 9月5日，进行工程结算。

财务会计		预算会计
借：在建工程	3 000 000	
贷：预付账款	500 000	—
应付账款	2 500 000	

(3) 11月30日，工程验收结算。

财务会计		预算会计
借：在建工程	2 000 000	
贷：应付账款	2 000 000	
同时：		—
借：固定资产	5 000 000	
贷：在建工程	5 000 000	

(4) 12月1日，通过财政直接支付方式支付剩余款项。

财务会计		预算会计	
借：应付账款	4 500 000	借：事业支出——资本性支出——大型修缮	
贷：财政拨款收入	4 500 000		4 500 000
		贷：财政拨款预算收入	4 500 000

发生本年度预付账款退回的，财务会计按照实际退回金额，借记"财政拨款收入"（本年直接支付）、"银行存款"等科目，贷记"预付账款"科目。预算会计按照退回的金额，借记"财政拨款预算收入""资金结存"科目，贷记"事业支出""经营支出"等科目。

发生上年度预付账款本年度退回的，财务会计按照退回的金额，借记"银行存款"科目，贷记"预付账款"科目。预算会计借记"资金结存"科目，贷记"财政拨款转结""财政拨款结余"等科目。

事业单位应当于每年年末，对预付账款进行全面检查。如果有确凿证据表明预付账款不再符合预付款项性质，或者因供应单位破产、撤销等原因可能无法收到所购货物、服务的，应当先将其转入其他应收款，再按照规定进行处理。将预付账款账面余额转入其他应收款时，借记"其他应收款"科目，贷记"预付账款"科目。

（八）应收股利

应收股利是指事业单位因持有长期股权投资应当收取的现金股利或应当分得的

利润。

为核算应收股利业务,事业单位应设置"应收股利"总账科目。该科目应当按照被投资单位等进行明细核算。该科目期末借方余额,反映事业单位应当收取但尚未收到的现金股利或利润。

取得投资时支付的价款中包含已宣告但尚未发放的现金股利和分配利润,财务会计按照确定的长期股权投资的成本,借记"长期股权投资"科目,按照支付的价款中包含的已宣告但尚未发放的现金股利和分配利润,借记"应收股利"科目,按照实际支付的金额,贷记"银行存款"等科目。预算会计按照实际支付的价款,借记"投资支出"科目,贷记"资金结存——货币资金"科目。收到取得投资时实际支付价款中所包含的已宣告发放但尚未发放的现金股利和分配利润,按照收到的金额,财务会计借记"银行存款"等科目,贷记"应收股利"科目。预算会计借记"资金结存——货币资金"科目,贷记"投资支出"科目。

【例8-17】 2×22年2月15日,事业单位取得被投资单位权益投资,准备长期持有,支付价款300 000元,价款中包含了已宣告但尚未发放的现金股利30 000元。3月15日,事业单位收到现金股利。该事业单位编制如下会计分录。

(1) 2×22年2月15日,取得投资。

财务会计	预算会计
借:长期股权投资　　　　270 000 　　应收股利　　　　　　 30 000 　贷:银行存款　　　　　　　　300 000	借:投资支出　　　　　　　300 000 　贷:资金结存——货币资金——银行存款 　　　　　　　　　　　　　　300 000

(2) 3月15日,收到现金股利。

财务会计	预算会计
借:银行存款　　　　　　 30 000 　贷:应收股利　　　　　　　 30 000	借:资金结存——货币资金——银行存款 　　　　　　　　　　　　　　 30 000 　贷:投资支出　　　　　　　 30 000

在成本法核算下,被投资单位宣告分派现金股利或分配利润时,财务会计借记"应收股利"科目,贷记"投资收益"科目。收到实际分派的现金股利或分配利润时,按照收到的金额,借记"银行存款"科目,贷记"应收股利"科目。预算会计借记"资金结存——货币资金"科目,贷记"投资预算收益"科目。

在权益法核算下,被投资单位宣告分派现金股利或分配利润时,财务会计按照应享有的份额,借记"应收股利"科目,贷记"长期股权投资——损益调整"科目。收到实际分派的现金股利或分配利润时,按照收到的金额,借记"银行存款"科目,贷记"应收股利"科目。预算会计借记"资金结存——货币资金",贷记"投资预算收益"科目。

【例8-18】 2×22年6月15日,事业单位持有的长期股权投资宣告发放现金股利30 000元。6月30日,事业单位收到现金股利。如按以下两种方式核算:①按成本法核算,②按权益法核算。该事业单位编制如下会计分录。

(1) 成本法核算。

财务会计	预算会计
① 本年 6 月 15 日，被投资单位宣告发放现金股利。	
借：应收股利 30 000 贷：投资收益 30 000	——
② 本年 6 月 30 日，收到现金股利。	

借：银行存款   30 000
  贷：应收股利   30 000
	借：资金结存——货币资金——银行存款
	                               30 000
	  贷：投资预算收入 30 000

(2) 权益法核算。

① 本年 6 月 15 日，被投资单位宣告发放现金股利。	
借：应收股利 30 000 贷：长期股权投资——损益调整 30 000	——
② 本年 6 月 30 日，收到现金股利。	

借：银行存款   30 000
  贷：应收股利   30 000
	借：资金结存——货币资金——银行存款
	                               30 000
	  贷：投资预算收入 30 000

(九) 应收利息

应收利息是指事业单位按规定进行长期债权投资应当收取的利息。长期债券的计息方式有分期计息到期还本、一次还本付息等方式。到期一次还本付息的长期债券投资持有期间的利息，应当通过"长期债券投资——应计利息"科目核算，不通过该科目核算。分期计息到期还本的长期债券投资，在计息期计提利息，通过应收利息核算。

为核算应收利息业务，事业单位应设置"应收利息"总账科目。"应收利息"科目应当按照被投资单位等进行明细核算。该科目期末借方余额，反映事业单位应收未收的长期债券投资利息。

取得投资时支付的价款中包含已到付息期但尚未领取的利息财务会计按照确定的长期债券投资的成本，借记"长期债券投资"科目，按照支付的价款中包含的已到付息期但尚未领取的利息，借记"应收利息"科目，按照实际支付的金额，贷记"银行存款"等科目。预算会计按照实际支付的价款，借记"投资支出"科目，贷记"资金结存——货币资金"科目。收到取得投资时实际支付价款中所包含的已到付息期但尚未领取的利息时，按照收到的金额，财务会计借记"银行存款"等科目，贷记"应收股利"科目。预算会计借记"资金结存——货币资金"科目，贷记"投资预算收益"科目。

分期计息到期还本的长期债券投资在计提利息收入时，财务会计按照票面金额和票面利率计算确定应收未收的利息金额，借记"应收利息"科目，贷记"投资收益"科目。实际收到债券利息时,按收到的金额,借记"银行存款"科目,贷记"应收利息"科目。预算会计借记"资金结存——货币资金"科目,贷记"投资预算收益"科目。

【例8-19】 2×22年7月1日,事业单位计提购买的政府债券利息10 000元,7月30日,收到利息。该事业单位编制如下会计分录。

(1) 7月1日,计提利息。

财务会计	预算会计
借:应收利息　　　　　　　10 000 　贷:投资收益　　　　　　　　10 000	—

(2) 7月30日,收到利息。

财务会计	预算会计
借:银行存款　　　　　　　10 000 　贷:应收利息　　　　　　　　10 000	借:资金结存——货币资金——银行存款 　　　　　　　　　　　　　10 000 　贷:预算投资收益　　　　　　10 000

(十)其他应收款

其他应收款是指事业单位除应收票据、应收账款、预付账款、应收股利、应收利息以外的其他各项应收及暂付款项,如职工预借的差旅费、已经偿还银行尚未报销的本单位公务卡欠款、拨付给内部有关部门的备用金、应向职工收取的各种垫付款项、支付的可以收回的订金或押金、应收的上级补助和附属单位上缴款项等。

为核算其他应收款业务,事业单位应设置"其他应收款"总账科目。该科目应当按照其他应收款的类别以及债务单位(或个人)进行明细核算。该科目期末借方余额,反映单位尚未收回的其他应收款。

事业单位发生其他各种应收及暂付款项时,按照实际发生金额,借记"其他应收款"科目,贷记"银行存款""库存现金""上级补助收入"和"附属单位上缴收入"等科目,涉及增值税业务的,还应进行相应的会计处理。由于暂付款项没有形成实际的业务活动,不作预算会计处理。收回其他各种应收及暂付款项时,按照收回的金额,借记"库存现金""银行存款"等科目,贷记"其他应收款"科目。

事业单位内部实行备用金制度的,有关部门使用备用金以后应当及时到财务部门报销并补足备用金。财务部门核定并发放备用金时,财务会计按照实际发放金额,借记"其他应收款"科目,贷记"库存现金"等科目。根据报销金额用现金补足备用金定额时,财务会计借记"业务活动费用""单位管理费用"等科目,贷记"库存现金"等科目。预算会计借记"事业支出"科目,贷记"资金结存——货币资金"科目。

【例8-20】 2×22年2月1日,事业单位给各部门核定并发放备用金8 000元。本年2月27日,各部门报销备用金使用情况,使用了6 600元。该事业单位编制如下会计分录。

(1) 2×22年2月1日,发放备用金。

财务会计		预算会计
借：其他应收款　　　　8 000		
贷：库存现金　　　　　　8 000		——

(2) 2月27日，根据报销数用库存现金补足。

财务会计	预算会计
借：业务活动费　　　　6 600 　　贷：库存现金　　　　　6 600	借：事业支出　　　　　　　　　　6 600 　　贷：资金结存——货币资金——库存现金 　　　　　　　　　　　　　　　　6 600

偿还尚未报销的本单位公务卡欠款时，财务会计按照偿还的款项，借记"其他应收款"科目，贷记"银行存款"等科目。

持卡人报销时，按照报销金额，财务会计借记"业务活动费用""单位管理费用"等科目，贷记"其他应收款"科目。预算会计借记"事业支出"等科目，贷记"资金结存"等科目。

将预付账款账面余额转入其他应收款时，借记"其他应收款"科目，贷记"预付账款"科目。

事业单位应当于每年年末，对其他应收款进行全面检查，如发现不能收回的迹象，应当计提坏账准备。对于账龄超过规定年限、确认无法收回的其他应收款，按照规定报经批准后予以核销。按照核销金额，借记"坏账准备"科目，贷记"其他应收款"科目。核销的其他应收款应当在备查簿中保留登记。

已核销的其他应收款在以后期间又收回的，财务会计按照实际收回金额，借记"其他应收款"科目，贷记"坏账准备"科目；同时，借记"银行存款"等科目，贷记"其他应收款"科目。预算会计借记"资金结存——货币资金"科目，贷记"其他预算收入"（本年核销后本年收回）科目、"非财政拨款结余"（以前年度核销后本年收回）科目。

（十一）坏账准备

坏账是指无法收回的应收款项，由应收款项坏账带来的损失可称为坏账损失，它是费用的一个种类。根据现行制度规定，事业单位对收回后不需上缴财政的应收账款和其他应收款应当提取坏账准备，对其他应收款项不提取坏账准备。

为核算坏账准备业务，事业单位应设置"坏账准备"总账科目。该科目应当分别对应收账款和其他应收款进行明细核算。该科目期末贷方余额，反映事业单位提取的坏账准备金额。

事业单位应当于每年年末，对收回后不需上缴财政的应收账款和其他应收款进行全面检查，分析其可收回性，对预计可能产生的坏账损失计提坏账准备、确认坏账损失。事业单位可以采用应收款项余额百分比法、账龄分析法、个别认定法等方法计提坏账准备。坏账准备计提方法一经确定，不得随意变更。如需变更，应当按照规定报经批准，并在财务报表附注中予以说明。

年末当期应补提或冲减的坏账准备金额的计算公式为：

当期应补提或冲减的坏账准备＝按照期末应收账款和其他应收款计算应计提的坏账准备金额－
"坏账准备"科目期末贷方余额(或＋"坏账准备"科目期末借方余额)

事业单位提取坏账准备时,借记"其他费用"科目,贷记"坏账准备"科目;冲减坏账准备时,借记"坏账准备"科目,贷记"其他费用"科目。

对于账龄超过规定年限并确认无法收回的应收账款、其他应收款,应当按照有关规定报经批准后,按照无法收回的金额,财务会计借记"坏账准备"科目,贷记"应收账款""其他应收款"科目。已核销的应收账款、其他应收款在以后期间又收回的,按照实际收回金额,财务会计借记"应收账款""其他应收款"科目,贷记"坏账准备"科目;同时,借记"银行存款"等科目,贷记"应收账款""其他应收款"科目。预算会计借记"资金结存——货币资金"科目,贷记"其他预算收入"科目。

【例8-21】 2×22年7月5日,事业单位确认一笔无法收回的应收账款3 000元,该笔应收账款收回后不需上缴财政。11月20日,收回该笔款项。年末,经计算该事业单位应计提坏账准备20 000元。该事业单位编制如下会计分录。

(1) 2×22年7月5日,确认应收账款无法收回。

财务会计		预算会计
借:坏账准备　　　　　　3 000 贷:应收账款　　　　　　　　　　3 000		—

(2) 11月20日,收回该笔坏账。

财务会计		预算会计
借:应收账款　　　　　　3 000 贷:坏账准备　　　　　　　　　　3 000 同时: 借:银行存款　　　　　　3 000 贷:应收账款　　　　　　　　　　3 000		—

(3) 本年年末,计提坏账准备。

财务会计		预算会计
借:其他费用　　　　　　20 000 贷:坏账准备　　　　　　　　　　20 000		—

(十二) 在途物品

在途物品是指事业单位采购材料等物资时货款已付或已开出商业汇票但尚未验收入库的物品。

为核算在途物品业务,事业单位应设置"在途物品"总账科目。该科目可按照供应单位和物品种类进行明细核算。该科目期末借方余额,反映单位在途物品的采购成本。

事业单位购入材料等物品,财务会计按照确定的物品采购成本的金额,借记"在途物品"科目,按照实际支付的金额,贷记"财政拨款收入""银行存款"等科目。涉及增值税业务的,还应进行相应的会计处理。预算会计借记"事业支出""经营支出""其他支出"等科目,贷记"财政拨款预算收入""资金结存"等科目。

所购材料等物品到达验收入库,按照确定的库存物品成本金额,借记"库存物品"科目,按照物品采购成本金额,贷记"在途物品"科目,按照使得入库物品达到目前场所和状态所发生的其他支出,贷记"银行存款"等科目。发生其他支出时,在预算会计部分,借记"事业支出""经营支出""其他支出"等科目,贷记"财政拨款预算收入""资金结存"等科目。

【例 8-22】 2×22 年 6 月 1 日,事业单位购买一批材料,货款 2 500 元已通过财政拨款直接支付,材料尚未验收入库。6 月 21 日,该批材料到达并验收入库。该事业单位编制如下会计分录。

(1) 6 月 1 日,支付货款。

财务会计	预算会计
借:在途物品　　　　　　　　2 500 　贷:财政拨款收入　　　　　　　2 500	借:事业支出——商品和服务　　　2 500 　贷:资金结存——货币资金　　　　2 500

(2) 6 月 21 日,到货验收。

财务会计	预算会计
借:库存物品　　　　　　　　2 500 　贷:在途物品　　　　　　　　　2 500	—

(十三) 库存物品

库存物品是指事业单位在开展业务活动及其他活动中为耗用或出售而储存的各种物品。

为核算库存物品业务,事业单位应设置"库存物品"总账科目。该科目应当按照库存物品的种类、规格、保管地点等进行明细核算。单位储存的低值易耗品、包装物较多的,可以在该科目(低值易耗品、包装物)下按照"在库""在用"和"摊销"等进行明细核算。该科目期末借方余额,反映单位库存物品的实际成本。

以下情形不通过"库存物品"科目核算。

(1) 单位随买随用的零星办公用品,可以在购进时直接列作费用,不通过该科目核算。

(2) 单位控制的政府储备物资,应当通过"政府储备物资"科目核算,不通过该科目核算。

(3) 单位受托存储保管的物资和受托转赠的物资,应当通过"受托代理资产"科目核算,不通过该科目核算。

(4) 单位为在建工程购买和使用的材料物资,应当通过"工程物资"科目核算,不通过该科目核算。

1. 取得库存物品

行政事业单位取得的库存物品,应当按照其取得时的成本入账。

(1) 外购的库存物品验收入库,按照确定的成本,财务会计借记"库存物品"科目,贷记"财政拨款收入""银行存款""应付账款"和"在途物品"等科目。涉及增值税业务的,还应进行相应的会计处理。预算会计借记"事业支出""经营支出"等科目,贷记"财政拨款预算收入""资金结存"等科目。

购入的存货,其成本包括购买价款、相关税费、运输费、装卸费、保险费以及使得存货达到目前场所和状态所发生的归属于存货成本的其他支出。

(2) 自制的库存物品加工完成并验收入库,按照确定的成本,财务会计借记"库存物品"科目,贷记"加工物品——自制物品"科目。

自行加工的存货,其成本包括耗用的直接材料费用、发生的直接人工费用和按照一定方法分配的与存货加工有关的间接费用。

(3) 委托外单位加工收回的库存物品验收入库,按照确定的成本,财务会计借记"库存物品"科目,贷记"加工物品——委托加工物品"等科目。

委托加工的存货,其成本包括委托加工前存货成本、委托加工的成本(如委托加工费以及按规定应计入委托加工存货成本的相关税费等)以及使存货达到目前场所和状态所发生的归属于存货成本的其他支出。

(4) 接受捐赠的库存物品验收入库,财务会计按照确定的成本,借记"库存物品"科目,按照发生的相关税费、运输费等,贷记"银行存款"等科目,按照其差额,贷记"捐赠收入"科目。预算会计按照支付的金额,借记"其他支出"科目,贷记"资金结存"科目。

接受捐赠的库存物品按照名义金额入账的,财务会计按照名义金额,借记"库存物品"科目,贷记"捐赠收入"科目;同时,按照发生的相关税费、运输费等,借记"其他费用"科目,贷记"银行存款"等科目。预算会计按照发生的相关税费、运输费等,借记"其他支出"科目,贷记"资金结存"科目。

接受捐赠的存货,其成本按照有关凭据注明的金额加上相关税费、运输费等确定;没有相关凭据可供取得,但按规定经过资产评估的,其成本按照评估价值加上相关税费、运输费等确定;没有相关凭据可供取得也未经资产评估的,其成本比照同类或类似资产的市场价格加上相关税费、运输费等确定;没有相关凭据且未经资产评估、同类或类似资产的市场价格也无法可靠取得的,按照名义金额入账,相关税费、运输费等计入当期费用。

【例 8-23】 2×22 年 5 月 12 日,事业单位接受捐赠一批库存物资,相关凭据注明借款为 50 000 元,事业单位以银行存款支付运输费 600 元。5 月 30 日,该事业单位又受赠一幅山水画,以名义金额入账,以银行存款支付运输费 300 元。该事业单位编制如下会计分录。

(1) 2×22 年 5 月 12 日,受赠物资并支付运输费。

财务会计		预算会计	
借:库存物品	50 600	借:其他支出	600
贷:银行存款	600	贷:资金结存——货币资金——银行存款	
捐赠收入	50 000		600

(2) 5月30日,受赠画作。

财务会计	预算会计
借:库存物品　　　　　　　　　　1 　贷:捐赠收入　　　　　　　　　　　1 同时: 借:其他费用　　　　　　　　　　300 　贷:银行存款　　　　　　　　　　300	借:其他支出　　　　　　　　　　300 　贷:资金结存——货币资金——银行存款 　　　　　　　　　　　　　　　300

(5) 无偿调入的库存物品验收入库,按照确定的成本,财务会计借记"库存物品"科目,按照发生的相关税费、运输费等,贷记"银行存款"等科目,按照其差额,贷记"无偿调拨净资产"科目。预算会计按照支付的金额,借记"其他支出"科目,贷记"资金结存"科目。

无偿调入的存货,其成本按照调出方账面价值加上相关税费、运输费等确定。

(6) 通过置换取得的存货,其成本按照换出资产的评估价值,加上支付的补价减去收到的补价,加上为换入存货发生的其他相关支出确定。

置换换入的库存物品验收入库,不涉及补价的,按照确定的成本,财务会计借记"库存物品"科目,按照换出资产的账面余额,贷记相关资产科目(换出资产为固定资产、无形资产的还应当借记"固定资产累计折旧""无形资产累计摊销"科目),按照置换过程中发生的其他相关支出,贷记"银行存款"等科目,按照借贷方差额,借记"资产处置费用"科目或贷记"其他收入"科目。预算会计按照置换过程中发生的其他相关支出,借记"其他支出"科目,贷记"资金结存"科目。

【例8-24】 2×22年8月1日,某事业单位经批准与其他单位进行资产交换,换出固定资产原值20 000元,已计提折旧5 000元,本次置换不涉及补价,当日置换资产验收入库,并以银行存款支付运输费580元。该套换出固定资产估值13 000元。该事业单位编制如下会计分录:

财务会计	预算会计
借:库存物品　　　　　　　　　13 580 　　固定资产累计折旧　　　　　5 000 　贷:固定资产　　　　　　　　　20 000 　　　银行存款　　　　　　　　　　580 　　　其他收入　　　　　　　　　2 000	借:其他支出　　　　　　　　　　580 　贷:资金结存——货币资金——银行存款 　　　　　　　　　　　　　　　580

涉及补价的,分别按以下情况处理:支付补价的,按照确定的成本,财务会计借记"库存物品"科目,按照换出资产的账面余额,贷记相关资产科目(换出资产为固定资产、无形资产的,还应当借记"固定资产累计折旧""无形资产累计摊销"科目),按照支付的补价和置换过程中发生的其他相关支出,贷记"银行存款"等科目,按照借贷方差额,借记"资产处置费用"科目或贷记"其他收入"科目。预算会计按照支付的价款,借记"事业支出""经营支出"等科目,贷记"资金结存"等科目。

【例8-25】 2×22年8月1日,某事业单位经批准与其他单位进行资产交换,换出固定资产原值20 000元,已计提折旧5 000元,当日置换资产验收入库,并以银行存款支付补价1 000元和运输费580元。该套换出固定资产估值13 000元。该事业单位编制如下会计分录:

财务会计		预算会计	
借:库存物品	13 580	借:事业支出	1 000
固定资产累计折旧	5 000	其他支出	580
资产处置费用	3 000	贷:资金结存——货币资金——银行存款	
贷:固定资产	20 000		1 580
银行存款	1 580		

收到补价的,按照确定的成本,财务会计借记"库存物品"科目,按照收到的补价,借记"银行存款"等科目,按照换出资产的账面余额,贷记相关资产科目,按照置换过程中发生的其他相关支出,贷记"银行存款"等科目,按照补价扣减其他相关支出后的净收入,贷记"应缴财政款"科目,按照借贷方差额,借记"资产处置费用"科目或贷记"其他收入"科目。

【例8-26】 2×22年8月1日,某事业单位经批准与其他单位进行资产交换,换出固定资产原值20 000元,已计提折旧5 000元,当日置换资产验收入库,事业单位收到补价1 000元并以银行存款支付运输费580元。该套换出固定资产估值13 000元。该事业单位编制如下会计分录:

财务会计		预算会计
借:库存物品	12 580	
固定资产累计折旧	5 000	
银行存款	420	
资产处置费用	2 420	
贷:固定资产	20 000	
应缴财政款	420	

2. 发出库存物品

(1) 单位开展业务活动等领用、按照规定自主出售发出或加工发出库存物品,财务会计按照领用、出售等发出物品的实际成本,借记"业务活动费用""单位管理费用""经营费用"和"加工物品"等科目,贷记"库存物品"科目。

事业单位应当采用一次转销法摊销低值易耗品、包装物的,在首次领用时将其账面余额一次性摊销计入有关成本费用,财务会计借记"业务活动费用""单位管理费用""经营费用"等科目,贷记"库存物品"科目。采用五五摊销法摊销低值易耗品、包装物的,首次领用时,将其账面余额的50%摊销计入有关成本费用,借记"业务活动费用""单位管理费用""经营费用"等科目,贷记"库存物品"科目;使用完时,将剩余的账面余额转销计入有关成本费用,借记"业务活动费用""单位管理费用""经营费用"等科目,贷记"库存物品"科目。

(2) 经批准对外出售的库存物品(不含可自主出售的库存物品)发出时,按照库存物品的账面余额,财务会计借记"资产处置费用"科目,贷记"库存物品"科目;同时,处置库存物品收到的价款扣除处置过程中发生的相关费用,如为净收款,按照收到的价款,借记"银行存款"等科目,贷记"应缴财政款"科目;如为净付款,借记"其他费用"科目,贷记"银行存款"等科目,此时预算会计还需借记"其他支出"科目,贷记"资金结存"科目。

(3)经批准对外捐赠的库存物品发出时,财务会计按照库存物品的账面余额和对外捐赠过程中发生的归属于捐出方的相关费用合计数,借记"资产处置费用"科目,按照库存物品账面余额,贷记"库存物品"科目,按照对外捐赠过程中发生的归属于捐出方的相关费用,贷记"银行存款"等科目。归属于捐出方的相关费用以资金方式支出时,预算会计按照实际支付的相关费用,借记"其他支出"科目,贷记"资金结存"科目。

(4)经批准无偿调出的库存物品发出时,财务会计按照库存物品的账面余额,借记"无偿调拨净资产"科目,贷记"库存物品"科目;同时,按照无偿调出过程中发生的归属于调出方的相关费用,借记"资产处置费用"科目,贷记"银行存款"等科目。当归属于调出方的相关费用以资金方式支付时,预算会计借记"其他支出"科目,贷记"资金结存"科目。

(5)经批准置换换出的库存物品,参照有关置换换出库存物品的规定进行账务处理。

3.库存物品的盘盈盘亏或报废毁损

单位应当定期对库存物品进行清查盘点,每年至少盘点一次。对于发生的库存物品盘盈、盘亏或者报废、毁损,应当先记入"待处理财产损溢"科目,按照规定报经批准后及时进行后续账务处理。

盘盈的库存物品,其成本按照有关凭据注明的金额确定;没有相关凭据、但按照规定经过资产评估的,其成本按照评估价值确定;没有相关凭据也未经过评估的,其成本按照重置成本确定。如无法采用上述方法确定盘盈的库存物品成本的,按照名义金额入账。盘盈的库存物品,财务会计按照确定的入账成本,借记"库存物品"科目,贷记"待处理财产损溢"科目。如该库存物品是本年度取得,借记"待处理财产损溢"科目,贷记"单位管理费用"科目;如属以前年度取得,借记"待处理财产损溢"科目,贷记"以前年度损溢调整"科目,不作预算会计处理。

盘亏或者毁损、报废的库存物品,按照待处理库存物品的账面余额,借记"待处理财产损溢"科目,贷记"库存物品"科目。报经批准后,借记"资产处置费用"科目,贷记"待处理财产损溢"科目,不作预算会计处理。

属于增值税一般纳税人的单位,若因非正常原因导致的库存物品盘亏或毁损,还应当将与该库存物品相关的增值税进项税额转出,按照其增值税进项税额,借记"待处理财产损溢"科目,贷记"应交增值税——应交税金(进项税额转出)"科目。

(十四)加工物品

加工物品是指事业单位自制或委托外单位加工的各种物品。

为核算加工物品业务,事业单位应设置"加工物品"总账科目。该科目应当设置"自制物品""委托加工物品"两个一级明细科目,并按照物品类别、品种、项目等设置明细账,进行明细核算。该科目"自制物品"一级明细科目下应当设置"直接材料""直接人工"和"其他直接费用"等二级明细科目归集自制物品发生的直接料、直接人工(专门从事物品制造人员的人工费)等直接费用;对于自制物品发生的间接费用,应当在该科目"自制物品"一级明细科目下单独设置"间接费用"二级明细科目予以归集,期末,再按照一定的分配标准和方法,分配计入有关物品的成本该科目期末借方余额,反映单位自制或委托外单位加工但尚未完工的各种物品的实际成本。

1. 自制物品

(1) 为自制物品领用材料等,财务会计按照材料成本,借记"加工物品——自制物品——直接材料"科目,贷记"库存物品"科目。

(2) 对专门从事物品制造的人员发生的直接人工费用,财务会计按照实际发生的金额,借记"加工物品——自制物品——直接人工"科目,贷记"应付职工薪酬"科目。

(3) 为自制物品发生的其他直接费用,财务会计按照实际发生的金额,借记"加工物品——自制物品——其他直接费用"科目,贷记"银行存款"等科目。当其他直接费用用资金支付时,按照支付的金额,预算会计借记"事业支出"等科目,贷记"财政拨款预算收入""资金结存"科目。

(4) 为自制物品发生的间接费用,财务会计按照实际发生的金额,借记"加工物品——自制物品——间接费用"科目,贷记"银行存款""应付职工薪酬""固定资产累计折旧"和"无形资产累计摊销"等科目。当间接费用用资金支付时,按照支付的金额,预算会计借记"事业支出"等科目,贷记"财政拨款预算收入""资金结存"科目。

间接费用一般按照生产人员工资、生产人员工时、机器工时、耗用材料的数量或成本、直接费用(直接材料和直接人工)或产品产量等进行分配。单位可根据具体情况自行选择间接费用的分配方法。分配方法一经确定,不得随意变更。

(5) 已经制造完成并验收入库的物品,财务会计按照所发生的实际成本(包括耗用的直接材料费用、直接人工费用、其他直接费用和分配的间接费用),借记"库存物品"科目,贷记"加工物品——自制物品"科目。

【例 8-27】 2×22 年 1 月,事业单位自制一批材料。1 月 3 日,领用材料 2 000 元,1 月 15 日,用银行存款支付设计费 3 600 元,1 月 25 日,计提归属该项目的职工薪酬 15 000 元,1 月 31 日,完工验收入库。该事业单位编制如下会计分录。

(1) 2×22 年 1 月 3 日,领用材料。

财务会计	预算会计
借:加工物品——自制物品——直接材料 　　　　　　　　　　　　2 000 　贷:库存物品　　　　　　　2 000	—

(2) 1 月 15 日,用银行存款支付设计费。

财务会计	预算会计
借:加工物品——自制物品——其他直接费 　　　　　　　　　　　　3 600 　贷:银行存款　　　　　　　3 600	借:事业支出　　　　　　　　　3 600 　贷:资金结存——货币资金——银行存款 　　　　　　　　　　　　3 600

(3) 1月25日,计提职工薪酬。

财务会计	预算会计
借:加工物品——自制物品——直接人工 　　　　　　　　　　　　15 000 　　贷:应付职工薪酬　　　　15 000	—

(4) 1月31日,完工验收入库。

财务会计	预算会计
借:库存物品　　　　　　　　20 600 　　贷:加工物品——自制物品　20 600	—

2. 委托加工物品

发给外单位加工的材料等,财务会计按照其实际成本,借记"加工物品——委托加工物品"科目,贷记"库存物品"科目。

支付加工费、运输费等费用,财务会计按照实际支付的金额,借记"加工物品——委托加工物品",贷记"银行存款"等科目。涉及增值税业务的,还应进行相应的会计处理,预算会计按照支付的金额,借记"事业支出"科目,贷记"财政拨款预算收入""资金结存"科目。

委托加工完成的材料等验收入库,财务会计按照加工前发出材料的成本和加工、运输成本等,借记"库存物品"等科目,贷记"加工物品——委托加工物品"科目。

(十五)待摊费用

待摊费用是指事业单位已经支付,但应当由本期和以后各期分别负担的分摊期在1年以内(含1年)的各项费用,如预付航空保险费、预付租金等。

为核算待摊费用业务,事业单位应设置"待摊费用"总账科目。摊销期限在1年以上的租入固定资产改良支出和其他费用,应当通过"长期待摊费用"科目核算,不通过该科目核算。待摊费用应当在其受益期限内分期平均摊销,如预付航空保险费应在保险期的有效期内、预付租金应在租赁期内分期平均摊销,计入当期费用。该科目应当按照待摊费用种类进行明细核算。该科目期末借方余额,反映单位各种已支付但尚未摊销的分摊期在1年以内(含1年)的费用。

单位发生待摊费用时,按照实际预付的金额,财务会计部分,借记"待摊费用"科目,贷记"财政拨款收入""银行存款"等科目,预算会计部分,借记"事业支出""经营支出"等科目,贷记"财政拨款预算收入""资金结存"等科目。

按照受益期限分期平均摊销时,按照摊销金额,借记"业务活动费用""单位管理费用"和"经营费用"等科目,贷记"待摊费用"科目。

如果某项待摊费用已经不能使单位受益,应当将其摊余金额一次全部转入当期费用。在财务会计部分,按照摊销余额,借记"业务活动费用""单位管理费用"和"经营费用"等科目,贷记"待摊费用"科目。

【例8-28】 2×22年5月1日,事业单位通过财政拨款直接支付下半年6个月的场地租金30 000元。该事业单位编制如下会计分录。

(1) 2×22年5月1日,发生待摊费用。

财务会计	预算会计
借:待摊费用　　　　　　　　　30 000 　贷:财政拨款收入　　　　　　　　30 000	借:事业支出——商品和服务　　　30 000 　贷:财政拨款预算收入　　　　　　30 000

(2) 次月开始分摊。

财务会计	预算会计
借:业务活动费用　　　　　　　5 000 　贷:待摊费用　　　　　　　　　　5 000	—

三、事业单位非流动资产核算

(一) 长期股权投资

长期股权投资是指事业单位按照规定取得的,持有时间超过1年(不含1年)的股权性质的投资。

为核算长期股权投资业务,事业单位应设置"长期股权投资"总账科目。该科目应当按照被投资单位和长期股权投资取得方式等进行明细核算。长期股权投资采用权益法核算的,还应当按照"成本""损益调整"和"其他权益变动"设置明细科目,进行明细核算。该科目期末借方余额,反映事业单位持有的长期股权投资的价值。

1. 取得长期股权投资

长期股权投资在取得时,应当按照其实际成本作为初始投资成本。

(1) 以现金取得的长期股权投资,财务会计按照确定的投资成本,借记"长期股权投资"科目(成本法核算长期股权投资)或"长期股权投资——成本"科目(权益法核算长期股权投资),按照支付的价款中包含的已宣告但尚未发放现金股利,借记"应收股利"科目,按照实际支付的全部价款,贷记"银行存款"科目。预算会计按照支付的全部价款,借记"投资支出"科目,贷记"资金结存"科目。

实际收到取得投资时所支付价款中包含的已宣告但尚未发放的现金股利时,财务会计借记"银行存款"科目,贷记"应收股利"科目;预算会计按照实际收到的现金股利,借记"资金结存"科目,贷记"投资支出"科目。

【例8-29】 2×22年8月1日,事业单位以银行存款200 000元取得某企业股权,拟持有期间超过一年;支付价款中包含被投资企业已经宣告发放的利润10 000元,使用成本法核算。8月30日,事业单位收到现金股利。该事业单位编制如下会计分录。

(1) 2×22年8月1日,取得长期股权投资。

财务会计		预算会计	
借：长期股权投资	190 000	借：投资支出	200 000
应收股利	10 000	贷：资金结存——货币资金——银行存款	
贷：银行存款	200 000		200 000

(2) 8月30日，收到现金股利。

财务会计		预算会计	
借：银行存款	10 000	借：资金结存——货币资金——银行存款	
贷：应收股利	10 000		10 000
		贷：投资支出	10 000

(2) 以现金以外的其他资产置换取得的长期股权投资，参照"库存物品"科目置换取得库存物品的相关规定进行会计处理。

(3) 以未入账的无形资产取得的长期股权投资，财务会计按照评估价值加相关税费作为投资成本，借记"长期股权投资"科目，按照发生的相关税费，贷记"银行存款""其应交税费"等科目，按其差额，贷记"其他收入"科目。以资金支付发生的相关税费时，按照实际支付的相关税费，借记"其他支出"科目，贷记"资金结存"科目。

(4) 接受捐赠的长期股权投资，财务会计按照确定的投资成本，借记"长期股权投资"科目（成本法核算长期股权投资）或"长期股权投资——成本"科目（权益法核算长期股权投资），按照发生的相关税费，贷记"银行存款"等科目，按照其差额，贷记"捐赠收入"科目。以资金支付相关税费时预算会计按照支付的价款，借记"其他支出"科目，贷记"资金结存"科目。

(5) 无偿调入的长期股权投资，财务会计按照确定的投资成本，借记"长期股权投资"科目（成本法核算长期股权投资）或"长期股权投资——成本"科目（权益法核算长期股权投资），按照发生的相关税费，贷记"银行存款"等科目，按照其差额，贷记"无偿调拨净资产"科目。以资金支付相关税费时，预算会计按照支付的价款，借记"其他支出"科目，贷记"资金结存"科目。

2. 持有长期股权投资

长期股权投资在持有期间，通常应当采用权益法进行核算。事业单位无权决定被投资单位的财务和经营政策或无权参与被投资单位的财务和经营政策的，应当采用成本法进行核算。其中，成本法是指投资按照投资成本计量的方法。权益法是指投资最初以投资成本计量，以后根据事业单位在被投资单位所享有的所有者权益份额的变动对投资的账面余额进行调整的方法。

(1) 采用成本法核算，被投资单位宣告发放现金股利或利润时，财务会计按照应收的金额，借记"应收股利"科目，贷记"投资收益"科目。

收到现金股利或利润时，财务会计按照实际收到的金额，借记"银行存款"等科目，贷记"应收股利"科目。预算会计借记"资金结存"科目，贷记"预算投资收益"科目。

【例8-30】 事业单位持有某公司股权，按成本法核算。2×22年6月1日，被投资企

业宣告分派现金股利 20 000 元。6 月 30 日,收到现金股利。该事业单位编制如下会计分录:

(1) 2×22 年 6 月 1 日,宣告分派现金股利。

财务会计	预算会计
借:应收股利　　　　　　　　　20 000 　贷:投资收益　　　　　　　　　　　　20 000	—

(2) 6 月 30 日,收到现金股利。

财务会计	预算会计
借:银行存款　　　　　　　　　20 000 　贷:应收股利　　　　　　　　　　　　20 000	借:资金结存——货币资金——银行存款 　　　　　　　　　　　　　　　　20 000 　贷:投资预算收益　　　　　　　　　20 000

(2) 采用权益法核算,被投资单位实现净利润的,财务会计按照应享有的份额,借记"长期股权投资——损益调整"科目,贷记"投资收益"科目。被投资单位发生净亏损的,财务会计按照应分担的份额,借记"投资收益"科目,贷记"长期股权投资——损益调整"科目,但以"长期股权投资"科目的账面余额减记至零为限。发生亏损的被投资单位以后年度又实现净利润的,财务会计按照收益分享额弥补未确认的亏损分担额等后的金额,借记"长期股权投资——损益调整"科目,贷记"投资收益"科目。

被投资单位宣告分派现金股利或利润的,按照应享有的份额,借记"应收股利"科目,贷记"长期股权投资——损益调整"科目。

收到被投资单位分派现金股利或分配利润时,财务会计部分,借记"银行存款"科目,贷记"应收股利"科目,预算会计部分,借记"资金结存"科目,贷记"投资预算收益"科目。

被投资单位发生除净损益和利润分配以外的所有者权益变动的,按照应享有或应分担的份额,借记或贷记"权益法调整"科目,贷记或借记"长期股权投资——其他权益变动"科目。

【例 8-31】 事业单位持有某企业股权 30%,采用权益法核算。2×22 年 3 月 31 日,收到的被投资企业财务报表显示上年度实现净利润 5 000 000 元。4 月 25 日,被投资企业宣告分派现金股利 3 000 000 元。5 月 15 日,收到现金股利。该事业单位编制如下会计分录。

(1) 2×22 年 3 月 31 日,被投资企业实现净利润。

财务会计	预算会计
借:长期股权投资——损益调整　　1 500 000 　贷:投资收益　　　　　　　　　　　1 500 000	—

(2) 4月25日,被投资企业宣告分派现金股利。

财务会计	预算会计
借：应收股利　　　　　　　　900 000 　　贷：长期股权投资——损益调整　900 000	——

(3) 5月15日,收到现金股利。

财务会计	预算会计
借：银行存款　　　　　　　　900 000 　　贷：应收股利　　　　　　　900 000	借：资金结存——货币资金——银行存款 　　　　　　　　　　　　　　　900 000 　　贷：投资预算收入　　　　　900 000

3. 成本法与权益法的转换

单位因处置部分长期股权投资等原因而对处置后的剩余股权投资由权益法改为成本法核算的,应当将权益法下"长期股权投资"科目账面余额作为成本法下"长期股权投资"科目账面余额(成本)。其后,被投资单位宣告分派现金股利或利润时,属于单位已计入投资账面余额的部分,财务会计按照应分得的现金股利或利润份额,借记"应收股利"科目,贷记"长期股权投资"科目。

单位因追加投资等原因对长期股权投资的核算从成本法改为权益法的,财务会计应当按照成本法下"长期股权投资"科目账面余额与追加投资成本的合计金额借记"长期股权投资——成本"科目,按照成本法下"长期股权投资"科目账面余额贷记"长期股权投资"科目,按照追加投资的成本,贷记"银行存款"等科目。

4. 长期股权投资的处置

(1) 出售长期股权投资。

事业单位按照规定报经批准出售(转让)长期股权投资时,应当区分长期股权投资取得方式分别进行处理。

处置以现金取得的长期股权投资,财务会计按照实际取得的价款,借记"银行存款"等科目,按照被处置长期股权投资的账面余额,贷记"长期股权投资"科目,按照尚未领取的现金股利或利润,贷记"应收股利"科目,按照发生的相关税费等支出,贷记"银行存款"等科目,按照借贷方差额,借记或贷记"投资收益"科目。预算会计按照收到的金额,借记"资金结存"科目,按照投资成本,贷记"其他结余"(本年度出售以前年度取得的长期股权投资)等科目,按借差或贷差,借记或贷记"投资预算收益"科目。

处置以现金以外的其他资产取得的长期股权投资,属于处置收款净额需上缴财政的,财务会计按照被处置长期股权投资的账面余额,借记"资产处置费用"科目,贷记"长期股权投资"科目;同时,按照实际取得的价款,借记"银行存款"等科目,按照尚未领取的现金股利或利润,贷记"应收股利"科目,按照发生的相关税费等支出,贷记"银行存款"等科目,按照贷方差额,贷记"应缴财政款"科目。

处置以现金以外的其他资产取得的长期股权投资,按照规定将处置时取得的投资收益纳入本单位预算管理的,财务会计按照处置价款,借记"银行存款"科目,按照被处置的长期股权投资的账面余额,贷记"长期股权投资"科目,按照尚未领取的现金股利或利润,贷记"应收股利"科目,按照发生的相关税费等支出,贷记"银行存款"等科目,并按照所取得价款大于被处置长期股权投资账面余额、应收股利账面余额和相关税费支出合计的差额,贷记"投资收益"科目。预算会计按照处置资产实际收到的金额,借记"资金结存"等科目,贷记"投资预算收益"科目,如果为净付款,借记"其他支出"等科目,贷记"资金结存"科目。

【例8-32】 2×22年11月30日,事业单位出售长期股权投资,取得银行存款500 000元。事业单位持有该企业股权比例的10%,按成本法核算。出售前长期股权投资账面余额为450 000元,尚有未收到的应收股利20 000元。该股权3年前是现金购入,初始投资成本为450 000元。该事业单位编制如下会计分录:

财务会计	预算会计
借:银行存款　　　　　500 000 　　投资收益　　　　　 30 000 　贷:长期股权投资　　　 450 000 　　应收股利　　　　　 20 000	借:资金结存——货币资金——银行存款 　　　　　　　　　　　　　500 000 　贷:其他结余　　　　　　　450 000 　　预算投资收益　　　　　 50 000

(2)核销长期股权投资。

因被投资单位破产清算等原因,有确凿证据表明长期股权投资发生损失,按照规定报经批准后予以核销时,财务会计按照予以核销的长期股权投资的账面余额,借记"资产处置费用"科目,贷记"长期股权投资"科目。

(3)置换换出长期股权投资。

报经批准置换转出长期股权投资时,财务会计参照"库存物品"科目中置换换入库存物品的规定进行账务处理。

(4)处置采用权益法核算的长期股权投资,结转原直接计入净资产的相关金额。

处置采用权益法核算的长期股权投资的,财务会计除进行上述账务处理外,还应结转原直接计入净资产的相关金额,借记或贷记"权益法调整"科目,贷记或借记"投资收益"科目。

(二)长期债券投资

长期债券投资是指事业单位按照规定取得的,持有时间超过1年(不含1年)的债券投资。

为核算长期债券投资业务,事业单位应设置"长期债券投资"总账科目。该科目应当设置"成本"和"应计利息"明细科目,并按照债券投资的种类进行明细核算,该科目期末借方余额,反映事业单位持有的长期债券投资的价值。

长期债券投资在取得时,应当按照其实际成本作为投资成本,财务会计借记"长期债券投资"科目(分期付息、一次还本的长期债券)或"长期债券投资——成本"科目(一次还本付息的长期债券),按照支付的价款中包含的已到付息期但尚未领取的利息,借记"应收利息"科目,按照实际支付的金额,贷记"银行存款"等科目;预算会计按照实际支付的金额,借记"投资支出"等科目,贷记"资金结存"科目。实际收到取得债券时所支付价款中包含的已到付息期但尚未领取的利息时,财务会计借记"银行存款"科目,贷记"应收利息"科目;预算会计借记"资金结存"科目,贷记"投资支出"科目。

长期债券投资持有期间,按期以债券票面金额与票面利率计算确认利息收入时,如为到期一次还本付息的债券投资,财务会计借记"长期债券投资——应计利息"科目,贷记"投资收益"科目;如为分期付息、到期一次还本的债券投资,财务会计借记"应收利息"科目,贷记"投资收益"科目。收到分期支付的利息时,按照实收的金额,财务会计借记"银行存款"等科目,贷记"应收利息"科目;预算会计借记"资金结存"科目,贷记"投资预算收益"科目。

到期收回长期债券投资,财务会计按照实际收到的金额,借记"银行存款"科目,按照长期债券投资的账面余额,贷记"长期债券投资"科目,按照相关应收利息金额,贷记"应收利息"科目,按照其差额,贷记"投资收益"科目。预算会计按照实际收到的金额,借记"资金结存"科目,按照以前年度以现金支付的投资成本,贷记"其他结余"科目,根据贷差,贷记"投资预算收益"科目。

对外出售长期债券投资,财务会计按照实际收到的金额,借记"银行存款"科目,按照债券投资的账面余额,贷记"长期债券投资"科目,按照已记入"应收利息"科目但尚未收取的金额,贷记"应收利息"科目,按照其差额,贷记或借记"投资收益"科目。涉及增值税业务的,还应进行相应的会计处理。预算会计按照收到出售长期债券投资收到的资金,借记"资金结存"科目,贷记"其他结余"科目(本年出售以前年度购入的长期债券投资)或"投资收益"科目(本年提前出售本年购入的长期债券投资),按照借贷方的差额,借记或贷记"投资预算收益"科目。

【例 8-33】 2×22 年 6 月,某事业单位以银行存款 300 000 元购入 5 年期政府债券,利率 5.5%,每年 6 月 30 日为付息日,每年付息一次,第 5 年年末偿还本金和最后一次利息。该事业单位编制如下会计分录。

(1) 2×22 年 6 月,获得分期付息、一次还本的长期债券投资。

财务会计	预算会计
借:长期债券投资　　　　　300 000 　贷:银行存款　　　　　　　　300 000	借:投资支出　　　　　　　　300 000 　贷:资金结存——货币资金——银行存款 　　　　　　　　　　　　　　300 000

(2) 次年 6 月 30 日,计提利息并收到利息。

财务会计	预算会计
借:应收利息　　　　　　　　16 500 　贷:投资收益　　　　　　　　16 500 同时: 借:银行存款　　　　　　　　16 500 　贷:应收利息　　　　　　　　16 500	借:资金结存——货币资金——银行存款 　　　　　　　　　　　　　　16 500 　贷:投资预算收益　　　　　　16 500

(3) 到期日，收回成本。

财务会计		预算会计	
借：应收利息	16 500	借：资金结存——货币资金——银行存款	
贷：投资收益	16 500		316 500
同时：		贷：其他结余	300 000
借：银行存款	316 500	投资预算收益	16 500
贷：长期债券投资	300 000		
应收利息	16 500		

【例 8-34】 2×22 年 6 月，某事业单位以银行存款 300 000 元购入 5 年期政府债券，利率 5.5%，每年 6 月 30 日为计息日，每年计息一次，第 5 年年末一次还本付息。该事业单位编制如下会计分录。

(1) 2×22 年 6 月，获得一次到期还本付息的长期债券投资。

财务会计		预算会计	
借：长期债券投资——成本	300 000	借：投资支出	300 000
贷：银行存款	300 000	贷：资金结存——货币资金——银行存款	
			300 000

(2) 次年 6 月 30 日，计提利息并收到利息。

财务会计		预算会计
借：长期债券投资——应计利息	16 500	—
贷：投资收益	16 500	

(3) 到期日，收回成本。

财务会计		预算会计	
借：银行存款	382 500	借：资金结存——货币资金——银行存款	
贷：长期债券投资——成本	300 000		382 500
长期债券投资——应计利息	82 500	贷：其他结余	300 000
		投资预算收益	82 500

(三) 固定资产

固定资产是指事业单位为满足自身开展业务活动或其他活动需要而控制的，使用年限超过 1 年（不含 1 年）、单位价值在 1 000 元以上，并在使用过程中基本保持原有实物形态的资产。或者，单位价值虽未达到规定标准，但是使用年限超过 1 年（不含 1 年）的大批同类物资，如图书、家具、用具、装具等，也应当确认为固定资产。固定资产一般分为六类：房屋及构筑物，专用设备，通用设备，文物和陈列品，图书、档案，家具、用具、装具及动植物。事业单位控制的公共基础设施、政府储备物资、保障性住房等资产不属于固定资产。

事业单位的固定资产明细目录由国务院主管部门制定,报国务院财政部门备案。实务中为核算固定资产业务,事业单位应设置"固定资产"总账科目。该科目核算单位固定资产的原值。该科目应当按照固定资产类别和项目进行明细核算。

事业单位进行固定资产核算时,应当考虑以下情况。

(1) 购入需要安装的固定资产,应当先通过"在建工程"科目核算,安装完毕交付使用时再转入该科目核算。

(2) 以借入、经营租赁租入方式取得的固定资产,不通过该科目核算,应当设置备查簿进行登记。

(3) 采用融资租入方式取得的固定资产,通过该科目核算,并在该科目下设置"融资租入固定资产"明细科目。

(4) 经批准在境外购买具有所有权的土地,作为固定资产,通过该科目核算;单位应当在该科目下设置"境外土地"明细科目,进行相应明细核算。

1. 固定资产的取得

固定资产在取得时,应当按照成本进行初始计量。

(1) 购入的固定资产。

事业单位外购的固定资产,成本包括购买价款、相关税费以及固定资产交付前所发生的可归属于该资产的运输费、装卸费、安装费和装卸人员服务费等。

购入不需安装的固定资产验收合格时,按照确定的固定资产成本,财务会计借记"固定资产"科目,贷记"财政拨款收入""应付账款"和"银行存款"等科目;预算会计借记"事业支出"等科目,贷记"财政拨款预算收入""资金结存"科目。

购入需要安装的固定资产,在安装完毕交付使用前通过"在建工程"科目核算,安装完毕交付使用时再转入"固定资产"科目。

购入固定资产扣留质量保证金的,应当在取得固定资产时,按照确定的固定资产成本,借记"固定资产"科目(不需安装)或"在建工程"科目(需要安装),按照实际支付或应付的金额,贷记"财政拨款收入""应付账款"(不含质量保证金)和"银行存款"等科目,按照扣留的质量保证金数额,贷记"其他应付款"科目[扣留期在1年以内(含1年)]或"长期应付款"科目(扣留期超过1年)。预算会计借记"事业支出"等科目,贷记"财政拨款预算收入""资金结存"科目。质保期满支付质量保证金时,财务会计借记"其他应付款""长期应付款"科目,贷记"财政拨款收入""银行存款"等科目;预算会计借记"事业支出"等科目,贷记"财政拨款预算收入""资金结存"科目。

【例8-35】 某事业单位购置价值800 000元的大型设备。2×22年6月1日,事业单位通过财政直接支付的方式支付货款的95%,剩余5%的货款为质保金:在质保期结束后15日内支付剩余5%的价款。本年6月15日,设备安装后投入使用。次年1月1日,质保期结束,设备无质量问题,事业单位用银行存款付了质保金。该事业单位编制如下会计分录。

(1) 2×22年6月1日,购买设备。

财务会计		预算会计	
借：在建工程	800 000	借：事业支出	76 000
贷：财政拨款收入	76 000	贷：财政拨款预算收入	76 000
其他应付款	4 000		

(2) 6月15日，设备安装后投入使用。

财务会计		预算会计
借：固定资产	800 000	—
贷：在建工程	800 000	

(3) 次年1月1日，支付了质保金。

财务会计		预算会计	
借：其他应付款	4 000	借：事业支出	4 000
贷：银行存款	4 000	贷：资金结存	4 000

(2) 自行建造的固定资产。

自行建造的固定资产，其成本包括该项资产至交付使用前所发生的全部必要支出。自行建造的固定资产交付使用时，财务会计按照在建工程成本，借记"固定资产"科目，贷记"在建工程"科目。已交付使用但尚未办理竣工决算手续的固定资产，按照估计价值入账，待办理竣工决算后再按照实际成本调整原来的暂估价值。

在原有固定资产基础上进行改建、扩建、修缮后的固定资产，其成本按照原固定资产账面价值加上改建、扩建、修缮发生的支出，再扣除固定资产被替换部分的账面价值后的金额确定。为建造固定资产借入的专门借款的利息，属于建设期间发生的，计入在建工程成本；不属于建设期间发生的，计入当期费用。

(3) 融资租入的固定资产。

融资租赁取得的固定资产，其成本按照租赁协议或者合同确定的租赁价款、相关税费以及固定资产交付使用前所发生的可归属于该项资产的运输费、途中保险费、安装调试费等确定。

对于融资租入的固定资产，财务会计按照确定的成本，借记"固定资产"科目（不需安装）或"在建工程"科目（需安装），按照租赁协议或者合同确定的租赁付款额，贷记"长期应付款"科目，按照支付的运输费、途中保险费、安装调试费等金额，贷记"财政拨款收入""银行存款"等科目。租入固定资产以资金支付租赁款和相关费用时，预算会计借记"事业支出"等科目，贷记"财政拨款预算收入""资金结存"科目。

定期支付租金时，按照实际支付金额，财务会计部分，借记"长期应付款"科目，贷记"财政拨款收入""银行存款"等科目；预算会计部分，借记"事业支出"等科目，贷记"财政拨款预算收入""资金结存"科目。

(4) 分期付款购入的固定资产。

按照规定年度分期付款购入固定资产的账务处理，参照融资租入固定资产。

(5) 接受捐赠的固定资产。

接受捐赠的固定资产，其成本按照有关凭据注明的金额加上相关税费、运输费等确定；没有相关凭据可供取得，但按规定经过资产评估的，其成本按照评估价值加上相关税费、运输费等确定；没有相关凭据可供取得也未经资产评估的，其成本比照同类或类似资产的市场价格加上相关税费、运输费等确定；没有相关凭据且未经资产评估、同类或类似资产的市场价格也无法可靠取得的，按照名义金额入账，相关税费、运输费等计入当期费用。如受赠的系旧的固定资产，在确定其初始入账成本时应当考虑该项资产的新旧程度。

接受捐赠的固定资产，财务会计按照确定的固定资产成本，借记"固定资产"科目（不需安装）或"在建工程"科目（需安装），按照发生的相关税费、运输费等，贷记"银行存款"等科目，按照其差额，贷记"捐赠收入"科目。受赠方以资金支付相关费用时，预算会计借记"其他支出"等科目，贷记"财政拨款预算收入""资金结存"科目。

接受捐赠的固定资产按照名义金额入账的，财务会计按照名义金额，借记"固定资产"科目，贷记"捐赠收入"科目；按照发生的相关税费、运输费等，借记"其他费用"科目，贷记"银行存款"等科目。受赠方以资金支付相关费用时，预算会计借记"其他支出"等科目，贷记"财政拨款预算收入""资金结存"科目。

(6) 无偿调入的固定资产。

无偿调入的固定资产，其成本按照调出方账面价值加上相关税费、运输费等确定。

无偿调入的固定资产，财务会计按照确定的固定资产成本，借记"固定资产"科目（不需安装）或"在建工程"科目（需安装），按照发生的相关税费、运输费等，贷记"银行存款"等科目，按照其差额，贷记"无偿调拨净资产"科目。调入方以资金支付相关费用时，借记"其他支出"等科目，贷记"财政拨款预算收入""资金结存"科目。

(7) 置换取得的固定资产。

置换取得的固定资产，参照"库存物品"科目中置换取得库存物品的相关规定进行账务处理。

通过置换取得的固定资产，其成本按照换出资产的评估价值加上支付的补价或减去收到的补价，加上换入固定资产发生的其他相关支出确定。

2. 固定资产的后续支出

固定资产的后续支出按照支出是否符合固定资产的确认条件区分为符合固定资产确认条件的后续支出和不符合固定资产确认条件的后续支出两类。

(1) 符合固定资产确认条件的后续支出。

将固定资产转入改建、扩建时，按照固定资产的账面价值，借记"在建工程"科目，按照固定资产已计提折旧，贷记"固定资产累计折旧"科目，按照固定资产的账面余额，贷记"固定资产"科目。

为增加固定资产使用效能或延长其使用年限而发生改建、扩建等后续支出时，财务会计借记"在建工程"科目，贷记"财政拨款收入""银行存款"等科目。预算会计借记"事业支出"等科目，贷记"财政拨款预算收入""资金结存"科目。

固定资产改建、扩建等完成交付使用时，财务会计按照在建工程成本，借记"固定资产"科目,贷记"在建工程"科目。

(2) 不符合资产确认条件的后续支出。

对于不符合固定资产确认条件的后续支出,为保证固定资产正常使用发生日常维修等支出时,财务会计借记"业务活动费用""单位管理费用"等科目,贷记"财政拨款收入""银行存款"等科目;预算会计借记"事业支出"等科目,贷记"财政拨款预算收入""资金结存"科目。

3. 固定资产的处置

按照规定报经批准处置固定资产,应当分别按下情况处理。

(1) 出售或转让固定资产。

报经批准出售、转让固定资产,财务会计按照被出售、转让固定资产的账面价值,借记"资产处置费用"科目,按照固定资产已计提的折旧,借记"固定资产累计折旧"科目,按照固定资产账面余额,贷记"固定资产"科目。处置的固定资产收到的价款扣除处置过程中发生的相关费用,如为净收款,借记"银行存款"科目,贷记"应缴财政款"科目;如为净付款,借记"其他费用"科目,贷记"银行存款"等科目。

如为净付款,预算会计借记"其他支出"科目,贷记"资金结存"等科目。

(2) 对外捐赠固定资产。

报经批准对外捐赠固定资产,财务会计按照固定资产已计提的折旧,借记"固定资产累计折旧"科目,按照被处置固定资产账面余额,贷记"固定资产"科目,按照捐赠过程中发生的归属于捐出方的相关费用,贷记"银行存款"等科目,按照其差额,借记"资产处置费用"科目。

捐赠过程中支付相关费用时,按照支付的金额,财务会计借记"资产处置费用"科目,贷记"银行存款"科目;预算会计借记"其他支出"科目,贷记"资金结存"等科目。

(3) 无偿调出固定资产。

报经批准无偿调出固定资产,财务会计按照固定资产已计提的折旧,借记"固定资产累计折旧"科目,按照被处置固定资产账面余额,贷记"固定资产"科目,按照其差额,借记"无偿调拨净资产"科目;同时,按照无偿调出过程中发生的归属于调出方的相关费用,借记"资产处置费用"科目,贷记"银行存款"等科目。发生相关费用时,预算会计借记"其他支出",贷记"资金结存"等科目。

(4) 置换换出固定资产。

报经批准换出固定资产,参照"库存物品"中置换换入库存物品的规定进行账务处理。

(5) 固定资产的盘盈盘亏或毁损报废。

事业单位应当定期对固定资产进行清查盘点,每年至少盘点一次。对于发生的固定资产盘盈、盘亏或毁损、报废,应当先记入"待处理财产损溢"科目,按照规定报经批准后及时进行后续账务处理。

盘盈的固定资产,其成本按照有关凭据注明的金额确定;没有相关凭据但按照规定经过资产评估的,其成本按照评估价值确定;没有相关凭据也未经过评估的,其成本按照重置成本确定。如无法采用上述方法确定盘盈固定资产成本的,按照名义金额(人民币1元)入账。盘盈的固定资产,财务会计按照确定的入账成本,借记"固定资产"科目,贷记"待处理财产损溢"科目。如该固定资产是本年度取得,借记"待处理财产损溢"科目,贷记

"单位管理费用"科目;如是以前年度取得,借记"待处理财产损溢"科目,贷记"以前年度损溢调整"科目,不作预算会计处理。

盘亏、毁损或报废的固定资产,财务会计按照待处理固定资产的账面价值,借记"待处理财产损溢"科目,按照已计提折旧,借记"固定资产累计折旧"科目,按照固定资产的账面余额,贷记"固定资产"科目。报经批准后,借记"资产处置费用"科目,贷记"待处理财产损溢"科目,不作预算会计处理。

4. 固定资产累计折旧

事业单位应当对固定资产计提折旧,但下列各项固定资产除外:①文物和陈列品;②动植物;③图书、档案;④单独计价入账的土地;⑤以名义金额计量的固定资产。

折旧是指在固定资产的预计使用年限内,按照确定的方法对应计的折旧额进行系统分摊。我国《政府会计准则第3号——固定资产》规定,固定资产应计的折旧额为其成本,计提固定资产折旧时不考虑预计净残值。事业单位应当根据相关规定及固定资产的性质和使用情况,合理确定固定资产的使用年限。固定资产的使用年限一经确定,不得随意变更。

事业单位一般应当采用年限平均法或者工作量法计提固定资产折旧。在确定固定资产的折旧方法时,应当考虑与固定资产相关的服务潜力或经济利益的预期实现方式。固定资产折旧方法一经确定,不得随意变更。

固定资产应当按月计提折旧,并根据用途计入当期费用或者相关资产成本。固定资产提足折旧后,无论能否继续使用,均不再计提折旧;提前报废的固定资产,也不再补提折旧。已提足折旧的固定资产,可以继续使用的,应当继续使用,规范实物管理。固定资产因改建、扩建或修缮等原因而延长其使用年限的,应当按照重新确定的固定资产的成本以及重新确定的折旧年限计算折旧额。

固定资产折旧计提的时点为:当月增加的固定资产,当月开始计提折旧;当月减少的固定资产,当月不再计提折旧。

为核算固定资产折旧业务,事业单位应设置"固定资产累计折旧"总账科目。公共基础设施和保障性住房计提的累计折旧,应当分别通过"公共基础设施累计折旧(摊销)"科目和"保障性住房累计折旧"科目核算,不通过该科目核算。该科目应当按照所对应固定资产的明细分类进行明细核算。"固定资产累计折旧"科目期末贷方余额,反映单位计提的固定资产折旧累计数。

单位计提融资租入固定资产折旧时,应当采用与自有固定资产相一致的折旧政策,能够合理确定租赁期届满时将会取得租入固定资产所有权的,应当在租入固定资产尚可使用年限内计提折旧;无法合理确定租赁期届满时能够取得租入固定资产所有权的应当在租赁期与租入固定资产尚可使用年限两者中较短的期间内计提折旧。

单位按月计提固定资产折旧时,按照应计提折旧金额,借记"业务活动费用""单位管理费用""经营费用""加工物品"和"在建工程"等科目,贷记"固定资产累计折旧"科目。

(四)工程物资

事业单位会存在设备和建筑物等的更新改造活动,通过购置等方式取得材料物资备用,这些物资材料不同于事业单位日常消耗和使用的材料物资,通过"工程物资"科目核算。

事业单位应设置"工程物资"科目,核算为在建工程准备的各种物资的成本,包括工程用材料、设备等,可以按照"库存材料""库存设备"等工程物资类别进行明细核算。"工程物资"期末借方余额,反映为在建工程准备的各类物资的成本。

购入工程物资时,财务会计按照确定的物资成本,借记"工程物资"科目,贷记"财政拨款收入""银行存款""应收账款"等科目。以资金支付购入工程物资的成本时,预算会计按照支付的金额,借记"事业支出"等科目,贷记"财政拨款预算收入""资金结存"科目。

领用工程物资时,财务会计借记"在建工程"科目,贷记"工程物资"科目。工程完工后将领出的剩余物资退库时作相反的会计处理。

工程完工后将剩余物资转作单位存货等,用途发生变化,财务会计按照转为库存物品的物资成本,借记"库存物品"等科目,贷记"工程物资"科目。

【例8-36】 2×22年某事业单位对建筑进行更新改造,2×22年6月1日,用银行存款20 000元购入一批工程物资,7月12日,领用价值15 000元的工程物资,本年8月3日,工程完工,将剩余的工程物资转入库存物品。该事业单位编制如下会计分录。

(1) 2×22年6月1日,购入工程物资。

财务会计	预算会计
借:工程物资　　　　　20 000 　贷:银行存款　　　　　　　20 000	借:事业支出　　　　　20 000 　贷:资金结存——货币资金——银行存款 　　　　　　　　　　　　　20 000

(2) 2×22年7月12日,领用工程物资。

财务会计	预算会计
借:在建工程　　　　　15 000 　贷:工程物资　　　　　　　15 000	—

(3) 2×22年8月3日,工程完工,将剩余的工程物资转入库存物品。

财务会计	预算会计
借:库存物品　　　　　5 000 　贷:工程物资　　　　　　　5 000	—

(五)在建工程

为核算自行建造固定资产业务,事业单位应设置"在建工程"总账科目。该科目核算单位在建的建设项目工程的实际成本。事业单位在建的信息系统项目工程、公共基础设施项目工程、保障性住房项目工程的实际成本,也通过该科目核算。该科目应当设置"建筑安装工程投资""设备投资""待摊投资""其他投资""待核销基建支出"和"基建转出投资"等明细科目,并按照具体项目进行明细核算。

"建筑安装工程投资"明细科目核算单位发生的构成建设项目实际支出的建筑工程和安装工程的实际成本,不包括被安装设备本身的价值以及按照合同规定支付给施工单位的预付备料款和预付工程款。

"设备投资"明细科目核算单位发生的构成建设项目实际支出的各种设备的实际成本。

"待摊投资"明细科目核算单位发生的构成建设项目实际支出的、按照规定应当分摊计入有关工程成本和设备成本的各项间接费用和税费支出。

"其他投资"明细科目核算单位发生的构成建设项目实际支出的房屋购置支出,办公生活用家具、器具购置支出,软件研发和不能计入设备投资的软件购置等支出。

"待核销基建支出"明细科目核算建设项目发生的江河清障、航道清淤、飞播造林、补助群造林、水土保持、城市绿化、取消项目的可行性研究费以及项目整体报废等不能形成资产部分的基建投资支出。

"基建转出投资"明细科目核算为建设项目配套而建成的、产权不归属本单位的专用设施的实际成本。

"在建工程"的账目处理参照"固定资产"科目中的相关处理。

(六)无形资产

无形资产是指事业单位控制的没有实物形态的可辨认非货币性资产,如专利权、商标权、著作权、土地使用权、非专利技术等。

无形资产同时满足下列条件的,应当予以确认:①与该无形资产相关的服务潜力很可能实现或者经济利益很可能流入事业单位。②该无形资产的成本或者价值能够可靠地计量。事业单位在判断无形资产的服务潜力或经济利益是否很可能实现或流入时,应当对无形资产在预计使用年限内可能存在的各种社会、经济、科技因素作出合理估计,并且应当有确凿的证据支持。事业单位购入的不构成相关硬件不可缺少组成部分的软件,应当确认为无形资产。

为核算无形资产业务,事业单位应设置"无形资产"总账科目。该科目核算单位无形资产的原值。非大批量购入、单价小于1 000元的无形资产,可以于购买的当期将其成本直接计入当期费用。该科目应当按照无形资产的类别、项目等进行明细核算。

1. 无形资产的取得

(1)外购的无形资产。

外购的无形资产,其成本包括购买价款、相关税费以及可归属于该项资产达到预定用途前所发生的其他支出。

外购的无形资产,按照确定的成本,财务会计借记"无形资产"科目,贷记"财政拨款收入""应付账款"和"银行存款"等科目。以资金支付购入无形资产的成本时,预算会计按照支付的金额,借记"事业支出"等科目,贷记"财政拨款预算收入""资金结存"科目。

(2)委托开发无形资产。

委托软件公司开发软件,视同外购无形资产进行处理。合同中约定预付开发费用的,财务会计按照预付金额,借记"预付账款"科目,贷记"财政拨款收入""银行存款"等科目。以资金支付委托开发软件费用时,预算会计借记"事业支出"等科目,贷记"财政拨款预算收入""资金结存"科目。

软件开发完成交付使用并支付剩余或全部软件开发费用时,财务会计按照软件开发费用总额,借记"无形资产"科目,按照相关预付账款金额,贷记"预付账款"科目,按照支付的剩余金额,贷记"财政拨款收入""银行存款"等科目。以资金支付剩余款项时,预算会计按照支付的剩余金额,借记"事业支出"等科目,贷记"财政拨款预算收入""资金结存"科目。

(3) 自行研究开发的无形资产。

自行研究开发项目的支出,分为研究阶段支出与开发阶段支出,其中研究阶段支出应当于发生时计入当期费用,开发阶段的支出先在"研发支出"科目归集,形成无形资产的,确认为无形资产;没有形成无形资产的,计入当期费用。

自行研究开发形成的无形资产,按照研究开发项目进入开发阶段后至达到预定用途前所发生的支出总额,借记"无形资产"科目,贷记"研发支出——开发支出"科目。

自行研究开发项目尚未进入开发阶段,或者确实无法区分研究阶段支出和开发阶段支出,但按照法律程序已申请取得无形资产的,财务会计按照依法取得时发生的注册费、聘请律师费等费用,借记"无形资产"科目,贷记"财政拨款收入""银行存款"等科目;按照依法取得前所发生的研究开发支出,借记"业务活动费用"等科目,贷记"研发支出"科目。

以资金支付依法取得时发生的注册费、聘请律师费等费用时,预算会计按照支付的金额,借记"事业支出"等科目,贷记"财政拨款预算收入""资金结存"科目。

(4) 接受捐赠的无形资产。

接受捐赠的无形资产,其成本按照有关凭据注明的金额加上相关税费确定;没有相关凭据可供取得,但按规定经过资产评估的,其成本按照评估价值加上相关税费确定;没有相关凭据可供取得也未经资产评估的,其成本比照同类或类似资产的市场价格加上相关税费确定;没有相关凭据且未经资产评估、同类或类似资产的市场价格也无法可靠取得的,按照名义金额入账,相关税费计入当期费用。确定接受捐赠无形资产的初始入账成本时,应当考虑该项资产尚可为事业单位带来服务潜力或经济利益的能力。

接受捐赠的无形资产,财务会计按照确定的无形资产成本,借记"无形资产"科目,按照发生的相关税费等,贷记"银行存款"等科目,按照其差额,贷记"捐赠收入"科目。接受捐赠的无形资产按照名义金额入账的。受赠方以资金支付相关费用时,预算会计借记"其他支出"等科目,贷记"财政拨款预算收入""资金结存"科目。

(5) 无偿调入的无形资产。

无偿调入的无形资产,其成本按照调出方账面价值加上相关税费确定。

无偿调入的无形资产,财务会计按照确定的无形资产成本,借记"无形资产"科目,按照发生的相关税费等,贷记"银行存款"等科目,按照其差额,贷记"无偿调拨净资产"科目。调入方以资金支付相关费用时,预算会计借记"其他支出"等科目,贷记"财政拨款预算收入""资金结存"科目。

(6) 置换取得的无形资产。

置换取得的无形资产,参照"库存物品"科目中置换取得库存物品的相关规定进行账务处理。

无形资产取得时涉及增值税业务的,还应进行相应的会计处理。

2. 无形资产的后续支出

无形资产的后续支出按照是否符合无形资产的确认条件区分为符合无形资产确认条件的后续支出和不符合无形资产确认条件的后续支出两类。

(1) 符合无形资产确认条件的后续支出。

为增加无形资产的使用效能而对其进行升级改造或扩展其功能发生的支出时,如需暂停对无形资产进行摊销的,财务会计部分,按照无形资产的账面价值,借记"在建工程"科目,按照无形资产已摊销金额,借记"无形资产累计摊销"科目,按照无形资产的账面余额,贷记"无形资产"科目。

无形资产后续支出符合无形资产确认条件的,财务会计按照支出的金额,借记"无形资产"科目(无需暂停摊销的)或"在建工程"科目(需暂停摊销的),贷记"财政拨款收入""银行存款"等科目。以资金支付无形资产后续支出时,预算会计借记"事业支出"等科目,贷记"财政拨款预算收入""资金结存"科目。

暂停摊销的无形资产升级改造或扩展功能等完成交付使用时,按照在建工程成本,借记"无形资产"科目,贷记"在建工程"科目。

(2) 不符合无形资产确认条件的后续支出。

为保证无形资产正常使用而发生的日常维护等支出发生时,财务会计按照后续支出的金额,借记"业务活动费用""单位管理费用"等科目,贷记"财政拨款收入""银行存款"等科目。以资金支付无形资产后续支出时,预算会计借记"事业支出"等科目,贷记"财政拨款预算收入""资金结存"科目。

3. 无形资产的处置

事业单位按照规定报经批准处置无形资产,应当分别按以下情况处理。

(1) 出售或转让无形资产。

报经批准出售、转让无形资产,财务会计按照被出售、转让无形资产的账面价值,借记"资产处置费用"科目,按照无形资产已计提的摊销,借记"无形资产累计摊销"科目,按照无形资产账面余额,贷记"无形资产"科目。处置无形资产收到的价款扣除处置过程中发生的相关费用,如为净收款,借记"银行存款"科目,贷记"应缴财政款"科目;如为净付款,借记"其他费用"科目,贷记"银行存款"等科目。

如为净付款,预算会计借记"其他支出"科目,贷记"资金结存"等科目。

(2) 对外捐赠无形资产。

报经批准对外捐赠无形资产,财务会计按照无形资产已计提的摊销,借记"无形资产累计摊销"科目,按照被处置无形资产账面余额,贷记"无形资产"科目,按照捐赠过程中发生的归属于捐出方的相关费用,贷记"银行存款"等科目,按照其差额,借记"资产处置费用"科目。

捐赠过程中支付相关费用时,按照支付的金额,财务会计借记"资产处置费用"科目,贷记"银行存款"科目;预算会计借记"其他支出",贷记"资金结存"等科目。

(3) 无偿调出无形资产。

报经批准无偿调出无形资产,财务会计按照无形资产已计提的摊销,借记"无形资产累计摊销"科目,按照被处置无形资产账面余额,贷记"无形资产"科目,按照其差额,借记"无偿调拨净资产"科目;同时,按照无偿调出过程中发生的归属于调出方的相关费用,借记"资产处置费用"科目,贷记"银行存款"等科目。发生相关费用时,预算会计借记"其他支出",贷记"资金结存"等科目。

(4) 置换换出无形资产。

报经批准换出无形资产,参照"库存物品"中置换换入库存物品的规定进行账务处理。

(5) 核销无形资产。

无形资产预期不能为单位带来服务潜力或经济利益,按照规定报经批准核销时,财务会计按照待核销无形资产的账面价值,借记"资产处置费用"科目,按照已计提摊销,借记"无形资产累计摊销"科目,按照无形资产的账面余额,贷记"无形资产"科目。

无形资产处置时涉及增值税业务的,还应进行相应的会计处理。

4. 无形资产定期盘点

事业单位应当定期对无形资产进行清查盘点,每年至少盘点一次。对于发生的无形资产盘盈、盘亏或毁损、报废,应当先记入"待处理财产损溢"科目,按照规定报经批准后及时进行后续账务处理。

盘盈的无形资产,其成本按照有关凭据注明的金额确定;没有相关凭据但按照规定经过资产评估的,其成本按照评估价值确定;没有相关凭据也未经过评估的,其成本按照重置成本确定。如无法采用上述方法确定盘盈无形资产成本的,按照名义金额(人民币1元)入账。盘盈的无形资产,按照确定的入账成本,财务会计借记"无形资产"科目,贷记"待处理财产损溢"科目。如该无形资产是本年度取得,借记"待处理财产损溢"科目,贷记"单位管理费用"科目;如属以前年度取得,借记"待处理财产损溢"科目,贷记"以前年度损溢调整"科目。不作预算会计处理。

盘亏、毁损或报废的无形资产,财务会计按照待处理无形资产的账面价值,借记"待处理财产损溢"科目,按照已计提摊销,借记"无形资产累计摊销"科目,按照无形资产的账面余额,贷记"无形资产"科目。报经批准后,借记"资产处置费用"科目,贷记"待处理财产损溢"科目。不作预算会计处理。

5. 无形资产累计摊销

事业单位应当于取得或形成无形资产时合理确定其使用年限。无形资产的使用年限是有限的,应当估计该使用年限。无法预见无形资产为事业单位提供服务潜力或者带来经济利益期限的,应当视为使用年限不确定的无形资产。

事业单位应当对使用年限有限的无形资产进行摊销,但已摊销完毕仍继续使用的无形资产和以名义金额计量的无形资产除外。摊销是指在无形资产使用年限内按照确定的方法对应摊销金额进行系统分摊。

根据《政府会计准则第4号——无形资产》的规定,对于使用年限有限的无形资产,事业单位应当按照以下原则确定无形资产的摊销年限。

(1) 法律规定了有效年限的,按照法律规定的有效年限作为使用年限。

(2) 法律没有规定有效年限的,按照相关合同或单位申请书中的受益年限作为摊销年限。

(3) 法律没有规定有效年限、相关合同或单位申请书也没有规定受益年限的,应当根据无形资产为事业单位带来服务潜力或经济利益的实际情况,预计其使用年限。

(4) 非大批量购入、单价小于1 000元的无形资产,可以于购买的当期将其成本一次性全部转销。

事业单位应当按月对使用年限有限的无形资产进行摊销,并根据用途计入当期费用或者相关资产成本。事业单位应当采用年限平均法或者工作量法对无形资产进行摊销,应摊销金额为其成本,不考虑预计残值。使用年限不确定的无形资产不应摊销。

为核算无形资产摊销业务,事业单位应设置"无形资产累计摊销"总账科目。该科目核算单位对使用年限有限的无形资产计提的累计摊销。该科目应当按照所对应无形资产的明细分类进行明细核算。该科目期末方余额,反映单位计提的无形资产摊销累计数。

事业单位按月对无形资产进行摊销时,按照应摊销金额,借记"业务活动费用""单位管理费用""加工物品""在建工程"科目,贷记"无形资产累计摊销"科目。

经批准处置无形资产时,财务会计按照所处置无形资产的账面价值,借记"资产处置费用""无偿调拨净资产"和"待处理财产损溢"等科目,按照已计提的摊销,借记"无形资产累计摊销"科目,按照无形资产的账面余额,贷记"无形资产"科目。

(七)研发支出

为核算研发支出业务,事业单位应设置"研发支出"总账科目。该科目核算单位自行研究开发项目研究阶段和开发阶段发生的各项支出。该科目应当按照自行研究开发项目,分别进行"研究支出"与"开发支出"的明细核算。

自行研究开发项目研究阶段的支出,应当先在"研发支出"科目归集。按照从事研究及其辅助活动人员计提的薪酬,研究活动领用的库存物品,发生的与研究活动关的管理费、间接费和其他各项费用,借记"研发支出——研究支出"科目,贷记"应付职工薪酬""库存物品""财政拨款收入""固定资产累计折旧"和"银行存款"等科目。以资金支付项目研究阶段的各项支出时,在预算会计部分,按照支付的金额,借记"事业支出"科目,贷记"财政拨款预算收入""资金结存"科目。

期(月)末,应当将"研发支出"科目归集的研究阶段的支出金额转入当期费用,借记"业务活动费用"等科目,贷记"研发支出——研究支出"科目。

自行研究开发项目开发阶段的支出,财务会计先通过"研发支出"科目进行归集。按照从事开发及其辅助活动人员计提的薪酬,开发活动领用的库存物品,发生的与开发活动相关的管理费、间接费和其他各项费用,借记"研发支出——开发支出"科目,贷记"应付职工薪酬""库存物品""财政拨款收入""固定资产累计折旧"和"银行存款"等科目。以资金支付项目开发阶段的各项支出时,预算会计按照支付的金额,借记"事业支出"科目,贷记"财政拨款预算收入""资金结存"科目。

自行研究开发项目完成,达到预定用途形成无形资产的,按照"研发支出——开发支出"科目归集的开发阶段的支出金额,借记"无形资产"科目,贷记"研发支出——开发支出"科目。

单位应于每年年度终了评估研究开发项目是否能达到预定用途,如预计不能达到预定用途(如无法最终完成开发项目并形成无形资产的),财务会计应当将已发生的开发支出金额全部转入当期费用,借记"业务活动费用"等科目,贷记"研发支出——开发支出"科目。

(八)公共基础设施

按照《政府会计准则第5号——公共基础设施》的规定,公共基础设施是指政府会计主体为满足社会公共需求而控制的,同时具有以下特征的有形资产:①是一个有形资产系统或网络的组成部分;②具有特定用途;③一般不可移动。公共基础设施主要包括市政基础设施(如城市道路、桥梁、隧道、公交场站、路灯、广场、公园绿地、室外公共健身器材,以及环卫、排水、供水、供电、供气、供热、污水处理、垃圾处理系统等)、交通基础设施(如公路、航道、港口等)、水利基础设施(如大坝堤防、水闸、泵站、渠道等)和其他公共基础设施。按照规定,独立于公共基础设施不构成公共基础设施使用不可缺少组成部分的管理维护用房屋建筑物、设备、车辆等不属于政府会计主体的公共基础设施,而属于政府会计主体的固定资产。

通常情况下,符合规定的公共基础设施,应当由按规定对其负有管理维护职责的政府会计主体予以确认。多个政府会计主体共同管理维护的公共基础设施,应当由对该资产负有主要管理维护职责或者承担后续主要支出责任的政府会计主体予以确认。分为多个组成部分由不同政府会计主体分别管理维护的公共基础设施,应当由各个政府会计主体分别对其负责管理维护的公共基础设施的相应部分予以确认。负有管理维护公共基础设施职责的政府会计主体通过政府购买服务方式委托企业或其他会计主代为管理维护公共基础设施的,该公共基础设施应当由委托方予以确认。

政府会计主体应当根据公共基础设施提供公共产品或服务的性质或功能特征对其进行分类确认。政府会计主体在购建公共基础设施时,能够分清购建成本中的构筑物部分与土地使用权部分的,应当将其中的构筑物部分和土地使用权部分分别确认为公共基础设施;不能分清购建成本中的构筑物部分与土地使用权部分的,应当整体确认为公共基础设施。

为核算公共基础设施业务,事业单位应设置"公共基础设施"总账科目。该科目核算单位控制的公共基础设施的原值。该科目应当按照公共基础设施的类别、项目等进行明细核算。单位应当根据行业主管部门对公共基础设施的分类规定,制定适合于本单位管理的公共基础设施目录、分类方法,作为进行公共基础设施核算的依据。

1. 公共基础设施的取得

公共基础设施在取得时,应当按照其成本入账。

(1) 自行建造的公共基础设施。

自行建造的公共基础设施完工交付使用时,按照在建工程的成本,借记"公共基础设施"科目,贷记"在建工程"科目。已交付使用但尚未办理竣工决算手续的公共基础设施,按照估计价值入账,待办理竣工决算后再按照实际成本调整原来的暂估价值。

自行建造的公共基础设施,其成本包括完成批准的建设内容所发生的全部必要支出,包括建筑安装工程投资支出、设备投资支出、待摊投资支出和其他投资支出。为建造公共基础设施借入的专门借款的利息,属于建设期间发生的,计入该公共基础设施在建工程成本;不属于建设期间发生的,计入当期费用。

(2) 无偿调入的公共基础设施。

接受其他单位无偿调入的公共基础设施,财务会计按照确定的成本,借记"公共基础设施"科目,按照发生的归属,属于调入方的相关费用,贷记"财政拨款收入""银行存款"等科目,按照其差额,贷记"无偿调拨净资产"科目。无偿调入的公共基础设施成本无法可靠取得的,按照发生的相关税费、运输费等金额,借记"其他费用"科目,贷记"财政拨款收入"

"银行存款"等科目。调入方以资金支付相关费用时,预算会计借记"其他支出"等科目,贷记"财政拨款预算收入""资金结存"科目。

接受其他会计主体无偿调入的公共基础设施,其成本按照该项公共基础设施在调出方的账面价值加上归属于调入方的相关费用确定。

【例8-37】 2×22年7月15日,某事业单位接受其他事业单位无偿调入一项公共基础设施,该公共基础设施在调出方账面价值为300 000元。调入过程中,该事业单位发生相关费用4 000元,款项通过财政直接支付方式进行支付。该事业单位编制如下会计分录:

财务会计	预算会计
借:公共基础设施　　　　304 000 　贷:财政拨款收入　　　　　　4 000 　　无偿调拨净资产　　　　　300 000	借:其他支出　　　　　　　4 000 　贷:财政拨款预算收入　　　4 000

(3) 接受捐赠的公共基础设施。

接受捐赠的公共基础设施,其成本按照有关凭据注明的金额加上相关费用确定;没有相关凭据可供取得,但按规定经过资产评估的,其成本按照评估价值加上相关费用确定;没有相关凭据可供取得也未经资产评估的,其成本比照同类或类似资产的市场价格加上相关费用确定。如受赠的系旧的公共基础设施,在确定其初始入账成本时应当考虑该项资产的新旧程度。

接受捐赠的公共基础设施,财务会计按照确定的成本,借记"公共基础设施"科目,按照发生的相关费用,贷记"财政拨款收入""银行存款"科目,按照其差额,贷记"捐赠收入"科目。接受捐赠的公共基础设施成本无法可靠取得的,按照发生的相关税费等金额,借记"其他费用"科目,贷记"财政拨款收入""银行存款"等科目。受赠方以资金支付相关费用时,预算会计借记"其他支出"等科目,贷记"财政拨款预算收入""资金结存"科目。

(4) 外购的公共基础设施。

外购的公共基础设施,按照确定的成本,财务会计借记"公共基础设施"科目,贷记"财政拨款收入""银行存款"等科目。预算会计借记"事业支出"等科目,贷记"财政拨款预算收入""资金结存"科目。

外购的公共基础设施,其成本包括购买价款、相关税费以及公共基础设施交付使用前所发生的可归属于该项资产的运输费、装卸费、安装费和专业人员服务费等。对于成本无法可靠取得的公共基础设施,单位应当设置备查簿进行登记,待成本能够可靠确定后按照规定及时入账。

2. 公共基础设施的后续支出

公共基础设施的后续支出是指公共基础设施在使用过程中发生的改建扩建支出及日常维修支出等。公共基础设施的后续支出按支出是否计入公共基础设施的成本可分为计入公共基础设施成本的后续支出和不计入公共基础设施成本的后续支出。改建扩建支出通常属于计入公共基础设施成本的后续支出,日常维修支出通常属于不计入公共基础设施成本而计入当期费用的后续支出。

(1) 计入公共基础设施成本的后续支出。

将公共基础设施转入改建扩建时,财务会计按照公共基础设施的账面价值,借记"在建工程"科目,按照公共基础设施已计提折旧,借记"公共基础设施累计折旧(摊销)"科目,按照公共基础设施的账面余额,贷记"公共基础设施"科目。

为增加公共基础设施使用效能或延长其使用年限而发生的改建扩建等后续支出,财务会计借记"在建工程"科目,贷记"财政拨款收入""银行存款"等科目。预算会计借记"事业支出"等科目,贷记"财政拨款预算收入""资金结存"科目。

公共基础设施改建扩建完成,竣工验收交付使用时,财务会计按照在建工程成本,借记"公共基础设施"科目,贷记"在建工程"科目。

(2) 不计入公共基础设施成本的后续支出。

为保证公共基础设施正常使用发生的日常维修等支出,财务会计借记"业务活动费用""单位管理费用"等科目,贷记"财政拨款收入""银行存款"等科目。预算会计借记"事业支出"等科目,贷记"财政拨款预算收入""资金结存"科目。

按照规定,在原有公共基础设施上进行改建扩建等建造后的公共基础设施,其成本按照原有公共基础设施的账面价值加上改建扩建等建造活动发生的支出,再扣除公共基础设施被替换部分账面价值后的金额确定。

3. 公共基础设施的折旧和摊销

事业单位应当对公共基础设施计提折旧,但单位持续进行良好的维护使得其性能得到永久维持的公共基础设施和确认为公共基础设施的单独计价入账的土地使用权除外。对于确认为公共基础设施的单独计价入账的土地使用权,应当按照无形资产摊销的相关规定进行摊销。

公共基础设施应计提的折旧总额为其成本,计提公共基础设施折旧时不考虑预计净残值。事业单位应当根据公共基础设施的性质和使用情况,合理确定公共基础设施的折旧年限。

确定公共基础设施的折旧年限时,应当考虑下列因素:①设计使用年限或设计基准期;②预计实现服务潜力或提供经济利益的期限;③预计有形损耗和无形损耗;④法律或者类似规定对资产使用的限制;公共基础设施的折旧年限一经确定,不得随意变更。但因改建扩建等原因而延长公共基础设施使用年限的,应当按照重新确定的公共基础设施的成本和重新确定的折旧年限计算折旧额,不需调整原已计提的折旧额。

行政事业单位一般应当采用年限平均法或者工作量法计提公共基础设施折旧。在确定公共基础设施的折旧方法时,应当考虑与公共基础设施相关的服务潜力或经济利益的预期实现方式。公共基础设施折旧方法一经确定,不得随意变更。公共基础设施应当按月计提折旧,并计入当期费用。

公共基础设施提足折旧后,无论能否继续使用,均不再计提折旧;已提足折旧的公共基础设施,可以继续使用的,应当继续使用,并规范实物管理。提前报废的公共基础设施,不再补提折旧。

为核算公共基础设施折旧或摊销业务,事业单位应设置"公共基础设施累计折旧(摊销)"总账科目。该科目应当按照所对应公共基础设施的明细分类进行明细核算。单位按月计提公共基础设施折旧时,财务会计按照应计提的折旧额,借记"业务活动费用"科目,贷记该科目。按月对确认为公共基础设施的单独计价入账的土地使用权进行摊销时,按照应计提的摊销额,借记"业务活动费用"科目,贷记该科目。处置公共基础设施时,财务会计按照所处置公共基础设施的账面价值,借记"资产处置费用""无偿调拨净资产"和"待处理财产损溢"等科目,按照已提取的折旧和摊销,借记该科目,按照公共基础设施账面余额,贷记"公共基础设施"科目。该科目期末贷方余额,反映单位提取的公共基础设施折旧和摊销的累计数。

4. 公共基础设施的处置

按照规定报经批准处置公共基础设施,分别按以下情况处理。

(1) 对外捐赠公共基础设施。

报经批准对外捐赠公共基础设施,财务会计按照公共基础设施已计提的折旧或摊销,借记"公共基础设施累计折旧(摊销)"科目,按照被处置公共基础设施账面余额,贷记"公共基础设施"科目。按照捐赠过程中发生的归属于捐出方的相关费用,财务会计贷记"银行存款"等科目,按照其差额,借记"资产处置费用"科目;预算会计借记"其他支出",贷记"资金结存"等科目。

(2) 无偿调出公共基础设施。

报经批准无偿调出公共基础设施,财务会计按照公共基础设施已计提的折旧或摊销,借记"公共基础设施累计折旧(摊销)"科目,按照被处置公共基础设施账面余额,贷记"公共基础设施"科目,按照其差额,借记"无偿调拨净资产"科目。同时,按照无偿调出过程中发生的归属于调出方的相关费用,财务会计借记"资产处置费用"科目,贷记"银行存款"等科目;预算会计借记"其他支出",贷记"资金结存"等科目。

5. 公共基础设施的盘盈盘亏或毁损报废

事业单位应当定期对公共基础设施进行清查盘点。对于发生的公共基础设施盘盈、盘亏、毁损或报废,应当先记入"待处理财产损溢"科目,按照规定报经批准后及时进行后续账务处理。

盘盈的公共基础设施,其成本按照有关凭据注明的金额确定;没有相关凭据但按照规定经过资产评估的,其成本按照评估价值确定;没有相关凭据也未经过评估的,其成本按照重置成本确定。盘盈的公共基础设施成本无法可靠取得的,单位应当设置备查簿进行登记,待成本确定后按照规定及时入账。盘盈的公共基础设施,财务会计按照确定的入账成本,借记"公共基础设施"科目,贷记"待处理财产损溢"科目。

盘亏、毁损或报废的公共基础设施,财务会计按照待处置公共基础设施的账面价值,借记"待处理财产损溢"科目,按照已计提折旧或摊销,借记"公共基础设施累计折旧(摊销)"科目,按照公共基础设施的账面余额,贷记"公共基础设施"科目。

按照规定,公共基础设施报废或遭受重大毁损的,政府会计主体应当在报经批准后将公共基础设施账面价值予以转销,并将报废、毁损过程中取得的残值变价收入扣除相关费用后的差额按规定作应缴款项处理(差额为净收益时)或计入当期费用(差额为净损失时)。

(九) 政府储备物资

政府储备物资是指事业单位为满足实施国家安全与发展战略、进行抗灾救灾、应对公共突发事件等特定公共需求而控制的,同时具有下列特征的有形资产:①在应对可能发生的特定事件或情形时动用；②其购入、存储保管、更新（轮换）、动用等由政府及相关部门发布的专门管理制度规范。政府储备物资包括战略及能源物资、抢险抗灾救灾物资、农产品、医药物资和其他重要商品物资，通常情况下由政府会计主体委托承储单位存储。事业单位在开展业务活动及其他活动中为耗用或出售而储存的资产属于存货，不属于政府储备物资。

按照《政府会计准则第 6 号——政府储备物资》的规定，通常情况下，政府储备物资应当由按规定对其负有行政管理职责的政府会计主体予以确认。其中，行政管理职责主要指提出或拟定收储计划、更新（轮换）计划、动用方案等。相关行政管理职责由不同政府会计主体行使的政府储备物资，由负责提出收储计划的政府会计主体予以确认。对政府储备物资不负有行政管理职责但接受委托具体负责执行其存储保管等工作的政府会计主体，应当将受托代储的政府储备物资作为受托代理资产核算。

为核算政府储备物资，事业单位应设置"政府储备物资"总账科目。该科目核算事业单位控制的政府储备物资的成本。该科目应当按照政府储备物资的种类、品种、存放地点等进行明细核算。单位根据需要，可在该科目下设置"在库""发出"等明细科目进行明细核算。

1. 政府储备物资的取得

政府储备物资取得时，应当按照其成本入账。

（1）购入的政府储备物资。

购入的政府储备物资，其成本包括购买价款和单位承担的相关税费、运输费、装卸费、保险费、检测费以及使政府储备物资达到目前场所和状态所发生的归属于政府储备物资成本的其他支出。

购入的政府储备物资验收入库，按照确定的成本，财务会计借记"政府储备物资"科目，贷记"财政拨款收入""银行存款"等科目；预算会计借记"事业支出"等科目，贷记"财政拨款预算收入""资金结存"科目。

【例 8-38】 2×22 年 4 月 5 日，某事业单位购入一批政府储备物资并验收入库，购买价款为 500 000 元，由该单位承担的运输费和保险费共计 4 700 元，款项均通过财政直接支付方式支付。该事业单位编制如下会计分录：

财务会计	预算会计
借：政府储备物资　　　　　504 700 　贷：财政拨款收入　　　　　　504 700	借：事业支出　　　　　　　504 700 　贷：财政拨款预算收入　　　　504 700

（2）委托加工的政府储备物资。

涉及委托加工政府储备物资业务的，相关账务处理参照"加工物品"科目。委托加工的政府储备物资，其成本包括委托加工前物料成本、委托加工的成本（如委托加工费以及按规定应计入委托加工政府储备物资成本的相关税费等）以及单位承担的使政府储备物资达到目前场所和状态所发生的归属于政府储备物资成本的其他支出。

（3）接受捐赠的政府储备物资。

接受捐赠的政府储备物资，其成本按照有关凭据注明的金额加上单位承担的相关税费、运输费等确定;没有相关凭据可供取得,但按规定经过资产评估的,其成本按评估价值加上单位承担的相关税费、运输费等确定;没有相关凭据可供取得也未经资产评估的,其成本比照同类或类似资产的市场价格加上单位承担的相关税费、运输费等确定。

接受捐赠的政府储备物资验收入库,按照确定的成本,财务会计借"政府储备物资"科目,按照单位承担的相关税费、运输费等,贷记"银行存款"等科目,按照其差额,贷记"捐赠收入"科目。受赠方以资金支付相关费用时,预算会计借记"其他支出"等科目,贷记"财政拨款预算收入""资金结存"科目。

(4)接受无偿调入的政府储备物资。

接受无偿调入的政府储备物资验收入库,财务会计按照确定的成本,借记"政府储备物资"科目,按照单位承担的相关税费、运输费等,贷记"银行存款"等科目,按照其差额,贷记"无偿调拨净资产"科目。调入方以资金支付相关费用时,预算会计借记"其他支出"等科目,贷记"财政拨款预算收入""资金结存"科目。

接受无偿调入的政府储备物资,其成本按照调出方账面价值加上归属于单位的相关税费、运输费等确定。

2. 政府储备物资的发出

政府储备物资发出时,分别按以下情况处理。

(1)发出无需收回的政府储备物资。

因动用而发出无需收回的政府储备物资的,财务会计按照发出物资的账面余额,借记"业务活动费用"科目,贷记"政府储备物资"科目。

(2)发出需要收回或者预期可能收回的政府储备物资

因动用而发出需要收回或者预期可能收回的政府储备物资的,在发出物资时,财务会计按照发出物资的账面余额,借记"政府储备物资——发出"科目,贷记"政府储备物资——在库"科目;按照规定的质量验收标准收回物资时,按照收回物资原账面余额,借记"政府储备物资——在库"科目,按照未收回物资的原账面余额,借记"业务活动费用"科目,按照物资发出时登记在"政府储备物资"科目所属"发出"明细科目中的余额,贷记"政府储备物资——发出"科目。

(3)无偿调出政府储备物资。

因行政管理主体变动等原因而将政府储备物资调拨给其他主体的,按照无偿调出政府储备物资的账面余额,财务会计借记"无偿调拨净资产"科目,贷记"政府储备物资"科目;发生相关费用时,预算会计借记"其他支出",贷记"资金结存"等科目。

(4)对外销售政府储备物资。

对外销售政府储备物资并将销售收入纳入单位预算统一管理的,发出物资时,按照发出物资的账面余额,财务会计借记"业务活动费用"科目,贷记"政府储备物资"科目;实现销售收入时,按照确认的收入金额,借记"银行存款""应收账款"等科目,贷记"事业收入"等科目。预算会计按照收到的价款,借记"资金结存"科目,贷记"事业预算收入"等科目,按照支付的相关税费,借记"行政支出""事业支出"等科目,贷记"资金结存"科目。

对外销售政府储备物资并按照规定将销售净收入上缴财政的,发出物资时,财务会计按照发出物资的账面余额,借记"资产处置费用"科目,贷记"政府储备物资"科目;取得销售价款时,按照实际收到的款项金额,借记"银行存款"等科目,按照发生的相关税费,贷记

"银行存款"等科目,按照销售价款大于所承担的相关税费后的差额,贷记"应缴财政款"科目。该情况下不作预算会计处理。

事业单位应当根据实际情况采用先进先出法、加权平均法或者个别计价法确定政府储备物资发出的成本。计价方法一经确定,不得随意变更。对于不能替代使用的政府储备物资、为特定项目专门购入或加工的政府储备物资,单位通常应采用个别计价法确定发出物资的成本。

事业单位采取销售采购方式对政府储备物资进行更新(轮换)的,应当将物资轮出视为物资销售,将物资轮入视为物资采购,并按相应规定进行账务处理。

3. 政府储备物资的盘盈盘亏或毁损报废

事业单位应当定期对政府储备物资进行清查盘点,每年至少盘点一次。对于发生的政府储备物资盘盈、盘亏或者报废、毁损,应当先记入"待处理财产损溢"科目,按照规定报经批准后及时进行后续账务处理。

对于盘盈的政府储备物资,财务会计按照确定的入账成本,借记"政府储备物资"科目,贷记"待处理财产损溢"科目。盘亏或者毁损、报废的政府储备物资,按照待处理政府储备物资的账面余额,借记"待处理财产损溢"科目,贷记"政府储备物资"科目。

盘盈的政府储备物资,其成本按照有关凭据注明的金额确定;没有相关凭据,但按规定经过资产评估的,其成本按照评估价值确定;没有相关凭据也未经资产评估的,其成本按照重置成本确定。

按照规定,政府储备物资报废、毁损的,单位应当按规定报经批准后将报废、毁损的政府储备物资的账面余额予以转销,确认应收款项(确定追究相关赔偿责任的)或计入当期费用(因储存年限到期报废或非人为因素致使报废、毁损的);同时,将报废毁损过程中取得的残值变价收入扣除单位承担的相关费用后的差额按规定作应缴款项处理(差额为净收益时)或计入当期费用(差额为净损失时)。政府储备物资盘亏的,单位应当按规定报经批准后将盘亏的政府储备物资的账面余额予以转销,确定追究相关赔偿责任的,确认应收款项;属于正常耗费或不可抗力因素造成的,计入当期费用。

(十) 文物文化资产

文物文化资产是指事业单位为满足社会公共需求而控制的历史文物、艺术品以及其他具有历史或文化价值并作长期或永久保存的典藏等。事业单位为满足自身开展业务活动或其他活动需要而控制的文物和陈列品,属于单位的固定资产,不属于文物文化资产。

为核算文物文化资产业务,事业单位应设置"文物文化资产"总账科目。该科目核算单位为满足社会公共需求而控制的文物文化资产的成本。该科目应当按照文物文化资产的类别、项目等进行明细核算。

1. 文物文化资产的取得

文物文化资产在取得时,应当按照其成本入账。

(1) 外购的文物文化资产。

外购的文物文化资产,其成本包括购买价款、相关税费以及可归属于该项资产达到预定用途前所发生的其他支出(如运输费、安装费、装卸费等)。

外购的文物文化资产,按照确定的成本,财务会计借记"文物文化资产"科目,贷记"财政拨款收入""银行存款"等科目;预算会计借记"事业支出"等科目,贷记"财政拨款预算收入""资金结存"科目。

(2) 无偿调入的文物文化资产。

接受其他单位无偿调入的文物文化资产,其成本按照该项资产在调出方的账面价值加上归属于调入方的相关费用确定。

无偿调入的文物文化资产,财务会计按照确定的成本,借记"文物文化资产"科目,按照发生的归属于调入方的相关费用,贷记"银行存款"等科目,按照其差额,贷记"无偿调拨净资产"科目。无偿调入的文物文化资产成本无法可靠取得的,按照发生的归属于调入方的相关费用,借记"其他费用"科目,贷记"银行存款"等科目。

调入方以资金支付相关费用时,预算会计借记"其他支出"等科目,贷记"财政拨款预算收入""资金结存"科目。

(3) 接受捐赠的文物文化资产。

接受捐赠的文物文化资产,其成本按照有关凭据注明的金额加上相关费用确定;没有相关凭据可供取得,但按照规定经过资产评估的,其成本按照评估价值加上相关费用确定;没有相关凭据可供取得也未经评估的,其成本比照同类或类似资产的市场价格加上相关费用确定。

接受捐赠的文物文化资产,财务会计按照确定的成本,借记"文物文化资产"科目,按照发生的相关税费、运输费等金额,贷记"银行存款"等科目,按照其差额,贷记"捐赠收入"科目。受赠方以资金支付相关费用时,预算会计借记"其他支出"等科目,贷记"财政拨款预算收入""资金结存"科目。

接受捐赠的文物文化资产成本无法可靠取得的,财务会计按照发生的相关税费、运输费等金额,借记"其他费用"科目,贷记"银行存款"等科目。

对于成本无法可靠取得的文物文化资产,单位应当设置备查簿进行登记,待成本能够可靠确定后按照规定及时入账。

2. 文物文化资产的后续支出

与文物文化资产有关的后续支出,参照公共基础设施后续支出的相关规定进行处理。

3. 文物文化资产的处置

按照规定报经批准处置文物文化资产,应当分别按以下情况处理。

(1) 对外捐赠文物文化资产。

报经批准对外捐赠文物文化资产,财务会计按照被处置文物文化资产账面余额和捐赠过程中发生的归属于捐出方的相关费用合计数,借记"资产处置费用"科目,按照被处置文物文化资产账面余额,贷记"文物文化资产"科目,按照捐赠过程中发生的归属于捐出方的相关费用,贷记"银行存款"等科目。捐赠过程中支付相关费用时,预算会计按照支付的金额,借记"其他支出"科目,贷记"资金结存"等科目。

(2) 无偿调出文物文化资产。

报经批准无偿调出文物文化资产,财务会计按照被调出文物文化资产账面余额,借记"无偿调拨净资产"科目,贷记"文物文化资产"科目;同时,按照无偿调出过程中发生的归属于调出方的相关费用,借记"资产处置费用"科目,贷记"银行存款"等科目。

4. 文物文化资产的盘盈盘亏或毁损报废

行政事业单位应当定期对文物文化资产进行清查盘点,每年至少盘点一次。对于发生的文物文化资产盘盈、盘亏、毁损或报废等,参照公共基础设施盘盈盘亏或毁损报废的相关规定进行账务处理。

(十一)保障性住房

保障性住房是指事业单位为满足社会公共需求而控制的用于居住保障目的的住房,如用于向低收入居民出租的廉租住房、用于向符合特定条件的居民出租的公共租赁住房、人才公寓等。

为核算保障性住房业务,事业单位应设置"保障性住房"总账科目。该科目核算保障性住房的原值。该科目应当按照保障性住房的类别、项目等进行明细核算。

1. 保障性住房的取得

保障性住房在取得时,应当按其成本入账。

(1)外购的保障性住房。

外购的保障性住房,其成本包括购买价款、相关税费以及可归属于该项资产达到预定用途前所发生的其他支出。

外购的保障性住房,财务会计按照确定的成本,借记"保障性住房"科目,贷记"财政拨款收入""银行存款"等科目;预算会计借记"事业支出"等科目,贷记"财政拨款预算收入""资金结存"科目。

(2)自行建造的保障性住房。

自行建造的保障性住房交付使用时,财务会计按照在建工程成本,借记"保障性住房"科目,贷记"在建工程"科目。已交付使用但尚未办理竣工决算手续的保障性住房,按照估计价值入账,待办理竣工决算后再按照实际成本调整原来的暂估价值。

(3)无偿调入的保障性住房。

接受其他单位无偿调入的保障性住房,其成本按照该项资产在调出方的账面价值加上归属于调入方的相关费用确定。

无偿调入的保障性住房,在财务会计部分,财务会计按照确定的成本,借记"保障性住房"科目,按照发生的归属于调入方的相关费用,贷记"银行存款"等科目,按照其差额,贷记"无偿调拨净资产"科目。调入方以资金支付相关费用时,预算会计借记"其他支出"等科目,贷记"财政拨款预算收入""资金结存"科目。

(4)接受捐赠和融资租赁取得的保障性住房。

接受捐赠和融资租赁取得的保障性住房,参照固定资产相应业务的相关规定进行处理。

2. 保障性住房的后续支出

保障性住房的后续支出,参照固定资产后续支出的相关规定进行处理。

3. 保障性住房的出租

事业单位按照规定出租保障性住房并将出租收入上缴同级财政,财务会计按照收取的租金金额,借记"银行存款"等科目,贷记"应缴财政款"科目。

4. 保障性住房的折旧

事业单位应当参照《政府会计准则第3号——固定资产》及其应用指南的相关规定,按月对其控制的保障性住房计提折旧。

为核算保障性住房折旧业务,事业单位应设置"保障性住房累计折旧"总科目。该科目应当按照所对应保障性住房的类别进行明细核算。单位按月计提保障性住房折旧时,财务会计按照应计提的折旧额,借记"业务活动费用"科目,贷记该科目。报经批准处置保障性住房时,财务会计按照所处置保障性住房的账面价值,借记"资产处置费用""无偿调拨净资产"和"待处理财产损溢"等科目,按照已计提折旧,借记该科目,按照保障性住房的账面余额,贷记"保障性住房"科目。该科目期末贷方余额反映单位计提的保障性住房折旧累计数。

5. 保障性住房的处置

事业单位按照规定报经批准处置保障性住房,应当分别按以下情况处理。

(1) 无偿调出保障性住房。

报经批准无偿调出保障性住房,财务会计按照保障性住房已计提的折旧,借记"保障性住房累计折旧"科目,按照被处置保障性住房账面余额,贷记"保障性住房"科目,按照其差额,借记"无偿调拨净资产"科目;同时,按照无偿调出过程中发生的归属于调出方的相关费用,借记"资产处置费用"科目,贷记"银行存款"等科目。发生相关费用时,预算会计借记"其他支出"科目,贷记"资金结存"等科目。

【例8-39】 2×22年8月7日,某事业单位无偿调出一幢保障性住房,该幢保障性住房账面余额为800 000元,已计提折旧80 000元,调出过程中发生相关费用6 500元。该事业单位编制如下会计分录:

财务会计	预算会计
借:保障性住房累计折旧　　　　80 000 　　无偿调拨净资产　　　　　　720 000 　　贷:保障性住房　　　　　　　　　800 000 同时: 借:资产处置费用　　　　　　　6 500 　　贷:银行存款　　　　　　　　　　6 500	借:其他支出　　　　　　　　　6 500 　　贷:资金结存——货币资金——银行存款 　　　　　　　　　　　　　　　　6 500

(2) 出售保障性住房。

报经批准出售保障性住房,财务会计按照被出售保障性住房的账面价值,借记"资产处置费用"科目,按照保障性住房已计提的折旧,借记"保障性住房累计折旧"科目,按照保障性住房账面余额,贷记"保障性住房"科目;同时,按照收到的价款,借记"银行存款"等科目,按照出售过程中发生的相关费用,贷记"银行存款"等科目,按照其差额,贷记"应缴财政款"科目。

6. 保障性住房的盘盈盘亏或毁损报废

事业单位应当定期对保障性住房进行清查盘点。对于发生的保障性住房盘盈、盘亏、毁损或报废等,参照固定资产相应业务的相关规定进行账务处理。

(十二) 受托代理资产

受托代理资产是指事业单位接受委托方委托管理的各项资产,包括受托指定转赠的物资、受托存储保管的物资等。

为核算受托代理资产业务,事业单位应设置"受托代理资产"总账科目,该科目核算单位接受委托方委托管理的各项资产的成本。单位管理的罚没物资应当通过该科目核算。单位收到的受托代理资产为现金和银行存款的不通过该科目核算,应当通过"库存现金""银行存款"科目进行核算。该科目应当按照资产的种类和委托人进行明细核算;属于转赠资产的,还应当按照受赠人进行明细核算。

1. 受托转赠物资

单位接受委托人委托需要转赠给受赠人的物资,其成本按照有关凭据注明的金额确定。接受委托转赠的物资验收入库,财务会计按照确定的成本,借记"受托代理资产"科目,贷记"受托代理负债"科目。

受托协议约定由受托方承担相关税费、运输费等的,应当按照实际支付的相关税费、运输费等金额,财务会计借记"其他费用"科目,贷记"银行存款"等科目。预算会计借记"其他支出"科目,贷记"资金结存"等科目。

单位将受托转赠物资交付受赠人时,财务会计按照转赠物资的成本,借记"受托代理负债"科目,贷记"受托代理资产"科目。

转赠物资的委托人取消了对捐赠物资的转赠要求,且不再收回捐赠物资的,应当将转赠物资转为单位的存货、固定资产等。财务会计按照转赠物资的成本,借记"受托代理负债"科目,贷记"受托代理资产"科目;同时,借记"库存物品""固定资产"等科目,贷记"其他收入"科目。

2. 受托保管物资

单位受委托人委托存储保管的物资,其成本按照有关凭据注明的金额确定。接受委托储存的物资验收入库,财务会计按照确定的成本,借记"受托代理资产"科目,贷记"受托代理负债"科目。

单位发生由受托单位承担的与受托存储保管的物资相关的运输费、保管费等费用时,按照实际发生的费用金额,财务会计借记"其他费用"等科目,贷记"银行存款"等科目。预算会计借记"其他支出"科目,贷记"资金结存"等科目。

单位根据委托人要求交付或发出受托存储保管的物资时,财务会计按照发出物资的成本,借记"受托代理负债"科目,贷记"受托代理资产"科目。

【例8-40】 2×22年9月2日,某事业单位受托代为保管一批物品,物品价值20 000元,并于当日通过银行存款支付运费600元。10月5日,将该批物品交还。该事业单位编制如下会计分录。

(1) 2×22年9月2日,某事业单位受托代为保管一批物品并支付运费。

财务会计	预算会计
借:受托代理资产　　　　　20 000 　贷:受托代理负债　　　　　　　20 000 同时: 借:其他费用　　　　　　　　600 　贷:银行存款　　　　　　　　　　600	借:其他支出　　　　　　　　　600 　贷:资金结存——货币资金——银行存款 　　　　　　　　　　　　　　　600

(2) 10月5日,将该批物品交还。

财务会计	预算会计
借:受托代理负债　　　　　20 000 　贷:受托代理资产　　　　　　　20 000	—

(十三) 长期待摊费用

长期待摊费用是指事业单位已经支出,但应由本期和以后各期负担的分摊期限在1年以上(不含1年)的各项费用,如以经营租赁方式租入的固定资产发生的改良支出等。

为核算长期待摊费用业务,事业单位应设置"长期待摊费用"总账科目。该科目应当按照费用项目进行明细核算。该科目期末借方余额,反映单位尚未摊销完毕的长期待摊费用。

单位发生长期待摊费用时,财务会计按照支出金额,借记"长期待摊费用"科目,贷记"财政拨款收入""银行存款"等科目。以资金预付需长期分摊的款项,按照实际预付的金额,借记"事业支出""经营支出"等科目,贷记"财政拨款预算收入""资金结存"等科目。

受益期间摊销长期待摊费用时,财务会计按照摊销金额,借记"业务活动费用""单位管理费用"和"经营费用"等科目,贷记"长期待摊费用"科目。

如果某项长期待摊费用已经不能使单位受益,应当将其摊余金额一次全部转入当期费用。财务会计按照摊销金额,借记"业务活动费用""单位管理费用"和"经营费用"等科目,贷记"长期待摊费用"科目。

(十四) 待处理财产损溢

待处理财产损溢是指事业单位在资产清查过程中查明的各种资产盘盈、盘亏报废、毁损的价值。

为核算待处理财产损溢业务,事业单位应设置"待处理财产损溢"总账科目,该科目应当按照待处理的资产项目进行明细核算;对于在资产处理过程中取得收入或发生相关费用的项目,还应当设置"待处理财产价值""处理净收入"明细科目,进行明细核算。单位资产清查中查明的资产盘盈、盘亏、报废和毁损,一般应当先计入该科目、按照规定报经批准后及时进行账务处理。年末结账前一般应处理完毕。

该科目期末如为借方余额,反映尚未处理完毕的各种资产的净损失;期末如为贷方余额,反映尚未处理完毕的各种资产净溢余。年末,经批准处理后,该科目一般应无余额。

1. 账款核对时发现的库存现金短缺或溢余

参照"库存现金"科目发现现金短缺或溢余的会计分录处理。

2. 盘盈或盘亏的各类资产

参照"库存物品""固定资产""无形资产"等科目盘盈或盘亏的会计处理。

3. 报废的各类资产

报废的资产转入待处理资产时,财务会计借记"待处理财产损溢——待处理财产价值""固定资产累计折旧""无形资产累计摊销"等科目,贷记"库存物品""固定资产""无形资产""在建工程"等科目。涉及增值税业务的,相关账务处理参见"应交增值税"科目。报经批准处理时,财务会计借记"资产处置费用"科目,贷记"待处理财产损溢——待处理财产价值"科目。

处理毁损、报废实物资产过程中取得的残值或残值变价收入、保险理赔和过失人赔偿等,财务会计借记"库存现金""银行存款""库存物品""其他应收款"等科目,贷记"待处理财产损溢——处理净收入"科目;处理毁损、报废实物资产过程中发生的相关费用,财务会计借记"待处理财产损溢——处理净收入"科目,贷记"库存现金""银行存款"等科目。处理收支结清,如果处理收入大于相关费用的,财务会计按照处理收入减去相关费用后的净收入,借记"待处理财产损溢——处理净收入"科目,贷记"应缴财政款"等科目。如果处理收入小于相关费用的,按照相关费用减去处理收入后的净支出,财务会计借记"资产处置费用"科目,贷记"待处理财产损溢——处理净收入"科目;预算会计按照支付的净额,借记"其他支出"科目,贷记"资金结存"科目。

【例8-41】 2×22年8月5日,事业单位发现一批固定资产已无法使用,拟淘汰报废。该固定资产账面余额为30 000元,累计折旧5 600元。8月13日,报经批准对该固定资产进行处理。8月20日,事业单位支付固定资产清理费用2 000元。并于当日收到出售固定资产取得的银行存款4 500元。该事业单位编制如下会计分录。

(1) 8月5日,报废固定资产。

财务会计		预算会计
借:待处理财产损溢 24 400		—
固定资产累计折旧 5 600		
贷:固定资产 30 000		

(2) 8月13日,报经批准。

财务会计		预算会计
借:资产处置费用 24 400		—
贷:待处理财产损溢 24 400		

(3) 8月20日,出售固定资产。

财务会计		预算会计
借:待处理财产损溢 2 000		—
贷:银行存款 2 000		
同时:		
借:银行存款 4 500		
贷:待处理财产损溢 4 500		
处理收支结清:		
借:待处理财产损溢——处理净收入 2 500		
贷:应缴财政款 2 500		

第二节 事业单位负债的核算

一、负债概述

《政府会计准则——基本准则》第三十三条规定:"负债是指政府会计主体过去的经济业务或者事项形成的,预期会导致经济资源流出政府会计主体的现时义务。现时义务是指政府会计主体在现行条件下已承担的义务。未来发生的经济业务或者事项形成的义务不属于现时义务,不应当确认为负债。"

现时义务包括法定义务和推定义务。法定义务是指因合同、法律法规或其他司法解释等产生的义务。推定义务是指根据政府会计主体以往的习惯做法、已公布的政策或者已公开的承诺或声明,政府会计主体向其他方表明其将承担,并且其他方也能合理预期政府会计主体将履行的相关义务。

(一) 负债的分类

政府会计主体的负债按照流动性分为流动负债和非流动负债。

1. 流动负债

流动负债是指预计在1年内(含1年)偿还的负债,包括应付及预收款项、应付职工薪酬和应缴款项等。

(1) 短期借款是指事业单位经批准向银行在1年内(含1年)的各种借款。

(2) 应交增值税是指事业单位按照税法规定计算应交纳的增值税。

(3) 其他应交税费是指事业单位按照税法等规定计算应交纳的除增值税以外的各种税费,包括城市维护建设税、教育费附加、地方教育附加、车船税、房产税、城镇土地使用税、企业所得税和单位代扣代缴的个人所得税等。

单位应缴纳的不需要预提应交税费,例如印花税,直接通过"业务活动费用""单位管理费用""经营费用"等科目核算,不通过"其他应交税费"核算。

(4) 应缴财政款是指事业单位取得或应收的按照规定应当上缴财政的款项,包括应缴国库的款项和应缴财政专户的款项。

单位按照国家税法等有关规定应当缴纳的各种税费,通过"应交增值税""其他应交税费"科目核算,不通过"应缴财政款"核算。

(5) 应付职工薪酬是事业单位按照有关规定应付给职工(含长期聘用人员)及为职工支付的各种薪酬,包括基本工资、国家统一规定的津贴补贴、规范津贴补贴(绩效工资)、改革性补贴、社会保险费(如职工基本养老保险费、职业年金、基本医疗保险费等)、住房公积金等。

(6) 应付票据是指事业单位因购买材料、物资等而开出、承兑的商业汇票,包括银行承兑汇票和商业承兑汇票。

(7) 应付账款是指事业单位因购买物资、接受服务、开展工程建设等而应付的偿还期限在1年以内(含1年)的款项。

(8) 应付利息是指事业单位按照合同约定应支付的借款利息,包括短期借款、分期付息到期还本的长期借款等应支付的利息。

(9) 预收账款是指事业单位预先收取但尚未结算的款项。

(10) 其他应付款是指事业单位除应交增值税、其他应交税费、应缴财政款、应付职工薪酬、应付票据、应付账款、应付利息、预收账款以外,其他各项偿还期限在1年内(含1年)的应付及暂收款项,如收取的押金、存入保证金、已经报销但尚未偿还银行的本单位公务卡欠款等。

同级政府财政部门预拨的下期预算款和没有纳入预算的暂付款项,以及采用实拨资金方式通过本单位转拨给下属单位的财政拨款,也通过"其他应付款"科目核算。

(11) 预提费用是指事业单位预先提取的已经发生但尚未支付的费用,如预提租金费用等。事业单位按照规定从科研项目收入中提取的项目间接费用或管理费,也通过"预提费用"科目核算。

事业单位计提的借款利息费用,通过"应付利息""长期借款"科目核算,不通过"预提费用"科目核算。

2. 非流动负债

非流动负债是指流动负债以外的负债,包括长期应付款、应付政府债券和政府依法担保形成的债务等。

(1) 长期借款是指事业单位经批准向银行或其他金融机构等借入的期限超过1年(不含1年)的各种借款本息。

(2) 长期应付款是指事业单位发生的偿还期限超过1年(不含1年)的应付款项,如以融资租赁方式取得固定资产应付的租赁费等。

(3) 预计负债是指单位对因或有事项所产生的现时义务而确认的负债,如对未决诉讼等确认的负债。

(4) 受托代理负债是指单位接受委托,取得受托代理资产时形成的负债。

(二) 负债的确认与计量

1. 负债的确认

《政府会计准则——基本准则》第三十五条规定,符合负债定义的义务,在同时满足以下条件时,确认为负债。

(1) 履行该义务很可能导致含有服务潜力或者经济利益的经济资源流出政府会计主体。

(2) 该义务的金额能够可靠地计量。

2. 负债的计量

《政府会计准则——基本准则》第三十六条规定,负债的计量属性主要包括历史成本、现值和公允价值。

(1) 在历史成本计量下,负债按照因承担现时义务而实际收到的款项或者资产的金额,或者承担现时义务的合同金额,或者按照为偿还负债预期需要支付的现金计量。

(2) 在现值计量下,负债按照预计期限内需要偿还的未来净现金流出量的折现金额计量。

(3) 在公允价值计量下,负债按照市场参与者在计量日发生的有序交易中,转移负债所需支付的价格计量。

政府会计主体在对负债进行计量时,一般应当采用历史成本。采用现值、公允价值计量的,应当保证所确定的负债金额能够持续、可靠计量。

符合负债定义和负债确认条件的项目,应当列入资产负债表。

二、流动负债的核算

(一) 短期借款

短期借款是指事业单位经批准向银行或其他金融机构等借入的期限在1年内(含1年)的各种借款。"短期借款"科目应当按照债权人和借款种类进行明细核算。本科目期末贷方余额,反映事业单位尚未偿还的短期借款本金。

借入各种短期借款时,按照实际借入的金额,借记"银行存款"科目,贷记"短期借款"科目。

银行承兑汇票到期,本单位无力支付票款的,按照应付票据的账面余额借记"应付票据"科目,贷记"短期借款"科目。

归还短期借款时,借记"短期借款"科目,贷记"银行存款"科目。

【例 8-42】 某事业单位于 2×22 年 3 月 1 日向银行借入 2 000 000 元,期限 3 个月,年利率 8%,该借款到期后一次还本,利息分月计提,偿还时支付。该事业单位编制如下会计分录:

每月应付利息费用=2 000 000×8%÷12=13 333.34(元)

(1) 2×22 年 3 月 1 日,借入短期借款。

财务会计	预算会计
借:银行存款　　　　2 000 000 　贷:短期借款　　　　　　2 000 000	借:资金结存——货币资金——银行存款　2 000 000 　贷:债务预算收入　　　　　　　　　　2 000 000

(2) 每月计提利息。

财务会计	预算会计
借:其他费用——利息费用　　13 333.34 　贷:应付利息　　　　　　　　　13 333.34	—

(3) 5 月末,偿还短期借款本金及支付利息。

财务会计	预算会计
借:短期借款　　　　2 000 000 　　应付利息　　　　　　40 000 　贷:银行存款　　　　　　2 040 000	借:债务还本支出　　　　　　　　　　　2 000 000 　　其他支出——利息支出　　　　　　　40 000 　贷:资金结存——货币资金——银行存款　2 040 000

【例 8-43】 某事业单位于 2×22 年 6 月 1 日开出的一张金额 40 000 元的银行承兑汇票到期,单位无力支付票款,按照银行承兑汇票的票面金额,转为短期借款。该事业单位编制如下会计分录:

财务会计	预算会计
借:应付票据　　　　40 000 　贷:短期借款　　　　　　40 000	借:经营支出——债务利息及费用支出　　40 000 　贷:债务预算收入　　　　　　　　　　40 000

(二)应交增值税

本科目核算事业单位按照税法规定计算应交纳的增值税。根据税务核定事业单位增值税纳税类型分为增值税一般纳税人和增值税小规模纳税人,增值税纳税人又分为一般纳税人和简易计税纳税人。由于大多数事业单位属于增值税一般纳税人,本书以增值税一般纳税人的情况为例进行介绍。

事业单位应在本科目下设置"应交税金""未交税金""预交税金""待抵扣进项税额""待认证进项税额""待转销项税额""简易计税""代扣代交增值税""转让金融商品应交增值税"等二级明细科目。本科目期末贷方余额,反映单位应交未交的增值税;期末如为借方余额,反映单位尚未抵扣或多交的增值税。

第一,"应交税金"明细科目下应当设置"进项税额""已交税金""转出未交增值税""减免税款""销项税额""进项税额转出""转出多交增值税"三级明细科目。

(1)进项税额,记录单位购进货物、加工修理修配劳务、服务、无形资产或不动产而支付或负担的,准予从当期销项税额中抵扣的增值税额;

(2)已交税金,记录单位当月已交纳的应交增值税额;

(3)转出未交增值税和转出多交增值税,分别记录一般纳税人月度终了转出当月应交未交或多交的增值税额;

(4)减免税款,记录单位按照现行增值税制度规定准予减免的增值税额;

(5)销项税额,记录单位销售货物、加工修理修配劳务、服务、无形资产或不动产应收取的增值税额;

(6)进项税额转出,记录单位购进货物、加工修理修配劳务、服务、无形资产或不动产等发生非正常损失以及其他原因而不应从销项税额中抵扣、按照规定转出的进项税额。

第二,"未交税金"明细科目,核算单位月度终了从"应交税金"或"预交税金"明细科目转入当月应交未交、多交或预缴的增值税额,以及当月交纳以前期间未交的增值税额。

第三,"预交税金"明细科目,核算单位转让不动产、提供不动产经营租赁服务等,以及其他按照现行增值税制度规定应预缴的增值税额。

第四,"待抵扣进项税额"明细科目,核算单位已取得增值税扣税凭证并经税务机关认证,按照现行增值税制度规定准予以后期间从销项税额中抵扣的进项税额。

第五,"待认证进项税额"明细科目,核算单位由于未经税务机关认证而不得从当期销项税额中抵扣的进项税额。包括:一般纳税人已取得增值税扣税凭证并按规定准予从销项税额中抵扣,但尚未经税务机关认证的进项税额;一般纳税人已申请稽核但尚未取得稽核相符结果的海关缴款书进项税额。

第六,"待转销项税额"明细科目,核算单位销售货物、加工修理修配劳务、服务、无形资产或不动产,已确认相关收入(或利得)但尚未发生增值税纳税义务而需于以后期间确认为销项税额的增值税额。

第七,"简易计税"明细科目,核算单位采用简易计税方法发生的增值税计提、扣减、预缴、缴纳等业务。

第八,"转让金融商品应交增值税"明细科目,核算单位转让金融商品发生的增值税额。

第九,"代扣代缴增值税"明细科目,核算单位购进在境内未设经营机构的境外单位或个人在境内的应税行为代扣代缴的增值税。

1. 取得资产或接受劳务等业务

(1)采购等业务进项税额允许抵扣情形。事业单位购买用于增值税应税项目的资产或服务等时,财务会计按照应计入相关成本费用或资产的金额处理如下:借记"业务活动费用""在途物品""库存物品""工程物资""在建工程""固定资产""无形资产"等科目,按照当月已认证的可抵扣增值税额,借记"应交增值税"(应交税金——进项税额)科目,按照当月未认证的可抵扣增值税额,借记"应交增值税"(待认证进项税额)科目,按照应付或实际支付的金额,贷记"应付账款""应付票据""银行存款"等科目。

(2) 采购等业务进项税额不得抵扣情形。

单位购进资产或服务等,用于简易计税方法计税项目、免征增值税项目、集体福利或个人消费等,其进项税额按照现行增值税制度规定不得从销项税额中抵扣的,取得增值税专用发票时,财务会计应按照增值税发票注明的金额,借记相关成本费用或资产科目;按照待认证的增值税进项税额,借记"应交增值税"(待认证进项税额)科目;按照实际支付或应付的金额,贷记"银行存款""应付账款"等科目。

经税务机关认证为不可抵扣进项税时,借记"应交增值税"(应交税金——进项税额)科目,贷记"应交增值税"(待认证进项税额)科目,同时,将进项税额转出,借记相关成本费用科目,贷记"应交增值税"(应交税金——进项税额转出)科目。

(3) 购进不动产或不动产在建工程按照规定进项税额分年抵扣。单位取得应税项目为不动产或者不动产在建工程,其进项税额按照现行增值税制度规定自取得之日起分两年从销项税额中抵扣的,分以下三种情形。

情形1:按照当期可抵扣的增值税额,财务会计借记"应交增值税"(应交税金——进项税额)科目;按照取得成本,借记"固定资产""在建工程"等科目;按照应付或实际支付的金额,贷记"应付账款""应付票据""银行存款"等科目。

情形2:按以后期间可抵扣的增值税额,财务会计借记"应交增值税"(待抵扣进项税额)科目;按照取得成本,借记"固定资产""在建工程"等科目;按照应付或实际支付的金额,贷记"应付账款""应付票据""银行存款"等科目。

情形3:尚未抵扣的进项税额待以后期间允许抵扣时,财务会计按照允许抵扣的金额,借记"应交增值税——应交税金——进项税额"科目,贷记"应交增值税"(待抵扣进项税额)科目。

(4) 进项税额抵扣情况发生改变。

情形1:单位因发生非正常损失或改变用途等,原已计入进项税额、待抵扣进项税额或待认证进项税额,但按照现行增值税制度规定不得从销项税额中抵扣的。财务会计借记"待处理财产损溢""固定资产""无形资产"等科目,贷记"应交增值税"(应交税金——进项税额转出)、"应交增值税"(待抵扣进项税额)或者"应交增值税"(待认证进项税额)等科目。

情形2:原不得抵扣且未抵扣进项税额的固定资产、无形资产等,因改变用途等用于允许抵扣进项税额的应税项目的,应按照允许抵扣的进项税额,财务会计借记"应交增值税"(应交税金——进项税额)科目,贷记"固定资产""无形资产"等科目。固定资产、无形资产等经上述调整后,应按照调整后的账面价值在剩余尚可使用年限内计提折旧或摊销。

情形3:单位购进时已全额计入进项税额的货物或服务等转用于不动产在建工程的,对于结转以后期间的进项税额,财务会计借记"应交增值税"(待抵扣进项税额)科目,贷记"应交增值税"(应交税金——进项税额转出)科目。

(5) 购买方作为扣缴义务人。

情形1:按照现行增值税制度规定,境外单位或个人在境内发生应税行为,在境内未设有经营机构的,以购买方为增值税扣缴义务人。

事业单位购进服务或资产时,财务会计按照应计入相关成本费用或资产的金额,借记"业务活动费用""在途物品""库存物品""工程物资""在建工程""固定资产""无形资产"等科目,按照可抵扣的增值税额,借记"应交增值税——应交税金——进项税额"科目,按照应付或实际支付的金额,贷记"银行存款""应付账款"等科目,按照应代扣代缴的增值税额,贷记"应交增值税"(代扣代缴增值税)科目。

情形2:实际缴纳代扣代缴增值税时,按照代扣代缴的增值税额。借记"应交增值税"(代扣代缴增值税)科目,贷记"银行存款"等科目。

2. 销售资产或提供服务等业务

(1) 销售资产或提供服务业务。

情形1:销售货物或提供服务。事业单位销售货物或提供服务,财务会计应当按照应收或已收的金额,借记"应收账款""应收票据""银行存款"等科目,按照确认的收入金额,贷记"经营收入""事业收入"等科目,按照现行增值税制度规定计算的销项税额,贷记"应交增值税——应交税金——销项税额"科目。

情形2:按照政府会计制度及相关政府会计准则确认收入的时点早于按照增值税制度确认增值税纳税义务发生时点的,财务会计应将相关销项税额计入"应交增值税——待转销项税额"科目,待实际发生纳税义务时再转入"应交增值税——应交税金销项税额"科目。

情形3:按照增值税制度确认增值税纳税义务发生时点早于按照政府会计制度及相关政府会计准则确认收入的时点的,财务会计应按照应纳增值税额,借记"应收账款""应交增值税——应交税金——销项税额""应收账款"科目,贷记"应交增值税——应交税金——销项税额"科目。

(2) 金融商品转让按照规定以盈亏相抵后的余额为销售额。

情形1:金融商品实际转让月末,如产生转让收益,则财务会计按照应纳税额,借记"投资收益"科目,贷记"应交增值税——转让金融商品应交增值税"科目。

情形2:如产生转让损失,则财务会计按照可结转下月抵扣税额,借记"应交增值税——转让金融商品应交增值税"科目,贷记"投资收益"科目。

情形3:交纳增值税时,财务会计应借记"应交增值税——转让金融商品应交增值税"科目,贷记"银行存款"科目等。

情形4:年末处理。年末,"应交增值税——转让金融商品应交增值税"科目如有借方余额,则财务会计借记"投资收益"科目,贷记"应交增值税——转让金融商品应交增值税"科目。

3. 月末转出多交增值税和未交增值税

月度终了,单位应当将当月未交或多交的增值税自"应交税金"明细科目转入"未交税金"明细科目。

情形1:对于当月应交未交的增值税,财务会计借记"应交增值税——应交税金——转出未交增值税"科目,贷记"应交增值税——未交税金"科目。

情形2:对于当月多交增值税,财务会计借记"应交增值税——未交税金"科目,贷记"应交增值税——应交税金——转出未交增值税"科目。

4. 交纳增值税业务

情形1:交纳当月应交增值税。事业单位交纳当月应交的增值税。财务会计借记"应交增值税——应交税金——已交税金"科目,贷记"银行存款"等科目。

情形 2:交纳以前期间未交增值税。事业单位交纳以前期间未交的增值税。财务会计借记"应交增值税——未交税金"科目,贷记"银行存款"等科目。

情形:预交增值税。事业单位预交增值税时,财务会计借记"应交增值税——预交税金"科目,贷记"银行存款"等科目。月末,单位应将"预交税金"明细科目余额转入"未交税金"明细科目,借记"应交增值税——未交税金"科目,贷记"应交增值税——未预交税金"科目。

情形 4:减免增值税。对于当期直接减免的增值税,财务会计借记"应交增值税——应交税金——减免税款"科目,贷记"业务活动费用""经营费用"等科目。

按照现行增值税制度规定,单位初次购买增值税税控系统专用设备支付的费用以及缴纳的技术维护费允许在增值税应纳税额中全额抵减的,财务会计按照规定抵减的增值税应纳税额,借记"应交增值税——应交税金——减免税额"科目,贷记"业务活动费用""经营费用"等科目。

【例 8-44】 某事业单位为增值税一般纳税人,于 2×22 年 2 月 5 日购进存货 10 000 元,取得可以抵扣的增值税专用发票 1 700 元,用银行存款支付 11 700 元。于本年 2 月 20 日取得技术服务收入 100 000 元,开具增值税专用发票 100 000 元(含税),该笔款项已存入银行。假设本月无其他涉及增值税业务,3 月缴纳增值税 1 286.91 元。该单位编制如下会计分录。

(1) 2×22 年 2 月 5 日。

财务会计	预算会计
借:库存物品　　　　　　　　　　10 000　　　应交增值税——应交税金——进项税额　　　　　　　　　　　　　　　　　1 700　贷:银行存款——基本账户存款　　11 700	借:事业支出——商品和服务支出　　　　　　　　　　　　　　　　　11 700　贷:资金结存——货币资金——银行存款　　　　　　　　　　　　　　　　　11 700

(2) 2×22 年 2 月 20 日。

财务会计	预算会计
借:银行存款——基本账户存款　100 000　贷:事业收入　　　　　　　　85 470.09　　　应交增值税——应交税金——销项税额　　　　　　　　　　　　　　　12 529.91	借:资金结存——货币资金——银行存款　　　　　　　　　　　　　　　100 000　贷:事业预算收入　　　　　　　100 000

(3) 2×22 年 3 月初。

财务会计	预算会计
借:应交增值税——应交税金——已交税金　　　　　　　　　　　　　　　12 826.91　贷:银行存款——基本账户存款　12 826.91	借:事业支出——商品和服务支出　　　　　　　　　　　　　　　12 826.91　贷:资金结存——货币资金——银行存款　　　　　　　　　　　　　　　12 826.91

【例 8-45】 某事业单位为增值税一般纳税人,2×22 年 3 月 1 日,购进科研物资器材一批,器材已验收入库,取得增值税专用发票,含税价 30 000 元,其中进项税额 5 100 元,款项已经通过银行支付。该单位编制如下会计分录。

财务会计	预算会计
借:库存物品　　　　　　　　　　　　24 900 　　应交增值税——应交税金——进项税额 　　　　　　　　　　　　　　　　　5 100 　贷:银行存款——基本账户存款　　　30 000	借:事业支出——商品和服务支出 　　　　　　　　　　　　　　　30 000 　贷:资金结存——货币资金——银行存款 　　　　　　　　　　　　　　　30 000

【例 8-46】 某事业单位 2×22 年 4 月 1 日补购器材一件,价款 100 元,进项税额 17 元,款项已经通过银行支付。未收到增值税专用发票,但是器材已验收入库。事业单位 4 月未认证发票,在 5 月才认证。该单位编制如下会计分录。

(1) 2×22 年 4 月 1 日。

财务会计	预算会计
借:库存物品　　　　　　　　　　　　　100 　　应交增值税——待认证进项税额　　　17 　贷:银行存款——基本账户存款　　　　117	借:事业支出——商品和服务支出　　17 　贷:资金结存——货币资金——银行存款 　　　　　　　　　　　　　　　　17

(2) 2×22 年 5 月。

财务会计	预算会计
借:应交增值税——应交税金——进项税额　17 　贷:应交增值税——待认证进项税额　　　17	—

【例 8-47】 承[例 8-46],该笔发票由于会计人员的原因,超过 180 天未认证,有两种处理方法。该单位编制如下会计分录。

(1) 放弃抵扣。

财务会计	预算会计
借:库存物品　　　　　　　　　　　　　17 　贷:应交增值税——待认证进项税额　　17	—

(2) 发票退回并红字冲销。

财务会计	预算会计
借:应交增值税——应交税金——进项税额　17 　贷:应交增值税——待认证进项税额　　　17	—

【例 8-48】 某事业单位为增值税一般纳税人,2×22 年 7 月 1 日购进防雾霾口罩,取

得增值税专用发票,价款1 000元,进项税额170元,准备用于职工福利。该单位编制如下会计分录。

(1) 2×22年7月1日。

财务会计	预算会计
借:库存物品　　　　　　　　　　1 000 　　应交增值税——应交税金——进项税额 　　　　　　　　　　　　　　　170 　贷:银行存款——基本账户存款　1 170	借:事业支出——商品和服务支出——福利费 　　　　　　　　　　　　　　　1 170 　贷:资金结存——货币资金——银行存款 　　　　　　　　　　　　　　　1 170

(2) 2×22年7月1日。

财务会计	预算会计
借:库存物品　　　　　　　　　　　170 　贷:应交增值税——应交税金——进项税额转出　170	—

(三) 其他应交税费

其他应交税费核算事业单位按照税法等规定计算应交纳的除增值税以外的各种税费,包括城市维护建设税、教育费附加、地方教育附加、车船税、房产税、城镇土地使用税和企业所得税、单位代扣代缴的个人所得税等。

事业单位应缴纳的印花税不需要预提应交税费,直接通过"业务活动费用""单位管理费用""经营费用"等科目核算,不通过本科目核算。本科目期末贷方余额,反映单位应交未交的除增值税以外的税费金额;期末如为借方余额,反映单位多交纳的除增值税以外的税费金额。

"其他应交税费"科目应当按照应交纳的税费种类进行明细核算。事业单位应当在"其他应交税费"下设"应交城市维护建设税""应交车船税""应交房产税""应交土地增值税""应交城镇土地使用税""应交教育费附加""应交地方教育附加""应交个人所得税""应交企业所得税"和"其他税费"。

1. 发生城市维护建设税、教育费附加、地方教育附加、车船税、房产税、城镇土地使用税等纳税义务时

(1) 按照税法规定计算的应交税费金额,财务会计借记"业务活动费用""单位管理费用""经营费用"等科目,贷记"其他应交税费"科目。

(2) 实际交纳时,借记"其他应交税费"科目,贷记"银行存款"等科目。

2. 按照税法规定计算应代扣代缴职工(含长期聘用人员)的个人所得税

(1) 按照税法规定计算的应交税费金额。借记"应付职工薪酬""业务活动费用""单位管理费用"等科目,贷记"其他应交税费——应交个人所得税"科目。

(2) 实际交纳时,借记"其他应交税费——应交个人所得税"科目,贷记"财政拨款收入""银行存款"等科目。

3. 发生企业所得税纳税义务时

(1) 按照税法规定计算的应缴税费金额,财务会计借记"所得税费用"科目,贷记"其他应交税费——应交企业所得税"科目。

(2)实际交纳时,财务会计借记"其他应交税费——应交企业所得税"科目,贷记"银行存款"科目。

【例 8-49】 某单位机关服务中心 2×22 年 12 月计算应交纳所得税 50 000 元,次年 5 月汇算清缴 50 000 元,以银行存款支付。该单位编制如下会计分录。

(1)2×22 年 12 月,计算应交纳所得税。

财务会计	预算会计
借:所得税费用　　　　　　　　　　50 000 　　贷:其他应交税费——单位应交所得税　50 000	—

(2)次年 5 月,汇算清缴。

财务会计	预算会计
借:其他应交税费——单位应交所得税 　　　　　　　　　　　　　　　　50 000 　　贷:银行存款——基本存款账户　　50 000	借:非财政拨款结余　　　　　　　　50 000 　　贷:资金结存——货币资金——银行存款 　　　　　　　　　　　　　　　　50 000

(四)应缴财政款

"应缴财政款"科目核算事业单位取得或应收的按照规定应当上缴财政的款项,包括应缴国库的款项和应缴财政专户的款项。事业单位按照国家税法等有关规定应当缴纳的各种税费,通过"应交增值税""其他应交税费"科目核算,不通过本科目核算。本科目应当按照应缴财政款项的类别进行明细核算,单位应当在本科目下设"应缴国库款""应缴财政专户款"二级明细科目。本科目期末贷方余额,反映单位应当上缴财政但尚未缴纳的款项。年终清缴后,本科目一般应无余额。

单位取得或应收按照规定应缴财政的款项时,财务会计借记"银行存款""应收账款"等科目,贷记"应缴财政款"科目。

单位处置资产取得的应上缴财政的处置净收入,参照"待处理财产损溢"单位上缴应缴财政的款项时,按实际上缴的金额,借记"应缴财政款"科目,贷记"银行存款"科目。

【例 8-50】 某省行政单位下属事业单位 2×22 年 3 月 1 日报废一批固定资产,收到变价收入 20 000 元,保险赔款 4 000 元,相关款项已存入银行,用银行存款支付发生处置费用 1 000 元。按照该单位资产管理规定,资产处置收入直接上缴国库。该单位编制如下会计分录:

财务会计	预算会计
借:银行存款——基本存款账户　　　　　　　24 000 　　贷:待处理财产损溢——固定资产——处理净收入　24 000 同时: 借:待处理财产损溢——固定资产——处理净收入　1 000 　　贷:银行存款——基本存款账户　　　　　1 000 上缴国库时: 借:待处理财产损溢——固定资产——处理净收入　23 000 　　贷:银行存款——应缴国库款　　　　　　23 000	—

【例8-51】 某事业单位2×22年3月20日取得非税收入10 000元,存入非税账户,2×22年12月20日上缴财政专户。该单位编制如下会计分录。

(1) 2×22年3月20日取得非税收入。

财务会计	预算会计
借:银行存款——基本存款账户　　　　10 000 　贷:应缴财政款——应缴财政专户款　　　　10 000	—

(2) 2×22年12月20日上缴财政专户。

财务会计	预算会计
借:应缴财政款——应缴财政专户款　　　　10 000 　贷:银行存款——基本存款账户　　　　10 000	—

(五) 应付职工薪酬

"应付职工薪酬"科目核算事业单位按照有关规定应付给职工(含长期聘用人员)及为职工支付的各种薪酬,包括基本工资、国家统一规定的津贴补贴、规范津贴补贴(绩效工资)、改革性补贴、社会保险费(如职工基本养老保险费、职业年金、基本医疗保险费等)、住房公积金等。本科目期末贷方余额反映单位应付未付的职工薪酬。

事业单位应当在本科目下根据国家有关规定按照"基本工资(含离退休费)""国家统一规定的津贴补贴""规范津贴补贴(绩效工资)""改革性补贴""社会保险费""住房公积金""其他个人收入"等进行二级明细科目核算。其中,"社会保险费""住房公积金"明细科目核算内容包括单位从职工工资中代扣代缴的社会保险费、住房公积金,以及单位为职工计算缴纳的社会保险费、住房公积金。

(1) 计算确认当期应付职工薪酬(含单位为职工计算缴纳的社会保险费、住房公积金)。

① 计提从事专业及其辅助活动人员的职工薪酬,财务会计借记"业务活动费用""单位管理费用"科目,贷记"应付职工薪酬"科目。

② 计提应由在建工程、加工物品、自行研发无形资产负担的职工薪酬,财务会计借记"在建工程""加工物品""研发支出"等科目,贷记"应付职工薪酬"科目。

③ 计提从事专业及其辅助活动之外的经营活动人员的职工薪酬,财务会计借记"经营费用"科目,贷记"应付职工薪酬"科目。

④ 因解除与职工的劳动关系而给予的补偿,财务会计借记"单位管理费用"等科目,贷记"应付职工薪酬"科目。

(2) 向职工支付工资、津贴补贴等薪酬时,按照实际支付的金额,财务会计借记"应付职工薪酬"科目,贷记"财政拨款收入""银行存款"等科目。

(3) 从应付职工薪酬中代扣各种款项。

① 按照税法规定代扣职工个人所得税时,财务会计借记"应付职工薪酬——基本工资(含离退休费)"科目,贷记"其他应交税费——应交个人所得税"科目。

② 以应付职工薪酬中代扣为职工垫付的水电费、房租等费用时按照实际扣除的金

额,财务会计借记"应付职工薪酬——基本工资(含离退休费)"科目,贷记"其他应收款"等科目。

③ 从应付职工薪酬中代扣社会保险费和住房公积金,按照代扣的金额,财务会计借记"应付职工薪酬——基本工资(含离退休费)"科目,贷记"应付职工薪酬"相关明细科目。

(4) 按照国家有关规定缴纳职工社会保险费和住房公积金时,财务会计按照实际支付的金额,借记"应付职工薪酬"相关明细科目,贷记"财政拨款收入""银行存款"等科目。

(5) 从应付职工薪酬中支付的其他款项,财务会计借记"应付职工薪酬"科目,贷记"银行存款"等科目。

【例 8-52】 2×22 年 5 月 9 日,某事业单位机关服务中心解除与职工的劳动关系,经有关部门批准给予职工补偿 100 000 元。该单位编制如下会计分录:

财务会计	预算会计
借:单位管理费用——对个人和家庭的补助支出——退职(役)费　　　　　　100 000 　　贷:应付职工薪酬——其他　　100 000	—

(六) 应付票据

"应付票据"科目核算事业单位因购买材料、物资等而开出、承兑的商业汇票,包括银行承兑汇票和商业承兑汇票。按照国家有关规定,单位之间只有在商品交易的情况下才能使用商业汇票结算方式。在会计核算中,购买商品在采用商业汇票结算的方式下,如果开出的是商业承兑汇票,必须由付款方(购买单位)承兑;如果是银行承兑汇票,必须经出票银行承兑。在商业汇票尚未到期前,视为一笔负债,期末反映在资产负债表的应付票据项目内。付款单位应在商业汇票到期前,及时将款项足额交存其开户银行,可使银行在到期日凭票将款项划转给收款人、背书人或贴现银行。单位在收到银行的付款通知时,据以编制付款凭证。

本科目应当按照债权人进行明细核算。单位应当在本科目下设"银行承兑汇票"和"商业承兑汇票"二级明细科目进行核算。本科目期末贷方余额,反映事业单位开出、承兑的尚未到期的应付票据金额。

事业单位应当设置"应付票据备查簿"科目,详细登记每一应付票据的种类、号数、出票日期、到期日、票面金额、交易合同号、收款人姓名或单位名称,以及付款日期和金额等。应付票据到期结清票款后,应当在备查簿内逐笔注销。

(1) 开出、承兑商业汇票时,财务会计借记"库存物品""固定资产"等科目,贷记"应付票据"科目。

(2) 以商业汇票抵付应付账款时,财务会计借记"应付账款"科目,贷记"应付票据"科目。

(3) 支付银行承兑汇票的手续费,财务会计借记"业务活动费用""经营费用"等科目,贷记"银行存款"科目。

(4) 商业汇票到期时:

① 收到银行支付到期票据的付款通知时,财务会计借记"应付票据"科目,贷记"银行

② 银行承兑汇票到期,单位无力支付票款的,财务会计按照应付票据账面余额,借记"应付票据"科目,贷记"短期借款"科目。

③ 商业承兑汇票到期,单位无力支付票款的,财务会计按照应付票据账面余额,借记"应付票据"科目,贷记"应付账款"科目。

【例 8-53】 某市事业单位有关应付票据业务如下:2×22 年 6 月 15 日,向 W 公司购入一批原材料,价款 30 000 元,材料已验收入库。开出一张面值为 30 000 元,期限为 3 个月的商业承兑汇票。该单位编制如下会计分录。

(1) 假设该票据为不带息商业汇票。

① 2×22 年 6 月 15 日,购入一批原材料,开具商业承兑汇票。

财务会计	预算会计
借:库存商品　　　　　　　　　　30 000 　贷:应付票据——商业承兑汇票——W 公司 　　　　　　　　　　　　　　30 000	—

② 2×22 年 9 月 15 日,票据到期。

财务会计	预算会计
借:应付票据——商业承兑汇票——W 公司 　　　　　　　　　　　　　　30 000 　贷:银行存款——基本存款账户　　30 000	借:事业支出——基本支出——商品和服务支 　　出　　　　　　　　　　　　30 000 　贷:资金结存——货币资金——银行存款 　　　　　　　　　　　　　　30 000

(2) 假设该票据为带息商业承兑汇票,票面利率为 10%。

① 2×22 年 6 月 15 日,购入一批原材料,开具商业承兑汇票。

财务会计	预算会计
借:库存商品　　　　　　　　　　30 000 　贷:应付票据——商业承兑汇票——W 公司 　　　　　　　　　　　　　　30 000	—

② 2×22 年 9 月 15 日,票据到期。

财务会计	预算会计
借:应付票据——商业承兑汇票——W 公司 　　　　　　　　　　　　　　30 000 　　业务活动费用——商品和服务支出——手续费 　　　(30 000×10%×3/12)　　　750 　贷:银行存款——基本存款账户　　30 750	借:事业支出——基本支出——商品和服务支 　　出　　　　　　　　　　　　30 750 　贷:资金结存——货币资金——银行存款 　　　　　　　　　　　　　　30 750

（七）应付账款

"应付账款"科目核算单位因购买物资、接受服务、开展工程建设等而应付的偿还期限在1年以内(含1年)的款项。应付账款因单位购进商品或接受劳务等经济业务发生时间与付款时间不一致而产生。应付账款的入账时间为所购买商品的所有权转移之日，即对所购的材料、物资等验收入库后，按发票金额登记入账。入账金额一般是到期的应付金额，即发票金额。

本科目应当按照债权人进行明细核算。对于建设项目，事业单位可以按照具体项目进行明细核算。对于核销的应付账款，应设立备查簿在备查簿中保留登记。

收到所购材料、物资、设备或服务以及确认完成工程进度但尚未付款时，根据发票及账单等有关凭证，财务会计按照应付未付款项的金额，借记"库存物品""固定资产""在建工程"等科目，贷记"应付账款"科目。本科目期末贷方余额，反映单位尚未支付的应付账款金额。

偿付应付账款时，财务会计按照实际支付的金额，借记"应付账款"科目，贷记"财政拨款收入""银行存款"等科目。

开出、承兑商业汇票抵付应付账款时，财务会计借记"应付账款"科目，贷记"应付票据"科目。

无法偿付或债权人豁免偿还的应付账款，应当按照规定报经批准后进行账务处理。经批准核销时，财务会计借记"应付账款"科目，贷记"其他收入"。

【例 8-54】 某事业单位 2×22 年 5 月有关应付账款业务如下：5 月 1 日，向甲公司购进实验室材料一批，价值 10 000 元，货物已验收入库，款项尚未支付。5 月 10 日，用银行存款支付前欠乙公司的实验室材料款 50 000 元。5 月 12 日，开出商业承兑汇票一张，抵付丙公司货款 30 000 元。5 月 15 日，经与丁公司协商，豁免前欠货款 1 000 元。该单位编制如下会计分录。

（1）2×22 年 5 月 1 日，向甲公司购进实验室材料一批，货物已验收入库，款项尚未支付。

财务会计	预算会计
借：库存物品　　　　　　　10 000 　　贷：应付账款——甲公司　　　　10 000	—

（2）5 月 10 日，用银行存款支付实验室材料款。

财务会计	预算会计
借：应付账款——乙公司　　　50 000 　　贷：银行存款——基本存款账户　50 000	借：事业支出——基本支出——商品和服务支出 　　　　　　　　　　　　　　　　50 000 　　贷：资金结存——货币资金——银行存款 　　　　　　　　　　　　　　　　50 000

（3）5 月 12 日，开出商业承兑汇票一张，抵付货款。

财务会计	预算会计
借：应付账款——丙公司　　　30 000 　　贷：应付票据——商业承兑汇票——丙公司 　　　　　　　　　　　　　　　　30 000	—

(4) 5月15日,经与丁公司协商,豁免前欠货款。

财务会计	预算会计
借:应付账款——丁公司　　　1 000 　贷:其他收入——无法支付的应付款　1 000	—

(八)应付利息

"应付利息"科目核算事业单位按照合同约定应支付的借款利息,包括短期借款、分期付息到期还本的长期借款等应支付的利息。

事业单位应当设置"应付利息"总账科目。本科目应当按照债权人等进行明细核算。本科目期末贷方余额,反映事业单位应付未付的利息金额。

(1) 为建造固定资产、公共基础设施等借入的专门借款的利息。

属于建设期间发生的,按期计提利息费用时,财务会计借记"在建工程"科目,贷记"应付利息"科目。

不属于建设期间发生的,按期计提利息费用时,按照计算确定的金额,财务会计借记"其他费用"科目,贷记"应付利息"科目。

(2) 对于其他借款,按期计提利息费用时,按照计算确定的金额,财务会计借记"其他费用"科目,贷记"应付利息"科目。

(3) 实际支付应付利息时,按照支付的金额,财务会计借记"应付利息"科目,贷记"银行存款"等科目。

【例8-55】 某事业单位建造职工食堂向银行借款10 000 000元,借款利率为5%,年末计提利息。该事业单位编制如下会计分录:

财务会计	预算会计
借:在建工程　　　　500 000 　贷:应付利息　　　　500 000	—

【例8-56】 某事业单位2×22年1月3日向银行借款100 000元,用于日常业务发展需要,借款年利率5%,每季度计息一次,2×22年4月3日归还利息。该单位编制如下会计分录。

(1) 2×22年4月2日,计提利息。

财务会计	预算会计
借:其他费用——利息支出　　1 250 　贷:应付利息　　　　　　　1 250	—

(2) 2×22年4月3日,归还利息。

财务会计	预算会计
借:应付利息　　　　　　1 250 　贷:银行存款——基本存款账户　1 250	借:其他支出——利息支出　　　　1 250 　贷:资金结存——货币资金——银行存款　1 250

第八章 事业单位会计核算

（九）预收账款

"预收账款"科目核算事业单位预先收取但尚未结算的款项。贷方增加反映事业单位收到的预收款项，借方增加反映事业单位结算的款项。"预收账款"科目期末贷方余额，反映事业单位预收但尚未结算的款项。

"预收账款"科目应当按照债权人进行明细核算，核销的预收账款应在备查簿中保留登记。

从付款方预收款项时，按照实际预收的金额，财务会计借记"银行存款"等科目，贷记"预收账款"科目。

确认有关收入时，财务会计按照预收账款账面余额，借记"预收账款"科目，按照应确认的收入金额，贷记"事业收入""经营收入"等科目，按照付款方补付或退回付款方的金额，借记或贷记"银行存款"等科目。

无法偿付或债权人豁免偿还的预收账款，应当按照规定报经批准后进行账务处理。经批准核销时，财务会计借记"预收账款"科目，贷记"其他收入"科目。

【**例 8-57**】 某省机关服务中心 2×22 年 3 月发生如下预收账款业务：3 月 10 日，预收 H 公司服务费 5 000 元，存入银行。3 月 15 日，广告服务完成后，实际结算价款 5 500 元，H 公司已经通过银行存款补付。3 月 17 日，以前年度的预收账款 1 000 元无法偿付，经批准核销。该单位编制如下会计分录。

（1）2×22 年 3 月 10 日。

财务会计	预算会计
借：银行存款——基本存款账户　　5 000 　贷：预收账款——H 公司　　　　　　5 000	借：资金结存——货币资金——银行存款 　　　　　　　　　　　　　　　　5 000 　贷：经营预算收入　　　　　　　　5 000

（2）3 月 15 日。

财务会计	预算会计
借：预收账款——H 公司　　　　　5 000 　　银行存款——基本存款账户　　　500 　贷：经营收入——影视广告收入　　5 500	借：资金结存——货币资金——银行存款 　　　　　　　　　　　　　　　　500 　贷：经营预算收入　　　　　　　　500

（3）3 月 17 日。

财务会计	预算会计
借：预收账款　　　　　　　　　1 000 　贷：其他收入——无法支付的预收款　1 000	—

（十）其他应付款

"其他应付款"科目核算单位除应交增值税、其他应交税费、应缴财政款、应付职工薪酬、应付票据、应付账款、应付利息、预收账款以外，其他各项偿还期限在 1 年内（含 1 年）的应付及暂收款项，如收取的押金、存入保证金、已经报销但尚未偿还银行的本单位公务卡欠款。

同级政府财政部门预拨的下期预算款和没有纳入预算的暂付款项,以及采用实拨资金方式通过本单位转拨给下属单位的财政拨款等,也通过本科目核算。本科目期末贷方余额,反映单位尚未支付的其他应付款金额。

本科目应按照其他应付款的类别以及债权人等进行明细核算。核销的其他应付款应在备查簿中保留登记。

(1) 发生其他应付及暂收款项时。

① 取得暂收款项时,财务会计借记"银行存款"等科目,贷记"其他应付款"科目。

② 支付(或退回)其他应付及暂收款项时,财务会计借记"其他应付款"科目,贷记"银行存款"等科目。

③ 将暂收款项转为收入时,财务会计借记"其他应付款"科目,贷记"事业收入"等科目。

(2) 收到同级政府财政部门预拨的下期预算款和没有纳入预算的暂付款项。

① 按照实际收到的金额,财务会计借记"银行存款"等科目,贷记"其他应付款"科目。

② 待到下一预算期或批准纳入预算时,财务会计借记"其他应付款"科目,贷记"财政拨款收入"科目。

③ 采用实拨资金方式通过本单位转拨给下属单位的财政拨款,财务会计按照实际收到的金额,借记"银行存款"科目,贷记"其他应付款"科目;向下属单位转拨财政拨款时,财务会计按照转拨的金额,借记"其他应付款"科目,贷记"银行存款"科目。

(3) 本单位公务卡持卡人报销时。

① 按照审核报销的金额,财务会计借记"业务活动费用""单位管理费用"等科目,贷记"其他应付款"科目。

② 偿还公务卡欠款时,财务会计借记"其他应付款"科目,贷记"银行存款"等

(4) 涉及质保金形成其他应付款的,财务会计借记"固定资产/在建工程"等,贷记"其他应付款"科目。

(5) 无法偿付或债权人豁免偿还的其他应付款项,应当按照规定报经批准后进行账务处理。经批准核销时,财务会计借记"其他应付款"科目,贷记"其他收入"科目。

【例 8-58】 某省事业单位 2×22 年 12 月 31 日收到省财政厅拨付银行存款 50 000 元,次年 1 月 1 日转作收入。该单位编制如下会计分录。

(1) 2×22 年 12 月 31 日,收到省财政厅拨付银行存款。

财务会计	预算会计
借:银行存款　　　　　　　　50 000 　　贷:其他应付款——其他　　　　50 000	—

(2) 次年 1 月 1 日转作收入。

财务会计	预算会计
借:其他应付款——其他　　　　50 000 　　贷:财政拨款收入——基本支出收入　50 000	借:资金结存　　　　　　　　50 000 　　贷:财政拨款预算收入——基本支出收入 　　　　　　　　　　　　　　50 000

第八章 事业单位会计核算

（十一）预提费用

"预提费用"科目核算事业单位预先提取的已经发生但尚未支付的费用，如预提租金费用，事业单位按规定从科研项目收入中提取的项目间接费用或管理费等。事业单位计提的借款利息费用，通过"应付利息""长期借款"科目核算，不通过本科目核算。

为了核算和监督预提费用的提取及支付情况，单位应设置本科目，"预提费用"科目应当按照预提费用的种类进行明细核算。对于事业单位提取的项目间接费用或管理费，应当在本科目下设置"项目间接费用或管理费"明细科目，并按项目进行明细核算。本科目期末贷方余额，反映单位已预提但尚未支付的各项费用。

1. 项目间接费用或管理费

（1）按规定从科研项目收入中提取项目间接费用或管理费时，按照提取的金额，财务会计借记"单位管理费用"科目，贷记"预提费用——项目间接费用或管理费"科目。

（2）实际使用计提的项目间接费用或管理费时，按照实际支付的金额，财务会计借记"预提费用——项目间接费用或管理费"科目，贷记"银行存款""库存现金"等科目。

2. 其他预提费用

按期预提租金等费用时：

（1）按照预提的金额，财务会计借记"业务活动费用""单位管理费用""经营费用"等科目，贷记"预提费用"科目。

（2）实际支付款项时，财务会计按照支付金额，借记"预提费用"科目，贷记"银行存款"等科目。

【例8-59】 某研究所2×22年4月2日从科研项目收入中提取项目管理费5 000元。该单位编制如下会计分录：

财务会计	预算会计
借：单位管理费用——其他费用 　　　　　　　　　　　　5 000 贷：预提费用——项目间接费用或管理费 　　　　　　　　　　　　5 000	借：非财政补助结转——项目管理费 　　　　　　　　　　　　5 000 贷：非财政拨款结余——项目管理费 　　　　　　　　　　　　5 000

【例8-60】 承[例8-59]，2×22年5月1日，该研究所购办公用品花费3 000元，用银行存款支出，该笔支出由单位管理费用列支。该单位编制如下会计分录：

财务会计	预算会计
借：预提费用——项目间接费用或管理费 　　　　　　　　　　　　3 000 贷：银行存款——基本存款账户　3 000	借：事业支出——基本支出——商品和服务支 　　　出——办公费　　　　　　3 000 贷：资金结存——货币资金——银行存款 　　　　　　　　　　　　3 000

三、非流动负债的核算

（一）长期借款

"长期借款"科目核算事业单位经批准向银行或其他金融机构等借入的期限超过1年（不含1年）的各种借款本息。

单位应设置"长期借款"总账科目,核算应付的偿还期限在1年以上(不含1年)的应付款项。对于建设项目借款,还应按照具体项目进行明细核算。本科目期末贷方余额,反映事业单位尚未偿还的长期借款本息金额。

第一,借入各项长期借款时,财务会计按照实际借入的金额,借记"银行存款"科目,贷记"长期借款"科目。

第二,为建造固定资产、公共基础设施等应支付的专门借款利息,按期计提利息时,分别按以下情况处理:

(1)属于工程项目建设期间发生的利息,计入工程成本,财务会计按照计算确定的应支付的利息金额,借记"在建工程"科目,贷记"应付利息"科目。

(2)属于工程项目完工交付使用后发生的利息,计入当期费用,财务会计借记"其他费用"科目,贷记"应付利息"科目。

(3)按照计算确定的应支付的利息金额,财务会计借记"应付利息"科目,贷记"银行存款"科目。

第三,按期计提其他长期借款的利息时:

(1)计提时,财务会计借记"其他费用"科目,贷记"应付利息"或"长期借款"科目。

(2)按照计算确定的应支付的利息金额,财务会计借记"应付利息"科目,贷记"银行存款"科目。

第四,到期归还长期借款本金、利息时,借记"长期借款"科目,贷记"银行存款"科目。

【例8-61】 某事业单位于2×22年1月1日从工商银行借入款项2 000 000元,借款期限为3年,年利率为8%,款项已存入银行,本息于到期日一次性偿还。该单位编制如下会计分录。

(1)2×22年1月1日,借入款项。

财务会计	预算会计
借:银行存款——基本存款账户　2 000 000 　　贷:长期借款——本金　　　　　2 000 000	借:资金结存——货币资金——银行存款 　　　　　　　　　　　　　　　　2 000 000 　　贷:债务预算收入　　　　　　　2 000 000

(2)每年年末计提利息。

财务会计	预算会计
借:其他费用——利息支出　　160 000 　　贷:长期借款——应计利息　　　160 000	—

(3)到期归还借款。

财务会计	预算会计
借:长期借款——本金　　　　2 000 000 　　长期借款——应计利息　　　480 000 　　贷:银行存款——基本存款账户　2 480 000	借:债务还本支出　　　　　　　2 000 000 　　其他支出——利息支出　　　　480 000 　　贷:资金结存——货币资金——银行存款 　　　　　　　　　　　　　　　　2 480 000

(二) 长期应付款

"长期应付款"科目核算单位发生的偿还期限超过1年(不含1年)的应付款项,如以融资租赁方式取得固定资产应付的租赁费等。

本科目应当按照长期应付款的类别以及债权人进行明细核算。核销的长期应付款应在备查簿中保留登记。本科目期末贷方余额,反映单位尚未支付的长期应付款金额。

发生长期应付款时,财务会计借记"固定资产""在建工程"等科目,贷记"长期应付款"科目。支付长期应付款时,按照实际支付的金额,财务会计借记"长期应付款"科目,贷记"财政拨款收入""银行存款"等科目。

无法偿付或债权人豁免偿还的长期应付款,应当按照规定报经批准后进行账务处理。经批准核销时,财务会计借记"长期应付款"科目,贷记"其他收入"科目。

涉及质保金形成长期应付款的,相关账务处理参见"固定资产"科目。

【例8-62】 某科研单位2×22年3月1日购买设备100 000元,进项税额为17 000元,作为固定资产管理,款项尚未支付。该单位编制如下会计分录:

财务会计	预算会计
借:固定资产　　　　　　　　　100 000 　　应交增值税——应交税金——进项税额 　　　　　　　　　　　　　　　17 000 　贷:长期应付款　　　　　　　　117 000	—

【例8-63】 承[例8-62],次年,该事业单位用银行存款偿还该笔应付款。该单位编制如下会计分录:

财务会计	预算会计
借:长期应付款　　　　　　　　117 000 　贷:银行存款——基本存款账户　117 000	借:事业支出——基本支出——资本性支出 　　　　　　　　　　　　　　　117 000 　贷:资金结存——货币资金——银行存款 　　　　　　　　　　　　　　　117 000

(三) 预计负债

预计负债是指单位对因或有事项所产生的现时义务而确认的负债,如对未决诉讼等确认的负债。政府会计主体常见的或有事项主要包括:未决诉讼或未决仲裁、对外国政府或国际经济组织的贷款担保、承诺(补贴、代偿)、环境污染整治、自然灾害或公共事件的救助等。

预计负债应当按照履行相关现时义务所需支出的最佳估计数进行初始计量。所需支出存在一个连续范围,且该范围内各种结果发生的可能性相同的,最佳估计数应当按照该范围内的中间值确定。

在其他情况下,最佳估计数应当分下列情况处理:

(1) 或有事项涉及单个项目的,按照最可能发生金额确定。

(2) 或有事项涉及多个项目的,按照各种可能结果及相关概率计算确定。

单位在确定最佳估计数时,应当综合考虑与或有事项有关的风险和不确定性、未来事项和资产的预期处置等因素。

各单位清偿预计负债所需支出预期全部或部分由第三方补偿的,补偿金额只有在能够收到时才能作为资产单独确认。确认的补偿金额不应当超过预计负债的账面余额。

为核算预计负债的计算及支付情况,单位应设置"预计负债"科目,事业单位应当按照预计负债的项目进行明细核算。本科目期末贷方余额,反映事业单位已确认但尚未支付的预计负债金额。

(1) 确认预计负债时,财务会计按照预计的金额,借记"业务活动费用""单位管理费用""经营费用""其他费用"等科目,贷记本科目。

(2) 实际偿付预计负债时,财务会计按照偿付的金额,借记本科目,贷记"银行存款"等科目。

(3) 根据确凿证据需要对已确认的预计负债账面余额进行调整的。

① 按照调整增加的金额,财务会计借记"业务活动费用""经营费用""其他费用"等科目,贷记"预计负债"科目。

② 按照调整减少的金额,财务会计借记"预计负债"科目,贷记"业务活动费用""经营费用""其他费用"等科目。

【例8-64】 某省事业单位2×22年3月1日接到法院起诉,单位预计要支付赔偿金额1 600 000～2 000 000元,而且这个区间内每个金额的可能性都大致相同,假设这是一起因经营引起的案件。该单位编制如下会计分录:

财务会计	预算会计
借:经营费用——其他费用　　1 800 000 　贷:预计负债　　　　　　　　1 800 000	—

【例8-65】 承[例8-64],2×22年4月1日,单位用银行存款偿付赔偿金1 800 000元。该单位编制如下会计分录:

财务会计	预算会计
借:预计负债　　　　　　　　1 800 000 　贷:银行存款——基本账户存款　1 800 000	借:经营支出——其他支出　　1 800 000 　贷:资金结存——货币资金——银行存款 　　　　　　　　　　　　　1 800 000

(四) 受托代理负债

受托代理负债核算事业单位接受委托。取得受托代理资产时形成的负债。受托代理负债反映了事业单位对受托代理资产的支付义务。虽然事业单位受托代理的现金和银行存款不在"受托代理资产"科目核算,但是单位受托代理现金和银行存款仍然属于受托代理资产,在编制资产负债表时列入受托代理资产项目。所以,在单位收到和支付受托代理的现金和银行存款时,也要确认受托代理负债的增加和减少。

为核算和监督单位受托代理资产形成的负债情况,设置"受托代理负债"科目,它属负债类科目。本科目按照负债的种类和委托人进行明细核算。本科目期末贷方余额,反映单位尚未交付或发出受托代理资产形成的受托代理负债金额。

本科目反映的是受托代理资产时形成的负债,对应受托代理资产有三种情况的账务处理:

1. 受托转赠物资时形成的负债

(1) 接受委托人委托需要转赠给受赠人的物资,其成本按照有关凭据注明的金额确定。接受委托转赠的物资验收入库,财务会计按照确定的成本,借记"受托代理资产"科目,贷记"受托代理负债"科目。

(2) 将受托转赠物资交付受赠人时,财务会计按照转赠物资的成本,借记"受托代理负债"科目,贷记"受托代理资产"科目。

(3) 转赠物资的委托人取消了对捐赠物资的转赠要求,且不再收回捐赠物资的,应当将转赠物资转为单位的存货、固定资产等。财务会计按照转赠物资的成本,借记"受托代理负债"科目,贷记"受托代理资产"科目。

2. 受托存储保管物资形成的负债

(1) 接受委托人委托存储保管的物资,其成本按照有关凭据注明的金额确定。接受委托储存的物资验收入库,财务会计按照确定的成本,借记"受托代理资产"科目,贷记"受托代理负债"科目。

(2) 根据委托人要求交付成本发出受托存储保管的物资时,财务会计按照发出物资的成本,借记"受托代理负债"科目,贷记"受托代理资产"科目。

3. 罚没物资形成的负债

(1) 取得罚没物资时,其成本按照有关凭据注明的金额确定。罚没物资验收(入库),财务会计按照确定的成本,借记"受托代理资产"科目,贷记"受托代理负债"科目。

(2) 按照规定处置或移交罚没物资时,财务会计按照罚没物资的成本,借记"受托代理负债"科目,贷记"受托代理资产"科目。

受托代理负债的账务处理参照"受托代理资产""库存现金""银行存款"等科目的相关账务处理。

【例 8-66】 2×22 年 3 月 1 日,A 省事业单位接受 B 市事业单位委托将一设备转赠给 D 省科研所(或替某省科研所保管),设备价值 100 000 元,设备验收入库。该单位编制如下会计分录:

财务会计	预算会计
借:受托代理资产——受托存储保管物资　100 000　　　　　贷:受托代理负债　　　　　　　　　　　　100 000	——

【例 8-67】 承[例 8-66],4 月 10 日,A 省事业单位将此设备转交给 D 省科研所。该编制如下会计分录:

财务会计	预算会计
借:受托代理负债　　　　　　　　　　　　100 000　　　　　贷:受托代理资产——受托存储保管物资　100 000	——

【例 8-68】 承[例 8-66],2×22 年 5 月 10 日,B 市事业单位决定不将此设备转赠 D 省科研所,并不再收回此设备,2×22 年 5 月 12 日,A 省事业单位将此设备作为固定资产。该单位编制如下会计分录。

(1) 2×22 年 5 月 10 日,B 市事业单位决定不将此设备转赠。

财务会计	预算会计
借:受托代理负债　　　　　　　　　100 000 　贷:受托代理资产——受托存储保管物资　　100 000	—

(2) 2×22 年 5 月 12 日,A 省事业单位将此设备作为固定资产。

财务会计	预算会计
借:固定资产　　　　　　　　　　　100 000 　贷:其他收入——其他　　　　　　　100 000	—

第三节　事业单位净资产的核算

一、净资产概述

(一)净资产概述

《政府会计准则——基本准则》第三十九条规定:净资产是指政府会计主体资产扣除负债后的净额。

净资产是事业单位持有的资产净值及出资者所拥有的产权,它表明事业单位的资产总额在抵偿了一切现存义务以后的差额部分。

(二)净资产的计量

净资产金额取决于资产和负债的计量。

$$净资产=资产-负债$$

净资产是事业单位拥有的资产总额在扣除了债权人的债务总额后的资产净值。

(三)净资产的分类

事业单位净资产分为累计盈余、专用基金、本期盈余、本年盈余分配、权益法调整、无偿调拨净资产、以前年度盈余调整。

二、核算

(一)累计盈余

(1)本科目核算事业单位历年实现的盈余扣除盈余分配后滚存的金额,以及因无偿调入调出资产产生的净资产变动额。

按照规定上缴、缴回、单位间调剂结转结余资金产生的净资产变动额,以及对以前年度盈余的调整金额,也通过本科目核算。

累计盈余的主要账务处理如下:

① 年末,将"本年盈余分配"科目的余额转入累计盈余,借记或贷记"本年盈余分配"科目,贷记或借记"累计盈余"科目。

② 年末,将"无偿调拨净资产"科目的余额转入累计盈余,借记或贷记"无偿调拨净资产"科目,贷记或借记"累计盈余"科目。

③ 按照规定上缴财政拨款结转结余、缴回非财政拨款结转资金、向其他单位调出财政拨款结转资金时,按照实际上缴、缴回、调出金额,借记"累计盈余"科目,贷记"银行存款"等科目。

④ 按照规定从其他单位调入财政拨款结转资金时,按照实际调入金额,借记"银行存款"等科目,贷记"累计盈余"科目。

⑤ 将"以前年度盈余调整"科目的余额转入本科目,借记或贷记"以前年度盈余调整"科目,贷记或借记"累计盈余"科目。

⑥ 按照规定使用专用基金购置固定资产、无形资产的,按照固定资产、无形资产成本金额,借记"固定资产""无形资产"科目,贷记"银行存款"等科目;同时,按照专用基金使用金额,借记"专用基金"科目,贷记"累计盈余"科目。

(2) 本科目期末余额,反映单位未分配盈余(或未弥补亏损)的累计数以及截至上年年末无偿调拨净资产变动的累计数。

(3) 本科目年末余额,反映单位未分配盈余(或未弥补亏损)以及无偿调拨净资产变动的累计数。

(二)专用基金

本科目核算事业单位按照规定提取或设置的具有专门用途的净资产,主要包括职工福利基金、科技成果转换基金等。

按照《政府会计制度》规定,本科目应当按照专用基金的类别进行明细核算。

事业单位按照本单位专用基金实际情况,设置明细科目。如设置"职工福利基金""住房基金""科技成果转化基金""医疗风险基金""奖励基金""其他专用基金"等二级明细科目。本科目年末贷方余额,反映事业单位累计提取或设置的尚未使用的专用基金。

1. "职工福利基金"明细科目

职工福利基金是指按照非财政拨款结余的一定比例提取以及按照其他规定提取转入,用于单位职工的集体福利设施、集体福利待遇等的资金。

《关于事业单位提取专用基金比例问题的通知》(财教〔2012〕32号)规定,事业单位职工福利基金的提取比例,在单位年度非财政拨款结余的40%以内确定。国家另有规定的,从其规定。中央级事业单位职工福利基金的提取比例,由主管部门会同财政部在单位年度非财政拨款结余的40%以内核定。国家另有规定的,从其规定。地方事业单位职工福利基金的提取比例,由省级财政部门参照本通知的有关规定,结合本地实际确定。

2. "住房基金"明细科目

住房基金是指按国家政策法规和财务制度规定,由国家财政和行政事业单位共同筹集,用于行政事业单位住房制度改革和住房建设的专项基金。

3. "科技成果转化基金"明细科目

科技成果转化基金是指科学事业单位从事业收入中提取,在事业支出的相关科目中列支,以及在经营收支结余中提取转入,用于科技成果转化的资金。事业收入和经营收支结余较少的单位可以不提取科技成果转化基金。

4. "医疗风险基金"明细科目

医疗风险基金是指医院和基层医疗卫生机构等按国家相关制度规定提取并列入费用的专门用于支付医疗风险保险或医疗事故赔偿的资金。

5. "奖励基金"明细科目

奖励基金是指基层医疗卫生机构在年度终了对核定任务完成情况进行绩效考核合格后,按照业务收支结余的一定比例提取,由基层医疗卫生机构结合绩效工资的实施,用于职工绩效考核奖励的资金。

6. "其他专用基金"明细科目

其他专用基金是指按照其他有关规定提取或者设置的专用资金。

《事业单位财务规则》第三十四条规定,各项基金的提取比例和管理办法,国家有统一规定的,按照统一规定执行;没有统一规定的,由主管部门会同同级财政部门确定。

年末,根据有关规定从本年度非财政拨款结余或经营结余中提取专用基金的,按照预算会计计算的提取金额,借记"本年盈余分配"科目,贷记"专用基金"科目。根据有关规定从收入中提取专用基金并计入费用的,一般按照预算会计下基于预算收入计算提取的金额,借记"业务活动费用"等科目,贷记"专用基金"科目。国家另有规定的,从其规定。

根据有关规定设置的其他专用基金,按照实际收到的基金金额,借记"银行存款"等科目,贷记"专用基金"科目。按照规定使用提取的专用基金时,借记"专用基金"科目,贷记"银行存款"等科目。使用提取的专用基金购置固定资产、无形资产的,按照固定资产、无形资产成本金额,借记"固定资产""无形资产"科目,贷记"银行存款"等科目;同时,按照专用基金使用金额,借记"专用基金"科目,贷记"累计盈余"科目。

【例 8-69】 某事业单位 2×22 年年终分配,非财政拨款结余总额为 500 000 元,按照结余的 40% 提取职工福利基金。该单位编制如下会计分录:

财务会计	预算会计
借:本年盈余分配——提取职工福利基金 200 000 　　贷:专用基金——职工福利基金　　200 000	借:非财政拨款结余　200 000 　　贷:专用结余——职工福利基金 　　　　　　　　　　　　200 000

【例 8-70】 2×22 年某科研所事业收入中横向课题收入 5 000 000 元,按照相关规定,提取科技成果转化基金,提取比例 5%。该单位编制如下会计分录:

财务会计	预算会计
借:业务活动费用——集体专用资金　　250 000 　　贷:专用资金——科技成果转化资金　　250 000	—

(三) 本期盈余

本科目核算事业单位本期各项收入、费用相抵后的余额。

《政府会计制度》未规定本科目的明细科目设置要求。事业单位根据核算需要,按照收入来源设置明细科目,如设置"财政拨款结转""财政拨款结余""非财政拨款结转""事业结余""经营结余""所得税"等二级明细科目。

本科目可按支出功能分类、项目和收入来源进行辅助核算。

期末,将各类收入科目的本期发生额转入本期盈余,借记"财政拨款收入""事业收入""上级补助收入""附属单位上缴收入""经营收入""非同级财政拨款收入""投资收益""捐赠收入""利息收入""租金收入""其他收入"科目,贷记"本期盈余"科目;将各类费用科目本期发生额转入本期盈余,借记"本期盈余"科目,贷记"业务活动费用""单位管理费用""经营费用""所得税费用""资产处置费用""上缴上级费用""对附属单位补助费用""其他费用"科目。

年末,完成上述结转后,将本科目余额转入"本年盈余分配"科目,借记或贷记"本期盈余"科目,贷记或借记"本年盈余分配"科目。年末结账后,本科目应无余额。

(四) 本年盈余分配

本科目核算单位本年度盈余分配的情况和结果。

《政府会计制度》未规定本科目的明细科目设置要求。事业单位可根据核算需要,设置明细科目,如设置"提取职工福利基金""财政拨款结转""非财政拨款结转""所得税"等明细科目。

本科目可按支出功能分类、项目和收入来源进行辅助核算。

年末,将"本期盈余"科目余额转入本科目,借记或贷记"本期盈余"科目,贷记或借记"本年盈余分配"科目。

年末,根据有关规定从本年度非财政拨款结余或经营结余中提取专用基金的,按照预算会计下计算的提取金额,借记"本年盈余分配"科目,贷记"专用基金"科目。年末,按照规定完成上述处理后,将本科目余额转入累计盈余,借记或贷记"本年盈余分配"科目,贷记或借记"累计盈余"科目。

【例 8-71】 2×22 年年末,某事业单位按 40% 提取专用基金——职工福利金 774 800 元,该单位编制如下会计分录:

财务会计	预算会计
借:本年盈余分配——财政拨款结转　774 800 　　贷:专用基金　　　　　　　　　　774 800	借:非财政拨款结余分配　　　　　　774 800 　　贷:专用结余——职工福利资金　774 800

三、净资产调整的核算

(一) 权益法调整

本科目核算事业单位持有的长期股权投资采用权益法核算时,按照被投资单位除净损益和利润分配以外的所有者权益变动份额,调整长期股权投资账面余额而计入净资产的金额。

按照《政府会计制度》规定,本科目应当按照被投资单位进行明细核算。事业单位按照对外投资的被投资单位设置明细科目。

年末,按照被投资单位除净损益和利润分配以外的所有者权益变动应享有(或应分担)的份额,借记或贷记"长期股权投资——其他权益变动"科目,贷记或借记"权益法调整"科目。本科目年末余额,反映事业单位在被投资单位除净损益和利润分配以外的所有者权益变动中累积享有(或分担)的份额。

采用权益法核算的长期股权投资,因被投资单位除净损益和利润分配以外的所有者权益变动而将应享有(或应分担)的份额计入单位净资产的,处置该项投资时,按照原计入净资产的相应部分金额,借记或贷记"权益法调整"科目,贷记或借记"投资收益"科目。

(二)以前年度盈余调整

本科目核算事业单位本年度发生的调整以前年度盈余的事项,包括本年度发生的重要前期差错更正涉及调整以前年度盈余的事项。

《政府会计制度》未规定本科目的明细科目设置要求。事业单位按照核算需要,设置明细科目。年末结账后,本科目应无余额。

调整增加以前年度收入时,按照调整增加的金额,借记有关科目,贷记"以前年度盈余调整"科目。调整减少的,编制相反会计分录。

调整增加以前年度费用时,按照调整增加的金额,借记"以前年度盈余调整"科目,贷记有关科目。调整减少的,编制相反会计分录。

盘盈的各种非流动资产,报经批准后处理时,借记"待处理财产损溢"科目,贷记"以前年度盈余调整"科目。

经上述调整后,应将本科目的余额转入累计盈余,借记或贷记"累计盈余"科目,贷记或借记"以前年度盈余调整"科目。

【例8-72】 2×22年5月1日,税务部门税务稽查时发现,某事业单位上年度经营支出中存在假发票100 000元,责令其调账并作纳税调整,该单位通知责任部门和责任人追索正规票据,同时补交增值税6 000元(增值税率6%,为计算简便不考虑附加)、补交所得税25 000元(所得税税率25%)。该单位编制如下会计分录:

财务会计	预算会计
纳税调整: 借:其他应收款——××人　　100 000 　贷:以前年度盈余调整　　　　100 000 计提补交的税款: 借:以前年度盈余调整　　　　31 000 　贷:应交增值税　　　　　　　6 000 　　其他应交税费——应交企业所得税　25 000 上缴税款: 借:应交增值税　　　　　　　6 000 　　其他应交税费——应交企业所得税　25 000 　贷:银行存款——基本账户存款　31 000	借:非财政拨款结余(年初余额调整) 　　　　　　　　　　　　　31 000 　贷:资金结存——货币资金——银行存款 　　　　　　　　　　　　　31 000

（三）无偿调拨净资产

本科目核算事业单位无偿调入或调出非现金资产所引起的净资产变动金额。

《政府会计制度》未规定本科目的明细科目设置要求。事业单位可根据核算需要，设置明细科目，如按照调拨的非现金资产类别设置明细科目。年末结账后，本科目应无余额。

按照规定取得无偿调入的存货、长期股权投资、固定资产、无形资产、公共基础设施、政府储备物资、文物文化资产、保障性住房等，按照确定的成本，借记"库存物品""长期股权投资""固定资产""无形资产""公共基础设施""政府储备物资""文物文化资产""保障性住房"等科目，按照调入过程中发生的归属于调入方的相关费用，贷记"银行存款"等科目，按照其差额，贷记"无偿调拨净资产"科目。

按照规定经批准无偿调出存货、长期股权投资、固定资产、无形资产、公共基础设施、政府储备物资、文物文化资产、保障性住房等，按照调出资产的账面余额或账面价值，借记"无偿调拨净资产"科目，按照固定资产累计折旧、无形资产累计摊销、公共基础设施累计折旧或摊销、保障性住房累计折旧的金额，借记"固定资产累计折旧""无形资产累计摊销""公共基础设施累计折旧（摊销）""保障性住房累计折旧"科目，按照调出资产的账面余额，贷记"库存物品""长期股权投资""固定资产""无形资产""公共基础设施""政府储备物资""文物文化资产""保障性住房"等科目；同时，按照调出过程中发生的归属于调出方的相关费用，借记"资产处置费用"科目，贷记"银行存款"等科目。

年末，将本科目余额转入累计盈余，借记或贷记"无偿调拨净资产"科目，贷记或借记"累计盈余"科目。

【例 8-73】 2×22 年 8 月 1 日，某事业单位按需自设了二级科目，收到上级主管部门批复，无偿调入药品账面价值 300 000 元、医疗设备账面价值 500 000 元、对全资企业的长期投资 350 000 元，2×22 年 9 月 1 日，收到上述资产划出方已减账的书面通知，并收到上述无偿调入资产，该事业单位承担调入设备的运输费用 20 000 元。该单位编制如下会计分录：

财务会计	预算会计
借：库存商品——其他　　　　　　300 000 　　固定资产——专用设备　　　　520 000 　　长期股权投资　　　　　　　　350 000 　贷：银行存款——基本账户存款　　 20 000 　　　无偿调拨净资产——库存物品　300 000 　　　　　　　　　　　——固定资产　500 000 　　　　　　　　　　　——长期股权投资 350 000	借：其他支出——运杂费　20 000 　贷：资金结存——货币资金——银行存款　　　　　　　　　　　20 000

第四节　事业单位收入与预算收入的核算

一、收入与预算收入概述

（一）收入概述

1. 收入的内涵与分类

收入是指报告期内导致事业单位主体净资产增加的、含有服务潜力或者经济利益的经济资源的流入,是事业单位履行职能、完成工作任务和事业发展目标的保障。

按照收入来源划分,事业单位收入分为拨款收入、业务活动收入和其他活动收入。收入的分类如表8-1所示。

表8-1

收入分类表

科目编号	收入项目与会计科目名称	分类
4001	财政拨款收入	拨款收入
4101	事业收入	业务活动收入
4201	上级补助收入	其他业务活动收入
4301	附属单位上缴收入	其他业务活动收入
4401	经营收入	业务活动收入
4601	非同级财政拨款收入	拨款收入
4602	投资收益	其他业务活动收入
4603	捐赠收入	其他业务活动收入
4604	利息收入	其他业务活动收入
4605	租金收入	其他业务活动收入
4609	其他收入	其他业务活动收入

2. 收入的确认与计量

收入确认应当同时满足以下三个条件:

(1) 与收入相关的含有服务潜力或者经济利益的经济资源很可能流入事业单位。

(2) 含有服务潜力或者经济利益的经济资源的流入会导致事业单位会计主体资产增加或者负债减少。

(3) 流入金额能够可靠计量。

收入应当按照应收或者实际收到的金额计量。

(二) 预算收入概述

1. 预算收入的内涵与分类

预算收入指事业单位在预算年度内依法取得并纳入预算管理的现金流入。

按照预算收入来源,事业单位预算收入分为拨款预算收入、业务活动预算收入和其他活动预算收入。

按照使用要求,事业单位预算收入分为基本支出拨款和项目支出拨款、专项资金收入和非专项资金收入。预算收入分类如表8-2所示。

表 8-2

预算收入分类

科目编号	收入项目与会计科目名称	分类
6001	财政拨款预算收入	拨款预算收入
6101	事业预算收入	业务活动预算收入
6201	上级补助预算收入	其他业务活动预算收入
6301	附属单位上缴预算收入	其他业务活动预算收入
6401	经营预算收入	业务活动预算收入
6501	债务预算收入	其他业务活动预算收入
6601	非同级财政拨款预算收入	拨款预算收入
6602	投资预算收益	其他业务活动预算收入
6609	其他收入	其他业务活动预算收入

2. 预算收入的确认与计量

事业单位的预算收入一般在实际收到时予以确认,以实际收到的金额计量。

二、拨款收入和拨款预算收入

(一) 财政拨款收入和财政拨款预算收入

1. 财政拨款收入和财政拨款预算收入的确认与计量

财政拨款收入和财政拨款预算收入是事业单位从同级财政部门取得的财政性资金。各类财政拨款包括事业经费,如教育事业费、科学事业费、文化事业费等;也包括基本建设投资、社会保障、住房改革经费等。

财政性资金不等于财政拨款收入。财政性资金分为财政拨款和非财政拨款。财政性资金主要是指财政拨入资金、从财政专户核拨给单位的资金和经核准不上缴国库或者财政专户的资金。

财政拨款收入和财政拨款预算收入采用收付实现制确认:

(1) 财政直接支付方式下,事业单位应在收到代理银行转来的"财政直接支付入账通知书"时确认财政拨款收入和财政拨款预算收入,并按照"财政直接支付入账通知书"中的直接支付入账金额计量。

(2) 财政授权支付方式下,事业单位应在收到代理银行转来的"财政授权支付额度到账通知书"时确认财政拨款收入和财政拨款预算收入,并按照"财政授权额度到账通知书"中的授权支付额度计量。

(3) 其他方式下,事业单位应在收到开户银行转来的收款通知时确认财政拨款收入和财政拨款预算收入,并按照实际收到的金额计量。

2. 财政拨款收入和财政拨款预算收入的核算

财务会计核算下,事业单位应设置"财政拨款收入"科目,核算事业单位从同级财政部门取得的各类财政拨款。本科目可按照一般公共预算财政拨款、政府性基金预算财政拨款等拨款种类进行明细核算。期末结转后,本科目无余额。此外,同级政府财政部门预拨的下期预算款和没有纳入预算的暂付款项,以及采用实拨资金方式通过本单位转拨给下属单位的财政拨款,通过"其他应付款"科目核算,不通过本科目核算。

预算会计核算下,事业单位应设置"财政拨款预算收入"科目,核算事业单位从同级财政部门取得的各类财政拨款。本科目应当设置"基本支出"和"项目支出"两个明细科目,并按照《政府收支分类科目》中"支出功能分类科目"的项级科目进行明细核算;同时,在"基本支出"明细科目下按照"人员经费"和"日常公用经费"进行明细核算,在"项目支出"明细科目下按照具体项目进行明细核算。有一般公共预算财政拨款、政府性基金预算财政拨款等两种或两种以上财政拨款的单位,还应当按照财政拨款的种类进行明细核算。年末结转后,本科目应无余额。

3. 财政拨款收入和财政拨款预算收入的主要账务处理

事业单位根据收到的"财政直接支付入账通知"及相关原始凭证,按照通知书中的直接支付入账金额,财务会计借记"库存物品""固定资产""业务活动费用""单位管理费用""应付职工薪酬"等科目,贷记"财政拨款收入"科目;预算会计借记"事业支出"等有关科目,贷记"财政拨款预算收入"科目。

【例 8-74】 2×22 年,某事业单位使用一般公共预算拨款采用财政直接支付方式采购一台 50 000 元的专用设备,支付运费 1 000 元,设备直接就交付使用,收到"财政直接支付入账通知书"及相关原始凭证记载金额 51 000 元。该单位编制如下会计分录:

财务会计	预算会计
借:固定资产　　　　　　　　51 000 　贷:财政拨款收入——一般公共预算财政拨款 　　　　　　　　　　　　51 000	借:事业支出　　　　　　　　51 000 　贷:财政拨款预算收入——一般公共预算财政拨款——项目支出　　51 000

同时,事业单位按实际收到的金额,财务会计借记"银行存款"等科目,贷记"财政拨款收入"科目;预算会计借记"资金结存——货币资金"科目,贷记"财政拨款预算收入"科目。

【例 8-75】 2×22 年 2 月,某事业单位取得从同级财政部门的财政拨款 550 000 元,用于日常公用经费。该单位编制如下会计分录:

财务会计	预算会计
借:银行存款　　　　　　　　550 000 　贷:财政拨款收入　　　　　550 000	借:资金结存——货币资金　　550 000 　贷:财政拨款预算收入　　　550 000

(二)非同级财政拨款收入和非同级财政拨款预算收入

1. 非同级财政拨款收入和非同级财政拨款预算收入的确认与计量

非同级财政拨款收入,是事业单位从非同级政府财政部门取得的经费拨款,包括从同级政府其他部门取得的横向转拨财政款、从上级或下级政府财政部门取得的经费拨款等。非同级财政拨款收入一般在发生时确认,并按照应收或实收金额计量。但事业单位因开展科研及其辅助活动从非同级政府财政部门取得的经费拨款确认为事业收入,不确认为非同级财政拨款收入。

非同级财政拨款预算收入,是事业单位从非同级政府财政部门取得的财政拨款,包括本级横向转拨财政款和非本级财政拨款。非同级财政拨款预算收入应当在收到款项时确认,并按照实际收到金额计量。但对于事业单位因开展科研及其辅助活动从非同级政府财政部门取得的经费拨款,确认为事业预算收入,不确认为非同级财政拨款预算收入。

2. 非同级财政拨款收入和非同级财政拨款预算收入的核算

财务会计系统下,事业单位应设置"非同级财政拨款收入"科目,核算从非同级政府财政部门取得的经费拨款。事业单位因开展科研及其辅助活动从非同级政府财政部门取得的经费拨款,应当通过"事业收入——非同级财政拨款"科目核算,不通过本科目核算。本科目应当按照本级横向转拨财政款和非本级财政拨款进行明细核算,并按照收入来源进行明细核算。期末结转后,本科目应无余额。

预算会计系统下,事业单位应设置"非同级财政拨款预算收入"科目,核算从非同级政府财政部门取得的财政拨款。对于因开展科研及其辅助活动从非同级政府财政部门取得的经费拨款,应当通过"事业预算收入——非同级财政拨款"进行核算,不通过本科目核算。本科目应当按照非同级财政拨款预算收入的类别、来源、《政府收支分类科目》中"支出功能分类科目"的项级科目等进行明细核算。非同级财政拨款预算收入中如有专项资金收入,还应按照具体项目进行明细核算。年末结转后,本科目应无余额。

3. 非同级财政拨款收入和非同级财政拨款预算收入的主要账务处理

事业单位从非同级财政部门取得拨款时,财务会计按照应收或者实际收到的金额,借记"银行存款""其他应收款"等科目,贷记"非同级财政拨款收入"科目。预算会计按照实际收到的金额,借记"资金结存——货币资金"科目,贷记"非同级财政拨款预算收入"科目。

【例8-76】 2×22年1月5日,某事业单位按约定确认从非同级单位A单位的拨款180 000元,款项尚未收到。该单位编制如下会计分录。

(1)确认接受拨款时。

财务会计	预算会计
借:其他应收款　　　　　　　180 000 　贷:非同级财政拨款收入——A单位　180 000	—

(2)实际收到款项时。

财务会计	预算会计
借:银行存款　　　　　　　180 000 　贷:其他应收款　　　　　　　180 000	借:资金结存——货币资金　　800 000 　贷:非同级财政拨款预算收入　　800 000

三、业务活动收入和业务活动预算收入

(一)事业收入和事业预算收入

1. 事业收入和事业预算收入的确认与计量

事业收入是指事业单位开展专业业务活动及其辅助活动取得的收入。

在政府会计制度中的"事业预算收入",一是专指事业单位的事业活动,二是指已经纳入预算管理范围的,三是指开展专业业务活动及其辅助活动取得的收入。

事业收入和事业预算收入包括开展专业业务活动及其辅助活动所取得的按规定不需要上缴财政的收入、财政专户返还的收入、因开展科研及其辅助活动从非同级政府财政部门取得的经费拨款等。

事业收入和事业预算收入在实际收款时确认,按照实际收到的金额计量。

2. 事业收入与事业预算收入的核算

财务会计系统下,事业单位应设置"事业收入"科目,核算开展专业业务活动及其辅助活动所取得的收入。本科目应当按照事业收入的类别、来源等进行明细核算。对于因开展科研及其辅助活动从非同级政府财政部门取得的经费拨款,应当在本科目下单设"非同级财政拨款"明细科目进行核算。期末结转后,本科目应无余额。

预算会计系统,事业单位应设置"事业预算收入"科目,核算开展专业业务活动及其辅助活动取得的现金流入。事业单位因开展科研及其辅助活动从非同级政府财政部门取得的经费拨款,也通过本科目核算。本科目应当按照事业预算收入类别、项目、来源、《政府收支分类科目》中"支出功能分类科目"项级科目等进行明细核算。对于因开展科研及其辅助活动从非同级政府财政部门取得的经费拨款,应当在本科目下单设"非同级财政拨款"明细科目进行明细核算;事业预算收入中如有专项资金收入,还应按照具体项目进行明细核算。年末结转后,本科目应无余额。

按照收款方式,事业收入与事业预算收入分为采用财政专户返还方式、采用预收款方式、采用应收款方式核算,核算方式如表8-3所示。

表8-3

事业收入与事业预算收入核算对比

核算方式		财务会计	预算会计
财政专户返还方式	实际收到时	借:银行存款等 贷:应缴财政款	
	向财政专户上缴款项时	借:应缴财政款 贷:银行存款等	
	收到财政专户返还时	借:银行存款 贷:事业收入	借:资金结存——货币资金 贷:事业预算收入
预算收款方式	实际收到时	借:银行存款等 贷:预收账款	借:资金结存——货币资金 贷:事业预算收入
	以合同完成进度确认收入时	借:预收账款 贷:事业收入	
采用应收款方式	实际收到时	借:银行存款等 贷:应收账款等	借:资金结存——货币资金 贷:事业预算收入
	以合同完成进度确认本期应收账款时	借:应收账款 贷:事业收入	

【例8-77】 2×22年4月,某高校将收到的学费全部上缴共600 000元,经核准全额返还给该单位。该单位编制如下会计分录。

(1)收到学费时。

财务会计	预算会计
借:银行存款　　　　600 000 　贷:应缴财政款　　　　　600 000	—

(2)上缴财政专户时。

财务会计	预算会计
借:应缴财政款　　　　600 000 　贷:银行存款　　　　　　600 000	—

(3)收到财政返还时。

财务会计	预算会计
借:银行存款　　　　600 000 　贷:事业收入　　　　　　600 000	借:资金结余——货币资金　600 000 　贷:事业预算收入　　　　　　600 000

(二)经营收入与经营预算收入

1. 经营收入与经营预算收入的确认与计量

经营收入与经营预算收入是指事业单位在专业业务活动及其辅助活动之外开展的非独立核算的营利性活动取得的收入。

经营收入应当在提供服务或者发出存货,同时收讫价款或者取得索取价款的凭据时,按照实际收到或应收到的金额予以确认和计量。

经营预算收入应当在实际收到款项时确认,并按照实际收到金额计量。

确认经营收入与经营预算收入时应该满足以下两个条件。

(1)非专业。

事业单位开展经营活动所取得的收入不应当是开展专业业务活动和辅助活动取得的收入。与专业业务活动和辅助活动相比较,经营收入可以视为事业单位的"其他业务"。

(2)非独立。

经营活动是事业单位非独立核算取得的收入,而不是独立核算的经营活动取得的收入。事业单位下属独立核算单位上缴事业单位的收入,应作为"附属单位上缴收入"处理,投资返利应作为"投资收益"处理。

2. 经营收入和经营预算收入的核算

财务会计系统下,事业单位应设置"经营收入"科目,核算在专业业务活动及其辅助活动之外开展非独立核算经营活动取得的收入。本科目应当按照经营活动类别、项目、收入来源等进行明细核算。期末结转后,本科目应无余额。

预算会计系统下,事业单位应设置"经营预算收入"科目,核算在专业业务活动及其辅助活动之外开展非独立核算经营活动取得的现金流入。本科目应当按照经营活动类别、项目、《政府收支分类科目》中"支出功能分类科目"的项级科目等进行明细核算。年末结转后,本科目应无余额。

3. 经营收入和经营预算收入的主要账务处理

(1) 确认收入。

事业单位确认经营收入时,财务会计按照确定的收入金额,借记"银行存款""应收账款""应收票据"等科目,贷记"经营收入"科目;预算会计按照实际收到的金额,借记"资金结存——货币资金"科目,贷记"经营预算收入"科目。

(2) 期末或年末结转,财务会计将"经营收入"科目本期发生额转入本期结盈余。借记"经营收入"科目,贷记"本期盈余"科目。

【例 8-78】 2×22 年 8 月,某单位销售产品取得收入 50 000 元,增值税税率为 13%。款项已存入银行。该单位编制如下会计分录。

(1) 收到经营收入时。

财务会计	预算会计
借:银行存款　　　　　　　　　　56 500 　贷:经营收入——销售收入　　　50 000 　　应交增值税——应交税金(销项税额)　6 500	借:资金结存——货币资金　56 500 　贷:经营预算收入——销售预算收入 　　　　　　　　　　　　　　56 500

(2) 期末结转经营收入时。

财务会计	预算会计
借:经营收入——销售收入　50 000 　贷:经营结余　　　　　　50 000	借:经营预算收入——销售预算收入　50 000 　贷:经营结余——本年经营收支结余　50 000

四、其他业务活动收入及其他业务活动预算收入

(一) 上级补助收入和上级补助预算收入

1. 上级补助收入和上级补助预算收入的确认与计量

上级补助收入是事业单位从主管部门和上级单位取得的非财政拨款收入。上级补助收入应当在发生时确认,并按照应收或实收金额计量。

上级补助预算收入是指事业单位从主管部门和上级单位取得的非财政补助现金流入。上级补助预算收入应当在取得时确认,并按照实际收到金额计量。

2. 上级补助收入和上级补助预算收入的核算

上级补助收入和上级补助预算收入核算对比如表 8-4 所示。

表 8-4

上级补助收入和上级补助预算收入核算对比

比较项目		财务会计	预算会计
日常核算	确认时,按应收或实际收到金额	借:银行存款/其他应收款 　贷:上级补助收入	
	收到应收款项时	借:银行存款等 　贷:其他应收款	借:资金结存——货币资金 　贷:上级补助预算收入

(续表)

比较项目		财务会计	预算会计
期末结转	专项资金收入	借：上级补助收入 　贷：本期盈余	借：上级补助预算收入 　贷：非财政拨款结转——本年收支结余
	非专项资金收入		借：上级补助预算收入 　贷：其他结余

（二）附属单位上缴收入和附属单位上缴预算收入

1. 附属单位上缴收入和附属单位上缴预算收入的确认和计量

附属单位上缴收入是事业单位取得的附属独立核算单位按照有关规定上缴的收入。所谓附属单位，一般是指与该事业单位间除资金联系之外，还存在其他联系的具有独立法人资格的单位，包括事业单位和企业。附属单位上缴收入应当在发生时确认，并按照应收或实收金额计量。

附属单位上缴预算收入，是指事业单位取得附属独立核算单位根据有关规定上缴的现金流入。附属单位上缴预算收入应当在取得时确认，并按照实际收到金额计量。

2. 附属单位上缴收入和附属单位上缴预算收入的核算

附属单位上缴收入和附属单位上缴预算收入核算对比如表8-5所示。

表8-5

附属单位上缴收入和附属单位上缴预算收入核算对比

比较项目		财务会计	预算会计
日常核算	确认时，按应收或实际收到金额	借：银行存款/其他应收款 　贷：附属单位上缴收入	
	收到应收款项时	借：银行存款等 　贷：其他应收款	借：资金结存——货币资金 　贷：附属单位上缴预算收入
期末结转	专项资金收入	借：附属单位上缴收入 　贷：本期盈余	借：附属单位上缴预算收入 　贷：非财政拨款结转——本年收支结余
	非专项资金收入		借：附属单位上缴预算收入 　贷：其他结余

（三）债务预算收入

1. 债务预算收入的确认与计量

债务预算收入是指事业单位按照规定从银行和其他金融机构等借入的、纳入部门预算管理的、不以财政资金为偿还来源的债务本金。债务预算收入应当在取得时确认，并按照实际收到的金额计量。

2. 债务预算收入的核算

（1）借入各项短期或长期借款时，按照实际借入的金额，借记"资金结存——货币资金"科目，贷记本科目。

（2）年末，将本科目本年发生额中的专项资金收入转入非财政拨款结转，借记本科目下各专项资金收入明细科目，贷记"非财政拨款结转——本年收支结转"科目；将本科目本年发生额中的非专项资金收入转入其他结余，借记本科目下各非专项资金收入明细科目，贷记"其他结余"科目。

年末结转后，本科目应无余额。

（四）投资收益和投资预算收益

1. 投资收益和投资预算收益的确认与计量

投资收益是指事业单位股权投资和债券投资所实现的收益或发生的损失，包括股权投资取得的股利或利润、债券投资取得的利息收入等。投资收益应当在发生时确认，并按照确认的金额计量。

投资预算收益是指事业单位取得的按照规定纳入部门预算管理的属于投资收益性质的现金流入，包括股权投资收益、出售或收回债券投资所取得的收益和债券投资利息收入。投资预算收益应当在取得时确认，并按照实际收到的金额计量。

2. 投资收益和投资预算收益的核算

财务会计系统下，事业单位应设置"投资收益"科目，核算股权投资和债券投资所实现的收益或发生的损失。本科目应当按照投资的种类等进行明细核算。期末结转后，本科目应无余额。

预算会计系统下，事业单位应设置"投资预算收益"科目，核算取得的按照规定纳入部门预算管理的属于投资收益性质的现金流入。本科目应当按照《政府收支分类科目》中"支出功能分类科目"的项级科目等进行明细核算。年末结转后，本科目应无余额。

（五）其他各项收入和其他预算收入

1. 其他各项收入

其他各项收入是指事业单位取得的除财政拨款收入、非同级财政拨款收入、事业收入、经营收入、上级补助收入、附属单位上缴收入、投资收益以外的各项收入，包括捐赠收入、利息收入、租金收入以及其他收入。

捐赠收入是指事业单位接受其他单位或者个人捐赠取得的收入。

利息收入是指事业单位取得的银行存款利息收入。

租金收入是指事业单位经批准利用国有资产出租取得并按照规定纳入本单位预算管理的租金收入。国有资产出租收入，应当在租赁期内各个期间按照直线法予以确认。

其他收入是指事业单位取得的除财政拨款收入、事业收入、上级补助收入、附属单位上缴收入、经营收入、非同级财政拨款收入、投资收益、捐赠收入、利息收入、租金收入以外的各项收入，包括现金盘盈收入、按照规定纳入单位预算管理的科技成果转化收入、无法偿付的应付及预收款项、置换换出资产评估增值等。

其他各项收入应当在发生时确认，并按照实收或应收金额计量。

2. 其他预算收入

其他预算收入是指事业单位除财政拨款预算收入、事业预算收入、上级补助预算收入、附属单位上缴预算收入、经营预算收入、债务预算收入、非同级财政拨款预算收入、投资预算收益之外的纳入部门预算管理的现金流入，包括捐赠预算收入、利息预算收入、租金预算收入、现金盘盈收入等。

其他预算收入在取得时确认,按照实际收到的金额计量。

3. 其他各项收入和其他各项预算收入的核算

财务会计系统下,事业单位应设置"捐赠收入""利息收入""租金收入""其他收入"科目核算其他各项收入。预算系统下,事业单位应设置"其他预算收入"科目核算其他各项预算收入。

第五节 事业单位费用与预算支出的核算

一、费用与预算支出概述

（一）费用的确认与计量

费用是指报告期内导致事业单位净资产减少的、含有服务潜力或经济利益的经济资源的流出。《政府会计制度》中事业单位费用包括：业务活动费用、单位管理费用、经营费用、资产处置费用、上缴上级费用、对附属单位补助费用、所得税费用和其他费用。按照业务活动类型,事业单位费用可以分为业务活动费用和其他活动费用。费用的分类情况如表8-6所示。

表8-6

费用分类表

科目编号	费用项目与会计科目名称	分类
5001	业务活动费用	业务活动费用
5101	单位管理费用	业务活动费用
5201	经营费用	业务活动费用
5301	资产处置费用	其他活动费用
5401	上缴上级费用	其他活动费用
5501	对附属单位补助费用	其他活动费用
5801	所得税费用	其他活动费用
5901	其他费用	其他活动费用

费用的确认需满足以下条件：①与费用相关的含有服务潜力或者经济利益的经济资源很可能流出事业单位。②含有服务潜力或者经济利益的经济资源流出会导致事业单位资产减少或者负债增加。③流出金额能够可靠计量。

（二）预算支出的确认与计量

预算支出是指事业单位在预算年度内依法发生并纳入预算管理的现金流出。

事业单位预算支出的内容包括：事业支出、经营支出、上级上缴支出、对附属单位补助支出、债务还本支出、投资支出和其他支出。按照业务活动类型,事业单位预算支出可以分为业务活动支出和其他活动支出,其中,事业支出和经营支出属于业务活动支出,其余项目属于其他业务活动支出。预算支出分类表如表 8-7 所示。

表 8-7

预算支出分类表

科目编号	预算支出项目与会计科目名称	分类
7201	事业支出	业务活动支出
7301	经营支出	业务活动支出
7401	上缴上级支出	其他活动支出
7501	对附属单位补助支出	其他活动支出
7601	投资支出	其他活动支出
7701	债务还本支出	其他活动支出
7901	其他支出	其他活动支出

预算支出一般在实际支付时予以确认，以实际支付的金额计量。

二、业务活动费用和业务活动支出

（一）业务活动费用、单位管理费用和事业支出

1. 业务活动费用、单位管理费用和事业支出的确认与计量

业务活动费用是指单位为了实现其职能目标、依法履职或开展专业业务活动及其辅助活动所发生的各项费用，应当按照权责发生制进行确认。

单位管理费用是指事业单位本级行政及后勤管理部门开展管理活动发生的各项费用。

事业支出是指事业单位开展专业业务活动及其辅助活动实际发生的各项现金流出。事业支出是事业单位的主体支出。事业支出分为基本支出和项目支出。①基本支出是指事业单位为保障正常运转和完成日常工作任务发生的支出。包括人员经费和日常公用经费。人员经费是指为了开展专业活动而用于个人方面的开支，如基本工资、津贴补贴及奖金、社会保障缴费、离休费、退休费、助学金、医疗费、住房补贴等。人员经费在"部门预算支出经济分类科目"中体现为"工资福利支出"和"对个人和家庭的补助"两部分。日常公用经费是指为了完成业务活动而用于公共管理方面的开支，包括办公费、印刷费、咨询费、水电费、邮电费、取暖费、物业管理费、差旅费、维修（护）费、租赁费等。日常公用经费在"部门预算支出经济分类科目"中体现为"商品和服务支出""其他资本性支出"等科目中属于基本支出的内容。②项目支出是指事业单位为完成其特定的工作任务发生的支出，包括基本建设、专项业务、大型修缮、大型购置、大型会议等项目支出。项目支出在"部门预算支出经济分类科目"中体现为"资本性支出（基本建设）""商品和服务支出""其他资本性支出"科目中属于项目支出的内容。项目支出具有专项性、独立性和完整性的特点。

业务活动费用与单位管理费用在发生时确认，按应付或实付金额计量。

事业支出在实际发生现金流出时确认，按照实际金额计量。

2. 业务活动费用、单位管理费用和事业支出的核算

(1) 财务会计系统下设置"业务活动费用"和"单位管理费用"科目。

"业务活动费用"科目核算事业单位为实现其职能目标，开展专业业务活动及其辅助活动所发生的各项费用。本科目应当按照项目、服务或者业务类别、支付对象等进行明细核算。为了满足成本核算的需要，本科目下还可按照"工资福利费用""商品和服务费用""对个人和家庭的补助费用""对企业补助费用""固定资产折旧费""无形资产摊销费""公共基础设施折旧(摊销)费""保障性住房折旧费""计提专用基金"等成本项目设置明细科目，归集能够直接计入业务活动或采用一定方法计算后计入业务活动的费用。期末结转后，本科目应无余额。

"单位管理费用"科目，核算事业单位本级行政及后勤管理部门开展管理活动发生的各项费用。本科目应当按照项目、费用类别、支付对象等进行明细核算。为了满足成本核算需要，本科目下还可按照"工资福利费用""商品和服务费用""对个人和家庭的补助费用""固定资产折旧费""无形资产摊销费"等成本项目设置明细科目，归集能够直接计入单位管理活动或采用一定方法计算后计入单位管理活动的费用。期末结转后，本科目应无余额。

(2) 预算会计系统下设置"事业支出"科目。

"事业支出"科目核算事业单位开展专业业务活动及其辅助活动实际发生的各项现金流出。事业单位发生教育、科研、医疗、行政管理、后勤保障等活动的，可在本科目下设置相应的明细科目进行核算，或单设"7201 教育支出""7202 科研支出""7203 医疗支出""7204 行政管理支出""7205 后勤保障支出"等一级会计科目进行核算。

"事业支出"科目应当分别按照"财政拨款支出""非财政专项资金支出""其他资金支出""基本支出"和"项目支出"等进行明细核算，并按照《政府收支分类科目》中"支出功能分类科目"的项级科目进行明细核算。"基本支出"和"项目支出"明细科目下应当按照《政府收支分类科目》中"部门预算支出经济分类科目"的款级科目进行明细核算，同时在"项目支出"明细科目下按照具体项目进行明细核算。

有一般公共预算财政拨款、政府性基金预算财政拨款等两种或两种以上财政拨款的事业单位，还应当在"财政拨款支出"明细科目下按照财政拨款的种类进行明细核算。

对于预付款项，可通过在本科目下设置"待处理"明细科目进行明细核算，待确认具体支出项目后再转入本科目下相关明细科目。年末结账前，应将本科目"待处理"明细科目余额全部转入本科目下相关明细科目。

3. 业务活动费用、单位管理费用和事业支出的主要账务处理

1) 计提并支付职工薪酬

财务会计按照计算确定的金额，借记"业务活动费用""单位管理费用"科目，贷记"应付职工薪酬"科目；向职工实际支付薪酬并按照规定代扣代缴个人所得税以及代扣代缴或为职工缴纳职工社会保险费、住房公积金等时，借记"应付职工薪酬"科目，贷记"财政拨款收入""银行存款""其他应交税费"等科目。

预算会计按照实际支付的薪酬金额，借记"事业支出"科目，贷记"财政拨款预算收入""资金结存"科目。按照规定代扣代缴个人所得税以及代扣代缴或为职工缴纳职工社会保

险费、住房公积金等时,按照实际缴纳的金额,借记"事业支出"科目,贷记"财政拨款预算收入""资金结存"科目。

【例 8-79】 2×22 年 3 月 5 日,某事业单位计提应付职工基本工资 40 000 元,管理活动应支付职工薪酬 20 000 元,代扣个人所得税 4 000 元,本年 3 月 25 日,款项用银行账款支付。该单位编制如下会计分录。

(1) 计提应付职工薪酬时。

财务会计	预算会计
借:业务活动费用——工资福利费用　　40 000 　　单位管理费用——工资福利费用　　20 000 　贷:其他应付款　　　　　　　　　　　56 000 　　其他应交税费——应交个人所得税　 4 000	——

(2) 支付职工薪酬时。

财务会计	预算会计
借:其他应付款　　　　　　　　　　　56 000 　　其他应交税费——应交个人所得税　 4 000 　贷:银行存款　　　　　　　　　　　　60 000	借:事业支出　　　　　　　　　　　　60 000 　贷:资金结存——货币资金　　　　　60 000

2) 支付购买资产或支付在建工程款

事业单位在开展专业业务活动和管理活动过程中为购买存货、固定资产、无形资产等以及为在建工程支付相关款项时,财务会计借记"库存物品""固定资产""无形资产""在建工程"等科目,贷记"财政拨款收入""银行存款"等科目;预算会计按照实际支付的金额,借记"事业支出"科目,贷记"财政拨款预算收入""资金结存"等科目。

【例 8-80】 2×22 年 7 月,某事业单位购入一批专业活动用 A 材料,取得增值税专用发票上记载的金额为 100 000 元,税额为 13 000 元,货款通过银行存款支付,材料已验收入库。该单位编制如下会计分录:

财务会计	预算会计
借:库存物品——A 材料　　　　　113 000 　贷:银行存款　　　　　　　　　　113 000	借:事业支出　　　　　　　　　　113 000 　贷:资金结存——银行存款　　　113 000

3) 领用库存物品

事业单位为开展业务活动领用库存物品,按照领用库存物品或发出相关政府储备物资的账面余额,财务会计借记"业务活动费用""单位管理费用"科目,贷记"库存物品"科目。预算会计不做处理。

【例 8-81】 2×22 年 6 月 15 日,某事业单位开展活动领用 A 材料一批,成本 400 000 元,其中用于专业活动 200 000 元,用于行政部门管理活动 100 000 元。该单位编制如下会计分录:

财务会计	预算会计
借：业务活动费用　　　　　　　　　200 000 　　单位管理费用　　　　　　　　　100 000 　　贷：库存物品——A材料　　　　　　　300 000	—

4) 计提折旧、摊销

事业单位为开展业务活动和管理活动所使用的固定资产、无形资产以及为所控制的公共基础设施、保障性住房计提的折旧、摊销，按照计提金额，财务会计，借记"业务活动费用""单位管理费用"科目，贷记"固定资产累计折旧""无形资产累计摊销""公共基础设施累计折旧（摊销）""保障性住房累计折旧"科目。预算会计不作处理。

【例8-82】 2×22年8月末，某事业单位计提某月固定资产折旧300 000元，其中用于专业活动的折旧150 000元，用于管理活动的折旧150 000元；计提无形资产摊销200 000元，其中用于专业活动的摊销120 000元，用于管理活动的摊销80 000元，以银行存款缴纳税款。该单位编制如下会计分录：

财务会计	预算会计
借：业务活动费用——固定资产折旧费　　　　150 000 　　业务活动费用——无形资产累计摊销　　　120 000 　　单位管理费用——固定资产折旧费　　　　150 000 　　单位管理费用——无形资产累计摊销费　　 80 000 　　贷：固定资产累计折旧　　　　　　　　　　300 000 　　　　无形资产累计摊销　　　　　　　　　　200 000	—

5) 计提应负担的税金及附加

事业单位为开展业务活动和管理活动发生的城市维护建设税、教育费附加、地方教育附加、车船税、房产税、城镇土地使用税等，按照计算确定应交纳的金额，财务会计借记"业务活动费用""单位管理费用"科目，贷记"其他应交税费"等科目。实际支付各项税金及附加时，财务会计借记"其他应交税费"等科目，贷记"财政拨款收入""银行存款"科目；预算会计借记"事业支出"科目，贷记"财政拨款预算收入""资金结存"科目。

【例8-83】 2×22年4月，某事业单位某月发生的税费有：专业活动产生的车船税、房产税各5 600元，管理活动产生的车船税10 000元，房产税6 000元。该单位编制如下会计分录。

(1) 计提应交税费时。

财务会计	预算会计
借：业务活动费用　　　　　　　　　112 000 　　单位管理费用　　　　　　　　　 16 000 　　贷：其他应交税费——车船税　　　　　15 600 　　　　　　　　　　——房产税　　　　　11 600	—

(2) 缴纳税费时。

财务会计	预算会计
借：其他应交税费——车船税　15 600 　　　　　　　　——房产税　11 600 　贷：银行存款　　　　　　　　　27 200	借：事业支出　　　　　　　　　27 200 　贷：资金结存——货币资金　　27 200

6) 其他各项费用和支出

事业单位为开展业务活动和管理活动发生其他各项费用时，财务会计按照费用确认金额，借记"业务活动费用""单位管理费用"科目，贷记"财政拨款收入""银行存款""应付账款""其他应付款""其他应收款"等科目；预算会计按照实际支付的金额，借记"事业支出"科目，贷记"财政拨款预算收入""资金结存——货币资金"科目。

【例 8-84】 2×22 年 1 月，某事业单位购买一批办公用品，用于专业活动 1 200 元，管理活动 800 元，款项通过银行存款支付。该单位编制如下会计分录：

财务会计	预算会计
借：业务活动费用——商品和服务费用　1 200 　　单位管理费用——商品和服务费用　　800 　贷：银行存款　　　　　　　　　　　2 000	借：事业支出——财政拨款支出 2 000 　贷：资金结存——银行存款　　　2 000

(二) 经营费用和经营支出

1. 经营费用和经营支出的确认和计量

经营费用是指事业单位在专业业务活动及其辅助活动之外开展非独立核算经营活动发生的各项费用。经营费用应当在发生时确认，并按照应付或实付金额计量。

经营支出是指事业单位在专业业务活动及其辅助活动之外开展非独立核算经营活动实际发生的各项现金流出。经营支出应当在实际发生现金流出时确认，并按照实际支付金额计量。

2. 经营费用和经营支出的核算

在财务会计系统下，事业单位应设置"经营费用"科目核算在专业业务活动及其辅助活动之外开展非独立核算经营活动发生的各项费用。本科目应当按照经营活动类别、项目、支付对象等进行明细核算。为了满足成本核算需要，本科目下还可按照"工资福利费用""商品和服务费用""对个人和家庭的补助费用""固定资产折旧费""无形资产摊销费"等成本项目设置明细科目，归集能够直接计入单位经营活动或采用一定方法计算后计入单位经营活动的费用。期末结转后，本科目应无余额。

在预算会计系统下，事业单位应设置"经营支出"科目核算在专业业务活动及其辅助活动之外开展非独立核算经营活动实际发生的各项现金流出。本科目应当按照经营活动类别、项目、《政府收支分类科目》中"支出功能分类科目"等进行明细核算。

对于预付款项，可通过在"经营支出"科目下设置"待处理"明细科目进行明细核算，待确认具体支出项目后再转入"经营支出"科目下相关明细科目。

年末结账前，应将"经营支出"科目"待处理"明细科目余额全部转入"经营支出"科目下相关明细科目。

3. 经营费用和经营支出的主要账务处理

经营费用的账务处理与业务活动费用、单位管理费用类似；经营支出的账务处理与事业支出类似。同样包括计提职工薪酬、购买资产或支付在建工程款、领用或发出库存物品、计提折旧或摊销等。

【例8-85】 2×22年11月，某事业单位开展经营活动的外部人员劳务费50 000元，代扣个人所得税5 000元。该单位编制如下会计分录。

（1）计提劳务费。

财务会计	预算会计
借：经营费用——工资福利费用　　50 000 　　贷：其他应付款　　　　　　　　45 000 　　　　其他应交税费——应交个人所得税　5 000	—

（2）实际支付款项时。

财务会计	预算会计
借：其他应付款　　　　　　　　45 000 　　其他应交税费——应交个人所得税　5 000 　　贷：银行存款　　　　　　　　50 000	借：经营支出　　　　　　　　50 000 　　贷：资金结存——货币资金　50 000

【例8-86】 2×22年8月16日，某事业单位购入一批经营活动用A材料，取得增值税专用发票上记载的金额为100 000元，税额为13 000元，货款通过银行存款支付，材料已验收入库。账务处理如下。

财务会计	预算会计
借：库存物品——A材料　　113 000 　　贷：银行存款　　　　　　113 000	借：经营支出　　　　　　　113 000 　　贷：资金结存——银行存款　113 000

【例8-87】 2×22年6月30日，某事业单位开展经营活动计提固定资产折旧100 000元，无形资产摊销100 000元。该单位编制如下会计分录。

财务会计	预算会计
借：经营费用——固定资产折旧费　　100 000 　　　　　　——无形资产摊销费　　100 000 　　贷：固定资产累计折旧　　　　　　100 000 　　　　无形资产累计摊销　　　　　　100 000	—

三、其他活动费用和其他活动支出

（一）上缴上级费用和上缴上级支出

1. 上缴上级费用和上缴上级支出的确认与计量

上缴上级费用是指事业单位按照财政部门和主管部门的规定上缴上级单位款项发生

的费用。上缴上级费用应当在发生时确认,并按照应缴或实缴的金额计量。

上缴上级支出是事业单位按照财政部门和主管部门的规定上缴上级单位款项发生的现金流出。上缴上级支出应当在实际发生现金流出时确认,并按照实际上缴金额计量。

2. 上缴上级费用和上缴上级支出的核算

财务会计系统下,事业单位应设置"上缴上级费用"科目核算按照财政部门和主管部门的规定上缴上级单位款项发生的费用。本科目应当按照收缴款项单位、缴款项目等进行明细核算。期末结转后,本科目应无余额。

预算会计系统下,事业单位应设置"上缴上级支出"科目核算按照财政部门和主管部门的规定上缴上级单位款项发生的现金流出。本科目应当按照收缴款项单位、缴款项目、《政府收支分类科目》中"支出功能分类科目"的项级科目和"部门预算支出经济分类科目"的款级科目等进行明细核算。年末结转后,本科目应无余额。

【例 8-88】 2×22 年 12 月,某事业单位上缴上级单位 A 单位款项 800 000 元。该单位编制如下会计分录。

(1)准备上缴。

财务会计	预算会计
借:上缴上级费用——A 单位　　800 000 　贷:其他应付款　　　　　　　　　　800 000	——

(2)实际上缴款项时。

财务会计	预算会计
借:其他应付款　　　　　　　800 000 　贷:银行存款　　　　　　　　　　　800 000	借:上缴上级支出——A 单位　　800 000 　贷:资金结存——货币资金　　　　　800 000

(二)附属单位补助费用和对附属单位补助支出

1. 附属单位补助费用和对附属单位补助支出的确认与计量

对附属单位补助费用是指事业单位用财政拨款收入之外的收入对附属单位进行补助发生的费用。对附属单位补助费用在发生时确认,按照应补助或实际补助的金额计量。对附属单位补助支出是指事业单位用财政拨款预算收入之外的收入对附属单位补助发生的现金流出。对附属单位补助支出应当在实际发生现金流出时确认,并按照实际补助金额计量。

2. 对附属单位补助费用和对附属单位补助支出的核算

财务会计系统下,事业单位应设置"对附属单位补助费用"科目核算用财政拨款收入之外的收入对附属单位补助发生的费用。本科目应当按照接受补助单位、补助项目等进行明细核算。期末结转后,本科目应无余额。

预算会计系统下,事业单位应设置"对附属单位补助支出"科目核算用财政拨款预算收入之外的收入对附属单位补助发生的现金流出。本科目应当按照接受补助单位、补助项目、《政府收支分类科目》中"支出功能分类科目"的项及科目及"部门预算支出经济分类科目"的款级科目等进行明细核算。年末结转后,本科目应无余额。

【例8-89】 2×22年1月,某事业单位对附属单位A单位下拨补助款800 000元。该单位编制如下会计分录。

(1)准备拨款时。

财务会计	预算会计
借:对附属单位补助费用——A单位　　800 000 　贷:其他应付款　　　　　　　　　　　800 000	—

(2)实际拨付时。

财务会计	预算会计
借:其他应付款　　　800 000 　贷:银行存款　　　　　800 000	借:对附属单位补助支出——A单位　800 000 　贷:资金结存——货币资金　　　　　800 000

(三)投资支出

1. 投资支出的确认与计量

投资支出是指事业单位以货币资金对外投资发生的现金流出。投资支出应当在实际投资时确认,并按照实际投资金额计量。

2. 投资支出的核算

预算会计系统下,事业单位应设置"投资支出"科目核算以货币资金对外投资发生的现金流出。本科目应当按照投资类型、投资对象、《政府收支分类科目》中"支出功能分类科目"的项级科目和"部门预算支出经济分类科目"的款级科目等进行明细核算。年末结转后,本科目无余额。

财务会计系统下,与"投资支出"相对应的科目是"短期投资""长期股权投资""长期债券投资"等科目。

(三)债务还本支出

1. 债务还本支出的确认与计量

债务还本支出是指事业单位偿还自身承担的纳入预算管理的从金融机构举借的债务本金的现金流出。债务还本支出应当在偿还各项借款时确认,并按照偿还的借款本金计量。

2. 债务还本支出的核算

预算会计系统下,事业单位应设置"债务还本支出"科目核算偿还自身承担的纳入预算管理的从金融机构举借的债务本金的现金流出。本科目应当按照贷款单位、贷款种类、《政府收支分类科目》中"支出功能分类科目"的项级科目和"部门预算支出经济分类科目"的款级科目等进行明细核算。年末结转后,本科目无余额。

财务会计系统下,与"债务还本支出"相对应的是"短期借款""长期借款"等科目。

(四)资产处置费用

1. 资产处置费用的确认与计量

资产处置费用是指事业单位经批准处置资产时发生的费用,包括转销的被处置资产价值,以及在处置过程中发生的相关费用或者处置收入小于相关费用形成的净支出。

2. 资产处置费用的核算

财务会计系统下,事业单位应设置"资产处置费用"科目核算经批准处置资产时发生的费用。事业单位在资产清查中查明的资产盘亏、毁损以及资产报废等,应当先通过"待处理财产损溢"科目进行核算,再将处理资产价值和处理净支出计入本科目。短期投资、长期股权投资、长期债券投资的处置,按照相关资产科目的规定进行账务处理。本科目应当按照处置资产的类别、资产处置的形式等进行明细核算。期末结转后,本科目应无余额。

预算会计系统下,与"资产处置费用"科目对应的主要是"其他支出"科目。

(五)所得税费用

1. 所得税费用的确认和计量

所得税费用是指有企业所得税缴纳义务的事业单位按规定缴纳企业所得税所形成的费用。

所得税费用应当在按照税法规定计算应交税金数额时确认,并按照应交税额计量。

2. 所得税费用的核算

财务会计系统下,事业单位应设置"所得税费用"科目核算按照规定缴纳的企业所得税。年末结转后,本科目应无余额。预算会计系统下,事业单位计提应交所得税时,不进行会计核算。

实际缴纳时,财务会计按照实际缴纳金额,借记"其他应交税费"科目,贷记"银行存款"科目;预算会计借记"非财政拨款结余"科目,贷记"资金结余"科目。

【例8-90】 2×22年年末,某事业单位本年度应缴纳所得税500 000元。该单位编制如下会计分录。

(1)计算所得税时。

财务会计	预算会计
借:所得税费用　　　　　　500 000 　　贷:其他应交税费——应交所得税　500 000	—

(2)实际缴纳税款时。

财务会计	预算会计
借:其他应交税费——应交所得税　500 000 　　贷:银行存款　　　　　　　　500 000	借:非财政拨款结余——累计结余　500 000 　　贷:资金结余——货币资金　　　500 000

(六)其他费用和其他支出

1. 其他费用和其他支出的确认和计量

其他费用是指事业单位发生的除业务活动费用、单位管理费用、经营费用、资产处置费用、上缴上级费用、附属单位补助费用、所得税费用以外的各项费用,包括利息费用、坏账损失、罚没支出、现金资产捐赠支出以及相关税费、运输费等。其他费用应当在发生时确认,并按照应付或实付金额计量。

其他支出是指事业单位除事业支出、经营支出、上缴上级支出、对附属单位补助支出、投资支出、债务还本支出以外的各项现金流出,包括利息支出、对外捐赠现金支出、现金盘亏损失、接受捐赠(调入)和对外捐赠(调出)非现金资产发生的税费支出、资产置换过程中发生的相关税费支出、罚没支出等。其他支出的分类参照事业支出。其他支出应当在实际发生现金流出时确认,并按照实际支付金额计量。

2. 其他费用和其他支出的核算

财务会计系统下,事业单位应设置"其他费用"科目核算其他费用。本科目应当按照其他费用的类别等进行明细核算;发生的利息费用较多的单位,可以单独设置"利息费用"科目。期末结转后,本科目应无余额。

预算会计系统下,事业单位应设置"其他支出"科目核算其他支出。本科目应当按照其他支出的类别,"财政拨款支出""非财政专项资金支出"和"其他资金支出",《政府收支分类科目》中"支出功能分类科目"的项级科目和"部门预算支出经济分类科目"的款级科目等进行明细核算。其他支出中如有专项资金支出,还应按照具体项目进行明细核算。有一般公共预算财政拨款、政府性基金预算财政拨款等两种或两种以上财政拨款的事业单位,还应当在"财政拨款支出"明细科目下按照财政拨款的种类进行明细核算。单位发生利息支出、捐赠支出等其他支出金额较大或业务较多的,可单独设置"利息支出""捐赠支出"等科目。年末结转后,本科目应无余额。

【例8-91】 2×22年9月5日,某事业单位通过银行存款支付税收滞纳金5 000元。该单位编制如下会计分录:

财务会计	预算会计
借:其他费用　　　　　　　　　5 000 　贷:银行存款　　　　　　　　　　5 000	借:其他支出　　　　　　　　　5 000 　贷:资金结存——银行存款　　　　5 000

练习题

一、单项选择题

1. 事业单位在收到无偿调入固定资产时,支付的相关费用应计入( )。
   A. 事业支出　　　B. 其他支出　　　C. 投资支出　　　D. 经营支出
2. 事业单位职工王某完成出差后报销差旅费1 000元,应计入( )。
   A. 经营支出　　　B. 事业支出　　　C. 投资支出　　　D. 其他支出
3. 以下关于预算支出的表述中,不正确的是( )。
   A. 预算支出以账面金额计量
   B. 预算支出一般在实际支付时予以确认
   C. 预算支出是预算年度内发生的支出
   D. 预算支出是依法发生并纳入预算管理的现金流出
4. 下列收入中,不应计入事业单位其他收入的是( )。

    A. 对外投资收益　　　　　　　　B. 产品销售收入
    C. 设备出租收益　　　　　　　　D. 接受外单位捐赠收益
 5. 事业单位收到上级主管部门转拨的财政专户款时,应计入(　　)账户。
    A. 财政补助收入　　　　　　　　B. 事业收入
    C. 经营收入　　　　　　　　　　D. 上级补助收入
 6. 事业单位在开展专业业务活动及辅助活动时,由于借入的款项所发生的利息,应计入(　　)。
    A. 事业支出　　B. 财务费用　　C. 固定资产价值　　D. 经营支出
 7. 事业单位A取得没收财物变价款,该款项应作(　　)处理。
    A. 应缴财政款　　B. 应缴财政专户款　　C. 暂存款　　D. 暂付款
 8. 事业单位针对暂时无主款项,应先作(　　)处理。
    A. 暂付款　　　　　　　　　　　B. 其他应付款
    C. 暂收款　　　　　　　　　　　D. 应缴财政专户款
 9. 下列选项中,可作为"受托代理资产"核算的为(　　)。
    A. 罚没收入　　　　　　　　　　B. 代管资金
    C. 无主财产变价收入　　　　　　D. 行政性收费收入
10. 下列选项中,属于事业单位需要偿还并支付利息的负债是(　　)。
    A. 应缴预算款　　　　　　　　　B. 暂存款
    C. 借入款　　　　　　　　　　　D. 应缴财政专户款
11. 按规定,下列选项中不属于行政性收费项目的是(　　)。
    A. 各种车辆管理收费　　　　　　B. 没收走私物品收入
    C. 长期法律顾问收费　　　　　　D. 商标注册费
12. 应缴财政款是指事业单位按规定应上缴国家预算的款项,不包括(　　)。
    A. 政府性基金收入　　　　　　　B. 应缴财政的预算外收入
    C. 罚款收入　　　　　　　　　　D. 行政性执法收入
13. 下列选项中,属于事业单位与企业单位会计核算不同的是(　　)。
    A. 专款专用原则　　　　　　　　B. 及时性原则
    C. 权责发生制原则　　　　　　　D. 历史成本计价原则

二、多项选择题

 1. 关于财务会计与预算会计,下列说法正确的有(　　)。
    A. 在财务会计中,事业单位收入采用权责发生制核算
    B. 在预算会计中,事业单位预算收入采用收付实现制核算
    C. 在财务会计中,事业单位收入采用收付实现制核算
    D. 在预算会计中,事业单位预算收入采用权责发生制核算
 2. 下列选项属于拨款收入的有(　　)。
    A. 非同级财政拨款收入　　　　　B. 财政拨款收入
    C. 上级补助收入　　　　　　　　D. 事业收入
 3. 事业单位年终结账时,一般年终无余额的科目有(　　)。
    A. 经营收入　　　　　　　　　　B. 财政补助收入

C. 事业收入　　　　　　　　　　　D. 其他收入
4. "应缴财政款"账户的性质和结构是(　　)。
   A. 属于负债性质的账户　　　　　　B. 余额在借方,反映未缴数
   C. 借方记实际上缴财政数　　　　　D. 贷方记收到的应缴财政的收入
5. 事业单位会计核算中,(　　)属于负债类会计科目。
   A. 其他应收款　　　　　　　　　　B. 其他应付款
   C. 应缴财政款　　　　　　　　　　D. 应缴财政专户款
6. 下列选项中,可作为"其他应付款"核算的有(　　)。
   A. 存入保证金　　　　　　　　　　B. 应付未付货款
   C. 存入押金　　　　　　　　　　　D. 未领工资
7. 下列选项中,应计入"应缴财政款"核算内容的有(　　)。
   A. 罚没收入　　　　　　　　　　　B. 赃款和赃物变价收入
   C. 行政性收费收入　　　　　　　　D. 无主财产变价收入
8. 事业单位会计核算中,属于负债内容的有(　　)。
   A. 应付款
   B. 收到性质不明的款项
   C. 按法定程序及核定的预算借入的债务
   D. 欠上级机关款、欠下级机关款

三、判断题

1. 财政拨款收入核算的是从上级财政部门取得的各类财政拨款。　　　　(　　)
2. 事业单位所有的经济业务都需要进行预算会计核算。　　　　　　　　(　　)
3. 预算收入一般在应该收到时才能予以确认,以实际收到的金额计量。　(　　)
4. 年末结转时,"财政拨款结转"从"基本支出结转"科目结转。　　　　　(　　)
5. 附属单位上缴收入是指事业单位附属的非独立核算单位,按规定标准或比例缴纳的各项收入。　　　　　　　　　　　　　　　　　　　　　　　　　　(　　)
6. 事业单位"应缴财政款"最终都须纳入财政管理。　　　　　　　　　　(　　)
7. 事业单位预算外资金属于单位的自有资金,由单位自行安排使用。　　(　　)
8. 事业单位应缴财政款原则上应按季度缴清,年终必须将当年应缴财政款全部缴入国库。　　　　　　　　　　　　　　　　　　　　　　　　　　　　　(　　)
9. 其他应付款是事业单位在业务活动中,与其他单位和个人发生的待结算款项,是单位短期可以占用的债务性资金。　　　　　　　　　　　　　　　　　(　　)
10. 代管资金是指事业单位代管的,不属于本单位的大宗资金。　　　　　(　　)
11. 事业单位会计核算一般采用收付实现制,但经营性收支业务核算可采用权责发生制。　　　　　　　　　　　　　　　　　　　　　　　　　　　　　(　　)
12. 事业单位的所有业务都需要进行成本核算。　　　　　　　　　　　　(　　)
13. 预算会计的组成体系是由国家预算的组成体系决定的。我国国家预算的组成体系基本上是与国家政权及其行政管理体制相适应的,原则上实行一级政府设立一级预算。　　　　　　　　　　　　　　　　　　　　　　　　　　　　　(　　)
14. 上下级事业单位的往来款项,应该通过"其他应付款"来反映。　　　(　　)

四、业务处理

1. 甲事业单位202×年1月发生如下业务：
   (1) 收到应上缴的罚没款项3 600元，款项存入银行。
   (2) 按规定收到行政费款项5 000元，存入银行存款户。
   (3) 将单位多年无人认领的无主暂存款600元转为应缴财政款。
   (4) 将追回赃款1 000元和追回赃物变价收入500元，存入银行存款户。
   (5) 购入甲材料一批，货款9 000元，材料已验收入库，货款尚未支付。
   (6) 以银行存款5 000元支付购买材料货款。
   (7) 收到本单位职工的集资建房款5 000 000元，存入银行。
   请根据上述业务，编制甲事业单位相关会计分录。

2. 乙事业单位经批准以一项固定资产换取一项长期股权投资，该项固定资产账面余额为600 000元，累计折旧200 000元，评估价值为450 000元。置换取得长期股权投资后，由于该事业单位持有被投资单位40%的股权，根据规定采用权益法核算。其中：
   (1) 被投资单位实现净利润100 000元，该事业单位享有40 000元。
   (2) 被投资单位宣告分派现金股利50 000元，该事业单位享有20 000元。
   (3) 被投资单位发生除净利润和利润分派以外的所有者权益变动增加数10 000元，该事业单位应享有的份额有4 000元。
   请根据上述业务，编制乙事业单位相关会计分录。

3. 丙事业单位202×年1月发生如下业务：
   (1) 购入一台需要安装的固定资产，购入价款为60 000元，款项通过财政授权方式支付。
   (2) 对购入的固定资产进行安装，发生安装费5 000元，款项通过财政授权方式支付，固定资产安装完成即交付使用。
   (3) 对固定资产计提折旧10 000元。
   (4) 报废一项固定资产，账面余额为70 000元，已计提折旧30 000元。
   (5) 将报废的固定资产对外出售，获得变价收入30 000元，款项存入银行。
   请根据上述业务，编制丙事业单位相关会计分录。

4. 丁事业单位202×年1月发生如下业务：
   (1) 取得一项罚没物资，相关凭证注明的金额为50 000元，该物资验收入库。
   (2) 处置该罚没物资，取得处置收入60 000元，款项已存入开户银行，该款项需要上缴国库。
   请根据上述业务，编制丁事业单位相关会计分录。

第九章

行政事业单位会计报表

学习目的和要求：通过本章的学习，学生应该了解行政事业单位会计报表的构成，编制会计报表的理论基础，理解它们彼此的关系，掌握每一张报表的结构和填制方法。

教学重点和难点：本章的重点是行政事业单位会计报表体系，难点是会计报表的填制。

课程思政案例

某单位预算会计报表编制二三事

(1) 预算收支不平衡。该单位将当年的支出转至下一会计年度，隐瞒实际的财务超支并延期结算支出，通过这样的方法来弥补自己在工作中出现的实际支出大于收入的问题，对单位预算会计报表进行捏造，严重影响单位的正常工作。

(2) 相关数据失真。该单位在填报相关的预算明细表时为符合国家规范而对部门公用支出进行虚假填报，不管实际金额有多少，只是按照国家规定的标准金额进行填报，掩盖了该单位实际的财政支出情况。

(3) 会计账表数据不符。该单位往来款项的记录中存在纰漏，导致单位收入虚增，实际该款项其实是空头支票。

思考与讨论：该单位这样做有何隐患？需要从哪些方面改进预算会计报表的编制？

第一节 行政事业单位财务会计报表

按照《政府会计制度》的规定，行政事业单位应当以权责发生制为基础，以单位财务会计核算生成的数据为准编制财务会计报表。行政事业单位财务会计报表包括资产负债表、收入费用表、净资产变动表和现金流量表等。

一、资产负债表

（一）概念和作用

资产负债表是反映行政事业单位在某一特定日期的财务状况的报表，反映单位在某一特定日期全部资产、负债和净资产情况。按照规定，行政事业单位的资产负债表应当按月度和年度编制。

资产负债表可以提供某会计期末单位占有或使用的资源、承担的债务和形成的净资产总额及其构成情况，反映单位财务能力、偿债能力和资产保值增值情况，有助于财政部门、主管部门、单位管理者及其他会计信息使用者分析了解单位全面财务情况并作出相关决策和评价,是单位财务会计报表中最重要的报表。

(二) 报表格式

资产负债表按照资产(左侧)和负债及净资产(右侧)分项排列,其中资产和负债各项按流动性排列,同时分栏反映各组成项目报表日的期末余额和年初余额。表中数据平衡计算公式为:资产=负债+净资产。资产负债表的格式(以年报表格式为例)如表 9-1 所示。

表 9-1

资产负债表

会政财 01 表

编制单位：××单位　　　　　　　　2×22 年 12 月 31 日　　　　　　　　单位:元

资　产	期末余额	年初余额	负债和净资产	期末余额	年初余额
流动资产：			流动负债：		
货币资金			短期借款		
短期投资			应交增值税		
财政应返还额度			其他应交税费		
应收票据			应缴财政款		
应收账款净额			应付职工薪酬		
预付账款			应付票据		
应收股利			应付账款		
应收利息			应付政府补贴款		
其他应收款净额			应付利息		
存货			预收账款		
待摊费用			其他应付款		
一年内到期的非流动资产			预提费用		
其他流动资产			一年内到期的非流动负债		
流动资产合计			其他流动负债		
非流动资产：			流动负债合计		
长期股权投资			非流动负债：		
长期债券投资			长期借款		
固定资产原值			长期应付款		
减:固定资产累计折旧			预计负债		
固定资产净值			其他非流动负债		
工程物资			非流动负债合计		
在建工程			受托代理负债		
无形资产原值			负债合计		
减:无形资产累计摊销					
无形资产净值					

(续表)

资　产	期末余额	年初余额	负债和净资产	期末余额	年初余额
研发支出					
公共基础设施原值					
减:公共基础设施累计折旧(摊销)					
公共基础设施净值					
政府储备物资					
文物文化资产					
保障性住房原值					
减:保障性住房累计折旧			净资产:		
保障性住房净值			累计盈余		
长期待摊费用			专用基金		
待处理财产损溢			权益法调整		
其他非流动资产			无偿调拨净资产*		—
非流动资产合计			本期盈余*		
受托代理资产			净资产合计		
资产总计			负债和净资产总计		

注:*标识项目为月报项目,年报中不需列示。

（三）编列方法

资产负债表反映单位在某一特定日期全部资产、负债和净资产的情况。资产负债表中"年初余额"栏内各项数字,应当根据上年年末资产负债表"期末余额"栏内数字填列。

如果本年度资产负债表规定的项目的名称和内容同上年度不一致,应当对上年年末资产负债表项目的名称和数字按照本年度的规定进行调整,将调整后数字填入本表"年初余额"栏内。如果本年度单位发生了因前期差错更正、会计政策变更等调整以前年度盈余的事项,还应当对"年初余额"栏中的有关项目金额进行相应调整。

资产负债表中"资产总计"项目期末(年初)余额应当与"负债和净资产总计"项目期末(年初)余额相等。

资产负债表"期末余额"栏各项目的内容和填列方法:

1. 资产类项目

(1)"货币资金"项目,反映单位期末库存现金、银行存款、零余额账户用款额度、其他货币资金的合计数。本项目应当根据"库存现金""银行存款""其他货币资金"科目的期末余额的合计数填列;若单位存在通过"库存现金""银行存款"科目核算的受托代理资产,还应当按照前述合计数扣减"库存现金""银行存款"科目下"受托代理资产"明细科目的期末余额后的金额填列。

(2)"短期投资"项目,反映事业单位期末持有的短期投资账面余额。本项目应当根据"短期投资"科目的期末余额填列。

(3)"财政应返还额度"项目,反映单位期末财政应返还额度的金额。本项目应当根据"财政应返还额度"科目的期末余额填列。

(4)"应收票据"项目,反映事业单位期末持有的应收票据的票面金额。本项目应当根据"应收票据"科目的期末余额填列。

(5)"应收账款净额"项目,反映单位期末尚未收回的应收账款减去已计提的坏账准备后的净额。本项目应当根据"应收账款"科目的期末余额,减去"坏账准备"科目中对应收账款计提的坏账准备的期末余额后的金额填列。

(6)"预付账款"项目,反映单位期末预付给商品或者劳务供应单位的款项。本项目应当根据"预付账款"科目的期末余额填列。

(7)"应收股利"项目,反映事业单位期末因股权投资而应收取的现金股利或应当分得的利润。本项目应当根据"应收股利"科目的期末余额填列。

(8)"应收利息"项目,反映事业单位期末因债券投资等而应收取的利息。事业单位购入的到期一次还本付息的长期债券投资持有期间应收的利息,不包括在本项目内。本项目应当根据"应收利息"科目的期末余额填列。

(9)"其他应收款净额"项目,反映单位期末尚未收回的其他应收款减去已计提的坏账准备后的净额。本项目应当根据"其他应收款"科目的期末余额减去"坏账准备"科目中对其他应收款计提的坏账准备的期末余额后的金额填列。

(10)"存货"项目,反映单位期末存储的存货的实际成本。本项目应当根据"在途物品""库存物品""加工物品"科目的期末余额的合计数填列。

(11)"待摊费用"项目,反映单位期末已经支出,但应当由本期和以后各期负担的分摊期在1年以内(含1年)的各项费用。本项目应当根据"待摊费用"科目的期末余额填列。

(12)"一年内到期的非流动资产"项目,反映单位期末非流动资产项目中将在1年内(含1年)到期的金额,如事业单位将在1年内(含1年)到期的长期债券投资金额。本项目应当根据"长期债券投资"等科目的明细科目的期末余额分析填列。

(13)"其他流动资产"项目,反映单位期末除本表中上述各项之外的其他流动资产的合计金额。本项目应当根据有关科目期末余额的合计数填列。

(14)"流动资产合计"项目,反映单位期末流动资产的合计数。本项目应当根据本表中"货币资金""短期投资""财政应返还额度""应收票据""应收账款净额""预付账款""应收股利""应收利息""其他应收款净额""存货""待摊费用""一年内到期的非流动资产""其他流动资产"项目金额的合计数填列。

(15)"长期股权投资"项目,反映事业单位期末持有的长期股权投资的账面余额。本项目应当根据"长期股权投资"科目的期末余额填列。

(16)"长期债券投资"项目,反映事业单位期末持有的长期债券投资的账面余额。本项目应当根据"长期债券投资"科目的期末余额减去其中将于1年内(含1年)到期的长期债券投资余额后的金额填列。

(17)"固定资产原值"项目,反映单位期末固定资产的原值。本项目应当根据"固定资产"科目的期末余额填列。

"固定资产累计折旧"项目,反映单位期末固定资产已计提的累计折旧金额。本项目应当根据"固定资产累计折旧"科目的期末余额填列。

"固定资产净值"项目，反映单位期末固定资产的账面价值。本项目应当根据"固定资产"科目期末余额减去"固定资产累计折旧"科目期末余额后的金额填列。

(18)"工程物资"项目，反映单位期末为在建工程准备的各种物资的实际成本。本项目应当根据"工程物资"科目的期末余额填列。

(19)"在建工程"项目，反映单位期末所有的建设项目工程的实际成本。本项目应当根据"在建工程"科目的期末余额填列。

(20)"无形资产原值"项目，反映单位期末无形资产的原值。本项目应当根据"无形资产"科目的期末余额填列。"无形资产累计摊销"项目，反映单位期末无形资产已计提的累计摊销金额。本项目应当根据"无形资产累计摊销"科目的期末余额填列。"无形资产净值"项目，反映单位期末无形资产的账面价值。本项目应当根据"无形资产"科目期末余额减去"无形资产累计摊销"科目期末余额后的金额填列。

(21)"研发支出"项目，反映单位期末正在进行的无形资产开发项目开发阶段发生的累计支出数。本项目应当根据"研发支出"科目的期末余额填列。

(22)"公共基础设施原值"项目，反映单位期末控制的公共基础设施的原值。本项目应当根据"公共基础设施"科目的期末余额填列。"公共基础设施累计折旧(摊销)"项目，反映单位期末控制的公共基础设施已计提的累计折旧和累计摊销金额。本项目应当根据"公共基础设施累计折旧(摊销)"科目的期末余额填列。"公共基础设施净值"项目，反映单位期末控制的公共基础设施的账面价值。本项目应当根据"公共基础设施"科目期末余额减去"公共基础设施累计折旧(摊销)"科目期末余额后的金额填列。

(23)"政府储备物资"项目，反映单位期末控制的政府储备物资的实际成本。本项目应当根据"政府储备物资"科目的期末余额填列。

(24)"文物文化资产"项目，反映单位期末控制的文物文化资产的成本。本项目应当根据"文物文化资产"科目的期末余额填列。

(25)"保障性住房原值"项目，反映单位期末控制的保障性住房的原值。本项目应当根据"保障性住房"科目的期末余额填列。

"保障性住房累计折旧"项目，反映单位期末控制的保障性住房已计提的累计折旧金额。本项目应当根据"保障性住房累计折旧"科目的期末余额填列。

"保障性住房净值"项目，反映单位期末控制的保障性住房的账面价值。本项目应当根据"保障性住房"科目期末余额减去"保障性住房累计折旧"科目期末余额后的金额填列。

(26)"长期待摊费用"项目，反映单位期末已经支出，但应由本期和以后各期负担的分摊期限在1年以上(不含1年)的各项费用。本项目应当根据"长期待摊费用"科目的期末余额填列。

(27)"待处理财产损溢"项目，反映单位期末尚未处理完毕的各种资产的净损失或净溢余。本项目应当根据"待处理财产损溢"科目的期末借方余额填列，如"待处理财产损溢"科目期末为贷方余额，以"—"号填列。

(28)"其他非流动资产"项目，反映单位期末除本表中上述各项之外的其他非流动资产的合计数。本项目应当根据有关科目的期末余额合计数填列。

(29)"非流动资产合计"项目,反映单位期末非流动资产的合计数。本项目应当根据本表中"长期股权投资""长期债券投资""固定资产净值""工程物资""在建工程""无形资产净值""研发支出""公共基础设施净值""政府储备物资""文物文化资产""保障性住房净值""长期待摊费用""待处理财产损溢""其他非流动资产"项目金额的合计数填列。

(30)"受托代理资产"项目,反映单位期末受托代理资产的价值。本项目应当根据"受托代理资产"科目的期末余额与"库存现金""银行存款"科目下"受托代理资产"明细科目的期末余额的合计数填列。

(31)"资产总计"项目,反映单位期末资产的合计数。本项目应当根据本表中"流动资产合计""非流动资产合计""受托代理资产"项目金额的合计数填列。

2. 负债类项目

(1)"短期借款"项目,反映事业单位期末短期借款的余额。本项目应当根据"短期借款"科目的期末余额填列。

(2)"应交增值税"项目,反映单位期末应缴未缴的增值税税额。本项目应当根据"应交增值税"科目的期末余额填列,如"应交增值税"科目期末为借方余额,以"一"号填列。

(3)"其他应交税费"项目,反映单位期末应缴未缴的除增值税以外的税费金额。本项目应当根据"其他应交税费"科目的期末余额填列,如"其他应交税费"科目期末为借方余额,以"一"号填列。

(4)"应缴财政款"项目,反映单位期末应当上缴财政但尚未缴纳的款项。本项目应当根据"应缴财政款"科目的期末余额填列。

(5)"应付职工薪酬"项目,反映单位期末按有关规定应付给职工及为职工支付的各种薪酬。本项目应当根据"应付职工薪酬"科目的期末余额填列。

(6)"应付票据"项目,反映事业单位期末应付票据的金额。本项目应当根据"应付票据"科目的期末余额填列。

(7)"应付账款"项目,反映单位期末应当支付但尚未支付的偿还期限在1年以内(含1年)的应付账款的金额。本项目应当根据"应付账款"科目的期末余额填列。

(8)"应付政府补贴款"项目,反映负责发放政府补贴的行政单位期末按照规定应当支付给政府补贴接受者的各种政府补贴款余额。本项目应当根据"应付政府补贴款"科目的期末余额填列。

(9)"应付利息"项目,反映事业单位期末按照合同约定应支付的借款利息。事业单位到期一次还本付息的长期借款利息不包括在本项目内。本项目应当根据"应付利息"科目的期末余额填列。

(10)"预收账款"项目,反映事业单位期末预先收取但尚未确认收入和实际结算的款项余额。本项目应当根据"预收账款"科目的期末余额填列。

(11)"其他应付款"项目,反映单位期末其他各项偿还期限在1年内(含1年)的应付及暂收款项余额。本项目应当根据"其他应付款"科目的期末余额填列。

(12)"预提费用"项目,反映单位期末已预先提取的已经发生但尚未支付的各项费用。本项目应当根据"预提费用"科目的期末余额填列。

(13)"一年内到期的非流动负债"项目,反映单位期末将于1年内(含1年)偿还的非流动负债的余额。本项目应当根据"长期应付款""长期借款"等科目的明细科目的期末余额分析填列。

(14)"其他流动负债"项目,反映单位期末除本表中上述各项之外的其他流动负债的合计数。本项目应当根据有关科目的期末余额的合计数填列。

(15)"流动负债合计"项目,反映单位期末流动负债合计数。本项目应当根据本表"短期借款""应交增值税""其他应交税费""应缴财政款""应付职工薪酬""应付票据""应付账款""应付政府补贴款""应付利息""预收账款""其他应付款""预提费用""一年内到期的非流动负债""其他流动负债"项目金额的合计数填列。

(16)"长期借款"项目,反映事业单位期末长期借款的余额。本项目应当根据"长期借款"科目的期末余额减去其中将于1年内(含1年)到期的长期借款余额后的金额填列。

(17)"长期应付款"项目,反映单位期末长期应付款的余额。本项目应当根据"长期应付款"科目的期末余额减去其中将于1年内(含1年)到期的长期应付款余额后的金额填列。

(18)"预计负债"项目,反映单位期末已确认但尚未偿付的预计负债的余额。本项目应当根据"预计负债"科目的期末余额填列。

(19)"其他非流动负债"项目,反映单位期末除本表中上述各项之外的其他非流动负债的合计数。本项目应当根据有关科目的期末余额合计数填列。

(20)"非流动负债合计"项目,反映单位期末非流动负债合计数。本项目应当根据本表中"长期借款""长期应付款""预计负债""其他非流动负债"项目金额的合计数填列。

(21)"受托代理负债"项目,反映单位期末受托代理负债的金额。本项目应当根据"受托代理负债"科目的期末余额填列。

(22)"负债合计"项目,反映单位期末负债的合计数。本项目应当根据本表中"流动负债合计""非流动负债合计""受托代理负债"项目金额的合计数填列。

3. 净资产类项目

(1)"累计盈余"项目,反映单位期末未分配盈余(或未弥补亏损)以及无偿调拨净资产变动的累计数。本项目应当根据"累计盈余"科目的期末余额填列。

(2)"专用基金"项目,反映事业单位期末累计提取或设置但尚未使用的专用基金余额。本项目应当根据"专用基金"科目的期末余额填列。

(3)"权益法调整"项目,反映事业单位期末在被投资单位除净损益和利润分配以外的所有者权益变动中累积享有的份额。本项目应当根据"权益法调整"科目的期末余额填列,如"权益法调整"科目期末为借方余额,以"-"号填列。

(4)"无偿调拨净资产"项目,反映单位本年度截至报告期期末无偿调入的非现金资产价值扣减无偿调出的非现金资产价值后的净值。本项目仅在月度报表中列示,年度报表中不列示。月度报表中本项目应当根据"无偿调拨净资产"科目的期末余额填列,如"无偿调拨净资产"科目期末为借方余额时,以"-"号填列。

(5)"本期盈余"项目,反映单位本年度截至报告期期末实现的累计盈余或亏损。本项目仅在月度报表中列示,年度报表中不列示。月度报表中本项目应当根据"本期盈余"科目的期末余额填列,如"本期盈余"科目期末为借方余额时,以"-"号填列。

(6)"净资产合计"项目,反映单位期末净资产合计数。本项目应当根据本表中"累计盈余""专用基金""权益法调整""无偿调拨净资产"(月度报表)、"本期盈余"(月度报表)项目金额的合计数填列。

(7)"负债和净资产总计"项目,应当按照本表中"负债合计""净资产合计"项目金额的合计数填列。

二、收入费用表

(一)概念和作用

收入费用表是反映行政事业单位在一定会计期间运行情况的报表,反映单位在某一会计期间内发生的收入、费用及当期盈余情况。按照规定,行政事业单位的收入费用表应当按月度和年度编制。

收入费用表可以提供某会计期间内单位收入和费用的总额及其构成情况,以及盈余及其分配情况,有助于财政部门、主管部门、单位管理者及其他会计信息使用者分析了解单位运行情况和业务活动成果,并作出相关决策和评价。

(二)报表格式

收入费用表按照本期收入、本期费用及本期盈余分别列示,按照收入、费用构成项目分层次排列,月报分栏反映各组成项目的"本月数"和"本年累计数",年报分栏反映各组成项目的"本年数"和"上年数"。

表中数据平衡计算公式为:本期收入-本期费用=本期盈余。

收入费用表的格式如表9-2所示。

表9-2

收入费用表 会政财02表

编制单位:××单位　　　　　2×22年度　　　　　单位:元

项目	本月(年)数	本年累计数(上年数)
一、本期收入		
(一)财政拨款收入		
其中:政府性基金收入		
(二)事业收入		
(三)上级补助收入		
(四)附属单位上缴收入		
(五)经营收入		
(六)非同级财政拨款收入		
(七)投资收益		
(八)捐赠收入		
(九)利息收入		
(十)租金收入		
(十一)其他收入		

(续表)

项目	本月(年)数	本年累计数(上年数)
二、本期费用		
（一）业务活动费用		
（二）单位管理费用		
（三）经营费用		
（四）资产处置费用		
（五）上缴上级费用		
（六）对附属单位补助费用		
（七）所得税费用		
（八）其他费用		
三、本期盈余		

（三）编列方法

收入费用表反映单位在某一会计期间内发生的收入、费用及当期盈余情况。

收入费用表"本月数"栏反映各项目的本月实际发生数,编制年度收入费用表时,本栏改为"本年数",反映本年度各项目的实际发生数;"本年累计数"栏反映各项目自年初至报告期期末的累计实际发生数,编制年度收入费用表时,本栏改为"上年数",反映上年度各项目的实际发生数,"上年数"栏应当根据上年年度收入费用表中"本年数"栏内所列数字填列。

如果本年度收入费用表规定的项目的名称和内容同上年度不一致,应当对上年度收入费用表项目的名称和数字按照本年度的规定进行调整,将调整后的金额填入本年度收入费用表的"上年数"栏内。如果本年度单位发生了因前期差错更正、会计政策变更等调整以前年度盈余的事项,还应当对年度收入费用表中"上年数"栏中的有关项目金额进行相应调整。

收入费用表"本月数"栏各项目的内容和填列方法如下。

1. 本期收入

（1）"本期收入"项目,反映单位本期收入总额。本项目应当根据本表中"财政拨款收入""事业收入""上级补助收入""附属单位上缴收入""经营收入""非同级财政拨款收入""投资收益""捐赠收入""利息收入""租金收入""其他收入"项目金额的合计数填列。

（2）"财政拨款收入"项目,反映单位本期从同级政府财政部门取得的各类财政拨款。本项目应当根据"财政拨款收入"科目的本期发生额填列。其中"政府性基金收入"项目,反映单位本期取得的财政拨款收入中属于政府性基金预算拨款的金额。本项目应当根据"财政拨款收入"相关明细科目的本期发生额填列。

（3）"事业收入"项目,反映事业单位本期开展专业业务活动及其辅助活动实现的收入。本项目应当根据"事业收入"科目的本期发生额填列。

（4）"上级补助收入"项目,反映事业单位本期从主管部门和上级单位收到或应收的非财政拨款收入。本项目应当根据"上级补助收入"科目的本期发生额填列。

（5）"附属单位上缴收入"项目,反映事业单位本期收到或应收的独立核算的附属单位按照有关规定上缴的收入。本项目应当根据"附属单位上缴收入"科目的本期发生额填列。

（6）"经营收入"项目，反映事业单位本期在专业业务活动及其辅助活动之外开展非独立核算经营活动实现的收入。本项目应当根据"经营收入"科目的本期发生额填列。

（7）"非同级财政拨款收入"项目，反映单位本期从非同级政府财政部门取得的财政拨款，不包括事业单位因开展科研及其辅助活动从非同级财政部门取得的经费拨款。本项目应当根据"非同级财政拨款收入"科目的本期发生额填列。

（8）"投资收益"项目，反映事业单位本期股权投资和债券投资所实现的收益或发生的损失。本项目应当根据"投资收益"科目的本期发生额填列，如为投资净损失，以"－"号填列。

（9）"捐赠收入"项目，反映单位本期接受捐赠取得的收入。本项目应当根据"捐赠收入"科目的本期发生额填列。

（10）"利息收入"项目，反映单位本期取得的银行存款利息收入。本项目应当根据"利息收入"科目的本期发生额填列。

（11）"租金收入"项目，反映单位本期经批准利用国有资产出租取得并按规定纳入本单位预算管理的租金收入。本项目应当根据"租金收入"科目的本期发生额填列。

（12）"其他收入"项目，反映单位本期取得的除以上收入项目外的其他收入的总额。本项目应当根据"其他收入"科目的本期发生额填列。

2. 本期费用

（1）"本期费用"项目，反映单位本期费用总额。本项目应当根据本表中"业务活动费用""单位管理费用""经营费用""资产处置费用""上缴上级费用""对附属单位补助费用""所得税费用"和"其他费用"项目金额的合计数填列。

（2）"业务活动费用"项目，反映单位本期为实现其职能目标，依法履职或开展专业业务活动及其辅助活动所发生的各项费用。本项目应当根据"业务活动费用"科目本期发生额填列。

（3）"单位管理费用"项目，反映事业单位本期本级行政及后勤管理部门开展管理活动发生的各项费用，以及由单位统一负担的离退休人员经费、工会经费、诉讼费、中介费等。本项目应当根据"单位管理费用"科目的本期发生额填列。

（4）"经营费用"项目，反映事业单位本期在专业业务活动及其辅助活动之外开展非独立核算经营活动发生的各项费用。本项目应当根据"经营费用"科目的本期发生额填列。

（5）"资产处置费用"项目，反映单位本期经批准处置资产时转销的资产价值以及在处置过程中发生的相关费用或者处置收入小于处置费用形成的净支出。本项目应当根据"资产处置费用"科目的本期发生额填列。

（6）"上缴上级费用"项目，反映事业单位按照规定上缴上级单位款项发生的费用。本项目应当根据"上缴上级费用"科目的本期发生额填列。

（7）"对附属单位补助费用"项目，反映事业单位用财政拨款收入之外的收入对附属单位补助发生的费用。本项目应当根据"对附属单位补助费用"科目的本期发生额填列。

（8）"所得税费用"项目，反映有企业所得税缴纳义务的事业单位本期计算应交纳的企业所得税。本项目应当根据"所得税费用"科目的本期发生额填列。

(9)"其他费用"项目,反映单位本期发生的除以上费用项目外的其他费用的总额。本项目应当根据"其他费用"科目的本期发生额填列。

3. 本期盈余

"本期盈余"项目,反映单位本期收入扣除本期费用后的净额。本项目应当根据本表中"本期收入"项目金额减去"本期费用"项目金额后的金额填列,如为负数,以"一"号填列。

三、净资产变动表

(一)概念和作用

净资产变动表是反映行政事业单位在某一会计期间净资产项目变动情况的报表。按照规定,行政事业单位的净资产变动表应当按年度编制。

净资产变动表可以提供某一会计期间内单位净资产总额及其构成项目的变动情况,有助于财政部门、主管部门、单位管理者及其他会计信息使用者分析了解单位净资产变动的具体构成和原因。

(二)报表格式

净资产变动表按照净资产的累计盈余、专用基金、权益法调整等各组成部分的本年数和上年数分栏列示,同时按照净资产的变动情况和变动原因分项列示,如上年年末余额、以前年度盈余调整、本年年初余额、本年变动金额等,并对本年变动金额按构成项目分层次排列,变动情况构成及原因与净资产的组成部分形成清晰对应。

表中数据平衡计算公式为:上年年末余额+以前年度盈余调整=本年年初余额;本年年初余额+本年变动金额=本年年末余额。

净资产变动表的格式如表9-3所示。

表9-3

净资产变动表

会政财03表

编制单位:××单位　　　　　　　2×22年度　　　　　　　　单位:元

项　目	本年数				上年数			
	累计盈余	专用基金	权益法调整	净资产合计	累计盈余	专用基金	权益法调整	净资产合计
一、上年年末余额								
二、以前年度盈余调整 （减少以"一"号填列）		—	—			—	—	
三、本年年初余额								
四、本年变动金额 （减少以"一"号填列）								
（一）本年盈余		—	—			—	—	
（二）无偿调拨净资产								
（三）归集调整预算结转结余		—	—			—	—	

(续表)

项目	本年数				上年数			
	累计盈余	专用基金	权益法调整	净资产合计	累计盈余	专用基金	权益法调整	净资产合计
(四)提取或设置专用基金			—				—	
其中:从预算收入中提取			—				—	
从预算结余中提取			—				—	
设置的专用基金			—				—	
(五)使用专用基金			—				—	
(六)权益法调整	—	—			—	—		
五、本年年末余额								

注:"—"标识单元格不需填列。

(三)编列方法

净资产变动表反映单位在某一会计年度内净资产项目的变动情况。净资产变动表"本年数"栏反映本年度各项目的实际变动数,"上年数"栏反映上年度各项目的实际变动数,应当根据上年度净资产变动表中"本年数"栏内所列数字填列。如果上年度净资产变动表规定的项目的名称和内容与本年度不一致,应对上年度净资产变动表项目的名称和数字按照本年度的规定进行调整,将调整后金额填入本年度净资产变动表"上年数"栏内。

净资产变动表"本年数"栏各项目的内容和填列方法如下:

1."上年年末余额"行,反映单位净资产各项目上年年末的余额。本行各项目应当根据"累计盈余""专用基金""权益法调整"科目上年年末余额填列。

2."以前年度盈余调整"行,反映单位本年度调整以前年度盈余的事项对累计盈余进行调整的金额。本行"累计盈余"项目应当根据本年度"以前年度盈余调整"科目转入"累计盈余"科目的金额填列,如调整减少累计盈余,以"-"号填列。

3."本年年初余额"行,反映经过以前年度盈余调整后,单位净资产各项目的本年年初余额。本行"累计盈余""专用基金""权益法调整"项目应当根据其各自在"上年年末余额"和"以前年度盈余调整"行对应项目金额的合计数填列。

4."本年变动金额"行,反映单位净资产各项目本年变动总金额。本行"累计盈余""专用基金""权益法调整"项目应当根据其各自在"本年盈余""无偿调拨净资产""归集调整预算结转结余""提取或设置专用基金""使用专用基金""权益法调整"行对应项目金额的合计数填列。

5."本年盈余"行,反映单位本年发生的收入、费用对净资产的影响。本行"累计盈余"项目应当根据年末由"本期盈余"科目转入"本年盈余分配"科目的金额填列,如转入时借记"本年盈余分配"科目,则以"-"号填列。

6."无偿调拨净资产"行,反映单位本年无偿调入、调出非现金资产事项对净资产的影响。本行"累计盈余"项目应当根据年末由"无偿调拨净资产"科目转入"累计盈余"科目的金额填列,如转入时借记"累计盈余"科目,则以"-"号填列。

7. "归集调整预算结转结余"行,反映单位本年财政拨款结转结余资金归集调入、归集上缴或调出,以及非财政拨款结转资金缴回对净资产的影响。本行"累计盈余"项目应当根据"累计盈余"科目明细账记录分析填列,如归集调整减少预算结转结余,则以"－"号填列。

8. "提取或设置专用基金"行,反映单位本年提取或设置专用基金对净资产的影响。本行"累计盈余"项目应当根据"从预算结余中提取"行"累计盈余"项目的金额填列。本行"专用基金"项目应当根据"从预算收入中提取""从预算结余中提取""设置的专用基金"行"专用基金"项目金额的合计数填列。

"从预算收入中提取"行,反映单位本年从预算收入中提取专用基金对净资产的影响。本行"专用基金"项目应当通过对"专用基金"科目明细账记录的分析,根据本年按有关规定从预算收入中提取基金的金额填列。

"从预算结余中提取"行,反映单位本年根据有关规定从本年度非财政拨款结余或经营结余中提取专用基金对净资产的影响。本行"累计盈余""专用基金"项目应当通过对"专用基金"科目明细账记录的分析,根据本年按有关规定从本年度非财政拨款结余或经营结余中提取专用基金的金额填列,本行"累计盈余"项目以"－"号填列。

"设置的专用基金"行,反映单位本年根据有关规定设置的其他专用基金对净资产的影响。本行"专用基金"项目应当通过对"专用基金"科目明细账记录的分析,根据本年按有关规定设置的其他专用基金的金额填列。

9. "使用专用基金"行,反映单位本年按规定使用专用基金对净资产的影响。本行"累计盈余""专用基金"项目应当通过对"专用基金"科目明细账记录的分析,根据本年按规定使用专用基金的金额填列,本行"专用基金"项目以"－"号填列。

10. "权益法调整"行,反映单位本年按照被投资单位除净损益和利润分配以外的所有者权益变动份额而调整长期股权投资账面余额对净资产的影响。本行"权益法调整"项目应当根据"权益法调整"科目本年发生额填列,若本年净发生额为借方时,以"－"号填列。

11. "本年年末余额"行,反映单位本年各净资产项目的年末余额。本行"累计盈余""专用基金""权益法调整"项目应当根据其各自在"本年年初余额""本年变动金额"行对应项目金额的合计数填列。

12. 本表各行"净资产合计"项目,应当根据所在行"累计盈余""专用基金""权益法调整"项目金额的合计数填列。

四、现金流量表

(一) 概念和作用

现金流量表是反映行政事业单位在一定会计期间现金流入和流出信息的报表。按照规定,现金流量表应当按年度编制,行政事业单位可根据实际情况自行选择编制现金流量表。

现金流量表可以提供某一会计期间内单位日常活动、投资和筹资活动的现金构成及其流入流出变动信息,有助于财政部门、主管部门、单位管理者及其他会计信息使用者分析了解单位现金流量情况,并将其与单位财务状况和业务运行状况结合,作出更稳健的相关决策和评价。

(二)报表格式

现金流量表按照日常活动产生的现金流量、投资活动产生的现金流量和筹资活动产生的现金流量分项列示,按其构成项目分层次列示,同时分栏列示本年和上年金额。

现金流量表的格式如表 9-4 所示。

表 9-4

现金流量表

编制单位:××单位　　　　　　　　2×22 年度　　　　　　　　会政财 04 表　单位:元

项目	本年金额	上年金额
一、日常活动产生的现金流量:		
财政基本支出拨款收到的现金		
财政非资本性项目拨款收到的现金		
事业活动收到的除财政拨款以外的现金		
收到的其他与日常活动有关的现金		
日常活动的现金流入小计		
购买商品、接受劳务支付的现金		
支付给职工以及为职工支付的现金		
支付的各项税费		
支付的其他与日常活动有关的现金		
日常活动的现金流出小计		
日常活动产生的现金流量净额		
二、投资活动产生的现金流量:		
收回投资收到的现金		
取得投资收益收到的现金		
处置固定资产、无形资产、公共基础设施等收回的现金净额		
收到的其他与投资活动有关的现金		
投资活动的现金流入小计		
购建固定资产、无形资产、公共基础设施等支付的现金		
对外投资支付的现金		
上缴处置固定资产、无形资产、公共基础设施等净收入支付的现金		
支付的其他与投资活动有关的现金		
投资活动的现金流出小计		
投资活动产生的现金流量净额		
三、筹资活动产生的现金流量:		

(续表)

项目	本年金额	上年金额
财政资本性项目拨款收到的现金		
取得借款收到的现金		
收到的其他与筹资活动有关的现金		
筹资活动的现金流入小计		
偿还借款支付的现金		
偿还利息支付的现金		
支付的其他与筹资活动有关的现金		
筹资活动的现金流出小计		
筹资活动产生的现金流量净额		
四、汇率变动对现金的影响额		
五、现金净增加额		

（三）编列方法

现金流量表反映单位在某一会计年度内现金流入和流出的信息。现金流量表所指的现金，是指单位的库存现金以及其他可以随时用于支付的款项，包括库存现金、可以随时用于支付的银行存款、其他货币资金、零余额账户用款额度、财政应返还额度，以及通过财政直接支付方式支付的款项。现金流量表所指的现金流量，是指现金的流入和流出。

现金流量表应当按照日常活动、投资活动、筹资活动的现金流量分别反映。现金流量表"本年金额"栏反映各项目的本年实际发生数，"上年金额"栏反映各项目的上年实际发生数，应当根据上年现金流量表中"本年金额"栏内所列数字填列。

单位应当采用直接法编制现金流量表，即以收入费用表中的收入为起点，通过现金流入、流出的主要类别直接反映现金流量。

现金流量表"本年金额"栏各项目的填列方法如下。

1. 日常活动产生的现金流量

（1）"财政基本支出拨款收到的现金"项目，反映单位本年接受财政基本支出拨款取得的现金。本项目应当根据"零余额账户用款额度""财政拨款收入""银行存款"等科目及其所属明细科目的记录分析填列。

（2）"财政非资本性项目拨款收到的现金"项目，反映单位本年接受除用于购建固定资产、无形资产、公共基础设施等资本性项目以外的财政项目拨款取得的现金。本项目应当根据"银行存款""零余额账户用款额度""财政拨款收入"等科目及其所属明细科目的记录分析填列。

（3）"事业活动收到的除财政拨款以外的现金"项目，反映事业单位本年开展专业业务活动及其辅助活动取得的除财政拨款以外的现金。本项目应当根据"库存现金""银行存款""其他货币资金""应收账款""应收票据""预收账款""事业收入"等科目及其所属明细科目的记录分析填列。

(4)"收到的其他与日常活动有关的现金"项目,反映单位本年收到的除以上项目之外的与日常活动有关的现金。本项目应当根据"库存现金""银行存款""其他货币资金""上级补助收入""附属单位上缴收入""经营收入""非同级财政拨款收入""捐赠收入""利息收入""租金收入""其他收入"等科目及其所属明细科目的记录分析填列。

(5)"日常活动的现金流入小计"项目,反映单位本年日常活动产生的现金流入的合计数。本项目应当根据本表中"财政基本支出拨款收到的现金""财政非资本性项目拨款收到的现金""事业活动收到的除财政拨款以外的现金""收到的其他与日常活动有关的现金"项目金额的合计数填列。

(6)"购买商品、接受劳务支付的现金"项目,反映单位本年在日常活动中用于购买商品、接受劳务支付的现金。本项目应当根据"库存现金""银行存款""财政拨款收入""零余额账户用款额度""预付账款""在途物品""库存物品""应付账款""应付票据""业务活动费用""单位管理费用""经营费用"等科目及其所属明细科目的记录分析填列。

(7)"支付给职工以及为职工支付的现金"项目,反映单位本年支付给职工以及为职工支付的现金。本项目应当根据"库存现金""银行存款""零余额账户用款额度""财政拨款收入""应付职工薪酬""业务活动费用""单位管理费用""经营费用"等科目及其所属明细科目的记录分析填列。

(8)"支付的各项税费"项目,反映单位本年用于缴纳日常活动相关税费而支付的现金。本项目应当根据"库存现金""银行存款""零余额账户用款额度""应交增值税""其他应交税费""业务活动费用""单位管理费用""经营费用""所得税费用"等科目及其所属明细科目的记录分析填列。

(9)"支付的其他与日常活动有关的现金"项目,反映单位本年支付的除上述项目之外与日常活动有关的现金。本项目应当根据"库存现金""银行存款""零余额账户用款额度""财政拨款收入""其他应付款""业务活动费用""单位管理费用""经营费用""其他费用"等科目及其所属明细科目的记录分析填列。

(10)"日常活动的现金流出小计"项目,反映单位本年日常活动产生的现金流出的合计数。本项目应当根据本表中"购买商品、接受劳务支付的现金""支付给职工以及为职工支付的现金""支付的各项税费""支付的其他与日常活动有关的现金"项目金额的合计数填列。

(11)"日常活动产生的现金流量净额"项目,应当按照本表中"日常活动的现金流入小计"项目金额减去"日常活动的现金流出小计"项目金额后的金额填列,如为负数,以"一"号填列。

2. 投资活动产生的现金流量

(1)"收回投资收到的现金"项目,反映单位本年出售、转让或者收回投资收到的现金。本项目应该根据"库存现金""银行存款""短期投资""长期股权投资""长期债券投资"等科目的记录分析填列。

(2)"取得投资收益收到的现金"项目,反映单位本年因对外投资而收到被投资单位分配的股利或利润,以及收到投资利息而取得的现金。本项目应当根据"库存现金""银行存款""应收股利""应收利息""投资收益"等科目的记录分析填列。

(3)"处置固定资产、无形资产、公共基础设施等收回的现金净额"项目,反映单位本年处置固定资产、无形资产、公共基础设施等非流动资产所取得的现金,减去为处置这些资产而支付的有关费用之后的净额。自然灾害所造成的固定资产等长期资产损失而收到的保险赔款收入,也在本项目反映。本项目应当根据"库存现金""银行存款""待处理财产损溢"等科目的记录分析填列。

(4)"收到的其他与投资活动有关的现金"项目,反映单位本年收到的除上述项目之外与投资活动有关的现金。对于金额较大的现金流入,应当单列项目反映。本项目应当根据"库存现金""银行存款"等有关科目的记录分析填列。

(5)"投资活动的现金流入小计"项目,反映单位本年投资活动产生的现金流入的合计数。本项目应当根据本表中"收回投资收到的现金""取得投资收益收到的现金""处置固定资产、无形资产、公共基础设施等收回的现金净额""收到的其他与投资活动有关的现金"项目金额的合计数填列。

(6)"购建固定资产、无形资产、公共基础设施等支付的现金"项目,反映单位本年购买和建造固定资产、无形资产、公共基础设施等非流动资产所支付的现金;融资租入固定资产支付的租赁费不在本项目反映,在筹资活动的现金流量中反映。本项目应当根据"库存现金""银行存款""固定资产""工程物资""在建工程""无形资产""研发支出""公共基础设施""保障性住房"等科目的记录分析填列。

(7)"对外投资支付的现金"项目,反映单位本年为取得短期投资、长期股权投资、长期债券投资而支付的现金。本项目应当根据"库存现金""银行存款""短期投资""长期股权投资""长期债券投资"等科目的记录分析填列。

(8)"上缴处置固定资产、无形资产、公共基础设施等净收入支付的现金"项目,反映本年单位将处置固定资产、无形资产、公共基础设施等非流动资产所收回的现金净额予以上缴财政所支付的现金。本项目应当根据"库存现金""银行存款""应缴财政款"等科目的记录分析填列。

(9)"支付的其他与投资活动有关的现金"项目,反映单位本年支付的除上述项目之外与投资活动有关的现金。对于金额较大的现金流出,应当单列项目反映。本项目应当根据"库存现金""银行存款"等有关科目的记录分析填列。

(10)"投资活动的现金流出小计"项目,反映单位本年投资活动产生的现金流出的合计数。本项目应当根据本表中"购建固定资产、无形资产、公共基础设施等支付的现金""对外投资支付的现金""上缴处置固定资产、无形资产、公共基础设施等净收入支付的现金""支付的其他与投资活动有关的现金"项目金额的合计数填列。

(11)"投资活动产生的现金流量净额"项目,应当按照本表中"投资活动的现金流入小计"项目金额减去"投资活动的现金流出小计"项目金额后的金额填列,如为负数,以"-"号填列。

3. 筹资活动产生的现金流量

(1)"财政资本性项目拨款收到的现金"项目,反映单位本年接受用于购建固定资产、无形资产、公共基础设施等资本性项目的财政项目拨款取得的现金。本项目应当根据"银行存款""零余额账户用款额度""财政拨款收入"等科目及其所属明细科目的记录分析填列。

(2)"取得借款收到的现金"项目,反映事业单位本年举借短期、长期借款所收到的现金。本项目应当根据"库存现金""银行存款""短期借款""长期借款"等科目记录分析填列。

(3)"收到的其他与筹资活动有关的现金"项目,反映单位本年收到的除上述项目之外与筹资活动有关的现金。对于金额较大的现金流入,应当单列项目反映。本项目应当根据"库存现金""银行存款"等有关科目的记录分析填列。

(4)"筹资活动的现金流入小计"项目,反映单位本年筹资活动产生的现金流入的合计数。本项目应当根据本表中"财政资本性项目拨款收到的现金""取得借款收到的现金""收到的其他与筹资活动有关的现金"项目金额的合计数填列。

(5)"偿还借款支付的现金"项目,反映事业单位本年偿还借款本金所支付的现金。本项目应当根据"库存现金""银行存款""短期借款""长期借款"等科目的记录分析填列。

(6)"偿付利息支付的现金"项目,反映事业单位本年支付的借款利息等。本项目应当根据"库存现金""银行存款""应付利息""长期借款"等科目的记录分析填列。

(7)"支付的其他与筹资活动有关的现金"项目,反映单位本年支付的除上述项目之外与筹资活动有关的现金,如融资租入固定资产所支付的租赁费。本项目应当根据"库存现金""银行存款""长期应付款"等科目的记录分析填列。

(8)"筹资活动的现金流出小计"项目,反映单位本年筹资活动产生的现金流出的合计数。本项目应当根据本表中"偿还借款支付的现金""偿付利息支付的现金""支付的其他与筹资活动有关的现金"项目金额的合计数填列。

(9)"筹资活动产生的现金流量净额"项目,应当按照本表中"筹资活动的现金流入小计"项目金额减去"筹资活动的现金流出小计"金额后的金额填列,如为负数,以"一"号填列。

4."汇率变动对现金的影响额"项目,反映单位本年外币现金流量折算为人民币时,所采用的现金流量发生日的汇率折算的人民币金额与外币现金流量净额按期末汇率折算的人民币金额之间的差额。

5."现金净增加额"项目,反映单位本年现金变动的净额。本项目应当根据本表中"日常活动产生的现金流量净额""投资活动产生的现金流量净额""筹资活动产生的现金流量净额"和"汇率变动对现金的影响额"项目金额的合计数填列,如为负数,以"一"号填列。

五、财务会计报表附注

(一)概念和作用

会计报表附注是对行政事业单位在会计报表中列示的项目所作的进一步说明,以及对未能在会计报表中列示项目的说明。凡对报表使用者的决策有重要影响的会计信息,不论《政府会计制度》是否有明确规定,行政事业单位均应当在会计报表附注中充分披露。

会计报表附注是行政事业单位财务报表的重要组成部分,会计报表附注反映的信息是对会计报表反映信息的重要和必要补充,有助于财政部门、主管部门、单位管理者及其他会计信息使用者分析了解单位全面情况,将其与会计报表信息结合作出相关决策和评价。

(二)内容及格式

按照《政府会计制度》的规定,会计报表附注主要包括下列内容。

1. 单位的基本情况

单位应当简要披露其基本情况,包括单位主要职能、主要业务活动、所在地、预算管理关系等。

2. 会计报表编制基础
3. 遵循政府会计准则、制度的声明
4. 重要会计政策和会计估计

单位应当采用与其业务特点相适应的具体会计政策,并充分披露报告期内采用的重要会计政策和会计估计,主要包括以下内容。

(1) 会计期间。
(2) 记账本位币,外币折算汇率。
(3) 坏账准备的计提方法。
(4) 存货类别、发出存货的计价方法、存货的盘存制度,以及低值易耗品和包装物的摊销方法。
(5) 长期股权投资的核算方法。
(6) 固定资产分类、折旧方法、折旧年限和年折旧率;融资租入固定资产的计价和折旧方法。
(7) 无形资产的计价方法;使用寿命有限的无形资产,其使用寿命估计情况;使用寿命不确定的无形资产,其使用寿命不确定的判断依据;单位内部研究开发项目划分研究阶段和开发阶段的具体标准。
(8) 公共基础设施的分类、折旧(摊销)方法、折旧(摊销)年限,以及其确定依据。
(9) 政府储备物资分类,以及确定其发出成本所采用的方法。
(10) 保障性住房的分类、折旧方法、折旧年限。
(11) 其他重要的会计政策和会计估计。
(12) 本期发生重要会计政策和会计估计变更的,变更的内容和原因、受其重要影响的报表项目名称和金额、相关审批程序,以及会计估计变更开始适用的时点。

5. 会计报表重要项目说明

单位应当按照资产负债表和收入费用表项目列示顺序,采用文字和数据描述相结合的方式按照规定格式披露重要项目的明细信息。报表重要项目的明细金额合计,应当与报表项目金额相衔接。报表重要项目说明包括但不限于以下内容(列出部分项目披露格式)。

(1) 货币资金的明细信息,包括库存现金、银行存款、其他货币资金等货币资金的种类及其年初余额、期末余额情况。
(2) 应收账款的明细信息,包括单位内部、外部和其他债务人类别、债务人名称及应收各债务人款项的年初余额、期末余额等情况;应收票据、预付账款、其他应收款可比照应收账款进行披露。
(3) 存货的明细信息,包括存货的种类、每种存货的年初余额、期末余额等情况。
(4) 其他流动资产的明细信息,包括其他流动资产的具体项目,每项其他流动资产的年初余额、期末余额等情况。
(5) 长期投资的明细信息,包括长期债券投资的明细信息、长期股权投资的明细信息、当期发生的重大投资净损益项目、金额及原因。其中,长期债券投资的明细信息包括债券发行主体名称及每个主体的年初余额、本期增减变动数额、期末余额等情况;长期股权投资的明细信息包括被投资单位名称及每个被投资单位的核算方法、年初余额、本期增减变动数额、期末余额等情况。

(6) 固定资产的明细信息,包括固定资产各分类的资产原值、累计折旧、账面价值及其年初余额、本期增减变动数额、期末余额;已提足折旧的固定资产名称、数量等情况;出租、出借固定资产以及固定资产对外投资等情况;披露格式如表 9-5 所示。

表 9-5

固定资产明细

项目	年初余额	本期增加额	本期减少额	期末余额
一、原值合计				
其中:房屋及构筑物				
通用设备				
专用设备				
文物和陈列品				
图书、档案				
家具、用具、装具及动植物				
二、累计折旧合计				
其中:房屋及构筑物				
通用设备				
专用设备				
家具、用具、装具				
三、账面价值合计				
其中:房屋及构筑物				
通用设备				
专用设备				
文物和陈列品				
图书、档案				
家具、用具、装具及动植物				

(7) 在建工程的明细信息,包括在建工程的项目名称,各项目的年初余额、本期增减变动数额、期末余额等情况。

(8) 无形资产的明细信息,包括无形资产的种类及每种无形资产的原值、累计摊销账面价值、年初余额、本期增减变动数额、期末余额,计入当期损益的研发支出金额、确认为无形资产的研发支出金额,无形资产出售、对外投资等处置情况。

(9) 公共基础设施的明细信息,包括公共基础设施的市政、交通、水利及其他分类和具体项目,每项公共基础设施的原值、累计折旧、账面价值、年初余额、本期增减变动数额、期末余额等情况;确认为公共基础设施的单独计价入账的土地使用权的账面余额、累计摊销额及变动情况,已提足折旧继续使用的公共基础设施的名称、数量等。

(10) 政府储备物资的明细信息,包括政府储备物资类别及各类物资的年初余额、本期增减变动数额、期末余额等情况。

(11) 受托代理资产的明细信息,包括受托代理资产类别及各类资产的年初余额、本期增减变动数额期末余额情况;披露格式如表 9-6 所示。

表 9-6

受托代理资产明细

资产类别	年初余额	本期增加额	本期减少额	期末余额
货币资金				
受托转赠物资				
受托存储保管物资				
罚没物资				
其他				
合计				

(12) 应付账款的明细信息,包括单位内部、外部和其他债权人类别、债权人名称及应付各债权人款项的年初余额、期末余额等情况;应付票据、预收账款、其他应付款、长期应付款可比照应付账款进行披露。

(13) 其他流动负债的明细信息,包括其他流动负债的项目及其年初余额和期末余额;预计负债、其他非流动负债可比照其他流动负债进行披露。

(14) 长期借款的明细信息,包括债权人的名称、向各债权人借款的年初余额和期货余额;单位有基建借款的,应当分基建项目披露长期借款年初数、本年变动数、年末数和到期期限。

(15) 事业收入的明细信息,包括事业收入的来源及单位名称,每项来源收入的本期及上期发生额等;披露格式如表 9-7 所示。

表 9-7

事业收入明细

收入来源	本期发生额	上期发生额
来自财政专户管理资金		
本部门内部单位		
单位 1		
……		
本部门以外同级政府单位		
单位 1		
……		
其他		
单位 1		
……		
合计		

(16) 非同级财政拨款收入的明细信息,包括非同级财政拨款收入的来源及单位名称,每项来源收入的本期及上期发生额等;披露格式如表 9-8 所示。

表 9-8

非同级财政拨款收入明细

收入来源	本期发生额	上期发生额
本部门以外同级政府单位		
单位 1		
……		
本部门以外非同级政府单位		
单位 1		
……		
合计		

(17) 其他收入的明细信息,包括非同级财政拨款收入的来源及单位名称,每项来源收入的本期及上期发生额等;披露格式如表 9-9 所示。

表 9-9

其他收入明细

收入来源	本期发生额	上期发生额
本部门内部单位		
单位 1		
……		
本部门以外同级政府单位		
单位 1		
……		
本部门以外非同级政府单位		
单位 1		
……		
其他		
单位 1		
……		
合计		

(18) 业务活动费用的明细信息,包括按经济分类和按支付对象分类的明细信息,有单位管理费用、经营费用的,可比照业务活动费用进行披露。其中按支付对象分类的明细信息包括支付对象(单位)名称及本期和上期发生额;按经济分类的明细信息包括费用项目及本期及上期发生额,披露格式如表 9-10 所示。

表 9-10

业务活动费用明细

项目	本期发生额	上期发生额
工资福利费用		
商品和服务费用		
对个人和家庭的补助费用		
对企业补助费用		
固定资产折旧费		
无形资产摊销费		
公共基础设施折旧(摊销)费		
保障性住房折旧费		
计提专用基金		
合计		

(19) 其他费用的明细信息,包括其他费用的利息费用、坏账损失、罚没支出等各类别的本期发生额和上期发生额。

(20) 本期费用的明细信息,包括本期费用各项目的本年数和上年数,披露格式如表 9-11 所示。

表 9-11

本期费用明细

项目	本年数	上年数
工资福利费用		
商品和服务费用		
对个人和家庭的补助费用		
对企业补助费用		
固定资产折旧费		
无形资产摊销费		
公共基础设施折旧(摊销)费		
保障性住房折旧费		
计提专用基金		
所得税费用		

(续表)

项目	本年数	上年数
资产处置费用		
上缴上级费用		
对附属单位补助费用		
其他费用		
本期费用合计		

6. 本年盈余与预算结余的差异情况说明

为了反映单位财务会计和预算会计因核算基础和核算范围不同所产生的本年盈余数与本年预算结余数之间的差异，单位应当按照重要性原则，对本年度发生的各类影响收入（预算收入）和费用（预算支出）的业务进行适度归并和分析，将年度预算收入支出表中"本年预算收支差额"调节为年度收入费用表中"本期盈余"的信息并披露。

单位应通过财务软件完成相关业务分录标识和报表设置，以信息化的方式生成"本年预算收支差额和本期盈余调节表"，表中数据平衡计算公式为：本年预算结余＋重要事项的差异＋其他事项差异＝本年盈余，表中"本年预算结余"应与单位"预算收入支出表"中"本年预算收支差额"数据一致，表中"本年盈余"应与单位"收入费用表"中"本年盈余一致"。"本年预算收支差额和本期盈余调节表"格式如表9-12所示。

表9-12

本年预算收支差额和本期盈余调节表

项　目	金额
一、本年预算结余(本年预算收支差额)	
二、差异调节	—
(一)重要事项的差异	
加：1. 当期确认为收入但没有确认为预算收入	
(1)应收款项、预收账款确认的收入	
(2)接受非货币性资产捐赠确认的收入	
2. 当期确认为预算支出但没有确认为费用	
(1)支付应付款项、预付账款的支出	
(2)为取得存货、政府储备物资等计入物资成本的支出	
(3)为购建固定资产等的资本性支出	
(4)偿还借款本息支出	
减：1. 当期确认为预算收入但没有确认为收入	
(1)收到应收款项、预收账款确认的预算收入	
(2)取得借款确认的预算收入	

(续表)

项 目	金额
2. 当期确认为费用但没有确认为预算支出	
（1）发出存货、政府储备物资等确认的费用	
（2）计提的折旧费用和摊销费用	
（3）确认的资产处置费用（处置资产价值）	
（4）应付款项、预付账款确认的费用	
（二）其他事项差异	
三、本年盈余（本年收入与费用的差额）	

7. 其他重要事项说明

（1）资产负债表日存在的重要或有事项说明。没有重要或有事项的，也应说明。

（2）以名义金额计量的资产名称、数量等情况，以及以名义金额计量理由的说明。

（3）通过债务资金形成的固定资产、公共基础设施、保障性住房等资产的账面价值、使用情况、收益情况及与此相关的债务偿还情况等的说明。

（4）重要资产置换、无偿调入（出）、捐入（出）、报废、重大毁损等情况的说明。

（5）事业单位将单位内部独立核算单位的会计信息纳入本单位财务报表情况的说明。

（6）政府会计具体准则中要求附注披露的其他内容。

（7）有助于理解和分析单位财务报表需要说明的其他事项。

第二节　行政事业单位预算会计报表

按照《政府会计制度》的规定，行政事业单位应当以收付实现制为基础，以单位预算会计核算生成的数据为准编制预算会计报表。行政事业单位预算会计报表指单位编制的预算会计报表，主要包括预算收入支出表、预算结转结余变动表和财政拨款预算收入支出表等。

一、预算收入支出表

（一）概念和作用

预算收入支出表是反映行政事业单位预算收支情况的报表，反映单位在某一会计年度内各项预算收入、预算支出和预算收支差额的情况。按照规定，行政事业单位的预算收入支出表应当按年度编制。

预算收入支出表用于提供某一会计年度内预算收入总额、支出总额及其构成情况的信息，如：某单位年度内财政拨款收入、事业预算收入、事业支出、其他支出等信息，同时通过计算预算收入总额减去预算支出总额，提供某一会计年度内预算收支差额的信息。通过分析单位各类收入、支出和收支差额信息，便于单位和主管及财政部门了解单位预算执行情况和安排下一年度预算收支计划。

（二）报表格式

预算收入支出表按照本年预算收入、本年预算支出的构成和本年预算收支差额情况分项列示，并按本年数和上年数分栏列示。表中数据信息计算公式为：

$$本年预算收入-本年预算支出=本年预算收支差额$$

预算收入支出表格式如表 9-13 所示：

表 9-13

预算收入支出表

会政预 01 表

编制单位：××单位　　　　　　　　202×年　　　　　　　　　　　　单位：元

项　目	本年数	上年数
一、本年预算收入		
（一）财政拨款预算收入		
其中：政府性基金收入		
（二）事业预算收入		
（三）上级补助预算收入		
（四）附属单位上缴预算收入		
（五）经营预算收入		
（六）债务预算收入		
（七）非同级财政拨款预算收入		
（八）投资预算收益		
（九）其他预算收入		
其中：利息预算收入		
捐赠预算收入		
租金预算收入		
二、本年预算支出		
（一）行政支出		
（二）事业支出		
（三）经营支出		
（四）上缴上级支出		
（五）对附属单位补助支出		
（六）投资支出		
（七）债务还本支出		
（八）其他支出		
其中：利息支出		
捐赠支出		
三、本年预算收支差额		

第九章　行政事业单位会计报表

（三）编列方法

本表反映单位在某一会计年度内各项预算收入、预算支出和预算收支差额的情况。本表"本年数"栏反映各项目的本年实际发生数。本表"上年数"栏反映各项目上年度的实际发生数，应当根据上年度预算收入支出表中"本年数"栏内所列数字填列。如果本年度预算收入支出表规定项目的名称和内容同上年度不一致，应当对上年度预算收入支出表项目的名称和数字按照本年度的规定进行调整，将调整后金额填入本年度预算收入支出表的"上年数"栏。

本表"本年数"栏各项目的内容和填列方法如下。

1. 本年预算收入

（1）"本年预算收入"项目，反映单位本年预算收入总额。本项目应当根据本表中"财政拨款预算收入""事业预算收入""上级补助预算收入""附属单位上缴预算收入""经营预算收入""债务预算收入""非同级财政拨款预算收入""投资预算收益""其他预算收入"项目金额的合计数填列。

（2）"财政拨款预算收入"项目，反映单位本年从同级政府财政部门取得的各类财政拨款。本项目应当根据"财政拨款预算收入"科目的本年发生额填列。其中"政府性基金收入"项目，反映单位本年取得的财政拨款收入中属于政府性基金预算拨款的金额。本项目应当根据"财政拨款预算收入"相关明细科目的本年发生额填列。

（3）"事业预算收入"项目，反映事业单位本年开展专业业务活动及其辅助活动取得的预算收入。本项目应当根据"事业预算收入"科目的本年发生额填列。

（4）"上级补助预算收入"项目，反映事业单位本年从主管部门和上级单位取得的非财政补助预算收入。本项目应当根据"上级补助预算收入"科目的本年发生额填列。

（5）"附属单位上缴预算收入"项目，反映事业单位本年收到的独立核算的附属单位按照有关规定上缴的预算收入。本项目应当根据"附属单位上缴预算收入"科目的本年发生额填列。

（6）"经营预算收入"项目，反映事业单位本年在专业业务活动及其辅助活动之外开展非独立核算经营活动取得的预算收入。本项目应当根据"经营预算收入"科目的本年发生额填列。

（7）"债务预算收入"项目，反映事业单位本年按照规定从金融机构等借入的、纳入部门预算管理的债务预算收入。本项目应当根据"债务预算收入"的本年发生额填列。

（8）"非同级财政拨款预算收入"项目，反映单位本年从非同级政府财政部门取得的财政拨款。本项目应当根据"非同级财政拨款预算收入"科目的本年发生额填列。

（9）"投资预算收益"项目，反映事业单位本年取得的按规定纳入单位预算管理的投资收益。本项目应当根据"投资预算收益"科目的本年发生额填列。

（10）"其他预算收入"项目，反映单位本年取得的除上述收入以外的纳入单位预算管理的各项预算收入。本项目应当根据"其他预算收入"科目的本年发生额填列。

"利息预算收入"项目，反映单位本年取得的利息预算收入。本项目应当根据"其他预算收入"科目的明细记录分析填列。单位单设"利息预算收入"科目的，应当根据"利息预算收入"科目的本年发生额填列。

"捐赠预算收入"项目，反映单位本年取得的捐赠预算收入。本项目应当根据"其他预算收入"科目明细账记录分析填列。单位单设"捐赠预算收入"科目的,应当根据"捐赠预算收入"科目的本年发生额填列。

"租金预算收入"项目,反映单位本年取得的租金预算收入。本项目应当根据"其他预算收入"科目明细账记录分析填列。单位单设"租金预算收入"科目的,应当根据"租金预算收入"科目的本年发生额填列。

2. 本年预算支出

(1)"本年预算支出"项目,反映单位本年预算支出总额。本项目应当根据本表中"行政支出""事业支出""经营支出""上缴上级支出""对附属单位补助支出""投资支出""债务还本支出"和"其他支出"项目金额的合计数填列。

(2)"行政支出"项目,反映行政单位本年履行职责实际发生的支出。本项目应当根据"行政支出"科目的本年发生额填列。

(3)"事业支出"项目,反映事业单位本年开展专业业务活动及其辅助活动发生的支出。本项目应当根据"事业支出"科目的本年发生额填列。

(4)"经营支出"项目,反映事业单位本年在专业业务活动及其辅助活动之外开展非独立核算经营活动发生的支出。本项目应当根据"经营支出"科目的本年发生额填列。

(5)"上缴上级支出"项目,反映事业单位本年按照财政部门和主管部门的规定上缴上级单位的支出。本项目应当根据"上缴上级支出"科目的本年发生额填列。

(6)"对附属单位补助支出"项目,反映事业单位本年用财政拨款收入之外的收入对附属单位补助发生的支出。本项目应当根据"对附属单位补助支出"科目的本年发生额填列。

(7)"投资支出"项目,反映事业单位本年以货币资金对外投资发生的支出。本项目应当根据"投资支出"科目的本年发生额填列。

(8)"债务还本支出"项目,反映事业单位本年偿还自身承担的纳入预算管理的从金融机构举借的债务本金的支出。本项目应当根据"债务还本支出"科目的本年发生额填列。

(9)"其他支出"项目,反映单位本年除以上支出以外的各项支出。本项目应当根据"其他支出"科目的本年发生额填列。

"利息支出"项目,反映单位本年发生的利息支出。本项目应当根据"其他支出"科目明细账记录分析填列。单位单设"利息支出"科目的,应当根据"利息支出"科目的本年发生额填列。

"捐赠支出"项目,反映单位本年发生的捐赠支出。本项目应当根据"其他支出"科目明细账记录分析填列。单位单设"捐赠支出"科目的,应当根据"捐赠支出"科目的本年发生额填列。

3. 本年预算收支差额

"本年预算收支差额"项目,反映单位本年各项预算收支相抵后的差额。本项目应当根据本表中"本期预算收入"项目金额减去"本期预算支出"项目金额后的金额填列,如相减后金额为负数,以"一"号填列。

二、预算结转结余变动表

(一)概念和作用

预算结转结余变动表是反映行政事业单位在某一会计年度内预算结转结余变动情况的报表。按照规定,行政事业单位的预算结转结余变动表应当按年度编制。

预算结转结余变动表可以提供某一会计年度内预算结转结余项目的金额变动情况。例如,某会计年度内由本年财政拨款收支差额、归集调入、归集上缴或调出等原因引起的金额变动;可以提供年末预算结转结余构成情况,如年末财政拨款结转、财政拨款结余、非财政拨款结转、非财政拨款结余、专用结余等信息。通过分析单位预算结转结余变化和存量情况,便于单位和主管及财政部门统筹安排财政预算结转结余资金。

(二)报表格式

单位预算结转结余变动表按照本年数和上年数分栏列示,同时按照年初预算结转结余、年初余额调整、本年变动金额和年末预算结转结余等项目分项列示。表中数据采用的计算公式为:

$$年初预算结转结余+年初余额调整+本年变动金额=年末预算结转结余$$

预算结转结余变动表的格式如表9-14所示:

表9-14

预算结转结余变动表　　　　　　　　　　　会政预02表

编制单位:××单位　　　　　　　　2×22年　　　　　　　　单位:元

项目	本年数	上年数
一、年初预算结转结余		
(一)财政拨款结转结余		
(二)其他资金结转结余		
二、年初余额调整(减少以"-"号填列)		
(一)财政拨款结转结余		
(二)其他资金结转结余		
三、本年变动金额(减少以"-"号填列)		
(一)财政拨款结转结余		
1. 本年收支差额		
2. 归集调入		
3. 归集上缴或调出		
(二)其他资金结转结余		
1. 本年收支差额		
2. 缴回资金		
3. 使用专用结余		

(续表)

项目	本年数	上年数
4. 支付所得税		
四、年末预算结转结余		
(一)财政拨款结转结余		
1. 财政拨款结转		
2. 财政拨款结余		
(二)其他资金结转结余		
1. 非财政拨款结转		
2. 非财政拨款结余		
3. 专用结余		
4. 经营结余(如有余额,以"一"号填列)		

(三)编列方法

预算结转结余变动表反映单位在某一会计年度内预算结转结余的变动情况。本表"本年数"栏反映各项目的本年实际发生数。本表"上年数"栏反映各项目的上年实际发生数,应当根据上年度预算结转结余变动表中"本年数"栏内所列数字填列。如果本年度预算结转结余变动表规定项目的名称和内容同上年度不一致,应当对上年度预算结转结余变动表项目的名称和数字按照本年度的规定进行调整,将调整后金额填入本年度预算结转结余变动表的"上年数"栏。本表中"年末预算结转结余"项目金额等于"年初预算结转结余""年初余额调整""本年变动金额"三个项目的合计数。

本表"本年数"栏各项目的内容和填列方法如下。

(1)"年初预算结转结余"项目,反映单位本年预算结转结余的年初余额。本项目应当根据本项目下"财政拨款结转结余""其他资金结转结余"项目金额的合计数填列。

"财政拨款结转结余"项目,反映单位本年财政拨款结转结余资金的年初余额。本项目应当根据"财政拨款结转""财政拨款结余"科目本年年初余额合计数填列。

"其他资金结转结余"项目,反映单位本年其他资金结转结余的年初余额。本项目应当根据"非财政拨款结转""非财政拨款结余""专用结余""经营结余"科目本年年初余额的合计数填列。

(2)"年初余额调整"项目,反映单位本年预算结转结余年初余额调整的金额。本项目应当根据本项目下"财政拨款结转结余""其他资金结转结余"项目金额的合计数填列。

"财政拨款结转结余"项目,反映单位本年财政拨款结转结余资金的年初余额调整金额。本项目应当根据"财政拨款结转""财政拨款结余"科目下"年初余额调整"明细科目的本年发生额的合计数填列;如调整减少年初财政拨款结转结余,以"一"号填列。

"其他资金结转结余"项目,反映单位本年其他资金结转结余的年初余额调整金额。本项目应当根据"非财政拨款结转""非财政拨款结余"科目下"年初余额调整"明细科目的本年发生额的合计数填列,如调整减少年初其他资金结转结余,以"一"号填列。

(3)"本年变动金额"项目,反映单位本年预算结转结余变动的金额。本项目应当根据本项目下"财政拨款结转结余""其他资金结转结余"项目金额的合计数填列。

"财政拨款结转结余"项目,反映单位本年财政拨款结转结余资金的变动。本项目应当根据本项目下"本年收支差额""归集调入""归集上缴或调出"项目金额的合计数填列。

① "本年收支差额"项目,反映单位本年财政拨款资金收支相抵后的差额。本项目应当根据"财政拨款结转"科目下"本年收支结转"明细科目本年转入的预算收入与预算支出的差额填列,差额为负数的,以"－"号填列。

② "归集调入"项目,反映单位本年按照规定从其他单位归集调入的财政拨款结转资金。本项目应当根据"财政拨款结转"科目下"归集调入"明细科目的本年发生额填列。

③ "归集上缴或调出"项目,反映单位本年按照规定上缴的财政拨款结转结余资金及按照规定向其他单位调出的财政拨款结转资金。本项目应当根据"财政拨款结转""财政拨款结余"科目下"归集上缴"明细科目,以及"财政拨款结转"科目下"归集调出"明细科目本年发生额的合计数填列,以"－"号填列。

"其他资金结转结余"项目,反映单位本年其他资金结转结余的变动。本项目应当根据本项目下"本年收支差额""缴回资金""使用专用结余""支付所得税"项目金额的合计数填列。

① "本年收支差额"项目,反映单位本年除财政拨款外的其他资金收支相抵后的差额。本项目应当根据"非财政拨款结转"科目下"本年收支结转"明细科目、"其他结余"科目、"经营结余"科目本年转入的预算收入与预算支出的差额的合计数填列,如为负数,以"－"号填列。

② "缴回资金"项目,反映单位本年按照规定缴回的非财政拨款结转资金。本项目应当根据"非财政拨款结转"科目下"缴回资金"明细科目本年发生额的合计数填列,以"－"号填列。

③ "使用专用结余"项目,反映本年事业单位根据规定使用从非财政拨款结余或经营结余中提取的专用基金的金额。本项目应当根据"专用结余"科目明细账中本年使用专用结余业务的发生额填列,以"－"号填列。

④ "支付所得税"项目,反映有企业所得税缴纳义务的事业单位本年实际缴纳的企业所得税金额。本项目应当根据"非财政拨款结余"明细账中本年实际缴纳企业所得税业务的发生额填列,以"－"号填列。

(4) "年末预算结转结余"项目,反映单位本年预算结转结余的年末余额。本项目应当根据本项目下"财政拨款结转结余""其他资金结转结余"项目金额的合计数填列。

"财政拨款结转结余"项目,反映单位本年财政拨款结转结余的年末余额。本项目应当根据本项目下"财政拨款结转""财政拨款结余"项目金额的合计数填列。本项目下"财政拨款结转""财政拨款结余"项目,应当分别根据"财政拨款结转""财政拨款结余"科目的本年年末余额填列。

"其他资金结转结余"项目,反映单位本年其他资金结转结余的年末余额。本项目应当根据本项目下"非财政拨款结转""非财政拨款结余""专用结余""经营结余"项目金额的合计数填列。本项目下"非财政拨款结转""非财政拨款结余""专用结余""经营结余"项目,应当分别根据"非财政拨款结转""非财政拨款结余""专用结余""经营结余"科目的本年年末余额填列。

三、财政拨款预算收入支出表

(一) 概念和作用

财政拨款预算收入支出表是反映行政事业单位本年财政拨款预算资金收入、支出及相关变动具体情况的报表。按照规定,行政事业单位的财政拨款预算收入支出表应当按年度编制。

财政拨款预算收入支出表可以提供某一会计年度内单位财政拨款预算收支各个组成项目的资金增减变动具体信息,例如,提供某一会计年度内单位一般公共预算财政拨款基本支出(人员和公用经费)、各财政项目支出的年初财政拨款结转结余、本年归集调入、本年归集上缴或调出、单位内部调剂、本年财政拨款收入、本年财政拨款支出、年末财政拨款结转结余等信息。相对于预算结转结余变动表,财政拨款预算收入支出表更加清晰地反映财政拨款预算资金及其增减变动情况,便于核对预算信息和掌握单位预算执行的具体情况。

(二) 报表格式

财政拨款预算收入支出表应当分别按照一般公共预算财政拨款和政府性基金预算财政拨款及其基本支出和项目支出具体构成项目分项列示,同时分栏反映各构成项的年初结转结余数、本年增减变动数和年末结转结余数。本年增减变动数包括调整年初结转结余数、本年归集调入数、本年归集上缴或调出数、单位内部调剂数、本年财政拨款收入数、本年财政拨款支出数。

财政拨款预算收入支出表的格式如表 9-15 所示:

表 9-15

财政拨款预算收入支出表

会政预 03 表

编制单位:××单位　　　　　　　　　　2×22年　　　　　　　　　　单位:元

项目	年初财政拨款结转结余		调整年初财政拨款结转结余	本年归集调入	本年归集上缴或调出	单位内部调剂		本年财政拨款收入	本年财政拨款支出	年末财政拨款结转结余	
	结转	结余				结转	结余			结转	结余
一、一般公共预算财政拨款											
(一) 基本支出											
1. 人员经费											
2. 日常公用经费											
(二) 项目支出											
1. XX 项目											
2. XX 项目											
……											
二、政府性基金预算财政拨款											
(一) 基本支出											

(续表)

项目	年初财政拨款结转结余		调整年初财政拨款结转结余	本年归集调入	本年归集上缴或调出	单位内部调剂		本年财政拨款收入	本年财政拨款支出	年末财政拨款结转结余	
	结转	结余				结转	结余			结转	结余
1. 人员经费											
2. 日常公用经费											
(二) 项目支出											
1. XX项目											
2. XX项目											
……											
总计											

(三) 编列方法

财政拨款预算收入支出表"项目"栏内各项目,应当根据单位取得的财政拨款种类分项设置。其中"项目支出"项目下,根据每个项目设置;单位取得除一般公共财政预算拨款和政府性基金预算拨款以外的其他财政拨款的,应当按照财政拨款种类增加相应的资金项目及其明细项目。

各栏及其对应项目的内容和填列方法如下。

(1) "年初财政拨款结转结余"栏中各项目,反映单位年初各项财政拨款结转结余的金额。各项目应当根据"财政拨款结转""财政拨款结余"及其明细科目的年初余额填列。本栏中各项目的数额应当与上年度财政拨款预算收入支出表中"年末财政拨款结转结余"栏中各项目的数额相等。

(2) "调整年初财政拨款结转结余"栏中各项目,反映单位对年初财政拨款结转结余的调整金额。各项目应当根据"财政拨款结转""财政拨款结余"科目下"年初余额调整"明细科目及其所属明细科目的本年发生额填列,如调整减少年初财政拨款结转结余,以"-"号填列。

(3) "本年归集调入"栏中各项目,反映单位本年按规定从其他单位调入的财政拨款结转资金金额。各项目应当根据"财政拨款结转"科目下"归集调入"明细科目及其所属明细科目的本年发生额填列。

(4) "本年归集上缴或调出"栏中各项目,反映单位本年按规定实际上缴的财政拨款结转结余资金,及按照规定向其他单位调出的财政拨款结转资金金额。各项目应当根据"财政拨款结转""财政拨款结余"科目下"归集上缴"科目和"财政拨款结转"科目下"归集调出"明细科目,及其所属明细科目的本年发生额填列,以"-"号填列。

(5) "单位内部调剂"栏中各项目,反映单位本年财政拨款结转结余资金在单位内部不同项目等之间的调剂金额。各项目应当根据"财政拨款结转"和"财政拨款结余"科目下的"单位内部调剂"明细科目及其所属明细科目的本年发生额填列,对单位内部调剂减少的财政拨款结余金额,以"-"号填列。

（6）"本年财政拨款收入"栏中各项目，反映单位本年从同级财政部门取得的各类财政预算拨款金额。各项目应当根据"财政拨款预算收入"科目及其所属明细科目的本年发生额填列。

（7）"本年财政拨款支出"栏中各项目，反映单位本年发生的财政拨款支出金额。各项目应当根据"行政支出""事业支出"等科目及其所属明细科目本年发生额中的财政拨款支出数的合计数填列。

（8）"年末财政拨款结转结余"栏中各项目，反映单位年末财政拨款结转结余的金额。各项目应当根据"财政拨款结转""财政拨款结余"科目及其所属明细科目的年末余额填列。

思考题

1. 行政事业单位会计报表可以分为哪两大类？各大类分别包括哪些具体内容？
2. 本章的资产负债表采用什么格式？遵循什么平衡关系？
3. 请说出收入费用表的具体项目。
4. 年度预算收入支出表与年度收入费用表之间的关系何在？它们应该一致吗？为什么？
5. 行政事业单位会计报表附注主要包括哪几大类内容？请阐述编制它的理由。

练习题

一、单项选择题

1. 政府会计改革的内容，是一项系统性工程，由多项工作任务与内容构成。其中，（   ）是关键。
   A. 政府会计核算体系　　　　　　　　B. 政府财务报告审计和公开机制
   C. 政府财务报告分析应用体系　　　　D. 政府财务报告体系

2. 下列选项中，不属于资产负债表重要项目的是（   ）。
   A. 在建工程　　　　　　　　　　　　B. 非同级财政拨款收入
   C. 长期借款　　　　　　　　　　　　D. 应收账款

3. 在行政事业单位资产负债表的年报中，不需要列示的项目是（   ）。
   A. 累计盈余　　　　　　　　　　　　B. 专用基金
   C. 权益法调整　　　　　　　　　　　D. 无偿调拨净资产

4. 在收入费用表中，行政单位和事业单位都需要列示的项目是（   ）。
   A. 业务活动费用　　　　　　　　　　B. 投资收益
   C. 附属单位上缴收入　　　　　　　　D. 对附属单位补助费用

5. 在收入费用表中，可能为负数的项目是（   ）。
   A. 财政拨款收入　　B. 事业收入　　C. 业务活动费用　　D. 本期盈余

6. 行政事业单位财务会计报表不包括（   ）。
   A. 资产负债表　　　　　　　　　　　B. 财政拨款预算收入支出表
   C. 收入费用表　　　　　　　　　　　D. 现金流量表

7. 行政事业单位可根据实际情况自行选择编制（   ）。

A. 现金流量表 B. 预算收入支出表
C. 收入费用表 D. 净资产变动表
8. 行政事业单位财务报告使用者不包括( )。
A. 债权人 B. 政府自身
C. 债务人 D. 其他利益相关者
9. 财政拨款预算收入支出表采用( )结构列报。
A. 单步式 B. 报告式 C. 多步式 D. 账户式
10. 下列会计报表中,属于月度和年度都应该编制的报表是( )。
A. 预算收入支出表 B. 财政拨款预算收入支出表
C. 收入费用表 D. 现金流量表

二、多项选择题
1. 在行政事业单位资产负债表中,"货币资金"项目反映单位期末( )的合计数。
A. 库存现金 B. 银行存款
C. 零余额账户用款额度 D. 其他货币资金
2. 在收入费用表中,行政单位不需要列示的项目有( )。
A. 事业收入 B. 经营收入 C. 上级补助收入 D. 单位管理费用
3. 行政单位资产负债表的年报中没有( )项目。
A. 累计盈余 B. 专用基金 C. 权益法调整 D. 本期盈余
4. 行政事业单位财务报告中的财务报表至少应当包括( )。
A. 资产负债表 B. 收入费用表 C. 现金流量表 D. 会计报表附注
5. 现金流量表所指的现金包括( )。
A. 库存现金 B. 银行存款
C. 零余额账户用款额度 D. 其他货币资金
6. 在净资产变动表中,"本年变动金额"行列示的具体变动原因包括( )。
A. 以前年度盈余调整 B. 本年盈余
C. 无偿调拨净资产 D. 提取或设置专用基金
7. 仅在月度报表中列示,在年报中不列示的项目有( )。
A. 无偿调拨净资产 B. 本期盈余 C. 专用基金 D. 累计盈余
8. 会计报表附注应当披露的信息内容包括( )。
A. 会计报表编制基础 B. 单位基本情况
C. 重要会计政策和会计估计 D. 会计报表重要事项说明
9. 行政事业单位预算会计报表包括( )。
A. 预算收入支出表 B. 收入费用表
C. 现金流量表 D. 财政拨款预算收入支出表
10. 行政事业单位会计的"双报告"是指( )。
A. 通过财务会计核算形成决算报告 B. 通过财务会计核算形成财务报告
C. 通过预算会计核算形成财务报告 D. 通过预算会计核算形成决算报告

三、判断题
1. 原制度下的行政事业单位会计报表为混合式,不利于编制决算报告与财务报告。新

1. 《政府会计制度》将报表分为预算会计报表和财务会计报表两大类。（   ）
2. 资产负债以单位财务会计核算生成的数据为准，按照会计制度的规定编制。（   ）
3. 会计年度、月度等会计期间的起讫日期采用公历日期。（   ）
4. 附注是财务报表的重要组成部分。凡对使用者的决策有重要影响的会计信息，单位均应当充分披露。（   ）
5. 附注是指对在资产负债表、收入费用表、现金流量表等报表中列示项目所作的进一步说明，以及对未能在这些报表中列示项目的说明。（   ）
6. 净资产是指行政事业单位资产扣除负债后的净额。（   ）
7. 行政事业单位应当按照及时性原则，对本年度发生的各类影响收入（预算收入）和费用（预算支出）的业务进行适度归并和分析，披露将年度预算收入支出表中"本年预算收支差额"调节为年度收入费用表中"本期盈余"的信息。（   ）
8. 行政事业单位财务报告的编制以收付实现制为基础，以财务会计核算生成的数据为准。（   ）
9. 财政拨款预算收入支出表是反映单位在某一会计年度内各项预算收入、预算支出和预算收支差额情况的报表。（   ）
10. 行政事业单位决算报告的目标是向决算报告使用者提供与政府预算执行情况有关的信息，综合反映行政事业单位预算收支的年度执行结果。（   ）

第四篇
民间非营利组织会计

第十章

民间非营利组织会计概述

学习目的和要求：通过本章的学习，学生应该了解民间非营利组织会计的概念，明确民间非营利组织会计的核算基础和核算方法，熟悉民间非营利组织会计核算涉及的会计要素及会计科目。

教学重点和难点：本章的重点是民间非营利组织会计核算体系，难点是民间非营利组织会计核算方法。

课程思政案例

寺庙会计能躺平吗

赵慧明是东部某知名财经院校的2022届会计学专业毕业生。早在进入大学时，她就已经决定毕业后直接参加工作。为此，她在大学期间努力学习专业知识，积极参加各种校园模拟招聘活动，同时还利用很多空闲时间参与校外的实习工作，以期在毕业时找到一份满意的工作。

在参加完国家公务员考试后，她在上网浏览各种招聘信息时，一则寺庙招聘会计的信息映入她的眼帘。原来是某知名寺庙招聘多名工作人员，其中就有会计岗位。该寺庙有1 700多年历史，还被国务院确定为全国重点文物保护单位。此次该寺庙的会计岗位招聘要求应聘者具有会计、审计等相关专业本科以上学历，并且优先考虑持有CPA证书者和有财务会计工作经验者，同时还要求应聘者具有较强的进取心和责任心，勤奋刻苦，能承受一定的工作压力，具有良好的协调沟通能力和良好的职业道德以及团队合作精神。在薪酬待遇方面，该寺庙承诺依据规定给予事业编制，并且提供具有较强竞争力的薪酬体系和规范的职业晋升机制。

看到如此诱人的薪酬待遇条件，赵慧明心想，在千年古刹间朝九晚五的数数功德箱里的钱应该会很容易。想到这些，赵慧明跃跃欲试，便把自己的简历投递过去了。

思考与讨论：寺庙会计岗位是一个可以躺平的工作岗位吗？寺庙会计与一般的企业会计有何区别？

第一节　民间非营利组织会计的含义和特点

一、民间非营利组织会计的含义

（一）民间非营利组织的定义

民间非营利组织是指由民间出资建立、不以营利为目的，从事教育、科技、文化、卫生、宗教等社会公益性活动的社会服务组织。包括依照国家法律、行政法规登记的社会团体、基金会、民办非企业单位、寺院、宫观、清真寺、教堂和境外非政府组织在中国境内依法登记设立的代表机构等。

目前，我国的民间非营利组织主要在教育与科技、文化与休闲、体育与研究、卫生与社会服务、宗教活动和组织、商会与专业协会等领域开展工作。《民间非营利组织会计制度》和《民间非营利组织会计制度》(若干问题的解释)中所规范的民间非营利组织包括依照国家法律、行政法规登记的社会团体、基金会、民办非企业单位、境外非政府组织在中国境内依法登记设立的代表机构和寺院、宫观、清真寺、教堂等。

1. 社会团体

社会团体由中国公民自愿组成，为实现会员共同意愿，按照其章程开展活动的非营利性社会组织，如中国会计学会、机动车驾驶员协会等。其主要业务活动收入是会费收入。

2. 基金会

基金会是由按照民间捐赠人的意愿设立的专门用于捐赠人指定的社会公益性用途的非营利基金管理组织，如宋庆龄基金会等。其主要业务活动收入是捐赠收入。

3. 民办非企业单位

民办非企业单位指企业事业单位、社会团体和其他社会力量以及公民个人，利用非国有资产举办的，从事非营利性社会服务活动的社会组织。主要包括从事科学、教育、文艺、卫生、体育等科学文化类的非企业单位，如民办医疗机构、民办学校、民办剧团、各类体育俱乐部、民办各类学科研究所等；从事各种社会救济的非企业单位，如民办孤儿院、民办养老院等；从事民间公证鉴定、法律服务、咨询服务等社会性服务的中介组织，如商务咨询所、法律服务所等。

4. 寺院、宫观、清真寺、教堂

寺院、宫观、清真寺、教堂是由具有宗教信仰和热心宗教的人在国家支持下兴办的开展宗教活动的场所，主要包括佛教的寺院、道教的宫观、伊斯兰教的清真寺和基督教的教堂等。

5. 境外非政府组织在中国境内依法登记设立的代表机构

境外非政府组织在中国境内依法登记设立的代表机构是指由中国境外民间非政府组织依照中国法律和行政法规在中国境内登记设立的代表机构。该机构必须依照中国法律从事相关的经营活动。

（二）民间非营利组织特点

（1）该组织不以营利为宗旨和目的。即依法登记设立的民间组织开展经营活动并非以获取利润最大化为目标和宗旨。

（2）资源提供者向该组织投入资源不取得经济回报。资源提供者向该组织提供各种资源的同时不得向该组织索取相应的经济回报。

（3）资源提供者不享有该组织的所有权。即资源提供者只能单方面向该组织提供各种资源，不得在该组织中获取管理身份并且拥有该组织的控制权。

民间非营利组织的资源来源主要是社会捐赠、会员交纳的会费、提供商品和服务的收入以及政府补助等。

（三）民间非营利组织会计的定义

民间非营利组织会计是指核算、反映和监督民间非营利组织经济活动过程及其结果的专业会计。

二、民间非营利组织会计的特点

民间非营利组织与营利性企业和国有行政事业单位存在较大差异,因此其会计核算也具备本身独特的特点,涵盖会计目标、会计要素、会计核算基础、会计核算方法以及财务会计报告等内容。民间非营利组织会计具有以下特点。

（1）民间非营利组织的会计目标,是满足捐赠人、会员、服务对象、债权人、监管部门等会计信息使用者的决策需要。

（2）以权责发生制原则为会计核算基础。

（3）设置了资产、负债、净资产、收入和费用五个会计要素。

（4）计量基础包括历史成本和公允价值。

（5）净资产分为限定性净资产和非限定性净资产两大类。

（6）按照交换交易形成的收入和非交换交易形成的收入分别界定其确认标准。

（7）严格区分业务活动成本和期间费用。

① 社会团体的业务活动成本是指社会团体利用会费开展活动发生的支出。

② 基金会的业务活动成本主要是发生的资助项目支出。

③ 民办非企业单位的业务活动成本是指其开展主要业务活动所发生的支出。如民办学校发生的教学支出（支付教职工工资、福利费等）、民办医院的医疗支出等。

（8）财务会计报告内容根据民间非营利组织的业务特点及其会计信息使用者的需求设计。

（9）民间非营利组织会计记账应当采用借贷记账法。

第二节 民间非营利组织会计核算

一、民间非营利组织会计要素

会计要素是指会计对象的构成部分,是按照交易或事项的经济特征所作的基本分类,即对会计对象按经济性质所作的基本分类,它是会计核算和监督的具体对象和内容,用于反映会计主体财务状况和经营成果的基本单位。会计要素分为反映财务状况的会计要素和反映经营成果的会计要素。

《民间非营利组织会计制度》将民间非营利组织的会计要素分为资产、负债、净资产、收入和费用五个会计要素。其中,资产、负债和净资产三项会计要素侧重反映民间非营利组织的财务状况,构成资产负债表要素;收入和费用两项会计要素侧重反映民间非营利组织经营成果,构成业务活动表要素。

二、民间非营利组织会计科目

会计科目是将会计对象具体内容进行分类核算的类目。会计对象的具体内容各有不同,管理要求也存在差异。为了全面、系统、分类地核算与监督各项经济业务的发生情况,全面反映由此而引起的各项资产、负债、净资产、收入和费用的增减变动,就有必要按照各项会计对象分别设置会计科目。设置会计科目是对会计对象的具体内容加以科学归类，是进行分类核算与监督的一种方法。

根据现行《民间非营利组织会计制度》的规定，各类民间非营利组织适用的会计科目如表 10-1 所示。

表 10-1

民间非营利组织会计科目表

序号	科目编号	科目名称	科目核算内容
一、资产类（23 个）			
1	1001	现金	库存现金
2	1002	银行存款	存入银行或其他金融机构的存款
3	1009	其他货币资金	外埠存款、银行汇票存款、银行本票存款、信用卡存款、信用证保证金存款、存出投资款（或者存入其他金融机构）等各种其他货币资金
4	1101	短期投资	持有的能够随时变现并且持有时间不准备超过 1 年（含 1 年）的投资，包括股票、债券投资等
5	1102	短期投资跌价准备	提取的短期投资跌价准备
6	1111	应收票据	因销售商品、提供服务等而收到的商业汇票，包括银行承兑汇票和商业承兑汇票
7	1121	应收账款	因销售商品、提供服务等主要业务活动，应当向会员、购买单位或接受服务单位等收取的、但尚未实际收到的款项
8	1122	其他应收款	除应收票据、应收账款以外的其他各项应收、暂付款项，包括应收股利、应收利息、应向职工收取的各种垫付款项、职工借款、应收保险公司赔款等
9	1131	坏账准备	提取的坏账准备
10	1141	预付账款	预付给商品供应单位或者服务提供单位的款项
11	1201	存货	在日常业务活动中持有以备出售或捐赠的，或者为了出售或捐赠仍处在生产过程中的，或者将在生产、提供服务或日常管理过程中耗用的材料、物资、商品等，包括材料、库存商品、委托加工材料，以及达不到固定资产标准的工具、器具等
12	1202	存货跌价准备	提取的存货跌价准备
13	1301	待摊费用	已经支出，但应当由本期和以后各期分别负担的分摊期在 1 年以内（含 1 年）的各项费用，如预付保险费、预付租金等
14	1401	长期股权投资	持有时间准备超过 1 年（不含 1 年）的各种股权性质的投资，包括长期股票投资和其他长期股权投资
15	1402	长期债权投资	购入的在 1 年内（不含 1 年）不能变现或不准备随时变现的债券和其他债权投资
16	1421	长期投资减值准备	提取的长期投资减值准备

(续表)

序号	科目编号	科目名称	科目核算内容
17	1501	固定资产	固定资产的原价
18	1502	累计折旧	固定资产的累计折旧
19	1505	在建工程	进行在建工程(包括施工前期准备、正在施工中的建筑工程、安装工程、技术改造工程等)所发生的实际支出
20	1506	文物文化资产	文物文化资产的价值
21	1509	固定资产清理	因出售、报废和毁损或其他处置等原因转入清理的固定资产价值及其清理过程中所发生的清理费用和清理收入等
22	1601	无形资产	为开展业务活动、出租给他人或为管理目的而持有的且没有实物形态的非货币性长期资产,包括专利权、非专利技术、商标权、著作权、土地使用权等
23	1701	受托代理资产	接受委托方委托从事受托代理业务而收到的资产
二、负债类(12个)			
24	2101	短期借款	向银行或其他金融机构等借入的期限在1年以下(含1年)的各种借款
25	2201	应付票据	购买材料、商品和接受服务供应等而开出、承兑的商业汇票,包括银行承兑汇票和商业承兑汇票
26	2202	应付账款	因购买材料、商品和接受服务供应等而应付给供应单位的款项
27	2203	预收账款	向服务和商品购买单位预收的各种款项
28	2204	应付工资	应付给职工的工资总额,包括在工资总额内的各种工资、奖金、津贴等,不论是否在当月支付,都应当通过本科目核算
29	2206	应交税金	按照有关国家税法规定应当交纳的各种税费,如增值税、所得税、房产税、个人所得税等
30	2209	其他应付款	应付、暂收其他单位或个人的款项,如应付经营租入固定资产的租金等
31	2301	预提费用	按照规定预先提取的已经发生但尚未支付的费用,如预提的租金、保险费、借款利息等
32	2401	预计负债	对因或有事项所产生的现时义务而确认的负债,包括因对外提供担保、商业承兑票据贴现、未决诉讼等确认的负债
33	2501	长期借款	向银行或其他金融机构借入的期限在1年以上(不含1年)的各项借款
34	2502	长期应付款	各项长期应付款项,如融资租入固定资产的租赁费等
35	2601	受托代理负债	因从事受托代理业务、接受受托代理资产而产生的负债

(续表)

序号	科目编号	科目名称	科目核算内容
三、净资产类(2个)			
36	3101	非限定性净资产	民间非营利组织净资产中除限定性净资产之外的其他净资产
37	3102	限定性净资产	如果资产或者资产的经济利益(如资产的投资收益和利息等)的使用和处置受到资源提供者或者国家有关法律、行政法规所设置的时间限制或(和)用途限制,则由此形成的净资产即为限定性净资产
四、收入费用类(11个)			
38	4101	捐赠收入	接受其他单位或者个人捐赠所取得的收入
39	4201	会费收入	根据章程等的规定向会员收取的会费收入
40	4301	提供服务收入	根据章程等的规定向其服务对象提供服务取得的收入,包括学杂费收入、医疗费收入、培训收入等
41	4401	政府补助收入	因为政府拨款或者政府机构给予的补助而取得的收入
42	4501	商品销售收入	销售商品(如出版物、药品)等所形成的收入
43	4601	投资收益	因对外投资取得的投资净损益
44	4901	其他收入	除捐赠收入、会费收入、提供服务收入、商品销售收入、政府补助收入、投资收益等主要业务活动收入以外的其他收入,如确实无法支付的应付款项、存货盘盈、固定资产盘盈、固定资产处置净收入、无形资产处置净收入等
45	5101	业务活动成本	为了实现其业务活动目标、开展其项目活动或者提供服务所发生的费用
46	5201	管理费用	为组织和管理其业务活动所发生的各项费用,包括民间非营利组织董事会(或者理事会或者类似权力机构)经费和行政管理人员的工资、奖金、津贴、福利费、住房公积金、住房补贴、社会保障费、离退休人员工资与补助,以及办公费、水电费、邮电费、物业管理费、差旅费、折旧费、修理费、无形资产摊销费、存货盘亏损失、资产减值损失、因预计负债所产生的损失、聘请中介机构费和应偿还的受赠资产等
47	5301	筹资费用	为筹集业务活动所需资金而发生的费用,包括民间非营利组织获得捐赠资产而发生的费用以及应当计入当期费用的借款费用、汇兑损失(减汇兑收益)等
48	5401	其他费用	发生的并且无法归属到上述业务活动成本、管理费用或者筹资费用中的费用,包括固定资产处置净损失、无形资产处置净损失等

民间非营利组织应当按照制度的规定,设置和使用会计科目以及各类明细科目,在不违反统一会计核算要求的前提下,民间非营利组织可以根据需要自行确定会计科目。

三、民间非营利组织会计基本假设

民间非营利组织会计基本假设是民间非营利组织会计确认、计量、记录和报告的前提,是为保证民间非营利组织会计工作的正常进行和会计信息的质量,对会计核算的范围、内容、基本程序和方法所作的基本假定。根据《民间非营利组织会计制度》的规定,民间非营利组织会计基本假设包括会计主体、持续经营、会计分期和货币计量。

(一) 会计主体

会计主体是指会计工作服务的特定单位,是会计确认、计量和报告的空间范围。为了向财务报告使用者反映民间非营利组织财务状况、经营成果和现金流量,满足会计信息使用者(如捐赠人、会员和监管者)等的需要,会计核算和财务报告的编制应当集中反映特定对象的活动,并将其与其他经济实体区别开来,才能实现财务报告的目标。

在会计主体假设下,民间非营利组织会计核算应当以民间非营利组织的交易或者事项为对象,记录和反映该组织本身的各项经济业务活动。明确界定会计主体是开展民间非营利组织会计确认、计量和报告工作的重要前提。

(二) 持续经营

持续经营是指会计主体的生产经营活动将无期限持续下去,在可以预见的将来不会倒闭进行结算。在持续经营假设下,民间非营利组织会计确认、计量和报告应当以民间非营利组织的持续经营为前提。

(三) 会计分期

会计分期是指将民间非营利组织持续经营的生产经营活动划分为连续的、长短相同的期间。会计分期的目的是通过划分会计期间,将持续经营的生产经营活动划分成连续、相等的期间,据以结算盈亏,按期对外披露财务报告,从而及时向会计信息使用者提供有关民间非营利组织财务状况、经营成果和现金流量的信息。

在会计分期假设下,民间非营利组织会计核算应当划分会计期间、分期结算账目和编制财务会计报告。民间非营利组织会计分期分为年度、季度和月度,年度、季度和月度均按公历起迄日期确定。季度和月度均称为会计中期,年度为会计期末。

另外,《民间非营利组织会计制度》规定,民间非营利组织会计核算应当以权责发生制为基础。

(四) 货币计量

货币计量是指会计主体在财务会计确认、计量和报告时,以货币为统一的计量单位,记录和反映会计主体的生产经营过程和经营成果。《民间非营利组织会计制度》规定,民间非营利组织会计核算应当以人民币为记账本位币。业务收支以人民币以外的货币为主的民间非营利组织,可以选定其中一种货币作为记账本位币,但是编制的财务会计报告应当折算为人民币。民间非营利组织发生外币业务时,应当将有关外币金额折算为记账本位币金额记账。除另有规定外,所有与外币业务有关的账户,应当采用业务发生时的汇率。当汇率波动较小时,也可以采用业务发生当期期初的汇率进行折算。

四、民间非营利组织会计核算基本原则

民间非营利组织在进行会计核算时,应当遵循以下基本原则。

（一）客观性原则

会计核算应当以实际发生的交易或者事项为依据,如实反映民间非营利组织的财务状况、业务活动情况和现金流量等信息。

（二）相关性原则

会计核算所提供的信息应当能够满足会计信息使用者(如捐赠人、会员、监管者)等的需要。

（三）实质重于形式原则

会计核算应当按照交易或者事项的实质进行,而不应当仅仅按照它们的法律形式作为其依据。

（四）一致性原则

会计政策前后各期应当保持一致,不得随意变更。如有必要变更,应当在会计报表附注中披露变更的内容和理由、变更的累积影响数,以及累积影响数不能合理确定的理由等。

（五）可比性原则

会计核算应当按照规定的会计处理方法进行,会计信息应当口径一致、相互可比。

（六）及时性原则

会计核算应当及时进行,不得提前或延后。

（七）清晰性原则

会计核算和编制的财务会计报告应当清晰明了,便于理解和使用。

（八）配比性原则

在会计核算中,所发生的费用应当与其相关的收入相配比,同一会计期间内的各项收入和与其相关的费用,应当在该会计期间内确认。

（九）历史成本计量原则

资产在取得时应当按照实际成本计量,但《民间非营利组织会计制度》有特别规定的,按照特别规定的计量基础进行计量。此外,资产账面价值的调整,应当按照《民间非营利组织会计制度》的规定执行。除法律、行政法规和国家统一的会计制度另有规定的除外,民间非营利组织一律不得自行调整资产账面价值。

（十）谨慎性原则

会计核算应当遵循谨慎性原则。

（十一）合理划分收益性支出和资本化支出原则

会计核算应当合理划分应当计入当期费用的支出和应当予以资本化的支出。

（十二）重要性原则

会计核算应当遵循重要性原则的要求,对资产、负债、净资产、收入、费用等有较大影响,并进而影响财务会计报告使用者据以作出合理判断的重要会计事项,必须按照规定的会计方法和程序进行处理,并在财务会计报告中予以充分披露;对于非重要的会计事项,在不影响会计信息真实性和不致于误导会计信息使用者作出正确判断的前提下,可适当简化处理。

五、民间非营利组织会计核算方法

会计核算是指以货币为主要计量单位,通过确认、计量、记录和报告等环节,对特定主体的经济活动进行连续、系统、全面反映和监督而采用的方法,其目的是为相关会计信息使用者提供决策所需的会计信息。《民间非营利组织会计制度》规定,民间非营利组织应当根据有关会计法律、行政法规和本制度的规定,结合其具体情况,制定会计核算办法。一般组织根据实际发生的经济业务事项进行会计核算,具体方法包括设置账户、复式记账、填制和审核凭证、登记账簿、成本费用计算、财产清查和编制财务会计报告。

（一）设置账户

设置账户是对民间非营利组织会计核算的具体内容进行分类核算和监督。由于民间非营利组织会计对象的具体内容复杂多样,对其进行系统核算和经常性监督难度较大。因此有必要对民间非营利组织的经济业务进行科学分类,以便分门别类和连续记录发生的经济业务,以取得多种不同性质和符合经营管理所需要的信息和指标。

（二）复式记账

复式记账是指对所发生的每项经济业务,以相等的金额,同时在两个或两个以上相互联系的账户中进行登记的一种记账方法。《民间非营利组织会计制度》规定,民间非营利组织采用借贷记账法进行记账。

（三）填制和审核凭证

填制和审核凭证是为了审查民间非营利组织经济业务是否合法、合理,保证账簿记录的正确和完整。会计凭证是记录经济业务、明确经济责任的书面证明,是登记账簿的重要依据。正确填制和审核会计凭证,是核算和监督民间非营利组织经济活动财务收支的基础,是做好民间非营利组织会计工作的前提。

（四）登记账簿

登记会计账簿简称记账,是以审核无误的会计凭证为依据在账簿中连续和完整地记录各项经济业务,以便为经济管理提供完整、系统的会计核算资料。《民间非营利组织会计制度》规定,民间非营利组织会计记录的文字应当使用中文。在民族自治地区,会计记录可以同时使用当地通用的一种民族文字。境外民间非营利组织在中华人民共和国境内依法设立的代表处、办事处等机构,也可以同时使用一种外国文字记账。

（五）成本费用计算

成本费用计算是按照一定对象归集和分配民间非营利组织经营过程中发生的各种成本和费用,以便确定各对象的总成本和单位成本。成本和费用是综合反映民间非营利组织经营活动成果的一项重要指标。正确地进行成本费用计算,可以考核民间非营利组织在一定期间经营过程的费用支出水平,同时又可以确定该组织的盈亏状况。

（六）财产清查

财产清查是指通过盘点实物、核对账目,以查明各项财产物资实有数额的一种专门方法。通过财产清查,可以提高会计记录的正确性,保证账实相符。同时,还可以查明各项财产物资的保管和使用情况以及各种结算款项的执行情况,以便对积压或损毁的物资和逾期未收到的款项,及时采取措施进行清理,加强对财产物资的管理。

（七）编制财务会计报告

编制财务会计报告是以特定表格的形式,定期反映会计主体的财务状况、经营成果和现金流量的一种专门方法。财务会计报告主要以账簿中的记录为依据,经过加工整理而产生一套完整的核算指标,主要用来向会计信息使用者提供会计信息。

思考题

1. 什么是民间非营利组织会计?其适用于哪些种类的组织?这些种类的组织具有哪些特点?
2. 民间非营利组织会计的特点有哪些?
3. 民间非营利组织会计要素有哪些?
4. 民间非营利组织会计基本假设有哪些?
5. 民间非营利组织会计核算原则有哪些?
6. 民间非营利组织会计核算方法有哪些?

练习题

一、单项选择题

1. 在会计核算中,民间非营利组织应当按照交易或者事项的实质进行,而不应当仅仅按照它们的法律形式作为其依据,体现的是( )原则。
   A. 实质重于形式　　B. 客观性　　　　C. 一致性　　　　D. 可比性
2. 在民间非营利组织会计核算中,应当将所发生的费用与其相关的收入相配比,体现的是( )原则。
   A. 客观性　　　　　B. 可比性　　　　C. 配比　　　　　D. 相关性
3. 在民间非营利组织会计核算中,应当按照规定的会计处理方法进行,会计信息应当口径一致、相互可比,体现的是( )原则。
   A. 可比性　　　　　B. 相关性　　　　C. 及时性　　　　D. 谨慎性
4. 下列各项属于民间非营利组织会计核算科目的是( )。
   A. 库存商品　　　　B. 原材料　　　　C. 委托代销商品　　D. 文物文化资产
5. 我国民间非营利组织会计的确认基础是( )。
   A. 收付实现制　　　　　　　　　　　B. 收付实现制为主
   C. 权责发生制　　　　　　　　　　　D. 权责发生制为主
6. 下列不属于民间非营利组织的是( )。
   A. 社会团体
   B. 外国政府在中国境内设立的代表机构
   C. 寺院
   D. 基金会
7. 民间非营利组织会计确认、计量和报告应当以民间非营利组织的持续经营为前提,体现的是民间非营利组织会计的( )基本假设。
   A. 会计主体　　　　B. 会计分期　　　C. 持续经营　　　D. 货币计量
8. 民间非营利组织和其他企业之间不同的会计要素是( )。
   A. 资产　　　　　　B. 负债　　　　　C. 收入　　　　　D. 净资产

9. 民间非营利组织的记账方法是(　　)。
   A. 单式记账法　　B. 借贷记账法　　C. 增减记账法　　D. 收付记账法
10. 下列不属于民间非营利组织会计要素的是(　　)。
    A. 所有者权益　　B. 资产　　C. 收入　　D. 费用
11. 境外非政府组织在中国境内依法登记设立的代表机构在会计核算时使用的货币计量单位是(　　)。
    A. 人民币　　B. 美元　　C. 欧元　　D. 外币
12. 下列属于民间非营利组织会计科目的是(　　)。
    A. 零余额账户用款额度　　B. 应收股利
    C. 文物文化资产　　D. 短期投资
13. 下列属于民间非营利组织的是(　　)。
    A. 民办营利性诊所　　B. 民办企业
    C. 美国驻中国大使馆　　D. 寺院
14. 下列属于民间非营利组织负债类会计科目的是(　　)。
    A. 短期借款　　B. 应交增值税　　C. 预计负债　　D. 应缴财政款
15. 下列属于民间非营利组织会计收入科目的是(　　)。
    A. 经营收入　　B. 捐赠收入　　C. 事业收入　　D. 租金收入

二、多项选择题

1. 我国的民间非营利组织有(　　)。
   A. 民办医疗机构　　B. 民办学校　　C. 中国会计学会　　D. 宋庆龄基金会
2. 我国民间非营利组织的特点有(　　)。
   A. 不以营利为宗旨和目的
   B. 资源提供者向该组织投入资源不取得经济回报
   C. 资源提供者不享有该组织的所有权
   D. 资源提供者可以享有该组织的所有权
3. 民间非营利组织会计的特点有(　　)。
   A. 以权责发生制原则为会计核算基础
   B. 计量基础包括历史成本和公允价值
   C. 净资产分为限定性净资产和非限定性净资产两大类
   D. 严格区分业务活动成本和期间费用
4. 民间非营利组织会计要素有(　　)。
   A. 资产　　B. 负债　　C. 成本　　D. 费用
5. 下列属于民间非营利组织会计科目的有(　　)。
   A. 银行存款　　B. 文物文化资产　　C. 存货　　D. 财务费用
6. 民间非营利组织会计基本假设有(　　)。
   A. 会计主体　　B. 持续经营　　C. 会计分期　　D. 货币计量
7. 民间非营利组织会计核算基本原则有(　　)。
   A. 谨慎性原则　　B. 及时性原则　　C. 客观性原则　　D. 一致性原则
8. 民间非营利组织会计核算办法有(　　)。

A. 设置账户　　　B. 复式记账　　　C. 填制和审核凭证　　D. 登记账簿
9. 民间非营利组织收入来源主要有(　　)。
　　A. 社会捐赠　　　　　　　　　　B. 会员交纳的会费
　　C. 提供商品和服务的收入　　　　D. 政府补助
10. 下列不属于民间非营利组织会计科目的有(　　)。
　　A. 原材料　　　B. 财务费用　　　C. 期间费用　　　D. 投资收益

三、判断题

1. 民间非营利组织应当按照制度的规定，设置和使用会计科目以及各类明细科目，不可以根据需要自行确定会计科目。（　　）
2. 在我国民族自治地区，民间非营利组织会计记录可以同时使用当地通用的一种民族文字。（　　）
3. 民间非营利组织会计确认、计量和报告应当以民间非营利组织的持续经营为前提。（　　）
4. 民间非营利组织会计记账应当采用增减记账法。（　　）
5. 《民间非营利组织会计制度》将民间非营利组织的会计要素分为资产、负债、所有者权益、收入和费用五个会计要素。（　　）
6. 民间非营利组织以权责发生制为主原则作为会计核算基础。（　　）
7. 民间非营利组织的资产、负债和净资产三项会计要素侧重反映民间非营利组织的财务状况，构成资产负债表要素。（　　）
8. 民间非营利组织会计基本假设包括会计主体、持续经营、会计分期和货币计量。（　　）
9. 民间非营利组织会计核算应当按照交易或者事项的实质进行，而不应当仅仅按照它们的法律形式作为其依据，体现的是客观性原则。（　　）
10. 按照规定，民间非营利组织在取得资产时应当按照账面价值入账。（　　）

第十一章

民间非营利组织会计核算

学习目的和要求：通过本章的学习，学生应该了解民间非营利组织资产、负债、净资产、收入和费用会计要素的核算。

教学重点和难点：本章的重点是民间非营利组织资产、负债、净资产、收入和费用要素的核算，难点是净资产的核算。

 课程思政案例

瞒天过海的出纳

张晓红是西南边陲某市红十字会出纳人员，因为挪用公款和贪污被该市人民法院判处有期徒刑12年，并处罚金50万元。这起案件是该市审计局在市红十字会主要负责人任期经济责任审计中，通过对"莫须有"的"项目费"进行核查，抽丝剥茧发现的。

审计组在审计市红十字会时发现，该市红十字会专项资金账户管理混乱，出纳人员长期没有将单据交给会计人员进行账务处理，也没有和会计人员进行对账。因为财务资料混乱，不具备审计条件，审计组要求被审计单位尽快整理和完善相关账务资料。一段时间后，审计组再次进驻市红十字会，审计发现，仍然有20万多元的资金存在账务处理和实际不相符、账面存款大于实际存款的情况，审计人员于是向出纳人员张晓红核实有关情况。

在询问过程中，张晓红含糊其辞，神情紧张，当审计人员想进一步深入了解有关情况时，张晓红接了一个电话，然后说有一项重要业务需要她去盖章。时间过去两个多小时，也不见她回来。审计人员不断打电话催促，但对方始终不接电话也没回应。

无奈之下，审计人员只好调取近3年红十字会专项资金账户的会计凭证进行逐一审查。在审查过程中，审计人员偶然翻到了一笔出纳人员存入的"项目费"60.5万元，审计人员根据费用存回的时间点判断，该单位当时不可能从外部收到如此大的一笔款项。于是审计人员询问会计，而会计也只知道是张晓红存入的"项目费"，对于资金的来源则完全不知情。

凭借职业敏感，审计人员判断，这笔"项目费"很可能是张晓红挪用公款后归还的资金。于是审计人员以"项目费"为重点，在凭证中重点审查张晓红存入的"项目费"，并进行了统计汇总。根据统计结果，在2019年11月15日至12月31日的时间里，张晓红频繁存回"项目费"共计186.35万元。2020年1至6月存入现金14.25万元，合计200.60万元。审计人员判断，这些存回的"项目费"应该是张晓红挪用后归还的金额。

为了弄清这些资金的来龙去脉，审计人员又迅速查询该单位及张晓红的所有存款账户。经过比对账户银行流水以及对红十字会财务资料的分析、归纳，初步得出结论，张晓

红利用单位内部监督制度不健全、运行失效,以及自己可以独自经办资金支付全过程的手续等便利条件,通过自创"项目费"支出的方式,多次逐笔陆续取出220多万元,其中,有些款项已长达5年之久。此外,在审计中,审计人员还了解到,该红十字会会计曾多次要求与张晓红对账,但是张晓红均以繁忙、生病等理由推脱和搪塞。当时的主要领导也未能采取有效办法加以制止和整改,

致使单位专项资金账户成为张晓红的私人领地。

理清了挪用资金的来龙去脉,那张晓红还回来的钱又从何处来呢?带着这个疑问,审计人员再一次扎进了资料堆中。在比对账面支出和银行流水时发现,一些会计账面显示确实已支出(拨出)的资金,在银行流水上竟然没有记录。但是从原始凭证看,有银行的回执、领导的签字、出纳的笔迹,一切手续一应俱全,那么问题出在哪里呢?通过对不同的凭证进行反复比对,审计人员发现,一些单据银行印章上数字的字体有非常细微的差别,与银行流水相符的"1"上有勾、下有一小横,"2"收尾部分有上挑,但与银行流水不相符的则无勾无横也无上挑。在排除银行印鉴被更换的可能性后,审计人员初步判断票据上的银行印章有假。

最终,审计人员把所有存在问题的单据全部整理出来后,发现涉案金额接近80万元。为做实证据、避免误判,审计组又延伸审计了两个单位,核实了3笔资金,共计18万元,结果证实对方确实没有收到这几笔资金。至此,审计组基本认定,出纳张晓红持假的银行印鉴,并通过假印鉴虚列支出近80万元。(根据中国审计报上的文章《揭开"项目费"背后的真相——普洱市审计局查处一单位财务人员涉嫌挪用和贪污资金问题线索纪实》改写)

思考与讨论:出纳人员是如何实施挪用的?该红十字会的财务制度有哪些漏洞?

第一节 民间非营利组织资产的核算

一、民间非营利组织资产概述

(一)民间非营利组织资产的概念和分类

民间非营利组织的资产是指过去的交易或者事项形成并由民间非营利组织拥有或者控制的资源,该资源预期会给民间非营利组织带来经济利益或者服务潜力。资产应当按其流动性分为流动资产、长期投资、固定资产、无形资产和受托代理资产等。

(1)流动资产是指预期可在1年内(含1年)变现或者耗用的资产,主要包括现金、银行存款、短期投资、应收款项、预付账款、存货、待摊费用等。

(2)长期投资是指除短期投资以外的投资,包括长期股权投资和长期债权投资等。

(3)固定资产是指为行政管理、提供服务、生产商品或者出租目的而持有,预计使用年限超过1年并且单位价值较高的有形资产。

(4)无形资产是指民间非营利组织为开展业务活动、出租给他人、或为管理目的而持有的、没有实物形态的非货币性长期资产,包括专利权、非专利技术、商标权、著作权、土地使用权等。

(5)受托代理资产是指民间非营利组织因从事受托代理交易而从委托方取得的资

产。在受托代理交易过程中,民间非营利组织通常只是从委托方收到受托资产,并按照委托人的意愿将资产转赠给指定的其他组织或者个人,或者按照有关规定将资产转交给指定的其他组织或者个人,民间非营利组织本身只是在交易过程中起中介作用,无权改变受托代理资产的用途或者变更受益人。

(二)民间非营利组织资产的确认和计量

民间非营利组织的资产在取得时按照实际成本计量。民间非营利组织应当定期或者至少每年年度终了,对短期投资、应收款项、存货、长期投资等资产是否发生了减值进行检查,如果这些资产发生了减值,应当计提减值准备,确认减值损失,并计入当期费用。对于固定资产、无形资产等其他资产,如果发生了重大减值,也应当计提减值准备,确认减值损失,并计入当期费用。如果已计提减值准备的资产价值在以后会计期间得以恢复,则应当在该资产已计提减值准备的范围内部分或全部转回已确认的减值损失,冲减当期费用。

对于民间非营利组织接受捐赠的现金资产,应当按照实际收到的金额入账。对于民间非营利组织接受捐赠的非现金资产,如接受捐赠的短期投资、存货、长期投资、固定资产和无形资产等,如果捐赠方提供了有关凭据(如发票、报关单、有关协议等)的,应当按照凭据上标明的金额,作为入账价值。如果凭据上标明的金额与受赠资产公允价值相差较大的,受赠资产应当以其公允价值为其实际成本;如果捐赠方没有提供有关凭据的,受赠资产应当以其公允价值为入账价值。对于公允价值的确认,如果同类或者类似资产存在活跃市场的,应当按照同类或者类似资产的市场价格(自产物资的出厂价、销售物资的销售价、政府指导价和类似商品价格等)确定公允价值;如果同类或类似资产不存在活跃市场,或者无法找到同类或者类似资产的,应当采用合理的计价方法(第三方估价)确定资产的公允价值。

民间非营利组织接受捐赠资产的有关凭据或公允价值以外币计量的,应当按照取得资产当日的市场汇率将外币金额折算为人民币金额记账。当汇率波动较小时,也可以采用当期期初的汇率进行折算。

二、民间非营利组织资产的核算

(一)民间非营利组织资产账户的设置

民间非营利组织设置相关资产总账科目,便于核算资产业务。其中,设置流动资产的科目有现金、银行存款、其他货币资金、短期投资、短期投资跌价准备、应收票据、应收账款、其他应收款、坏账准备、预付账款、存货、存货跌价准备、待摊费用等;长期投资科目有长期股权投资、长期债权投资、长期投资减值准备;固定资产科目有固定资产、累计折旧、在建工程、文物文化资产、固定资产清理;无形资产和受托代理资产科目有无形资产和受托代理资产。

(二)民间非营利组织流动资产的核算

流动资产包括现金、银行存款、短期投资、应收票据、应收账款、其他应收款、预付账款、存货、待摊费用等,因此流动资产的核算主要是针对以上资产项目的核算。

1. 货币资金的核算

货币资金指民间非营利组织处于货币形态的资产,包括现金、银行存款、其他货币资金。对于现金清查,无法查明原因的短缺计入"管理费用"科目;无法查明的溢余,计入"其他收入"科目。

1) 现金核算

为核算现金业务,民间非营利组织应设置"现金"总账科目。从银行提取现金,按照支票存根所记载的提取金额,借记"现金",贷记"银行存款"科目;将现金存入银行,根据银行退回的进账单第一联,借记"银行存款"科目,贷记"现金"。因支付内部职工出差等原因所需的现金,按照支出凭证所记载的金额,借记"其他应收款"等科目,贷记"现金";收到出差人员交回的差旅费剩余款并结算时,按实际收回的现金,借记"现金",按应报销的金额,借记有关科目,按实际借出的现金,贷记"其他应收款"科目。因其他原因收到现金,借记"现金",贷记有关科目;支出现金,借记有关科目,贷记"现金"。

民间非营利组织应当设置"现金日记账",由出纳人员根据收付款凭证,按照业务发生顺序逐笔登记。每日终了,应当计算当日的现金收入合计数、现金支出合计数和结余数,并将结余数与实际库存数核对,做到账款相符。若出现现金短缺或溢余,应当及时查明原因,如为现金短缺,属于应由责任人或保险公司赔偿的部分,借记"其他应收款"科目,贷记"现金"科目;属于无法查明的其他原因的部分,借记"管理费用"科目,贷记"现金"科目;如为现金溢余,属于应支付给有关人员或单位的部分,借记"现金"科目,贷记"其他应付款"科目;属于无法查明的其他原因的部分,借记"现金"科目,贷记"其他收入"科目。

【例 11-1】 某社会团体 2×22 年 1 月 5 日从银行单位账户中提取现金 6 000 元,以备日常零星开支,次日,该社会团体成员贾某预支 2 000 元现金用于出差。2×22 年 1 月 8 日,收到贾某返还的现金 300 元,实际发生差旅费 1 700 元。该社会团体编制会计分录如下:

① 提取现金:

借:库存现金 6 000
　　贷:银行存款 6 000

② 贾某预支现金:

借:其他应收款 2 000
　　贷:库存现金 2 000

③ 贾某归还现金:

借:库存现金 300
　　管理费用——差旅费 1 700
　　贷:其他应收款 2 000

2) 银行存款核算

银行存款是指民间非营利组织存入银行或其他金融机构的存款。民间非营利组织应当严格按照国家有关支付结算办法,正确地进行银行存款收支业务的结算。民间非营利组织将款项存入银行和其他金融机构,借记"银行存款"科目,贷记"现金""应收账款""捐赠收入""会费收入"等有关科目;提取和支出存款时,借记"现金""应付账款""业务活动成本""管理费用"等有关科目,贷记"银行存款"科目;收到的存款利息,借记"银行存款",贷记"其他应收款""筹资费用"等科目。但是,收到的属于在借款费用应予资本化的期间内发生的与购建固定资产专门借款有关的存款利息,借记"银行存款",贷记"其他应收款""在建工程"科目。

【例 11-2】 2×22 年 1 月 15 日,某基金会收到某爱心组织的捐款 50 000 元,款项已存入银行账户。1 月 17 日,该基金会通过银行支付以前应该付给某组织的欠款 3 000 元。该基金会应当编制会计分录如下:

① 将款项存入银行时:

借:银行存款	50 000
贷:捐赠收入	50 000

② 支付应付账款时:

借:应付账款	3 000
贷:银行存款	3 000

3）其他货币资金核算

其他货币资金是指除了库存现金和银行存款以外的其他各种货币资金。包括外埠存款、银行汇票存款、银行本票存款、信用卡存款、信用证保证金存款、存出投资款（或者存入其他金融机构）等各种其他货币资金。其中,外埠存款是指民间非营利组织到外地进行临时或零星采购时,汇往采购地银行开立采购专户的款项。民间非营利组织将款项委托当地银行汇往采购地开立专户时,借记"外埠存款",贷记"银行存款"科目。收到采购员交来供应单位发票账单等报销凭证时,借记"存货"等科目,贷记"外埠存款"。将多余的外埠存款转回当地银行时,根据银行的收账通知,借记"银行存款"科目,贷记"外埠存款"。银行汇票存款是指民间非营利组织为取得银行汇票,按规定存入银行的款项。

民间非营利组织在填送"银行汇票申请书"并将款项交存银行,取得银行汇票后,根据银行盖章退回的申请书存根联,借记"银行汇票存款",贷记"银行存款"科目。民间非营利组织使用银行汇票后,根据发票账单等有关凭证,借记"存货"等科目,贷记"银行汇票存款";如有多余款或因汇票超过付款期等原因而退回款项,根据开户行转来的银行汇票第四联（多余款收账通知）,借记"银行存款"科目,贷记"银行汇票存款"。银行本票存款是指民间非营利组织为取得银行本票,按规定存入银行的款项。民间非营利组织向银行提交"银行本票申请书"并将款项交存银行,取得银行本票后,根据银行盖章退回的申请书存根联,借记"银行本票存款",贷记"银行存款"科目。民间非营利组织使用银行本票后,根据发票账单等有关凭证,借记"存货"等科目,贷记"银行本票存款"。因本票超过付款期等原因而要求退款时,应当填制进账单一式两联,连同本票一并送交银行,根据银行盖章退回的进账单第一联,借记"银行存款"科目,贷记"银行本票存款"。信用卡存款是指民间非营利组织为取得信用卡,按照规定存入银行的款项。民间非营利组织应按规定填制申请表,连同支票和有关资料一并送交发卡银行,根据银行盖章退回的进账单第一联,借记"信用卡存款",贷记"银行存款"科目。民间非营利组织用信用卡购物或支付有关费用,借记有关科目,贷记"信用卡存款"。民间非营利组织信用卡在使用过程中,需向其账户续存资金的,借记"信用卡存款",贷记"银行存款"科目。信用证保证金存款是指民间非营利组织为取得信用证,按规定存入银行的保证金。民间非营利组织向银行交纳保证金,根据银行退回的进账单第一联,借记"信用证保证金存款",贷记"银行存款"科目。根据开证行交来的信用证来单通知书及有关单据列明的金额,借记"存货"等科目,贷记"信用证保证金存款"和"银行存款"科目。存出投资款是指民间非营利组织存入证券公司但尚未进行投资的现金。民间非营利组织向证券公司划出资金时,应按实际划出的金额,借记"存出投资款",贷记"银行存款"科目;购买股票、债券等时,按实际发生的金额,借记"短期投资"等科目,贷记"存出投资款"。

【例 11-3】 某社会团体 2×22 年 1 月 18 日将 4 000 元交存银行取得相应金额的银行本票。3 日后,该社会团体以银行本票购买一批 4 000 元商品并放置在库房。该社会团体应当编制会计分录如下:

① 取得银行本票时:

借:银行本票存款　　　　　　　　　　　　　　　　　　　　　　　　4 000
　　贷:银行存款　　　　　　　　　　　　　　　　　　　　　　　　　　4 000

② 购买商品时:

借:存货　　　　　　　　　　　　　　　　　　　　　　　　　　　　　4 000
　　贷:银行本票存款　　　　　　　　　　　　　　　　　　　　　　　　4 000

2. 短期投资核算

短期投资是指能够随时变现并且持有时间不准备超过 1 年(含 1 年)的投资,包括股票、债券投资等。

短期投资在取得时应当按照投资成本计量。以现金购入的短期投资,按照实际支付的全部价款,包括税金、手续费等相关费用作为其投资成本,借记"短期投资",贷记"银行存款"等科目。如果实际支付的价款中包含已宣告但尚未领取的现金股利或已到付息期但尚未领取的债券利息,则按照实际支付的全部价款减去其中已宣告但尚未领取的现金股利或已到付息期但尚未领取的债券利息后的金额作为短期投资成本,借记"短期投资",按照应领取的现金股利或债券利息,借记"其他应收款"科目,按照实际支付的全部价款,贷记"银行存款"等科目。接受捐赠的短期投资,按照所确定的投资成本,借记"短期投资",贷记"捐赠收入"科目。

收到被投资单位发放的利息或现金股利,按照实际收到的金额借记"银行存款"等科目,贷记"短期投资"。但是,实际收到在购买时已记入"其他应收款"科目的利息或现金股利时,借记"银行存款"等科目,贷记"其他应收款"科目。持有股票期间所获得的股票股利,不作账务处理,但应在辅助账簿中登记所增加的股份。

出售短期投资或到期收回债券本息,按照实际收到的金额,借记"银行存款"科目,按照已计提的减值准备,借记"短期投资跌价准备"科目,按照所出售或收回短期投资的账面余额,贷记"短期投资",按照未领取的现金股利或利息,贷记"其他应收款"科目,按照其差额,借记或贷记"投资收益"科目。

期末,民间非营利组织应当对短期投资是否发生了减值进行检查。如果短期投资的市价低于其账面价值,应当按照市价低于账面价值的差额计提短期投资跌价准备。如果短期投资的市价高于其账面价值,应当在该短期投资期初已计提跌价准备的范围内转回市价高于账面价值的差额。

【例 11-4】 某社会团体 2×22 年 1 月 20 日利用资金购买一批国债作为短期投资,产生实际投资成本 13 000 元,款项已用银行存款支付。2×22 年 4 月 3 日,该社会团体出售该国债项目,收到款项 14 000 元并存入银行。该社会团体应当编制会计分录如下:

① 取得短期投资时:

借:短期投资　　　　　　　　　　　　　　　　　　　　　　　　　13 000
　　贷:银行存款　　　　　　　　　　　　　　　　　　　　　　　　　13 000

② 出售短期投资时:

借:银行存款　　　　　　　　　　　　　　　　　　　　　　　　　14 000
　　贷:短期投资　　　　　　　　　　　　　　　　　　　　　　　　　13 000
　　　　投资收益　　　　　　　　　　　　　　　　　　　　　　　　　 1 000

3. 应收及预付款项核算

应收及预付账款是指民间非营利组织在开展业务活动中形成的各项债权,包括应收票据、应收账款、其他应收款和预付账款等。

1) 应收票据核算

应收票据是指民间非营利组织因销售商品、提供服务等而收到的商业汇票,包括银行承兑汇票和商业承兑汇票。

为了核算应收票据业务,民间非营利组织应当设置"应收票据"科目。因销售商品、提供服务等收到开出、承兑的商业汇票,按照应收票据的面值,借记"应收票据",贷记"商品销售收入""提供服务收入"等科目。收到应收票据以抵偿应收账款时,按照应收票据的面值,借记"应收票据",贷记"应收账款"科目。持未到期的应收票据向银行贴现,应当根据银行盖章退回的贴现凭证第四联收账通知,按实际收到的金额(即减去贴现息后的净额),借记"银行存款"科目,按照应收票据的账面余额,贷记"应收票据",按照差额,借记"筹资费用"科目。贴现的商业承兑汇票到期,因承兑人的银行账户不足支付,申请贴现的民间非营利组织收到银行退回的应收票据、支款通知和拒绝付款理由书或付款人未付票款通知书时,按照所付本息,借记"应收账款"科目,贷记"银行存款"科目;如果申请贴现的民间非营利组织的银行存款账户余额不足,银行作逾期贷款处理时,按照转作贷款的本息,借记"应收账款"科目,贷记"短期借款"科目。

将持有的应收票据背书转让,已取得所需物资时,按照所取得物资应确认的成本,借记"存货"等科目,按照应收票据的账面余额,贷记"应收票据",按照实际收到或支付的银行存款等,借记或贷记"银行存款"等科目。

应收票据到期时,如果收回应收票据,按照实际收到的金额,借记"银行存款"科目,按照应收票据的账面余额,贷记"应收票据";如果付款人无力支付票款,收到银行退回的商业承兑汇票、委托收款凭证、未付票款通知书或拒绝付款证明等,按照应收票据的账面余额,借记"应收账款"科目,贷记"应收票据"。

民间非营利组织应当设置"应收票据备查簿",逐笔登记每一应收票据的种类、号数和出票日期、票面金额、票面利率、交易合同号和付款人、承兑人、背书人的姓名或单位名称、到期日、背书转让日、贴现日期、贴现率和贴现净额、计提的利息,以及收款日期和收回金额、退票情况等资料,应收票据到期结清票款或退票后,应当在备查簿内逐笔注销。

2) 应收账款核算

应收账款是民间非营利组织因销售商品、提供服务等主要业务活动,应当向会员、购买单位或接受服务单位等收取的、但尚未实际收到的款项。

为核算应收账款业务,民间非营利组织应当设置"应收账款"科目。发生应收账款时,按照应收未收金额,借记"应收账款",贷记"会费收入""提供服务收入""商品销售收入"等科目。收回应收账款时,按照实际收到的款项金额,借记"银行存款"等科目,贷记"应收账款"。如果应收账款改用商业汇票结算,在收到承兑的商业汇票时,按照票面价值,借记"应收票据"科目,贷记"应收账款"。

民间非营利组织应当定期或者至少于每年年度终了,对应收账款进行全面检查,计提坏账准备。对于确实无法收回的应收账款,应当及时查明原因,并根据管理权限,报经批准后,按照无法收回的应收账款金额,借记"坏账准备"科目,贷记"应收账款"。如果已转销的应收账款在以后期间又收回,按照实际收回的金额,借记"应收账款",贷记"坏账准备"科目;同时,借记"银行存款"科目,贷记"应收账款"。

【例 11-5】 2×22 年 1 月 25 日,某协会在业务活动中发生一笔应收账款 25 000 元。一周后,该协会收到上述款项并存入银行。该协会应当编制会计分录如下:

① 发生应收账款时:

借:应收账款　　　　　　　　　　　　　　　　　　　　　25 000
　　贷:提供服务收入　　　　　　　　　　　　　　　　　　　　25 000

② 收到应收账款时:

借:银行存款　　　　　　　　　　　　　　　　　　　　　25 000
　　贷:应收账款　　　　　　　　　　　　　　　　　　　　　25 000

3) 其他应收款核算

其他应收款是指除应收票据、应收账款以外的其他各项应收、暂付款项,包括应收股利、应收利息、应向职工收取的各种垫付款项、职工借款、应收保险公司赔款等。

为核算其他应收账款业务,民间非营利组织应当设置"其他应收款"科目。对外进行短期或长期股权投资应收取的现金股利,在购入股票时,如果实际支付的价款中包含已宣告但尚未领取的现金股利,按照实际支付的全部价款减去其中已宣告但尚未领取的现金股利后的金额,借记"短期投资""长期股权投资"科目,按照应当领取的现金股利,借记"其他应收款",按照实际支付的价款,贷记"银行存款"等科目;对外长期股权投资应分得的现金股利或利润,应当于被投资单位宣告发放现金股利或分派利润时,借记"其他应收款",贷记"投资收益"或"长期股权投资"等科目;实际收到的现金股利或利润,按照实际收到的金额,借记"银行存款"科目,贷记"其他应收款"科目。

民间非营利组织对外进行短期或长期债权投资应收取的利息(到期一次还本付息的长期债券投资应收取的利息,在"长期债权投资"科目核算,不在本科目核算),在购入债券时,如果实际支付的价款中包含已到付息期但尚未领取的债券利息,按照实际支付的全部价款减去其中已到付息期但尚未领取的利息后的金额,借记"短期投资""长期债权投资"科目,按照应当领取的利息,借记"其他应收款",按照实际支付的价款,贷记"银行存款"等科目;分期付息、到期还本的债券以及分期付息的其他长期债权投资持有期间,已到付息期而应收未收的利息,应于确认投资收益时,按照应获得的利息,借记"其他应收款",贷记"投资收益"科目;按照实际收到的利息金额,借记"银行存款"科目,贷记"其他应收款"。

民间非营利组织应当定期或者至少于每年年度终了,对其他应收款进行全面检查,计提坏账准备。对于确实无法收回的其他应收款应当及时查明原因,并根据管理权限,报经批准后,按照无法收回的其他应收款金额,借记"坏账准备"科目,贷记"其他应收款"。如果已转销的其他应收款在以后期间又收回,按照实际收回的金额,借记"其他应收款",贷记"坏账准备"科目;同时,借记"银行存款"科目,贷记"其他应收款"科目。

【例11-6】 某社会团体2×22年1月28日利用42 000元资金购买股票作为短期投资,其中已宣告但尚未领取的现金股利12 000元,款项已用银行存款支付。3日后,该社会团体收到现金股利12 000元并已存入银行。该社会团体应当编制会计分录如下:

① 购买股票时:

借:短期投资　　　　　　　　　　　　　　　　　　　　　　　30 000
　　其他应收款　　　　　　　　　　　　　　　　　　　　　　12 000
　贷:银行存款　　　　　　　　　　　　　　　　　　　　　　　42 000

② 收到现金股利时:

借:银行存款　　　　　　　　　　　　　　　　　　　　　　　12 000
　贷:其他应收款　　　　　　　　　　　　　　　　　　　　　　12 000

4)预付账款核算

预付账款是民间非营利组织预付给商品供应单位或者服务提供单位的款项。

为核算预付账款业务,民间非营利组织应当设置"预付账款"科目。因购货而预付款项时,按照实际预付的金额,借记"预付账款",贷记"银行存款"等科目。收到所购货物时,按照应确认所购货物成本的金额,借记"存货"等科目,按照本科目账面余额,贷记"预付账款",按照退回或补付的款项,借记或贷记"银行存款"等科目。如果有确凿证据表明预付账款并不符合预付款项性质,或者因供货单位破产、撤销等原因已无望再收到所购货物的,按照预付账款账面余额,借记"其他应收款"科目,贷记"预付账款"。

民间非营利组织对其预付账款,一般不计提坏账准备。如果有确凿证据表明预付账款并不符合预付款项性质,或者因供货单位破产、撤销等原因已无望再收到所购货物的,应当先将其转入其他应收款,然后再按规定计提坏账准备。

【例11-7】 2×22年1月30日,某社会团体预付32 000元购买一批器材,一周后,该社会团体收到该器材。该社会团体应当编制会计分录如下:

① 发生预付账款时:

借:预付账款　　　　　　　　　　　　　　　　　　　　　　　32 000
　贷:银行存款　　　　　　　　　　　　　　　　　　　　　　　32 000

② 收到器材时:

借:存货　　　　　　　　　　　　　　　　　　　　　　　　　32 000
　贷:预付账款　　　　　　　　　　　　　　　　　　　　　　　32 000

4. 存货核算

存货是指民间非营利组织在日常业务活动中持有以备出售或捐赠的，或者为了出售或捐赠仍处在生产过程中的，或者将在生产、提供服务或日常管理过程中耗用的材料、物资、商品等，包括材料、库存商品、委托加工材料，以及达不到固定资产标准的工具、器具等。

1) 存货取得的核算

外购的存货，按照采购成本（一般包括实际支付的采购价格、相关税费、运输费、装卸费、保险费以及其他可直接归属于存货采购的费用），借记"存货"，贷记"银行存款""应付账款"等科目。民间非营利组织可以根据需要在本科目下设置"材料""库存商品"等明细科目。自行加工或委托加工完成的存货，按照采购成本、加工成本（包括直接人工以及按照合理方法分配的与存货加工有关的间接费用）和其他成本（指除采购成本、加工成本以外的，使存货达到目前场所和状态所发生的其他支出），借记"存货"，贷记"银行存款""应付账款""应付工资"等科目。民间非营利组织可以根据实际情况，在本科目下设置"生产成本"等明细科目，归集相关成本。接受捐赠的存货，按照所确定的成本，借记"存货"，贷记"捐赠收入"科目。

【例11-8】 某社会团体2×22年2月3日以银行存款3 000元购入办公用品，4日收到某组织捐赠的药品，确定成本为40 000元，发生运输费用300元。该社会团体应当编制会计分录如下：

① 购入办公用品时：

借：存货——库存商品 3 000
　　贷：银行存款 3 000

② 接受捐赠时：

借：存货——库存商品 40 300
　　贷：捐赠收入——非限定性收入 40 300

2) 存货发出的核算

存货在发出时，应当根据实际情况采用个别计价法、先进先出法或加权平均法，确定发出存货的实际成本。在业务活动过程中领用存货，按照确定的成本，借记"管理费用"等科目，贷记"存货"。对外出售或捐赠存货，按照确定的出售存货成本，借记"业务活动成本"等科目，贷记"存货"。

【例11-9】 某民间社会团体发出一批商品，采用加权平均法确定该批商品成本32 000元，其中，管理活动过程领用10 000元、对外捐赠22 000元。该社会团体应当编制会计分录如下：

借：管理费用 10 000
　　业务活动成本——捐赠项目成本 22 000
　　贷：存货——库存商品 32 000

3) 存货的期末计价与盘点

期末，民间非营利组织应当对存货是否发生了减值进行检查。如果存货的可变现净值低于其账面价值,应当按照可变现净值低于账面价值的差额计提存货跌价准备。如果存货的可变现净值高于其账面价值,应当在该存货期初已计提跌价准备的范围内转回可变现净值高于账面价值的差额。其账务处理如下。

计提存货跌价准备时:

借:管理费用——存货跌价损失
　　贷:存货跌价准备

转回时编制相反分录。

民间非营利组织的各种存货,应当定期进行清查盘点,每年至少盘点一次。对于发生的盘盈、盘亏以及变质、毁损等存货,应当及时查明原因。如为存货盘盈,按照其公允价值,借记"存货",贷记"其他收入"科目。如为存货盘亏或者毁损,按照存货账面价值扣除残料价值、可以收回的保险赔偿和过失人的赔偿等后的金额,借记"管理费用"科目,按照可以收回的保险赔偿和过失人赔偿等,借记"现金""银行存款""其他应收款"等科目,按照存货的账面余额,贷记"存货"。

5. 待摊费用核算

待摊费用是民间非营利组织已经支出,但应当由本期和以后各期分别负担的分摊期在1年以内(含1年)的各项费用,如预付保险费、预付租金等。民间非营利组织的待摊费用应当按照其受益期限在1年内分期平均摊销,计入当期费用。如果某项待摊费用已经不能使民间非营利组织受益,应当将其摊余价值一次全部转入当期费用。

为了核算待摊费用业务,民间非营利组织应当设置"待摊费用"科目。发生待摊费用,如预付保险费、预付租金时,借记"待摊费用",贷记"现金""银行存款"等科目。按照受益期限分期平均摊销时,借记"管理费用"等科目,贷记"待摊费用"。

【例 11-10】 某民间社会团体租用一套房屋用于日常开展业务活动,使用银行存款支付一年的租金 360 000 元,每月平均分摊租金 30 000 元。该社会团体应当编制会计分录如下:

① 预付一年租金时:

借:待摊费用　　　　　　　　　　　　　　　　　　　　　　　　360 000
　　贷:银行存款　　　　　　　　　　　　　　　　　　　　　　　360 000

② 每月平均分摊租金时:

借:业务活动成本　　　　　　　　　　　　　　　　　　　　　　 30 000
　　贷:待摊费用　　　　　　　　　　　　　　　　　　　　　　　 30 000

(三)民间非营利组织长期投资的核算

民间非营利组织长期投资是指除短期投资以外的投资,包括长期股权投资和长期债权投资。

1. 长期股权投资核算

长期股权投资是指民间非营利组织持有时间准备超过1年(不含1年)的各种股权性质的投资,包括长期股票投资和其他长期股权投资。长期股权投资应当区别不同情况,分别采用成本法或者权益法核算。如果民间非营利组织对被投资单位没有控制、共同控制和重大影响,长期股权投资应当采用成本法进行核算;如果民间非营利组织对被投资单位具有控制、共同控制或重大影响,长期股权投资应当采用权益法进行核算。

1) 长期股权投资取得的核算

长期股权投资在取得时,应当按照取得时的实际成本作为初始投资成本。

民间非营利组织以现金购入的长期股权投资,按照实际支付的全部价款,包括税金、手续费等相关费用作为其初始投资成本,借记"长期股权投资",贷记"银行存款"等科目。如果实际支付的价款中包含已宣告但尚未领取的现金股利,则按照实际支付的全部价款减去其中已宣告但尚未领取的现金股利后的金额作为其初始投资成本,借记"长期股权投资",按照应领取的现金股利,借记"其他应收款"科目,按照实际支付的全部价款,贷记"银行存款"等科目。接受捐赠的长期股权投资,按照所确定的初始投资成本,借记"长期股权投资",贷记"捐赠收入"科目。

【例 11-11】 某民间社会团体采用银行存款购入一项长期股权投资,该项长期股权投资取得时,确定的成本为 70 000 元,其中包含已宣告但尚未领取的现金股利 6 000 元。该社会团体应当编制会计分录如下:

借:长期股权投资	64 000
其他应收款	6 000
贷:银行存款	70 000

2) 长期股权投资持有期间的核算

长期股权投资持有期间,按照不同情况分别采用成本法或者权益法进行核算。

采用成本法核算时,除非追加(或收回)投资或者发生减值,长期股权投资的账面价值一般保持不变。被投资单位宣告发放现金股利或利润时,按照宣告发放的现金股利或利润中属于民间非营利组织应享有的部分,确认当期投资收益,借记"其他应收款"科目,贷记"投资收益"科目。实际收到现金股利或利润时,按照实际收到的金额,借记"银行存款"等科目,贷记"其他应收款"科目。

采用权益法核算时,长期股权投资的账面价值应当根据被投资单位当期净损益中民间非营利组织应享有或分担的份额,以及被投资单位宣告分派的现金股利或利润中属于民间非营利组织应享有的份额进行调整。按照应当享有或应当分担的被投资单位当年实现的净利润或发生的净亏损的份额,调整长期股权投资账面价值,如被投资单位实现净利润,借记"长期股权投资",贷记"投资收益"科目,如被投资单位发生净亏损,借记"投资收益"科目,贷记"长期股权投资",但以长期股权投资账面价值减记至零为限。被投资单位宣告分派利润或现金股利时,按照宣告分派的现金股利或利润中属于民间非营利组织应享有的份额,调整长期股权投资账面价值,借记"其他应收款"科目,贷记"长期股权投资"。在实际收到现金股利或利润时,借记"银行存款"等科目,贷记"其他应收款"科目。被投资单位宣告分派的股票股利,不作账务处理,但应当设置辅助账,进行数量登记。

【例 11-12】 某社会团体持有 A 公司 30% 的长期股权投资,该投资采用权益法核算,2×22 年 2 月 1 日,该社会团体转让 A 公司 20% 股份,获得转让收入 360 000 元,款项已存入银行。转让后,社会团体仅持有 A 公司 10% 的股份。相应的长期股权投资改按成本法核算。股份转让日,该社会团体采用权益法核算长期股权,投资成本为 510 000 元,损益调整借方余额为 21 000 元,转让 20% 的长期股权投资成本为 340 000 元(510 000×2/3),损益调整数额为 14 000 元(21 000×2/3),转让收益为 6 000 元(360 000－340 000－14 000)。转让后,权益法下剩余 10% 的长期股权投资成本为 170 000 元(510 000－340 000),损益调整借方余额为 7 000 元(21 000－14 000),合计数为 177 000 元(170 000＋7 000)。该社会团体应当编制会计分录如下:

① 转让股份时:

借:银行存款	360 000
贷:长期股权投资——成本	340 000
——损益调整	14 000
投资收益	6 000

② 权益法转成本时:

借:长期股权投资	177 000
贷:长期股权投资——成本	170 000
——损益调整	7 000

3) 长期股权投资处置的核算

处置长期股权投资时,按照实际取得的价款,借记"银行存款"等科目,按照已计提的减值准备,借记"长期投资减值准备"科目,按照所处置长期股权投资的账面余额,贷记"长期股权投资",按照尚未领取的已宣告发放的现金股利或利润,贷记"其他应收款"科目,按照其差额,借记或贷记"投资收益"科目。

期末,民间非营利组织应当对长期股权投资是否发生了减值进行检查。如果长期股权投资的可收回金额低于其账面价值,应当按照可收回金额低于账面价值的差额计提长期投资减值准备。如果长期股权投资的可收回金额高于其账面价值,应当在该长期股权投资期初已计提减值准备的范围内转回可收回金额高于账面价值的差额。

2. 长期债权投资核算

长期债权投资是指民间非营利组织购入的在 1 年内(不含 1 年)不能变现或不准备随时变现的债券和其他债权投资。

为核算长期债券投资业务,民间非营利组织应当设置"长期债券投资"总账科目,下设"面值""溢价或折价""债券费用""应收利息"等明细科目。

1) 长期债权投资取得的核算

长期债权投资在取得时,应当按照取得时的实际成本作为初始投资成本。

民间非营利组织以现金购入的长期债权投资,按照实际支付的全部价款,包括税金、手续费等相关费用作为其初始投资成本,借记"长期债权投资",贷记"银行存款"等科目。如果实际支付的价款中包含已到付息日但尚未领取的债券利息,则按照实际支付的全部价款减去其中已到付息日但尚未领取的债券利息后的金额作为其初始投资成本,借记"长期债权投资",按照应领取的利息,借记"其他应收款"科目,按照实际支付的全部价款,贷记"银行存款"等科目。接受捐赠的长期债权投资,按照所确定的初始投资成本,借记"长期债权投资",贷记"捐赠收入"科目。

2) 长期债权投资持有期间的核算

长期债权投资持有期间,应当按照票面价值与票面利率按期计算确认利息收入,如为到期一次还本付息的债券投资,借记"长期债权投资——债券投资(应收利息)"科目,贷记"投资收益"科目;如为分期付息、到期还本的债权投资,借记"其他应收款"科目,贷记"投资收益"科目。长期债券投资的初始投资成本与债券面值之间的差额,应当在债券存续期间,按照直线法于确认相关债券利息收入时摊销,如初始投资成本高于债券面值,按照应当分摊的金额,借记"投资收益"科目,贷记"长期债权投资",如初始投资成本低于债券面值,按照应当分摊的金额,借记"长期债权投资",贷记"投资收益"科目。

3) 长期债权投资处置的核算

处置长期债权投资时,按照实际取得的价款,借记"银行存款"等科目,按照已计提的减值准备,借记"长期投资减值准备"科目,按照所处置长期债权投资的账面余额,贷记"长期债权投资",按照未领取的债券利息,贷记"长期债权投资——债券投资(应收利息)"科目或"其他应收款"科目,按照其差额,借记或贷记"投资收益"科目。

期末,民间非营利组织应当对长期债权投资是否发生了减值进行检查。如果长期债权投资的可收回金额低于其账面价值,应当按照可收回金额低于账面价值的差额计提长期投资减值准备。如果长期债权投资的可收回金额高于其账面价值,应当在该长期债权投资期初已计提减值准备的范围内转回可收回金额高于账面价值的差额。

【例 11-13】 某社会团体以银行存款购入一批 4 年期债券,实际支付价款 500 000 元。准备持有至到期。该债券票面金额为 500 000 元 票面年利率为 4%,每年支付一次利息 20 000 元,到期一次偿还本金,该社会团体应当编制会计分录如下:

① 取得长期投资时:

借:长期债权投资　　　　　　　　　　　　　　　　　　　　500 000
　　贷:银行存款　　　　　　　　　　　　　　　　　　　　　　　　500 000

② 每年确认债券利息收入时:

借:应收利息　　　　　　　　　　　　　　　　　　　　　　　20 000
　　贷:投资收益　　　　　　　　　　　　　　　　　　　　　　　　20 000

③ 到期收回债权本金时:

借:银行存款　　　　　　　　　　　　　　　　　　　　　　500 000
　　贷:长期债权投资　　　　　　　　　　　　　　　　　　　　　500 000

(四)民间非营利组织固定资产的核算

固定资产是指民间非营利组织为行政管理、提供服务、生产商品或者出租目的而持有,预计使用年限超过 1 年并且单位价值较高的资产。民间非营利组织应当根据本组织的具体情况,制定适合本组织的固定资产目录、分类方法、每类或每项固定资产的折旧年限、折旧方法,作为进行固定资产核算的依据。如果发生重大减值、需计提减值准备,应当单独设置"固定资产减值准备"科目进行核算。

1. 固定资产取得的核算

固定资产在取得时,应当按照取得时的实际成本入账。取得时的实际成本包括买价、包装费、运输费、交纳的有关税金等相关费用,以及为使固定资产达到预定可使用状态前所发生的必要支出。

外购的固定资产,按照实际支付的买价、相关税费以及为使固定资产达到预定可使用状态前发生的可直接归属于该固定资产的其他支出(如运输费、安装费、装卸费等),借记"固定资产",贷记"银行存款""应付账款"等科目。如果以一笔款项购入多项没有单独标价的固定资产,按照各项固定资产公允价值的比例对总成本进行分配,分别确定各项固定资产的入账价值。

自行建造的固定资产,按照建造该项固定资产达到预定可使用状态前所发生的全部支出,借记"固定资产",贷记"在建工程"科目。

融资租入的固定资产,按照租赁协议或者合同确定的价款、运输费、途中保险费、安装调试费以及融资租入固定资产达到预定可使用状态前发生的借款费用等,借记"固定资产——融资租入固定资产"明细科目,贷记"长期应付款"科目。

接受捐赠的固定资产,按照所确定的成本,借记"固定资产",贷记"捐赠收入"科目。

【例 11-14】 某民间非营利组织购入需要安装的全新机器一台,用银行存款支付买价 10 000 元(不考虑相关税费),包装运杂费 500 元,安装费 1 200 元,领用生产用材料 936 元,应付本单位安装人员工资 500 元。该固定资产安装完工后交付使用。该组织应当编制会计分录如下:

① 支付买价时:

借:在建工程　　　　　　　　　　　　　　　　　　　　　　　　10 500
　　贷:银行存款　　　　　　　　　　　　　　　　　　　　　　　　10 500

② 领用材料时:

借:在建工程　　　　　　　　　　　　　　　　　　　　　　　　2 636
　　贷:银行存款　　　　　　　　　　　　　　　　　　　　　　　　1 200
　　　　存货——材料　　　　　　　　　　　　　　　　　　　　　　936
　　　　应付职工薪酬　　　　　　　　　　　　　　　　　　　　　　500

③ 安装交付使用时:

借:固定资产　　　　　　　　　　　　　　　　　　　　　　　　13 136
　　贷:在建工程　　　　　　　　　　　　　　　　　　　　　　　　13 136

2. 固定资产后续支出的核算

与固定资产有关的后续支出,如果是可能流入民间非营利组织的经济利益或者服务潜力超过了原先的估计,如延长了固定资产的使用寿命,或者使服务质量实质性提高,或者使商品成本实质性降低,则应当计入固定资产账面价值,但其增加后的金额不应当超过该固定资产的可收回金额。其他后续支出,应当计入当期费用。发生后续支出时,按照应当计入固定资产账面价值的金额,借记"在建工程""固定资产"科目,贷记"银行存款"等科目,按照应当计入当期费用的金额,借记"管理费用"等科目,贷记"银行存款"等科目。

3. 固定资产折旧的核算

按月提取固定资产折旧时,按照应提取的折旧金额,借记"存货——生产成本""管理费用"等科目,贷记"累计折旧"科目。

4. 固定资产处置的核算

固定资产出售、报废或者毁损,或以其他方式处置时,按照所处置固定资产的账面价值,借记"固定资产清理"科目,按照已提取的折旧,借记"累计折旧"科目,按照固定资产账面余额,贷记"固定资产"。

5. 固定资产清查的核算

民间非营利组织对固定资产应当定期或者至少每年实地盘点一次。对盘盈、盘亏的固定资产,应当及时查明原因,如为固定资产盘盈,按照其公允价值,借记"固定资产",贷记"其他收入"科目。如为固定资产盘亏,按照固定资产账面价值扣除可以收回的保险赔偿和过失人的赔偿等后的金额,借记"管理费用"科目,按照可以收回的保险赔偿和过失人赔偿等,借记"现金""银行存款""其他应收款"等科目,按照已提取的累计折旧,借记"累计折旧"科目,按照固定资产的账面余额,贷记"固定资产"。

(五)民间非营利组织文物文化资产核算

文物文化资产是指民间非营利组织用于展览、教育或研究等目的的历史文物、艺术品以及其他具有文化或者历史价值并作长期或者永久保存的典藏等。

1. 文物文化资产取得的核算

文物文化资产在取得时,应当按照取得时的实际成本入账。取得时的实际成本包括买价、包装费、运输费、交纳的有关税金等相关费用,以及为使文物文化资产达到预定可使用状态前所发生的必要支出。

外购的文物文化资产,按照实际支付的买价、相关税费以及为使文物文化资产达到预定可使用状态前发生的可直接归属于该文物文化资产的其他支出(如运输费、安装费、装卸费等),借记"文物文化资产",贷记"银行存款""应付账款"等科目。如果以一笔款项购入多项没有单独标价的文物文化资产,按照各项文物文化资产公允价值的比例对总成本进行分配,分别确定各项文物文化资产的入账价值。

接受捐赠的文物文化资产,按照所确定的成本,借记"文物文化资产",贷记"捐赠收入"科目。

2. 文物文化资产处置的核算

出售文物文化资产,文物文化资产毁损或者以其他方式处置文物文化资产时,按照所处置文物文化资产的账面余额,借记"固定资产清理"科目,贷记"文物文化资产"。

3. 文物文化资产清查的核算

民间非营利组织对文物文化资产应当定期或者至少每年实地盘点一次。对盘盈、盘亏的文物文化资产,应当及时查明原因,如为文物文化资产盘盈,按照其公允价值,借记"文物文化资产",贷记"其他收入"科目。如为文物文化资产盘亏,按照固定资产账面余额扣除可以收回的保险赔偿和过失人的赔偿等后的金额,借记"管理费用"科目,按照可以收回的保险赔偿和过失人赔偿等,借记"现金""银行存款""其他应收款"等科目,按照文物文化资产的账面余额,贷记"文物文化资产"。

【例 11-15】 某民间非营利组织以银行存款购买一项文物文化资产,购买价款为 7 500 元,发生运输费和装卸费合计 450 元,取得时实际成本为 7 950 元,同时,该组织因开展业务需要处置一项文物文化资产,账面余额为 3 200 元,将其转入固定资产清理账

户。该组织应当编制会计分录如下:

① 取得文物文化资产时:

借:文物文化资产　　　　　　　　　　　　　　　　　　　7 950
　　贷:银行存款　　　　　　　　　　　　　　　　　　　　　　　7 950

② 处置文物文化资产时:

借:固定资产清理　　　　　　　　　　　　　　　　　　　3 200
　　贷:文物文化资产　　　　　　　　　　　　　　　　　　　　　3 200

(六)民间非营利组织无形资产的核算

无形资产是指民间非营利组织为开展业务活动、出租给他人或为管理目的而持有的且没有实物形态的非货币性长期资产,包括专利权、非专利技术、商标权、著作权、土地使用权等。如果无形资产发生了重大减值,计提减值准备的,应当单独设置"无形资产减值准备"科目进行核算。

1. 无形资产取得的核算

无形资产在取得时,应当按照取得时的实际成本入账。

购入的无形资产,按照实际支付的价款,借记"无形资产",贷记"银行存款"等科目。

接受捐赠的无形资产,按照所确定的成本,借记"无形资产",贷记"捐赠收入"科目。

自行开发并按法律程序申请取得的无形资产,按依法取得时发生的注册费、聘请律师费等费用,借记"无形资产",贷记"银行存款"等科目。依法取得前,在研究与开发过程中发生的材料费用、直接参与开发人员的工资及福利费、开发过程中发生的租金、借款费用等直接计入当期费用,借记"管理费用"等科目,贷记"银行存款"等科目。

2. 无形资产摊销的核算

无形资产应当自取得当月起在预计使用年限内分期平均摊销,按照应提取的摊销金额,借记"管理费用"科目,贷记"无形资产"。如预计使用年限超过了相关合同规定的受益年限或法律规定的有效年限,则合同规定了受益年限但法律没有规定有效年限的,摊销期不应超过合同规定的受益年限;合同没有规定受益年限但法律规定了有效年限的,摊销期不应超过法律规定的有效年限;合同规定了受益年限,法律也规定了有效年限的,摊销期不应超过受益年限和有效年限两者之中较短者。如果合同没有规定受益年限,法律也没有规定有效年限的,摊销期不应超过 10 年。

3. 无形资产处置的核算

民间非营利组织出售或以其他方式处置无形资产,按照实际取得的价款,借记"银行存款"等科目,按照该项无形资产的账面余额,贷记"无形资产",按照其差额,贷记"其他收入"科目或借记"其他费用"科目。

【例 11-16】 某民间非营利组织以银行存款购入一项无形资产,支付价款 420 000 元,使用一段时间后,需要对该无形资产进行摊销,摊销金额为 35 000 元,计入管理费用。最后,该无形资产不能为组织带来服务,按照规定需要对其批准核销。该无形资产账面价值为 385 000 元。该组织编制会计分录如下:

① 取得无形资产时:

借:无形资产	420 000	
贷:银行存款		420 000

② 摊销无形资产时:

借:管理费用	35 000	
贷:无形资产累计摊销		35 000

③ 处置无形资产时:

借:银行存款	385 000	
贷:无形资产		385 000

(七)民间非营利组织受托代理资产的核算

民间非营利组织受托代理资产是指民间非营利组织接受委托方委托从事受托代理业务而收到的资产。

民间非营利组织受托代理资产的确认和计量比照接受捐赠资产的确认和计量原则处理。收到受托代理资产时,按照应确认的入账金额,借记"受托代理资产",贷记"受托代理负债"科目。转赠或者转出受托代理资产,按照转出受托代理资产的账面余额,借记"受托代理负债"科目,贷记"受托代理资产"。

民间非营利组织收到的受托代理资产如果为现金、银行存款或其他货币资金,可以不通过本科目核算,而在"现金""银行存款""其他货币资金"科目下设置"受托代理资产"明细科目进行核算。即在取得这些受托代理资产时,借记"现金——受托代理资产""银行存款——受托代理资产""其他货币资金——受托代理资产"科目,贷记"受托代理负债"科目;在转赠或者转出受托代理资产时,借记"受托代理负债"科目,贷记"现金——受托代理资产""银行存款——受托代理资产""其他货币资金——受托代理资产"科目。

【例 11-17】 某民间非营利组织帮助某组织委托代管一批实物资产,价值 350 000 元,该资产主要用于某省扶贫项目。该组织应当编制会计分录如下:

① 收到资产时:

借:委托代理资产	350 000	
贷:受托代理负债		350 000

② 转出资产时:

借:受托代理负债	350 000	
贷:受托代理资产		350 000

第二节 民间非营利组织负债的核算

一、民间非营利组织负债概述

(一)民间非营利组织负债的概念和分类

民间非营利组织负债是指过去的交易或者事项形成的现时义务,履行该义务预期会导致含有经济利益或者服务潜力的资源流出民间非营利组织。负债应当按其流动性分为流动负债、长期负债和受托代理负债等。其中流动负债是指将在1年内(含1年)偿还的负债,包括短期借款、应付票据、应付账款、应付工资、应交税金、其他应付款、预提费用和预计负债等。长期负债是指偿还期限在1年以上(不含1年)的负债,包括长期借款、长期应付款等。受托代理负债是指民间非营利组织因从事受托代理业务、接受受托代理资产而产生的负债。

(二)民间非营利组织负债的确认和计量

民间非营利组织的各种流动负债和长期负债应当按照实际发生金额确认和计量,受托代理负债应当按照相对应的受托代理资产的金额予以确认和计量。

二、民间非营利组织负债的账户设置及具体核算

(一)民间非营利组织负债账户的设置

民间非营利组织设置相关负债总账科目,便于核算负债业务。其中,设置流动负债的科目有短期借款、应付票据、应付账款、预收账款、应付工资、应交税金、其他应付款、预提费用、预计负债等;长期负债科目有长期借款、长期应付款;受托代理负债科目有受托代理负债。

(二)民间非营利组织流动负债的核算

民间非营利组织流动负债包括短期借款、应付票据、应付账款、应付工资、应交税金、其他应付款、预提费用和预计负债等,因此流动资产的核算主要是以上负债的核算。

1. 短期借款

短期借款是民间非营利组织向银行或其他金融机构等借入的期限在1年以下(含1年)的各种借款。借入各种短期借款时,按照实际借得的金额,借记"银行存款"科目,贷记"短期借款"。发生短期借款利息时,借记"筹资费用"科目,贷记"预提费用""银行存款"等科目。归还借款时,借记"短期借款",贷记"银行存款"科目。

【例11-18】 某民间非营利组织向银行借入一笔短期借款,借款金额为40 000元,借款期限为3个月,到期一次偿还借款本金40 000元,并支付借款利息1 000元。该组织应当编制会计分录如下:

① 借入短期借款时:

借:银行存款　　　　　　　　　　　　　　　　　　　40 000
　　贷:短期借款　　　　　　　　　　　　　　　　　　40 000

② 到期偿还本金和利息时:

借:短期借款　　　　　　　　　　　　　　　　　　　40 000
　　筹资费用　　　　　　　　　　　　　　　　　　　 1 000
　　贷:银行存款　　　　　　　　　　　　　　　　　　41 000

2. 应付票据

应付票据是民间非营利组织购买材料、商品和接受服务供应等而开出、承兑的商业汇票,包括银行承兑汇票和商业承兑汇票。因购买材料、商品和接受服务等开出、承兑商业

汇票时,借记"存货"等科目,贷记"应付票据"。以承兑商业汇票抵付应付账款时,借记"应付账款"科目,贷记"应付票据"。支付银行承兑汇票的手续费时,借记"筹资费用"科目,贷记"银行存款"科目。应付票据到期时,如果收到银行支付到期票据的付款通知时,借记"应付票据",贷记"银行存款"科目;如果无力支付票款,按照应付票据的账面余额,借记"应付票据",贷记"应付账款"科目。带息应付票据,应当在期末或到期时计算应付利息,借记"筹资费用"科目,贷记"应付票据"。到期不能支付的带息应付票据,转入"应付账款"科目核算后,期末时不再计提利息。

民间非营利组织应当设置"应付票据备查簿",详细登记每一应付票据的种类、号数、签发日期、到期日、票面金额、票面利率、合同交易号、收款人姓名或单位名称,以及付款日期和金额等资料。应付票据到期结清时,应当在备查簿内逐笔注销。

【例11-19】 某民间非营利组织因购买材料开出面值3 500元的商业汇票一张。该组织应当编制会计分录如下:

借:存货　　　　　　　　　　　　　　　　　　　　　　　　3 500
　贷:应付票据　　　　　　　　　　　　　　　　　　　　　　　3 500

3. 应付账款

应付账款是民间非营利组织因购买材料、商品和接受服务供应等而应付给供应单位的款项。发生应付账款时,按照应付未付金额,借记"存货""管理费用"等科目,贷记"应付账款"。偿付应付账款时,借记"应付账款",贷记"银行存款"等科目。开出、承兑商业汇票抵付应付账款时,借记"应付账款",贷记"应付票据"科目。确实无法支付或由其他单位承担的应付账款,借记"应付账款",贷记"其他收入"科目。

【例11-20】 某民间非营利组织购买一批价值42 000元的物品,物品已经验收入库,款项尚未支付,一周后,该组织以银行存款偿还了该笔款项。该组织应当编制会计分录如下:

① 收到物品时:

借:存货——库存商品　　　　　　　　　　　　　　　　　　42 000
　贷:应付账款　　　　　　　　　　　　　　　　　　　　　　42 000

② 支付货款时:

借:应付账款　　　　　　　　　　　　　　　　　　　　　　42 000
　贷:银行存款　　　　　　　　　　　　　　　　　　　　　　42 000

4. 应付工资

应付工资是民间非营利组织应付给职工的工资总额。包括在工资总额内的各种工资、奖金、津贴等,不论是否在当月支付,都应当通过本科目核算。支付工资时,借记"应付工资",贷记"现金""银行存款"等科目。从应付工资中扣还的各种款项(如代垫的房租、家属药费、个人所得税等),借记"应付工资",贷记"其他应收款""应交税金"等科目。

期末,应当将本期应付工资进行分配,行政管理人员的工资,借记"管理费用"科目,贷记"应付工资";应当记入各项业务活动成本的人员工资,借记"业务活动成本""存货——生产成本"科目,贷记"应付工资";应当由在建工程负担的人员工资,借记"在建工程"等科目,贷记"应付工资"。

民间非营利组织应当设置"应付工资明细账",按照职工类别分设账页,按照工资的组成内容分设专栏,根据"工资单"或"工资汇总表"进行登记。

【例11-21】 某民间非营利组织当月应付工资总额为45 000元,其中行政管理人员工资15 000元,应当计入各项业务活动成本人员工资30 000元。该组织应当编制会计分录如下:

```
借:管理费用                                    15 000
    业务活动成本                                30 000
  贷:应付工资                                              45 000
```

5. 应交税金

应交税金是民间非营利组织按照有关国家税法规定应当交纳的各种税费,如增值税、所得税、房产税、个人所得税等。如果发生了营业税纳税义务,按照应交纳的营业税,借记"业务活动成本"等科目,贷记"应交税金"。交纳营业税时,借记"应交税金",贷记"银行存款"科目。如果发生了增值税纳税义务,应当按税收有关规定计算应缴纳的增值税,并通过本科目核算;如果发生了所得税纳税义务,按照应交纳的所得税,借记"其他费用"科目,贷记"应交税金"。交纳所得税时,借记"应交税金",贷记"银行存款"科目;如果发生了个人所得税纳税义务,按照规定计算应代扣代交的个人所得税,借记"应付工资"等科目,贷记"应交税金"。交纳个人所得税时,借记"应交税金",贷记"银行存款"科目。

【例11-22】 某民间非营利组织发生所得税纳税义务,应纳所得税税额为400元。该组织应当编制会计分录如下:

```
借:其他费用                                        400
  贷:应交税金                                                  400
```

6. 其他应付款

其他应付款是民间非营利组织应付、暂收其他单位或个人的款项,如应付经营租入固定资产的租金等。发生的各项应付、暂收款项,借记"银行存款""管理费用"等科目,贷记"其他应付款"。支付款项时,借记"其他应付款",贷记"银行存款"等科目。

7. 预提费用

预提费用是民间非营利组织按照规定预先提取的已经发生但尚未支付的费用,如预提的租金、保险费、借款利息等。按照规定预提计入本期费用时,借记"筹资费用""管理费用"等科目,贷记"预提费用"。实际支出时,借记"预提费用",贷记"银行存款"等科目。

8. 预计负债

预计负债是民间非营利组织对因或有事项所产生的现时义务而确认的负债,包括因对外提供担保、商业承兑票据贴现、未决诉讼等确认的负债。确认预计负债时,按照应确认的预计负债金额,借记"管理费用"等科目,贷记"预计负债"。实际偿付负债时,借记"预计负债",贷记"银行存款"等科目。转回预计负债时,借记"预计负债",贷记"管理费用"等科目。

(三)民间非营利组织长期负债的核算

民间非营利组织长期负债是指偿还期限在1年以上(不含1年)的负债,包括长期借款和长期应付款。

1. 长期借款

长期借款是指民间非营利组织向银行或其他金融机构等借入的期限在 1 年以上(不含 1 年)的各种借款。长期借款应当按照实际发生额入账。长期借款的借款费用应当在发生时计入当期费用。但是,为购建固定资产而发生的专门借款的借款费用,在规定的允许资本化的期间内,应当按照专门借款的借款费用的实际发生额予以资本化,计入在建工程成本。这里的借款费用包括因借款而发生的利息、辅助费用以及因外币借款而发生的汇兑差额等。民间非营利组织应当按照规定确定专门借款的借款费用允许资本化的期间及其金额。

借入长期借款时,按照实际借入额,借记"银行存款"等科目,贷记"长期借款"。发生的借款费用,借记"筹资费用"科目,贷记"长期借款"。如为购建固定资产而发生的专门借款的借款费用,在允许资本化的期间内,按照专门借款的借款费用的实际发生额,借记"在建工程"科目,贷记"长期借款"。归还长期借款时,借记"长期借款",贷记"银行存款"科目。

2. 长期应付款

长期应付款是民间非营利组织的各项长期应付款项,如融资租入固定资产的租赁费等。发生长期应付款时,借记有关科目,贷记"长期应付款"。支付长期应付款项时,借记"长期应付款",贷记"银行存款"科目。

【例 11-23】 某民间非营利组织因融资租入固定资产发生长期应付款 4 300 元,数日后,民间非营利组织以银行存款支付这项长期应付款。该组织应当编制会计分录如下:

① 产生长期应付款时

    借:固定资产   4 300
      贷:长期应付款   4 300

② 支付长期应付款时

    借:长期应付款   4 300
      贷:银行存款   4 300

(四) 受托代理负债的核算

受托代理负债是指民间非营利组织因从事受托代理业务、接受受托代理资产而产生的负债。受托代理负债应当按照相对应的受托代理资产的金额予以确认和计量。收到受托代理资产,按照应确认的入账金额,借记"受托代理资产"科目,贷记"受托代理负债"。转赠或者转出受托代理资产,按照转出受托代理资产的账面余额,借记"受托代理负债",贷记"受托代理资产"科目。

第三节 民间非营利组织净资产的核算

一、民间非营利组织净资产概述

民间非营利组织的净资产是指民间非营利组织资产减去负债后的余额。净资产应当按照其是否受到限制,分为限定性净资产和非限定性净资产两类。

限定性净资产是指民间非营利组织的资产或者资产所产生的经济利益(如资产的投资收益和利息等)的使用受到资产提供者或者国家有关法律和行政法规所设置的时间限制或用途限制形成的净资产。国家有关法律和行政法规对净资产的使用直接设置限制的,该受限制的净资产亦为限定性净资产。时间限制是指资产提供者或者国家有关法律和行政法规要求民间非营利组织在收到资产后的特定时期之内或特定日期之后使用该项资产,或者对资产的使用设置了永久限制。用途限制是指资产提供者或者国家有关法律、行政法规要求民间非营利组织将收到的资产用于某一特定的用途。

非限定性资产是指民间非营利组织的资产除了限定性资产之外的其他净资产。非限定性资产的使用需要与民间非营利组织的使命和运行目的相符合,不能随意使用在不符合民间非营利组织运行目的的活动上。

二、民间非营利组织限定性净资产与非限定性净资产的核算

(一)限定性净资产

为了核算限定性净资产业务,民间非营利组织应当设置"限定性净资产"科目。期末结转各收入时,将各收入类科目所属"限定性收入"明细科目的余额转入本科目,借记"捐赠收入——限定性收入""政府补助收入——限定性收入"等科目,贷记"限定性净资产"。如果限定性净资产的限制已经解除,应当对净资产进行重新分类,将限定性净资产转为非限定性净资产,借记"限定性净资产",贷记"非限定性净资产"科目。

【例 11-24】 某民间非营利组织按照政府提出的使用时间限制,已经达到限制可以使用政府补助收入 32 000 元,年末结转限定性收入科目贷方余额,其中,捐赠收入——限定性收入为 25 000 元,政府补助收入——限定性收入为 42 000 元。该组织应当编制会计分录如下:

① 使用政府补助收入时:

借:限定性净资产	32 000
贷:非限定性净资产	32 000

② 结转限定性收入时:

借:捐赠收入——限定性收入	25 000
政府补助收入——限定性收入	42 000
贷:限定性净资产	67 000

(二)非限定性净资产

民间非营利组织应当在期末将当期非限定性收入的实际发生额、当期费用的实际发生额和当期由限定性净资产转为非限定性净资产的金额转入非限定性净资产。期末,将各收入类科目所属"非限定性收入"明细科目的余额转入本科目,借记"捐赠收入——非限定性收入""会费收入——非限定性收入""提供服务收入——非限定性收入""政府补助收入——非限定性收入""商品销售收入——非限定性收入""投资收益——非限定性收入""其他收入——非限定性收入"科目,贷记"非限定性净资产"。同时,将各费用类科目的余额转入本科目,借记"非限定性净资产",贷记"业务活动成本""管理费用""筹资费用""其

他费用"科目。如果限定性净资产的限制已经解除,应当对净资产进行重新分类,将限定性净资产转为非限定性净资产,借记"限定性净资产"科目,贷记"非限定性净资产"。如果因调整以前期间收入、费用项目而涉及调整非限定性净资产的,应当就需要调整的金额,借记或贷记有关科目,贷记或借记"非限定性净资产"。

【例 11-25】 某民间非营利组织在确认某组织捐赠款项时,按照捐赠人提出的限制条件将捐赠款项用于购买办公设备一台,价值 142 000 元,款项已用银行存款支付。年末,该组织结转非限定性收入科目贷方余额,其中,"捐赠收入——非限定性收入" 42 000 元,"会费收入——非限定性收入" 8 500 元,"提供服务收入——非限定性收入" 26 000 元,"政府补助收入——非限定性收入" 32 000 元,"投资收益——非限定性收入" 5 100 元,"其他收入——非限定性收入" 2 500 元。该组织应当编制会计分录如下:

① 购买设备时:

借:固定资产 142 000
  贷:银行存款 142 000

同时:

借:限定性资产 142 000
  贷:非限定性资产 142 000

② 结转非限定性收入时:

借:捐赠收入——非限定性收入 42 000
  会费收入——非限定性收入 8 500
  提供服务收入——非限定性收入 26 000
  政府补助收入——非限定性收入 32 000
  投资收益——非限定性收入 5 100
  其他收入——非限定性收入 2 500
  贷:非限定性资产 116 100

第四节 民间非营利组织收入的核算

一、民间非营利组织收入概述

(一)民间非营利组织收入的概念和分类

民间非营利组织收入是指民间非营利组织开展业务活动取得的、导致本期净资产增加的经济利益或者服务潜力的流入。收入应当按照其来源分为捐赠收入、会费收入、提供服务收入、政府补助收入、商品销售收入、投资收益等主要业务活动收入和其他收入等。

(二)民间非营利组织收入的确认

民间非营利组织在确认收入时,应当区分交换交易所形成的收入和非交换交易所形成的收入。

交换交易是指民间非营利组织按照等价交换原则从事的交易,即当某一主体取得资产、获得服务或者解除债务时,需要向交易对方支付等值或者大致等值的现金,或提供等值或者大致等值的货物、服务等的交易。按照等价交换原则销售商品、提供劳务等均属于交换交易。对于因交换交易形成的商品销售收入,满足已将商品所有权上的主要风险和报酬转移给购货方;既没有保留通常与所有权相联系的继续管理权,也没有对已售出的商品实施控制;与交易相关的经济利益能够流入民间非营利组织和相关的收入和成本能够可靠地计量四个条件时,确认收入。对于因交换交易形成的提供劳务收入,在同一会计年度内开始并完成的劳务,应当在完成劳务时确认收入;如果劳务的开始和完成分属不同的会计年度,可以按完工进度或完成的工作量确认收入。对于因交换交易所形成的因让渡资产使用权而发生的收入,满足与交易相关的经济利益能够流入民间非营利组织,并且收入的金额能够可靠计量时确认为收入。

非交换交易是指除交换交易之外的交易。在非交换交易中,某一主体取得资产、获得服务或者解除债务时,不必向交易对方支付等值或者大致等值的现金,或者提供等值或者大致等值的货物、服务等;或者某一主体在对外提供货物、服务等时,没有收到等值或者大致等值的现金、货物等。如捐赠、政府补助等属于非交换交易。对于因非交换交易所形成的收入,在满足与交换相关的经济利益或者服务潜力的资源能够流入民间非营利组织并为其所控制,或者相关的债务能够得到解除、交换,引起净资产的增加和收入的金额能够可靠计量三个条件时确认为收入。

一般情况下,对于无条件的捐赠或政府补助,应当在捐赠或政府补助收到时确认收入;对于附条件的捐赠或政府补助,应当在取得捐赠资产或政府补助资产控制权时确认收入,但当民间非营利组织存在需要偿还全部或部分捐赠资产(或者政府补助资产)或者相应金额的现时义务时,应当根据需要偿还的金额同时确认一项负债和费用。

二、民间非营利组织常见收入的核算

(一)捐赠收入

捐赠收入是民间非营利组织接受其他单位或者个人捐赠所取得的收入。捐赠收入应当按照是否存在限定区分为非限定性收入和限定性收入设置明细科目,进行明细核算。如果资产提供者对资产的使用设置了时间限制或者(和)用途限制,则所确认的相关收入为限定性收入;除此之外的其他所有收入,为非限定性收入。

民间非营利组织接受的捐赠,按照应确认的金额,借记"现金""银行存款""短期投资""存货""长期股权投资""长期债权投资""固定资产""无形资产"等科目,贷记"捐赠收入——限定性收入"或"捐赠收入——非限定性收入"明细科目。对于接受的附条件捐赠,如果存在需要偿还全部或部分捐赠资产或者相应金额的现时义务时(比如因无法满足捐赠所附条件而必须将部分捐赠款退还给捐赠人时),按照需要偿还的金额,借记"管理费用"科目,贷记"其他应付款"等科目。如果限定性捐赠收入的限制在确认收入的当期得以解除,应当将其转为非限定性捐赠收入,借记"捐赠收入——限定性收入"明细科目,贷记"捐赠收入——非限定性收入"明细科目。期末,将本科目各明细科目的余额分别转入限定性净资产和非限定性净资产,借记"捐赠收入——限定性收入"明细科目,贷记"限定性净资产"科目,借记"捐赠收入——非限定性收入"明细科目,贷记"非限定性净资产"科目。

【例 11-26】 某民间非营利组织在确认某组织捐赠款项时,按照捐赠人提出的限制条件将捐赠款项用于购买办公设备一台,价值 142 000 元,款项已用银行存款支付。该组织应当编制会计分录如下:

  借:固定资产   142 000
   贷:银行存款   142 000

  同时:

  借:限定性资产   142 000
   贷:非限定性资产   142 000

(二)会费收入

会费收入是民间非营利组织根据章程等的规定向会员收取的会费收入。一般情况下,民间非营利组织的会费收入为非限定性收入,除非相关资产提供者对资产的使用设置了限制。

为核算会费收入业务,民间非营利组织应当设置"会费收入"总账科目。向会员收取会费,在满足收入确认条件时,借记"现金""银行存款""应收账款"等科目,贷记"会费收入——非限定性收入"明细科目,如果存在限定性会费收入,应当贷记"会费收入——限定性收入"明细科目。期末,将本科目的余额转入非限定性净资产,借记"会费收入——非限定性收入"明细科目,贷记"非限定性净资产"科目。如果存在限定性会费收入,则将其金额转入限定性净资产,借记"会费收入——限定性收入"明细科目,贷记"限定性净资产"科目。

【例 11-27】 某民间非营利组织计算应收会员会费 9 500 元,该会费收入属于非限定性收入。该组织应当编制会计分录如下:

  借:应收账款   9 500
   贷:会费收入——非限定性收入   9 500

(三)提供服务收入

提供服务收入是民间非营利组织根据章程等的规定向其服务对象提供服务取得的收入,包括学杂费收入、医疗费收入、培训收入等。一般情况下,民间非营利组织的提供服务收入为非限定性收入,除非相关资产提供者对资产的使用设置了限制。

为了核算提供服务收入,民间非营利组织应当设置"提供服务收入"总账科目。民间非营利组织提供服务取得收入时,按照实际收到或应当收取的价款,借记"现金""银行存款""应收账款"等科目,按照应当确认的提供服务收入金额,贷记"提供服务收入",按照预收的价款,贷记"预收账款"科目。在以后期间确认提供服务收入时,借记"预收账款"科目,贷记"提供服务收入——非限定性收入"明细科目,如果存在限定性提供服务收入,应当贷记"提供服务收入——限定性收入"明细科目。期末,将本科目的余额转入非限定性净资产,借记"提供服务收入——非限定性收入"明细科目,贷记"非限定性净资产"科目。如果存在限定性提供服务收入,则将其金额转入限定性净资产,借记"提供服务收入——限定性收入"明细科目,贷记"限定性净资产"科目。

【例 11-28】 某民间非营利组织向服务对象提供服务 15 000 元,在提供服务时向服务对象预收服务费用3 000元,服务完成时,收到一张12 000元服务费用支票,已存入开户银行,服务开始和完成均在一个会计年度。该组织应当编制会计分录如下:

借:银行存款　　　　　　　　　　　　　　　　　　　　　　　12 000
　　预收账款　　　　　　　　　　　　　　　　　　　　　　　　3 000
　贷:提供服务收入——非限定性收入　　　　　　　　　　　　　　15 000

(四) 政府补助收入

政府补助收入是民间非营利组织因为政府拨款或者政府机构给予的补助而取得的收入。民间非营利组织的政府补助收入应当按照是否存在限定区分为非限定性收入和限定性收入设置明细科目,进行明细核算。如果资产提供者对资产的使用设置了时间限制或者(和)用途限制,则所确认的相关收入为限定性收入;除此之外的其他所有收入,为非限定性收入。

为了核算政府补助收入业务,民间非营利组织应当设置"政府补助收入"总账科目。接受的政府补助,按照应确认的金额,借记"现金""银行存款"等科目,贷记"政府补助收入——限定性收入"或"政府补助收入——非限定性收入"明细科目。对于接受的附条件政府补助,如果民间非营利组织存在需要偿还全部或部分政府补助资产或者相应金额的现时义务时(比如因无法满足政府补助所附条件而必须退还部分政府补助时),按照需要偿还的金额,借记"管理费用"科目,贷记"其他应付款"等科目。如果限定性政府补助收入的限制在确认收入的当期得以解除,应当将其转为非限定性捐赠收入,借记"政府补助收入——限定性收入"明细科目,贷记"政府补助收入——非限定性收入"明细科目。期末,将本科目各明细科目的余额分别转入限定性净资产和非限定性净资产,借记"政府补助收入——限定性收入"明细科目,贷记"限定性净资产"科目,借记"政府补助收入——非限定性收入"明细科目,贷记"非限定性净资产"科目。

【例11-29】 某民间非营利组织收到政府补助收入52 000元,款项已存入银行。政府对该笔款项提出有关使用限制条件。该组织应当编制会计分录如下:

借:银行存款　　　　　　　　　　　　　　　　　　　　　　　52 000
　贷:政府补助收入——限定性收入　　　　　　　　　　　　　　　52 000

(五) 商品销售收入

商品销售收入是民间非营利组织销售商品(如出版物、药品)等所形成的收入。一般情况下,民间非营利组织的提供服务收入为非限定性收入,除非相关资产提供者对资产的使用设置了限制。

为了核算商品销售业务,民间非营利组织应当设置"商品销售收入"总账科目。销售商品取得收入时,按照实际收到或应当收取的价款,借记"现金""银行存款""应收票据""应收账款"等科目,按照应当确认的商品销售收入金额,贷记"商品销售收入——非限定性收入"明细科目(如果存在限定性商品销售收入,应当贷记"商品销售收入——限定性收入"明细科目),按照预收的价款,贷记"预收账款"科目。在以后期间确认商品销售收入时,借记"预收账款"科目,贷记"商品销售收入——非限定性收入"明细科目,如果存在限定性商品销售收入,应当贷记"商品销售收入——限定性收入"明细科目。销售退回,是指民间非营利组织售出的商品,由于质量、品种不符合要求等原因而发生的退货,未确认收入的已发出商品的退回,不需要进行会计处理;已确认收入的销售商品退回,一般情况下直接冲减退回当月的商品销售收入、商品销售成本等:按照应当冲减的商品销售收入,借记"商品销售收入",按照已收或应收的金额,贷记"银行存款""应收账款""应收票据"等科目,按照退回商品的成本,借记"存货"科目,贷记"业务活动成本"科目。如果该项销售发生现金折扣,应当在退回当月一并处理;报告期间资产负债表日至财务报告批准报出日之间发生的报告期间或以前期间的销售退回,应当作为资产负债表日后事项的调整事项处理,调整报告期间会计报表的相关项目:按照应冲减的商品销售收入,借记"非限定性净资产"科目(如果所调整收入属于限定性收入,应当借记"限定性净资产"科目),按照已收或应收的金额,贷记"银行存款""应收账款""应收票据"等科目;按照退回商品的成本,借记"存货"科目,贷记"非限定性净资产"科目。如果该项销售已发生现金折扣,应当一并处理。民间非营利组织为了尽快回笼资金而发生的现金折扣,在实际发生时直接计入当期筹资费用:按照实际收到的金额,借记"银行存款"等科目,按照应给予的现金折扣,借记"筹资费用"科目,按照应收的账款,贷记"应收账款""应收票据"等科目。民间非营利组织在商品销售时直接给予购买方的销售折让,在实际发生时直接从当期实现的销售收入中抵减。期末,将本科目的余额转入非限定性净资产,借记"商品销售收入",贷记"非限定性净资产"科目。如果存在限定性商品销售收入,则将其金额转入限定性净资产,借记"商品销售收入",贷记"限定性净资产"科目。

【例 11-30】 某民间非营利组织因产品品种问题发生销售退回商品一批,该批商品售价为 2 500 元,相应成本为 1 500 元,款项以银行存款支付。该组织应当编制会计分录如下:

借:商品销售收入——非限定性收入　　　　　　　　　　　　　2 500
　　贷:银行存款　　　　　　　　　　　　　　　　　　　　　　　　2 500

同时:

借:存货　　　　　　　　　　　　　　　　　　　　　　　　　　1 500
　　贷:业务活动成本　　　　　　　　　　　　　　　　　　　　　　1 500

(六)投资收益

投资收益是民间非营利组织因对外投资取得的投资净损益。一般情况下,民间非营利组织的投资收益为非限定性收入,除非相关资产提供者对资产的使用设置了限制。

为了核算投资收益业务,民间非营利组织应当设置"投资收益"总账科目。民间非营利组织出售短期投资或到期收回债券本息,按照实际收到的金额,借记"银行存款"科目,按照已计提的减值准备,借记"短期投资跌价准备"科目,按照所出售或收回短期投资的账面余额,贷记"短期投资"科目,按照未领取的现金股利或利息,贷记"其他应收款"科目,按照其差额,借记或贷记"投资收益"。

对于长期股权投资,采用成本法核算的,被投资单位宣告发放现金股利或利润时,按照宣告发放的现金股利或利润中属于民间非营利组织应享有的部分,确认当期投资收益,借记"其他应收款"科目,贷记"投资收益"。采用权益法核算的,在期末,按照应当享有或应当分担的被投资单位当年实现的净利润或发生的净亏损的份额,调整长期股权投资账面价值,如被投资单位实现净利润,借记"长期股权投资"科目,贷记"投资收益",如被投单位发生净亏损,借记"投资收益",贷记"长期股权投资"科目,但以长期股权投资账面价值减记至零为限。处置长期股权投资时,按照实际取得的价款,借记"银行存款"等科目,按照已计提的减值准备,借记"长期投资减值准备"科目,按照所处置长期股权投资的账面余额,贷记"长期股权投资"科目,按照未领取的现金股利,贷记"其他应收款"科目,按照其差额,借记或贷记"投资收益"。

对于长期债券投资,持有期间,应当按照票面价值与票面利率按期计算确认利息收入,如为到期一次还本付息的债券投资,借记"长期债权投资——债券投资(应收利息)"科目,贷记"投资收益",如为分期付息、到期还本的债权投资,借记"其他应收款"科目,贷记"投资收益"。长期债券投资的初始投资成本与债券面值之间的差额,应当在债券存续期间,按照直线法于确认相关债券利息收入时摊销,如初始投资成本高于债券面值,按照应当分摊的金额,借记"投资收益",贷记"长期债权投资"科目,如初始投资成本低于债券面值,按照应当分摊的金额,借记"长期股权投资"科目,贷记"投资收益"。处置长期债权投资时,按照实际取得的价款,借记"银行存款"等科目,按照已计提的减值准备,借记"长期投资减值准备"科目,按照所处置长期债权投资的账面余额,贷记"长期债权投资"科目,按照未领取的现金股利,贷记"其他应收款"科目或"长期债权投资——债券投资(应收利息)"科目,按照其差额,借记或贷记"投资收益"。

期末,将本科目的余额转入非限定性净资产,借记"投资收益",贷记"非限定性净资产"科目。如果存在限定性投资收益,则将其金额转入限定性净资产,借记"投资收益",贷记"限定性净资产"科目。

【例 11-31】 某民间非营利组织出售短期投资,实际收到款项 3 200 元,该短期投资账面余额 1 500 元,已计提减值准备 500 元,没有尚未领取的利息。该组织应当编制会计分录如下:

借:银行存款　　　　　　　　　　　　　　　　　　　　　3 200
　　短期投资跌价准备　　　　　　　　　　　　　　　　　　500
　贷:短期投资　　　　　　　　　　　　　　　　　　　　　1 500
　　　投资收益　　　　　　　　　　　　　　　　　　　　　2 200

(七) 其他收入

其他收入是民间非营利组织除捐赠收入、会费收入、提供服务收入、商品销售收入、政府补助收入、投资收益等主要业务活动收入以外的其他收入,如确实无法支付的应付款项、存货盘盈、固定资产盘盈、固定资产处置净收入、无形资产处置净收入等。一般情况下,民间非营利组织的其他收入为非限定性收入,除非相关资产提供者对资产的使用设置了限制。

为了核算其他收入业务,民间非营利组织应当设置"其他收入"总账科目。现金、存货、固定资产等盘盈的,根据管理权限报经批准后,借记"现金""存货""固定资产""文物文化资产"等科目,贷记"其他收入——非限定性收入"明细科目,如果存在限定性其他收入,应当贷记"其他收入——限定性收入"明细科目。对于固定资产处置净收入,借记"固定资产清理"科目,贷记"其他收入"。对于无形资产处置净收入,按照实际取得的价款,借记"银行存款"等科目,按照该项无形资产的账面余额,贷记"无形资产"科目,按照其差额,贷记"其他收入"。确认无法支付的应付款项,借记"应付账款"等科目,贷记"其他收入"。在非货币性交易中收到补价情况下应确认的损益,借记有关科目,贷记"其他收入"科目。期末,将本科目的余额转入非限定性净资产,借记"其他收入",贷记"非限定性净资产"科目。如果存在限定性的其他收入,则将其金额转入限定性净资产,借记"其他收入",贷记"限定性净资产"科目。

【例 11-32】 某民间非营利组织对存货进行盘点,结果盘盈存货 450 元,经批准,该存货盘盈作为其他收入处理。该组织应编制会计分录如下:

借:存货　　　　　　　　　　　　　　　　　　　　　　　　　　450
　　贷:其他收入　　　　　　　　　　　　　　　　　　　　　　　　450

第五节　民间非营利组织费用的核算

一、民间非营利组织费用概述

民间非营利组织费用是指民间非营利组织为开展业务活动所发生的、导致本期净资产减少的经济利益或者服务潜力的流出。费用应当按照其功能分为业务活动成本、管理费用、筹资费用和其他费用等。

二、民间非营利组织费用的账户设置与具体核算

(一)业务活动成本

业务活动成本是指民间非营利组织为了实现其业务活动目标、开展其项目活动或者提供服务所发生的费用。如果民间非营利组织从事的项目、提供的服务或者开展的业务比较单一,可以将相关费用全部归集在"业务活动成本"项目下进行核算和列报;如果民间非营利组织从事的项目、提供的服务或者开展的业务种类较多,民间非营利组织应当在"业务活动成本"项目下分别按项目、服务或者业务大类进行核算和列报。

为了核算业务活动成本费用,民间非营利组织应当设置"业务活动成本"总账科目。发生的业务活动成本,借记"业务活动成本",贷记"现金""银行存款""存货""应付账款"等科目。期末,将本科目的余额转入非限定性净资产,借记"非限定性净资产"科目,贷记"业务活动成本"。期末结转后,本科目应无余额。

【例 11-33】 某民间非营利组织为开展甲项目业务活动以银行存款支付相关费用 5 600 元,同时收到一笔捐赠物品 2 500 元,按照捐赠人要求,该笔捐赠物使用在限定的乙项目业务活动上。该组织编制会计分录如下:

① 支付款项时:

借:业务活动成本——甲项目　　　　　　　　　　　　　　　　5 600
　　贷:银行存款　　　　　　　　　　　　　　　　　　　　　　5 600

② 接受捐赠时:

借:业务活动成本——乙项目　　　　　　　　　　　　　　　　2 500
　　贷:存货　　　　　　　　　　　　　　　　　　　　　　　　2 500

同时：

借：捐赠收入——限定性收入　　　　　　　　　　　　　　　　　　　　2 500
　　贷：捐赠收入——非限定性收入　　　　　　　　　　　　　　　　　　　　2 500

（二）管理费用

管理费用是民间非营利组织为组织和管理其业务活动所发生的各项费用，包括民间非营利组织董事会（或者理事会或者类似权力机构）经费和行政管理人员的工资、奖金、津贴、福利费、住房公积金、住房补贴、社会保障费、离退休人员工资与补助，以及办公费、水电费、邮电费、物业管理费、差旅费、折旧费、修理费、无形资产摊销费、存货盘亏损失、资产减值损失、因预计负债所产生的损失、聘请中介机构费和应偿还的受赠资产等。其中，福利费应当依法根据民间非营利组织的管理权限，按照董事会、理事会或类似权力机构等的规定据实列支。民间非营利组织发生的管理费用，应当在发生时按其发生额计入当期费用。

为了核算管理费用业务，民间非营利组织应当设置"管理费用"总账科目。现金、存货、固定资产等盘亏，根据管理权限报经批准后，按照相关资产账面价值扣除可以收回的保险赔偿和过失人的赔偿等后的金额，借记"管理费用"，按照可以收回的保险赔偿和过失人赔偿等，借记"现金""银行存款""其他应收款"等科目，按照已提取的累计折旧，借记"累计折旧"科目，按照相关资产的账面余额，贷记相关资产科目。对于因提取资产减值准备而确认的资产减值损失，借记"管理费用"，贷记相关资产减值准备科目。冲减或转回资产减值准备，借记相关资产减值准备科目，贷记"管理费用"。提取行政管理用固定资产折旧，借记"管理费用"，贷记"累计折旧"科目。无形资产摊销时，借记"管理费用"，贷记"无形资产"科目。发生的应归属于管理费用的应付工资、应交税金等，借记"管理费用"，贷记"应付工资""应交税金"等科目。对于因确认预计负债而确认的损失，借记"管理费用"，贷记"预计负债"科目。发生的其他管理费用，借记"管理费用"，贷记"现金""银行存款"等科目。期末，将本科目的余额转入非限定性净资产，借记"管理费用"，贷记"非限定性净资产"科目。期末结转后，本科目应无余额。

【例 11-34】 某民间非营利组织以银行存款支付管理费用 850 元，同时应该支付给管理部门人员工资 4 500 元。该组织应编制会计分录如下：

借：管理费用　　　　　　　　　　　　　　　　　　　　　　　　　　　5 350
　　贷：银行存款　　　　　　　　　　　　　　　　　　　　　　　　　　　850
　　　　应付工资　　　　　　　　　　　　　　　　　　　　　　　　　　4 500

（三）筹资费用

筹资费用是民间非营利组织为筹集业务活动所需资金而发生的费用，包括民间非营利组织获得捐赠资产而发生的费用以及应当计入当期费用的借款费用、汇兑损失（减汇兑收益）等。民间非营利组织为了获得捐赠资产而发生的费用包括举办募款活动费，准备、印刷和发放募款宣传资料费以及其他与募款或者争取捐赠有关的费用。民间非营利组织发生的筹资费用，应当在发生时按其发生额计入当期费用。

为了核算筹资费用业务，民间非营利组织应当设置"筹资费用"总账科目。发生的筹资费用，借记"筹资费用"，贷记"预提费用""银行存款""长期借款"等科目。发生的应冲减筹资费用的利息收入、汇兑收益，借记"银行存款""长期借款"等科目，贷记"筹资费用"。

期末,将本科目的余额转入非限定性净资产,借记"非限定性净资产"科目,贷记"筹资费用"。期末结转后,本科目应无余额。

【例 11-35】 某民间非盈利组织以银行存款支付募款活动费用 5 200 元,同时该组织发生计入筹资费用的长期借款费用 1 500 元。该组织应编制会计分录如下:

借:筹资费用　　　　　　　　　　　　　　　　　　　　　　　　6 700
　贷:银行存款　　　　　　　　　　　　　　　　　　　　　　　　5 200
　　　长期借款　　　　　　　　　　　　　　　　　　　　　　　　1 500

(四) 其他费用

其他费用是民间非营利组织发生的、无法归属到上述业务活动成本、管理费用或者筹资费用中的费用,包括固定资产处置净损失、无形资产处置净损失等。民间非营利组织发生的其他费用,应当在发生时按其发生额计入当期费用。

为了核算其他费用业务,民间非营利组织应当设置"其他费用"总账科目。发生的固定资产处置净损失,借记"其他费用",贷记"固定资产清理"科目。发生的无形资产处置净损失,按照实际取得的价款,借记"银行存款"等科目,按照该项无形资产的账面余额,贷记"无形资产"科目,按照其差额,借记"其他费用"。期末,将本科目的余额转入非限定性净资产,借记"非限定性净资产"科目,贷记"其他费用"。期末结转后,本科目应无余额。

【例 11-36】 某民间非营利组织处置一项无形资产,收到实际价款 3 800 元,该无形资产的账面余额为 4 500 元,处置损失为 700 元。该组织应编制会计分录如下:

借:银行存款　　　　　　　　　　　　　　　　　　　　　　　　3 800
　　其他费用　　　　　　　　　　　　　　　　　　　　　　　　　700
　贷:无形资产　　　　　　　　　　　　　　　　　　　　　　　　4 500

思考题

1. 什么是民间非营利组织的资产?其分为哪几类?
2. 什么是民间非营利组织的负债?其分为哪几类?
3. 什么是民间非营利组织的收入?其分为哪几类?
4. 什么是民间非营利组织的费用?其分为哪几类?
5. 什么是民间非营利组织的净资产?其分为哪几类?

练习题

一、单项选择题

1. 期末,民间非营利组织的各费用账户余额应当转入(　　)账户。
　　A. 限定性净资产　　　　　　　　　　　B. 非限定性净资产
　　C. 限定性净资产或非限定性净资产　　　D. 限定性净资产同时非限定性净资产
2. 民间非营利组织董事会或者理事会等权力机构发生的费用属于(　　)。
　　A. 管理费用　　　B. 业务活动成本　　　C. 筹资费用　　　D. 其他费用

3. 关于民间非营利组织特定业务的核算,下列说法正确的是(　　)。
   A. 捐赠收入均属于限定性收入
   B. 对于捐赠承诺,不应予以确认
   C. 当期为政府专项资金补助项目发生的费用应计入管理费用
   D. 一次性收到会员缴纳多期会费时,在收到时应将其全部确认为会费收入

4. 某民间非营利组织2020年年初"限定性净资产"科目余额为500万元。2020年年末有关科目贷方余额如下:"捐赠收入——限定性收入"1 000万元、"政府补助收入——限定性收入"200万元,不考虑其他因素,2020年年末民间非营利组织积存的限定性净资产为(　　)万元。
   A. 1 200　　　　　B. 1 500　　　　　C. 1 700　　　　　D. 500

5. 期末,民间非营利组织的业务活动成本,应转入的科目是(　　)。
   A. 限定性净资产　　　　　　　　　B. 其他费用
   C. 业务活动成本　　　　　　　　　D. 非限定性净资产

6. 下列关于民间非营利组织的净资产的说法中,不正确的是(　　)。
   A. 按照净资产是否受到限制,民间非营利组织净资产分为限定性净资产和非限定性净资产
   B. 调整以前期间非限定性收入、费用项目应该直接通过收入、费用科目核算
   C. 满足一定条件可以将限定性净资产重分类为非限定性净资产
   D. 同受两项或多项限制的限定性净资产只有在限定性净资产的最后一项限制解除时,才能认为其限制已经解除

7. 某民间非营利组织接受海外人士捐赠专利权一项,捐赠方没有提供有关凭据,公允价值为100万元。则正确的会计处理是(　　)。
   A. 借记"无形资产"100万元,贷记"捐赠收入"100万元
   B. 借记"固定资产"100万元,贷记"捐赠收入"100万元
   C. 借记"无形资产"100万元,贷记"其他收入"100万元
   D. 借记"固定资产"100万元,贷记"资本公积"100万元

8. 甲社会团体的个人会员每年应交纳会费200元,交纳期间为每年1月1日至12月31日,当年未按时交纳会费的会员下年度自动失去会员资格。该社会团体共有会员1 000人。截至2×22年12月31日,800人交纳当年会费,100人交纳了3个年度的会费,100人尚未交纳当年会费,该社会团体2×22年度应确认的会费收入为(　　)元。
   A. 170 000　　　　　B. 180 000　　　　　C. 250 000　　　　　D. 260 000

9. 下列有关民间非营利组织捐赠业务的表述错误的是(　　)。
   A. 捐赠收入属于非交换交易
   B. 捐赠是自愿地转让资产或者取消负债等
   C. 捐赠交易中资产或劳务的转让属于所有者的投入或向所有者的分配
   D. 如果捐赠人对捐赠资产的使用设置了时间或用途限制,则所确认的相关捐赠收入为限定性捐赠收入

10. 下列各项中,民间非营利组织不应当确认为捐赠收入的是(　　)。
    A. 接受有价证券捐赠　　　　　　　B. 接受资产捐赠

C. 接受货币资金捐赠 D. 接受捐赠承诺

二、多项选择题

1. 下列关于民间非营利组织捐赠业务的处理中,正确的有( )。
   A. 捐赠属于非交换交易
   B. 捐赠承诺满足非交换交易收入的确认条件
   C. 民间非营利组织对于劳务捐赠,不予以确认
   D. 如果捐赠人对捐赠资产的使用设置了时间限制或用途限制,则其确认的相关捐赠收入为限定性捐赠收入

2. 下列属于民间非营利组织会计要素的有( )。
   A. 资产 B. 负债 C. 净资产 D. 收入

3. 会计期末,民间非营利组织应将各费用类科目的余额转入"非限定性净资产"科目的借方,贷记的会计科目可能有( )。
   A. 业务活动成本 B. 管理费用 C. 筹资费用 D. 其他费用

4. 下列关于民间非营利组织会费收入的各项说法中,正确的有( )。
   A. 会费收入通常属于非交换交易收入
   B. 会费收入包括限定性收入和非限定性收入
   C. 期末,会费收入要转入限定性净资产或非限定性净资产
   D. 期末,会费收入余额转入非限定性净资产

5. 下列关于民间非营利组织净资产的说法中,正确的有( )。
   A. 会计期末,限定性的各类收入转入限定性净资产,非限定性的各类收入转入非限定性净资产
   B. 业务活动成本转入非限定性净资产
   C. 有些情况下,资源提供者或者法律、行政法规会对以前期间未设置限制的资产增加时间或者用途限制,则应将非限定性净资产转入限定性净资产
   D. 如果因为调整以前期间非限定性收入、费用项目而涉及调整非限定性净资产的,则应当就需要调整的金额,借记或贷记有关科目,贷记或借记"非限定性净资产"科目

6. 下列关于民间非营利组织受托代理资产业务的表述中,正确的有( )。
   A. 民间非营利组织不是受托代理资产的最终受益人
   B. 受托代理资产为货币资金,可以直接借记"银行存款""现金"等科目
   C. 民间非营利组织因从事受托代理业务,接受受托代理资产而产生的负债即为受托代理负债
   D. 民间非营利组织有权改变受托代理资产的用途

7. 关于民间非营利组织的会计核算,下列说法中正确的有( )。
   A. 民间非营利组织的收入与费用的差额,为其净资产变动额
   B. 民间非营利组织的资产与负债的差额,为其所有者权益
   C. 民间非营利组织的部分特殊业务活动可以采用公允价值计量
   D. 民间非营利组织会计的基本假设包括会计主体、持续经营、会计分期和货币计量

8. 2×22年7月8日,甲民间非营利组织按照与乙企业签订的一份捐赠协议,向乙企业

指定的一所贫困山区小学捐赠电脑 50 台。该组织收到乙企业捐赠的电脑时进行的下列会计处理中,正确的有(　　)。
   A. 确认捐赠收入　　　　　　　　　B. 确认固定资产
   C. 确认受托代理资产　　　　　　　D. 确认受托代理负债
9. 2×22年2月2日,某民间非营利组织发现上一年度的一项固定资产折旧 100 000 元未记录。下列说法正确的有(　　)。
   A. 调减非限定性净资产期初数 100 000 元
   B. 调减管理费用 100 000 元
   C. 调减限定性净资产期初数 100 000 元
   D. 调减固定资产 100 000 元
10. 下列关于民间非营利组织"业务活动成本"科目的表述中,正确的有(　　)。
   A. 借方反映当期业务活动成本的实际发生额
   B. 期末结转后该科目应无余额
   C. 期末将该科目借方发生额转入"限定性净资产"科目
   D. 发生业务活动成本时,借记"业务活动成本"

三、判断题

1. 按照捐赠人是否对捐赠资产附带时间或者用途限制条件,捐赠收入可以区分为限定性捐赠收入和非限定性捐赠收入。(　　)
2. 一般情况下,捐赠收入是民间非营利组织中社会团体组织的最主要的收入来源。(　　)
3. 期末,民间非营利组织的业务活动成本,应转入限定性净资产科目。(　　)
4. 受托代理业务中,民间非营利组织对于受托代理的资产以及资产带来的收益具有一定的控制权。(　　)
5. 民间非营利组织的会费收入期末无余额。(　　)
6. 如果民间非营利组织从事的项目、提供的服务或者开展的业务比较单一,可以将相关费用全部归集在"业务活动成本"项目下进行核算和列报。(　　)
7. 会计期末,民间非营利组织"非限定性净资产"科目的贷方余额,反映历年积存的非限定性净资产金额。(　　)
8. 民间非营利组织对受托代理资产有权利改变其用途和变更受益人。(　　)
9. 对民间非营利组织的捐赠承诺应确认为捐赠收入。(　　)
10. 如果限定性净资产的限制已经解除,民间非营利组织应当对净资产进行重新分类,将限定性净资产转为非限定性净资产。(　　)

四、业务题

1. 某民间非营利组织2×22年发生如下经济业务。
   (1) 按照限制性条件使用本年度政府补助收入购买办公设备 8 200 元,款项以银行存款支付。
   (2) 按照捐赠人提出的使用时间限制条件,已经达到限制可以自主使用上年度收到捐赠收入 2 800 元的时间。
   (3) 年末结转"限定性收入"科目贷方余额。其中,"捐赠收入——限定性收入" 152 000 元,"政府补助收入——限定性收入" 81 000 元。

(4) 年末结转"非限定性收入"科目贷方余额,其中,"捐赠收入——非限定性收入"242 000元,"政府补助收入——非限定性收入"38 000元,"提供服务收入——非限定性收入"21 000元,"投资收益——非限定性收入"52 000元,"其他收入——非限定性收入"4 000元。

(5) 年末结转费用类科目借方余额。其中,"业务活动成本"350 000元,"管理费用"82 000元,"筹资费用"32 000元,"其他费用"3 000元。

根据以上资料,为该民间非营利组织编制有关的会计分录。

2. 某民间非营利组织2×22年发生如下经济业务。

(1) 收到捐赠的救灾款项45 000元,款项已存入银行。

(2) 按照捐赠人的要求将接受捐赠的救灾款项45 000元通过银行存款账户寄往灾区援助救灾。

(3) 收到捐赠的助残项目款项7 800元,款项存入银行。

(4) 以收到的助残款5 000元购买康复专用设备,赠送给残疾人康复中心。

(5) 收到一笔政府补助款项10 000元,由组织根据需要安排使用。

(6) 收到一笔慈善捐赠款项5 600元,款项存入银行,捐赠者没有对款项的使用提出具体要求。

(7) 以银行存款6 200元购买债券进行长期投资,以取得稳定的投资收益,稳固组织经济基础,从而实现组织宗旨。

(8) 以银行存款支付募款活动费用1 000元。

(9) 收到一笔慈善捐赠款项10 000元,款项存入银行。根据捐赠人要求,该捐赠款项的本金不能使用,投资收益用于资助孤儿的项目。

(10) 计算应付工资合计24 300元,其中,救灾项目人员工资5 200元,助残项目人员工资3 200元,助孤项目人员工资5 600元管理部门人员工资5 500元,筹资部门人员工资4 800元。

(11) 收到受托代理实务资产,计价7 800元,委托方要求民间非营利组织将受托代理实物资产转赠给某特定组织,用于特定目的。

(12) 接受捐赠人捐赠一项文物文化资产,捐赠人没有提供有关计价凭证,也没有对该项捐赠提出明确使用限制条件。经过评估,该文物文化资产公允价值为7 000元。

根据以上资料,为该民间非营利组织编制有关会计分录。

第十二章

民间非营利组织财务会计报告

学习目的和要求：通过本章的学习，学生应该了解民间非营利组织财务会计报告的类别，明确各财务会计报告的编制方法，熟悉财务会计报告各部分内容。

教学重点和难点：本章的重点是民间非营利组织各财务会计报告格式，难点是民间非营利组织财务会计报告的编制。

课程思政案例

透明的基金会

邹建飞是贵州省善德公益基金会的主要发起人之一，看着手里拿的基金会拟发布的《2019年财务执行情况》，邹建飞脸上洋溢着满意的笑容。

贵州省善德公益基金会成立于2018年11月，是一家经贵州省民政厅批准成立的地方性非公募基金会，注册资金200万元，秉持"尚善崇德、德行天下"的宗旨，弘扬"常持善德、常怀善德、常秉善德、以德修身、以德立人、以德齐家、治国、平天下"的基金会精神，重点对乡村教师、农村教育事业、孤寡老人、儿童和残疾人开展帮扶救助工作。基金会由爱心企业家邹建飞等人和贵州遵义金山磨料有限公司以及贵州宏诚长青农业科技发展有限公司等企业共同发起成立。基金会集社会各善心企业以及个人之力量，汇企业和社会各界之爱心，共同传承中华民族的传统美德，以科学、专业、透明的管理方式，以合理高效的团队架构，共同推动贵州省社会公益事业的健康发展。

自从成立以来，善德公益基金会坚持每个季度和每个年末都对外披露基金会的财务执行情况，不仅是及时让社会大众了解基金会款项的去处，而且还是对过去季度和年度做的各种公益项目的总结。

2019年是善德公益基金会忙碌的一年，截至2019年12月31日，善德公益基金会共计支出金额约63.22万元，其中项目支出费用约为58.86万元，管理费用支出费用约为4.36万元。收到社会各界的捐赠金额约为88.50万元，银行利息金额约为0.5万元（定期存款利息未计入）。

善德公益基金会2019年的项目支出费用主要用于爱心项目和精准扶贫项目。在爱心项目方面，主要有"爱心助学"项目、"亲亲禾苗、营养一餐"项目和"筑梦校园"童年计划项目。其中"爱心助学"项目主要是对贵州省贫困家庭和优秀学生进行资助，资助标准按照学期制，小学生500元/学期，初中生800元/学期，高中生1 500元/学期，大学生3 000元/学期，其中小学学生8人，初中学生3人，高中学生18人，大学学生39人，共计学生68人，资助金额达到12.56万元；"亲亲禾苗、营养一餐"项目主要针对播州区龙坪镇8所学校361名四类人群（低保、残疾、建档立卡户、学生家属残疾）的贫困学子爱心营养午餐资助。龙坪镇龙坪小学151名,龙坪镇天池小学58名,龙坪镇中心幼儿园34名,龙坪镇大兴小学27名,龙坪镇兴隆小学及幼儿园56名,龙坪镇中心小学及幼儿园35名。每人每天6元标准,"亲亲禾苗,营养一餐"项目执行费用217 685元(其中214 607.5元已计入2020年支出);"筑梦校园"童年计划主要是为播州区龙坪镇龙坪镇龙坪小学、龙坪镇天池小学,龙坪镇大兴小学3家小学改善校中国,共发生执行费用42 615元。在精准扶贫项目方面,主要有"关爱益家"项目和"善德新希望"项目,其中"关爱益家"项目主要针对播州区龙坪镇危房贫困户改造,此次项目危房贫困户14户。上水村7户,大兴村2户,龙坝居2户,小湾村2户,中心村1户,发生执行费用共计184 154元;"善德新希望"项目主要是对17户对象为低保家庭中患重度残疾人员进行家庭救助金发放,龙坝居5户,兴隆村2户,上水村3户,中心村3户,小湾村2户,山岔镇1户,乌江镇养龙村1户,合计执行费用共计96 923元。

看着基金会2019年财务执行情况的报告,邹建飞心想,未来还需要再接再厉,争取参与更多的公益慈善项目,帮助更多的人。想到这,邹建飞开始写起了基金会下一年的工作计划。

思考与讨论:基金会为何要将财务执行情况及时对外公布?

民间非营利组织财务会计报告是指反映民间非营利组织财务状况、业务活动情况和现金流量等的书面报告,由会计报表、会计报表附注和财务情况说明书构成。财务会计报告分为年度财务会计报告和中期财务会计报告。以短于一个完整的会计年度的期间(如半年度、季度和月度)编制的财务会计报告称为中期财务会计报告。年度财务会计报告则是以整个会计年度为基础编制的财务会计报告。民间非营利组织在编制中期财务会计报告时,应当采用与年度会计报告相一致的确认与计量原则。中期财务会计报告的内容相对于年度财务会计报告而言可以适当简化,但仍然应当保证中期期末财务状况和中期业务活动情况及其现金流量相关的重要财务信息。财务会计报告中的会计报表至少应该包括资产负债表、业务活动表和现金流量表。

第一节 民间非营利组织资产负债表

一、民间非营利组织资产负债表的概念和格式

资产负债表是反映民间非营利组织在一个会计期末全部资产、负债和净资产情况的会计报表。其格式如表12-1所示。

表12-1

民间非营利组织资产负债表

会民非01表

编制单位: 年 月 日 单位:元

资产	行次	年初数	期末数	负债和净资产	行次	年初数	期末数
流动资产:				流动负债:			
货币资金	1			短期借款	61		

(续表)

资产	行次	年初数	期末数	负债和净资产	行次	年初数	期末数
短期投资	2			应付款项	62		
应收款项	3			应付工资	63		
预付账款	4			应交税金	65		
存货	8			预收账款	66		
待摊费用	9			预提费用	71		
一年内到期的长期债权投资	15			预计负债	72		
其他流动资产	18			一年内到期的长期负债	74		
流动资产合计	20			其他流动负债	78		
长期投资:				流动负债合计	80		
长期股权投资	21			长期负债:			
长期债权投资	24			长期借款	81		
长期投资合计	30			长期应付款	84		
固定资产:				其他长期负债	88		
固定资产原价	31			长期负债合计	90		
减:累计折旧	32			受托代理负债:			
固定资产净值	33			受托代理负债	91		
在建工程	34			负债合计	100		
文物文化资产	35						
固定资产清理	38			净资产:			
固定资产合计	40			非限定性净资产	101		
无形资产:				限定性净资产	105		
无形资产	41			净资产合计	110		
受托代理资产:							
受托代理资产	51						
资产总计	60			负债和净资产总计	120		

二、民间非营利组织资产负债表的编制说明

(一) 表内年初数的填列

资产负债表"年初数"栏内各项数字,应当根据上年年末资产负债表"期末数"栏内数字填列。如果本年度资产负债表规定的各个项目的名称和内容同上年度不相一致,应对

上年年末资产负债表各项目的名称和数字按照本年度的规定进行调整,填入本表"年初数"栏内。

(二) 表内期末数的填列

资产负债表"期末数"栏内各项数字,按照各项目的内容进行填列。

1. 资产类项目

(1)"货币资金"项目,反映民间非营利组织期末库存现金、存放银行的各类款项以及其他货币资金的合计数。本项目应当根据"现金""银行存款""其他货币资金"科目的期末余额合计填列。如果民间非营利组织的受托代理资产为现金、银行存款或其他货币资金且通过"现金""银行存款""其他货币资金"科目核算,还应当扣减"现金""银行存款""其他货币资金"科目中"受托代理资产"明细科目的期末余额。

(2)"短期投资"项目,反映民间非营利组织持有的各种能够随时变现并且持有时间不准备超过1年(含1年)的投资,包括短期股票、债券投资和短期委托贷款、委托投资等。本项目应当根据"短期投资"科目的期末余额,减去"短期投资跌价准备"科目的期末余额后的金额填列。

(3)"应收款项"项目,反映民间非营利组织期末应收票据、应收账款和其他应收款等应收未收款项。本项目应当根据"应收票据""应收账款""其他应收款"科目的期末余额合计,减去"坏账准备"科目的期末余额后的金额填列。

(4)"预付账款"项目,反映民间非营利组织预付给商品或者服务供应单位等的款项。本项目应当根据"预付账款"科目的期末余额填列。

(5)"存货"项目,反映民间非营利组织在日常业务活动中持有以备出售或捐赠的,或者为了出售或捐赠仍处在生产过程中的,或者将在生产、提供服务或日常管理过程中耗用的材料、物资、商品等。本项目应当根据"存货"科目的期末余额,减去"存货跌价准备"科目的期末余额后的金额填列。

(6)"待摊费用"项目,反映民间非营利组织已经支出,但应当由本期和以后各期分别负担的、分摊期在1年以内(含1年)的各项费用,如预付保险费、预付租金等。本项目应当根据"待摊费用"科目的期末余额填列。

(7)"一年内到期的长期债权投资"项目,反映民间非营利组织将在1年内(含1年)到期的长期债权投资。本项目应当根据"长期债权投资"科目的期末余额中将在1年内(含1年)到期的长期债权投资余额,减去"长期投资减值准备"科目的期末余额中1年内(含1年)到期的长期债权投资减值准备余额后的金额填列。

(8)"其他流动资产"项目,反映民间非营利组织除以上流动资产项目外的其他流动资产。本项目应当根据有关科目的期末余额分析填列。如果其他流动资产价值较大的,应当在会计报表附注中单独披露其内容和金额。

(9)"长期股权投资"项目,反映民间非营利组织不准备在1年内(含1年)变现的各种股权性质的投资的可收回金额。本项目应当根据"长期股权投资"科目的期末余额,减去"长期投资减值准备"科目的期末余额中长期股权投资减值准备余额后的金额填列。

(10)"长期债权投资"项目,反映民间非营利组织不准备在1年内(含1年)变现的各种债权性质投资的可收回金额。本项目应当根据"长期债权投资"科目的期末余额,减去"长期投资减值准备"科目的期末余额中长期债权投资减值准备余额,再减去本表"一年内到期的长期债权投资"项目后的金额填列。

(11)"固定资产"项目,反映民间非营利组织的各项固定资产的账面价值。本项目应当根据"固定资产"科目的期末余额,减去"累计折旧"科目的期末余额后的金额填列。

(12)"在建工程"项目,反映民间非营利组织期末各项未完工程的实际支出,包括交付安装的设备价值、已耗用的材料、工资和费用支出、预付出包工程的价款等。本项目应当根据"在建工程"科目的期末余额填列。

(13)"文物文化资产"项目,反映民间非营利组织用于展览、教育或研究等目的的历史文物、艺术品以及其他具有文化或者历史价值并作长期或者永久保存的典藏等。本项目应当根据"文物文化资产"科目的期末借方余额填列。

(14)"固定资产清理"项目,反映民间非营利组织因出售、毁损、报废等原因转入清理但尚未清理完毕的固定资产的账面价值,以及固定资产清理过程中发生的清理费用和变价收入等各项金额的差额。本项目应当根据"固定资产清理"科目的期末借方余额填列;如果"固定资产清理"科目期末为贷方余额,则以"-"号填列。

(15)"无形资产"项目,反映民间非营利组织拥有的为开展业务活动、出租给他人或为管理目的而持有的没有实物形态的非货币性长期资产,包括专利权、非专利技术、商标权、著作权、土地使用权等。本项目应当根据"无形资产"科目的期末余额填列。

(16)"受托代理资产"项目,反映民间非营利组织接受委托方委托从事受托代理业务而收到的资产。本项目应当根据"受托代理资产"科目的期末余额填列。如果民间非营利组织的受托代理资产为现金、银行存款或其他货币资金且通过"现金""银行存款""其他货币资金"科目核算的,还应当加上"现金""银行存款""其他货币资金"科目中"受托代理资产"明细科目的期末余额。

2. 负债类项目

(1)"短期借款"项目,反映民间非营利组织向银行或其他金融机构等借入的、尚未偿还的期限在1年以下(含1年)的各种借款。本项目应当根据"短期借款"科目的期末余额填列。

(2)"应付款项"项目,反映民间非营利组织期末应付票据、应付账款和其他应付款等应付未付款项。本项目应当根据"应付票据""应付账款""其他应付款"科目的期末余额合计填列。

(3)"应付工资"项目,反映民间非营利组织应付未付的员工工资。本项目应当根据"应付工资"科目的期末贷方余额填列;如果"应付工资"科目期末为借方余额,以"-"号填列。

(4)"应交税金"项目,反映民间非营利组织应交未交的各种税费。本项目应当根据"应交税金"科目的期末贷方余额填列;如果"应交税金"科目期末为借方余额,则以"-"号填列。

(5)"预收账款"项目,反映民间非营利组织向服务和商品购买单位等预收的各种款项。本项目应当根据"预收账款"科目的期末余额填列。

(6)"预提费用"项目,反映民间非营利组织预先提取的已经发生但尚未实际支付的各项费用。本项目应当根据"预提费用"科目的期末贷方余额填列。

(7)"预计负债"项目,反映民间非营利组织对因或有事项所产生的现时义务而确认的负债。本项目应当根据"预计负债"科目的期末贷方金额填列。

(8)"一年内到期的长期负债"项目,反映民间非营利组织承担的将于1年内(含1年)偿还的长期负债。本项目应当根据有关长期负债科目的期末余额中将在1年内(含

1年)到期的金额分析填列。

(9)"其他流动负债"项目,反映民间非营利组织除以上流动负债之外的其他流动负债。本项目应当根据有关科目的期末余额填列。如果其他流动负债金额较大,应当在会计报表附注中单独披露其内容和金额。

(10)"长期借款"项目,反映民间非营利组织向银行或其他金融机构等借入的期限在1年以上(不含1年)的各种借款本息。本项目应当根据"长期借款"科目的期末余额减去其中将于1年内(含1年)到期的长期借款余额后的金额填列。

(11)"长期应付款"项目,反映民间非营利组织承担的各种长期应付款,如融资租入固定资产发生的应付租赁款。本项目应当根据"长期应付款"科目的期末余额减去其中将于1年内(含1年)到期的长期应付款余额后的金额填列。

(12)"其他长期负债"项目,反映民间非营利组织除以上长期负债项目之外的其他长期负债。本项目应当根据有关科目的期末余额减去其中将于1年内(含1年)到期的其他长期负债余额后的金额分析填列。如果其他长期负债金额较大的,应当在会计报表附注中单独披露其内容和金额。

(13)"受托代理负债"项目,反映民间非营利组织因从事受托代理业务、接受受托代理资产而产生的负债。本项目应当根据"受托代理负债"科目的期末余额填列。

3. 净资产类项目

(1)"非限定性净资产"项目,反映民间非营利组织拥有的非限定性净资产期末余额。本项目应当根据"非限定性净资产"科目的期末余额填列。

(2)"限定性净资产"项目,反映民间非营利组织拥有的限定性净资产期末余额。本项目应当根据"限定性净资产"科目的期末余额填列。

第二节 民间非营利组织业务活动表

一、民间非营利组织业务活动表的概念和格式

业务活动表是反映民间非营利组织在某一会计期间内开展业务活动取得的收入、发生的费用以及净资产增减变动情况的会计报表。其格式如表12-2所示。

表12-2

民间非营利组织业务活动表

会民非02表

编制单位：　　　　　　　　　　　　年　月　　　　　　　　　　　　单位:元

项　目	行次	本月数			本年累计数		
		非限定性	限定性	合计	非限定性	限定性	合计
一、收入							
其中:捐赠收入	1						
会费收入	2						

(续表)

项目	行次	本月数			本年累计数		
		非限定性	限定性	合计	非限定性	限定性	合计
提供服务收入	3						
商品销售收入	4						
政府补助收入	5						
投资收益	6						
其他收入	9						
收入合计	11						
二、费用							
(一)业务活动成本	12						
其中:	13						
A项目	14						
B项目	15						
C项目	16						
(二)管理费用	21						
(三)筹资费用	24						
(四)其他费用	28						
费用合计	35						
三、限定性净资产转为非限定性净资产	40						
四、净资产变动额(若为净资产减少额,以"一"号填列)	45						
五、期初净资产							
六、期末净资产							

二、民间非营利组织业务活动表的编制说明

(一)本月数填列方法

业务活动表"本月数"栏反映各项目的本月实际发生数;在编制季度、半年度等中期财务会计报告时,应当将本栏改为"本季度数""本半年度数"等本中期数栏,反映各项目本中期的实际发生数。在提供上年度比较报表时,应当增设可比期间栏目,反映可比期间各项目的实际发生数。如果本年度业务活动表规定的各个项目的名称和内容同上年度不相一致,应对上年度业务活动表各项目的名称和数字按照本年度的规定进行调整,填入本表上

年度可比期间栏目内。

（二）本年累计数填列方法

"本年累计数"栏反映各项目自年初起至报告期末止的累计实际发生数。

本表"非限定性"栏反映本期非限定性收入的实际发生数、本期费用的实际发生数和本期由限定性净资产转为非限定性净资产的金额；本表"限定性"栏反映本期限定性收入的实际发生数和本期由限定性净资产转为非限定性净资产的金额（以"－"号填列）。在提供上年度比较报表项目金额时，限定性和非限定性栏目的金额可以合并填列。

（三）各项目的填列方法

(1)"捐赠收入"项目，反映民间非营利组织接受其他单位或者个人捐赠所取得的收入总额。本项目应当根据"捐赠收入"科目的发生额填列。

(2)"会费收入"项目，反映民间非营利组织根据章程等的规定向会员收取的会费总额。本项目应当根据"会费收入"科目的发生额填列。

(3)"提供服务收入"项目，反映民间非营利组织根据章程等的规定向其服务对象提供服务取得的收入总额。本项目应当根据"提供服务收入"科目的发生额填列。

(4)"商品销售收入"项目，反映民间非营利组织销售商品等所形成的收入总额。本项目应当根据"商品销售收入"科目的发生额填列。

(5)"政府补助收入"项目，反映民间非营利组织接受政府拨款或者政府机构给予的补助而取得的收入总额。本项目应当根据"政府补助收入"科目的发生额填列。

(6)"投资收益"项目，反映民间非营利组织以各种方式对外投资所取得的投资净损益。本项目应当根据"投资收益"科目的贷方发生额填列；如果为借方发生额，则以"－"号填列。

(7)"其他收入"项目，反映民间非营利组织除上述收入项目之外所取得的其他收入总额。本项目应当根据"其他收入"科目的发生额填列。

上述各项收入项目应当区分"限定性"和"非限定性"分别填列。

(8)"业务活动成本"项目，反映民间非营利组织为了实现其业务活动目标、开展其项目活动或者提供服务所发生的费用。本项目应当根据"业务活动成本"科目的发生额填列。民间非营利组织应当根据其所从事的项目、提供的服务或者开展的业务等具体情况，按照"业务活动成本"科目中各明细科目的发生额，在本表第12行至第21行之间填列业务活动成本的各组成部分。

(9)"管理费用"项目，反映民间非营利组织为组织和管理其业务活动所发生的各项费用总额。本项目应当根据"管理费用"科目的发生额填列。

(10)"筹资费用"项目，反映民间非营利组织为筹集业务活动所需资金而发生的各项费用总额，包括利息支出（减利息收入）、汇兑损失（减汇兑收益）以及相关手续费等。本项目应当根据"筹资费用"科目的发生额填列。

(11)"其他费用"项目，反映民间非营利组织除以上费用项目之外发生的其他费用总额。本项目应当根据有关科目的发生额填列。

(12)"限定性净资产转为非限定性净资产"项目，反映民间非营利组织当期从限定性净资产转入非限定性净资产的金额。本项目应当根据"限定性净资产""非限定性净资产"科目的发生额分析填列。

(13)"净资产变动额"项目，反映民间非营利组织当期净资产变动的金额。本项目应当根据本表"收入合计"项目的金额,减去"费用合计"项目的金额,再加上"限定性净资产转为非限定性净资产"项目的金额后填列。

第三节　民间非营利组织现金流量表

一、民间非营利组织现金流量表的概念和格式

民间非营利组织现金流量表是反映民间非营利组织在某一会计期间内现金及现金等价物流入和流出的会计报表。其格式如表12-3所示。

表12-3

民间非营利组织现金流量表　　　　　会民非03表

编制单位：　　　　　　　　　　年　月　　　　　　　　　　　单位：元

项　目	行次	金　额
一、业务活动产生的现金流量：		
接受捐赠收到的现金	1	
收取会费收到的现金	2	
提供服务收到的现金	3	
销售商品收到的现金	4	
政府补助收到的现金	5	
收到的其他与业务活动有关的现金	8	
现金流入小计	13	
提供捐赠或者资助支付的现金	14	
支付给员工以及为员工支付的现金	15	
购买商品、接受服务支付的现金	16	
支付的其他与业务活动有关的现金	19	
现金流出小计	23	
业务活动产生的现金流量净额	24	
二、投资活动产生的现金流量：		
收回投资所收到的现金	25	
取得投资收益所收到的现金	26	
处置固定资产和无形资产所收回的现金	27	
收到的其他与投资活动有关的现金	30	
现金流入小计	34	

(续表)

项 目	行次	金 额
购建固定资产和无形资产所支付的现金	35	
对外投资所支付的现金	36	
支付的其他与投资活动有关的现金	39	
现金流出小计	43	
投资活动产生的现金流量净额	44	
三、筹资活动产生的现金流量：		
借款所收到的现金	45	
收到的其他与筹资活动有关的现金	48	
现金流入小计	50	
偿还借款所支付的现金	51	
偿付利息所支付的现金	52	
支付的其他与筹资活动有关的现金	55	
现金流出小计	58	
筹资活动产生的现金流量净额	59	
四、汇率变动对现金的影响额	60	
五、现金及现金等价物净增加额	61	

二、民间非营利组织现金流量表的编制说明

民间非营利组织应当采用直接法编制业务活动产生的现金流量。采用直接法编制业务活动现金流量时，有关现金流量的信息可以从会计记录中直接获得，也可以在业务活动表的收入和费用数据基础上，通过调整存货和与业务活动有关的应收应付款项的变动、投资以及固定资产折旧、无形资产摊销等项目后获得。各项目的填列方法如下：

(1)"接受捐赠收到的现金"项目，反映民间非营利组织接受其他单位或者个人捐赠取得的现金。本项目可以根据"现金""银行存款""捐赠收入"等科目的记录分析填列。

(2)"收取会费收到的现金"项目，反映民间非营利组织根据章程等的规定向会员收取会费取得的现金。本项目可以根据"现金""银行存款""应收账款""会费收入"等科目的记录分析填列。

(3)"提供服务收到的现金"项目，反映民间非营利组织根据章程等的规定向其服务对象提供服务取得的现金。本项目可以根据"现金""银行存款""应收账款""应收票据""预收账款""提供服务收入"等科目的记录分析填列。

(4)"销售商品收到的现金"项目，反映民间非营利组织销售商品取得的现金。本项目可以根据"现金""银行存款""应收账款""应收票据""预收账款""商品销售收入"等科目的记录分析填列。

(5)"政府补助收到的现金"项目,反映民间非营利组织接受政府拨款或者政府机构给予的补助而取得的现金。本项目可以根据"现金""银行存款""政府补助收入"等科目的记录分析填列。

(6)"收到的其他与业务活动有关的现金"项目,反映民间非营利组织收到的除以上业务之外的现金。本项目可以根据"现金""银行存款""其他应收款""其他收入"等科目的记录分析填列。

(7)"提供捐赠或者资助支付的现金"项目,反映民间非营利组织向其他单位和个人提供捐赠或者资助支出的现金。本项目可以根据"现金""银行存款""业务活动成本"等科目的记录分析填列。

(8)"支付给员工以及为员工支付的现金"项目,反映民间非营利组织开展业务活动支付给员工以及为员工支付的现金。本项目可以根据"现金""银行存款""应付工资"等科目的记录分析填列。民间非营利组织支付的在建工程人员的工资等,在本表"购建固定资产、无形资产所支付的现金"项目中反映。

(9)"购买商品、接受服务支付的现金"项目,反映民间非营利组织购买商品、接受服务而支付的现金。本项目可以根据"现金""银行存款""应付账款""应付票据""预付账款""业务活动成本"等科目的记录分析填列。

(10)"支付的其他与业务活动有关的现金"项目,反映民间非营利组织除上述项目之外支付的其他与业务活动有关的现金。本项目可以根据"现金""银行存款""其他应付款""管理费用""其他费用"等科目的记录分析填列。

(11)"收回投资所收到的现金"项目,反映民间非营利组织出售、转让或者到期收回除现金等价物之外的短期投资、长期投资而收到的现金。不包括长期投资收回的股利、利息,以及收回的非现金资产。本项目可以根据"现金""银行存款""短期投资""长期股权投资""长期债权投资"等科目的记录分析填列。

(12)"取得投资收益所收到的现金"项目,反映民间非营利组织因对外投资而取得的现金股利、利息,以及从被投资单位分回利润收到的现金,不包括股票股利。本项目可以根据"现金""银行存款""投资收益"等科目的记录分析填列。

(13)"处置固定资产和无形资产所收回的现金"项目,反映民间非营利组织处置固定资产和无形资产所取得的现金,减去为处置这些资产而支付的有关费用之后的净额。由于自然灾害所造成的固定资产等长期资产损失而收到的保险赔款收入,也在本项目反映。本项目可以根据"现金""银行存款""固定资产清理"等科目的记录分析填列。

(14)"收到的其他与投资活动有关的现金"项目,反映民间非营利组织除上述各项之外收到的其他与投资活动有关的现金。其他现金流入如果金额较大的,应当单列项目反映。本项目可以根据"现金""银行存款"等有关科目的记录分析填列。

(15)"购建固定资产和无形资产所支付的现金"项目,反映民间非营利组织购买和建造固定资产,取得无形资产和其他长期资产所支付的现金。不包括为购建固定资产而发生的借款利息资本化的部分,以及融资租入固定资产支付的租赁费。借款利息和融资租入固定资产支付的租赁费,在筹资活动产生的现金流量中反映。本项目可以根据"现金""银行存款""固定资产""无形资产""在建工程"等科目的记录分析填列。

(16)"对外投资所支付的现金"项目,反映民间非营利组织进行对外投资所支付的现金,包括取得除现金等价物之外的短期投资、长期投资所支付的现金,以及支付的佣金、手续费等附加费用。本项目可以根据"现金""银行存款""短期投资""长期股权投资""长期债权投资"等科目的记录分析填列。

(17)"支付的其他与投资活动有关的现金"项目,反映民间非营利组织除上述各项之外,支付的其他与投资活动有关的现金。如果其他现金流出金额较大的,应当单列项目反映。本项目可以根据"现金""银行存款"等有关科目的记录分析填列。

(18)"借款所收到的现金"项目,反映民间非营利组织举借各种短期、长期借款所收到的现金。本项目可以根据"现金""银行存款""短期借款""长期借款"等科目的记录分析填列。

(19)"收到的其他与筹资活动有关的现金"项目,反映民间非营利组织除上述项目之外,收到的其他与筹资活动有关的现金。如果其他现金流入金额较大的,应当单列项目反映。本项目可以根据"现金""银行存款"等有关科目的记录分析填列。

(20)"偿还借款所支付的现金"项目,反映民间非营利组织以现金偿还债务本金所支付的现金。本项目可以根据"现金""银行存款""短期借款""长期借款""筹资费用"等科目的记录分析填列。

(21)"偿付利息所支付的现金"项目,反映民间非营利组织实际支付的借款利息、债券利息等。本项目可以根据"现金""银行存款""长期借款""筹资费用"等科目的记录分析填列。

(22)"支付的其他与筹资活动有关的现金"项目,反映民间非营利组织除上述项目之外,支付的其他与筹资活动有关的现金,如融资租入固定资产所支付的租赁费。本项目可以根据"现金""银行存款""长期应付款"等有关科目的记录分析填列。

(23)"汇率变动对现金的影响额"项目,反映民间非营利组织外币现金流量及境外所属分支机构的现金流量折算为人民币时,所采用的现金流量发生日的汇率或期初汇率折算的人民币金额与本表"现金及现金等价物净增加额"中外币现金净增加额按期末汇率折算的人民币金额之间的差额。

(24)"现金及现金等价物净增加额"项目,反映民间非营利组织本年度现金及现金等价物变动的金额。本项目应当根据本表"业务活动产生的现金流量净额""投资活动产生的现金流量净额""筹资活动产生的现金流量净额"和"汇率变动对现金的影响额"项目的金额合计填列。

第四节　民间非营利组织会计报表附注和财务情况说明书

一、民间非营利组织会计报表附注

会计报表附注是对民间非营利组织会计报表中的重要内容所作的注释,是会计报表的重要组成部分。民间非营利组织会计报表附注至少应当披露以下内容。

(1)重要会计政策及其变更情况的说明。

(2) 董事会(或者理事会或者类似权力机构)成员和员工的数量、变动情况以及获得的薪金等报酬情况的说明。
(3) 会计报表重要项目及其增减变动情况的说明。
(4) 资产提供者设置了时间或用途限制的相关资产情况的说明。
(5) 受托代理业务情况的说明,包括受托代理资产的构成、计价基础和依据、用途等。
(6) 重大资产减值情况的说明。
(7) 公允价值无法可靠取得的受赠资产和其他资产的名称、数量、来源和用途等情况的说明。
(8) 对外承诺和或有事项情况的说明。
(9) 接受劳务捐赠情况的说明。
(10) 资产负债表日后非调整事项的说明。
(11) 有助于理解和分析会计报表需要说明的其他事项。

二、民间非营利组织财务情况说明书

民间非营利组织财务情况说明书是民间非营利组织对财务收支情况以及其他重要财务情况所作的书面说明。财务情况说明书可以帮助信息使用者更好理解会计报表中的会计信息,财务情况说明书至少应当对下列情况作出说明。
(1) 民间非营利组织的宗旨、组织结构以及人员配备等情况。
(2) 民间非营利组织业务活动基本情况,年度计划和预算完成情况,产生差异的原因分析,下一会计期间业务活动计划和预算等。
(3) 对民间非营利组织运作有重大影响的其他事项。

第五节　合并财务报表和财务会计报告披露

一、合并财务报表

民间非营利组织对外投资,而且占对被投资单位资本总额50%以上(不含50%),或者虽然占该单位资本总额不足50%但具有实质上的控制权的,或者对被投资单位具有控制权的,应当编制合并会计报表。合并财务报表就是将被投资单位与投资单位作为一个经济实体或者会计主体而编制反映整个经济实体或会计主体财务状况、业务活动情况和现金流量情况的财务报表。

二、财务会计报告披露

民间非营利组织的年度财务会计报告至少应当于年度终了后4个月内对外提供。如果民间非营利组织被要求对外提供中期财务会计报告的,应当在规定的时间内对外提供。民间非营利组织对外提供的财务会计报告应当依次编定页数,加具封面,装订成册,加盖公章。封面上应当注明组织名称、组织登记证号、组织形式、地址、报表所属年度或者中期、报出日期,并由单位负责人和主管会计工作的负责人、会计机构负责人(会计主管人

员)签名并盖章;设置总会计师的单位,还应当由总会计师签名并盖章。

思考题

1. 什么是民间非营利组织会计报告? 其作用是什么?
2. 民间非营利组织如何编制资产负债表?
3. 民间非营利组织如何编制业务活动表?
4. 民间非营利组织的现金流量表构成分为哪几个部分? 具体项目有哪些?
5. 民间非营利组织财务报表附注披露哪些内容?
6. 民间非营利组织的财务情况说明书具体包括哪些内容?

练习题

一、单项选择题

1. 下列各项中,不属于民间非营利组织财务会计报表的是(　　)。
   A. 资产负债表　　　　　　　　　B. 业务活动表
   C. 现金流量表　　　　　　　　　D. 财务情况说明书
2. 民间非营利组织资产负债表中应收款项是反映民间非营利组织期末应收票据、应收账款和其他应收款等应收未收款项,填列是应该根据应收款项的期末余额合计,减去(　　)的期末余额后金额填列。
   A. 坏账准备　　B. 跌价准备　　C. 待摊费用　　D. 投资收益
3. 民间非营利组织资产负债表中固定资产项目填列是根据固定资产科目的期末余额,减去(　　)科目的期末余额后金额填列。
   A. 固定资产清理　B. 在建工程　　C. 累计折旧　　D. 跌价准备
4. (　　)是反映民间非营利组织的财务收支情况以及其他重要的财务情况的书面文件。
   A. 资产负债表　B. 财务情况说明书　C. 业务活动表　D. 现金流量表
5. 民间非营利组织应当采用(　　)编制业务活动产生的现金流量情况。
   A. 间接法为主　B. 间接法　　C. 直接法　　D. 直接法为主
6. 民间非营利组织因为对外投资,而且占对被投资单位资本总额(　　)以上的,应当编制合并会计报表。
   A. 10%　　　　B. 20%　　　　C. 25%　　　　D. 50%
7. 民间非营利组织的年度财务会计报告至少应当于年度终了后(　　)内对外提供。
   A. 1个月　　　B. 2个月　　　C. 3个月　　　D. 4个月
8. 下列关于民间非营利组织财务会计报告的说法中,错误的是(　　)。
   A. 财务情况说明书中应当说明民间非营利组织业务活动基本情况
   B. 年度财务会计报告至少应当于年度终了后2个月内对外提供
   C. 在编制季度、半年度等中期财务会计报告时,应当按照民间非营利组织季度、半年度的实际发生数额反映在中期财务报告中

D. 民间非营利组织财务报告包括会计报表、报表附注和财务情况说明书
9. 下列关于民间非营利组织现金流量表的说法中,正确的是（　　）。
   A. 民间非营利组织应当采用间接法编制业务活动产生的现金流量
   B. 民间非营利组织应当采用直接法编制业务活动产生的现金流量
   C. 编制业务活动现金流量时,有关现金流量的信息只可以从会计记录中直接获得
   D. 表中"现金及现金等价物净增加额"项目根据"业务活动产生的现金流量净额""投资活动产生的现金流量净额"和"筹资活动产生的现金流量净额"的金额合计填列
10. 下列情况需要合并财务会计报表的是（　　）。
    A. 对外投资且占被投资单位资本总额20%以上
    B. 投资总额占被投资单位资本总额不足10%但具有实际控制权
    C. 对民间非营利组织被投资单位具有实际控制权
    D. 对外投资且占被投资单位资本总额10%以上

二、多项选择题

1. 民间非营利组织财务会计报告的组成部分有（　　）。
   A. 会计报表　　B. 会计报表附注　　C. 财务情况说明书　　D. 现金日记账
2. 民间非营利组织会计报表的意义主要有（　　）。
   A. 如实反映民间非营利组织的资产、负债、收入、成本费用和现金流情况
   B. 解脱民间非营利组织管理层的受托责任
   C. 为捐赠人、会员、债权人、政府监管部门和民间非营利组织自身等会计信息使用者提供决策有用的信息
   D. 提高民间非营利组织的信息透明度、增强社会公信力
3. 民间非营利组织资产负债表中货币资金项目应当根据（　　）科目期末余额数填列。
   A. 库存现金　　B. 银行存款　　C. 其他货币资金　　D. 信用卡存款
4. 出现（　　）情况时,民间非营利组织需要合并财务报表。
   A. 对外投资且占被投资单位资本总额50%以上
   B. 投资总额占被投资单位资本总额不足50%但具有实际控制权
   C. 对民间非营利组织被投资单位具有实际控制权
   D. 对外投资且占被投资单位资本总额10%以上
5. 下列各项中,属于民间非营利组织的财务会计报表的有（　　）。
   A. 收入费用表　　B. 资产负债表　　C. 业务活动表　　D. 现金流量表
6. （　　）属于在民间非营利组织会计报表附注中披露的内容。
   A. 重要会计政策及其变更情况说明
   B. 会计报表重要项目及其增减变动情况说明
   C. 重大资产减值情况说明
   D. 接受劳务捐赠情况的说明
7. 财务情况说明书中包括（　　）内容。
   A. 民间非营利组织的宗旨、组织结构以及人员配备等情况
   B. 民间非营利组织业务活动基本情况
   C. 民间非营利组织年度计划和预算完成情况,产生差异的原因分析

D. 对民间非营利组织运作有重大影响的其他事项
8. 下列对于民间非营利组织财务报告对外披露的说法中，正确的有（　　）。
   A. 年度财务会计报告至少应当于年度终了后2个月内对外提供
   B. 民间非营利组织不对外提供中期财务会计报告
   C. 民间非营利组织对外提供的财务会计报告应当依次编定页数，加具封面，装订成册，加盖公章
   D. 财务会计报告封面上应当注明：组织名称、组织登记证号、组织形式、地址、报表所属年度或者中期、报出日期
9. 下列属于民间非营利组织现金流量表中的项目有（　　）。
   A. 接受捐赠收到的现金
   B. 提供捐赠或者资助支付的现金
   C. 投资活动产生的现金
   D. 政府补助收到的现金
10. 下列有关民间非营利组织业务活动表编制的说法中，正确的有（　　）。
    A. 在编制季度、半年度等中期财务会计报告时，应当按照民间非营利组织季度、半年度的实际发生数额反映在中期财务报告中
    B. 在业务活动表本月数的项目中提供上年度比较报表时，应当增设可比期间栏目，反映可比期间各项目的实际发生数
    C. 业务活动表中"本年累计数"栏反映各项目自年初起至报告期末止的累计实际发生数
    D. 业务活动表"限定性"栏反映本期限定性收入的实际发生数和本期由限定性净资产转为非限定性净资产的金额（以"＋"号填列）

三、判断题

1. 民间非营利组织财务会计报告由会计报表、会计报表附注和财务情况说明书构成。（　　）
2. 民间非营利组织在编制中期财务会计报告时，采用的确认和计量原则与年度会计报表不一致。（　　）
3. 财务会计报告中的会计报表至少应该包括资产负债表、业务活动表和现金流量表。（　　）
4. 业务活动表是反映民间非营利组织财务收支情况以及其他重要财务情况的书面文件。（　　）
5. 在编制季度、半年度等中期财务会计报告时，应当按照民间非营利组织季度、半年度的实际发生数额反映在中期财务报告中。（　　）
6. 民间非营利组织的年度财务会计报告至少应当于年度终了后1个月内对外提供。（　　）
7. 民间非营利组织应当采用直接法编制业务活动产生的现金流量。（　　）
8. 民间非营利组织现金流量表中"现金及现金等价物净增加额"项目根据"业务活动产生的现金流量净额""投资活动产生的现金流量净额"和"筹资活动产生的现金流量净额"的金额合计填列。（　　）
9. 民间非营利组织在会计报表附注中应当披露会计报表重要项目及其增减变动情况说明。（　　）

10. 民间非营利组织对外投资且占对被投资单位资本总额50%以上(不含50%),或者虽然占该单位资本总额不足50%但具有实质上的控制权的,或者对被投资单位具有控制权的,应当编制合并会计报表。( )

四、业务题

1. 某民间社会团体2×22年年末的有关资料如下。

   (1) 资产类账户余额为:现金1 310元、银行存款232 100元、短期投资32 140元、应收账款65 720元、其他应收账款23 410元、坏账准备3 200元、存货165 210元、存货跌价准备59 870元、待摊费用4 320元、长期债券投资34 560元、长期股权投资42 380元、长期投资减值准备4 320元、固定资产678 420元、累计折旧34 280元、在建工程23 410元、无形资产5 890元、受托代理资产5 690元。

   (2) 负债类账户的余额为:短期借款73 210元、应付账款6 320元、其他应付款4 210元、应付工资32 190元、应交税金7 490元、预收账款87 920元、预提费用4 120元、长期借款145 720元、长期应付款134 570元、受托代理负债6 720元。

   (3) 净资产类账户余额为:非限定性净资产52 390元、限定性净资产34 720元。

   根据以上资料,为这个社会团体编制2×22年年末的资产负债表,资产负债表的期初数从略。并且简要说明资产负债表中数字的勾稽关系。

2. 某基金会2×22年年末有关资料如下。

   (1) 限定性收入科目余额为:捐赠收入342 890元、政府补助收入678 920元。

   (2) 非限定性收入科目余额为:捐赠收入643 240元、会费收入432 980元、提供服务收入367 920元、政府补助收入563 890元、投资收益68 290元,其他收入21 348元。

   (3) 费用类科目余额为:业务活动成本454 520元、管理费用为423 210元、筹资费用472 850元、其他费用42 860元。其中A项目的业务成本为142 780元,B项目的业务成本为172 640元,C项目的业务成本为139 100元。

   (4) 本年由限定性净资产转为非限定性净资产的数额462 860元。

   (5) 年初非限定性净资产的数额35 620元,限定性净资产的数额为263 810元。

   根据以上资料,为这个基金会编制2×22年年末的业务活动表,业务活动表的本月数从略。并且简要说明业务活动表中数字的勾稽关系。

参考文献

[1] 刘学华.政府与非营利组织会计[M].上海:立信会计出版社,2019.
[2] 赵建勇.政府与非营利组织会计[M].北京:中国人民大学出版社,2018.
[3] 杨明,施飞峤,李婧.政府会计[M].北京:财政经济出版社,2019.
[4] 姚荣辉,陈红,那薇.政府与非营利组织会计[M].上海:立信会计出版社,2016.
[5] 王国生.事业单位会计实务[M].3版.北京:中国人民大学出版社,2019.
[6] 李启明.政府单位会计实务[M].北京:中国人民大学出版社,2019.
[7] 邢俊英.事业单位会计——双系统核算模式[M].大连:东北财经大学出版社,2019.
[8] 李敏.政府会计——行政事业核算新模式[M].上海:上海财经大学出版社,2018.
[9] 政府会计制度编审委员会.政府会计制度详解与实务:事业单位会计实务与衔接[M].北京:人民邮电出版社,2019.
[10] 武月华,李卫超.政府会计准则与制度解读——行政事业单位会计核算实务[M].北京:人民邮电出版社,2019.
[11] 刘京平.《政府会计制度》核算指南——事业单位会计实务案例精讲[M].北京:中国财政经济出版社,2018.
[12] 刘菊英,刘宁飞.政府会计[M].5版.北京:中国财政经济出版社,2018.
[13] 李燕.政府预算理论与实务[M].4版.北京:中国人民大学出版社,2021.